Hermann Löns

Hermann Löns

Sämtliche Werke

Herausgegeben von
Bodo von Petersdorf

Band 2

Da draußen vor dem Tore · Mein buntes Buch
Heidbilder · Mein grünes Buch · Sagen und Märchen

Weltbild Verlag

*Herausgegeben von Bodo von Petersdorf aus dem Archiv
der J. G. Cottaschen Verlagsbuchhandlung Farben & Nachfolger
mit freundlicher Unterstützung des Mundus Verlages GmbH.
Ungekürzte und mit Nachträgen versehene Gesamtausgabe.*

© by Weltbild Verlag GmbH, Augsburg
für die Sonderausgabe mit freundlicher Genehmigung
der Rechteinhaber.
Die Verwertung der Texte und Bilder, auch auszugsweise, ist
ohne Zustimmung des Verlages urheberrechtswidrig und
strafbar. Dies gilt auch für Vervielfältigungen, Übersetzungen,
Verfilmung und die Verarbeitung mit elektronischen Systemen
sowie das Kopieren, Scannen und Digitalisieren und die
Verwendung in digitalen Datenbanken oder
Informationssystemen jeder Art.

Redaktion & Gesamtherstellung:
Millium Media Management

Printed in Germany

ISBN 3-8289-0156-5

Inhalt

Da draußen vor dem Tore

Unverfrorenes Volk	9	Die Düne	55
In der Aue	12	Frau Einsamkeit	58
Die Tage der tausend Wunder	14	Der Hudeberg	60
Die Wallhecke	17	In der Marsch	64
Zur Osterzeit	21	Die goldene Straße	66
Die allerschönste Blume	24	Der Wahrbaum	69
Am Waldgraben	27	Das grüne Gespenst	72
Es steht die Welt der Blüte	30	Heidbrand	76
Das Moor	33	Der Strand	80
Auf der Kuppe	35	Die letzten Lieder	82
Libellen	40	Im bunten Wald	84
Am Sommerdeich	44	Die Gefolgschaft der	
Die Bickbeere und ihre		Menschen	87
Geschwister	46	Fahrende Sänger	91
Das rosenrote Land	49	Die letzten Blumen	94
Die Teiche	52	Er der Herrlichste von allen	95

Mein buntes Buch

Der Feldrain	101	Das Bergmoor	133
Der Waldrand	104	Der Bach	136
Das Genist	106	Der Übeltäter	138
Die Frühlingsblumen	108	Der Feldteich	140
Der Porst	110	Der Bergwald	142
Der Baumgarten	112	Der Eisenbahndamm	145
Die Kirchhofsmauer	115	Das Brandmoor	148
Die Moorwiese	117	Der Quellbrink	151
Die Schlucht	118	Die Durchfahrt	155
Die Heide	121	Die Böschung	157
Der Fluttümpel	123	Die Kiesgrube	159
Der Windbruch	125	Die Dornhecke	161
Der Bergteich	127	Der Fichtenwald	163
Die Marsch	128	Die Strohdieme	166
Der Haselbusch	131	Die Ebereschen	168

Inhalt

Heidbilder

Im roten Porst	172	Eine Vorfrühlingsstunde	205
Die Furt	176	Das Erwachen des Waldes	208
Goldene Heide	179	Kreuzschnäbel	211
Heidgang	181	In der Frühlingsheide	213
Am Heidpump	184	Im Ahltemer Holze	216
Im weiten weißen Moore	187	Wachtelschlag	219
Das blühende Bruch	190	Der Bohldamm	223
Die Mühlbeeke	192	Novembersonnenschein	227
In der hohen Heide	194	Der Märchenwald	229
Der dritte Damm	199	Der Knick	232
Wetter	201	Trockene Heide	234
Das taube Tal	204		

Mein grünes Buch

Hinter der Findermeute	239	Ein roter Bock	292
Auf der Murke	242	Ein goldener Herbsttag	296
In der Krähenhütte	245	Junghahnenbalz	300
Ein Ringeltauber	248	Im Fuhrenstangenort	303
Heidfrühling	253	In der Jagdbude	307
Am Fuchsbau	257	Auf den Fuchs	311
Im grünen Maienwald	260	Hinter der Krüppelweide	316
Wo die Oker rauscht	263	In weißen Wäldern	319
Am Fuhrenkamp	267	Auf der Kur	324
Ein Pirschtag am Kahnstein	271	Ein blanker Tag	328
Der Schwarze vom Jammertal	278	Silvesternebel	333
Unter den hohen Fuhren	283		
Im Rauhorn	287		

Sagen und Märchen

Der Schäferkönig	339	Hubb der Hühne	363
Der silberne Baum	341	Puck Kraihenfoot	366
Teufelswerk	347	Brummelchen	370
Die Heidbrennerin	352	Lüttjemann und Püttjerinchen	373
Die Tanzjungfern	357	Der allererste Weihnachtsbaum	377
Das Könekenmeer	359	Der Wicht vom Heidegrab	380

Da draußen vor dem Tore

Heimatliche Naturbilder

Unverfrorenes Volk

Schnee liegt in dem Garten, Eis hängt an den Dächern. Gegen Mittag gewinnt die Sonne Macht, sie zermürbt die Eiszapfen an den Dachrinnen, taut den Schnee zusammen und macht hier und da den schwarzen Erdboden frei. In der Mitte des Gartens, wo die Sonnenstrahlen am stärksten hinfallen, steigt ein silberner Punkt auf, tanzt hin und her, blitzt auf und ab. Ein zweiter, dritter, vierter folgt ihm, und immer mehr erscheinen, bis über der Buchsbaumeinfassung, die steif und dunkel von dem weichen, hellen Schnee absticht, ein Wirbel von blitzenden Silberpunkten flimmert.

Kopfschüttelnd sieht sich der Besitzer des Gartens, der das Vogelfutterhaus mit frischem Mischsamen versehen wollte, das Geflirr an. Er will seinen Augen nicht trauen, denn er erkennt, daß die blitzenden Punkte Mücken sind, richtige Mücken von der Größe der Stechmücken, die ihn im Sommer oft peinigten.

Er nimmt an, daß es sich um eine jener Ausnahmeerscheinungen handele, an denen die Natur so reich ist, um einen durch besondere örtliche Verhältnisse entstandenen Vorgang, denkt vielleicht, daß, weil es Waschtag ist, es in der Waschküche überwinternde Mücken sind, die durch die Glut des Herdes aus ihrer Erstarrung erweckt sind; er zieht sie in Vergleich zu den beiden Schmetterlingen, dem Pfauenauge und dem kleinen Fuchs, die gestern beim Reinmachen der geschlossenen Veranda von dem Mädchen gefunden und als bedeutende Naturwunder in das Wohnzimmer gebracht wurden, wo sie bald aus dem Schlafe erwachten und lustig gegen die Fensterscheiben flatterten.

Als er aber gleich nach dem Mittagessen vor das Tor hinausgeht, wo die Spatzen von allen Dächern zwitschern und in allen Bäumen die Meisen pfeifen, da sieht er überall an geschützten, sonnigen Stellen zwischen den Hecken kleinere und größere Schwärme von Mücken, die in säulenähnlicher Anordnung auf und ab gaukeln und in ihm das Gefühl erwecken, daß der Frühling schon vor der Tür stehe, und daß bald die Schneeglöckchen im Garten ihre weißen, grüngezierten Glöckchen entfalten werden. Und da er kein Kohlenhändler oder Kürschner oder Festsaalbesitzer ist, ihm also keine geschäftlichen Interessen den Wunsch nahelegen, der Winter möge recht lange dauern, so freut er sich der Frühlingszeichen, als welche ihm die Mücken erscheinen, wenn er auch im Bogen um sie herumgeht.

Letzteres hatte er nicht nötig, denn die Mücken, die im Winter spielen, stechen nicht; es sind aber auch keine Frühlingszeichen, es sind echte Wintertiere, die nur in der rauhen Jahreszeit zu finden sind, und die, wenn das übliche summende und brummende Volk erwacht, matt und müde in das faule Laub fallen und sterben. Es ist die Tanz- oder Wintermücke, deren Made aus den im Spätwinter und Vorfrühling gelegten Eiern im Herbst auskriecht, im faulen Laube und in Pilzen lebt und nach kurzer Puppenruhe erst im Spätherbste als fertiges Tier erscheint. Es ist der einzige deutsche Zweiflügler, der ein reines Wintertier ist, wie denn die mei-

9

sten unserer Kerbtiere ausgesprochene Sommertiere sind, die den Winter als Ei, Larve oder Puppe überdauern, wenn auch viele von ihnen, wie eine Menge Käfer, Schmetterlinge, Bienen, Wespen und Fliegen als fertige Tiere den Winter im Todesschlafe verbringen und nur, wenn ganz besondere Umstände, so anhaltend warme Witterung, eintreten, aus der Erstarrung erwachen und sich zeigen, um dann als große Seltenheiten angestaunt und als Frühlingsboten begrüßt und den Zeitungen als erster Maikäfer oder erster Schmetterling zugesandt zu werden.

Gegenstücke zu den Wintermücken bieten die Schmetterlinge in den zum Teile den Obstbäumen sehr gefährlichen Frostspannern, meist kleinen und zarten, unauffällig gefärbten, aber äußerst fein gezeichneten Nachtfaltern, deren Weibchen statt der Flügel nur Stummel besitzen. Alle zu dieser Gruppe gehörigen Arten erscheinen erst vom Spätherbst ab, doch nicht gerade in der Mitte des Winters, vielmehr tritt um diese Zeit eine Pause ein. Einige Arten sind Spätherbst- und Frühwintertiere, von denen jede Art an eine bestimmte Zeit gebunden ist.

Im Vor- und Nachwinter sieht man diese Falter tagsüber an den Stämmen im Walde sitzen oder auf den Wegen liegen; mit Eintritt der Dämmerung werden sie munter und flattern in regellosem Fluge von Baum zu Baum, um die plumpen, mehr einem Käfer als einem Schmetterling ähnlichen Weibchen zu suchen, gegen die sich der Obstbaumbesitzer durch mit Raupenleim getränkte Pappekragen oder Sackleinwand zu schützen sucht, die er mit der offenen Seite nach dem Boden hin um die Stämme unterhalb der Krone bindet.

Obwohl die Frostspanner Jahr für Jahr in ziemlich großer Anzahl auftreten, so erscheinen sie in einzelnen Jahren massenhaft, und besonders an etwas nebeligen Winterabenden macht es sich ganz gespenstig, wenn der kahle Wald von ihnen durchschwirrt wird. An jedem Stamme, an dem ein Weibchen sitzt, sammeln sich oft mehr als ein halbes Hundert Männchen, und am andern Morgen liegen die toten Falter überall auf den Wegen oder schwimmen auf den Gräben, den Meisen, Spechten, Spitz- und Waldmäusen ein willkommener Fraß.

Außer den Wintermücken und den Frostspannern gibt es aber noch einige Kerbtiere, die ausschließlich im Winter vorkommen, so die Gletschergäste, drei bis vier Millimeter lange, dunkelmetallgrüne, fügellose, behende Tierchen, die an schattigen Stellen der Bergwälder zwischen dem Moose umherhüpfen. Ihre Gestalt und ihr Benehmen ähnelt dem der Gallwespen, doch sind sie mit diesen keineswegs verwandt, sondern gehören zu den Wasserjungfern und Eintagsfliegen.

Zu den niedrigsten Insektengruppe gehören zwei andere Wintertiere unter den Insekten, nämlich zu den Springschwänzen, jenen bekannten winzigen, schmalen Tierchen, die gern auf und unter Blumentöpfen leben und die imstande sind, sich mit einer am Ende des Hinterleibes befindlichen, am Bauche anliegenden Sprunggabel weit fortzuschnellen, eine Vorrichtung, die an die Spielwerke erinnert, die sich Kinder auf dem Lande mit Zwirn, Wachs und einem Streichholze aus dem Gabelbeine der Hühner herzustellen pflegen. Das eine ist der Schneefloh, ein graugelbes, schwarzgesprenkeltes, zwei Millimeter großes Wesen, das sich in unseren Wäldern auf schmelzendem Schnee findet, auf dem es allerlei winzige Algensporen abweidet und munter hin und her hüpft. Sein naher Verwandter, der Gletscherfloh, der auch nicht größer, aber schwarz und lang behaart ist, lebt auf höheren Gebirgen, besonders in den Alpen, kommt aber auch schon im Riesengebirge vor. Dort ist er nur im Winter zu finden, während er in den Gletscherbezirken auch im Sommer lebt.

Auch unter den deutschen Landschnecken finden sich zwei Gruppen, die Glasschnecken, die man nur vom Herbste bis zum Frühling findet. Es sind kleine Tiere mit sehr dünnen, glashellen Gehäusen, die bei der einen Gruppe, den Daudebardien, so klein sind, daß sie kaum ein Drittel des Leibes bedecken. Auch hier zeigt es sich wieder, daß die alpinen Formen im Sommer vorkommen, während man die Arten der Ebene und der Mittelgebirge erst im Spätherbste antrifft, während sie den Sommer als Ei tief im feuchten, kühlen Laube oder unter nassem Steingeröll in schattigen Schluchten und Mulden überdauern. Alle zu diesen beiden Gruppen gehörigen Arten sind einjährige Tiere und von räuberischer Natur, die von anderen kleinen Schnecken leben, deren Gehäuse sie mit ihrer mit vielen scharfen Kalkzähnen besetzten Zunge durchfeilen.

So winzig und unscheinbar diese Schneckchen, so wie der Schneefloh und der Gletschergast auch sind, so sind sie für den Naturforscher doch viel belangreicher als manches große, auffallend gefärbte Wesen, einmal deswegen, weil sie, obwohl kaum mit hervortretenden Schutzvorrichtungen versehen, imstande sind, bei hohen Kältegraden ein bewußtes Leben zu führen. Versuche, die man mit dem Gletscherfloh anstellte, ergaben, daß er eine Temperatur von zehn Graden Kälte, der man ihn in eingefrorenem Zustande aussetzte, ohne Schaden überwand.

Sodann sind diese Tierchen, wie die großen Gesteinsblöcke der norddeutschen Tiefebene, mit Sicherheit wohl als Überbleibsel aus jener Zeit aufzufassen, in der Norddeutschland Zehntausende von Jahren ein arktisches Klima hatte und in Eis und Schnee lag. Damals weideten an den Rändern der Gletscher Moschusochse und Ren, Schneefuchs und Vielfraß stellten dem Lemminge nach, der Jagdfalke und die Schneeule hausten dort, zwergige Birken und kriechende Weiden bedeckten das Geröll der Gletscherhalden. Sie alle verschwanden, als das Eis abschmolz, und blieben nur noch im hohen Norden erhalten oder gingen, wie das Mammut, völlig unter. Einige Kerbtiere und wenige Schnecken allein blieben erhalten aus jener Zeit, in der der Mensch, mit Steingerät bewaffnet, in unserer Heimat dasselbe Leben führte wie heute noch der Eskimo und der Grönländer.

Aus toten Dingen, Gletscherschrammen an Steingeschieben, Knochen- und Steinwaffenfunden im Boden und Seeschlamm denkt sich der Forscher ein Bild jener Zeiten zusammen, deren einzige lebende Zeugen, von einigen Pflanzen abgesehen, winzige Kerbtiere und zwerghafte Schnecken sind, die im Winter ihr seltsames Leben führen, das unverfrorene Volk.

In der Aue

Die Aue ist nicht mehr der große Landsee, ist nicht mehr eine einzige weite Wasserfläche, die sie den Winter über war. Ihre Wasser sind gefallen, die Ufer, von zähem Schlick bedeckt, werden immer höher und höher, das Wiesengelände verbreitert sich mit jedem Tage, die grünen Inseln vergrößern sich, fließen zusammen, drängen das Wasser immer mehr zurück, teilen es, lösen es in einzelne Teiche auf, und je dicker die Knospen schwellen, je lauter die Vögel singen, um so schwächer wird die Herrschaft des Wassers, bis schließlich nur noch einige aus dem jungen Grase hervorschimmernde Lachen verraten, daß die große weite Aue vor kurzem ein weiter See war.

Mehr als je suchen darum jetzt die Leute sie auf, sich an dem Geglitzer des Wassers erfreuend, an dem Klatschen der Wellen, den herben Geruch einatmend, der von dem gekräuselten Wasserspiegel heranweht, die durch die Enge der Stadt ermüdeten Augen stärkend an dem weiten Blick bis zu dem blauen Kamme der Berge und froh das bunte Leben betrachtend, das vor ihnen sich regt mit Knospe und Blüte, Stimme und Flug. Frühmorgens ist es am schönsten hier; dann fallen die Sonnenstrahlen auf die Wasserflächen und prallen als lange weiße Blitze zurück. Über der Ferne ist ein zarter Duft, und die Nähe ist voller frischerwachten Lebens. An den Gräben sprießen in strotzender Kraft gelbgrüne Schwertlilienblätter, und dicke Tautropfen hängen an jeder Knospe.

Rundumher klingen Lieder. In einer Woche haben die Vögel singen gelernt. Der Grünfink hat sein seidengrünes Hochzeitsröckchen angezogen und schnarrt sein einfaches Liebeslied herunter. Der Buchfink, stolz auf seine rote Weste, schlägt seine Weise bis zum Ende durch, die Amsel hat schon bedeutende Fortschritte gemacht, die Goldammer ist zwar noch nicht ganz sicher, kommt aber doch meist schon zu Ende, die Lerchen in den Lüften aber singen, als wären sie den ganzen Winter über nicht aus der Übung gekommen, und die Stare auf den Pappeln pfeifen in allen sieben Tonarten.

In alle diese kleinen Lieder klingt ein lauter, fremder Ruf, ein Ruf, der gar nicht hierher gehört, der den Menschen an einen gelben, muschelbesäten Strand und an den strengen Geruch des Meerwassers erinnert. Er kommt von einem großen, weißen, schmalflügeligen Vogel, der, in der Sonne wie Silber blitzend, über den Park hinwegklaftert. Schwarz ist sein Kopf, schwarz sind die Fittichspitzen, schlank ist der schneeweiße Leib.

Eine Möwe ist es, die zur Heimat will, zu den Felsbuchten Norwegens oder den Eisklippen Spitzbergens. Den Winter hat sie an der blauen Flut der Adria verlebt; jetzt zieht es sie heim. Aber nach dem Flug über Berg und Tal, Feld und Wald locken sie die Wellen der Aue; einen gellenden Jauchzer stößt sie aus, der hinter ihr zehnmal beantwortet wird, sie senkt sich, schwebt dicht über dem Wasser hin, fällt darauf ein, und zehn ihrer Gefährten folgen ihr.

Ganz erstaunt recken die grünschimmernden Stare, die an den Böschungen watschelnd der Würmerjagd oblagen, die Hälse, und die drei stahlblanken Krähen, die von ihrer Warte, der alten Ulme, Umschau hielten, sind entrüstet über die weißen Eindringlinge. Mit ärgerlichem Gequarre hassen sie auf die Möwen, und die fliegen auf, schreien, lachen und schweben hin und her über das Wasser, bis die Schwarzkittel müde sind. Da lassen sich die Möwen auf den grünen Inseln nieder, zupfen ihr Gefieder zurecht, recken die langen, schwarzweißen Schwingen, und suchen nach allerlei Fraß, einer Schnecke, einem toten Fischchen, einem lahmen Frosch, den die Wellen anspülten, bis die Krähen sie wieder fortjagen, und sie ihnen das Feld räumen und nach dem Flusse hinstreichen.

Dort ist das große Stelldichein der fremden Gäste. Alle fünfzig Schritt schreitet dort eine graue Krähe und überlegt, ob sie sich auf die Heimreise nach Rußlands öden Heiden machen solle, oder ob sie besser täte, hier zu bleiben. Die dunkelgraue Bachstelze, die an dem Graben entlang wippt, überlegt solches nicht; sie macht hier einen Rasttag, und dann wandert sie weiter, nach Ostfriesland, dann über das Meer nach Helgoland und von da aus über das schwarz qualmende London nach den Hochmooren Schottlands.

Auch ihre grauröckige Base mit dem zartgelben Brusteinsatz denkt nicht daran, bei uns zu bleiben. Sie will Klippen sehen und strudelndes Wasser und Milliarden von Mücken. Nach Norwegens Bergwäldern zieht es sie hin. Die Krammetsvögel aber, die hastig auf der Wiese herumfahren und fortwährend scheu um sich spähen, wollen noch weiter, nach Lapplands und Finnlands Birkenwäldern, wo der Mensch nicht daran denkt, sie mit roten Beeren hinter schwarzen Pferdehaarschlingen zu berücken. Und ähnlich denkt der bunte Bergfink, der mit seinen Genossen quäkend von dem Wäldchen herangestrichen kommt. Die Kiebitze aber, die zu vielen Hunderten den graugelben Schlick nach Würmern absuchen, die wollen nicht so weit. Einen Tag bleiben sie hier, dann teilen sie sich. Viele ziehen zur Heide, andere zum Wendland, wieder andere in den Hümmling und die Hauptmenge nach Ostfriesland. Die schmalen, schüchtern pfeifenden Pieper, die im gelben Grase herumschlüpfen, machen es gerade so, bis auf die zwei rotbrüstigen ihrer Sippe, die sich abseits halten, wie alle Schweden.

Die Kiebitze rufen ängstlich, fliegen hoch, eine schwarzweiße, lange Wolke bildend, taumeln hin und her und fallen weiter oben ein. Das große dunkle Kreuz, das vom anderen Ufer herüberkam, erschreckte sie. Es ist aber nur der Gabelweih, der Froschesser und Mäusefänger, und so beruhigen sie sich schnell. Der segelt, je nach der Beleuchtung schwarz, braun oder goldrot aussehend, in schönem Fluge über die Wiesen, kreist über der Wasserfläche und veranlaßt die Enten zu warnendem Gequak.

In langer Reihe sitzen diese am feuchten Ufer, ölen sich das schimmernde Gefieder, suchen im Genist mit den gelben Schnäbeln, watscheln bedächtig zum Wasser, steigen hinein, klatschen heftig quakend mit den bunten Flügeln, kehren dann die Hinterseite nach oben und vertiefen sich, gründlich gründelnd, in die Geheimnisse des Wassers. Bis ein alter Erpel warnend aufquarrt und klatschend über das Wasser läuft; da stiebt die ganze Gesellschaft empor, drängt sich zusammen, streicht gerade aus und steigt dann höher und höher. Ein Entenpaar aber vergaß beim zärtlichen Geschnäbel die Flucht, und schon ist das Unheil über ihnen. Der Wanderfalke stößt herab, ehe der Erpel den Weidenbusch gewinnt, stürzt mit seiner Beute zu Boden, und die verwitwete Ente streicht mit Angstgekreisch ab.

Im Weidenbusch sitzt der Zaunkönig und schimpft Mord und Brand über den Landfriedensbrecher. Auf einmal macht er ganz runde Augen und wird ganz starr. Denn vor ihm, auf dem eingerammten Pfahl, sitzt auch ein Zaunkönig, aber ein riesiger, fast so groß wie eine Amsel. Auch der hält den kurzen Schwanz hoch, auch der knickst und dienert genau so wie er selbst, auch der fliegt mit demselben schnurrenden Flügelschlage, auch der huscht genau so wie ein echter Zaunkönig durch die Weidenbüsche. Nur ein bißchen dunkler ist er, und eine weiße Weste hat er.

Das ist eine Wasseramsel aus Norwegen, die den Winter bei Verwandten im Harz war. Bis jetzt hat es ihr dort gut gefallen, aber nun bekam sie Heimweh und sagte, sie müßte unbedingt fort. Und so ist sie weiter gewandert, so schnell es ihre kurzen Flügel erlaubten, hält sich einen halben Tag hier auf und zieht dann weiter.

Und so machem sie es alle, die Fremden, die auf der Aue einfallen, die Kraniche, die nur ein halbes Stündchen dableiben, die Rohrdommel, die den Tag über in dem Weidendickicht schläft, die Leinfinken und Schneeammern, Haubentaucher und Säger, Strandläufer und Schnepfen.

Eines schönen Tages sind alle fort und an ihre Stelle treten die Pieper und gelben Bachstelzen, Goldammern und Grasmücken, Rohrsänger und Hänflinge, und was sonst noch lebt und webt in der Aue.

Die Tage der tausend Wunder

Schon lange singt die Amsel im Garten, schon lange der Fink im Walde. Das Schneeglöckchen fiel müde um, tot liegt der Krokus im jungen Grase. Was die Amsel sang und der Fink schlug, was das Schneeglöckchen und der Krokus blühten, was Hasel, Erle und Espe stäubten, was die Märzmotte tanzte und der Frosch murrte, Vorfrühling war es, aber der Frühling nicht.

Erst als das Lied der Singdrossel vom Eichenwipfel klang und über die ersten Grasspitzen im Walde der gelbe Falter taumelte, da zog der Frühling in das Land hinein, hüllte die Kornelkirsche in mattes Gold, hob jedes Zweiges braune Armseligkeit durch schimmernde Knospen und vollbrachte tagtäglich tausend schöne Wunder.

Das ist schon lange her. Nicht mehr grüßen wir jedes grüne Blättchen mit frohen Augen, liebkosen nicht mehr jedes schwellende Knöspchen mit freundlichen Lächeln; es sind der Blätter zu viele und über genug der Knospen, und da es überall singt und klingt, tanzt unser Herz nicht bei jedem Vogelliede, wie an jenem Tage, da die erste Märzdrossel sang, der erst gelbe Falter flog, des ersten Märzblümchens Blauaugen aus fahlem Laube sahen. Wir wurden der kleinen Wunder gewöhnt und sehnten das große Wunder herbei, das Wunder der Allbegrünung des Waldes, und wir zürnen dem Ostwind, der dem Frühling die Hände band.

Er hat es gut gemeint, hat pfleglich gehandelt, daß er dem Westwind wehrte und dem Regen und der Sonne die Kraft nahm. Des Menschen Herz wird allzuschnell satt, danklos wendet es sich am Ziele ab, achtet das lange ersehnte Geschenk gering und dürstet nach der Wonne der Vorfreude. Eilig ist die Jugend, kurz ist der Frühling; was heute weich und frisch ist, ist morgen hart und staubig. Der Ostwind wußte was er tat, als er den Vorfrühling festhielt und den Frühling warten hieß.

Herrlich ist der Frühling, und prächtig ist der Mai, aber so süß wie der Vorfrühling, so köstlich ist er nicht. Wonnig ist die goldene Maienwiese, aber so labt sie uns nicht, wie die erste Blüte des braunen Waldbodens, wie das erste Blättchen am kahlen Zweig, und tönt im Mai auch der ganze Wald, singt jeder Ast und klingt jeder Zweig, blüht jedes Fleckchen und glüht jedes Eckchen, das große Zauberwerk erhebt uns nicht so sehr wie die winzigen Wunder, aus denen es entstand.

Jedes von ihnen genossen wir einzeln, kosteten es für sich aus. Wir sahen das Windröschen mit demütig gebogenem Halse sich durch das Fallaub stehlen, wartend und frierend, bis die Sonne ihm Mut zusprach und ihm das blasse Gesichtchen rötete, sahen den gelben Falter fliegen, den ersten, und unser Herz machte einen Sprung, und bei jedem, den wir sahen, sprang es hoch in die Höhe. Der Graudrossel Lied entdeckten wir und trugen es heim als einen großen Schatz. Jeder Tag brachte neue Wunder, liebe Gaben. Im kalten Gewirre des Stangenholzes brannte eine grüne Flamme; die Traubenkirsche schoß in das Laub und machte sich zum Mittelpunkte des ganzen Waldes. Wilde Eifersucht durchfuhr den Weißdorn. Unnahbar stand er da in grauer Frostigkeit; nun aber platzten vor Grimm seine Knospen, neidisch grüne Blättchen quollen aus ihnen hervor und reckten und streckten sich um die Wette mit dem prahlenden Grün des Traubenkirschenbusches.

Das Winterlaub der Buchenjugenden, das Altlaub der Brombeerranken, die mit hartem Kupferglanz und schwerem Bronzeton weit und breit herrschten, merkten, daß ihre Tage gezählt sind, blaßten ab, schrumpften ein, verdrängt von quellenden Knospen; ihre Zeit ist um, ihr Herbst ist da, ihre Todesstunde ist gekommen. In das Vorjahrslaub fällt Blatt um Blatt, und die Windröschen spreizen hastig ihre Blätter darüber. Und nun, aus Angst, von der Rotbuche überflügelt zu werden, drängt die Weißbuche sich vor, betont jeden ihrer Zweige mit blitzendem Geschmeide, regt sich, rührt sich und hüllt sich in silbergrünes Gefunkel.

Unwillig sieht es der Ebereschenbaum. Er schickt Befehle nach den entferntesten Wurzeln, treibt sie an, hetzt sie auf, und eifrig saugen sie aus Mulm und Moos Saft und Kraft und geben die Säfte dem Stamme und die Kräfte den Zweigen, und ehe es sich die Hagebuche versieht, spreizt sich

15

unter ihr, von oben bis unten in blankes Silber gekleidet, die Eberesche, funkelnd und gleißend im Sonnenlichte, stolz im Bewußtsein, der allerschönste Baum zu sein im ganzen Walde. Der Ahorn aber öffnet seine Truhen, nimmt das goldene Seidengewand hervor und stellt sich keck neben die Eberesche, und die tauscht ihre kalte Silberpracht mit warmem Grün, und unterdessen die beiden sich noch zanken, wer am schönsten sei, hat die Hainbuche noch mehr Smaragden umgehängt und drängt stolz Ahorn und Eberesche zurück.

Nebenan ist derselbe Kampf im Gange. Die dunkle Kiefer, die düstere Fichte, die immer noch schliefen, erwachen langsam und beginnen, sich faul und schläfrig zu putzen. Keiner weiß, wie sie es machen, aber tagtäglich hellt sich ihr Nadelwerk auf, färbt sich ihr Geäst, tauchen mehr strahlende Kostbarkeiten in ihren dunklen Kleidern auf, bis darin Topase leuchten, Smaragde schimmern, Rubinen glühen. Aber ehe sie soweit sind, dreht sich die Bickbeere zu ihren Füßen dreimal vor dem Spiegel hin und her und ist über und über behängt mit dem köstlichsten Perlengeschmeide, und sie lacht die ernsten und bedächtigen Leute übermütig aus, vorzüglich den Faulbaumbusch, der immer noch dürr und leer dasteht, als hätte er noch wer weiß wie viel Zeit. Nachher muß er sich sputen und wird doch nicht fertig, und noch im Herbst trägt er bei den reifen Beeren grüne Früchte und junge Blüten, steht, wenn alles rot und bunt ist, im grünen Sommerkleide herum, und zieht dann Hals über Kopf das gelbe Herbstgewand an, das er drei Tage tragen darf, denn länger erlaubt es der Winter ihm nicht.

Da ist das Geißblatt vorsichtiger. Jeden Sonnenstrahl im Winter nutzte es aus und prangte schon im Januar mit großen grünen Blättern. Aber wie es so ist, launenhaft und krausen Sinnes, muß es sich im Frühling abermals über seine Brüder erheben, und wenn die anderen Bäume und Sträucher grüne Blätter treiben, färbt es die seinigen schnell zu vorlautem Kupferrot, und wenn alle anderen Büsche Früchte ansetzen, hängt es einen Wirbel wachsweißer Blüten in sein grau gewordenes Laub. Aber wenn der erste Reif das Gras zerbricht, dann prahlt mit frechem Granatschmucke der zeitlose Busch.

Während nun alle diese Bäume und Büsche sich um die Wette bemühten, ihre Frühlingskleider anzulegen, und täglich neue Künste trieben, standen die Rotbuchen da, als ginge sie das alles nichts an. Sie trugen gelassen ihr strenges, graues, schwarz und grün gestreiftes Winterkleid und nahmen sich kaum die Muße, ihre Knospen für das Fest vorzubereiten. Bis dann der Tag kam, an dem der West mit dem Ost sich balgte, bis es ihm gelang, in den Wald einzudringen und eine Handvoll Regen hineinzusprühen. Da spannten sich die harten, spitzen, trockenen Knospen, sie wurden weicher, runder und saftiger. Aber eine Woche lang warteten sie noch, bis der Westwind wieder eine erquickende Spende über sie goß, und nun konnte dort und da ein Zweig den Mut nicht halten, die goldenen Hüllen zerstoben, und unten um die kalten Silberstämme tanzten smaragdene Falter, erst einige wenige, hier ein Trüppchen, dort ein Flug, bis ein langer Nachtregen kam, Scharen der grünen Schmetterlinge aus den Knospen lockte und das Astwerk mit einem grünen Geflimmer erfüllte, das sich von Tag zu Tag vermehrt, bis alle anderen Farben am Himmel und am Boden davor verschwanden.

Heute schon ist viel verschwunden, was gestern noch da war. Jüngst standen die Stämme der Buchen noch so scharf abgerissen im roten Laube; jetzt verschmelzen sie gänzlich mit dem grünweißen Estrich. Ihr blankes Silber verlor seinen eisigen Blick, ihr giftiges Grün sein freches Starren, ihr unheimliches Schwarz sein böses Gesicht. Die Stechpalmenhorste zu ihren Füßen, die so frühlingsgrün aus dem Schnee leuchteten und so lustig aus dem toten Laube blitzten, sie bedeuten gar nichts mehr gegen das viele junge weiche Grün ringsumher, und wo sie noch sichtbar werden, wirken sie hart und lieblos.

Der Frühling hat einen leichten Sinn, und kurz ist sein Gedächtnis. Eben noch bot das rote Laub am Boden seinem ersten Grün einen herrlichen Hintergrund, heute schon schiebt er es beiseite, schämt er sich des Erbgutes des Winters und bedeckt es hastig mit tausenderlei Grün und hunderterlei Farbe, damit niemand merke, daß er alle seine Schönheit und Frische und Jugend den toten Laube und den welken Blättern zu danken habe, und alle Freude verläßt sein Antlitz, erinnert ihn der Ostwind mit rauhem Worte an seine Herkunft, mit roher Hand aus Grün und Blüten die vergilbten, vergessenen Erinnerungen zerrend. Dann schauert der Frühling zusammen und sieht zitternd in die fahle, trockene Zukunft.

Einen Augenblick später vergißt er die Angst vor ihr und schafft emsig weiter, Wunder neben Wunder stellend, mit liebreichen, weichen Händen. Die harte, zackige Ranke der Brombeere schmückt er mit weichen, runden Flöckchen, er lockt aus dem steifen Holunderbusch mildes Blattwerk, webt um düstere Moospolster einen lichten Schein, macht dem schüchternen Waldklee Mut, daß er sich im kalten Schatten der Fichten hervorwagt, rollt mit spielenden Fingern die ängstlichen Farnwedel auf, verhüllt die sparrigen Lärchenbäume mit zartgrünen Schleiern, erweckt des Pfaffenhütchens Selbstbewußtsein, der Weide Ehrgeiz, der Erle Willenskraft und wagt sich schließlich sogar an die Eiche heran, die abweisend und unnahbar alle seine Liebe immer wieder von sich stößt.

Bis auch für sie die Stunde schlägt, für sie der Tag kommt, der alle ihre Knospen sprengt, der Tag der tausend Wunder.

Die Wallhecke

Vor Zeiten, als noch Ur und Wisent bei uns hausten, der Grauhund das Elchkalb hetzte und der Adler den Wildschwan dort schlug, wo heute keine Spur mehr von ihnen allen zu finden ist, ließen sich blonde Männer, die von Norden kamen, hier in dem bruchigen Gelände nieder.

Gerade hier, an der besten Stelle weit und breit, wo sich sowohl fruchtbares feuchtes Marschland wie auch sandiger Esch fand, setzte sich ein Bauer fest und baute sich ein festes Haus, dessen Rohrdach auf beiden

Seiten bis auf den Boden reichte, und das auf einem starken Unterbau von großen Findelsteinen ruhte. Hoch ragte es mit seinem spitzen Giebel, aus dem der weiße Herdrauch herausfloß, über das Buschwerk des Eschs hervor, das erste feste Haus hier in der Gegend, und wenn abends der rote Feuerschein aus seiner Einfahrt leuchtete, heulten ihn die Wölfe an, wie sonst das Mondlicht.

An diesem Unzeug fehlte es in der Gegend nicht und auch nicht an Bären und Luchsen, und derentwegen und damit ihm sein Weidevieh nicht von den Wildochsen verführt werde, zog der Bauer einen Wall und einen Graben um den Hof. Den First des Walles bepflanzte er mit Eichen und Hagebuchen, Weißdorn und Schwarzdorn, und da der Wind und die Vögel allerlei Samen von Bäumen und Büschen herbeiführten, so wuchs auf dem Wall schließlich eine dichte Hecke, zumal da der Bauer, um sie gegen Mensch und Tier noch undurchdringlicher zu machen, die jungen Bäume niederbog und mit den Köpfen eingrub, so daß sie sich auch am Kopfende bewurzelten.

So wie dieser Bauer, so machten es alle, die sich, jeder für sich, in dieser Gegend niederließen und den Busch rodeten. Sie umgaben aber nicht nur ihre Hausstätte mit Wallhecken und Gräben, sondern auch die Weidekämpe und die Ackerstücke, die sie nach und nach dem Urlande abgewannen, einmal der Raubtiere wegen und dann auch des Wildes halber, das ihnen sonst zu viel Schaden an der Feldfrucht tat, denn dem Rotwild gelüstete es nach dem milchenden Hafer, und die Sauen waren sehr erpicht auf die Rüben. Da es nun von Jahrhundert zu Jahrhundert immer mehr Bauern in dem Lande wurden, denn der Boden war fruchtbar, und viele Kinder galten als schönstes Gottesgeschenk, so überzog sich das ganze Land bald mit einem Gewirre von Wallhecken, die alle undurchdringlich waren, und deren Zugänge durch Schlagbäume, die mit Schlehdornzweigen umwickelt waren, versperrt werden konnten.

Die wenigen Straßen, die sich der Verkehr allmählich bahnte, waren zumeist Hohlwege, die zwischen hohen Wallhecken dahinliefen und ebenfalls mit Schlagbäumen gesperrt werden konnten, denn die Zeiten waren oft nicht friedlicher Art; fremde Scharen erschienen, Sommerfahrer von den Inseln im Nordmeere, die plündernd, sengend und mordend durch das Land zogen, oder Weidebauern, die, von den Steppenvölkern verdrängt, neue Wohnsitze suchten, auch wohl ganze Haufen wilder Reiter aus dem Osten, deren Spuren durch niedergebrannte Weiler und Schädelmäler bezeichnet waren. Sie richteten aber in diesem Lande nicht allzu viel aus. Es war ihnen unheimlich mit seinem Gewirre von Verhauen und Schlagbäumen, hinter denen, von unsichtbaren Händen geschnellt, Pfeile und Speere hervorgeschossen kamen, und sogar die römischen Truppen waren froh, wenn sie das ungemütliche Land mit seinen nassen Gründen und dürren Heiden, seinen Gräben und Hecken, Hohlwegen und Landwehren hinter sich hatten; als schließlich Varus samt seinen Legionen von den wütenden Bauern unter die Füße getreten war, ließen sie sich nicht wieder blicken.

Was sollten sie schließlich auch mit einem Stückchen Land anfangen, in dem es weiter nichts zu holen gab als nasse Füße und Schrammen? Sobald die römische Vorhut in Sicht kam, ging an allen Ecken das Tuten und Blasen los, und Hillebillen und Hörner brachten die üble Kunde von Gau zu Gau. Dann fielen alle Schlagbäume wie von selber herunter, die Gräben und Hohlwege füllten sich mit Wasser, die Engpässe wurden mit Bündeln und Dornzweigen ungangbar gemacht, und wenn dann die Legionäre fluchend und schimpfend bis über die Enkel durch den zähen Kleiboden wateten und endlich zu einem Gehöfte kamen, dann fanden sie nicht Kuh und Kalb, nicht Huhn noch Ei mehr vor; alles, was irgendwie Wert hatte, hatten die Bauern in die entlegene Wasserburg im unwirtlichen Moore geflüchtet, und da saßen sie, aßen zu ihrem schwarzen Brote ihren guten Schinken mit Behagen und machten sich über das hergelaufene Volk lustig, das sich beim Herumkriechen zwischen den Wallhecken die Gesichter schund. Wenn es sich dann verkrümelt hatte, so kamen sie aus ihren Verstecken heraus und lebten wieder wie zuvor.

Späterhin aber brach der Franke in das Land ein, und mit dem wurden die Bauern nicht so gut fertig wie mit den Römern, denn er war zähe wie Aalleder. Über das ganze Land warf er seine Besatzungen, und schlug ihm Herzog Weking auch noch so oft auf die Finger, kaum waren sie heil, so war er wieder da. Da half auch die Wallhecke nichts mehr, und knurrend und brummend mußten die Bauern klein beigeben, dem Wode und der Frigge entsagen und ihre blonden Köpfe dem Taufwasser hinhalten, und wenn auch manch einer von ihnen noch ab und zu nach dem Wodeberge hinpilgerte, um nach der Väter Weise dem Altvater der Götter ein weißes Roß unter dem heiligen Baume auf dem großen Steine zu opfern, mit der Zeit ließen sie das sein, denn zu gefährlich war ein solches Werk, dieweil der Frankenkaiser Todesstrafe darauf gesetzt hatte. So zahlten sie Zins und leisteten Frone und beugten sich dem Christengotte.

Die Zeiten kamen, die Zeiten gingen; Gutes und Böses brachten und nahmen sie; die Wallhecken aber blieben. Es wurden ihrer sogar immer mehr, obschon sie Bär und Wolf, Ur und Elch nicht mehr abzuhalten brauchten, denn die waren schon lange ausgerottet, wie denn auch Hirsch und Sau das dicht besiedelte Land mieden. Aber immer noch umgab der Bauer seine Hofstatt, seine Weidekämpe und Ackerstücke mit Wall und Graben, denn er war sie einmal gewöhnt, diese dichten Verhaue aus Eiche, Hagebuche, Birke und Espe, Weißdorn und Schlehe über den moosigen, dicht mit den Wedeln des Eichenfarns bekleideten Wällen, die im Frühling silbern von Schlehenblüten sind, und von denen im Sommer das Jelängerjelieber seinen schweren Duft in die Abendluft sendet, in deren krausem Astwerk die Nachtigall schlägt, Rotkehlchen und Mönch brüten, wo die Elster und der Markwart haust, und vom knorrigen Eichenstumpfe um die Schummerstunde das Käuzchen ruft. Ein Land ohne Wallhecken konnte sich der Bauer in dieser Gegend hier gar nicht vorstellen, und nichts dünkte ihm schöner, als am Sonntagnachmittag nach der Kirche, seine Eheliebste hinter sich, die kurze Pfeife im Munde, zwischen Feld und Wallhecke dahinzuschlendern und seinen Roggen anzutreiben. In der Wallhecke hat

19

er als kleiner Junge gespielt, hat Sappholz zum Flötenmachen geschnitten, Vogelnester und Himbeeren gesucht, auch wohl, als er zum Hütejungen heranwuchs, Hasen und Kaninchen geströppt und die ersten Rauchversuche gemacht; und so liebt er sie von Herzen.

Hatte sie doch auch in wirtschaftlicher Hinsicht keine geringe Bedeutung für ihn. Je stärker das Land bebaut wurde, um so mehr verschwanden die Wälder und Haine, und so mußte die Wallhecke schließlich zum Teil den Bauern das Feuerholz liefern. Je nach Bedarf holte er sich eine der alten knorrigen, krumm und schief gewachsenen Eichen oder Hagebuchen von ihr und pflanzte junge Heister an ihre Stelle, und auch die Stecken für die Flachtenzäune, die Peitschen-, Harken-, Beil- und Spatenstiele und Holz zu allerhand anderen Geräten mußte sie ihm liefern, desgleichen Maibüsche, um das Haus zu Pfingsten zu schmücken, und Efeu und Immergrün, um die Gräber zu bepflanzen. So war sie ihm in vieler Weise nützlich. Außerdem hatte er eingesehen, daß sie vielen Vögeln Unterschlupf bot, die das Ungeziefer kurz halten, und von dem Ilk, dem Igel und dem Wiesel, die dort hausen, wußte er, daß sie dem Mausevolke nachstellen, so sehr, daß seit Menschengedenken das Land hier keinen Mausefraß ausgestanden hat. Sollte er darum also die Wallhecke nicht ehren und achten, auch wenn überkluge Leute ihm vorredeten, sie nähme zu viel Platz ein, beschatte das Ackerland zu sehr und hagere mit ihrem Wurzelwerk den Boden aus? Steht anderswo der Roggen so, daß ein großer Mann samt dem Hute auf dem Kopfe darin verschwindet? Und wo gibt es Weizen, der solche Ähren hatte, so dick wie ein Finger? Und was sieht wohl besser aus, so eine schöne grüne, lebendige Wallhecke, bunt von Blumen und laut von Vogelgesang, oder ein Zaun aus totem Holz und kaltem Draht?

So dachte er einst; heute denkt er nicht mehr so. Der neue Wind, der von Ost nach West weht, und der das hohe Lied von der alleinseligmachenden, baum- und buschlosen Getreidesteppe nach einer Weise singt, die nicht nach deutscher Art klingt, hat ihm so lange in die Ohren geschelt, bis er sich altväterisch und rückständig vorkam, die Axt von der Wand und die Hacke aus der Ecke langte und sich daran machte, das Wahrzeichen seines Landes, seiner Väter Erbe, mit Stumpf und Stiel auszuroden. Wo noch vor zehn Jahren Mönch und Nachtigall sangen, Elster und Käuzchen brüteten in den grünen Wallhecken, da reiht sich Feld an Feld, und vom dürren Zaunpfahle oder vom häßlichen Stacheldrahte schallt das blecherne Geplärre der Grauammer, des Vogels aus Ostland, des Sängers der langweiligen Getreidesteppe, ein abstoßender Klang den Ohren der Einheimischen, aber angenehm den Leuten klingend, die, aus Osten kommend, bei dem Bauern, dem die Städte das Gesinde nahmen, schanzen, und deren Sprache und Art ihm ebenso fremd und unschön dünkt wie das Lied des grauen Vogels, den sein Vater noch nicht kannte, und der sich unter der Erde umdrehen würde, könnte er sehen, was aus den Wallhecken wurde, die ihm so lieb und teuer waren.

Es ist nicht nur das Gesicht der Landschaft, das durch das Ausroden der Wallhecken seine schönsten Züge verliert, es ist nicht nur die Tierwelt, die dadurch Einbuße erleidet, auch des Bauern innere Art wird sich, und wohl kaum zum Besseren, verändern, geht das ureigenste Wesen seines Landes zum Teufel. Die schöne, hier und da wohl einmal schädlich wirkende, im großen und ganzen aber zur Vertiefung und Verinnerlichung führende Abgeschlossenheit, die den Bauern auszeichnete, wird ihm verloren gehen. Kahl wird er in seinem Gemüte werden, kahl und arm, wie alles Volk, dem sein Land nicht mehr bietet als Brot und Geld. Verschwinden werden die wundervollen Sagen und Märchen, an denen das Land so reich ist, verklingen werden die schönen, alten Lieder, die die Mädchen singen, wenn sie am offenen Feuer das Spinnrad treten, zu herkömmlichem Brauche wird die tiefgründige Frömmigkeit verflachen, die des Bauern ganzes Leben nährte.

Dann, wenn es zu spät ist, wird das Volk einsehen, was es tat, als es ein Ende machte mit der Wallhecke.

Zur Osterzeit

Jeden Morgen schien die Sonne; aber ehe ihre Strahlen noch Wärme verbreiteten, kam der Südwestwind über den Berg, hing graue Vorhänge über die Sonne, färbte das zarte Graurot der alten Dächer des Städtchens zu totem Schwarzgrau um und überflutete Wege und Stege.

Ab und zu verschnaufte der grämliche Wind und ließ der Sonne einen Augenblick Zeit, ihre Lieblinge, die stolzen Kaiserkronen und die leuchtenden Hyazinthen, die Aurikeln und Narzissen abzutrocknen und aufzurichten. Dann pfiffen sogleich alle Stare, dann flötete jede Amsel, die Spatzen schilpten, die Rauchschwalben zwitscherten und hoben sich hoch in die Luft, und der Wendehals erfüllte die ganze Gartenstraße mit seinem Gekicher. Nur der Buchfink traute dem Landfrieden nicht und ließ unermüdlich seinen Regenruf erschallen.

Ich lasse ihn rufen und gehe zum Tore hinaus, an grünen Stachelbeerhecken vorbei, in denen Braunelle und Müllerchen singen, unter gewaltigen, von fetten Knospen strotzenden Linden her, in denen Stieglitz und Grünfink schwatzen, und deren kahler Zweige Farblosigkeit hier und da eines Ahornbaumes goldene Blumenfülle unterbricht. Zur Linken hinter dem blauen Geklumpe der Berge quellen dicke weiße Wettertürme herauf, von rechts her klingt des Grünspechtes, des Regenverkünders, Gelächter; aber noch scheint die Sonne, läßt den kahlen, knospenbedeckten Buchenwald dort oben rot aufleuchten, gibt den sprießenden Lärchen am dunklen Fichtenhang ein helleres Grün, übergießt den kahlen Berg mit silbernem Schein und wirft auf die grüne Saat und den roten Acker eine Flut von Licht und Glanz.

Gestern war hier alles tot, grau und stumpf; heute ist Leben hier, Farbe und Freude, denn die Sonne, die liebe Sonne ist da. Sie grüßen die Hähne des Dörfchens hinter dem Berge, ihr singen Goldammer und Blaumeise; wo sie hinfällt, schwillt und quillt das Moos am Stamme, reckt und streckt sich die junge Saat, jeder Vogel singt und klingt, alle Knospen strotzen und protzen, hell glühen die Berge auf, die ihr Schein trifft, weiß leuchten des Berges krumme Straßen in ihrem Strahl, und das ganze Tiefland wirft sich schnell in ein frohes Festkleid.

Leichter geht sich der steile Weg in der Sonne, leichter als gestern. Das bunte Farbenspiel in der Runde, die Drossellieder ringsumher, das mannigfache Leben auf der Flur und in den Wipfeln macht meine Füße schneller. Dort jagen sich drei rote Hasen auf grüner Saat, hier schreiten zwei blanke Krähen auf rotem Acker, da wippt der Steinschmätzer von Rain zu Rain, hier schweben Tauben über den Wipfeln, drüben unter dem Waldschlößchen ziehen die Rehe über das Feld, und vom dürren Anger hebt sich singend die Heidlerche empor. Aber das rechte Leben ist hier noch nicht. Zu hart pfeift der Wind, läßt die Silberknospen der Heckenkirsche langsamer sich erschließen als im geschützten Busch, erlaubt den Windröschen nicht, sich zu entfalten, und den Schmetterlingen wehrt er frohen Flug und tändelnden Tanz. Darum ist es auch still hier oben auf der Höhe; doch von dorther, wohin der Wind nicht kommen kann, klingen laut Lieder.

Aber hier, im niederen Buschwalde, herrscht der Frühling unumschränkt. Da schießt und sprießt das üppige Grün in vielfacher Form aus dem fetten Boden, da leuchten aus faulem Laub und totem Geäst Blumen mannigfacher Art. Goldstern und Hahnenfuß glänzen dort in den Farben der Sonne, darüber nicken der Himmelsschlüssel zarte Blüten, Blau und Rot bringen die Lungenblumen dazwischen, und Rosenrot und Lilienweiß die Windröschen.

Hier hat der Regen den Frühling nicht ertränkt, hier hat er ihn erfrischt. An jeder Knospe hängt ein Glitzertropfen, in jedem Blattquirl liegt eine Schimmerperle; warm und feucht, wie in einem Treibhause, ist hier die Luft. Und so weiß der Aaronstab gar nicht, wie üppig er wachsen soll; die Knabenkräuter spreizen saftige Blattrosetten, das Labkraut strotzt vor Kraft, der Bärlauch von Frische, das böse Bingelkraut sucht die Türkenbundschosse tot zu machen, den zierlichen Hasenklee und den blanken Haselwurz.

Heiß fällt das Sonnenlicht auf diese Fülle von jungem Grün und lockt alles zu frohem Lebensdrang, was den hellen Tag liebt. Der Mönch singt und singt ohne Unterlaß, der Weidenlaubvogel unterbricht sein Gejubel nur, um ein Mückchen aufzuschnappen, Graudrosseln und Amseln pfeifen ringsumher, und alles ist erfüllt vom Geschmetter der bunten Buchfinken. Ein rotes Eichkätzchen schlüpft von Zweig zu Zweig, vor lauter Lustigkeit mit dem buschigen Schwanze schnellend und vergnügt kullernd und fauchend, so daß die beiden Rehe, die langsam den Grenzgraben entlang ziehen, ganz erstaunt nach ihm hinäugen. Mit den kohlschwarzen Geäsen rupfen sie die zierlichen Blütchen der Hainsimse und die frischen Triebe des Weißdorns und treten, als die unbeständige Luft ihnen meine Witterung zuträgt, in die Dickung hinein.

Am Grenzgraben schlendere ich entlang, an den zu seltsamen Gespenstern verrenkten Hainbuchen vorbei, um die Geißblatt und Waldrebe ihre Ranken geschlungen haben. Ein großer Raubkäfer wildert im alten Laube, eine dicke Weinbergschnecke kriecht bedächtig über das Moos und über die in der Sonne liegende Blindschleiche, deren silberner Schuppenleib mit veilchenblauem Punkten bestreut ist.

Aus dem stillen warmen Busche heraus komme ich wieder auf die Straße, wo der Wind rauh und laut weht. Jenseits im hohen Buchenbestande hat er noch Kraft, aber er bleibt bald zurück und bricht sich an den Kronen. So kann der Baumpieper über dem fahlen Kahlschlage getrost sein Tanzlied singen, kann die Meise im blühenden Traubenholunder balzen, kann das Rotkehlchen im sprießenden Weißdorn singen und der Zaunkönig aus der Rosenblütenpracht des Seidelbastes sein keckes Geschmetter erschallen lassen. Wechselnde Bilder bietet der Weg: dürre Halden mit grauem Steingetrümmer und bleichen Schneckenhäusern, kahler Buchenwald mit dem Rufe versteckter Ringeltauben, Fichtenbestände, von Meisenruf und Goldhähnchengezwitscher erfüllt, feuchte Quertäler, besät mit der Blütenfülle der Schlüsselblumen, lichtes Haselgebüsch, durchjubelt von Vogelrufen, über bunten Lungenblumenbeeten.

Großes und kleines Leben ist überall. Viele hundert Drosseln und Kernbeißer vereinigen sich hier zu einem Sängerfeste seltsamer Art. Dort folgt hastig Lampe, der gute Mann, der Liebsten Spur, überall im Moose und Laube ist ein Wühlen und Rascheln, Knistern und Krispeln, in jeder Krone ein anderer Gesang. Laut flötet die Spechtmeise, gellend ruft der Buntspecht, der Häher ahmt alle anderen Vögel nach und macht aus ihren Liedern ein närrisches Allerlei, und der Wildtäuber klatscht ihm laut Beifall.

Alle haben sie die Sonne gern, sogar der dicke Kauz hat sich breit aufgeplustert und findet, daß ihm die Wärme gut bekommt. Auch Frau Reinecke, die da irgendwo in der Dickung ein halbes Dutzend Giermäuler zu versorgen hat, macht es sich auf dem moosigen Buchenstumpf bequem und läßt sich die Sonne auf den ruppigen Balg scheinen. Aber ein dürrer Zweig verriet mich ihr, hastig fährt sie durch dick und dünn, von dem Geschimpfe des Hähers verfolgt. Der starke Bock aber mit dem hohen, weitausgelegten Gehörn äugt mir ruhig nach; es hat so lange nicht mehr geknallt, und er meint, endlich einmal müßte der Mensch aufhören, ihm nachzustellen.

Langsam zieht er vor mir her, und ich schleiche ihm von Baum zu Baum nach. Hier pflückt er ein Hälmchen, dort rupft er ein Blättchen, bis er sich erinnert, daß sein Gehörn noch nicht ganz blank ist. Und so plätzt er erst unter dem Weißdornbusch, daß Laub und Moos fliegen und Blätter und Blumen wirbeln, und bearbeitet dann mit dem Gehörn den grünen Busch, daß von der ganzen jungen Herrlichkeit so gut wie nichts mehr übrig bleibt.

Endlich hat er genug und zieht über die Bodenwelle, und ich bummele weiter durch den herrlichen lichten Bestand, mich an den stolzen Eichen, hochschäftigen Buchen, kräftigen Fichten und ragenden Birken freuend, bis der geschlossene Buchenwald mich aufnimmt mit seinem hellgrünen Bodenteppich, über dem überall die gelben Himmelsschlüssel nicken.

Auch dieses Stück Wald nimmt ein Ende; rotlaubige Buchenjugenden, schwarzgrüne Fichtenbestände, Buschwald mit buntem Bodenflor wechseln miteinander ab, hier und dort von kleinen grauen Steinbrüchen mit schön geschichteten, moosigen Wänden unterbrochen, aus denen ein Traubenholunder oder ein Rosenbusch die Zweige streckt.

Viele Wege führen von der Straße ab, jeder bietet Schönes und Feines. Gern folgte ich dem einen oder dem anderen, doch meine Zeit ist um, und ich steige den steilen, steinigen Pfad hinab, der mich aus dem jungen Frühlingswalde hinausführt in die alte Stadt, in deren Gärten es überall singt und klingt, wie allerorts jetzt zur Osterzeit.

Die allerschönste Blume

Alle Blumen ohne Ausnahme sind schön. Auch die kleinen und unscheinbaren haben ihre Schönheiten, auch die seltsamen und unheimlichen ihre Reize.

Man kann nicht sagen, welche Blume am schönsten ist. Der eine liebt der edlen Rose volle Formen, der andere des Heckenrösleins schlichte Gestalt. Dieser wieder freut sich an des Maiglöckchens zierlichem Bau, jener an der Würde der Lilien. Den dünkt keine herrlicher als des Flieders leuchtende Rispe, der wieder zieht der Heide winzige Blüte vor.

Auch die Blumen sind der Mode unterworfen, auch von ihnen werden einige heute gefeiert und morgen mißachtet. Dem Tulpenkultus folgte der Dahliensport, dann errang die Hyazinthe große Erfolge, diese wich dem Chrysanthemum, das jetzt vor den wunderbaren und wunderlichen Orchideen der Tropen in den Hintergrund tritt.

Auch die wilden Blumen sind von der Mode abhängig, wenn auch nicht so sehr wie die Gartenblumen. Immer hat man das Windröschen geliebt, stets hat man sich am ersten Veilchen gefreut, zu allen Zeiten Himmelsschlüssel gebrochen.

Eine Blume aber war nie modern und wird nie modern werden. Sie ist zu gewöhnlich, zu gemein. Sie steht an jedem Wege, sie wächst auf allen Wiesen, blüht auf jedem Anger, selbst zwischen den Pflastersteinen fristet sie ihr Leben und wuchert auf dem Kies der Fabrikdächer. Jedes Kind kennt sie, jeder Mensch weiß ihren Namen, alle sehen sie, aber keiner macht Aufhebens von ihr, sagt, daß sie schön sei.

Das ist der Löwenzahn, die Butterblume, die Kuhblume, die Kettenblume der Kinder, deren kleine goldene Sonnen in jedem Rasen leuchten, in jedem Grasgarten strahlen, an allen Rainen brennen, so massenhaft, so tausendfach, so zahllos, daß man sie nicht mehr sieht, weil man sie überall zu sehen gewohnt ist. Und deshalb hält man es nicht für der Mühe wert, sie zu betrachten und sich ihrer feinen Schönheit, ihrer vornehmen Form, ihrer leuchtenden Farbe zu erfreuen.

Nur die Kinder lieben sie. Vielleicht nicht deshalb, weil ihnen die Schönheit dieser Blume zum Bewußtsein kommt, sondern deshalb, weil es die einzige ist, die sie immer und überall pflücken dürfen. Kein Wärter knurrt, kein Bauer brummt, wenn die Kleinen sich ganze Hände voll davon abrupfen; sie sehen es sogar gern, denn es ist ein böses Unkraut, der Löwenzahn, ein Grasverdränger und Rasenzerstörer, gegen den alle Arbeit und Mühe nichts hilft.

Eine Woche lang kann die alte Frau sich mit steifen Rücken mühsam bückend Busch an Busch aus ihrem Grasgarten stechen; der Wind bläst die Samen heran, die lustigen braunen Kerlchen mit dem silbernen Federkrönchen, niedliche grüne Pflänzchen wachsen auf ihnen, treiben feste Pfahlwurzeln in den Boden, und über das Jahr kann die alte Frau wieder in ihrem Garten stehen und jäten, bis ihr das Kreuz lahm ist. Als die alte Frau noch ein kleines Ding war, da hat sie sich nicht über die Butterblumen geärgert. Da hat sie sich die ganze Schürze voll davon gesammelt, hat sich unter den alten Apfelbaum gesetzt in das grüne, mit weißen Apfelblütenblättern dicht bestreute Gras, hat Stiel um Stiel gedreht, bis der Kranz fertig war, ihn sich auf das blonde Haar gesetzt, ist in die Stube gelaufen, auf den Stuhl geklettert, hat vor dem Spiegel lachend die von dem Milchsaft der Stengel schwarz und klebrig gewordenen Händchen zusammengepatscht und gemeint, sie sei die Königin.

Und da eine Königin nicht nur eine Krone, sondern auch Geschmeide haben muß, so ist die Königin in den Grasgarten gegangen, hat sich wieder auf ihren grünen, weißgestickten Thron unter den rosenroten und schneeweißen Baldachin gesetzt, hat vielen Kettenblumen die Köpfe abgerissen und die hohlen Stengel fein säuberlich ineinander gesteckt, einige Blumenköpfe dareingeflochten und sich wunderbar schöne Ohrringe gemacht und herrliche Armbänder und eine Kette, dreimal um den Hals.

Und weil eine Königin auch ein Zepter haben muß, so hat sie mit ihrem Daumennagel viele Kettenblumenstengel oben fein gespalten, in den Brunnentrog gelegt, damit sie sich kräuseln, und sie dann mit roter Strumpfwolle um eine Rute gebunden. Und nun hat sie ein Zepter, das sah in der Sonne aus, als hätten es die Zwerge aus Mondscheinstrahlen geschmiedet und mit Sonnenstäubchen bestreut. Am andern Tage war freilich die ganze goldene Herrlichkeit welk und schlaff, aber das schadete nichts, denn überall wuchsen Kettenblumen, und kein Mensch wehrte es der Kleinen, sie zu pflücken. Und als der Blumen goldenes Blond zu silbernem Weiß verblichen war, auch da noch boten sie dem Kinde lustigen Zeitvertreib; mit vorsichtigen Fingern brach sie die Stiele, hielt die silbernen Kugeln vor ihr Stumpfnäschen, machte aus ihren roten Lippen ein spitzes Schnäuzchen und pustete in die weiße Kugel hinein, daß die braunen Männchen mit den silbernen Federkrönchen sich so sehr erschraken, daß sie alle schnell fortflogen.

So haben es wohl alle Kinder gemacht, die unter blühenden Apfelbäumen im Mai spielen durften, und darum war ihnen die Kettenblume die liebste Blume und schien ihnen die allerschönste zu sein. Später vergaßen sie sie über Nelken und Levkojen und Flieder und Tulpen, aber ganz tief in ihrem Herzen klang doch ein Lied aus alter Zeit, wenn sie im Mai im grünen Gras die erste Butterblume blühen sahen, unwillkürlich grüßten ihre Augen mit zärtlichem Blick die goldene Blüte am Wege. Stände sie nicht am Wege und blühte sie nicht an der Straße, wüchse sie in fernen Ländern, wir hielten sie wohl hoch, fänden Worte des Lobes für die vornehme Form ihres Blattes, bewunderten das tiefe Dukatengold ihrer Blüte, deren Blättchen sich zu einem lockeren Polster wölben. Dichter würden sie besingen, Maler sie nachbilden, und die Märchenerzähler wüßten allerlei von ihr zu melden.

Tränen wären es, würden sie schreiben, die die Sonne weinte, als sie so viel Blut und Elend unter sich sah; Zwergendukaten wären es gewesen, die sich in Blumen umwandelten, als unreine Hände danach griffen; zu dieser Deutung hätte die Blume geführt, die heute goldblond blüht und morgen silbernes Greisenhaar trägt. Da sie aber am Zaune blüht, zwischen Scherben und Schutt, so tritt man sie unter die Füße und achtet ihrer nur, wenn sie den Rasen verdirbt und das Gras verdrängt.

Wäre sie aber nicht da, wir würden sie sehr vermissen. Nicht so frisch würde uns das junge Gras dünken, nicht so herrlich des Apfelbaumes Blütenschmuck; eintönig schiene uns der Rain und langweilig der Grabenrand; des Finken Schlag und der Grasmücke Sang, der Stare Pfeifen und der Schwalbe Zwitschern, weniger lustig würden sie uns klingen, fehlten unter den blühenden Bäumen, dem grünen Grase die goldenen Sönnchen, des Maies froheste Zier.

Tausendfach strahlen sie, zahllos leuchten sie, bringen Licht in den Schatten und Wärme in die Kühle. Winzige Abbilder der Sonne sind es, ganz aus reinem Golde gemacht, ganz ohne einen dunklen Fleck. Man könnte meinen, jeder Sonnenstrahl, der zur Erde fiel, hätte Saft und Kraft bekommen und sich in eine Blume verwandelt, in eine Blüte, golden wie die Sonne und rund und strahlend wie sie.

Es mag ja auch so sein; irgendein tiefer Zusammenhang besteht zwischen der Sonne und ihrem Abbilde. Je heißer die Sonne scheint, je weiter öffnen sich die gelben Blumen, als könnten sie nicht genug Glanz und Glut einsaugen. Und bleibt die Sonne hinter grauen Wolken, dann ziehen die Blumen sich eng zusammen, als frören sie nach ihr. Und wer sie von der Sonne nimmt, sie mit nach Hause bringt und in ein Glas stellt, der ist betrogen; sie blüht ab, ohne sich zu öffnen, welkt und wird greis und grau. Aber auf den Gedanken, sie mit in sein Heim zu nehmen, wird niemand kommen; sie ist zu gemein, diese Blume, und ist doch die allerschönste Blume.

Am Waldgraben

Es ist einer von den Gräben, die den Wald abgrenzen. Steil sind seine Ufer, stellenweise dicht bewachsen, dann wieder kahl und bloß. Je nachdem viel oder wenig Regen fällt, ist der Wasserstand hoch oder niedrig; manchmal läuft das Wasser wie ein quicker Bach, und zu anderen Zeiten schleicht es so langsam hin, daß es aussieht, als stehe es still. Zuzeiten kann ein kleiner Junge bequem hinüberspringen, dann aber wieder muß ein gewandter Mann sich sehr anstrengen, um von einem Ufer zum anderen zu kommen.

Wenn die Märzensonne durch das Astwerk der Bäume und Büsche auf den Bord des Grabens fällt, dann regt sich hier zuerst im ganzen Walde das blühende Leben. Des Huflattichs Sonnenscheibe strahlt dann in heller Glut, und des Leberblümchens treu blickende Blüte leuchtet aus dem schwermütigen Geranke des Efeus heraus, bis lustige Lungenblumen, zwiefach gefärbt, sich aus dem harten Blattwerk hervordrängen, um die behäbigen, in dichte Pelze vermummten Hummeln anzulocken.

Eines Tages aber werden die Hummeln ihnen untreu, denn in Menge erscheint der bunte Lerchensporn zwischen dem leichtsinnigen Geflatter der Windröschen, auch reißt eines Weidenbusches süß duftendes Blütenwerk die summende Kundschaft an sich, wie denn auch die gespenstige Schuppenwurz, deren nackte Blumen sich wie Kinderhändchen aus dem faulen Vorjahrslaube strecken, an unheimliche Märchen erinnernd, von allerlei Volk mit sonderbarem Geschmack besucht wird.

Es gibt unendlich viel zu sehen hier an dem Graben. Da ist ein Traubenkirschenbusch, dessen grüne Wellen jetzt noch in sanfter Flut hinabfallen, aber im Mai schäumen sie von weißen Blüten und hauchen betäubenden Duft aus. Ein Hasel steht da, der im März Gold auf die Efeuwände des Grabens streut, und der später mit seinem Widerbilde das dunkle Wasser erleuchtet. Ein junger Ahorn weist herrlich geformte Knospen vor, Vorwürfe für einen Goldschmied, und eine seltsam verzerrte Hainbuche lehnt sich über die Flut und freut sich ihrer lichten Pracht.

Mitte Mai ist es am allerschönsten hier. Dann strahlen aus dem Efeu die glühenden Kettenblumen, und die Taubnessel prahlt neben ihnen. Dann rudern langsam große grüne Frösche durch das laue Wasser und überschreien den Laubfrosch, der im hellen neuen Kleide auf dem größten Blatte der Brombeerranke klebt und lustig seinen Maigesang anstimmt, während über ihm der Zaunkönig aus voller Brust sein lautes Lied herausschmettert.

Zu jeder Zeit ist buntes Leben an dem Graben. Zierliche Bergbachstelzen schwenken sich über das Wasser und schnappen, an dem Ufer entlang trippelnd, die Mücken fort. Der Eisvogel, der einsame Fischer, lauert von der Wurzel der Esche auf Wasserjungferlarven und sein märchenhaftes Kleid blitzt und schimmert im Sonnenlicht. Wo das Ufer herabgesunken ist und eine Landzunge bildet, da tränken sich Amsel und Graudrossel, da baden Fink und Goldammer, da sucht das Rotkehlchen Gewürm, da nimmt der Star ein Bad.

Auch andere Tiere lassen sich hier sehen. Dicke, große Wühlmäuse huschen scheu aus dem Efeu und plumpsen in das Wasser, eine fuchsrote Ratte hastet über das Laub und sucht nach jungen Vögeln, bis das Raubwiesel ihr mit einem Satze in das Genick springt und sich von ihr unter die Wurzel der Erle schleppen läßt, wo der grimme Kampf ein Ende findet, der Kampf, in dem das Wiesel immer Sieger bleibt. Scheint die Sonne auf das Wasser, dann fahren langbeinige, dünnleibige Wanzen darüber hin in merkwürdigen Zuckungen, oder blitzblanke, kleine Käfer drehen sich dort im Kreise, bis ein plumpsender Fall sie verjagt. Die Wasserspitzmaus ist es. Jetzt rennt sie, einem Quecksilberklumpen ähnelnd, auf der Sohle des Grabens entlang, taucht als schwarzer Klumpen empor, zieht lange blitzende Streifen durch das Wasser, huscht auf das Ufer, hastet zwitschernd an ihm entlang und verschwindet plumpsend wieder in dem Wasser.

Wo die Esche ihr krummes Wurzelwerk aus dem Ufer reckt, da gähnt ein schwarzes Loch. Ab und zu verschläft der Iltis den Tag dort, neben sich unglückliche Frösche und Kröten, denen er das Kreuz zerbiß und die sich nun so hinstellen müssen, bis er sie gänzlich tötet und hinunterschlingt. Auch der Baummarder schleicht nächtlicherweile hier entlang, die Waldmaus belauernd und nach der Brut von Rotkehlchen und Zaunkönig schnüffelnd, und mit viel Geraschel sticht hier der Zaunigel nach fettem Gewürm.

Unweit des Ufers steht ein Rotbuchenstumpf, breit und bequem. Wer ihn als Sitz erwählt und sich recht still verhält, der kann allerlei erspähen, ulkige Lustspiele und ergreifende Trauerspiele, schlimmer als alle die der menschlichen Gemeinschaft. Hinter dem dichten Efeugeflechte zittern der jungen Goldammern hungrige Stimmchen hervor. Vorsichtig lockend naht sich die Mutter, ein Räupchen im Schnabel haltend. Da zickzackt ein Schatten über den Graben, ein Todesschrei erschrillt, fort stiebt der Sperber mit dem Goldammerweibchen in den Fängen, und eine Viertelstunde später greift er den Hahn, und die verwaisten Vögelchen zerfleischt in der Nacht die häßliche Ratte.

Ein Lustspiel ist es aber oder eine Posse, wenn die eifersüchtigen Blaumeisenhähne, fest ineinandergekrallt, als bunter Federball aus dem Haselbusch herabwirbeln und in das Wasser hineinfallen und, naß und schwarz, sich schnell von dannen machen, verfolgt von dem gellenden Gelächter des Zaunkönigs und dem spöttischen Gekicher der Bergbachstelze, oder wenn die Waldmaus, in den Genuß eines fetten Käfers vertieft, nicht bemerkt, daß der dicke Frosch immer näher an ihre zuckende Schwanzspitze heranrudert. Auf einmal schnappt er zu, die Maus quietscht auf und fährt in das Efeulaub, und mit einem dummen Gesicht glotzt der Frosch hinterdrein und wischt sich ärgerlich das breite Maul. Auch ist es zum Lachen, wenn die nackte schwarze Schnecke, nachdem sie die höchste Spitze des Schaftheuhalmes erklommen hat, darüber noch hinaus will und sich streckt und reckt und dreht und windet eine halbe Stunde lang, um endlich ihren Plan aufzugeben und langsam den Rückweg einzuschlagen.

Idylle sind es, wenn Rotbrüstchen, Zaunkönig und Bachstelze ihre flügge Brut in das Leben einführen. Das schnurrt und burrt durcheinander, schwankt unglücklich auf dünnem Ast, flattert plump in das Laub, klettert mühsam wieder empor, bis schließlich alle Geschwister müde und matt eng aneinander gepreßt auf einem Aste sitzen wie Kinder auf einer Bank, dumm und ängstlich hin und her gucken und unaufhörlich nach Futter piepsen. Wenn aber erst die Wasserspitzmaus ihren Jungen das Schwimmen und das Tauchen und die Käferjagd zu Wasser und zu Lande beibringt, dann staunt sogar der Zaunkönig über das Gewimmel, trotz seiner acht Kinder, die doch auch allerlei Leben verursachen.

Großen Lärm aber gibt es, fällt es dem Häher ein, sich hier sehen zu lassen. Und wenn er auch vorgibt, er wolle sich Würzelchen aus dem Ufer hacken für sein Nest oder einen Schnabel voll Wasser mitnehmen, man kennt ihn zu gut, den bunten Heimtücker, und von allen Seiten wirft man ihm Schimpfworte an den dicken Kopf, bis er wütend abzieht. Kommt aber das liederliche Kuckucksweibchen angeschlüpft, um ihr Ei in die Obhut von Bachstelze oder Rotkehlchen zu geben, dann ist das Gekeife noch ärger, und schließlich setzt es auch Hiebe, aber alljährlich kommt hinter der Efeuwand ein junger Gauch hoch, und alles, was von kleinem Vogelvolk am Graben wohnt, fühlt sich verpflichtet, den Immerhungrig und Nimmersatt vollzustopfen.

Im Wasser selbst geht es auch nicht immer friedlich zu, denn gar streitbare Gesellen, schwer gepanzerte, trefflich gerüstete Stichlinge mit scharlachrotem Brustlatz, mutige Gesellen, herrschen da unten. Wehe der armen Kaulquappe, die sich vom Strande in das tiefe Wasser wagt: ein Dutzend der Raubritter stoßen darauf zu, zerren das hilflose Tier hin und her und reißen es in Fetzen. Auch ein armer Regenwurm, der aus Unvorsichtigkeit in das Wasser gerät, muß unter den Bissen der winzigen Fische sterben, und wenn er sich noch so sehr krümmt. Kaulquappe und Wurm rächt dann wieder die Wasserspitzmaus, die Stichlinge in die Bucht treibend und ihnen das Genick zerbeißend.

Außer dem Stichling leben noch andere Fische in dem Graben, die graue Schmerle, die sich gern in den Blechtöpfen versteckt, die auf dem Grunde des Grabens rosten, und der buntgestreifte Schlammpeitzger, der sich im modernden Laube verbirgt. Wer gute Augen hat, findet im Mai an den überspülten Steinen auch ein fingerlanges Fischchen hängen, das Bachneunauge, dessen wurmähnliche Larven im Sande der Grabensohle eingebohrt leben. Auch eine Quappe oder ein Gründling verirrt sich wohl aus dem Bache in den Graben.

Stets sind einige Taufrösche dort zu finden, die faul an dem Ufer sitzen, oder eine Erdkröte, die langsam unter dem Efeu herkriecht, und auch die flinke Kreuzkröte läßt dort ihr Geschnarre hören. Früher, als noch nicht jedes Tierchen für das Aquarium oder Terrarium fortgefangen wurde, kamen auch Waldeidechsen und Blindschleichen hier vor, und sogar die Ringelnatter betrieb dort die Froschjagd mit großem Eifer.

Außer Goldammer, Zaunkönig und Rotkehlchen brüten an dem buschigen Ufer noch die drei kleinen Laubsänger, ferner der Sumpfrohrsänger, und einige Male hat sogar der Eisvogel dort seine Nesthöhle in die Wand getrieben und seine Jungen glücklich hochgebracht. In diesem Jahre baute ein Schwanzmeisenpaar sein kugeliges Nestchen in die Zwille der Birke, die unweit des Grabenbordes steht. Nicht weit davon hat ein Sumpfmeisenpaar ein Nestloch in der Erde gefunden, und weiter zurück brütet die zierliche Blaumeise in einem Spalt derselben Eiche, in deren Wasserreisergewirr eine Schwarzdrossel ihr Nest anlegte. Zehn Schritte weiter hat ein Baumläuferpärchen eine passende Stammritze für sein Nest gefunden, und die Singdrossel beginnt sich in dem dichten Weißdorn einzurichten, in dem im vorigen Jahre der Mönch brütete und unter dem der Hase so gern liegt.

Da hier selten ein Mensch geht, äsen sich die Rehe gern den Graben entlang. Jagt sie ein Hund, so überfliehen sie einige Male den Graben, bis der Hund ihre Fährte verliert, und der starke Bock flüchtet sogar in den Graben hinein, watet eine Strecke in dem Wasser entlang und bringt so die Hunde in Verwirrung.

So ist hier immer allerlei Leben vom frühen Morgen an den Tag hindurch, und auch des Nachts lebt und webt es dort. Im Frühling schwirren Eulenschmetterlinge um die Weidenschäfchen, im Sommer sausen große Schwärmer über die Geißblattblüten und fallen der großen, fuchsroten Fledermaus zum Opfer, die ab und zu aus den Wipfeln herunterfährt, denn das Gebiet über dem Graben ist eigentlich das Reich der Wasserfledermaus, die unablässig dicht über dem Wasser hin und her streicht und die Mücken fortschnappt. Mit Vorliebe jagen auch Waldkauz und Ohreule hier, denn irgendeine Maus oder Ratte erwischen sie stets.

Wintertags erscheint von weither auch der Fuchs hier; aber ehe es dämmerig wird, schnürt er wieder in die großen Wälder zurück, denn gar zu unheimlich ist es ihm so dicht bei der Stadt. Ab und zu verspätet er sich aber doch einmal und versteckt sich in dem Jungfichtenhorste in der Dickung oder nimmt weiterhin einen alten Kanichenbau an.

Den Fuchs wird nun nicht so leicht ein Waldwanderer gewahren, es sei denn, er sei schon bei dem ersten Drosselpfiffe draußen. Das andere Leben ist aber tagtäglich dort zu beobachten für den, der dafür Augen und Ohren hat und der leise zu gehen versteht hier am Waldgraben.

Es steht die Welt in Blüte

Ein Vers singt in mir den ganzen Tag, ein Vers von einem Lied, das ich vor mehr als Jahresfrist las. „Es steht die Welt in Blüte, in Blüte steht dein Herz." Die Sonne scheint heiß und das Grün kommt hell und die Vögel singen laut und die Falter fliegen froh und das schöne Lied ist in meiner Seele, wie Sonnenschein und Knospenbrechen und Vogelsang und Falterflug. Und es scheint und sprießt und singt und flattert in mir den ganzen Tag: Es steht die Welt in Blüte.

Als ich ein Junge war mit blondem Zottelkopf und Armen und Beinen, die aus der stets zu kurzen Jacke und den ewig zerrissenen Hosen herauswuchsen, da kannte ich das schöne Lied nicht, und doch sang es in mir, wenn die Traubenkirsche am Waldbach ihr grünes Kleid anzog, wenn alle Vögel sangen und die gelben Schmetterlinge flogen und aus dem braunen Fallaube die Frühlingsblumen kamen weiß und gelb und grün und rot und blau, wie heute: Es steht die Welt in Blüte.

Und dann mußte ich hinaus, ganz allein, in den Buchwald am See, wo der Frühling einzog mit flatternden Fahnen und klingendem Spiel. Und wenn dann die Sonne die kalten Buchenstämme warm tönte und alles blitzen und leuchten ließ in meinem Walde, das Alte und das Neue, das Lebendige und das Tote, das junge Grün und das alte Laub, das dürre Gras und das frische Moos, die trockenen Reiser und die saftigen Blätter, dann zog Frühlingstrunkenheit in mein Jungensherz, und mit lachenden Augen sah ich in den lachenden Tag.

Ist sie noch da, die Kinderfreude? Lebt sie noch in dir, die alte Frühlingstrunkenheit? Kannst du noch lachend dem Frühling in die Blauaugen sehn? Der Winter war lang, und die Kälte war hart, und der Wind war rauh und böse. Vielleicht ist zuviel verfroren, ausgewintert ist die Hoffnungssaat, und die Knospen sind tot gemacht von Frostnebel und Rauhreif.

Aber die Sonne ist so herrlich heiß, und in jedem Garten sind bunte Blumen, und ein Schmetterling tanzt über die Straße vor mir her. Gelb sind seine Flügel, goldgelb, und jeder hat einen kleinen roter Punkt.

Grün ist die Saat und hell ist der Weg und blau ist die Luft, alle Lerchen singen auf mich hinab, vom Klosterpark lockt des Grünspechtes Jubelruf, in blauem Duft liegt der Berg, silbern blitzen die Flügel der Windmühle, goldrot sind alle Häuser, jeder Baum rührt seine Knospen, braune Hasen spielen in der grünen Saat, Haubenlerchen jagen sich: Es steht die Welt in Blüte.

Im Klosterpark ist der Frühling Alleinherrscher. Alle Knospen hat er geöffnet, jeden Bodenfleck hat er bunt gestickt, alle Vögel hat er Lieder gelehrt. Das trillert in jedem Strauch, das flötet von jedem Wipfel, das pfeift aus allen Kronen, das schmettert in jedem Baum immer dasselbe Lied in hundert verschiedenen Weisen, laut und leise, keck und schüchtern, zart und voll.

Am Teich auf dem Hügel wird mir der Tisch gedeckt. Frühlingsfarben hat mein Mittagbrot. Gelb und weiß wie Hahnenfuß und Windrosen ist das Spiegelei, wie Traubenkirschblüte die Milch, wie Lärchenspornblumen der Schinken so rot. Fink und Meise, Drossel und Star, Rotschwanz und Trauerfliegenschnäpper machen mir die Tafelmusik, und der Grünspecht hämmert den Takt. Die Hühner räumen dann ab.

Ich dämmere in den Frühlingsnachmittag hinein. Wie das alles lebt und webt, das zarte Birkengrün drüben hinter dem Teich, das weiße Entenvolk im grünen Rasen, das Schwanzmeisenpaar im Eichengeäst, die dicken, aufbrechenden Kastanienknospen, die blitzblanken Starmätze hoch oben in den Wipfeln. Ein Zittern, ein geheimes Beben liegt in allen Knospen, in jedem neuen Blättchen, in jeder hellen Blüte, und aus jedem Vogelliede bebt und zittert die Liebeslust und die Lebensfreude. Aber aus dem Silberglöckchenliede des Rotkehlchens bebt und zittert es am innigsten von glücklicher Sehnsucht und sehnsüchtigem Glück.

Des Hahnes Krähen klingt anders, als wintertags. Jubelnd wiehert es aus den Ställen, und der Kühe Gebrüll ist weich und voll. Ein lockendes Flöten schwebt in der Luft; ein dunkler, silberfleckiger Uferläufer taumelt über die Wiesen; jetzt hat er das Weibchen gefunden und jagt es neckend hin und her. Dort unten am Teichbord fallen sie ein, die zierlichen Vögel. Alles hier ist jung und frisch, neu und schön. Wie Silber blitzt die Pflugschar, wie Gold das aufgestapelte Brennholz, die jungen Nesseln strotzen von Frische, und üppiges Grün schmückt das giftige Schöllkraut am Zaun. Lustig keckert der Laubfrosch sein Liebeslied, jubelnd schmettert der Fink von Liebe, zärtlich gurrend umknickst der schwarze Täuber auf dem silbern schimmernden Dache sein weißes Holdchen, immer wieder jauchzt der Grünspecht, überall brummen stillvergnügt die Hummeln, und wohin die Augen fallen, ist ein Frühlingswunder, ein gelbgrün blühender Ahornbusch, ein Veilchen im Gras, ein goldener Stern, eine weiße, nickende Blume, ein Schmetterling, tiefschwarz und elfenbeingelb, eine bunte, schimmernde Fliege.

Und ein Duft liegt im Walde, liegt über den Wiesen, verbindet Himmel und Erde, Rasen und Wasser, Boden und Tiere, schmilzt die weißen, rotfüßigen Enten und die schwarzen Krähen und bunten Hühner in das Gras hinein, webt die Frauen, die den Weg aufharken, in das Bild, löst aller Bäume Umrisse auf und läßt aller grünenden Kronen Grenzen verschwimmen in der großen, weichen, warmen Frühlingsstimmung, die über das Ganze fließt.

Und was der Frühling alle Wesen für neue Künste lehrt! Der Grünfink taumelt wie eine Fledermaus vor seinem Weibchen her, der Star klappt mit den Flügeln und tanzt und hopst und singt seiner Liebsten alle Lieder vor, die andere kleine Dichter erfanden, und der bunte Eichelhäher, der selbst kein Lied dichten kann, nur schwatzen und plappern, auch er sucht Eindruck zu machen mit anderer Sänger Lieder. Aber der Zaunkönig, der Knirps, singt das perlende Lied, das er selbst ersann, laut und lustig durch den Park, daß der rotschimmernde Turmfalk ganz erstaunt über der Eiche rüttelt, in der der Knirps herumhüpft.

In der knospenden Kastanie lockt sehnsüchtig eine Finkenhenne. Bunt flattert es heran, piept, girrt, und dann geht die Jagd los durch das Astwerk der kahlen Eiche. Die Eiche und die Kastanie, das sind Gegensätze. Die eine voll von mächtigen glänzenden klebrigen Knospen, aus denen die jungen Blattfächer kommen, die andere ohne jede schwellende Knospe, schwarz, hart, kühl der werbenden Sonne gegenüber. Die Kastanie ist ein Südländer, die Eiche ein Niedersachse. Die fangen nicht so leicht Feuer, aber wenn sie brennen, dann geben ihre Flammen viel Glut.

Über staubige Straßen gehe ich zum Walde. Da liege ich im Moos und starre durch die Föhrenkronen in den hellblauen Himmel. Über mir kreist ein Turmfalkenpaar, ein Kolkrabenpaar schwebt mit großem Schwunge dahin, der Täuber gurrt, wirft sich in die Luft und stiebt flügelklatschend zu seiner Frau herab, ein Schwarzspecht jagt lustig lachend seine Braut, zwei Zitronenfalter, ein tiefgelber und ein hellgelber, flattern an mir vorbei. Ich starre in den blauen, von schwarzen Föhrenkronen eingerahmten Fleck Himmel. Einsam steht darin die Mondsichel, silbern und kalt. Die teilt das Blühen der Welt nicht, die einsame.

Die Ulenflucht kommt. Das Schummern fällt in den Wald. Rot werden die Föhrenstämme, goldrot, goldrot auch die schwarzen Kronen. Ein Waldkauzpaar schwebt vorüber, ein Nachtschwalbenpaar auch, rufend und pfeifend. Irgendwo flötet die Nachtigall.

Es steht die Welt in Blüte.

Das Moor

Öde heißt man das Moor, und traurig und verlassen. Wer es so schimpft, der kennt es nicht. Niemals sah er es um diese Zeit. Sein feinstes Kleid hat es an, ein sammetbraunes, das mit grüner Seide benäht ist, mit weißem Pelz verbrämt, und goldene Spangen funkeln daran. Im Frühherbst, wenn die Heide blüht, dann gewinnt dem Moore jeder Mensch Geschmack ab, und auch im Spätherbst, wenn das Birkenlaub goldgelb leuchtet, findet man es schön; jetzt fährt man an ihm vorüber.

Wen es aber gelüstet, aus dem Lärm der Stadt herauszukommen und einmal allein zu sein, keine Menschen um sich zu sehen, die überall die Wälder füllen, der muß in das Moor hinauswallen. Eine schön gewellte Straße, von hellgrünen, vollaubigen Birken eingefaßt, führt ihn dorthin. Fruchtbare Felder und helle Wiesen läßt er hinter sich, hinter denen blaue Wälder und die hohen Geestrücken dem Blick Halt bieten, und dann nimmt das Moorland ihn auf mit Birkenbüschen und Wollgrasflocken. Aber es ist nicht mehr das echte, große, unzerstörte Moor, das es vor zehn Jahren war; die Bodenbebauung riß große Stücke heraus, Wiesen entstanden in ihm, Obstgärten erwuchsen dort, in denen hübsche grüne Häuschen liegen; erst eine halbe Stunde weiter, rechts von der Straße, beginnt das weite, breite Moor.

Zwischen dichten Birkenbüschen führt der Weg. Erst ist er noch graswüchsig, Faulbaum, Weiden und blühende Ebereschen rahmen ihn ein, bleiben dann zurück, und die Birke allein begleitet ihn. Das grüne Gras auf dem Wege verschwindet, kahl wird der Weg. An den Rändern liegen die alten, gelben Blätter des Pfeifenhalmes, an deren krassem Gewirr sich erst jetzt die frischen Blättchen schieben. Merkwürdig gekrümmte Zweige und Wurzeln von Heide- und Moorbeere, lauernden Schlangen ähnlich, fahlbraun oder silbergrau, bilden am Wegrande wirre Knäuel.

Es ist eine seltsame Welt für sich, dieses Moor, eine Welt, die so gar nicht in unsere Zeit paßt. Willst du Ähnliches finden, so steige auf den Brocken, auf die Schneekoppe; in der Tatra, in den Alpen findest du dieselbe Pflanzenwelt, und im hohen Norden. Eine Moorfahrt ist eine Nordlandsfahrt. Nordisch ist alles, was du um dich her siehst, die Pflanzen, die Tiere, das ganze Bild. Lapplands Moore, die sibirischen Tundren sind kaum anders. Auch hier könnte das Renn leben, auch hier das Moorhuhn fortkommen, auch hier könnten Seidenschwanz und Wacholderdrossel brüten.

Überhöre den Pfiff der Ziegelei, das ferne Gedonner des Eisenbahnzuges, und du bist in der Tundra. Dort wachsen Krüppelbirken wie hier, dort bildet die Moorbeere ebenso dichte Horste, dort kriecht die Moosbeere über die alten Torfmoospolster, dort füllt das Renntiermoos die Zwischenräume zwischen den Heidekrautbüschen aus, dort bilden gelbgrüne Torfmoospolster feuchte Kissen. Dort wird auch, wie hier, jetzt überall das Wollgras seine weißen Seidenbüschel erheben, werden die hellgrünen und rosenroten Glöckchen der Moorbeere von unzähligen Bienen und Fliegen umsummt sein, werden grüne Raubkäfer bei jedem Schritt aufblitzen, rote Wasserjungfern knisternd von Busch zu Busch schießen. Auch dort wird, wie hier, von der Spitze eines Weidenbusches der schwarzköpfige Rohrammerhahn sein kleines Lied zirpen, wird der Pieper singend emporsteigen und trillernd niederwärts schweben, und rund umher wird auch da der Kuckuck läuten.

Es ist heiß, und hier auf dem alten Stumpf einer Eiche, die das Moor einst verschluckte, sitzt es sich gut am Rande des tiefen Torfstiches. Sein tiefbraunes, klares Wasser ist leer von allem Leben; nur einige dünne, langbeinige Wanzen fahren über seinen Spiegel hin und her; aber keine Schnecke, kein Wasserkäfer, kein Fisch, kein Molch, kein Frosch lebt dort. Alles, was dort unten wächst, ist ungenießbar; die algenähnlichen, bleichgrünen, schleimigen Zöpfe des Torfmooses, die starren Binsen auf der verrotteten Zwischenwand, das harte Wollgras auf dem Torfinselchen mag kein Tier. Stumm und tot ist dieses Loch. Selbst die Libelle jagt hier nicht, weil sie keine Beute findet; sie schießt darüber hinweg und jagt dorthin, wo Froschgequak ertönt.

Dort stand der Torf nicht so hoch, dort gruben die Bauern bis auf die Lehmschicht. Hier ist das Wasser nicht so herb, hier faßte das Kolbenrohr Fuß, hier siedelte sich Froschbiß an und Wasserschlauch, süßes Schilf wächst hier und allerlei schmackhaftes Kraut. Und darum ist hier auch Leben und Weben mancherlei Art. Große grüne Frösche liegen faul, alle viere von sich gestreckt, auf dem Wasser. Die Männchen, im hellgelbgrün schimmernden Hochzeitskleid, lassen die weißen Schallblasen aus den Mundwinkeln quellen und singen ihre Liebeslieder. Langsam rudern sie zu den Weibchen, schauen ihnen zärtlich in die Augen, reiben ihre Nasen an ihren und quarren immer zärtlicher, mit neckischem Sprung verschwinden die Schönen dort, wo die goldgelben, rotgetüpfelten Blüten des Wasserschlauches sich erheben.

Es ist ein seltsames Pflänzchen, dieser Wasserschlauch. Sein wirres, zerfasertes Kraut ist mit einer Unmenge Bläschen bedeckt, deren jedes eine winzige Fischreuse darstellt. Was dort hinein gerät, das Würmchen, die

Larve, der eben ausgeschlüpfte Molch, das ganz junge Fischchen oder ein kleines Krebstier, es ist verloren; die nach innen gebogenen steifen Haare der Reuse lassen es nicht eher los, als bis es verdaut ist.

Ein Räuber ist diese Pflanze, gerade so einer wie der hübsche Sonnentau, der dort seine roten, wie mit Diamanten besetzten Rosetten über dem grünen Moose erhebt. An seinen glitzernden Drüsenhaaren bleibt allerlei winziges Schwirrvolk hängen, die Haare krümmen sich, überziehen es mit dem zähen Schleim, und das Blatt saugt ihre Weichteile auf. Das Moorwasser und die Moorerde sind arm an Nahrung, darum müssen sich die beiden Kräutchen helfen, so gut es geht.

Nur was sehr genügsam ist, kann hier fortkommen, wie die Heide, deren alter Blüten graue Perlen dem Moore seinen Hauptton geben, von dem sich hier ein gelbblühender Stachelginsterbüschel, dort die rosigen Glöckchen der Rosmarinheide leuchtend abheben. Wo aber die Bauern Sand auf den Damm fuhren, um ihn zu festigen, wo Pferdemist liegen blieb, da siedelt sich gleich allerlei anderes Kraut an, der Heidecker, mit seinen goldenen Blüten, eine Miere, ein Knöterich, und sogar ein Wegerich folgt dem Menschen hier. Weißenmannesspur nennen ihn die Indianer Nordamerikas und hassen ihn, denn er zeigt ihnen überall der Bleichgesichter Vordringen.

Der Abend naht heran, vielstimmiger wird das Geläute der Kuckucke, die Turteltauben schnurren im Birkenwald, die Mücken erheben sich aus dem Heidekraut. Wer die nicht vertragen kann, der muß jetzt gehen. Aber die schönste Zeit für den, der gegen sie abgehärtet ist, beginnt erst. Aus den Wiesen steigen die Nebel und ziehen durch die Birkenbüsche. Im hohen Moor faucht und trommelt noch ein Birkhahn, die Nachtschwalbe spult und spinnt, jauchzt gellend und schlägt die Flügel zusammen, im Schilf am Grabenrand vor den Wiesen schwirrt der Heuschreckenfänger, mit dumpfem Heulen schwebt der Kauz über den Weg, und wenn das Abendrot hinter dem fernen Wald erloschen ist, meckern die Bekassinen und schnattern die Enten ringsumher, bis auch sie schweigen und nur das Singen der Mücken und das ferne Quarren der Frösche die große heimliche Ruhe des Moores noch mehr verstärkt.

Wer dann durch das Moor geht, lernt es erst recht kennen in seiner erhabenen Ruhe, und fährt er in der Kühle zurück und kommt in die dumpfe, laute Stadt hinein, dann weiß er, wo er sich ausruhen kann, wird ihm des städtischen Lebens bunte Hast einmal zuviel.

Er geht in das Moor.

Auf der Kuppe

Immer wird es reichlich spät, ehe der Frühling sich des Brockens annehmen kann; in diesem Jahre kam er erst ganz spät dazu. Zu viel Arbeit hatte ihm unten im Lande der Winter gemacht. So wurde es spät im Mai, ehe der Frühling dazu kam, an den hohen Berg im Harz zu denken, und als er mit der frohen Botschaft dort anlangte, fand er wenig Gehör. Die Heidelbeersträucher wandten ein, daß es noch Nacht für Nacht friere, die Fichten meinten, es läge noch zu viel Schnee, das Wollgras fand das Tauwasser zu eisig, und die weiße Kuhschelle erklärte, ehe nicht der Hexensand um ihre Wurzeln auch des Nachts locker bleibe, denke sie nicht daran, zu blühen.

Vergebens redete der Frühling der Eberesche vor, daß ihre Geschwister im Tale schon im vollen Laube ständen: sie rührte sich nicht. Er suchte dem Ampfer und dem Wohlverleih klarzumachen, daß es nun Zeit sei, aufzuwachen; sie kümmerten sich nicht um ihn. Er sprach der Krähenbeere und der Goldrute zu, aber er hatte keinen Erfolg, und wenn er auch der Krüppelweide und der Zwergbirke die besten guten Worte gab, es war alles in den Wind gesprochen. Da stieg er zu Tale und holte sich Hilfe. Aus dem Brockenfelde brachte er den Birkhahn mit, und als der drei Morgen hintereinander im Brockenmoore die Lärmtrommel geschlagen hatte, da hing der Weidenbusch Gold an seine Zweige. Dann ging der Frühling zum Scharfensteine und bat einige Finken, ihn zu begleiten, und nahm vom Oderteiche einige Braunellen mit, und die schlugen und zwitscherten so kräftig, daß eine Wollgrasblüte neugierig ihr graues Köpfchen heraussteckte und an einem Heidelbeerbusche verwunderte grüne Augen auftauchten.

Aber das genügte dem Frühling noch nicht, und so wanderte er zum Eckerloche und bat den Steinschmätzer herauf und vom Torfhaus das Laubvögelchen, und da der eine so lustig sang und krähte und das andere so süß flötete und lockte, so ermunterten sich Ampfer und Goldrute, Habichtskraut und Lattich, Simse und Binse, durchbohrten das fahle Gras mit scharfen Blattspitzen, trieben üppiges Grün aus nassem Gras und spreizten sich über den braunen Flechten und dem gelben Torfmoose. Eines Tages, als ein Bussard auf Bitten des Frühlings die Langschläfer der Brockenkuppe mit gellendem Katzenschrei höhnte, und eine Krähe sich bereitfinden ließ, sie in rauher Weise zu verspotten, da schoben auch die Kuhschellen ihre blaugefrorenen Knospen zwischen dem moosigen Granitgerölle heraus, aber nur ein ganz klein wenig, daß der kalte Nachtwind sie nicht fassen konnte.

Schließlich wurde es dem Frühling denn doch zu langweilig, und er pilgerte zornentbrannt nach Wernigerode und Ilsenburg, Elbingerode und Harzburg, sprach lang und breit mit den Mauerseglern und erzählte ihnen, da oben auf der Brockenkuppe flögen sehr viele und ganz besonders fette und leckere Käferchen und Fliegen. Die schwarzen Schreihälse glaubten es ihm, sie erhoben ihr Gefieder, ließen den Buchenwald und die Schlüsselblumen hinter sich, sausten über schwarze Fichtenwälder und graue Steinhalden, und als der Frühling noch mühsam im nassen, braunen Moore bergan stieg, da lärmten die düsteren Gesellen schon um das Brockenhaus und schimpften fürchterlich, denn oben in der Luft flog nichts, und was dicht über den Steinen schwirrte, das lohnte die Reise nicht, und husch waren sie wieder da, wo sie hergekommen waren. Der Frühling aber lachte sich ins Fäustchen; er hatte seinen Zweck erreicht. Die blauen Knospen zwischen den grauen Steinen hatten das Gezeter der Turmschwalben vernommen, und was alles Reden des Frühlings nicht fertig gebracht hatte, das gelang den Seglern im Nu. Wenn der Segler auf der Brockenkuppe jagt, dann ist es Zeit, aufzuwachen. Das weiß man dort oben.

So wurde es Ende Mai, ehe am Brocken der Frühling sein Recht bekam. Die Buchenwälder unten im Harz standen schon im vollen Laube und hatten die ersten Frühlingsblumen schon vergessen; das Windröschen war von der Sternmiere, das Lederblümchen vom Günsel, das Milzkraut von der Waldnessel abgelöst. Auf den Wiesen drängten sich Schaumkraut und Knabenwurz, die Wolfsmilch vergoldete die Raine, die Obstbäume setzten schon Früchte an, und in den Gärten stritten sich Flieder und Goldregen um den Schönheitspreis, da fütterten die Spatzen schon über allen Dachrinnen ihre Brut, da tolpatschten schon flügge Amseln in den Gärten, und da erst wurde auf dem Brocken der Frühling Herr. Aber noch längst nicht überall, lange nicht am ganzen Brocken siegte im Mai der Frühling. Und es war eigentlich erst der Vorfrühling, der sich dort, wo die Sonne hinkam, neben dem Winter behauptete, der von den schattigen Stellen nicht weichen wollte. In den kalten Trümmerhalden und in den eisigen Schluchten ist es noch immer Winter, da blühen die Wintermoose, da springt der Gletschergast umher, hüpft der Schneefloh, liegen Larven und Raupen und Puppen und Käfer und Schnecken steif und starr unter Steinen vergraben, rührt sich noch keine Krüppelfichte, regt sich das zwergige Heidelbeergestrüpp immer noch nicht, da ist es noch voller Winter. Hart daneben aber ist es Vorfrühling und noch ein wenig weiter voller Frühling, und je nachdem es den kundigen Brockenfahrer gelüstet, kann er bis spät in den Juni hinein den Februar oder den März, den April oder den Mai hier wiederfinden und genießen, mit den Füßen im Nachwinter stehend, sich am Vorfrühling freuen und vom Frühling in den Winter hineinsehen.

Hier, wo die Sonne die Talflanke unter ihre Strahlen nehmen kann, ist lachendes Leben. Von den Fichten hängen weich und zart die jungen Triebe, das lustige Laub der Heidelbeere ist mit leuchtenden Korallen überstreut, kräftig streben Fingerhut und Tollkirsche empor, hinter den braunen Wurfböden der Fichten spreizen sich die jungen Wedel der Farne, und neben ihnen zittern schimmernde Simsen, von den Birken rieselt das neue Laub, die grauen Steine umflicht das winzige Labkraut, jeder Wasserfaden füllt sich mit schwellenden Moospolstern. Sobald die Sonne da ist, singt und klingt das ganze Tal. Von der Spitze der Wetterfichte flötet die Misteldrossel, und die Singdrossel sucht sie zu übertönen. Rundherum erschallt das selbstbewußte Geschnatter der Finken, und das schüchterne Gepiepse der Goldhähnchen zittert überall. Am Bachdurchlasse wippt lockend und zwitschernd die Bergbachstelze über das nasse Gerölle, und vom gischtumspülten Blocke im Bache gibt die Wasseramsel ihr Liedchen zum besten, während aus dem Gedämmer der Fichten der Minnesang der

37

Tannenmeise hervorklingt und vom Windbruche der Braunelle und des Zaunkönigs Weisen herüberschallen, bis des Baumpiepers heller Schlag alle anderen Stimmen zurückdrängt.

Dort aber, wo der Sonne der Weg zwischen den Fichten zu schmal ist, da ist es kalt und tot und still. Da zeigen die Tannen noch keinen frischen Trieb, dort sind die Heidelbeerzweige noch dunkel und dünn, der Sauerklee hat das Blühen noch nicht gelernt und die Farne schieben kaum einige goldbraune Knöpfe aus dem Moose, denn rundherum lagert zwischen brummigen Felsblöcken der böse Schnee und läßt sein bitterkaltes Wasser durch das Geröll sickern, und strenger Schatten wehrt aller Lebenslust. Sobald aber der braune, nasse, weiche Weg das düstere Tannicht verläßt und gelb und trocken und fest wird, ist das lustige Leben wieder da. Es brummt und summt über dem leuchtend grünen Kissen der Steinklumpen, es schwirrt und flirrt um die jungen Tannentriebe, stahlfarbene und bronzeblanke Schnellkäfer schweben bedachtsam dahin, silberne Motten blitzen einher, in dem Wasserloche wärmt sich der faule Bergmolch, rudern Schwimmkäfer, wimmeln Kaulquappen, und auf dem warmen Wegebord sonnt sich die schlanke Eidechse.

Und wieder verliert sich der Weg im kalten Dunkel des Tanns, und das junge Grün und das frohe Leben bleibt zurück. Unheimlich starren graue Blöcke aus gespenstigen Schneeflecken, unbarmherzig kalte Rinnsale schlüpfen über die verängstigten Farnstöcke, blutrote Wasseradern schleichen durch das schwarze Moos. Aber schon lacht ein Schneefleck hell auf im Sonnenlicht, ein Meisenruf zerbricht die beklemmende Stille, und des Kuckucks lautes Geläute verkündet, daß das Sonnenreich wieder beginnt. An bunte Steinblöcke geschmiegt lächeln rosige Windröschen zu den blühenden Heidelbeerbüschen auf den Felsen hinauf, saftiges Milzkraut sperrt des Wasserfadens Lauf, langbeinige, dürre Wanzen huschen über den Spiegel des Wasserloches und werfen unsinnige Schatten auf den klaren Kiesgrund, lustig kluckt und schluckt ein heimliches Wässerlein, alle Moospolster haben einen schimmernden Strahlenkranz, und jeder Fels macht sein freundliches Gesicht.

Im Gestrüpp raschelt es; es stiebt der gelbe Granitgrus. Breit, faul und behäbig nimmt der Urhahn dort sein Sandbad, ab und zu mit dem gewaltigen Hakenschabel eine Ameise oder einen Käfer aufnehmend oder ein Blättchen rupfend. Dann leuchtet sein Hals wie ein Kunstwerk aus edelster Bronze. Jetzt reckt er den schweren Kopf. Das leise Brechen, das hinter ihm erklang, weckte ihn aus seiner Behaglichkeit. Die rote Maus, die an ihm vorüberschlüpft, die Eidechse, die über den Schotter zickzackt, sind nicht so laut. Er richtet sich auf, macht einen langen Hals und poltert von dannen, daß der gelbe Grus aus seinem Gefieder stäubt. Aus der Dickung schiebt sich ein langer, schmaler Kopf, läßt lange Lauscher spielen, zieht einen langen Hals nach und einen langen Rücken, und groß und grau steht ein Stück Wild in der lachenden Sonne und schiebt sich langsam zwischen den Felsblöcken weiter, bis es in den Tannen untertaucht, wo kein Weg und kein Steg störendes Menschenvolk herbeiführt. Jetzt

38

läßt es sich hier schon wieder leben. Im Winter war es nur kümmerlich. Jeden Tag dasselbe: Tannenzweigspitzen und Heidelbeerkraut, das recht mühsam aus dem tiefen Schnee geschlagen werden mußte. Ein Glück, daß der Förster fütterte, sonst wäre es ganz schlimm geworden. So denkt das alte Stück, und so denkt auch das Reh, das in dem Bruche zwischen den Steinblöcken und Tannengerippen umhertritt und sich an dem jungen Grün äst. Und auch der alte Hase denkt so, der der Länge nach in dem trockenen Hexensande liegt und sich die liebe Sonne auf den Balg scheinen läßt, und der Fuchs nicht minder, der sich gar nicht weit von dem Hasen auf einer warmen Steinplatte rekelt und die Birkhenne verdaut, die er sich heute früh zu Gemüte führte. Im Winter hatte er sich mit Mäusen begnügen müssen, denn mit Fallwild steht es hier schlecht; die Grünröcke füttern zu gut. Aber nun gibt es bald dies, bald das, und das Leben läßt sich schon wieder ertragen, zumal der Abfallplatz hinter dem Brockenhause jetzt ganz angenehme Abwechslung in die Kost bringt, abgesehen von den Wursthäuten und Käserinden, die man heute wieder an allen Wegen findet. Es läßt sich wirklich jetzt schon ganz gut hier leben. Das meinen die Finken auch, die in den Zwergwäldern mit dem Laubvögelchen und der Braunelle um die Wette singen, und die beiden Pieperarten, die sich oben auf der Kuppe und an ihren Geröllabhängen mit Flugspiel und Lied vergnügen, und der Steinschmätzer, der über dem Alpengarten herumflattert und seine Schalksnarrweise ertönen läßt, und der Kuckuck, der hier die Pieper mit seinen Eiern beglückt. Es kriecht und krabbelt allerlei Kerbtierzeug zwischen dem Grase, und es surrt und burrt vielerlei Volk, und seitdem sich die Nessel an den Schuttplätzen ansiedelte, fliegt sogar ab und zu ein bunter Falter hier. Auch der Segler kommt Tag für Tag herauf und erschreckt die Menschen, die vom Turm aus die Städte und Dörfer zählen, mit seinem schallenden Fittichschlage, und die weiße Brockenblume blüht zwischen allen grauen Steinen.

Die wenigsten Menschen aber, die die Bahn hier heraufführt, und die bis zum nächsten Zuge hier verweilen oder die Nacht über, um die Sonne aufgehen zu sehen, lernen den Brocken und seinen Frühling so recht kennen. Kaum einer klettert in eins der kalten Löcher, wo der Schnee noch hart und fest liegt, und wo sich zwischen dem wilden Felsengepolter noch keine Spur eines neuen Pflanzenlebens zeigt, während dreißig Schritte davon, unterhalb des toten Zwergwäldchens, das seine vom Rauhreife zerbissenen, vom Schnee entkleideten, vom Tauwasser zerbeugten silbergrauen Stämmchen anklagend emporreckt, die Heidelbeeren abgeblüht sind und die Eberesche ihre Silberknospen aufgrünen ließ, das Wollgras sich eifrig betätigt, und die Farne stolz in Erscheinung treten, auch an gemütlich brummenden Hummeln, giftig summenden Wespen, blitzenden Käfern und schimmernden Motten kein Mangel ist, und sogar eine Schnecke ihr braunes Häuschen über den Stein schleppt.

So viel Leben ist jetzt dort oben, daß sogar eine Krähe dort einmal Rast macht, und auch der Strauchdieb von Sperber läßt sich mal zu einem Abstecher über die Kuppe verlocken und streicht mit einem bunten Finken in den Fängen talabwärts seinem Horste zu, und die roten Kreuzschnäbel lassen sich in den Krüppelwäldchen an den Abhängen der Kuppe mit ihrer flüggen Brut auch bisweilen sehen, reisen aber bald wieder ab, wie denn auch das Rotwild, wenn es nächtlicherweile über die Kuppe zieht, weil da allerhand Kraut gedeiht, das weiter unten nicht vorkommt, vor Tau und Tag wieder in die Dickungen unterhalb der Kuppe zurücktritt.

Leicht hat es aber das Leben nicht, sich am Brockenkopfe zu behaupten; allzu kalt sind die Nächte, und zu oft geht da ein messerscharfer Bitterwind. Wenn der Himmel grau ist und die Luft kalt weht, dann decken die Brockenblumen die goldenen Perlen ihrer Kelche fest zu und drücken sich fest an den Boden, die Käfer und Motten, Fliegen und Spinnen verschwinden unter den Steinen, Pieper und Steinschmätzer rennen stumm durch das Gestrüpp, der Fink ruft trübselig, und die Braunelle läßt sich nicht vernehmen, und tot und öde, wie im Nachwinter, ist es um das Brockenhaus.

Fährt aber der Wind mit den Wolken zu Tale, bekommt die Sonne wieder Vorhand, dann lachen überall die weißen Blumen, dann ist der Frühling wieder da auf der Kuppe.

Libellen

Grün sind die Wälder, die Wiesen sind bunt, laut ist das Gebüsch, und die Luft lebt von kleinem Getier. Und doch fehlte noch etwas in dem bunten Bilde, ein silbernes Blitzen, ein goldenes Funkeln, ein weiches Knistern, ein hartes Rascheln.

Kein Mensch vermißte es, und nun es da ist, um alle Gräben flirrt, an allen Teichen schwirrt, die Wiese belebt und die Heide erfüllt, sieht jedweder darüber hinweg.

Die erste Blume, den ersten Falter begrüßt der Mensch mit frohen Blicken; andächtig stimmt ihn das erste Lerchenlied, und sogar das Erscheinen des Maikäfers ist ihm eine Freude; aber die Wasserjungfern, deren funkelnde Leiber und schillernde Flügel soviel Leben in die Landschaft bringen, die sieht er kaum, und sieht er sie, so bleiben seine Augen kalt, und sein Herz erwärmt sich nicht.

Aber wären sie nicht da, so wäre der Sommer nicht so lustig; verpfuscht wäre er und mißlungen, fehlten ihm die schimmernden, flimmernden Schillebolde, deren Leiber wie aus Edelerz gebildet sind, und deren Flügel aussehn, als beständen sie aus Tautropfen und Sonnenschein, deren Pracht herrlicher ist als die der schönsten Falter, und deren Flug stolzer ist als der der Schwalben. Zu fein sind sie für der meisten Menschen plumpe Sinne, zu schnell für ihre langsamen Augen, die wunderbaren Sonnenscheinflieger.

Denn die Sonne ist ihr Gestirn; ohne sie leben sie nicht. Je heißer sie scheint, desto besser geht es ihnen. Dann fahren sie hin und her und morden, was ihre Flugbahn kreuzt und schwächer ist als sie, Mücke und Fliege, Käfer und Schmetterling, streiten, mit den Köpfen gegeneinander anrennend, um die Weibchen, bis sie sich eins erkämpfen und, zu seltsamem Schnörkel mit ihm verschlungen, ihre wilde Fahrt fortsetzen. Sobald sich aber die Sonne hinter den Wolken versteckt, der Himmel grau und die Luft kühl wird, verlieren sie allen Mut und jede Kraft; matt sinken sie hinab, klammern sich an Halmen und Stengeln fest, unfähig, zu rauben, nicht imstande, sich zu freun. Doch wenn Sonnenlicht und Sonnenwärme ihnen neues Leben schenken, dann tauchen sie wieder auf, um die Luft mit Silbergeflitter und Seidengeknitter zu erfüllen, unbeachtet von der Menge, aber doch von heimlicher Wirkung auf Auge und Herz des Menschen.

Der sieht sie nur, wenn sie ihn dazu zwingen, wenn sie sich zu Tausenden und Hunderttausenden zusammenrotten, so daß die blödesten Augen danach blicken müssen. Wohin sie sich auch richten, Libellen und nichts als Libellen; an allen Zäunen und Hecken, an allen Bäumen und Büschen, an allen Mauern und Wänden haften sie, vom ersten Fluge ermattet, und die Luft ist erfüllt von ihnen; in ein und derselben Richtung, mit seltsam stetigem Fluge, gänzlich verschieden von den jähen, hastigen Bewegungen, die sie sonst zeigen, fahren sie dahin, hier eine, da drei, dort wieder welche, und immer neue, einzelne kleine Trupps, dichte Schwärme, eine unendliche unregelmäßige Heerschar von unzählbar vielen Stücken.

Woher kommen sie? Vielleicht aus dem meilenweit entfernten See oder aus dem noch entfernteren Flusse. Dort haben sie über ein Jahr als sonderbare, gespenstige, breitbäuchige, dickköpfige, glotzäugige, dünnbeinige, schlammfarbige Larven gelebt; haben ihre Unterkiefer mit der furchtbaren Greifzange vorangeschnellt, anfangs, um winzige Krebstiere von Punktgröße zu fangen, dann, als sie nach jeder Häutung wuchsen, um sich an Froschlarven, Schnecken, Würmern und Fischbrut langsam und bedächtig heranzupürschen oder, kopfüber an einem Rohrhalm hängend, sie durch die Anstandsjagd zu erbeuten. Den Winter verbrachten sie fast ohne bewußtes Leben, halbstarr am Boden liegend; im Frühling warfen sie das Larvenkleid ab und nahmen Nymphenform an, und schließlich, als der Mai eine Hitzewelle nach der anderen über das Land fluten ließ, verließen sämtliche Nymphen derselben Art und Altersgruppe an ein und demselben Tage das Wasser, krochen an Schilf, Rohr und Ufersteinen empor, die Hülle zerbarst, und aus den unheimlichen Geschöpfen des Wassers wurden die reizenden Luftwesen.

Aber wohin wandern sie, und aus welchem Grunde? Wir wissen es nicht. In der Richtung, die der Zug einhält, liegt auf viele Meilen hin kein See, kein Strom, die ihnen dazu dienen könnten, ihre Eier abzulegen. Und warum wandern sie nicht Jahr für Jahr, sondern nur in großen Abständen? Wir haben keine Antwort auf diese Frage. Und weshalb wandern bei uns nur zwei Arten, der Breitbauch und der Vierfleck, aber keine der vielen anderen, ebenso häufigen Arten? Wir finden keine Erklärung dafür. Wir sind erst aufgeklärt geworden heute; wir glauben nicht mehr, daß, wenn Schillebolde und Weißlinge in unzählbaren Scharen reisen, oder wenn Seidenschwänze und andere fremde Vögel sich sehen lassen, oder wenn ein Schwanzstern am Himmel steht, daß das Zeichen seien, die der Himmel uns gibt, auf daß wir uns auf Krieg, Pest und Hungersnot vorbereiten sollen. Darum sind wir aber doch nicht viel klüger als unsere Urahnen und haben für Vorgänge, die wir Tag für Tag um uns sehen, keine Deutung, denn auf der Schule lernen wir wohl, wie das Okapi lebt und was ein Kiwi ist, von den Libellen aber, die Tag für Tag unsere Blicke kreuzen, lehrt man uns fast nichts.

Schmetterlinge und Käfer, allbekannte Tiere, sammeln wir, Molche und Laubfrösche, nicht minder uns vertraut, halten wir in Aquarien und Terrarien; wem aber fällt es ein, sich über die vielfachen Formen der Wasserjungfern zu unterrichten, von der gewaltigen Edellibelle bis zur stecknadelfeinen Schmaljungfer, und wen gelüstet es, ihre Larven zu halten und zu beobachten? Kaum, daß wir an der Schleuse stehn bleiben und dem Hochzeitsfluge der prachtvollen, tief dunkelgrün, prächtig blau und vornehm braun gefärbten Seejungfern vor der Schilfwand zuschauen, wahrlich ein Bild, das jedes Menschen Auge freuen muß. Achtlos gehn wir vorüber, blitzt die ganze Weißdornhecke von den Flügelchen der himmelblau, blutrot und grasgrün gefärbten Schlankjungfern, und wir denken nicht daran, stehn zu blieben, jagt die herrliche Waldlibelle so dicht an uns vorüber, daß wir das köstliche Blau ihrer mächtigen Augen, die edle Färbung ihres schlanken Leibes und den feinen Goldglanz ihrer Schwingen genau zu erkennen vermögen.

Gerade der Edellibelle zuzusehen, lohnt sich. Ihr Flug allein ist der Aufmerksamkeit wert. Er ist so sicher, so stetig, so zielbewußt wie der des Falken, so schnell wie der der Schwalbe, und doch ohne Hast und Unruhe; Schnelligkeit und Ruhe sind in ihm vereint. Es ist ein rasendes Gleiten, ein jähes Schweben, eine Gelassenheit bei aller Geschwindigkeit, herrlich anzusehn. Wie ein himmelblauer Pfeil durchschneidet sie die von allerlei Kleingetier durchblitzte Luft auf der Jagd nach Beute. Ein Zufahren, und der weiße Falter ist gepackt; im Fluge verzehrt sie ihn und streut seine lichten Schwingen in das dunkle Moos. Hell leuchtet sie dort auf, wo die Sonne den Weg bescheint, um gleich darauf im tiefen Schatten zu verschwinden. Denn sie scheut den Schatten keineswegs, wie die anderen Jungfern; sie ist so stark, daß sie auch ohne Sonnenlicht auskommen kann, und eine Edellibelle sogar, die seltsame, eulenäugige Abendjungfer, verschläft den Tag über im Blätterschatten und fliegt erst bei Sonnenuntergang aus, und erst, wenn das Tageslicht gänzlich geschwunden ist, kehrt sie in ihr Versteck zurück, um es wieder zu verlassen, wenn die Sonne abermals nahen will. Sobald ihr voller Schein aber da ist, verschwindet die Abendlibelle wieder und macht den Tagjungfern Platz, den großen und kleinen, breiten und schmalen, denen, deren Leib wie grünes oder rotes Erz aussieht, oder die den Eindruck machen, als seien sie mit hellblauem Mehl bestäubt. Das schwirrt und flirrt laut und leise, ruschelt und raschelt, fährt jäh dahin, flattert langsam umher, blitzt und blinkt und gleißt und glimmert; eine ist immer noch schöner als die andere.

Aber die allerschönste, das ist die Libellenkönigin. Größer als die anderen Edellibellen ist sie, noch viel vornehmer gefärbt und stolzer als alle anderen in ihrem Fluge. Wo es wild und lustig hergeht, da wohnt sie nicht. Der stille, einsame, verborgene Waldsee ist ihr Reich; dort herrscht sie unumschränkt. Sie ist kühn und mutig; naht sich ein Reh dem Ufer, oder gar ein Mensch, sofort ist sie da, betrachtet den Eindringling, und im nächsten Augenblick jagt sie schon wieder dort, wo die Mummeln ihre weißen Blüten entfalten, oder da, wo der Pfingstvogel sein Nest gebaut hat. Bald hier, bald dort leuchtet ihr königsblauer Leib auf; soeben schimmerten ihre goldenen Flügel noch an der Krone der Eiche vorüber, und jetzt blitzen sie schon über der rosenroten Dolde der Blumenbinse und gleich darauf über den weißen Nixenblumen. Jetzt jagt sie in heftigem Ansturme ein fremdes Männchen ihrer Art in die Flucht, und nun hat sie eine fette Schlammfliege gepackt, die sie eben verzehren will, als sie ein Weibchen erspäht; die Beute zwischen den Zangen haltend, jagt sie hinter ihm her, treibt es über die Binsenhalme und an den Schwertlilien vorüber, in den dunklen Wald hinein und auf das blanke Wasser hinaus, um dann in rastlosem Fluge weiterhin ihr Gejaid fortzusetzen.

Wie der stille Waldsee seine eigene Libellenart hat und die kühle Schneise, so leben am Seeufer andere Arten als bei der Mergelgrube. Das Bergland besitzt seine besonderen Formen und Moor und Heide desgleichen, während andere am liebsten im grünen Wiesenlande jagen oder über den gelben Getreidefeldern, überall, wo sie sich zeigen, der Landschaft einen Zug von Lebensfreude und Sorglosigkeit verleihend. Aber das sieht nur so aus, denn es sind grimme Mörder, die zierlichen Geschöpfe. Wie die zierlichen Schmaljungfern winzige Fliegen und Blattläuse von den Blättern pflücken, so erhaschen die größeren Arten alles das, was sich in der Luft tummelt, falls es nicht zu dickschalig und zu groß ist. Die einen jagen auf Mücken und Stechfliegen, die anderen auf Bremsen und Falter, und da sie viel Nahrung brauchen, um den Kräfteverlust, den ihr rasender Flug hervorbringt, zu ersetzen, so nützen sie wohl ebensoviel, wenn nicht mehr, als die Vögel, die sich von Ungeziefer nähren, und so machen sie das wieder wett, was sie als Larven an Fischbrut sündigten. Sie selber aber dienen allerlei Getier zur Nahrung. Die dicke Kreuzspinne fängt sie im Netze, die schlanke Eidechse hascht sie im Sprunge, der Würger spießt sie auf einen Dorn, der Turmfalke greift sie am Tage, und bei Nacht nimmt die Nachtschwalbe sie von den Zweigen.

Doch ihre Bedeutung liegt nicht in ihrem Nutzen und Schaden. Ob dürre Heide oder üppige Wiese, ob tosender Wildbach oder langsamer Fluß, ob ernstes Moor oder lachendes Tal, mehr als alle anderen Insekten geben sie der Landschaft Leben. Achten wir auch nicht bewußt auf sie, das Blitzen ihrer Flügel, das Funkeln ihrer Leiber, das leise Ruscheln und das laute Rascheln ihrer Schwingen hinterläßt doch seine Eindrücke bei uns.

Nicht das, worauf wir bewußten Blickes unsere Augen richten, wirkt am stärksten auf uns; gerade das, was wir anscheinend übersehen, erregt zumeist die tiefsten Stimmungen, läßt uns, ohne daß wir es ahnen, den Tag schöner finden, das Leben leichter tragen, und sei es auch nur das Knistern und Schimmern der Libellen.

Am Sommerdeich

Neben dem Flusse, seine unzuverlässigen Wellen bewachend, wie der Hund die Herde, damit sie nicht vom Wege laufen und Schaden machen, geht der Sommerdeich. Je nachdem der Fluß sich benimmt, so verhält sich der Deich; wo der Strom eine scharfe Biegung macht, so daß man ihm ansieht, daß er Unfug vor hat, da bleibt er ihm dicht auf der Naht; wenn er aber sinnig geradeaus geht, dann kümmert er sich nicht so sehr um ihn.

Alle paar Tage gehe ich gern den Deich entlang, weil es dort so vielerlei zu sehen und zu hören gibt, und zu riechen desgleichen. Denn hier riecht es anders als im Bruche und auf der Heide. Der Schlick vom letzten Hochwasser strömt in der Sonne einen strengen Geruch aus, und wenn ich im langen Grase liege und in den blauen Himmel hineinsehe und den klirrenden Schrei der weißen Seeschwalben vernehme und dem Klucksen und Platschen der Wellen am Ufer lausche, und fern heult der Dampfer, dann ist mir mitunter so zumute, als wäre ich an der See. Aber wenn sich dann eine leichte Brise aufmacht und den Duft des Ruchgrases zu mir herweht und den der Lindenblüte, und die Schwalben zwitschern, und ganze Flüge von jungen Sprehen brausen über mich hin, dann schmecke ich, daß die Luft süß ist. Es liegt sich prachtvoll unter der krausen Eiche hier, um die wie eine Laube ein Kreis von hohen, dunklen Stechpalmen steht. Wenn ich hier liege, denke ich gar nicht daran, daß ich irgend etwas zu tun habe; das Wasser kluckst und platscht im Ufergebüsch, der Südwind ruschelt im Rohre, die Grasmücken singen in den Hagen, die Schwalben zwitschern in der Luft über mir, in der Eiche schwatzen die Hänflinge, die Bienen summen und die Hummeln brummen, die Wasserjungfern knistern, die Grillen geigen und die Heuschrecken fiedeln, alles das zusammen ist wie ein einziges Wiegenlied, bei dem man an nichts denken mag, sondern sich immer nur recken und strecken möchte. Und wenn eine Kuh aufbrüllt, eine Krähe quarrt, ein Kiebitz ruft oder die Mädchen, die zum Melken gehen, ein altes Lied nach einer süßen Weise singen, nichts davon stört den Frieden des Sommertages.

Jenseits des Flusses wenden sechs Mädchen Heu, immer in einer Reihe, bald dicht am Ufer, bald oben an der Hecke. Sie sehen zu hübsch aus, die sechse, alle in derselben Tracht, in den weißen Helgoländern, den roten Leibchen, die am Halse und über den braunen Armen ein Stückchen weißes Linnen freigeben, und in den blauen Röcken mit den weißen Schürzen. Je nachdem sie her oder hin wenden, sehe ich die blanken Harkenstiele und die zwölf braunen Arme blitzen und leuchten, oder es kommen noch die sechs Gesichter dazu, die bei jeder Wendung aufleuchten und verschwinden. Und hier und da und dort in den Wiesen sind ähnliche Gruppen von Mädchen und Frauen, alle in derselben Tracht.

Auch sonst ist noch allerlei zu sehen. Ein Dutzend schwerer, schwarzweißer Kühe steigt langsam und besonnen das Ufer hinab und watet in das Wasser; laut schlürfen sie und schlagen dabei wild mit den Schweifen, weil die Bremsen um sie im Gange sind und die blinden Fliegen. Auf ihren breiten, glatten Rücken laufen die blanken Sprehen hin und her und suchen ihnen das Ungeziefer ab. An dem sandigen Ufer des Werders trippeln zwölf Kiebitze umher; Ringeltauben kommen angeflogen und tränken sich, und mit hellem Getriller, dicht über dem Wasser herstreichend, naht der Uferläufer und läßt sich auf dem Schlick nieder, während hinter dem Treibholz alle Augenblicke der schwarzweiße Hals eines Reihers aufzuckt, der dort auf Ukleis fischt. Aus dem Weidicht schwimmen Rohrhühnchen, flüchten aber wieder, gewarnt von dem Gezeter der Elster, denn am Ufer entlang schaukelt sich der Gabelweih.

Unter mir liegt ein runder, tiefer Kolk, von Schilf, Rohr, Pumpkeulen und Kalmus eingefaßt, ganz bedeckt von den breiten, blanken Blättern der Seerose, zwischen denen die großen, weißen Blumen leuchten. Das Rohr ist durchflochten von der Uferwinde, deren weiße Trichterblüten es beleben, und an fünf Stellen brennen die rosenroten Dolden der Blumenbinse im hellen Sonnenlichte. Aber herrlicher als alle diese Blumen sind die gewaltigen, goldgelben Blütenschirme der Riesenwolfsmilch, die an drei Stellen Büsche von Manneshöhe bildet. Jedesmal, wenn der Wind auffrischt, wirft er mir den betäubenden Honiggeruch der stolzen Blume zu, die so aussieht, als gehörten Palmen und andere Südlandsbäume in ihre Nähe.

Aber auch ganz in meiner Nähe ist es wunderhübsch. An den hohen Beinwellstauden hängen weiße und blaue Glöckchen, ein großer weißer, gelbgeäugter Stern steht auf langem Stengel neben dem anderen, wunderbare Disteln mit dicken, purpurnen Blüten, die mit zartblauen Staubfäden geziert sind, sehen stolz auf das Labkraut hinab, das einen goldenen Teppich vor ihnen ausbreitet, ein Heckenrosenbusch prangt über und über in Blütenpracht, und damit der Schlehdorn dagegen nicht so kahl aussieht, hat ihn die Klingelwicke ganz mit herrlichen blauen Blumen umsponnen, während ein bunt blühendes Geißblatt der Hainbuche denselben Liebesdienst tut. Davor aber protzt der Rainfarren mit lauterem Golde, als wollte er es dem Johanniskraute gleichtun, das sich aber nicht neben ihm behauptet, zumal des Baldrians weiße Dolden ihm einen schönen Hintergrund geben.

Weil hier so viele Blumen wachsen, fliegt auch so viel buntes und blankes Getier, und deshalb sind auch solche Unmengen von Schwalben da, Rauchschwalben mit roten Kehlen, Steinschwalben mit silbernem Bürzelfleck, die grauen Uferschwalben, die so gemütlich schwatzen, und hoch in der Luft die wilden Turmschwalben, die Schreihälse. Jetzt kreischen sie alle auf einmal los und hetzen den Lerchenfalken, der von dorther, wo die braunen, schwarzhäuptigen Heidberge gegen die weißen Wolken stehen, gekommen ist, um zu rauben; um den Turmfalken aber, der über dem Kleestück rüttelt, kümmern sie sich nicht. Es ist so vieles hier zu sehen, daß ich nicht damit zu Ende komme, und wenn ich jeden Tag hier liege. Ein hoher Mauerpfeffer wächst aus der Deichböschung heraus und hüllt sie in reines Gold. Darüber ragen die rosenroten Häupter der Sandnelke,

45

und überall funkeln die rubinroten Blütchen der Kartäusernelke über den sammetweichen Kätzchen des Mauseklees. Dann kommt ein Würger angeflogen und spießt eine Wasserjungfer auf den Schlehenbusch neben seine übrigen Vorräte; eine große Seemöwe, die der letzte Sturm in das Land geweht hat, jagt am Ufer entlang; am Werder stelzt der Brachvogel entlang, und hier und da und dort ist ein Storch zu sehen.

Nicht nur tagsüber ist es herrlich hier, sondern ganz besonders des Abends, wenn das Käuzchen umfliegt, und in allen Kölken und Gräben die Frösche prahlen und das Wasser aussieht, als flösse es über schieres Gold. Aber noch schöner beinahe ist es morgens, wenn die Wiesen vor Tau blitzen, und durch den Nebel, der über dem Flusse steht, die Reiher dahinrudern wie Schatten der Vorzeit.

Auch wintertags, wenn Randeis an dem Weidicht entlang rasselt, und der ganze Marsch, und die fernen Heidberge weiß sind, ist es schön hier, auf andere Art zwar, aber doch schön: denn schön ist es immer hier am Sommerdeich.

Die Bickbeere und ihre Geschwister

Ein großer, grüner Teppich, dicht mit dunkelblauen Perlen bestickt, bedeckt den Boden des Waldes hier. Süße Perlen sind es, bei groß und klein beliebt und begehrt, Bickbeeren, und so reich wie in diesem Jahre haben sie lange nicht getragen, denn als sie blühten, war es warm und still, so daß die Bienen flogen und sie befruchteten.

Unsere Bickbeere, anderswo Heidelbeere, Besinge oder Blaubeere genannt, findet sich überall bei uns, wo der Boden kalkfrei ist, sowohl in der Ebene wie im Bergland, und selbst unsere Kalkgebirge beherbergen sie da, wo eine Lößdecke über dem Kalkstein liegt. In anmoorigen Teilen, Wäldern, wie hier, entwickelt sie stellenweise drei Fuß hohe Stämmchen von der Dicke eines kleinen Fingers, während sie im allgemeinen nur einen bis anderthalb Fuß hoch wird.

Unsere norddeutsche Tiefebene mit ihren großen auf Sand und anmoorigem Boden stehenden Wäldern ist so reich an ihr, daß von hier aus eine lebhafte Ausfuhr nach ganz Deutschland mit ihr getrieben wird. In der Hauptsache werden die Früchte frisch mit Milch oder Zucker genossen, vielfach auch eingekocht, oder in Pfannkuchenform gegessen, und sie geben einen vorzüglichen Saft, der mit heißem Wasser, Zimt und Zuckerzusatz fast ganz so wie Glühwein schmeckt, wie denn überhaupt die Heidelbeere im Verdacht steht, den Hauptbestandteil bei der Herstellung billiger Rotweine zu liefern. Die Frucht ist sehr gesund, und nachweislich übt sie auf den Rückgang der Darmerkrankungen der Kinder einen großen Einfluß aus.

So bekannt die Bickbeere ist, so unbekannt ist ihre nächste Verwandte, die Moorbeere oder Rauschbeere, im Osten Brunkel genannt. Sie übertrifft an Höhe des Wuchses die Heidelbeere bedeutend und wächst in mehr oder minder großen, meist rund gestalteten Horsten, deren untere Zweige fest auf dem Boden liegen. Im Gegensatze zu der Bickbeere, die den Wald vorzieht, liebt sie das offene Moor, und für viele Moore ist sie eine der bezeichnendsten Pflanzen. Die jungen Stämme und Zweige sind hellederbraun, die älteren fahlbraun und silbergrau; die verkehrt eiförmigen, sehr schwach gezähnelten Blätter haben nicht das kräftige Grün der Bickbeerenblätter, sondern einen bläulichgrünen Ton, der sich im Herbst zu brennendem Gelbrot umfärbt. Die Blüten sind ebenfalls geschlossen wie bei der Bickbeere, doch kleiner und blasser, die Früchte den Heidelbeeren ähnlich, nur sehr hellblau bereift und innen blasser; ihr Geschmack ist ähnlich, nur etwas herber.

Die Moorbeere kommt in allen unseren Mooren vor, die nicht auf feinem Sande stehen; sie will geschiebereichen Sand. Wie die Bickbeere, so geht auch sie ins Gebirge, vorausgesetzt, daß es kein Kalkgebirge ist, oder daß eine starke Moor- oder Lößdecke den Kalk überdeckt. Wo sie vorherrscht, kann man stets darauf rechnen, die Kreuzotter anzutreffen, während ihr Fehlen darauf schließen läßt, daß diese Schlange dort nicht vorkommt. Der Umstand, daß die Kreuzotter und die Moorbeere in einem gewissen, durch die Bodenbeschaffenheit bedingten Zusammenhange stehen, hat wohl dazu geführt, daß ihre etwas faden, aber bekömmlichen Früchte in den meisten Gegenden Deutschlands nicht verwertet werden. In Rußland und Sibirien bilden die Früchte ein ganz bedeutendes Volksnahrungsmittel, und es ist zu wünschen, daß ihr Wert auch bei uns mehr erkannt werde, denn sie sind, weil der Wuchs der Moorbeere höher ist als der der Bickbeere, viel leichter zu pflücken als die Bickbeeren.

Noch geschätzter als die Bickbeere ist die Kronsbeere, auch Preißelbeere genannt. Sie wächst an denselben Standorten wie die beiden vorigen, zieht aber den ausschließlichen Nadelwald vor. In Wuchs, Belaubung, Blüte und Frucht unterscheidet sie sich bedeutend von den beiden vorigen Arten, denn sie ist ein niedriger Halbstrauch, der viele Ausläufer treibt und dadurch große, zusammenhängende Rasen bildet; ihre Blätter fallen im Herbste nicht ab, wie bei der Bick- und Moorbeere, sondern sind immergrün, lederartig und glänzend, ihre Blüten stehen in Scheintrauben und haben keine geschlossene, sondern eine offene Krone, und ihre Früchte sind nicht blau, sondern scharlachrot.

Ihre wirtschaftliche Bedeutung ist noch viel größer als die der Heidelbeere; sie ist so groß, daß der Staat sich veranlaßt sah, für die beiden Erntezeiten Ausgangspunkte festzusetzen und, um der Zerstörung der Sträucher vorzubeugen, das Pflücken mit dem Kamme zu verbieten. Die großen Nadelholzwaldungen unserer Tiefebene beherbergen gewaltige Bestände der Kronsbeere, und in Unmassen gehen ihre Früchte im Herbste nach auswärts. Die Früchte werden größtenteils als Kompott, und zwar zum Teil allein, teils mit Birnen und Äpfeln gekocht, verwandt; als frisches Kompott ißt man sie selten, obgleich es, besonders von den Früchten der letzten Ernte, ganz vorzüglich ist, wie denn auch der davon gewonnene Saft ebenso erquickend ist wie Himbeer- und Johannisbeersaft.

Unsere vierte und unbekannteste Heidelbeerart ist die Moosbeere, ein zierliches, rankendes Sträuchlein mit feiner, myrtenähnlicher Belaubung, zierlichen, denen der Türkenbundlilie ähnlichen Blumen von großen, rötlichen oder rotbäckigen, sehr saueren Beeren. Das Sträuchlein wächst in unseren Hochmooren und sowohl in der Ebene wie in den Bergen und liegt eng angepreßt auf dem feuchten Torfboden und dessen Moosbedeckung, so daß es wenig auffällt, obgleich seine Ranken sich viele Fuß weit erstrecken. Wenn, was allerdings nur in Abständen von mehreren Jahren vorkommt, die Moosbeeren reichlich tragen, so sehen die damit bestandenen Torfmoosflächen herrlich aus; auf den hellgrünseidenen Torfmoospolstern liegen dann, wie geschliffene Korallen auf einem Kissen, die zierlichen Früchte in solchen Mengen, als wären sie dort ausgeschüttet.

Da die Früchte mühsam zu sammeln sind, denn man muß sie förmlich von dem Moose abkämmen, so werden sie bei uns fast gar nicht genutzt, obgleich der daraus gewonnene Saft bei reichlichem Zuckerzusatze eins der besten Erfrischungsmittel ist. In Rußland nimmt man den unversüßten Saft statt des Zitronensaftes, dem er in seinen Eigenschaften fast gleichkommt, zum Tee, und in Schottland gilt das Kranberrygelee als feinste Füllung für Kuchen und Omelette, und England verbraucht alljährlich ungeheuere Mengen schottischer und skandinavischer Moosbeeren.

Außer diesen vier einheimischen Arten hat man noch die aus Nordamerika stammende großfrüchtige Moosbeere hier und da bei uns angesiedelt. In Amerika hat diese Heidelbeerart aber sehr große wirtschaftliche Bedeutung, und in den Staaten Wisconsin, Neu-Yersey und Michigan wird sie sogar angebaut, und der aus dem Anbau erzielte Erfolg ist so groß, daß das nasse Moorland, das sie verlangt, dem besten Ackerboden an Wert gleichkommt. Dort legt man in den Mooren Abfuhrwege, hölzerne Geleise und Wirtschaftsgebäude an, mäht die Moorgräser tief ab, lockert die Grasnarbe und pflanzt im Abstande von fünfzehn Zentimetern die Stecklinge ein, die bald anwachsen. Die aufschießenden Sauergräser und sonstigen Gewächse, die die Moosbeeren ersticken, walzt man nieder, überschwemmt im Oktober die ganze Anlage und läßt erst im Mai das Wasser ab, wodurch man die Pflanzen vor dem Auswintern schützt.

Unsere Heidelbeerarten haben nicht nur für den Menschen, sondern auch für die Vogelwelt eine große Bedeutung, und das Vorkommen von Birkwild ist fast ganz an das der Moor- und Moosbeere geknüpft. Der Jäger trifft im Spätherbst und Winter stets das Birkwild in den Mooren und lichten Birkenbeständen an, die die Moosbeere beherbergen.

Der Forstmann dagegen sieht die Bickbeere und die Kronsbeere nicht gern im Walde, wenn erstere auch eine gute Äsung für das Wild abgibt; aber diese beiden Halbsträucher, wie auch die Heide besitzen in ihren Blättern so viel Gerbsäure, daß die Blätter nur sehr langsam verrotten, und so bildet sich unter der den Sauerstoff der Luft abhaltenden Schicht trockener Blätter eine eigenartige, von ihrer Farbe Bleisand genannte Erdschicht, die fast ganz undurchdringlich für die Wurzeln der Bäume ist, und die an feuchten Stellen zu der Bildung des Ortssteines führt, der dem Forstmanne so viel Schwierigkeiten bei Aufforstungen bereitet.

Das ist aber auch die einzige unangenehme Eigenschaft der Bickbeere und ihrer Geschwister.

Das rosenrote Land

Vom Lindenbaume fiel das erste gelbe Blatt, Herbstseide zieht über die Stoppel, die Wiesen blühen nicht mehr, Georginen und Totenblumen prahlen in den Gärten; die schönste Zeit ist vorbei. Für die Heide aber kommt sie erst. Dreimal hatte sie sich schon fein gemacht, im Frühjahr mit silbernem Wollgras ihre Moore geschmückt, im Vorsommer mit goldenen Ginsterblüten die Hügel ausgeputzt und späterhin einen herrlichen Teppich neben den andern gebreitet, blumenbunte Wiesen, schneeweiße Buchweizenbreiten und Lupinenfelder, gelb wie Honig und duftend wie dieser.

Nun aber legt sie ihr Staatskleid an, das rosaseidene, heftet flimmernde Pailletten auf ihre Schleppe, himmelblaue, kleine Falter, tränkt ihr Mieder mit einem feinen Duft von Honig, heftet einen Strauß azurner Enzianen daran und schlingt den Erbschmuck aus purpurnen Korallen in ihr roggenblondes Haar. „Die Oerika blüht!" hallt es durch die Städte, und die Stadtmenschen, heidhungrig und heißhungrig nach Blumen und Sonne, kommen angezogen, erfüllen die Stille mit Liedertafelgesang, raufen bündelweise das blühende Heidekraut aus, hinterlassen Papierfetzen und Flaschenscherben bei den Denkmälern der Vorzeit, schmachten und schwärmen von Heidfrieden und Heidpoesie und kehren wieder heim und denken, daß sie die Heide nun kennen.

Die aber erschließt sich ihnen nicht so leicht. So wenig kennen sie sie, daß sie von der blühenden Erika mit dem Ton auf dem E schwärmen, aber der Ton muß auf dem I liegen, und nicht die Erika, die Glockenheide, ist es, die dem Lande den Rosenschimmer gibt, denn deren Blumen sind schon längst vertrocknet, und nur hier und da ist noch ein blühender Busch zu finden, sondern die Calluna ist es, die Sandheide, das bescheidene Sträuchlein hier auf den dürren Flächen, wo die Schnucken weiden, hoch und stark aber dort in den moorigen Gründen, in die nur der Jäger sich hineintraut.

Wer bloß auf den sandigen Höhen bleibt, wo der Erdboden fest und trocken ist, der lernt die Heide nicht kennen, wie der ihr Volk nicht erkennt, der nicht sieben Scheffel Salz mit ihm teilte. Wer die stillen Gesichter mit den kühlen Augen und den verschlossenen Lippen betrachtet, der denkt vielleicht, dahinter sei nicht Feuer noch Flamme, nicht Wunsch noch Wille. Aber es hat seine Geheimnisse, die es in festverwahrten, eisenbeschlagenen Truhen verbirgt, Erbtümer aus den Zeiten, da es sich mit Römern und Franken, Nordmännern und Wendenvolk herumschlagen mußte, und die gespenstigen Mährenhäupter über den Stroh-

49

dächern und den Rauchfängen der Herde erzählen, daß der Glaube an Wode und Thor heute noch nicht ganz erloschen ist.

Auch das Land selber birgt Erinnerungen mannigfacher Art. Gewaltige Bauwerke, aus ungefügen Granitblöcken aufgeschichtet, umgeben von vielen Hunderten von Hügelgräbern, Steinbeile, Bronzekelte, Eisenschwerter und allerlei Schmuck aus Edelmetall geben Kunde von den Völkerwellen, die hier hin und her fluteten, von den unbekannten Menschen der Steinzeit, die vor den Kelten flohen, bis diese den Langobarden weichen mußten; die aber schlugen sich mit den Sachsen herum, bis sie sich schliedlich vertrugen, um gemeinsam den Anprall der slawischen Sturmflut abzuwehren, die weit in das Land zwischen Elbe und Weser hineinspülte, bis ihre Macht sich brach und Slawen und Germanen neben und durcheinander sich zu gemeinsamer, friedlicher Arbeit zusammentaten, nachdem jahrhundertelang die Weiler in Rauch aufgingen und hüben und drüben das Blut reichlich floß.

Noch andere Andenken an die Vorzeit hält das Land eingeschlossen. Beim Torfmachen, bei Entwässerungen und Erdarbeiten werden gewaltige Eichenstümpfe bloßgelegt, werden mächtige Eibenstämme aufgedeckt, die Früchte von Hasel- und Hainbuche an Orten gefunden, wo heute Torf ansteht und Heide wächst und außer Birke und Eller kein Laubholz gedeiht, feste Beweise dafür, daß bis auf die nassen Gründe und die dürren Höhen ein lockerer Eichenhain das Land bedeckte, in dem ein fleißiges Volk wohnte, das sein Vieh weidete und seine Äcker bestellte, das nach der Nordsee hin und bis in Byzanz Pferde, Wolle, Felle, Wachs und Honig handelte, bis der Franke einbrach, mit Gewalt und List das Land an sich brachte, das Volk umbrachte oder verschleppte und den Rest unter das Kreuz zwang. Weite Strecken wurden damals wüst und vermoorten oder verheideten; weitere Wüstungen brachte dann die Feudalzeit mit ihren ewigen Kriegen mit sich, und die Saline zu Lüneburg und die Hafenbauten Hollands fraßen die Eichenwälder auf, und so entstand das, was man da nennt: die Lüneburger Heide.

Bis auf die letzte Zeit war sie ein unbekanntes Land, so unbekannt, daß sie als eine trostlose Wüste galt, so daß ein französischer Schriftsteller von ihr schrieb, sie werde bewohnt von *un peuple sauvage, nommé Aidschnukes*. Noch heute trifft man in Büchern allerlei falsche Beschreibungen von ihr an, als gäbe es dort nichts als platte, dürre, heidwüchsige Flächen, und es ist doch ein Land, reich an lachenden Flußtälern, bewachsen mit meilenweiten Wäldern, besät mit stattlichen Weilern, Dörfern, Flecken und kleinen und größeren Städten, ein Land, das eine fleißige, wohlhabende Bevölkerung beherbergt, seitdem es sich nach dem Dreißigjährigen Kriege von dem grauenhaften Elende erholt hat, das Dänen und Schweden, Wallonen und Kroaten und nicht zum mindesten deutschblütige Kriegsvölker ihm brachten, und von dem in den Kirchenbüchern und Schatzregistern mancher Name ausgegangener Höfe und Dörfer meldet, von denen es dort heißt: „Ligget wüste".

Freilich umfaßt es auch weite Strecken Ödland, meilenlange Heiden, so

50

leer wie eine Bettlerhand, nur hier und da mit krüppligen Wacholdern und krausen Kiefern bestockt, unübersehbare Moore, deren Eintönigkeit kaum ein Baum unterbricht, breite Brüche mit undurchdringlichen Dickichten, unheimliche Wildwälder, von selber angeflogen, in denen es nicht Weg noch Steg gibt. Doch das gereicht der Bevölkerung eher zum Nutzen als zum Schaden, denn es bietet auf lange Zeit Tausenden von Menschen Gelegenheit, sich ein eigen Stück Land zu erwerben. Von Jahr zu Jahr nehmen die Einöden mehr ab. Die kahlen Heiden werden aufgeforstet, die Brüche zu Wiesen und Ackerland gemacht; wo einst Hirsch und Sau, Schreiadler, Waldstorch hausten, wo Heide und Wollgras wucherte, stehen Häuser, weidet Vieh, rauschen goldene Ähren das Hohelied vom Bauernfleiß. Kreuz und quer zerschneiden Eisenbahnen und Straßen das Land, und an ihnen entlang rückt die Bebauung. Heute schon ist die Heide das nicht mehr, was sie vor fünfzig Jahren war; und in abermals fünfzig Jahren wird niemand mehr das Recht haben, ihr den alten Namen zu geben.

Weichlich wäre es, darüber Wehklage zu erheben. Das Christentum hat nichts nach dem künstlerischen Gehalt des Urglaubens gefragt, als es ihn bis auf den Wurzelstumpf mit Feuer und Schwert vernichtete, so kümmert sich auch die Kultur nicht darum, schreite sie voran und nimmt sie dem Lande ihr altes Gewand. Es ist auch sehr die Frage, was in Wirklichkeit schöner ist, eine rosenrote Einöde, die auf einer Geviertmeile keine zehn Menschen Nahrung bietet, oder die fruchtbar gemachte Scholle, die Hunderte nährt. Unsere überfüllten Städte haben uns sentimental gemacht, so daß wir das wilde Hochgebirge und die wüste Heide schön finden mußten, die den schönheitsfrohen Griechen nichts bot als Schrecknisse und Langeweile. Und, Hand aufs Herz, wo ist die Heide am schönsten, wo wirkt das Hochgebirge am tiefsten auf uns? Da, wo nichts und weiter nichts vor uns liegt als das wüste Land oder Klippen und ewiger Schnee, oder dort, wo ein weißer Weg auf dem rosigen Hügel eine graue Windmühle vor dem blauen Himmel, oder eine Sennhütte oder eine Brücke, Menschheitsspuren uns mit der Natur verbinden?

Wo das nicht der Fall ist, zerdrückt das Gebirge den Menschen, zerquetscht die Heide ihn. Mit den gebahnten Wegen hört alle Heidschwärmerei auf. Da zieht sich ein Moor hin, meilenweit, meilenbreit. Kein Weg führt da durch, selbst die Jäger wissen nicht, wie die Jagdgrenzen laufen. Daumendick sind am Grund die Heidbüsche, und ihre Spitzen reichen dem Wanderer bis an die Brust. Kein Haus, kein Kirchturm, keine Windmühle überschneidet den Himmelsrand. Heide, Heide, nichts als Heide, so weit man sieht, die allerschönste, rosenroteste, honigduftende Heide, laut vom Gesumme der Bienen, bunt von dem Geflatter blauer Schmetterlinge, überflittert von zahllosen Libellen flimmernd und glimmernd in der Sonne, überspannt von einem lichten, von weißen Wolken gemusterten Himmel, aller Schönheit voll, und doch unheimlich, tot und schrecklich für den einsamen Wanderer, der da auszog, um Heidfrieden und Heidschönheit zu finden, und nun dasteht, ein Häufchen Unglück, ein

51

Nichts in dieser unwegsamen, unwirtlichen, unendlichen rosenroten Wüstenei und in sich nach einem einzigen Menschen schreit, und wenn es auch ein landfahrender Stromer wäre.

Oder kommt er von der Straße ab und verläuft sich in der kahlen Schnuckenheide, auf deren hungriges Blühen die Sonne herniederprallt, oder gerät vom Wege und irrt im Bruchwalde umher, in dem eng verfilzten, dumpfen, schwülen, wo die Otter am Boden kriecht und die Luft von stechendem Geschmeiße lebt, oder steigt im Torfmoore umher, bis er nicht aus und ein weiß, weil überall der Boden nachgibt, oder er geht in später Dämmerung einen schmalen Weg, der ihn über eine Wacholderheide führt, und rechts und links und fern und nah stehen gespensterhafte Gestalten, die ihn drohend anstarren, dann weiß er, daß das Land, über dessen rosenrote Pracht er in Entzücken geriet, als er am herrlichen Mittage auf der Kuppe des Hügels unter der Schirmkiefer rastete und es unter sich liegen sah, lachend und lieblich, ein einziges großes, schön bewegtes Blumengefilde, daß es seine Tücken und Gefahren hat, und seine Geheimnisse, wie die ernsten, aber freundlichen Leute in dem großen, strohgedeckten Hause, wo er um einen Trunk Wasser bat und Kaffee und Honigbrot bekam, ohne daß er dafür zahlen durfte.

Aber davon weiß das fröhliche Völkchen nichts, das zu der Zeit, wenn der Honigbaum, wie der Heidjer das Heidland nennt, am Blühen ist, Sonntags zu Hunderten aus den Eisenbahnwagen quillt, mit Hurra und Juchhe die Sandwege entlang wandert, von der blühenden Oerika schwärmt, den Schnuckenschäfer dumm fragt und nach bequemer Fahrt Erkleckliches im Vertilgen von Schinkenbutterbroten und Dickmilch leistet. Ein angenehmer Ausflugsort ist es ihm, ein bequemer Spielplatz für große Kinder, eine billige Erholungsstatt, und so krimmelt und wimmelt es denn um diese Zeit da überall von Menschen, bauen sich von Jahr zu Jahr mehr Stadtleute dort an, schnurren die Räder, donnern die Autos auf allen Straßen, wachsen Hotels und Restaurants, wo einfache Dorfkrüge standen, verliert es immer mehr an eigener Art, das eins so mißachtete, rosenrote Land.

Die Teiche

Weit vor der Stadt, zwischen Hügeln verborgen, liegen zwei Teiche. Kein Reiseführer nennt sie, keine Karte führt sie an, und so flutet der Strom der Ausflügler an ihnen vorüber. Nur einige wenige Naturfreunde suchen dort seltene Blumen und stellen den Käfern und Schmetterlingen nach, ab und zu verirrt sich ein Maler dorthin, und wenn nicht die Jungens aus dem nächsten Dorfe einen Ausflug dahin machen, um trotz der halbverwitterten Warnungstafel in dem flachen, klaren Wasser zu baden, dann ist es außer der Bestell- und Erntezeit dort still und ruhig, und höchstens ein Jäger pirscht den Holzrand ab.

Zweimal war ich dort gewesen, einmal im Spätsommer, als die Raine bunt waren von hohen Blumen, und später im ersten Frühling, als die blaßgelben Schlüsselblumen den knospenden Wald mit ihrem feinen Pfirsichduft erfüllten und die hellblauen Waldveilchen aus dem braunen Fallaube brachen. Als ich neulich der Stadt müde war, da fielen mir die Teiche ein und zogen mich zu sich.

Der Tag war heiß und durstig. In ländlichem Wirtshausgarten saß ich unter weißblühendem Strauche und hörte dem Mönch zu, der ununterbrochen aus den fruchtschweren Walnußbäumen sein silberhelles Liedchen bald laut, bald leise sang, und dem Esel, der seiner Freude über den schönen Tag Ausdruck gab auf seine Art. Und als die Sonne nicht mehr ganz so heiß schien, da ging ich durch die Felder den Bergen zu.

An einer unendlichen Weizenbreite, deren sattgrüngelbe, in der Spätnachmittagssonne glitzernde, leicht im Winde fließende Fläche nur sparsam mit rotem Mohn, hellblauen Kornblumen und dunklerem Rittersporn durchwirkt war, zog sich der graublaue, staubig Weg lange hin, bis am Kamme des Anberges die goldig leuchtende Fläche halbreifer Sommergerste sichtbar wurde, und dann führte eine dürrer Trift aus dem Felde zum Berge.

Buschwald deckt den Hang, ein niedriges, dichtes Durcheinander von Hainbuche und Rotbuche, Hasel und Eiche, Maßholder und Kornelkirsche. Am Weg leuchtet ein hoher, hellblauer Ehrenpreis, blau Glockenblumen nicken, gelbweiße Sternblumen erheben ihre breiten Schirme. Über den Boden kriecht das wilde Süßholz, an den Rosenbüschen schimmern die letzten Blüten, hier und da erhebt ein rosenrotes Knabenkraut seine duftenden Rispen. Durch die Acker furchen, in die das Regenwasser Ähren und Halme fest hineingewalzt hatte, suchte ich mir den Weg nach dem feuchten Wiesental, und als ich höher stieg, sah ich das Wahrzeichen der Teiche, die hohen Pyramidenpappeln, hinter dem Rücken des Hügels auftauchen.

Sie sind keine große landschaftliche Sehenswürdigkeit im landläufigen Sinne, die beiden Teiche. Zwei flache Wasser, von Rohr umrahmt, zwischen kahlen oder mit Getreide bestandenen, nach der einen Seite bewaldeten Hügeln liegend, mögen sie viele Leute kalt lassen. Ich aber liebe sie. In ihrer Weltabgeschiedenheit liegt ihr Zauber. Vor dem Holze, unter den niedrigen, geköpften Hainbuchen und den hohen, raschelnden Eschen muß man stehen und nach dem Einschnitt sehen, durch den der Weg an den strengen, herben, hohen Pappeln vorbeischleicht. Die Sonne muß hinter dem Walde stehen und auf dem Wasser liegen, das die zarten, braungrünen Töne der Hügel angenommen hat. Ein leiser Wind muß wehen, daß das Rohr rauscht, und daß seine vorjährigen Blütenrispen schwanken.

So traf ich es. Hinter mir gurrten die Turteltauben, sangen die Goldammern, schmetterten die Baumpieper. Das Rohr glitzerte in der Sonne, die hohen Binsenhalme neigten sich in ihrer ernsten, gemessenen Weise. Dann erklang der rauhe, schrille Ruf des Wasserhuhns, der Teichrohrsänger sang sein seltsames Lied, der Drosselrohrsänger griff die Weise auf

53

und verstärkte sie auf den doppelten Umfang, ein alter, dicker braunschwarzer Frosch, dessen Rücken ein schmaler gelber Strich zierte, gab wie ein Vorbeter, dreimal das Zeichen, und aus dem Rohr, aus den Pumpkeulen fiel die ganze Froschgemeinde im Chor ein.

Allein der Drosselrohrsänger ist mir schon Fahrt und Weg wert. „Karl, Karl, kiek!" so singt er. Das quietscht und quarrt gellend und grell, aber es paßt wunderschön zu dem Rauschen des Rohrs, dem Plärren der Frösche, dem Schrei des Wasserhuhns. Alle Rohrsängerarten haben diese Töne als Grundlage ihres Gesanges, aber die im Weidengebüsch des Ufers, am Waldrand und im feuchten Feld leben, die stimmen es in die Umgebung hinein. Der Drosselrohrsänger aber, der nur im großen Rohrwald lebt, verzichtet auf alles liebliche und gefällige Beiwerk.

Über das freie Wasser jagen einzelne große Jungfern mit blaubereiften Hinterleibern. Das Volk gab ihnen einen hübschen Namen; aber es sind böse Räuber. Pfeilschnell schießen sie hin und her; ihre ungeheuren, halbkugeligen, gläsernen Augen spähen nach einer harmlosen Fliege. Wie Falken stoßen sie darauf zu, fassen sie und zermalmen sie zwischen den schrecklichen Kiefern.

Verwandte davon, winzige, fadendünne, himmelblaue Jüngferchen, flirren zu Hunderten am Strande herum und bedecken jeden Binsenhalm mit langen, hellblauen Auswüchsen. Auch diese zierlichen Geschöpfe, die aussehen, als lebten sie von Tau und Blumennektar, sind Räuber. Die dicken Schleie aber, die, langsam mit den rotgeränderten Flossen rudernd, unter ihnen durch das Wasser ziehen, sind, so gefräßig sie aussehen, harmlose Tiere, die vorlieb mit allem nehmen, was am Boden fault.

Auf dem Kalkschotter des Uferrandes ist ein schwärzliches Gewimmel. Hunderte und Hunderte von eben entwickelten Fröschchen hüpfen da durcheinander. Hunderttausende von Eiern schwammen im Frühling hier. Viele verfaulten, wurden von Pilzen verdorben. Von den Hunderttausenden von Kaulquappen schluckten Tausende Molch und Hecht. Und von den Tausenden von Fröschchen, die auskamen, werden mehr als drei Viertel noch vor dem Herbst zugrunde gehen, die wenigsten werden groß werden und an schönen Abenden hier quaken mit ihren Eltern und Urgroßeltern.

Es ist überall gleich in der Natur und bei den Menschen. Der Anfang, das ist das Schwerste; nachher geht es schon. Das winzige Rosensträuchlein hier am Wege kann nicht aufkommen. Immer wieder treten es die Schafe in den Grund. Dem großen Strauch daneben, der ganz voll rosiger Blüten hängt, kommen die Hufe und Mäuler nicht nahe. Er weiß sich zu wehren. In seiner Jugend lernte er es, und jetzt ist er stachliger als jeder andere Rosenstrauch.

Hinter dem Holze stieg eine schiefergraue Wetterwand hoch, schob sich vor die Sonne und wuchs bis in die Mitte des Himmelsgewölbes hinein. Der Wind frischte auf, fuhr in hastigen Böen durch die Kronen und über das Röhricht. Aus dem klaren, stillen Teich wurde ein schwarzes, wildes Wasser. In einzelnen rotglühenden Fetzen brannte die Sonne durch die schwarze Wolke, die Pappeln bogen sich ächzend, Staubwirbel tanzten über die Abhänge, im Rohr siedete und kochte es, und die Wellen klatschten mit hartem Schlag an das Ufer.

Die stille träumerische Ruhe der Landschaft war mit einem Ruck vorbei. Keine Lerche sang mehr in der Luft, kein Ammer im Rosendorn. Die Fischer waren verschwunden, die Frösche hörten auf zu grölen. Der Rohrsänger ganz allein kümmerte sich nicht um Sturm und Gewitterdrohen; dicht am Wasserrande saß er hoch oben auf schwankendem Halm und rief sein hartes Lied laut und schrill, als wäre das Pfeifen des Sturmes, des Rohres Rauschen und des Wassers Klatschen nur die Begleitung dazu. Als der Sturm sich erhob und die Pappeln sich bogen, da hatte ich mich innerlich ein bißchen geduckt. Aber der kleine Vogel beschämte mich, ich sah voll Verachtung nach den beiden Tauben, die angstvoll zu Holze flogen, und ging langsam meinen Weg entlang, das kecke Rohrsängerlied im Herzen.

Einmal hörte ich es noch hinter mir herrufen: „kiek, kiek!" Und als ich mich umsah, da hatte die Sonne ein großes Loch durch die Wolken gebrannt, große rote und goldene Lichter auf das Wasser geworfen, den roten Ackerhang vergoldet und Rohr und Risch mit Flittern und Flimmern besät.

Und solange sie schien, blieb ich stehen unter den Pappeln. Als sie aber hinter dem Walde verschwand und die bleierne Wolke ihr Andenken auslöschte, verließ ich die düsteren Teiche.

Die Düne

Hinter der Feldmark des Eschs leuchtet aus den Föhren ein gelber Fleck hervor; eine Binnendüne ist es, aus feinem Sande bestehend. Einst wird sie hier in der Gegend die erste Besiedelung getragen haben, denn vor ihr war Sumpf und hinter ihr ein See, der im Laufe der Jahrtausende vermoorte. Dort, wo der Wind den Sand fassen kann, und der Regen ihn auswäscht, finden sich allerlei Andenken aus längst vergangenen Zeiten.

Als das Moor hinter ihr noch ein See war, werden sich Fischer auf ihr angesiedelt haben. Später ist das Land vor der Düne unter den Pflug gekommen, und obgleich die Düne sich kräftig gegen die Bauern wehrte und ihnen heute noch zu schaffen macht, so verschwindet sie doch immer mehr. Ihre Sandmassen werden als Streusand abgefahren, dienen zum Bau von Straßen, zur Befestigung der Moore und zur Auflockerung lehmiger Ackerflächen, eine Fläche nach der anderen wird aufgeforstet oder abgefahren und in Acker verwandelt, und wo einst der Birkhahn balzte und die Nachtschwalbe schnurrte, brütet die Wildtaube und singt die Feldlerche.

Noch heute sind hier in der Feldmark überall an den Wegen und in den Gräben die Spuren der ehemaligen Beschaffenheit des Geländes zu finden. Haben auch die Feldfrüchte und deren Begleitpflanzen die Hauptmenge des Landes mit Beschlag belegt, hier und da stockt an der Wegeböschung noch Sand- und Glockenheide, wuchert Heidecker und Kugelblume, Quendel und Kriechweide, und die Waldeidechse, der das Bauland Dicht neben der Roggenstoppel bedeckt die graue, dürre Renntierflechte die Grabenböschung und ein dürftiges, schwarzes Widertonmoos, zwei Pflanzen, die dem Bodenkenner verraten, daß hier viel Kalk und noch mehr Schweiß nötig ist, ehe das Land Frucht trägt. An der Wegeböschung steht der bloße Sand an. Er ist so fein, daß er wie Pulver durch die Finger läuft. Weht der Wind von Nordwesten, so pustet er den Flugsand in die Felder hinein. Deswegen haben die Bauern ihn mit Hagen aus Föhrenbusch eingehegt, damit er sich wieder begrüne. Zuerst läßt sich eine Segge auf ihn nieder, deren queckende Stöcke ihn zusammen halten, Moose und Gräser siedeln sich an und bilden eine Decke, die den Regen festhält. Dann kommt der Mensch und pflanzt die Kiefer an, und aus der Dünne wird Wald, oder er kalkt die ebenen Flächen und macht sie zu Ackerland. Vor zehn Jahren sah es unterhalb der Düne noch wild und wüst aus, und die Bauern nannten die Gegend das Jammertal. Heute sind nur noch kleine Sandblößen frei, so daß der Wind kaum Unfug treiben kann. Früher kam die Düne in die Feldmark; heute rückt die Feldmark der Düne auf den Leib. Im landläufigen Sinne ist die Gegend langweilig. Steht man oben auf der Düne, so hat man zwar einen ganz hübschen Blick über das Moor und auf die Felder und Wälder, doch die meisten Wanderer werden nicht zufrieden sein mit dem, was die Natur ihnen hier bietet. Wer aber Freude daran empfindet, den stillen Kampf zu beobachten, den die Bauern mit der Natur führen, und wer nebenbei Sinn für das eigenartige Pflanzen- und Tierleben hat, das an den Sand gebunden ist, für den lohnt sich der Weg über die Düne, und es gibt schließlich doch mehr zu finden, als man vermutet. Nicht allein die ursprüngliche Pflanzen- und Tierwelt bietet allerlei anziehende Erscheinungen, so findet sich das reizende gelbe Katzenpfötchen hier und der kleinste, aber schönste von unseren drei Goldraubkäfern, auch der Kampf, den hier die Vertreter von zwei Floren, der des Sandes und der des Moores, mit der des Kalkes führen, ist recht fesselnd, und zudem bietet die Art und Weise, wie der Mensch mit Forst-, Acker- und Wiesenbau, Verkehr und Industrie den armen Sand zwingt, sich nützlich zu machen, hübsche Gelegenheit zu lehrreichen Betrachtungen.

Im Norden, Südosten und Süden der Düne ragen Schlote in den Himmel. Die nördlichen gehören den Torfwerken, die südöstlichen der Ziegelei, die südlichen dem Kaliwerk an. Drei verschiedenen geologischen Zeitaltern, dem Alluvium, dem Diluvium und dem Tertiär entsprechen sie. Die jüngste Erdschicht, das Moor, ward zuerst verwertet, anfangs nur zur Brandtorfgewinnung. Dann nützte der Mensch den diluvialen Ton zu Ziegeln aus. Schließlich machte sich die Industrie die Moore dienstbar und gewann ihnen Torfstreu aus Torfmull ab, und zu allerletzt fraßen sich Fallmeißel und Diamantbohrer in das Tertiär und suchten die Kalisalze. Seltsam mutet es den einsamen Wanderer an, wenn er von der Düne aus

56

die drei verschiedenen Schlotgruppen überblickt. Zu seinen Füßen rinnt der feine, weiße Sand. Wind und Regen bliesen und wuschen schwarze Urnentrümmer und schmale, graue, kantig Feuersteinsplitter frei. Vor undenklichen Zeiten lag ein Fischerdorf hier auf dem Sandberge. Während die meisten Männer auf dem See auf Fang fuhren, blieb ein Mann zurück, grub Feuersteinknollen aus dem Sande und schlug nach uralter Technik Beile, Messer und Sägen daraus zurecht, und ein anderer holte Ton und formte Töpfe und Schalen daraus.

Im Sande liegt ein Knochenstück. Es ist ganz leicht. Jede Spur von tierischem Stoffe ist daraus verschwunden; das reine Kalkgerüst blieb zurück. Es ist das Stück von der Schädeldecke eines Menschen, eines der Fischer, Töpfer oder Flintsteinmesserschläger der alten Siedlung. Daneben liegt ein rostiger Nagel. Läge noch ein Stückchen grüner Bronze daneben, wie sie sich vielleicht hier auch finden mag, so hätte man die Leitmetalle aus den drei wichtigsten Abschnitten der menschlichen Kulturgeschichte beieinander, den bearbeiteten Feuerstein, die Bronze und das Eisen.

Dort pfeift die Lokomotive der Kleinbahn. Von der anderen Seite geht ein Zug der Staatsbahn ab; man hört sein Fauchen; auf der Landstraße lärmt ein Kraftwagen dahin; die Torfloris rattern aus dem Moore heran; aus dem Laube der Pappeln an der Landstraße blitzen die weißen Isolatoren der Telegraphenstangen heraus; ein Radfahrer flitzt über den festen Weg, der von der Landstraße aus nach dem Dorfe führt; über dem Walde da unten wandert langsam eine runde Kugel, an der ein Körbchen hängt; ein Militärluftballon ist es. Wie weit wir es gebracht haben! Und wir haben außerdem Röntgenstrahlen, Radium- und Serumtherapie, drahtlose Fernsprechung, rauchloses Pulver, Fernrohre und Mikroskope und sind trotzdem in der Technik von der Zeit, in der der Mensch zuerst das Eisen schmolz und formte, nicht so weit entfernt, wie der Mensch, der zuerst Eisen bearbeitete, von dem, der sich mit Bronze behalf, und der Mensch der Bronzezeit von dem des Steinzeitalters. Strenggenommen war die Steinzeit die Urzeit, die Bronzezeit das Mittelalter, und mit dem Eisen begann die Neuzeit.

Heute hat der Fortschritt Eilzugsgeschwindigkeit angenommen. Es gibt kein dörfliches Leben mehr, keine ländliche Abgeschlossenheit. Rad, Telephon, Landstraße, Eisenbahn, Kraftwagen verbinden Großstadt und Kleinstadt, Kleinstadt und Dorf. Düne und Moor, die seit Jahrhunderten Urlandsinseln in dem Kulturlande bildeten, verschwinden. Das Dorf baut die Düne, das Torfwerk das Moor ab. Hier entsteht Acker, dort Wiese. In fünfzig Jahren ist die Düne verschwunden, ist das Moor Bauland. Dann knattern Luftfahrzeuge über die Wälder, und der Gemeindevorsteher bekommt jeden Morgen von der Wetterwarte drahtlos den Wetterbericht. Kein Bauer mäht dann mehr mit der Sense; die Maschine tut die Arbeit. Unter den hohen Föhren auf der Düne stehen bunte Bauten; ein Genesungsheim entstand da, und reiche Stadtleute haben dort ihre Sommerhäuser, denn dieselbe Eisenbahn, die dem Lande die Leute nimmt, bringt ihnen wieder Menschen.

Wer das alles nicht glauben will, der denke daran zurück, wie es vor fünfzig Jahren hier aussah, oder vor fünfundzwanzig, oder vor zehn, als noch kein Lorigeleise die Düne zerschnitt und hinter dem Moore sich noch nicht die Schlote der Torfwerke erhoben, noch kein Mensch an Kali dachte und der Bauer darüber gelacht hätte, wäre ihm gesagt, die Dörfer bekämen Bahnhöfe und die Fuhrwerke würden ohne Pferde fahren. Und heute sind die Bahnhöfe da. Als das erste Automobil durch das Dorf dahinrappelte, warfen die Schnitter alles fort, was sie in den Händen hatten, und eine alte Frau sagte das Ende der Welt an. Heute dreht kein Mensch mehr den Kopf, tobt ein Kraftwagen mitten durch das Dorf, und selbst ein Luftballon macht nicht allzuviel Aufsehen mehr. Die Zeiten ändern sich heute recht schnell. Die Mädchen tragen sich halbstädtisch und singen ein Lied, das in Berlin in Musik gesetzt wurde; rechts faucht die Bahn, links flötet die Bahn, und in der Mitte steht die alte Düne und denkt an den Tag, als hier zuerst Menschen auftauchten und sich unter den Föhren Hütten aus Pfahlwerk und Plaggen bauten und glücklich waren, wenn sie eine Säge aus Feuerstein hatten, mit der sie die Bäume abschnitten, denn gar zu umständlich war bislang das Verfahren gewesen, Span um Span mit einem scharfen Steinsplitter von dem Holze zu trennen.

Damals ahnte der Düne schon Dummes, und als die Bronze aufkam, wurde ihr recht betrübt zu Sinne. Als aber gar das Eisen Mode wurde, da sah sie ein, daß es mit ihr aus sei, und wenn auch noch mehr als ein Jahrtausend darüber hinwegging, ehe es so weit kam, der Sandberg rechnet anders als die Menschen, und ein halbes Dutzend Jahrhunderte spielt bei ihm keine Rolle.

In den letzten zehn Jahren geht ihr aber der Fortschritt doch zu schnell. Wo vor zehn Jahren der Wind mit dem Sande spielte, steht heute Roggen; wo damals Heide wuchs, bollwerkt jetzt die Kieferndickung; jedes Jahr bekommt das Moor mehr grüne Flecke, und jeden Tag weht der Wind mehr Kalkstaub von der Landstraße, und der Klee, den die Vögel herbringen, und der früher totging, wenn er auflaufen wollte, hungert sich durch und kommt hoch. In wenigen Jahren wird sie verschwunden sein, die Düne.

Frau Einsamkeit

Die Einsamkeit wollte ich haben, nicht die schmerzliche, traurige, verlassene, die nicht, aber meine stille, gute, kluge, liebe Einsamkeit, die mir zuredet mit leisen Worten, die mir ihre stillen Lieder singt und mit mir geht, stumm und froh, durch die braune Heide, durch große, ruhige Weiten, die mir lieber sind als der schönste Wald, als die gewaltigsten Berge, als die herrlichsten Wasser.

So wanderte ich von Bielefeld über sonnige Höhen, wo die goldenen Zißtröschen im dürren Grase brannten, durch alte Wälder, in denen kein Vogel mehr sang, über hohe, braune Heidhügel, deren strenge Farbe ein dürftiger Rosenschein milderte, nach Örlinghausen und weiter zur einsamen Senne, dem Lande, das nie der Wanderer besucht, das nie die Neugier betritt, in dem die Menschen so spärlich sind und die Häuser so dünn gesät; ziellos und planlos wollte ich wandern, den Zufall zum Handweiser nehmend und die Wagengeleise als Straße, keine Karte, kein Reisebuch in der Tasche, die von Sehenswürdigkeiten reden und schönen Punkten, wo viel Volk ist und die Menge sich staut.

So stieg ich bergauf, an der Hünenkapelle auf dem Tönsberg vorüber, durch Buchenwald, in dessen Schatten die Bickbeersträucher strotzten vom Segen der Waldfrau, vorüber an Quellsümpfen, mitten durch enkeltiefen Treibsand, bis sie vor mir lag, die herbe Senne. Und da sah ich sie auch, sah das gute Gesicht der ernsten, stillen Frau, und meine Augen nur grüßten sie, Frau Einsamkeit. Um ihren Kopf wehte ein zarter grauer Schleier, um ihre starken Glieder floß das braune, gelb geflammte, rosig überhauchte, grünbesetzte vornehme Kleid, das langhin schleppte und den Treibsand mülmend aufwirbeln ließ; und so stolz sie ist und so langweilig sie sein kann bei lautem Volk, mich mag sie gern, und mir ist sie gut, weil ich gerade so still bin wie sie und nur froh bin bei ihr; denn sie ist eifersüchtig und duldet keinen neben sich; und so legte sie die feste, angebräunte, schöne Hand in meine und schob ihren Arm unter meinen und ging mit mir, den Rand der Senne entlang.

Einen Teppich hatte sie breiten lassen unter unseren Füßen, weich und schön. Blühende Heide war es und schneeweißer Sand und blaues Büschelgras, gestickt mit goldgelbem Habichtskraut; und da Grauduft den Blauhimmel verbarg, so hatte sie ein Stück Himmel heimlich mitgenommen und ihn zerpflückt und gab den Stückchen Leben und streute ihn nun vor uns her, daß er tanzte über die rosige Heide, ein Gewimmel kleiner blauer Falter, die jeder goldenen Sternblume einen Kuß gaben und immer weiter vor uns hertanzten, leicht und luftig. Und auch ein bißchen Sonne hatte sie gestohlen und in große, gelbe Schwalbenschwänze verwandelt, die vor uns hinschwebten. Und um jedes dürftige Heidblütchen summten die Immen, und überall siedelten die Heimchen, und der Föhrenwald brummte undeutliche Lieder in den Bart.

Ach, was war das schön den Morgen, als dann die Sonne uns lachte! Alles so ruhig, so groß, so sicher weit und breit zur Rechten, wo aus der weiten Heide ein weißer Weg schimmerte, ein spitzer Turm glänzte, ein rotes Dach leuchtete in dem Braun und Grün, und links, wo am Berg im Buchwald die Sonne die Farne golden bemalte und das Moos leuchten ließ. Der Buchenwald links so laut und lebhaft im Wind, und rechts die Senne, still zuhörend seinem Geplauder.

Einmal nur fühlte ich den mahnenden Fingerdruck meiner Begleiterin auf dem Arm und blieb stehen. Mit den Augen zeigte sie nach dem Horst windzerzupfter Krüppelföhren. Dahinter schob es sich rot zum Holze hin mit langen schlanken Läufen und beweglichen Lauschern und großen, dunklen Augen, hier noch ein Hälmchen rupfend, da ein Blättchen nehmend, ein Rudel Wild. Lautlos glitt das Wild über den Weg und zerfloß im

59

Schatten der Buchen. Und noch einmal drückte Frau Einsamkeit meinen Arm und lächelte. Da standen zwei Frauen, halb gebückt, noch die Braken, die sie zur Feuerung suchten, in den Händen, und sahen uns still verwundert an. Wann kommt hierher wohl je ein Stadtmensch? Stumm nickten sie auf unser stummes Nicken und sahen uns nach.

Als die Sonne den Morgennebel fortjagte, da summten fröhlicher die Immen, tanzten vergnügter die Bläulinge, goldgrünschimmernd flog vor uns her der Sandläufer flinke Schar, silberflügelige Jungfern umknitterten uns. Auch der Wind lebte auf und stieß die ernsten Föhren in die Seiten, daß sie mürrischlustig brummten, und den Triebsand nahm er und begrub darin die schwarzen Föhrenäpfel und die silbergrauen Wurzeln und krümelte ihn auf die sonnenfaulen Eidechsen, daß sie ängstlich in die Heide schlüpften.

Ein Mensch begegnete uns, ein Mädchen, groß, blond, blauäugig, das mit den starken braunen Armen die schwere Karre voll Plaggen vor sich hinschob in dem Mehlsand. Freundlichernst nickte sie uns zu. Ob sie wohl wußte, wie schön sie war in ihrem selbstgewebten Rock, mit dem schlichten Haar? Der Hermann da oben schien sie zu grüßen, das Bauernmädchen, mit hochgerecktem, grünblitzendem Schwert als eine Urtochter von denen, die als Mütter ihm Söhne gaben, Feinde zu würgen und Räuber zu schlachten, gleichgültig und erbarmungslos, wie es das Raubzeug verdient. In den grünen Wald gingen wir dann, wie die zarten Farnfächer im Winde zuckten und die Schatten mit den Lichtern Kriegen spielten, bis schwarzweiß und grün der Dörenkrug uns winkte zur Rast unter schattigem Lindenbaum, zu kurzer Rast, und dann nahm uns wieder auf kienduftiger Wald, eines toten Fürsten Jagdrevier. Hier hatte er geweidwerkt Tag für Tag, der Eisbart Waldemar, und auf den edlen Hirsch gepirscht in Abendnebel und Morgentau, in Frost und Glut. Wer weiß, was ihm das Leben getan hatte und die Menschen, daß er ihnen aus dem Wege ging und immer da sein wollte, wo Fährten den Boden narbten und Schälstellen die Rinden zerrissen, wo unter den Schalen des Edlen das Geknäck brach und wo des Starken Brunstruf klang über Berg und Tal, wo der grimmige Basse seine Gewehre an den Knorrwurzeln der Eichen wetzte und Wodans Rabe über braunzapfigen Wipfeln krächzte. Hier lebte er mit Frau Einsamkeit, bis ein Stärkerer ihm zurief: „Jagd vorbei!"

Am Donoper Teich standen wir dann lange und sahen in die klare Flut, in der Nixenkraut grün vom Grunde wucherte; uralte Bäume flüsterten und rauschten, und der Bach schwatzte und schwatzte, wie ein Kind in ernster Leute Kreis. Aber laute Menschen störten uns fort von dem stillen Ort, und weiter zogen wir, an tückischem Machangel und waffenstarrendem Fubusch vorbei, an toter Eichen Gespensterleibern, an Dickungen, in denen die Sauen bliesen, auf Lopshorn zu, des toten Weidmanns Jagdschloß. Der Markwart meldete uns krächzend, die Amseln schimpften, und mißtrauisch sah Hirschmann, der rote Schweißhund, den unbekannten Landläufern entgegen, bis seine feine Nase ihm verriet, daß wir wohl wert wären einer freundlichen Begrüßung. Ein Stündchen Ruhe in kühler

Hopfenlaube, bis die laute Neugier auch hierher kam und uns weiter trieb auf die weiße Kalkstraße, wo uns Riesenbuchen Schatten gaben, bis uns mit Sand und Heide und Föhren die Senne wieder aufnahm. Unter dem Schatten der Föhren im dürren Grabengras schauten wir stumm in die lange, breite Trift, die schwarze Föhren ummauerten. Wir träumten von alten Tagen, wo noch das Elch hier stand. Unser Traum trat uns in die Augen. Zog es da nicht heran, hoch im Widerrist, zwischen den Stämmen? Schnaubte es da nicht laut und wild? Die freien Sennepferde waren es, wohl dreißig, die da, ledig von Zaum und Eisen, nackt und ungeschirrt, über die Trift zogen, die Nasen im Wind, wie Wild. Und eins warf sich in den Mehlsand der Trift und fühlte sich, daß es mülmte, und noch eins, und wieder eins, eine gelbe Wolke qualmte zwischen den schwarzen Föhren, aus ihr zuckten Beine und Hälse und Schweife, und ein Gewieher erklang, so frei, so stark, wie nie ein Roß wiehert, das Zaum und Zügel kennt. Wir lagen mäuschenstill im Grase, an den freien Tieren die Augen labend, bis Stück auf Stück aufstand und weidend und wedelnd drüben in den Föhren verschwand. Lange noch hörten wir ihre Glocken klingen.

Dann tauchten wir wieder in der Senne unter, in der Kammersenne, die weit und unabsehbar vor uns lag, immer gleich und immer anders, so arm und doch so reich. Stunde auf Stunde verrann, keine Seele begegnete uns. Da ein Dach, dann wieder eine Stunde Einsamkeit, dann ein Hof, und wieder eine braune Weite, flache rosige Hügel, eine krüpplige Föhre, einige Sandblößen als weithin sichtbare Merkzeichen darin, aber kein Bach, kein Teich, nur die arme dürftige Heide. Ganz langsam gingen wir hier mit weitem Herzen und offenen Augen, glücklich und still, noch eine Stunde und noch eine, bis die Straße nach Horn in Sicht kam und viel laute Menschen. Erst dann zog Frau Einsamkeit ihren Arm unter meinem fort und nickte mir zu, und das Nicken sagte: „Auf Wiederkommen!" Und mein Nicken sagte auch; „Auf Wiedersehen, Frau Einsamkeit!"

Der Hudeberg

In der Bergkette da hinten fällt die mittelste Kuppe am meisten auf, denn kahl ist ihr Haupt, und kein Wald verhüllt sie. Kein Turm zerschneidet den Schwung ihres runden Scheitels; keine jähe Klippe starrt aus ihrem Grün, kein schroffer Absturz gähnt an ihrem Hange, und doch springt sie unter ihren Nachbarn am meisten in die Augen. Das macht, weil ihr gewaltiger Kopf kahl ist und nur rechts und links je einen Streifen Wald aufweist, an ein Manneshaupt erinnernd, dessen Scheitel sich lichtete, während um die Schläfen noch das volle Gelock sich hielt. Zu allen Zeiten zieht dieser Berg deshalb die Augen auf sich, wintertags mit breiter, weißer Fläche oder, schmolz die Sonne den Schnee, mit der kupferroten Pracht der Buchenjugenden, im Frühling mit dem lichten Grün zwischen dem ernsten Ton der Buchenwaldung und im Vorherbst mit dem leichten Rosenschein, den das Heidekraut ihm schenkt.

Mögen die anderen Berge rechts und links ihn mit dem Brausen ihrer Waldwipfel höhnen, daß sein Scheitel gelichtet ist, es rührt ihn nicht. Er ist frei, sie sind Knechte. Er wehrte sich gegen die Aufforstung, und er wahrte sich sein altes Huderecht, das den anderen Bergen die Beforstung nahm. Und weil er sein urdeutsches Gesicht behielt, der uralten Sitte treu blieb, schmückte ihn die Sage mit manchem Strauß, weiß seltsame Dinge zu melden von ihm und dem Uhlengrunde und ließ ihm seinen alten Namen, während die Nachbarn von halbgelehrten Besserwissern mit Benennungen, aus Büchern herausgelesen, beunglückt wurden.

Mit Bergen und Hainen, die so ganz ihre alte Art behaupteten und die neuen Moden nicht mitmachten, hat es wohl immer besondere Bewandtnis. Die breite flache Kuppe des Hudeberges ist so recht geeignet, Versammlungen abzuhalten. Zu gewissen Zeiten werden die Weidebauern, die einst hier saßen, dort zusammengekommen sein, die lange Axt im Lendengurt und den Speer in der Faust, sei es, daß es galt Wode und Thor mit Opferbrand zu ehren, ein fröhliches Grenzfest zu feiern, oder aber hierher das Vieh zu flüchten und dem Feinde zu wehren, wer es auch sein mochte, den nach Lande hungerte, Römer, Thüringer oder Franke, denn allerlei Schluchten und Rinnen umziehen den Berg, gute Verstecke bildend.

Zu jenen Zeiten wird, bis auf das Dorngestrüpp an den Flanken und bis auf einzelnes Buschwerk auf seinem Scheitel, der Berg so kahl gewesen sein wie heute noch. Heute, wie damals, geht das Vieh dort noch, verbeißt die Buchenjugenden und hält den Fichtenanflug kurz, so daß es aussieht, als habe ein Gärtner der Zopfzeit hier seine Kunst ausgeübt und die Buchen und Fichten und Weißdornbüsche unter der Schere gehabt. Jahr für Jahr strebten die Bäumchen und Sträucher in die Höhe, aber Jahr für Jahr wurden sie geduckt, und so gewöhnten sie sich den Drang nach oben ab, trieben Zweig neben Zweig und wuchsen sich zu krausen Kugeln aus, den Hänflingen, Braunellen und Goldammern sichere Nistplätze bietend und treffliche Unterschlüpfe für Eidechse, Glattnatter und Waldmaus, wenn Raubwürger und Turmfalke sie bedrohen, Reinke Voß dort herumschnüffelt oder Meister Gräving, der Dachs, dort nach Untermast sticht.

Es ist ein köstliches Weilen hier auf der freien Höhe, von der die Blicke nach beiden Seiten über die bunten Berge weithin in die Lande schweifen können, hier sich an dem Silberbande des Baches zu erfreuen, dort an dem fernen Schimmer des Flusses. Und sind die Augen der Ferne müde, die Nähe bietet immer noch genug. Zwischen den seltsamen Buchenzwergen und Fichtenkrüppeln blüht aus dem heidewüchsigen Boden manches zierliche Kräutlein, an lichten Stellen die blaue Teufelskralle und an feuchten Schattenorten der goldene Waldmeyer, die Kanten der versteckten Klippen überzieht die Fetthenne mit leuchtend gelben Polstern und ihren Grund der Quendel mit streng duftendem Rasen. Allerlei buntes und blitzendes Kleinvolk schwirrt und flattert von Blüte zu Blüte, und rundumher schmettern und schlagen Baumpieper und Ammer, Braunelle und Laubvogel und aus dem Walde im Grunde kreischt laut der Häher, den Bock vor dem Wanderer warnend.

Sie sind dünn gesät hier am Berge, die Rehe, und auch der Hasen gibt es nicht viele; Hudebetrieb und Wildhege vertragen sich zusammen wie die Sonne mit der Butter, und wo das Vieh weidet und die Ziege grast, zieht sich das Reh zurück. Wohl findet man hier und da in dem Niederwalde die Betten und Plätze der Rehe oder auf einer Blöße einen Weidenstrauch oder einen Wacholderbusch, deren zerfetzter Bast den Übermut eines Bockes kündet, aber es weht für einen guten Rehstand hier am Berg eine zu scharfe Luft; der Hase, der dreimal auf demselben Passe zur Äsung rückt, läuft am vierten in den Dampf hinein, der hinter einer Krüppelfichte hervorkommt, und der Bock kann es nur bis zum Sechser bringen, wenn er keinen festen Wechsel hat und erst nach der Uhlenflucht aus der Dickung tritt. Trotz aller Förster und Gerichte spukt hier immer noch ein Rest von dem uralten Gemeinfreiheitsrecht auf Wald, Wasser, Weide und Wild.

Alles auf der Welt aber hat seine Schattenseite, und ein Berg erst recht. Aber der Sonne ist doch mehr hier als des Schattens. Wenn früh am Morgen der Tau das Gras biegt, und alle Büsche Silbergeschmeide tragen, aus den Gründen Amsel und Graudrossel singen und in beiden Tälern die Ortschaften aus dem Nebel tauchen, wandert es sich köstlich hier und nicht minder zur Mittagszeit, wenn aus blauem Himmel die Sonnenglut auf die Heide fällt und an allen Büschen die süßen Beeren reifen. Am schönsten aber ist es dort oben, wenn die Sonne zur Rüste geht, am Hange das Lachen und Kreischen der kleinen Ziegenhirten im Wald verhallt und vom Holze her des Kauzes hohler Ruf erschallt.

Seltsame Stimmen erheben sich dann, und ein eigenes Raunen kommt über den Berg, und wer genau zuhört, kann heimliche Dinge vernehmen, von den tapferen Berghirten, die sich hier der Feinde erwehrten, und von dem Leutepriester, der sich mit dem bösen Feinde herumbalgen mußte. Es gehört schon ein tapferes Herz dazu, nächtlicherweile, wenn unten im Walde der wilde Jäger sein Gejaid abhält mit Hussa und Horüdho, hier sich am Sausen und Brausen der Wälder und an der Wolkenhatz um den vollen Mond zu freuen, und heimlicher ist es am hellen Tage, wenn kein Nachtvogel fliegt und vom Hange der frohe Singsang der Kinder ertönt, die ihre Ziegen in dem Heidelbergestrüpp weiden lassen.

Seine beste Zeit aber hat der Berg, wenn die Waldfrau ihre Gaben streut, im hohen Sommer, wenn an jedem grünen Sträuchlein die schwarzen Bickbeeren glänzen und aus dem Gebüsch die roten Himbeeren leuchten, oder später im Jahre, wenn die zackigen Ranken der Brombeeren reichlich die gute Kost bieten.

Aber für große Leute allein ist es dann dort nichts: Kinder müssen dabei sein, die nach Herzenslust pflücken und schmausen und einheimsen dürfen von den blauen und roten und schwarzen Gaben, die reichlich und gern ihnen gibt der Hudeberg.

In der Marsch

Ein Sonntag ist es und ein Sonnentag. Sengende Mittagsglut zittert auf den Dächern von Osterholz-Scharmbeck. Alle Fenster sind geschlossen, daß die Hitze nicht hineindringt in die kleinen Stuben, denen die Bäume vor den Türen Schatten geben und Kühlung.

Ein paar Kinder spielen vor der Tür des Hauses, sonst ist es still und leer in der Straße. Und verstärk wird die Stille durch das stille, braune Gesicht des alten, baumlangen, weißbärtigen Fischers, der, ein Knie auf dem roten Binsenstuhl, die Arme auf den Zaun gestützt, rauchend ins Leere sieht. Er wird uns nach Worpswede fahren. Langsam und bedächtig macht der Weißbart das schwarze Torfschiff los, setzt den Mast ein und stakt mit dem langen, eisenbeschlagenen Ruder den Kanal entlang, von dessen Ufern purpurner Weiderich nickt.

Ein weißer Falter begleitet ihn ein Weilchen. Dann tanzt er über die niedrigen Weidenbüsche auf die grüne Wiese, weiter, immer weiter, bis er den Augen entschwindet, die hängen bleiben an der weiten grünen von dunklen Wäldern umrahmten Fläche, auf denen buntes Vieh weidet, und über die die Schwalben schießen. Der Wind frischt auf. Unser Fischer wischt mit der groben, braunen Hand den Schweiß von dem braunen Gesicht und atmet tief auf. Auch ihm bringt die Brise Erholung. Das Staken, das schweißerpressende, ist zu Ende. Das Segel wird losgemacht, und hinaus geht es aus dem engen Kanal in die breite Hamme.

Von uns spricht niemand. Wir wollen nicht sprechen, sehen wollen wir, die Augen baden in dem satten Grün unendlicher Wiesen, die Augen laben an der braunen, blau schimmernden Flut, in der sich die weißen Wetterköpfe so seltsam spiegeln, in die die Fische, von Wähligkeit sich werfend, silberne Kreise ziehen, und in der die starren, dunklen, merkwürdigen Binsen ihrem Spiegelbilde zunicken. Der Mummel hellgrüne, breite Blätter liegen faul am Uferrande, die goldgelbe Blume schwankt träumend hin und her in des Kahnes Wellenschlag, trotzig reckt das Pfeilkraut seine Spieße, schläfrig rauschen die Schilfrispen, die der Wind aus der Unterstunde jagte, und unwillig schüttelt die Blumenbinse, die stolze, ihr rosiges Blütenhaupt.

Sprecht nicht, seht lieber! Seht dem Storch zu, der bedächtig über das Grün wandelt, den Enten, die am Ufer schnabbeln, dem Silberflügelgeflimmer der Wasserjungfern am Schilf, dem Tanz weißer Falter an roten Blumenkerzen, dem Blitzen und Leuchten der Wellen am Bug.

Wie groß und anders alles aussieht gegen die ewige Ruhe des grünen Plans; am Himmelsrande die Bäume, so schwarz und schwer, jede Blume so leuchtend, jeder taumelnde Kiebitz riesig, jede Krähe, die japsend aus dem Pfahl sitzt, ein auffallender Fleck. Und dort unten, das Segel, riesenhaft hoch und breit und düster macht es sich hier, wo alles so flach und so hell ist. Wie ein Rätsel mutet es an, wie ein schwarzes Gespenst das drohend und unheilvoll uns näher rückt. Der Angler am Ufer, halb vergraben im Grün, er unterbricht die Landschaft, alles beherrschend, ein fester Punkt in dem fließenden Grün weit und breit.

Ein kalter Schatten fällt auf die warme Landschaft. Im Nu hat die schwarze Wolke alles in andere Töne getaucht. Das warme Hellgrün der Wiesen hat sie kalt verdunkelt, das leuchtende Wasser getrübt. Aber da, wo ihre kalte Macht aufhört, blitzt und gleißt die Flut in strahlendem Silberweiß, leuchtet grell und heiß das Grün der Wiesen.

Grobe Stimmen weht der Wind heran. Stöhnend, jappend arbeitet sich ein Schleppdampfer hinter uns her, einen Torfbock im Seil. Dann klatscht es gegen unsern Kahn, lange Männer handhaben die langen Ruder, braune Gesichter nicken uns zu.

Vor uns kräuselt sich die Flut. Dort zappelt auch das Schilf reger. Und jetzt faßt auch uns der Wind fester in das schwarze Laken. Still war es um uns, als wir losfuhren, laut wird es jetzt. Aber ein anderes Lied wie im Walde singt hier der Wind. Dieses Geruschel, dieses Gekuschel der Binsen, das Flüstern des Schiffes, das Rauschen des Röhrichtes, das Kluckern des Wassers, ganz anders klingt es wie Kieferngesumm, Buchengeflüster und Eichengemurr. Zu jedem Landschaftstext spielt der Wind eine andere Weise.

Torfschiffe segeln an uns vorüber. Ernste, glattbackige Männer sitzen am Steuer, wortkarg und stumm. Ein Nicken, ein tiefer Zuruf ist ihr einziger Gruß. Ein einziger von den vielen flötete vor sich hin. Aber er schämte sich, als er sich uns näherte, und lang hinter uns fängt er erst wieder an zu pfeifen. Es ist ein Junge von sechzehn Jahren. Die Männer vom Teufelsmoor pfeifen nicht.

Die Segel, die so todesschwarz und so nachtdunkel sind, wenn sie uns begegnen, sie glühen hinter uns auf wie rotes Gold, hinter uns, von der Sonne durchschienen. Als ich es entdeckt hatte, sah ich ihnen nach. Es war mir ganz so, als wenn sie ein Lächeln überflog, die ernsten Segel, ganz dasselbe stille Lächeln, das die ernsten Gesichter der Schiffer erhellte, wenn sie uns nachsahen.

Immer mehr Segel rauschen an uns vorbei, eines im Kielwasser des anderen. Vor uns lauter schwarze, hinter uns lauter rotdurchleuchtete, und jedem muß ich entgegensehen, wenn es schwarz heraufkommt, wenn goldrot leuchtend es hinunterfährt.

Eine Stunde fahren wir schon. Näher kommt uns schon der Weyerberg mit seinem dunklen Baumgrün und seinem hellen Dünengelb, mit seiner Mühle und seiner Kirche. Aber in der Nähe, da blitzen silbern die Binsenstiele über der Flut, schwenkt der Kalmus seine gekräuselten Blätter, schaukeln sich Mummelblätter und nicken rosige Dolden über weißen Blumenrispen, zucken des Rohres Fahnen, auf den Altwässern schnattern die Enten zwischen den weißen Nixenblumen, über die Wiesen gaukeln die Kiebitze, schweben die Stare, und eine silbergraue Seeschwalbe begleitet uns ein Stück Weges, bis sie umkehrt und weiterjagt, immer auf und ab den Fluß. Und immer Segel auf Segel, Grün auf Grün, noch eine Stunde lang, und dann ein Marsch durch Staub und Sand, und Rast unter den Linden, Worpswedes, wo es lebt und webt wie in der Stadt von Wagen und Stadtmenschen.

65

Noch ein Stündchen Schlendern über dürre Dünen, Ausschau auf das unendliche Moor, ausgestreckt im rosigen Heidekraut, umschwirrt von Libellen, umgeigt von Heuschrecken, und dann den staubigen Weg hinunter, daß es hinter uns mülmt wie hinter Schäfer und Herde, zu unserem Torfschiff.

Und nun sprecht wieder nicht, bis wir an Land sind! Laßt den Kiebitz rufen und die Möwe kreischen, bis sie alle übertönt des Reihers heiserer Schrei, der breitflüglig in das Abendrot rudert. In andere Töne kleiden sich jetzt Wasser und Wiesen, Weite und Nähe. Gespenstiger noch sehen die schwarzen Segel vor uns aus, verlassener noch klingt des Viehes Gebrüll.

So schwer, so satt, so fett ist die Landschaft, die so lustig war und so hell und so leicht in der Mittagsglut. So verstohlen klingt das Geplätscher der Wasser, so heimlich das Flüstern des Schilfes. Unzerstörbare Ruhe, mächtiger Frieden erfüllt das Land. Des Reihers Ruf, der Enten Schrei, auftauchend und verhallend, verschärfen die Stille nur, und die hellen, nickenden Blumen am Ufer, viel märchenhafter scheinen sie uns jetzt.

Nicht sprechen! Das paßt nicht zu dem Blaugrau des Himmels, zu den sanften Gluten am Himmelsrande, zu der leisen Flut der lauen Luft, zu dem einsamen Abendstern vor uns, zu den goldüberschienene Fluttümpeln, in denen schwarz und starr die Binse stehen, zu den Fledermäusen, die im Zickzack uns umgreifen, zu den fernen, stillen Segeln, die immer mehr in die schwarze Nacht hineinschwimmen, die uns immer näher rückt. Schon hat sie am Himmelsrand die letzten Sonnenrosen gepflückt, schon die dunklen Bäume verhüllend die Wiesen verschleiert; sie wirft ihre Schatten hinter uns auf die Flut, verdunkelt die Ufer und die Blumen und Büsche und rückt dicht an unser Schiff heran.

Und so treiben wir dahin. Ein schwarzes Segel führt unser schwarzes Boot auf schwarzer Flut zwischen schwarzen Wiesen. Und stumm und schweigend schauen wir hinauf nach dem einen goldenen Stern da hinten über der Marsch.

Die goldene Straße

Keiner unserer Bäume genießt so wenig Achtung wie die Pappel. Von der Linde und der Tanne singt es in vielen Liedern, die Eiche und die Buche fanden ihre Dichter, Ulme und Esche gingen nicht leer aus, die einst mißachtete Kiefer wird viel besungen; die Pappel allein muß beiseite stehen.

Zum Teil ist wohl daran ihr Name schuld, dem der Fluch lächerlichen Klanges anhaftet, zum Teil der geringe Nutzwert, den ihr Holz heute noch hat. Backtröge und Holzschuhe, Dinge gemeiner Art, liefert er nur.

Der Landmann liebt die Pappel nicht. Sie wirft zuviel Schatten um sich her und hagert den Boden aus. Im Parke und im Garten ist sie auch nicht geschätzt; zu viel Geschmeiß lebt auf ihr und in ihr.

Als der Boden noch billiger war und es auf ein Rute Brachland mehr oder weniger nicht ankam, pflanzte man sie gern an die Landstraße, der Elster zur Freude, die im hohen Wipfel ihr Dornennest baute, und dem grünen Spechte zur Lust, der aus Rinde und Holz Bockkäferlarven und Glasflüglerraupen klopfte. Allmählich verschwanden die stolzen Bäume von den Straßen und machten anderen Platz, und nur hier und da noch durften sie sich halten, wie hier. Einst verband die Doppelreihe der Pappeln hier die beiden Dörfer. Die Hälfte steht nicht mehr; man schlug sie. Langweilige Eschen traten an ihre Stelle. Nur ein Rest steht noch an der Straße, dem Gasthaus gegenüber, und winkt den Genossen hinter dem Flüßchen, von denen man sie trennte, rauschende Grüße zu.

Seltsam fremd klingt das Rauschen dem, der schärfer darauf hinhört. Das klappernde Geraschel, dieses wilde Geflatter, es hat einen undeutschen Klang, weist auf südliche Herkunft. Die Schwarzpappel ist der Baum der Steppe, deren Eintönigkeit sie dort unterbricht, wo ein Fluß, ein See, eine Quelle ihre durstigen Wurzeln tränkt. Dort bildet sie, mit der Weide gesellt, den Baumschlag.

Einst tat sie das auch bei uns. Lange ist es her. In jener Zeit war es, als, nachdem die Eiszeit vorüber war, Deutschland ein Steppengepräge trug, und die Saigaantilope und das Steppenmurmeltier hier lebten. Südliche und östliche Winde trugen die wolligen Samenkörner in das wüste Land, und Pappel und Weide herrschten dort, wo Fichte und Kiefer nicht fort kamen, bis der Weidebauer den Wanderhirten verdrängte und den Masthölzern, der Eiche und der Buche, die ihm Fraß für seine Schweine lieferten, zur Vorhand verhalf. Die Pappel aber mißachtete er und nur, um Tröge und Schuhe zu gewinnen, duldete er sie.

War der Boden, der das Wohnhaus trug, zu frisch, als daß die Eiche gedeihen wollte, und wollte er bald Blitzschutz für sein Heim haben, dann holte der Mensch die schnellwüchsige Pappel heran. Und auch, wenn nach Kriegsläuften das Holz bei den Dörfern knapp war, mußte die Pappel aushelfen. Hinterher aber wurde sie wieder vergessen, und nur an die Straße pflanzte er sie, weil sie mit raschem Wuchse die kleine Mühe lohnte, bis er fand, daß sie sich zu breit mache und er Bäume an ihre Stelle setzte, die bescheidener waren. So kam es, daß die Pappel bei uns sparsam wurde, sparsamer, als es nötig ist, denn sie ist ein schöner Baum und der Landschaft stolzeste Zier.

Aber weil der Mensch meist vor sich hinsieht, statt nach oben, weiß er von ihrer Schönheit nichts. Wenn Schnee auf dem Lande liegt und die Landschaft keine frohen Farben hat, dann sind es die kahlen Kronen der Pappeln allein, die in der Sonne wie strahlende Fackeln leuchten und, ohne daß der Mensch es weiß, sein Herz froh machen. Wenn die Wiese noch fahl und der Rain noch kahl ist, bietet die Pappel ihr einen zarten Frühlingsgruß. Sein Fuß zertritt die blutroten Blütenkätzchen, die sie ihm auf den Wege streut, und er hebt nicht den Kopf und schickt seine Augen nicht über sich, wo die purpurfarbigen Troddeln in der Sonne glühen und sprühen. Auch späterhin, wenn die jungen Blättchen die klebrigen Hüllen sprengen, goldene Schüppchen unter seinen Füße zerknistern und schwerer Juchtengeruch seine Atemzüge erfrischt, freut er sich der neuen Blätter nicht die, fett und glänzend, von dem Lichte durchschienen, märchenfarben um das sparrige Astwerk weben. Sommertags aber wuchten die Kronen schwarz und schwer und verstärken die Farben des blühenden Geländes und zum Schlusse der schönen Zeit hüllen sie sich in gleißendes Gold und leuchten weit in das Land hinaus.

In diesen Tagen haben die Pappeln ihre güldenen Kleider angezogen. Wie eine feurige Wand erheben sie sich in dem grünen Lande, eine schimmernde Halle bilden sie, ein loderndes Dach, ein strahlendes Gewölbe. Zauberhaft sieht die Doppelreihe aus, liegt die Sonne darauf, und weit und breit ist nichts zu finden, was ihr ähnlich ist, und die Birken, so schön sie sind, können sich damit nicht messen, können nicht an die stolzen Bäume heranreichen, die einen goldenen Regen über den Wiesenplan streuen und mit wildem Geplapper der Birken Gelispel übertönen.

Es ist ja rechts und links von der Straße viel zu sehen, was schön und fein ist: das weite, von kalten grünen Schatten gestreifte, von enormen gelben Lichtern überflossene Weideland, die bunten Hagen, die ernsten Kiefern, hier und da ein goldbehängter Birkenbaum, der Waldsaum in der Ferne, so zart, wie hingehaucht, ein Kirchturm, wie eine rote Flamme gen Himmel züngelnd, das lustige Windgewölk am lichtblauen Himmel; was will das aber alles gegen die goldene Straße sagen, in der Baum bei Baum in blankem Golde prangt und mit lauter Stimme redet.

Vor der Brücke, wo keine Pappel steht, schimmert der Maßliebchen Silbersterne im Grase, leuchtet des Habichtkrautes Goldröschen aus dem Grün. Hinter der Brücke sind sie verschwunden. Alles Kleine, Zarte und Niedliche wird unsichtbar vor dem gewaltigen Geloder der mächtigen Bäume. Das Geruschel des Röhrichts im Ellerngebüsch des Grabens verweht im brausenden Gemurmel des goldenen Laubes, und selbst der Meisen scharfe Stimmchen gehen daran unter. Nichts ist hier als der weite Grund und die gelben Bäume, als die goldene Straße im weiten Grün.

Aber selbst auf das Grün des Wiesenlandes sind die herrischen Bäume eifersüchtig. Ihre Farbe soll es tragen, und so schütteln sie ihr Laub darüber hin. Die Blätter zucken und zappeln an den langen, dünnen Stielen, zerren und reißen, und haben sie ihren Willen durchgesetzt, dann hasten sie zum Grunde und decken sein Grün zu. Jedes einzelne hat seinen eigenen Flug. Eins gleitet dahin, schwebend wie ein Vogel, ein anderes tänzelt, einen Falter nachahmend, auf und ab; manche flattern wie Fledermäuse, unstet und regellos, etliche hüpfen auf lustige Art, einige zucken herunter, als hätten sie Pein, diese haben es eilig und fallen steil herab, jene besinnen sich unterwegs noch eine Weile.

Eins nach dem andern reißt sich aus den Wipfel los. Die heute noch grün und saftig sind, haben morgen gelbe Flecken und wirbeln übermorgen als goldene Falter dahin. Heute noch rauschen und brausen die gelben Wipfel, flirrt und flattert es in ihnen noch, heute noch das morgen.

Übermorgen aber sind vielleicht alle Kronen schon kahl und verschwunden ist die goldene Straße.

Der Wahrbaum

Fast genau auf der Mitte zwischen den beiden Dörfern, die zwischen der Heide und dem Bruche liegen, steht an der Stelle, wo der Dietweg von dem Kirchwege geschnitten wird, eine alte Eiche, die von einem Kranze von Machangelbüschen umgeben ist.

Da sie auf offener Heide steht und weithin sichtbar ist, so ist sie ein Wahrbaum für die Gegend geworden, nach dem die Leute sich richten, wenn sie quer über die Heide gehen. Die Bauern nennen sie die Taterneiche, denn es zieht keine Zigeunerbande durch diese Gegend, ohne daß sie nicht unter dem Wahrbaum lagert. Das ist von jeher so gewesen. Alle Zigeuner, die hier vorbeikommen, sehen nach, ob die Banden, die zuletzt durchzogen, hier keine Wahrzeichen, durch die sie ihre Fahrrichtung oder andere Dinge von Wichtigkeit kundgaben, hinterließen, und sie selber lassen hinwiederum Zinken zurück, zwischen Steinen, die den Fuß des Baumes umgeben, unauffällig angebrachte Kreuzchen aus Zweigen, Grasbüschen oder Federn, mit einem farbigen Zwirnsfaden zusammen gebunden, auch wohl gewisse mit Kreide gezogene Zeichen.

Es sind immer dieselben Bäume, die zu solchen Kundgebungen benutzen, und es sind immer Bäume, die auch für die ganze Gegend durch ihr Alter, durch ihre Größe oder durch die Stelle, an der sie stehen, von Bedeutung sind. Letzteres ist bei der Taterneiche der Fall, denn sicherlich ist die Stelle, auf der sie steht, wichtig, und darum blieb sie, als die anderen alten Eichen gehauen wurden, stehen, damit die Wanderer, die den Dietweg entlang zogen oder den Kirchweg fuhren, Schatten vor der Sonnenglut oder Schutz vor einem Regenschauer finden konnten.

Die Stelle ist aber auch wie geschaffen zum Ausrasten. Man sieht von da weit ins Land hinein, über das Bruch mit seinen beiden Einzelhöfen hinweg, über das Moor und bis zu den Heidbergen mit ihren blauen Wäldern, aus denen hier und da ein Hof sichtbar wird, und läßt man die Augen nach rechts und links gehen, so überschaut man die heidwüchsigen, mit vielen Hunderten von Machangelbüschen bestockten Abhänge, einen Teil der Feldmark und der Wiesen, die die Bauern der Heide und dem Bruch abgewonnen haben, das Mühlenholz, aus dessen Eiche das moosige Strohdach der Mühle mit den Pferdeköpfen an den Windbrettern des Giebels hervorsteigt, den Bruchweg, zwei breite sandige, von Birkenbäumen eingefaßte Triften und allerlei Büsche und Wäldchen, die sich hier ansiedelten, und zwischen denen dort und da ein Stück des lustigen Mühlbaches hervorblitzt.

So wunderschön ist die Aussicht, und so gemütlich sitzt es sich auf der Moosbank, die die Jungen zwischen den knorrigen Tagewurzeln des alten Baumes gebaut haben, daß ich, mag ich nun müden Schrittes von der Balz kommen oder straffen Ganges zur Pirsch wallen, jedesmal erst hier ein Weilchen rasten muß; denn es gibt hier immer allerlei zu sehen, das des Sehens wert ist, entweder den Schnuckenschäfer an der Spitze seiner zweihundertköpfigen, grauen Herde, an deren Flanken seine beiden

Hunde, der eine fahl, der andere grau, einherjagen, oder die Hütejungen die mit hellem Peitschenklappen und lautem Prahlen das schwarzbunte Vieh die Trift entlang treiben, Bauern in blauem, verschossenem Beiderwand, neben dem Wagen einherschreitend, oder ein braunarmiges Mädchen, das, den hellen Fluckerhut um das frische Gesicht, die Brust von dem roten Leibchen umschlossen, vor dem blauen Linnenrock die weiße Schürze, mit der Harke auf der Schulter zum Heumachen geht.

Auch dann, wenn sich kein Mensch blicken läßt, ist genug zu sehen und zu hören. In der Rieselwiese neben dem Mühlbache stelzt der Storch umher, und kaum ist er abgestrichen, da tritt eine Ricke mit ihrem Kitzchen aus dem Busch, oder ein paar Hasen laufen sich in dem weißen Sande trocken. Auf der Schirmkiefer, die bei dem großen, grauen Steine steht und wie segnend ihre Zweige über ihn breitet, läßt sich die Elster nieder, die in der Pappel bei der Mühle ihr Nest hat, und auf dem hohen trockenen Machangelbusche bei der Sandkuhle, dessen gespensterhaftes Gezweig in der Sonne wie altes Silber aussieht, fußt der Raubwürger und lauert auf eine Maus oder eine Eidechse; seine weiße Brust blendet weithin. Über den Wiesen taumeln die Kiebitze; es sieht aus, als wirbele der Wind ein paar Lappen umher, die zur Hälfte weiß, zur anderen Hälfte schwarz sind, und über dem dunklen Wald kreist ein heller Bussard, während ein Brachvogel, der sich laut flötend in die Höhe schraubt, einen goldenen Halbmond vor dem lichten Himmel bildet. Dann flirren überall rote und gelbe Libellen, grüne und graue Sandkäfer blitzen auf, himmelblaue, graue und bräunliche Falter flattern über dem borstigen Gras, zwischen dem eine Heidlerche umhertrippelt, während eine andere unter den Wolken hängt und ihr süßes Liedchen herunterrieseln läßt. Überall aber in der Runde schlagen die Finken, schmettern die Baumpieper, locken die Meisen und zwitschern die Hänflinge und die Schwalben.

Aber das sind alles nur Kleinigkeiten, sind nur Nebensachen den großen Eindrücken gegenüber, die sich meinen Sinnen aufdrängen. Die Heide blüht; die ganzen Hänge sind rosenrot in allen Abstufungen, verstärkt durch die silbernen Stämme der Birke und die von der Sonne in zwei Farben, leuchtendes Goldgrün und stummes Schwarz, gekleidete Machangelbüsche, durch die starren, straffen Ruten des Ginsters und die wirren Klumpen der verkrüppelten Kiefern. Hier und da hebt sich ein grauer Irrstein aus dem rosenroten Untergrund ab, ein schmaler weißer Weg, gefällig gekrümmt, zeigt sich teilweise, eines Stechpalmenhorstes blankes Blattwerk wirft gleißende Lichter um sich, und überall sprühen die Kiesel, die im Sande liegen, in der Sonne, die den Boden so stark erwärmen, daß ich sehen kann, wie die Luft über dem Heidekraut emert. Ein schwerer Honiggeruch wogt über das ganze Land hin, und das Summen der Bienen klingt wie das Brausen unsichtbarer Wellen.

Die hohe Zeit der Heide ist gekommen, ihre höchste Zeit. Aber auch dann, wenn der Honigbaum nicht blüht, wenn die Heide braun ist, ist es wunderbar schön hier, im Ostermond zumal, wenn das Bruch von blühmenden Porst rot ist, die Birkenbäume über und über mit Smaragden behängt und die Wiese weiß gestickt und mit goldenen Säumen besetzt sind, oder späterhin, wenn jedes Stück Moorland vom Wollgrase mit Sommerschnee bedeckt ist, oder im Herbste, wenn aus den rosigen Blüten Silberperle wurden und die Birken sich wie goldene Springbrunnen von der Heide abheben, lustig anzusehen. Aber auch dann, wenn Frostwinde wehen, kalte Nebel vom Moore heraufsteigen und jeden Zweig, jede Stengel einspinnen, daß am andern Morgen Heide und Bruch ganz und gar versilbert sind, ist es herrlich hier unter dem Wahrbaum, wenn die Moosbank auch nicht mehr zur Rast einladet.

Wenn dann, Unwetter verkündend, die Sonne zwischen, schwarzem und blutrotem Gewölk hinter den Heidbergen über dem Moore zu Bette geht, der Sturm die Kiefern antreibt, ihre dunkelsten Lieder zu singen, und die Machangeln so zaust, daß sie sich unwillig schütteln, wenn dann die Nebelhexen über das Bruch jagen, daß die Fetzen ihrer schlampigen Röcke über das fahle Gras hinschludern, die Winterkrähen mit rauhem Rufe dahintaumeln, dann lohnt es sich wohl, einige Zeit unter dem Wahrbaum zu weilen und den seltsamen Runen zu lauschen, die sein krauses Astwerk singt. Weisen aus uralter Zeit sind es, die sie kundgeben, aus den Tagen, da noch der wilde Wisent durch das Bruch zog und der grimme Grauhund sein Fährte in den Sand drückte, da an den Giebeln der Strohdachhäuser die Schädel der Mähren bleichten, die Wodan und Thor zu Ehren in dem heiligen Kreise auf dem Hingstberge, der dort über den anderen Hügeln sein braunes Haupt erhebt, unter dem Steinmesser zusammenbrachen, oder von den fröhlichen Abenden, wenn festumschlungene Paare nach dem Friehdloh, dem Walde der Frigga, zogen und der guten Göttin weiße Blumen streuten, damit sie ihren Bund segne.

Solcherlei Weisen vermag der alte Baum zu singen und auch andere, aus denen es wie Hörnerklang und Kampfruf klingt, wie Siegesjauchzen und Sterbegestöhne. Das Volk, das heute noch hier in der Heide den Acker baut, ist dasselbe, das einst die wilden, gelbgesichtigen Fischer und Jäger vertrieb, das die römischen Kohorten im Moore abwürgte, sich drei Jahrzehnte lang der welschen Völker, die Karl der Franke in das Land einführte, erwehrte, und das sich in Jahrhunderte währenden Kämpfen mit den Wenden katzbalgte. Sie haben viel Böses erlebt, die Heidjer von der Zeit her, da sie mit Rossen und Wagen und Vieh von Nordland hier eindrangen, den Wald rodeten und die Heide brachen, bis zu der Zeit, da kaiserliche und schwedische Soldknechte hier schlimmer als die Teufel hausten, und so ist es kein Wunder, daß ihre Augen kalt und ihre Lippen schmal wurden.

Wer aber einen Scheffel Salz mit ihnen gegessen hat, der weiß, welche goldenen Herzen sie haben, mit viel Güte und Treue und wieviel Fähigkeit und Kraft aber auch hinter den stillen Gesichtern verborgen liegt Nur schwer tauen sie auf, nur langsam gehen sie aus sich heraus. Sie sind geartet wie die Eichen, unter denen ihre einsamen Höfe liegen; die lassen ihre Knospen erst aufbrechen, wenn die Birken sich schon längst begrünt haben und die Buchenbäume das volle Laub tragen, aber dann strahlt das junge Blattwerk an den grauen Ästen über dem knorrigen Stamm auch wie lauter Gold.

Deshalb wohl, weil es ihrem ureigenen Wesen so ähnlich ist, lieben sie die Eiche auch vor allen Bäumen und darum gilt als Wahrzeichen für den Wanderer fast immer eine Eiche als Wahrbaum.

Das grüne Gespenst

In dem Bache hier wuchert im dichten Polstern ein dunkelgrünes Kraut. Vor zwei Jahren war es noch nicht da. Ein halbes Jahrhundert ist es her, da ertönte ein Schreckensruf durch ganz Deutschland. In Berlin ward er zuerst gehört und pflanzte sich von da fort, mächtig widerhallend, Furcht und Entsetzen überall erweckend, wo er vernommen ward. Von Amerika war ein unheimliches Wesen erschienen, so noch nie erblickt war in deutschen Landen. Es hatte die grüne Farbe des Schlammes, war weich und biegsam und über die Maßen zerbrechlich, und gerade darum so furchtbar.

Dieweil es im Wasser der Flüsse und Seen lebte, erst heimlich auf dem Boden dahinkriechend, sich nährend von Moder und Fäulnis, dann sich reckend und streckend, bis es stark und groß war, den Wasserspiegel erreicht und über die Ufer hinausquoll, faulige Dünste verbreitend, benamsete das daß erschrockene Volk es die Wasserpest.

Das grüne Gespenst war das Pflänzlein, das hier den Bach erfüllt; von Kanada gelangte es um die Mitte des neunzehnten Jahrhunderts nach Irland und wurde im botanischen Garten zu Berlin gezogen, bis es ihm da zu langweilig wurde und es einen unbewachten Augenblick benutzte, um sich ein wenig weiter in der Welt umzusehen. Ein kleines Stückchen davon, knapp einen Zoll lang, war es, das in die Spree gelangte. Da trieb es sich so lange herum, bis es in eine Bucht kam, und begab sich schleunigst daran, aus seinen Gelenken lange, dünne weiße Würzelchen zu treiben mit denen es sich im Ufersande verankerte. Und als es mit dieser Arbeit fertig war, lachte das grüne Koboldchen und fing an zu wachsen, daß es schon nicht mehr schön war, und wuchs und wuchs bis an die Grenze der Unmöglichkeit, bis ihm die Spree zu klein war und so kam es in die Netze und in die Warthe und in die Oder und in die Weichsel und in die Elbe auch, und in die Weser erst recht und schließlich auch in den Rhein und in die Donau, und es erhub sich überall ein erschreckliches Heulen und Zähnegeklapper, denn der Tag schien nicht mehr fern, da alle Binnengewässer Europas bis zum Rande mit dem Kraute gefüllt waren, so daß kein Schiff mehr fahren, kein Mensch mehr baden, keine Ente mehr gründeln und kein Fisch mehr schwimmen konnte.

Dem war aber nicht so; denn als einige Jahre vergangen waren, da sank das grüne Gespenst bis auf ein bescheidenes Maß in sich zusammen. Es hatte zu gierig die Stoffe, die Wasser und Schlamm ihm boten, aufgezehrt, und nun rächte sich dieser selbstmörderische Raubbau an ihm. Nicht mehr brauchte die Menschheit sich seinetwegen mit Gänsehäuten zu bedecken und sich die Glatzen zu raufen, nicht mehr ihm mit Harken zu Leibe zu gehen, es den Fluten zu entreißen und an das Land zu zerren, auf daß es dort elend verdorre. Nach wie vor fuhren die Schiffe, badeten die Menschen, gründelten die Enten, schwammen die Fische, und als man sich den Schaden mit ruhigerem Gemüte besah, da stellte es sich sogar heraus, daß dort, wo das schrecklich Kraut üppig wucherte, die Fischzucht sich bedeutend gehoben hatte, denn die junge Brut fand in dem dichten Rankengewirre herrlichen Unterschlupf und konnte sich prächtig vor den Raubfischen bergen.

Als das bekannt wurde, beschafften sich alle klugen Fischzüchter eine Handvoll Wasserpest, warfen sie in nahrungsarme und pflanzenleere Teiche und Bäche und stellten in wenigen Jahren fest, daß der Fischbestand sich erfreulich gehoben hatte. Aber wie der Mensch nun einmal ist, es fiel ihm nicht ein, das gute Kraut nun auch wieder ehrlich zu sprechen, es vielleicht Wassersegen zu nennen oder so ähnlich; nach wie vor blieb es die Wasserpest, und heute noch bekommen manch Menschen einen kalten Rücken, wird der Name genannt heute noch, wo Hunderttausende von Mark mit der Wasserpest verdient werden, denn sie ist eine stark begehrte Aquarienpflanze, von der in den großen Städten, in denen es Menschen gibt, die die Natur nur aus den Schaufenstern und vom zoologischen Garten her kennen, Tag für Tag, Bündel um Bündel, drei fingerlange Stengel enthaltend, für einen Groschen und mehr verkauft werden. Viele pflanzenarme Teiche, Seen und Bäche sind durch sie angereichert, viel hagerer Boden ist mit ihr gedüngt, im dürren Jahren auch manches Stück Vieh mit ihr gefüttert, aber darum behält sie doch noch immer den allen Übel-, Ekel- und Schaudernamen, obwohl sie von allen grünen Gespenstern das allerharmloseste ist.

Denn deren gibt es eine ganze Menge. Manche sind ungefährlicher Art, wenn sie auch, als sie zum ersten Male auftauchten, die Menschen ebensosehr in Angst versetzt haben werden wie die arme Wasserpest. So pflanzte sich vor einigen Jahrzehnten ein langes, dürres, erbärmlich blühendes Kraut an unseren Bahndämmen auf, ebenfalls ein Kanadier, das kanadische Flöhkraut, auch Kuhschwanz genannt, und verursachte vielfach erhebliches Erblassen, zumal, als es ruchbar wurde, daß besagte Pflanze in dreißig Jahren rund um die Erde gewandert sei. Aber es tat einem Menschen wehe, wenn es auch nicht schön zu sehen und lieblich zu riechen war, denn bescheiden hielt es sich an den Bahndämmen, Straßenböschungen und Schuttplätzen und mied die Gefilde gänzlich. Es war nichts Gutes gewöhnt, wie eine Magd, die statt der üblichen Pellkartoffeln nebst Heringsschwanz bei der neuen Herrschaft Braten zur Mittag bekam und darum kündigte, und so macht es das Flöhkraut auch; fettes Leben verträgt es nicht und geht im Bogen um gedüngtes Land guten Boden herum. Da ist das Franzosenkraut anders; je mehr Mist es vorfindet, um so besser gefällt es ihm in Feld und Garten. Es stammt aus Peru und mogelte sich über Frankreich zu uns ein, wo es sich bald so unbeliebt machte, daß in vielen Gegenden vereidigte Männer zu bestimmten Zeiten von Feld zu Feld gehen und den Grundbesitzer, der das Kraut nicht ausgerottet hat, in schwere Strafe nehmen. Im anderen Jahre ist daher trotzdem das üble Gewächs wieder da, denn es hat in seiner Schlauheit einen Vertrag mit den Spatzen, diesem Unkraut unter den Vögeln, geschlossen, und die säen es auf wenig anständige Weise auf beschotterten Fabrikdächern aus und bringen den reifen Samen auf dieselbe Art wieder in Feld und Garten.

Überhaupt die Spatzen! Der Teufel soll sie schockweise holen und ihretwegen müßte man den Sperber schonen. Da hat so ein Gemüsezüchter seinen Garten im Schweiße seines Rückengelenkes unkrautrein gemacht und denkt nun, das hält vor. Doch nach vier Wochen schießt der Gartenknöterich massenhaft aus der Erde, überall wimmelt es vom gelben Sauerklee, allerorts schießen Schuttmelden und anderes Ungekräut auf, und der jungen Quecken ist kein Ende. Und wer ist schuld daran? Der Spatz, dieser Lump unter dem Federvolk, der Blumen und Nutzpflanzen zerbeißt, um Unkräuter anzupflanzen, denn gleich und gleich gesellt sich gern. Aber der Buchfink hilft ihm wacker dabei, denn böse Beispiele verderben die besten Sitten, und Hänfling, Stieglitz, Ammer und Lerche sind auch nicht so brav, wie sie behaupten, und sorgen reichlich dafür, daß der Landmann und Gärtner einen geschmeidigen Rücken behält. Aber an allem Ärger, den ihm die grünen Kobolde und Gespenster bereiten, sind sie doch nicht schuld.

Da erschien 1828 in der Walachei ein Kraut, dessen sich die ältesten Greise nicht mehr erinnerten, die dornige Spitzklette. Das hatten nicht die Spatzen in ihre Gedärm, sondern die Kosakenpferde in ihrem Schweife aus Halbasien eingeschleppt, denn es besitzt dornig Früchte, die von rührender Anhänglichkeit sind. Die Botaniker freuten sich über die Bereicherung der Pflanzenwelt, aber aus dem Jubel wurde bald Weheklagen, denn das Schundkraut verbreitete sich von da nach Ungarn und Deutschland, und als es gar nach Australien und Amerika gelangte, da bekam es erst recht Luft und wuchs sich zu einem Schreckgespenst schlimmster Güte aus, zu einer Landplage scheußlicher Art, den es verdarb mit seinen dornigen Früchten die Schafwolle greulich, und in Chile hingen sie den Pferde in ganzen Klumpen sich in die Schweife und Mähnen, so daß die Tiere elendiglich daran zugrunde gingen. Auch bei uns macht sie sich stellenweise so breit, daß sie hier und da unter Polizeiaufsicht gestellt werden mußte.

Genauso ging es einer anderen Pflanze, der Sommerwucherblume, einem bildschönen Kraut, dessen goldenen Blüten der Landschaft zum herrlichen Schmuck gereichen. Aber der Landwirt denkt nicht künstlerisch genug, um sich des holden Anblicks zu erfreuen, und eine Marschall Niel oder La France dünkt ihm, steht sie zwischen seinem Weizen, nicht minder ein Unkraut als Distel und Quecke. Darum schont er der goldnen Blume nicht und rottet sie mit Stumpf und Stiel aus, und ist er zu bequem dazu, so gibt ihm der Landrat einen Wink mit dem Gendarm, und der kostet einige Taler. Ach ja, die Schönheit ist ein sehr persönliche Begriff!

Lieblich ist die Kornblume, hübsch die Rade und schön der wilde Mohn, und wo sie mit blauen, purpurnen und scharlachnen Blüten das Feld schmücken, da verdreht der Städter die Augen vor wonnigem Entzücken und findet den Anblick entzückend. Der Bauer aber pfeift auf die Poesie dieses Anblickes und schreibt seinem Getreidehändler einen sacksiedegroben Brief, weil er Roggen und keinen gemischten Blumensamen für ein buntes Beet bestellt hat, denn anstatt seine Brotfrucht nach der Windmühle vor dem Dorfe fahren zu können, muß er sie an die Dampfmühle verkaufen, die mit Schüttelsieben und Gebläsen den Unkrautsamen von der Brotfrucht zu scheiden weiß, und der Bauer muß seine Brotfrucht selber kaufen, und das tut er nicht gern. Deshalb macht er sich im allgemeinen aus Blumen überhaupt nicht viel, denn er muß immer dabei an allerlei Kraut denken, das reizend aussieht und ihm abscheulich schadet.

Vielleicht hat auch er, als mit dem Roggen Kornblume, Rade und Klatschmohn zuerst aus Asien einwanderten, sich der hübschen Blüten gefreut und sie im Acker geduldet, bis er eines Tages einsah, daß er dabei der Dumme war. Vielleicht hat ihm sogar der goldene Hederich Vergnügen gemacht, als der zuerst auftauchte; aber als schließlich vor lauter Hederich die grüne Saat ein gelbes Blumenbeet wurde, da wurde er fuchsteufelswild und wütete unter den holden Blümelein wie Saul unter den Philistern, ohne daß es ihm sehr viel half, denn die dreimal vermaledeiten Spatzen hielten es natürlich mit dem Hederich und sorgten dafür, das die eintönig grüne Fläche des Ackers auch im nächsten Jahre wieder nach reichliche Beimengungen von goldenen Blumen reizvoll unterbrochen war. So ist es auch wohl gekommen, daß der Landwirt im Laufe der Jahrtausende ein Hundeangst vor allem Neuen bekam, vor allem dann, wenn es sich in gefälliger Form einführte, denn zu oft war er damit hineingefallen, und wenn er etwas an den Lupinen, der Esparsette, dem Buchweizen, der Serradella, der Luzerne und dem Inkarnatklee auszusetzen hat, so ist es der Umstand, daß diese nützlichen Gewächse schön blühen, ja, es ist Tatsache, daß die Kartoffel sich anfangs nur deshalb so schwer einführte, weil sie dem Landmann wegen ihre hellen Blüte verdächtig war, wie er denn jetzt auch nur ganz langsam daran gehen mag, die knollige Sonnenblume als Viehfutter zu bauen, denn ihre schönen goldenen Sterne lassen ihn vermuten, daß sie vielleicht versteckte Absichten habe, zumal sie von wer weiß wo her ist.

Er hat nicht so unrecht. Vielerlei, das mit bunten Blüten über Land und Meer kommt und um ein Plätzchen bei ihm bittet, hat sich nachher recht undankbar dafür benommen. Zwar gibt es einige bunte Blumen, die von ferne kamen, die sein Vertrauen nicht täuschten, so die himmelblaue Wegewarte, auf deutsch Zichorie genannt, der goldgelbe Frauenflachs, der rote Gauchheil, das feurige Donnerröschen, der sonnenfarbige Rainfarn, aber schon der veilchenblaue Rittersporn und der purpurne Erdrauch machen sich leicht zu breit, duckt der Bauer sie nicht, wo er es kann. Mit der Zeit sah er alles schief an, was nicht sein Urgroßvater schon kannte und duldete, und es war ihm gar nicht recht, daß sich an dem

75

Bahndamme vor dem Dorfe die Nachtkerze ansiedelte und ihre herrlichen, großen, goldene Blüten entfaltete; „trau, schau, wem," dachte er, und schlug sie mit dem Stocke um. Als Blume gilt ihm nur das, was so gut erzogen ist, daß es hübsch da bleibt, wo es hingesetzt wird, im Garten, alles andere ist ihm Unkraut, und wenn es auch in all Farben des Regenbogens schimmert und nach Myrrhe und Weihrauch duftet, vorausgesetzt, daß es nicht schon von Anbeginn da war und den Beweis erbracht hat, daß er sich darauf verlassen kann. Und weil er mit den bunten Blumen so oft üble Erfahrungen gemacht hat, darum ist er milde gegen solche Kräuter, die nicht mit feuerrotem, himmelblauem und goldgelbem Gepränge daherkommen, sondern ein schlichtes Gewand tragen, und keinen knallbunten Schlips vorhaben, wie die Nessel, die Klette, die Melden und der gute Heinerich.

Selbst wenn sie ihm lästig sind, wie Nachtschatten, Wolfsmilch und Haferdistel, sie ärgern ihn nicht so sehr wie das, was da rot und blau und gelb prahlt und prunkt und protzt und dadurch mit ihm anzubinden sucht, daß es künstlerische Wirkungen schindet. Grün ist das Feld, grün ist die Wiese und grün der Wald; darum fürchtet er sich nicht vor dem, was nur grün ist.

Aber der des Grünen entwöhnte Städter erschrak bis in das Mark, als die Wasserpest einwanderte, und sie erschien ihm als ein grünes Gespenst.

Heidbrand

In schwarzem Schweigen liegt das Dorf. Lautlos streicht die Schleiereule um die Mährenköpfe der Giebel, leise streicht ein Kater über die graue Straße, unhörbar flattert die Fledermaus um die Hofeichen. Die Hunde, die die ganze Nacht den Mond angeheult haben, sind stumm geworden. Aus dem Bache quollen weiße Nebel, krochen über die Wiesen, das Moor, schwebten über die Heide. Eine Viertelstunde kämpfte der Mond mit ihnen, dann erstickten sie ihn.

Und jetzt ist alles grau rundherum. Die Straße, die Wiesen, das Moor, die Heide, sie sind allesamt untergegangen in dem weißgrauen Dunst. Auch die Birken an der Straße lösen sich langsam darin auf. Ein hohler Wind kommt angepustet. Er schüttelt die nassen Birken, daß sie kalte Tränen weinen, weht über die rauhen Föhren, daß sie im Schlaf aufstöhnen, reißt den hohen Wacholdern die Nebellaken ab, daß sie aus Frost zittern. Und dann schweigt er auf einmal, als hätte er nie gesprochen, verstummt, als wäre er gar nicht hier. Nur in dem harten Grase am Wege raschelt er matt und müde, als habe auch ihm der Nebel den Atem genommen.

Eine ängstliche Stille liegt über der grauverschleierten Heide, ab und zu unterbrochen von einem engbrüstigen Aufseufzen, von einem kurzatmigen Stöhnen, von einem fröstelnden Geflüster, so verloren, so unbestimmt, so undeutlich wie die graulichweiße Landschaft. Oben, über den grauen Nebeln, ertönt ein jammervolles, ängstliches Flöten, erst weit,

76

leise, dann näher, lauter, und schließlich sich wieder weiter und heiser verlierend. Ein dünnes, verjagtes Pfeifen taucht auf und verschwindet. Brachvögel und Drosseln auf der Wanderung sind es. Ein Wehklagen klingt aus der Schonung, gepreßt und benommen. Das ist die Ohreule.

Von dem Anbauernhof in der Heide kommt ein Hahnenschrei. Vom Dorfe kommt ein zweiter ihm entgegen, und ein dritter. Ein Spitz kläfft heiser wie ein Fuchs. Er weckt den Wind wieder auf. Der gähnt, reckt sich, erhebt sich aus dem Heidkraut und geht an sein Tagwerk. Erst fegt er den Heidberg vom Nebel rein, steigt dann in die tiefe Heide und macht die blank, zieht von den Wiesen den weißen Schleier, nimmt die grauen Laken von dem Moor, trocknet alle Büsche und macht die Bahn für die Sonne frei. Blutrot kommt die über die schwarzen Föhren aus einem schmalen Stück hellgrünen Himmels, über dem eine schwere, bleigraue Wolke liegt. Bleichgelbe, unheimliche Strahlen fallen auf die graurote Heide, lassen sie kupferrot aufleuchten, rostrot glühen, geben den fahlen Moorwiesen einen Grünspanton, den Föhren ein böses, blaues Licht. Dann sinkt die blaugraue Wolke tiefer, verdrängt das Stückchen Himmel, läßt von der Sonne nur einen dreieckigen, rotglühenden Punkt übrig, bis auch der erlischt. Lange, graue Stunden folgen. Eintönig pustet der hohle Wind über die grauroten Hügel, stäubt gelber Sand in die rosigen Blütchen, seufzt in den Birken, flüstert im Risch, stöhnt in den Wacholdern. Undurchsichtig blaßgrau, trostlos gleichfarbig ist der Himmel.

Matt schweben vereinzelt kleine blaue Schmetterlinge über die Heide, laurig fliegen die Immen von Blüte zu Blüte, mißmutig brummt die Hummel, die Heidlerche lockt wehmütig, die Krähe krächzt angstvoll; keine behende Eidechse, kein flinker Sandläufer läßt sich sehen.

Da aber kommt der Wind zum drittenmal. Er hat die Nebel von der Erde weggejagt, hat Bäume und Büsche getrocknet, und jetzt geht er auf die Dunstwolken los. Mit gellendem Pfeifen scheucht er sie auseinander, treibt sie nach Nord und West und Süd, hetzt sie über alle Berge und über alle Föhren und schafft der Sonne Bahn. Heiß und goldig bricht sie hervor, färbt die Flanken der Hügel mit Rosenrot, hüllt die Birken in Frühlingsgrün, streut Gold auf die Föhren und Glanz auf die Sandwege, macht die blauen Falter lustig und die braunen Bienen lebendig, lockt die Eidechse aus der Heide und die Laufkäfer aus dem grauen Moos, und stimmt der Krähe grämliches Gequarre zu frohem Schrei um.

Ein Honigduft, stark und betäubend, steigt aus den zahllosen Blüten, unzählige Bienen summen im Chor ein brausendes Lied, ein Geflatter blauer Flügelchen ist überall, den ganzen Weg entlang geht ein Geblitze goldener Punkte, und auf die rosenroten Flächen perlen lullende Lerchenlieder.

Auf die langen, grauen Stunden folgen kurze, helle Stunden, kurz, weil sie so schön sind. Singend prall die Sonne auf die Heidberge, macht aus den Spinnweben am dürren Föhrenast ein Goldgewebe, aus den Kieseln auf der Sandblöße Diamanten, Rubine, Opale und Amethyste, aus dem düsteren Walde am Heidrand einen lachenden Hain. Überall ist ein Glänzen und Schimmern, ein Leuchten und Flimmern, Strahlen und Prangen. Das

Renntiermoos ist feines Silber geworden, die Föhrenstämme blankes Gold, von den fernen Fischteichen im Grunde schießen hellblaue Lichter empor, die Schnuckenherde hat goldene Vliese.

Der lustige, leichtsinnige Wind tanzt bergauf, bergab, dreht sich aus dem Flugsand eine lange, gelbseidene Schleppe, kost mit den krausen Fichten auf den Berg, mit den Birken an der alten Straße, fiedelt ein Lied auf einem dürren Span und bläst ein Stückchen auf einem bleichen Rehschädel. Dann verschwindet er hinter dem Berg, um sich ein neues Spielzeug zu suchen. Hinter den Föhren auf der Düne hinter dem Moore sitzt er, hat sich die Pfeife angesteckt und pafft und pafft. Erst zieht er dünne, kleine Wölkchen, dann dickere, und schließlich qualmt er, als wenn ein kleiner Bauer backt. Und der Knaster, den er raucht, ist nicht von der besten Sorte: Torf, Risch, Renntiermoos, Heide und Föhrenzweige hat er in die Pfeife gestopft. In allen Dörfer in der Runde lassen die Leute bei der Grummeternte Sensen und Harken sinken, schnüffeln in der Luft, meinen, es komme ein stinkender Nebel aus dem Moor und schanzen weiter. Aber die Sonne wird immer röter, der Himmel im Osten immer tiefer, die Luft immer dicker. Da sehen sie sich an, schütteln die Köpfe und wundern sich, daß im Westen die Luft hell und klar ist und im Osten so dick und schwer. Und auf einmal ist ein Laufen hin und her, Räder blitzen über die Landstraße, Wagen donnern durch gelben Mülm, und auf den grünen Wiesen und roten Buchweizenfeldern wird es leer und still.

Da aber, wo der Wind saß und rauchte, rund um das Moor, ist ein Gewimmel von weißen Hemdsärmeln, ein Geblitze blanker Schuten. In langen Reihen stehen die Männer da, Qualm im Gesicht, Qualm unter den Füßen, Qualm im Rücken. Vor ihnen ist alles ein dicker, weißblauer Dampf, aus dem ab an zu ein rotes Flämmchen bricht; neben ihnen kohlen schwarze Ringe im Boden, erweitern sich knisternd, rote Zungen lecken am Heidkraut, rote Funken huschen über das dürre Gras. Die Zwicken fallen mit hartem Schlage nieder, die Schuten beißen knirschend in den Sand, dumpf poltern die Schollen, Schweißgeruch hüllt die Männer ein. Dann und wann ein langer, tiefer Schluck aus dem Blechtopf, den die Frauen und Kinder heranreichen, ein Strecken des schmerzenden Rükkens, ein Recken der müden Arme, ein Streifen der schwarzen Hand über die müde Stirn, und dann hackt die Zwicke wieder, knirscht die Schute, Poltert die Scholle.

Die Sonne gehe unter, unheimlich rot, als ginge sie zur allerletzten Rüste. Die ungeheure blaugraue, weiß durchwirkte, braun überzogene Rauchwolke glüht golden auf, loht feuerrot, leuchtet purpurn. Schwarze, schwere Wolkenballen verhüllen die Sonne, lassen sie wieder einmal auflodern, ersticken sie von neuem. Einmal noch funkelt sie über den Föhren, dann ist sie tot. Die Dämmerung steht über der Heide, eine doppelte, durch Qualm und Rauch verstärkte Dämmerung. Kaum schimmern die weißen Hemdärmel noch hindurch, von den Gesichtern der Männer sieht man nichts mehr; sie sind rußig und schwarz. Die Arme erlahmen, die Rücken brennen, die Knie zittern; aber solange die roten Flammen züngeln, dröhnen die Twicken, knirschen die Schuten rund um Heide und Moor.

Auf den heidwüchsigen Dünen in den Besamungen der Heidberge, in den Föhrenhorsten der Hügel stehen die Rehe und schnuppern den stinkenden Qualm ein, der aus dem Moore kommt, da liegen die Hasen und das Birkwild, da schnürt unsteht der Fuchs. Ihnen alle nahm der große Brand die Heimstatt. Viele von ihnen erstickte der blaue Qualm, tötete die rote Flamme. In dem Dorf vor dem Moor stehen die Frauen, die halbwüchsigen Kinder, die alten Männer in Gruppen auf den Straßen und reden halblaut über den Brand. Fast alle sind zu Schaden gekommen. Der hatte noch Tor draußen, einem anderen ist die gehauene Heidstreu aufgebrannt, dem wieder der Immenzaun mit allen Stöcken, und viel Busch und Holz ging verloren. Und das schlimmste ist, daß die Arbeit auf Feld und Wiese liegen bleiben muß, vielleicht eine Woche lang, wenn kein Regen niedergeht.

Lange Reihen grauer Schatten, halblaut redend und hart auftretend mit hohen Stiefeln, ziehen in das Dorf. Andere Reihen begegnen ihnen, die Ablösung. Die ganze Nacht muß gewacht und gearbeitet werden, denn der Wind läßt nicht nach und steht steif auf das Holz zu, das zwischen dem Moor und dem Dorf liegt. Die Dorfstraßen sind voll von dem stinkenden Rauch. Die Nacht schlafen nur die Kinder im Dorfe. Gegen elf Uhr aber merken die Männer, die draußen in der Heide arbeiten, daß der Ruß ihnen nicht mehr in die Augen kneift, ihnen nicht mehr den Atem nimmt; der Wind hat sich gedreht, er kommt aus dem Westen. Und dort kommt auch ab und zu ein roter Schein, und bei seinem Leuchten steht da eine schwarze Wetterbank. Froher arbeiten die Leute weiter, denn sie wissen, daß sie Hilfe bekommen. Um Mitternacht stolpert der Donner hinter den Heidbergen; einzelne dicke Tropfen fallen. Und dann rauscht es aus den Wolken, es zischt in der brennenden Heide, zischt im glimmenden Moore, langsam läßt der Rauch nach, wird der Qualm kleiner. In der ersten Morgenstunde schultern die Männer ihre Twicken und Schuten und gehen, naß bis auf die Haut, schwarz und schmierig an Händen und Gesichtern, im strömenden Regen heim und schlafen, bis der helle Morgen in die Fenster scheint. dann gehen sie wieder in die Heide und dämpfen die letzten weiß qualmenden Brandstellen. Über sechshundert Morgen sind ausgebrannt. So weit die Augen reichen, ist alles schwarz und kahl. Hier und da ragen die Trümmerreste eines Immenzaunes, die schwarzen Gerippe verkohlter Föhren, das unheimliche Skelett eines verbrannten Machangels aus der flachen, düsteren Wüste. Ein Jahr wird wohl noch vorübergehen, ehe hier das Wollgras wieder wimpelt und die Heide wieder blüht, und lange wird es dauern bis hier wieder Föhren wachsen. Der Buchweizen liegt naß im Felde und das Heu hat durch den Regen viel an Kraft verloren.

Der Bauer aber zuckt die Schultern. Klagen hilft nichts und es hätte schlimmer kommen können mit dem Heidbrand.

Der Strand

Wer zu einem Menschen nur in seinen guten Stunden kommt, der weiß nichts von ihm, wer das Steinhuder Meer nur sommertags sah, der kennt es nicht. Die Freunde des Meeres in der Stadt, wo sind sie heute? Hinter dem Ofen, denn in den Straßen tobt der Herbststurm. Er gießt kübelweise den Regen an die Fenster, hetzt die Wolken hin und her, spielt wilde Weisen und haut den Takt zu seine Liedern so grob auf die Dachpfannen, daß sie klirren und klingelnd und klappernd herabpoltern. Heut wird's am Meere schön sein. Zerpeitschte Grauflut, gehetzte Schwarzwolken, spritzender Gischt und halbverhülltes Abendrot werde ich sehen, nicht solchen zahmen Dutzendsonnenuntergang für Sommerfrischler. Der Wind spielt mit den Krähen und wirbelt sie in der Luft herum, als wären es schwarze Lappen. In Steinhudes gelbem Eichenhain tobt der Wind wie toll. Das saust und braust und pfeift und flötet und lehrt den gelben Blättern den Ringelreihetanz und die Aalkörbe an den Lehmwänden der Ställe lustige Sprünge. Grau ist das Meer, hechtgrau mit Silberstreifen und dunkelgrün mit schwarzen Barschstriemen, tief duckt sich das gelbe Rohr unter des Sturmes rauhe Hand, unwillig rauschen die schiefen Pappeln.

Das Meer braust und brandet, spritzt und schäumt. Gut passen zu ihm die unheimlich gelben Dünen, der düstere Föhrenkranz an seinen Ufern, die schwarz und braun gemusterten Bergkuppen drüben. Es ist ja auch schön hier an blauen Abenden, in sengender Mittagsglut, an Nebelmorgen, bei sternheller Nacht, aber am allerschönsten, im Herbststurm, wenn es singt und klingt in den Lüften.

Blaugrau ist der Himmel. Fahl blinzelt die Sonne durch einen Wolkenriß. Weiße Wolken, wie Watteflocken, treiben nach Osten. Der Wolkenriß weitet sich, Silberblitze springen über die Wellen, die Dächer drüben glühen auf, die schwarzen flatternden Punkte da unten, Möwen, blitzen auf zu blendendem Weiß, und die Entenflüge, die die beiden Fischerboote hochmachten, wie Hunderte von Silberflittern wirbeln sie vor dem graublauen Himmelsrand herum, bis sie wie schwarze Flecken wieder auf dem Wasser liegen. Jäh wechseln alle Farben. Die Segel vor der Seefeste, eben waren sie goldgelb, schwarz sind sie jetzt; schwarz sind die Seiten der Fischerboote, die eben wie Silber gleißten. Die gelblichgraue Flut wird bläulich, färbt sich in Silberglanz um und in stumpfes Grau, und wälzt sich jetzt, wo die Sonne hinter dem Grauhimmel verschwindet, tot und schwarz nach Osten.

Das Meer lebt von fremdem Geflügel. Wohin man sieht, schaukeln Hunderte von Enten auf den Wellen, wiegen sich Sägetaucher auf der Flut, schweben Möwen und Seeschwalben dahin, und heiser rufend streicht ein Flug Wildgänse vorüber und fällt am Ufer ein. Vier Schwäne, Wanderer vom Norden, die hier auf der Südlandsfahrt einen Rasttag machen, schwimmen wie weiße Seerosenblumen auf der schwarzen Flut. Und das, was da silbern in der Rohrbucht auftaucht und verschwindet, wieder da

80

ist und wieder in die Welle sinkt, das ist ein Haubentaucher. Katzenpfoten laufen über das Meer. Der Wind bringt Regen. Noch ist alles grau und blau und goldig, doch die Sturmhexen kommen schon angeritten. Schwarz flattern die Lumpen um sie, ihr Strupphaar fliegt im Wind, ihre Besen zerfetzen die Wolken. Zu Dutzenden jagen die Unholdinnen vorüber, fassen sich an zu häßlichem Reihen, bilden Kreise und Kränze, lassen los und fegen dahin, daß die Rockfetzen fliegen und die Schmutzlappen flattern. Mit ihren Besen hauen sie in die Flut, daß sie schäumt und geifert, und sie fegen die Wellen, daß sie umkippen. Gellend klingt ihr böse Lachen aus der Luft.

Des Sturmes Baß übertönt ihr Gekreisch. Das braust und brandet und bullert, daß die Bohlen der Landungsbrücke zittern, daß die Wände des Strandhauses ächzen, daß die Scheiben klirren. Hastig wandern die Wellen, tief bückt sich das Rohr, und williger schütteln die Pappeln die Köpfe. Immer mehr Katzenpfoten kräuseln die Flut, die Sonne wird ein fahler Fleck, näher kommt der Regensturm. Und nun platzen die Böen, schütten muldenweise das Wasser hinab, verhüllen die Ferne, verschlucken den Wilhelmstein, decken die Berge mit grauen Schleiern und die Dünen und den Strand zu, verhüllen Nähe und Weite mit dem gleichmäßigen Grau, in dem nur eine schwarzschwingige Möwe jauchzend umhertaumelt. Und es prasselt und klatscht und schlägt und stiebt schräg auf die Wellen, und die jagen dahin, wie mit Ruten gepeitscht, und das brüllt und heult in der Luft und pfeift und kreischt und schreit, und wie ein Geisterschwarm stiebt ein Möwenflug heran und wirft sich in der Rohrbucht ins Wasser.

Der Sturm läßt nach, aus dem Schwarz wird ein lichtes Grau. Schon taucht wie ein Schatten der Wilhelmstein wieder aus dem grauen Schleier auf, ihm folgen die Berge, die Dünen und der Strand, bis sie klar und scharf am Himmelsrand stehen. Goldig wird es im Westen. Durch graue Wolkenballen reißt sich die Sonne ein Loch und malt Lichter in die schwarzblaue Bucht. Flammen brechen unter der schweren Wolke hervor, wie zerflossen glüht darin die Sonne, blaugrüne Striche ziehen sich über den Himmel, und auf allen Wolken blühen Rosen. Der Vorzeit Ungeheuer schwimmen durch das blaugrüne Himmelsmeer, Riesenhaie und Drachen, Einhörner und Tiger, Schlangen und Eidechsen, mißgestaltet und furchtbar, alle nach Osten in die graue Nacht hin.

Zum Meere streicht ein Flug Gänse, sich kreuzen mit Entenflügen, die klingend und sausend das Meer verlassen, hoch über mich fortstreichend zur Leine. Entenflüge ziehen durch die Luft, mit hastigen Flügelschlägen, mit Sausen und Brausen, immer vom Meer fort.

Längst ist die Sonne hinter den Bergen verschwunden. Tiefer tönt sich der Himmel, hier und da blinzelt ein Stern, das Schwirren und Klingen hört auf, nur der Sturm pfeift und flötet noch, mit neuen Regenböen zieht die Nacht heran und verhüllt Meer und Land und Strand.

Die letzten Lieder

Es könnte noch Sommer sein, aber es ist schon Herbst. Der Himmel ist grau, und der Regen rieselt. Wenn einmal die Sonne durch die schmutzigen Wolken kommt, dann sticht sie. Weiße Wetterköpfe schieben sich hinter den Häusern her, wachsen immer weiter und zerfließen in graue Massen. Die Sonne geht weg, und es regnet wieder aus grauem Himmel. Grau ist es draußen, auf der Straße, grau ist es drinnen im Zimmer, und im Herzen der Menschen ist es ebenso grau. Alles ist ihnen langweilig an solchen Tagen. Es ist ihnen, als wäre keine Hoffnung mehr für das Leben, und als hätte alle Arbeit keine Zweck. Ich stehe am Fenster und sehe in den Garten. Der ist naß und häßlich. Auf den Wegen wächst Moos, gelbe Blätter liegen im Rasen, die letzten Blumen faulen, ehe sie noch recht aufgeblüht sind. Träge Schnecken kriechen über die Efeuranken. Heute morgen, als es hell wurde, war der Garten schöner. Ich war früh aufgewacht von der Sonne, die durch die Vorhänge fiel und goldene Kringel an die Wand malte. Halb wach lag ich da und sah auf die Sonnenflecken. Und da hörte ich es draußen singen und pfeifen und zwitschern und flöten, und schlaftrunken, wie ich war, dachte ich; es wird Frühling, die Stare sind da. Schnell sprang ich auf und zog den Vorhang zurück. Da saßen sie vor ihrem Häuschen, die beiden. Sie schlüpfte ein und aus, putzte sich und schlüpfte wieder ein, steckt den Kopf heraus und zog ihn wieder zurück, und er saß auf dem Dach, klappte mit den Flügeln, hielt den Schnabel in die Höhe, sträubte die Kehlfedern und sang und sang und sang.

Sein Lied brachte den Frühling in den Garten. Der Nachtregen blitzte auf dem Rasen wie Frühlingsmorgentau, der Efeu glänzte wie Silber, die letzte Rose streckte sich der Morgensonne entgegen, und die große goldene Sternblume strahlte und leuchtete. Ich war so froh, daß ich die gelben Blätter im Rasen nicht sah und die toten Blütenstiele; ich hatte der faulenden Knospe nicht acht, und die verkümmerten Waldrebenblumen störten mich nicht. Ich lachte, als wäre es Frühling.

Weit vor das Tor ging ich hinaus, durch die Felder. Über die winzigen Blümchen zwischen den Stoppeln freute ich mich, als wenn es die ersten Frühlingsblüten wären. Der goldene Hederich auf dem Felde lacht mich an, und im Graben die gelbe Kettenblume war mir wie die erste, die unter blühenden Schlehen sich zeigt. Auf dem Wegepfahl sang ein Goldammerhahn dieselbe Weise, die er im Frühling singt. Der Text ist anders als im Herbst. „Wie, wie hab' ich dich lieb," singt er im Mai. Wenn es aber Herbst wird, dann klagt er: „Mein Nest ist weit, weit, weit." Ich hört den Frühlingstext heraus heute morgen. Das kam davon, daß die Sonne schien. Und die Stieglitze auf den Kletten am Schutthaufen, die Hänflinge auf dem Sturzacker sangen Frühlingslieder, und der Hahn vor dem ersten Hof krähte, als schiene heute die Sonne zum ersten Male.

Hinter dem Dorf auf den Telephondrähten war ein Gewimmel, schwarz und weiß, und ein Gezwitscher bunt und lustig. Alle die Schwalben aus dem Dorf und von den Nachbardörfern saßen da und sangen und sangen, als wären sie gerade wieder heimgekommen nach der langen Fahrt über Land und Meer. Sie zwitscherten und flogen auf und setzten sich wieder, putzten sich und schnäbelten sich, und dann nahmen sie sich alle auf, teilten sich und flogen nach ihre Ställen.

Im Gasthof an der Straße kehrte ich ein und setzte mich an den runden Tisch in dem Grasgarten in die Sonne. Goldene Georginen nickten über den Zaun, die Hühner kratzten im Kiese, Mücken tanzten auf und ab. Etwas Buntes schwirrte heran, schnurrte vor meine Füße und hüpfte kopfnickend über den Kies. Ein Finkenhahn war es. Nicht so bunt war er als im Mai. Nicht so hellblau war sein Schnabel, nicht so grün der Rücken, nicht so leuchtend rot die Brust. Aber das Lied, das er aus seinem Kehlchen schmetterte, es klang ebenso froh und so frisch wie im Mai.

Das fällt mir alles so ein, wie ich herausstarre in den nassen Garten, auf den der graue Regen fällt, mißmutig und übelgelaunt. Gleichmäßig grau ist der Himmel und unablässig rieselt es aus ihm heraus, und der Tag geht früh zu Ende. Es klappert auf die Blätter und klatscht auf den Weg, läuft an dem Birnenbaumstamm herab und fließt aus der Dachrinne, tropft von der Gartentischdecke und klingelt auf die Gießkanne. Die letzte Rose läßt den Kopf hängen, die goldene Sternblumen hängen schwer herab, und die silberne Eberwurz hat ihren Kelch geschlossen und sieht grau und grämlich aus.

Da klingt ein helles Stimmchen in das langweilig Getröpfel, ein Stimmchen, froh und klar. Vom First des hohen grauen Hauses kommt es, das schwarz und schwer gegen den grauen Himmel steht. Das Rotschwänzchen singt sein Abendlied. Es ist kein kunstgerechtes Lied, es ist nicht schulgerecht. Das ist dem kleinen Vogel aber ganz gleichgültig. Er singt, und wenn er zu hoch kommt mit der Stimme, dann räuspert er sich und kräht sein Lied zu Ende. Ihm ist es gleich, ob die Sonne scheint oder nicht. Seinetwegen kann es ruhig regnen, er singt doch. Jeden Morgen und jeden Abend singt er, froh, darüber, daß er lebt. Der Star und die Schwalbe, die Goldammer und der Fink singen Herbstlieder, Scheidelieder, Meidelieder denn Wanderangst sitzt ihnen im Herzen, und unsere Bange plagt sie. Die einen ziehen weit fort, die anderen streichen weit umher, fern von Heimat und Frühling. Rotschwänzchen weiß von Scheiden und Meiden nichts. Heut' singt es noch und morgen noch, und wenn die andern schon lange das Singen verlernten auf der Wanderschaft, dann singt es immer noch vom Dachfirst sein Lied jeden Morgen und jeden Abend, bis auch es fort muß. Das ist das einzig Wahre. Ein mal muß jeder fort. Für jeden kommt der Herbst. Dann ist es Zeit, mit dem Singen aufzuhören.

Bis dahin aber soll man singen, wie auch das Wetter ist. So lehren es uns die letzten Lieder.

Im bunten Wald

Der Nebelung ist ein harter Herr; was er sagt, das gilt. Ein Blick von ihm, und der Espenbaum wird blaß; ein Wink, und die Linde ist kahl ein Wort und die Pappel gibt ihr Goldlaub her. Mit dem Weinmond läßt sich noch reden; wenn er auch rauh tut, er meint es nicht so schlimm. Sein Nachfolger aber besteht bis zum letzten Buchstaben auf seinem Scheine, und dieser besagt: Das Laub soll fallen und diese Blume muß welken, stumm wird der Vogel und es stirbt der Wurm.

Den bunten Rock, den der Frühherbst dem Wald schenkte, nimmt der Spätherbst ihm fort; die Lieder, die die Herbstsonne die Amsel lehrte und den Star, verbietet der gestrenge Herr ihnen, der Falter versteckt seiner Schwingen Sammet und Scharlach in einer Rindenritze, und die Hummel, die um die letzte Kleeblume flog, wird zum langen Schlaf in das Moor geschickt.

Freilich, so leicht wie sonst wird es dem harte Herrn in diesem Jahre nicht, seinen Willen durch zusetzen. Zuviel Saft ist im Holze, zuviel Kraft in den Wurzeln, und weil im Sommer die Sonne fehlte, lebten die Blätter der Bäume langsamer denn je. Nach Sonnensommern waren die hohen Birken um diese Zeit schon längst nackt und kahl; heute aber leuchtet ihr goldfarbiges Laub noch lustig vor den schwarzen Kiefern, die mit mürrischen Gesichtern darauf warten, daß sie allein dort zur Geltung kommen. Ein Weilchen werden sie noch lauern müssen. Die Birken haben bald ausgespielt; sie tun zwar so, als sei es ein Spaß für sie, die grüne Wintersaat mit gelben Blättern zu bestreuen, aber morgen schon ist es aus mit diesem kurzweiligen Spiele. Die Rotbuchen sind zäher; da ist noch manche, die sich nicht ergeben will und so grün da steht, als sei sie zwei Monate im Kalender zurück, und die Eichen lehnen die Zumutung, dem Herbst zulieb das braune Kleid anzulegen, mit Hohngebrumm ab.

Das hilft ihnen aber alles nichts, wollen sie heute nicht, so müssen sie morgen. Eine Buche nach der anderen fügt sich der Vorschrift und kleidet sich dem neuen Herrn zuliebe in Goldgelb und Feuerrot, um dann Stück für Stück der bunten Tracht wieder abzulegen und schließlich arm und leer dazustehen. Den Eichen wird es nicht besser gehen, diese und jene Krone bräunt sich schon, dichter wird der braune Teppich zu ihre Füßen, und eines Tages haben sie nichts mehr vor den Buchen voraus als dem Ruhm, länger ausgehalten zu haben.

Es lohnt sich schon, diesem Kampf zwischen dem Walde und dem Wetter zuzusehen, wo der Boden rot ist von den Wunden, die der Herbst dem Wald schlug. Niemals in Jahre, selbst im leichtsinnigen lustigen Brachmonde nicht, ist der Berg so bunt wie zur jetzigen Zeit, und so kahl sind die Wege und Raine noch nicht, als daß sich nicht ein bescheidener Strauß letzter Blumen finden und binden ließe mit einem prangenden Hintergrunde von goldenem Blattwerk und silbernen Grasrispen, ein wirklicher, handgreiflicher Strauß oder einer, der nur in der Erinnerung blüht. Und es ist auch noch nicht so rot und still im Walde, daß nicht ein lustiger Laut, ein froher Ruf die Stille unterbräche oder die schwermütigen Herbstlieder der Kronen auf einen fröhlicheren Ton stimmte.

Die alten Eichen am Eingange des Fahrweges brummen ärgerlich, und die hohen Buchen murmeln zornig; der Grünspecht aber lacht den Wind aus; wenn er von Stamm zu Stamm fliegt, funkelt sein roter Scheitel, leuchtet sein maigrüner Rücken in der Sonne so unvorschriftsmäßig sommerfarbig, daß die winzigen Goldhähnchen, die in dem winterdunklen Nadelwerk der Kiefern schüchtern piepend umher huschen, ein keckes Gezwitscher erheben, daß der Fink noch einmal so laut seinen Lockton hören läßt und der Zaunkönig im Rosenbusche zu singen anhebt, als wäre der Frühling eben in den Wald gezogen.

Mag auch immer wieder brummiges Südwestgewölk über die Berge kriechen, die Sonne läßt sich nicht unterdrücken. Sie erobert sich die bunten Abhänge, nimmt das lachenden Tale hin, gibt der junge Saat Maigrün und kleidet den Wald in Zauberfarben. Mit klirrendem Lustschrei jagen sich die blitzenden Krähen in der Luft, der Bussard schickt aus der Höhe seinen klingenden Ruf hinab, und der Goldammerhahn auf dem Schlehenbusch findet das kleine Lied wieder, das er im jungen Sommer sang, als der Rain zwischen Wald und Feld bunt von Blumen war und voll von fröhlichem Volk.

So ganz kahl ist er heute noch nicht. Wer sich oft genug bücken mag, findet bunten Lohn. Hier und da lebt noch eine rote Flockblume oder ein weißer Stern, die sich vor der Sichel retteten, überall schimmern die kekken Maßliebchen, weiße Dolden stehen bei rosigem Tausendgüldenkraut, Hahnenfuß und Habichtskraut reckten ihre gelben Blüten über das Gras, mit blauer Farbe können Braunwurz und Flockenblume dienen, und damit auch das grelle Rot nicht fehle, sprengt am Grenzsteine der wilde Mohn seine allerletzte Knospe, während den Graben entlang das Landrohr seine Silberrispen im Winde schwenkt und im Weißdornhagen die blanken Beeren wie Korallenketten leuchten. Über den letzten Blumen aber schwebt und summt es von blitzenden Fliegen und schimmernden Wespen. Nicht viele sind es mehr, aber doch immer genug, und Leben an den Rain zu bringen, und wie die Sonne voll auf den Waldrand fällt, wirbeln Wolken silberner Wintermücken dahin.

Im Walde selbst ist es auch farbig genug, soweit die Sonne reicht. Da funkelt das bunte Laub, da wehen die Zweige und winken die Äste lustig und munter, in mailichem Grün prangt der grasige Weg, und das Reh, das mitten im Wege steht, bekommt eine warme Farbe, als trüge es noch sein rotes Sommerhaar. Eine Buche, die voll im Lichte steht, sieht aus, als hätte sie eben erst ihr Laub entfaltet, die krausen Stechpalmenhorste unter ihr sprühen silberne Funken umher, die Wedel der Farne verjüngen sich in der Sonne, die grauen Stämme nehmen den Ton alten Silbers an, und das Fallaub zwischen ihnen bekleidet den Abhang mit einem prunkvollen Teppich.

Finkenschlag und Drossellied hat der Wald nicht mehr, und Mönch und Laubvogel sind lange fort; steht die Sonne aber vor den Wolken, dann flö-

85

tet die Sprechmeise, lockt der Baumläufer, Meisentrupps erfüllen die Kronen mit lustigen Lauten, Krammetsvögel lärmen dahin, der Dompfaff flötet durch das Unterholz, die Eichelhäher schimpfen von Baum zu Baum, und ihre nordischen Vettern, die seltsamen, langschnäbligen Nußhäher, seit langen Jahren einmal wieder hier zugereist, mischen fremde Laute in die bekannten Töne.

Im hohen Ort, wo die Sonne nicht hinkam, ist es still und stumm, und nur das Geraschel des Laube geht um. Im Lichtschlage nebenan lodern alle Farben der Wellen durcheinander und finden sich wieder in dem funkelnden Gefieder des Fasanenhahnes, der so stolz auf dem moosigen Buchenstumpfe hockt, als meine er, der Wald bemühe sich, ihm gleichzukommen an Glanz und Pracht, bis der Wind auffrischt und dem bunte Narren in die Dickung scheucht.

Nun aber wird es erst recht lustig auf der Rodung. Das ist ein Gezucke und Gezappel und Gerucke und Gerappel, ein Funkeln und Flammen, ein Lodern und Leuchten, wild und toll; aus allen Kronen rieselt es herab, es wirbelt über die Blöße, als schwebten tausend goldene Schmetterlinge dahin, es schwebt und gleitet, tanzt und springt, fliegt und flattert, wirbelt und wimmelt, daß es dem Hasen, der stillzufrieden im Lager sitzt, nicht mehr hier gefällt und er zu Felde rückt, wo er vor dem Laubfalle Ruhe hat. Und so wie er fort ist, verschnauft der schabernacksche Wind, und still ist es wieder im Walde.

Der Wind nahm die Sonne mit. Fahl sind die Höhen, trübe die Gründe, fort ist das rote Gold, verschwunden das schimmernde Silber, grau sind die Stämme und braun ist das Laub. Was eben so lustig klang, vom Tale her des Hundes Gebell, des Hahnes Ruf, heiser und hart klingt es jetzt, trübselig mutet der Dompfaffen Lockton an, häßlich der Häher Gekreisch und die letzte Blume am Wegerand wirkt wie ein verlegener Witz in einem Sterbehause.

Über die Berge kommt die Dämmerung gekrochen, steigt in das Tal hinab und schiebt sich in den Wald, heuchlerische Tränen vergießend und verlogene Seufzer ausstoßend. Die Schatten rücken zusammen und drängen die Farben fort, jeder frohe Laut geht im hohlen Blättergeruschel unter, und irgendwo hinten im Walde spukt einer Eule gespenstiger Pfiff umher. Aus ist es für heute mit des Waldes Pracht. Mit der Sonne kann sie wiederkommen, ist die Nacht vorüber. Mit jedem Morgen wird sie geringer sein. Schließlich bleibt nichts von ihr übrig als mürrische Stämme und ernste Kronen. Von allen den frohen Stimmen behält der Wald nur einen leisen Lockton, einen rauhen Ruf. Die Blumen am Raine fallen um, die blitzenden Fliegen vergehen. Der Herbst kommt zu seinem Rechte.

Heute kämpft er noch darum, muß sich noch viel bemühen, ehe er die Farben tötet, bis kein Mensch mehr pflücken kann einen bunten Spätherbststrauß im bunten Wald.

Die Gefolgschaft der Menschen

Es ist ein Heidmoor, eins der vielen Norddeutschlands, unberührt, urwüchsig, wild und weit. Heidkraut, Torfmoos, Wollblumen und Riedgras bilden den Untergrund der Pflanzenwelt; einzelne Birken, Kiefern und Wacholder überschneiden die braune Fläche. Ganz fern bollwerkt ein Wald wie ein schwarzer Strich.

So sah es vor hundert Jahren hier aus, und vor tausend und vor zehntausend. Alle dreißig Jahre ändert hier und da der Torfstich ein wenig das Bild, bis das alles gleichmachende Torfmoos und nach ihm Ried, Wollblume und Heide die Spuren menschlicher Arbeit hier verwischten. Selbst große Moorbrände änderten wenig an dem alten Bilde. Auch die Tierwelt blieb wie sie war, nach dem Mammut und Riesenhirsch, Moschusochs und Renntier und noch viel später Wiesel und Elch und wieder einige Zeit nachher Bär und Luchs und noch später Biber und Wolf verschwunden waren. Das Rotwild und die Sauen wechseln nach wie vor über das Moor, wenig Rehe, noch weniger Hasen leben in ihm und Fuchs und Otter, Dachs und Iltis. Heute noch, wie zu Urzeiten, jagen dort Schwarzstorch und Schreiadler die Kreuzotter, trompetet der Kranich bei Sonnenaufgang, klagt die Mooreule in der Dämmerung, ruft der Regenpfeifer, spinnt die Nachtschwalbe, meckert die Heerschnepfe. Sausendes Fluges streicht der Birkhahn dahin, über die Sinke schwebt die Wiesenweihe, aus den Wolken dudelt die Heidlerche, Pieper und Rohrammer trillern und zwitschern.

Ein Menschenpaar zieht in das Moor, ein Knecht und eine Magd, sie haben lange genug gedient; nun wollen sie frei sein auf eigener Scholle im weiten Moore. Ein Haus entsteht, ein Gärtchen wächst, ein Wiese grünt auf, Ackerland drängt die Heide fort. Zaunwerk ragt auf, Obstbäume kämpfen sich hoch, Stauwerke und Stege bringen neue Farben in die Wildnis. Ein Jahr geht hin. Es ist ein Sommertag warm und still, Mann und Frau sitzen auf der Knüppelbank vor der Türe und sehen in das Abendrot. Aus dem Hause schallt das frohe Gekrähe des Erben, den die Großmutter hütet. Da zickzackt ein schwarzes Ding um den halbkranken Pflaumbaum. Der Mann zeigt mit der Pfeifenspitze danach: „Eine Fledermaus!" sagt er und lächelt.

Herbst wird es. Die Ernte ist geborgen. Sie fiel mager aus, aber es langt für drei Menschen. Der Bauer pflügt die Stoppel um. Da kommen zwitschernd ein Flug kleiner Vögel heran und fällt auf der Stoppel ein. Der Mann lächelt wieder. Die ersten Spatzen sind es, die sich hier sehen lassen. Vorläufig sind es erst Feldspatzen.

Der Wind stößt den Schnee gegen die Scheiben. Bei der Tranlampe flickt die Frau des Mannes Zeug, er flickt Bienenkörbe. Im Ofen glühen Heidschollen und verbreiten einen strengen Geruch. Hinter der Schranke raschelt es. Mann und Frau sehen sich an. Es piept, ein schwarzes Ding huscht scheu durch die Stube. „Wahrhaftig eine Maus! Wo kommt die wohl her?"

Die Jahre vergehen. Die Bäume halten schon ihre Zweige über das Haus, die Stachelbeerbüsche hängen über den Gartenzaun. Im Garten blühen bunte Blumen. Rund um die Anbauernstube mußte jedes Jahr ein Stück Heide vor Wiese und Acker zurückgehen. Und jedes Jahr brachte neue Gäste. Zuerst brütete ein Paar Feldspatzen unter dem Dache. Dann siedelte sich die weiße Bachstelze an. Als sechs Kühe auf der Weide waren, kam die gelbe Bachstelze hinzu, und nach ihm ein Paar Elstern. Auch die Wanderratte stellte sich ein, wurde aber vertilgt. Den Hausmäusen folgte das kleine Wiesel. Zwischen den Heidlerchen singen Feldlerchen. Hausspatzen kamen vom fernen Dorf zu Besuch; schließlich baute ein Paar. In einem alten Kasten, den der Bauer an den Stall hing, brütet der Star. Die Hasen werden häufiger; um die jungen Kohlpflanzen müssen schon Scheuchen gestellt werden. Auf einmal war auch ein Rebhuhnpaar da und brachte die Brut hoch; der Hahn lockt jeden Abend und alle Morgen in den Kartoffeln. Am Backhause hat der Fliegenschnäpper sein Nest, im Stall die Rauchschwalbe.

Weiter oben im Moore steht noch ein Haus, ein neues, es trägt ein Ziegeldach. Von dessen First singt der Hausrotschwanz. Im Schafstall brütet das Steinkäuzchen. Holunder und Flieder blühen dort; in ihm klettert singend der Gartenspottvogel umher. Jeder der sechs Starkästen ist besetzt. Das Rad auf dem Dache stand drei Jahre leer; jetzt klappert der Storch darauf. Eine neue, dem Moor fremde Tierwelt ergriff Besitz von den beiden Flekken Baulandes, zu dem die Ansiedler das Urland umwandelten. In der Fährte des Menschen rückte seine Gefolgschaft an.

Dieser Vorgang, der sich heute überall wiederholt, wo der Mensch das Urland zur Kulturschicht macht, ist so alt wie alle menschliche Kultur. Schon der Wanderhirt griff in die Zusammensetzung der Tierwelt ein. Der Jäger und Fischer der Urzeit tat das noch nicht. Er stand nicht über der Tierwelt, er lebte in ihr; er war nicht ihr Herr, er war nur der verschlagenste, gefährlichste Räuber. Mit seiner geringen, durch ewige Stammeskriege, Hunger und Seuchen zurückgehaltenen Vermehrung bildete er zu keinem festen Gesellschaftsgefüge, so daß sein Einfluß auf die Tierwelt gering war. Er hatte keinen festen Wohnsitz; seine Horden zogen den Beutetieren nach, wanderten ihnen entgegen. Er wehrte die Raubtiere ab, so gut er es konnte, und tötete von den Nutztieren so viele, als er frisch aufbrauchen oder durch Eis, Rauch und Sonne aufbewahren konnte. Er jagte nie zum Vergnügen, immer nur zum Bedarf, und so vertrieb er kein Tier, rottete er keine Art aus und lockte auch keine fremden Arten an.

Das wurde anders, als der Wanderhirte auftrat. Der mußte sein Vieh gegen die Raubtiere schützen; er war auch gezwungen, die Wildpferde und Wildrinder zu vertreiben oder auszurotten. Er befehdete sie, so gut wie er konnte, schreckte sie mit Klappern und Feuer fort, holzte ihre Verstecke ab, brannte ihre Schlupfwinke aus, rottete manche Art ganz aus, rieb andere bis auf kleine Bestände, die in unwirtlichen Gegenden übrig blieben, auf. Aber so wie er mit Axt und Feuerbrand das Land kahl machte, schuf er solchen Tieren, die die Steppe lieben, Daseinsbedingungen, und manche Art, die vor jener Zeit selten gewesen sein mag, wie Reh, Hase, Feldhuhn und Wachtel, wird seitdem zugenommen haben.

Andere Tiere dagegen, die in dem Lande bisher wenig Nahrung und Brutgelegenheit fanden, wie die Schwalben, merkten, daß sich ihre Nester an seiner Rindenhütte, an seiner Fellkibitke ebenso gut bauen ließen wie an den Klippen des Mittelmeeres, und die Fliegenschwärme, die sein Vieh umsummten, ihnen reichliche Nahrung boten, so siedelten sie sich bei ihm an, wie sie heute noch bei den Wanderhirten Nordasiens leben.

Als der Mensch aus dem Wanderhirten Weidebauer wurde, sich ein festes Haus baute, sich umzäunte Viehweiden schuf, auch ein wenig Acker- und Wildwiesenbau trieb, da bot er wieder einer ganzen Anzahl von Tieren südlicher und östlicher Herkunft bequeme Daseinsbedingungen. Südliche Fledermäuse, die im Norden bisher keine warmen Schlafräume fanden, stellten sich in seinen Gebäuden ein; die Hausmaus folgte dem Getreidebau, das kleine Wiesel und der Steinmarder der Hausmaus, und eine Vogelart nach der anderen rückte von Süden und Osten vor und nahm von dem Lande Besitz. Damals werden sich der Storch und der Kiebitz, die weiße und die gelbe Bachstelze, die Elster und die Dohle, die vier Würgerarten, der Wiedehopf, die Blauracke und das Steinkäuzchen bei uns niedergelassen haben, alles Vögel, die freies, steppenähnliches Gelände, Wiesen oder die Nähe von Weidevieh brauchen, um bei uns bequem leben zu können.

Je mehr der Mensch zum Ackerbau überging, je mehr fremde Getreidearten er anbaute, je enger sich die Weiler zu dörflichen Verbänden aneinander drängten, sich mit Straßen verbanden, je mehr Urland zu Weide Acker und Wiese umgewandelt wurde, um so mehr nahm dort die ursprüngliche Tierwelt ab, und so stärker war die Einwanderung und Vermehrung fremder Arten.

Immer mehr breitet sich die Kultur aus, immer mehr schrumpfte das Urland zusammen. Aus Dörfern wurden Flecken, aus Flecken Städte. Um jede Niederlassung bildete sich ein neues Stück der Kulturschicht, das durch Wege und Straßen mit den älteren Kulturflächen verbunden war; immer mehr wurde die alte Tierwelt zurückgedrängt, immer mehr breiteten sich die neuen Tierarten aus und erhielten neuen Zuzug.

Die großen Umwälzungen, die die Völkerwanderungen und die Feldzüge der Römer in politischer Beziehung brachten, hatten auch in naturgeschichtlicher Hinsicht bedeutenden Einfluß. Die wandernden Volksmassen schleppten neue Fruchtarten mit, mit denen neue Schädlinge folgten, wie die alte Hausratte, die dann am Ausgange des Mittelalters wieder von der Wanderratte verdrängt wurde. Auch die Eroberung Nordwestdeutschlands durch die Franken wird neben vielen Nutz- und Zierpflanzen manche wilde Tierart des Südens zu uns gebracht haben, und da die Kreuzfahrer eine ganze Anzahl südlicher Nutz- und Ziergewächse, so auch den spanischen Flieder einführten, ist anzunehmen, daß um diese Zeit die spanische Fliege, die an Syringen frißt, und einer unserer besten Singvögel, der Gartenlaubvogel, bei uns eingewandert sind, den er findet sich fast nur in solchen Gärten und Anlagen, in denen viele Syringen stehen.

Diese Zuwanderung südlicher und östlicher Formen findet fortwährend statt. In mehr Deutschland durch die Zunahme der Bebauung zu einer Kultursteppe wird, je mehr seine Straßen und Schienennetz es mit dem Süden und Osten verbindet, um so mehr dräng die Tierwelt des Südens und Ostens nach uns hin.

Vögel, nach ihrer ganzen Lebensweise, nach Färbung und Stimme ausgesprochene Steppentiere, mit Haubenlerche und Grauammer, sind erst seit verhältnismäßig kurzer Zeit bei uns heimisch. Der Hausrotschwanz, ursprünglich ein Klippenvogel deren Mittelmeerländer, findet, daß es sich auf unseren künstliche Klippen, den Dächern, ebensogut leben läßt wie im Süden, und so bürgerte er sich vor hundert Jahren bei uns ein, der Girlitz, ein hübscher kleiner Fink Südeuropas, Vorderasiens und Nordafrikas, ist seit ungefähr fünfzig Jahren bei uns heimisch geworden und nimmt mit der Zunahme des Obstbaues ständig zu und es ist nicht unwahrscheinlich, daß sich auch die Zwergtruppe, ja vielleicht sogar das Steppenhuhn auf die Dauer bei uns seßhaft machen.

Bei vielen Tieren, von denen man annehmen kann daß sie zu der eingewanderten Tierwelt Deutschlands gehören, läßt sich der Nachweis nicht führen, daß sie einst zugereist sind. Wenn aber ein Vogel, wie unsere Turmschwalbe, jetzt einer unserer gemeinste Stadtvögel, seine ganze nächste Verwandtschaft im Süden hat, außerdem nach Färbung und Stimme und sehr fremd anmutet, so kann man ruhig annehmen daß er aus dem Süden stammt und erst bei uns einwanderte, als höhere Steinbauten, zuerst wahrscheinlich die Kirchen und Burgen, ihm das boten, was es bei uns früher nicht überall fand, die Klippen.

Wenn andererseits ein Vogel, wie die Gartenammer, in Norddeutschland verhältnismäßig selten ist und nur an Landstraßen auf bebautem Sandlande vor kommt, während er im Süden häufiger und nicht so wählerisch in seinem Aufenthalte ist, oder wenn die hübsche Brandmaus auf Sandboden und Urland niemals bei uns vorkommt, sondern nur auf schwerem bebautem Boden lebt, so ist auch von diesen anzunehmen, daß es Einwanderer sind, wenn auch ihr Einwanderung schon sehr lange zurückliegt.

Die Fledermäuse, die nur in Ortschaften bei uns leben, wie die kleine Hufeisennase, die langohrige, die Mops-, die rauhhäutige, die Zwerg-, die spätfliegend und die gemeine Fledermaus, und die Spitzmäuse, die wie die Haus- und die Feldspitzmaus, nur in und bei Gebäuden, in Gärten und dicht bei den Ortschaften liegenden Feldern bei uns vorkommen, Mauswiese und Steinmarder, die immer in der Nähe der Menschen leben, ein Vogel, dessen Stimme, wie die der Nachtigall, gar nicht in die deutsche Landschaft hineinpaßt oder die, wie Haus- und Feldsperling, Feldlerche, weiß und gelbe Bachstelze, Elster, Storch und Kiebitz, ohne die Nähe menschlicher Gebäude oder von Ackerland und Wiese nicht zu denken sind, können mit gutem Gewissen als Einwanderer betrachtet werden, denen der Mensch erst Vorarbeiten leisten mußte, ehe sie sich hier heimisch machen konnten.

So haben wir zwei getrennte Tierwelten bei uns, eine ursprüngliche, an urwüchsiges Land, und eine hinzugekommene, an die jüngste Erdschicht, nämlich an die Kulturschicht gebundenen. Der ursprüngliche Wald, die Heide, das Moor, das unbewohnte Gebirge haben eine ganz andere Tierwelt als die auf ihnen zerstreuten menschlichen Siedlungen mit ihren künstlichen Steppen, den Äckern, Wiesen und Weiden, ihren künstlichen Gebüschen und Wäldchen, den Gärten, Friedhöfen und Anlagen, mit ihren künstlichen Felsklippen, den Häusern, ihren künstlichen Dolomiten, den Dörfern, ihren künstlichen Gebirgszügen, den Städten. Jedes Stück Bauland und Urland ist ein abgesondertes Gebiet, dessen Tierwelt größere Verschiedenheiten aufweist als die von Ebene und Bergland, Wald und Heide.

Erdkräfte schufen früher allein an dem Aufbau der Tierwelt, dann half der Mensch dabei mit. Der jüngsten geologischen Schicht, dem Quartär, zwang er eine noch jüngere auf, das Quintär; er schuf ihr ein eigenes Pflanzenbild, die Kultur- und Advenaflora, und eine eigene Tierwelt, die Quintärfauna, zu der sowohl die weite Ferne wie die Nähe beisteuern mußte; er drückt der Natur seinen Stempel auf, schuf sie um.

Der echten Quintärfauna, seiner alten Gefolgschaft, schuf der Mensch von Tag zu Tag bessere Lebensbedingungen; je mehr Häuser, je mehr Gärten, Felder und Wiesen es gibt, um so besser geht es Maus und Ratte, Spatz und Lerche. Die übrige Tierwelt stellt er aber fortwährend vor eine neue Form des Kampfes um das Dasein. Jahrhundertelang behielt die Kulturschicht Deutschlands im großen und ganzen die alte Form; da änderte der Mensch sie völlig durch die Verkoppelung, die die Einzelbäume und Wäldchen, Hecken und Feldbüsche beseitigte. Nun hieß es für viele Tierarten: „Biegen oder brechen; paß dich an oder stirb'!

Und so wie bei uns, ist es auch in anderen Ländern, anderen Erdteilen; hinter dem Kulturmenschen her zog von alters her eine Gefolgschaft von Säugetieren, Vögeln, Kerbtieren und Schnecken, gar nicht zu gedenken der Schmarotzer an Mensch und Vieh, und wo heute die neue, europäische Kultur die alte Kulturformel umformt oder ausbaut, da bringt sie, soweit es das Klima zuläßt, der alten Gefolgschaft der Menschen eine neue, führt den Spatz in Amerika ein, schleppt die Wanderratte über alle Erdteile, die Kellerschnecke durch alle Breiten, und international wie er selber, wird auch die Gefolgschaft des Menschen.

Fahrende Sänger

Lange war es still in den Gärten und Wäldern; schon im Juli stellte die Nachtigall ihren Gesang ein, der Buchfink ließ sein Geschmetter nicht mehr erschallen. Mönch und Rotkehlchen verstummten, Spötter und Amsel schwiegen; Brutgeschäft und Kinderpflege ließen ihnen keine Zeit zum Singen. Als der August in das Land kam, wurde es noch stiller; der lästigste Schreier der Großstadt, der Mauersegler, der im Mai erst bei uns ein-

91

getroffen war, verschwand mit seiner flüggen Brut, der Kuckuck strich stumm von Wald zu Wald, der Pirol erfüllte die Buchenkronen nicht mehr mit seinem Geflöte, selbst die immer lauteren Meisen und der stets lärmende Häher ließen sich nicht vernehmen.

Ihnen allen war nicht wohl zumute. Die einen, die wie Nachtschwalbe, Kuckuck, Wiedehopf, Spötter und Pirol, uns schon früh verlassen, plagte das Reisefieber, die andern litten unter der Mauser; mißmutig, unansehnlich und struppig schlüpften sie von Ast zu Ast und scheuten es in ihrer Unbeholfenheit, durch lautes Wesen ihre Feinde auf sich aufmerksam zu machen. Als aber die Mauser beendet, als das neue Herbstgefieder bis auf das letzte Federchen fertig war, da kam ihnen der Lebensmut zurück. Sobald der Nordwestwind an den Südwind auf einen Tag die Herrschaft abtrat, kehrte ihnen die verloren gegangen Lebensfreude wieder, und aus allen Hecken, allen Büschen pfiff und zwitscherte, sang und klang es: der Buchfink übte den alten Schlag, die Amsel suchte ihre verlorene Weise zusammen, die Amsel besann sich auf ihren vergessenen Sang und das Rotkehlchen sang wieder sein silbernes Liedchen.

Die Stare, die lange verschwunden waren, kehrte aus den Marschen zurück, pfiffen in der Frühe von ihren Häusern und schlugen sich abends wieder zu Massenflügen zusammen, die brausend in die Pappel einfielen, um nach lärmender Unterhaltung wie ein Wolke in den Rohrdickichten der Flüsse und Teiche ihre Schlafstätten aufzusuchen; auf dem Dachfirst krächzte der Hausrotschwanz wieder, im Walde lärmte der Häher, lockte die Meise, und überall in Dorn und Dickicht zwitscherten die jungen Hähne der Braunelle und Grasmücken. Aber von Tag zu Tag wird es jetzt stiller in Wald und Feld, Garten und Busch; einer nach dem anderen aus der Sängerschar verläßt uns, tritt entweder die Reise nach dem Süden an oder zieht weiter, um seinen Artgenossen aus dem Norden und Osten Platz zu machen; anscheinend ziellos wandert alles von Feld zu Feld, von Busch zu Busch, von Wald zu Wald, und unter alle dem bunten, lustigen Volk, das heute bei uns sich noch herumtreibt, ist kaum ein Stück, das hier gebrütet hat, oder das hier erbrütet wurde.

Die Wissenschaft von früher teilte die Vögel in Stand-, Strich- und Zugvögel ein. Die heutige Vogelkunde hat diese Begrenzungen fallen lassen; sie weiß längst, daß, die Spatzen ausgenommen, alle Standvögel streichen, daß alle Strichvögel ziehen; sie teilt heute die Vögel in Sommervögel ein, die, wie Pirol, Kuckuck und Segler, nur im Sommer bei uns leben, in Wintervögel, die, wie die Nebelkrone und Wacholderdrossel und der große Dompfaff, die nur den Winter bei uns verbringen. Dann unterscheidet sie noch Jahresvögel, von denen das ganze Jahr über Stücke bei uns trifft, wie vom Grünfink und der Rabenkrähe, ohne daß sie aber sagen kann, ob im Winter oder Sommer dieselben Stücke bei uns bleiben, und in behegte Jahresvögel, von denen, wie von Schwarzdrossel und Buchfink, ein Teil hier bleibt, ein Teil fortzieht; doch auch bei diesen ist es fraglich, ob nicht die bei uns lebenden Stücke fortziehen und nordischen und östlichen Individuen derselben Art Platz machen.

92

Als unbedingter Jahresvogel galt früher der Eichelhäher, denn diesen Vogel trifft man Sommer und Winter bei uns; aber die meist in großen Flügen im Herbst bei uns auftretenden Häher sind viel vertrauter als die im Sommer bei uns lebenden, und so kann man getrost annehmen, daß es Stücke sind, die aus Gegenden kommen, wo noch keine so intensive Kultur herrscht, wo ihnen also wenig oder gar nicht nachgestellt wird.

Auch die Rabenkrähen, Raubwürger, Bussarde, Ringeltauben, Spechte, Kernbeißer, die sich im Herbst und Winter bei uns zeigen, sind lange nicht so scheu wie ihre hier brütenden Artgenossen, wogegen die Winteramseln unserer Wälder bedeutend scheuer sind als unsere einheimischen, an die Nähe des Menschen gewöhnten Schwarzdrosseln, so daß hier wieder eine Art des Beweises für ihre Herkunft aus der Ferne vorliegt. Und wenn, was oft genug vorkommt, im Herbst und Winter der den Menschen so ängstlich meidenden Wanderfalke auf dem Kirchturme einer Großstadt seinen Stand nimmt, um der Taubenjagd obzuliegen, so geht daraus bestimmt hervor, daß er aus einer einsamen skandinavischen Klippenecke, aus einem fernen Wald im menschenarmen Rußland herstammt.

Aber viel von dem bunten Volk, das Herbst und Winter uns bringen, verrät schon durch seine Artzugehörigkeit seine fremde Herkunft. Auf unseren Nord und Ostsee-Inseln erscheinen zu Tausenden und aber Tausenden nordische Strandläufer, Regenpfeifer, Möwen, Enten, Gänse und Taucher; der isländische Zwergfalke sucht von unseren kahlen Feldern Beute, der Seeadler des Nordostens besuchte die Seen Deutschlands, und an allen größeren Flüssen entlang wandern kleine und große Trupps von Möwen.

Auch in den Wäldern wird es wieder lauter. Wo eben noch lautlose Leblosigkeit war, da piept und zwitschert, lockt und klingt es in allen Ästen; Hunderte von Goldhähnchen beleben plötzlich die Kronen mit Flug und Gewisper, ein lärmender Meisentrupp nach dem anderen zieht durch das Unterholz, Scharen von Kernbeißern, Bergfinken und Dompfaffen erfüllen den Wald mit Klängen und Farben, und auf Schritt und Tritt erschallt der scharfe Ruf der Buntspechte.

Ist im Norden die Zirbenernte geraten, haben die Beerensträucher, die Erlen und Birken mangelhaft angesetzt, dann drängt der Hunger allerlei Vögel nach dem Süden, die sich seit Jahren bei uns nicht zeigten. Dann wimmeln unsere Flußwälder von Berghänflingen und Erlenzeisigen, in den Buchenwaldungen erscheinen Hakengimpel und Nußhäher, und die prachtvollen Seidenschwänze mästen sich an den roten Früchten der Eberesche. Und gibt es im Norden wenig Mäuse und Lemminge, dann müssen auch deren Feinde südwärts, die fein gezeichnete Sperbereule, und der große weiße Schneekauz.

Auch die nordischen Drosselarten zeigen sich um dies Zeit bei uns: mit den auch bei uns lebenden Schwarz-, Sing- und Misteldrosseln erscheinen in kleineren und größeren Trupps Ring-, Wein- und Wacholderdrosseln, und nicht mehr fallen sie, wie einst, mit unseren Singdrosseln einem der letzten Reste barbarischer Vogelmassenmörderei in Deutschland, dem Dohnenstiege zum Opfer, sondern dürfen frei bei uns schweifen, bis im

93

Süden, in der italienischen Schweiz, in Welschtirol und in Italien, der Mensch ihnen wieder mit Drosselherd und Schießgewehr nachstellt.

Wir aber wollen uns freuen, daß dieser Unfug bei uns aufgehört hat, daß nicht mehr mit Sprenkel und Dohne vermindert werden im deutschen Vaterlande die fahrenden Sänger.

Die letzten Blumen

Viel ist es ja nicht, was jetzt noch blüht hier draußen vor dem Tore, aber doch immer etwas. Im Frühling die erste Blume am Grabenrand, der golden Huflattich, er ist uns so viel wert, und die letzten Blumen bei Wintersanfang, des Spätsommers nachgelassenes Werk, es ist uns auch so lieb. Als alles noch bunt war da draußen und voll von Farben, da hätten wir es übersehen. Heute aber, auf dem braunen Acker, am fahlen Grabenbord, im dürren Fallaub, sehen unsere Augen dankbar danach hin.

Wenn es auch Unkraut ist, wenn es auch Schuttpflanzen sind, die da noch blühen, oder kümmerliche Spätlinge, mager und dürftig, oder einer Nutzpflanze Blüte, es lacht uns doch an, alles, was jetzt noch blüht und wir lächeln ihr freundlich zu in dieser Welt voll Tod und Schlaf. Wir gehen mit der Hungerhark über das Land, wir Armen, und sind froh über die Reste, die uns der Sommer ließ, der reiche Mann.

Wer fleißig ist, wer sich bücken kann und Augen hat, der kann heute noch einen bunten Strauß mitbringen. Nicht ein so helles, frisches, leuchtendes Bündel wie im Frühling, kein so stolzes, vielfarbiges, prangendes Gebinde wie im Sommer, aber doch einen Blumenstrauß, wie er für des Jahres Greisentum paßt. Auch von unserem eigenen Leben verlangen wir ja nicht mehr so viel Freuden, wenn wir in den Winter hinein gewachsen sind.

Eins ist so sonderbar bei den Gewächsen, die unter der Sense des Frostes noch blühen. Es sind so viele dabei, die im ersten Frühling blühen und jetzt noch einmal, vor dem Tode, ihre letzte Kraft in bunten Blumen ausströmen.

Im Rasen leuchtet eine goldene Kettenblume. Und da noch eine und drüben die dritte und dort noch mehr, zwanzig, dreißig kleine goldene Sonnen zwischen den braunen Lindenblättern, die der Wind dahin warf. Wenn die Maisonne lacht, dann ist ihre Blütezeit. Wenn Apfelblütenblätterschneegestöber in das junge Gras fällt und die Finken schlagen, dann sitzen die kleinen Mädchen im Grase mit ernsten Gesichtern, den Schoß gehäuft voll der goldenen Blumen mit den langen Röhrenstielen, aus denen weißer, bitterer Saft tropft. Mit spitzen Fingern köpfen sie die Blumen, schieben die Stielenden ineinander und machen sich wunderschöne Ketten und Ohrgehänge davon.

Aber alles hat seine Zeit. Das kleine Mädel da, das an der Hand seiner Mutter dahinmarschiert, sieht die Blumen nicht und denkt nicht daran, davon Ketten zu machen. Das paßt nicht für diese Jahreszeit. Kinder haben ein feines Gefühl für so etwas. Mag die Sonne auch noch so warm scheinen, sie würden niemals im Winter Kreisel spielen. Erst, wenn der Mensch erwachsen ist, trägt er Märzveilchen im Januar und läßt sich Kirschen von der Riviera kommen.

Andere Blumen gibt es, die blühen immer, vom ersten Frühling bis zum Schneefall. Aber das ist meist gewöhnliches Volk, das nicht weiß, was sich schickt. Da sind rote und weiße Taubnesseln, Stinkstorchschnabel und Reiherschnabel, Vogelmiere und Kreuzkraut, Hirtentäschel und Ackerdistel und irgend solch gemeines Habichtskraut oder ein gewöhnlicher Milchlattich.

Mit dem Gänseblümchen hat es aber eine andere Bewandtnis. Im Frühling findet man es blühend, es blüht den ganzen Sommer und den Herbst über, und eben, daß im Winter die Sonne den Schnee fort taut, dann ist es wieder da. Es hat so viel Freude an der Sonne und so viel Dankbarkeit für sie, das kleine bescheidene Ding, und darum blüht es. Die anderen aber blühen, weil es ihnen so gut geht auf ihrem Schutt und Dünger.

Andere aber wieder blühen, weil sie den Sommer nicht dazu kamen. Da stand das Grünfutter zu dicht und die Kartoffeln bollwerkten zu sehr. Jetzt, da sie fort sind, holen sie nach, was sie versäumen mußten. Und darum ist die Brache so voll von blauen Kornblumen und der verfahrene Acker so bunt von rotem Mohn.

Wieder andere hätten blühen können, wenn nicht die Sense sie geduckt hätte. Die schlug ihnen die Knospen ab, der weißen Schafgarbe, dem goldenen Hahnenfuß und der saftigen Dotterblume. Lange siechten sie und kränkelten, aber sie hielten es durch und brachten es doch zu einer Blüte in letzter Stunde.

So aber, wie der böse Hederich, so blühen sie nicht. Wie ist man dem zu Leibe gegangen! Bündelweise wurde er ausgerauft, zertreten und zertrampelt. Aber immer kam er wieder, und wo im Sommer nichts mehr von ihm übrig, zu sehen war, da färbt er jetzt wieder alles goldgelb. Der vergeht nicht, er gehört ja auch zum Unkraut.

Böse kann man ihm aber nicht sein. Er bringt doch Leben in die toten Farben des Feldes und Sonne in die frostigen Töne, und ohne ihn wäre es zu traurig jetzt auf den Äckern.

Unkraut ist fast alles, was man jetzt pflückt, oder dürftiges, ärmliches Zeug. Je später es wird in der Zeit, um so bescheidener wird der Mensch. Und so freut er sich der blühenden Unkräuter, sind es doch die letzten Blumen.

Er der herrlichste von allen

Was war das eben da über dem Bache, das bunte Ding, das mit schrillem Pfiff dahinstob. War es ein Vogel oder ein Falter, und wenn es ein Vogel war, aus welchem Lande kam er, der mit Himmelblau und Maibaumgrün und Silberweiß und Rot hier mitten in die Schneelandschaft

95

Farben aus eine Welt hineintrug, die Hunderttausenden von Jahren hinter uns liegt, Farben, wie sie die Vögel Indiens und Südamerikas vorweisen, Farben, die nur in Palmen zu denken sind.

Es war kein Kolibri, es war ein guter alter Deutscher, unser schönster Vogel, der Eisvogel, der nur deswegen wenig bekannt ist, weil dieses Prachtkerlchen in der warmen Jahreszeit ein recht verborgenes Leben an den stillen Ufern buschreicher Flüsse und Bäche führt und erst im Winter sich überall herumtreibt, wo es ein winziges Fischchen, einen Wurm, einen Wasserkäfer oder eine Larve zu erbeuten gibt. Und so kann man ihn, wenn man die Augen offen hält, besonders an schnellen Gräben öfter antreffen.

Dort sitzt er stumm, nur ab und zu den Kopf drehend, auf einer über das Wasser hängenden Dornranke, einem Zweig oder einem Pfahl und lauert, bis seine scharfen Augen irgendeine kleine Beute im Wasser erspähen. Mit einem jähen Ruck plumpst er dann in das Wasser, kommt in einem Sprühregen wieder zum Vorschein, schüttelt die Wasserperlen von seinem bunten Gefieder, wirft den Kopf in den Nacken, schleudert mit kurzem Ruck seine Beute ein Stückchen in die Luft, fängt sie mit dem zollangen, spitzen Schnäbelchen auf, daß der Kopf des Fisches oder der Larve nach unten liegt, und würgt sie hinab. Um die jetzige Zeit ist er oft so vertraut, daß man sich ihm bis auf zehn Schritt nähern und sein wundervolles Federkleid bewundern kann, den rostroten Bauch, die silberne Kehle, den lasurblauen Rücken, die grünblauen Flügel, den dunklen Backstreif und die mennigroten Füßchen. Obgleich der kleine Kerl kaum Spatzengröße hat, ist er durch seine leuchtenden Farben, seine ulkige Gestalt, an der der lange Schnabel und das winzige Schwänzchen besonders auffallen, eine so seltsame Erscheinung, daß er von jedem Menschen beachtet werden muß, der ihn zufällig erblickt.

In unserer einheimischen Vogelwelt ist der Eisvogel eine eigenartige Erscheinung, der hier keine nahen Verwandten hat. Seine ganze Verwandtschaft befindet sich in den heißen Ländern und bringt es dort zu recht ansehnlicher Größe. Seine nächsten Verwandten in Europa sind die herrlichen Blauracke und der prächtige Bienenwolf Südeuropas, der sich ab und zu nach Deutschland verfliegt.

An fischreichen Flüssen und Bächen mit steilen, buschigen Ufern spielt sich vom Frühling bis zum Herbst das Familienleben des Eisvogels ab. An einer abschüssigen, unzugänglichen Stelle des lehmigen Flußufers pickt sich das Pärchen, das sich im Gefieder kaum voneinander unterscheidet, eine zwei und einen halbe bis drei Fuß lange, zwei Zoll im Lichten haltende Höhle mit kesselartig erweitertem Ende in die Erde, wo das Weibchen auf einer Unterlage von Wasserjungferflügeln seine fünf bis sieben auffallend großen, kugelrunden, spiegelblanken, weißen Eier legt, deren Schale so durchsichtig ist, daß man den Dotter erblicke kann.

Die jungen Eisvögel sind schnurrige Wesen. Von ihrer späteren Schönheit ist zuerst wenig zu sehen. Sie sind ganz nackt, haben mächtige Köpfe, und der Unterschnabel ist nur halb so lang wie der Oberschnabel. Da es sehr lange dauert, bis die Spulen platzen, so sehen die halb erwachsenen Eisvögel fast wie kleine Zaunigel aus mit den langen, weißen spitzen Posen. Dazu riechen sie noch stark nach Bisam. Auch halten die kleinen Kerle wenig auf Reinlichkeit; sie beschmeißen die Wände der Nesthöhle derartig, daß derjenige, der einmal versucht hat, junge Eisvögel auszunehmen, es niemals wiederholt. Wenn die Jungen flügge sind, dann prangen sie in einem so herrlichen Federkleide wie die Alten.

Um diese Zeit gelingt es auch wohl einmal, an einer stillen Bachbucht eine Eisvogelfamilie zu beobachten. Wer es einmal erlebt hat, der vergißt das niemals, denn wenn sechs oder acht dieser farbenprächtige Kerlchen durcheinander flirren, so ist das ein Leuchten, Funkeln, Blitzen, Schimmern und Glänzen, ein kunterbuntes Gewirr von Rot, Weiß, Blau und Grün zwischen den Büschen und über dem Wasser, eine jähe Folge scharfer und schriller Töne, ein fortwährendes Plumpsen und Spritzen des Wassers, daß man unwillkürlich die einheimische Pflanzenwelt vergißt und erstaunt ist, keine Palmen und Lianen um sich zu sehen. Noch reizender ist es, zuzusehen, wenn der männliche Eisvogel seiner kleinen Frau den Hof macht, was man im Vorfrühling manchmal beobachten kann. Das Weibchen sitzt dann im vollen Sonnenschein auf einem hervorragenden Ast, Pfahl oder Stein und wippt geschmeichelt mit dem Stummelschwänzchen, und das Männchen umflattert es mit gellendem Geschrei, scharfen Zickzackschwenkungen, seines Hochzeitsröckchens Wunderpracht zur schönsten Geltung bringend.

So reizend unser Eisvogel und gering der Schaden ist, den er bei seiner Winzigkeit und seiner Seltenheit anrichten kann, so gibt es doch Menschen, die ihn auszurotten bestrebt sind, denn sie sagen, er schade der Fischerei. Wohl fängt der Eisvogel gelegentlich Fischbrut, und darunter ist auch manchmal eine junge Äsche oder Forelle. Sein Schaden kommt aber bei seiner Kleinheit kaum in Betracht; zumal jedes Eisvogelpärchen ein sehr großes Jagdgebiet hat, das es gegen die Übergriffe anderer ihrer Art eifersüchtig verteidigt. Darum ist es eine Roheit und eine Ruchlosigkeit, diesen allerliebsten kleinen Fischer zu fangen und zu erlegen.

Der Eisvogel siedelt sich, wie die lustige und harmlose Wasseramsel, nur dort an, wo es eine Unmengen von Gewürm und Larven aller Art, zudem noch so viel wenig wertvolle Fische, wie Schmerlen, Ellritzen und Groppen gibt, daß es ohne jeden Belang ist, wenn er sich auch manchmal eine winzige Äsche oder Forelle zu Gemüte zieht. Jedenfalls schadet eine große Äsche oder Forelle der eigenen Brut mehr, als zwanzig Eisvogelpärchen.

Darum, wer ihn hat in seinem Reiche, sei er Jäger oder Fischer, der freue sich an ihm, und schone ihn, stelle ihm nicht nach mit Schrot, Tellereisen und Leimrute, denn er stellt sich damit ein böses Dummheits- und Roheitszeugnis aus. Unsere Kultur sorgt sowieso mit ihrer Sucht nach Ufergeradelegung und Buschausrodung allzusehr dafür, daß diesem Vögelchen unserer heimischen Vogelwelt die Daseinsbedingungen arg beschnitten werden, ihm, dem herrlichsten von allen.

Mein buntes Buch

Naturschilderungen

Der Feldrain

Mitten durch die Feldmark zieht sich ein Rain neben dem Koppelwege hin. Wenn ich nicht Zeit habe, den fernen Wald aufzusuchen, gehe ich hier hin. Gestört werde ich von Menschen nicht. Die ziehen die Anlagen vor. So kann ich, gegen die Böschung gelehnt, meine Gedanken mit den Lerchen emporflattern lassen, so viel ich will.

Im Sommer, wenn die Frucht hochsteht und die Ränder der Felder von bunten Blumen starren, ist es hier viel schöner als jetzt. Anderseits sieht man jetzt alles das, was auf der Erde schießt und sprießt und darüber kreucht und fleugt, mit dankbareren Augen als späterhin, wenn alles üppig grünt und blüht.

Auf dem Grabenanwurfe, neben den halb verblühten Blumen des Huflattichs in ihrer orangeroten Farbe, schieben sich die Blütenstände des Schachtelhalmes auf den Lehmschollen, seltsam anzusehen. Einst beherrschten riesenhafte Schachtelhalme die Erde, jetzt sind sie niedrige Ackerunkräuter.

Sonst ist noch wenig Grün hier zu sehen außer den roten Taubnesselblüten zwischen der üppig wuchernden Luzerne, in der hier und da kräftige Ackerehrenpreispflänzchen ihre himmelblauen Blümchen leuchten lassen. Auf den kahlen Stellen reckt das Hungerblümchen seine winzigen Blüten, da kriecht der blaß blühende efeublättrige Ehrenpreis, und Mastkraut und Vogelkreuzkraut, diese Dauerblüher, haben sich wieder geschmückt, so gut sie es vermögen. Auch die Maßliebchen auf der Trift, die noch im Weihnachtsmonde blühten, entfalten ihre weißen Sterne. Die Löwenzahnblumen sind erwacht.

Die Lerchen trillern, in der Linde hinter mir singt der Goldammer sein zärtliches Liedchen, und vor mir auf den Schollen zwitschert ein Hänflingshähnchen. Prächtig leuchtet in der Sonne sein purpurner Scheitel und die rosenrote Brust. Es kümmert sich nicht um den Turmfalken, der über dem Kleestücke nach Mäusen rüttelt. Ein Bachstelzenpärchen kommt angeschwenkt. Der Hahn macht der Henne auf ganz schnurrige Weise den Hof. Fort sind die beiden. Grünfinken, Girlitze und Distelfinken schnurren laut lockend vorüber und fallen auf der Brache ein, hinterher kommt, fröhlich lärmend, ein kleiner Zug Feldspatzen, dann ein Trupp Buchfinken.

Alle Augenblicke meldet sich neues Leben. Ein Star läßt sich auf der Linde nieder, klappt mit den Füßen, pfeift, quietscht, quinquiliert ein Weilchen und fliegt dem Dorfe zu. Seinen Platz nimmt der Grauammer ein, rasselt sein blechernes Lied herunter und streicht dann plump mit herabhängenden Füßen ab. Dann hüpft ein alter, tiefschwarzer Rotschwanzhahn auf dem Steinhaufen herum, fortwährend die rostroten Schwanzfedern zittern lassend, und einen Knicks nach dem anderen machend, bis ein laut heranburrendes Feldhühnerpaar ihn verscheucht. Herrisch ruft der Hahn und rennt hochaufgerichtet der geduckt dahin trippelnden, schüchtern lockenden Henne nach, sie in die hohen Schollen des Sturzackers treibend.

Ich sehe den vielen Saatkrähen nach, die heiser krächzend der Marsch zufliegen, den Dohlen, die lustig rufend über die Felder taumeln, und den Steinschmätzer, der über dem Rande des Steinbruches wie albern herum flattert und dabei ganz schnurrige Töne zum besten gibt. Plötzlich läßt er sich jäh abfallen, und auch der Goldammer bricht sein Liedchen in der Mitte ab und huscht in den Schlehbusch hinein. Der Wutschrei der Rauchschwalben warnte beide, und so kam der Sperber zu spät. Gestern schlug er dicht vor mir eine Lerche und vor einigen Tagen holte er einen lustig pfeifenden Starmatz von der Eiche. Leben und Tod sind dicht beieinander auf der Welt.

Aus den Weidenbüschen des alten Steinbruches tönt der Ruf des Laubvögelchens hervor, und auf dem verfallenen Schuppen quietscht der Rotschwanz mühsam sein Liedchen aus der Kehle. Fremde Laute erschallen bald rauh, bald weich, scheinen näher zu kommen, entfernen sich und sind wieder dichter bei mir. Hundert Kraniche und mehr ziehen unter dem Himmel gegen Abend hin, unaufhörlich rufend. In derselben Höhe kommen zwei Gabelweihen angestrichen, ebenfalls nordwärts reisend, und darauf vier Bussarde. Dann erschallen Flötentöne, weiche, und ein Dutzend Brachvögel fallen auf der Saat ein, stelzen kopfnickend dort umher, erheben ihr Gefieder aber bald wieder und eilen weiter.

Lange sehe ich zwei Hasen nach, die bald die Häsin treiben, bald aneinander geraten und sich bastpfeifen, und freue mich an dem Haubenlerchenpärchen, das über den festgetretenen Fußweg trippelt, bis es neben mir im Grase raschelt und sich erst ein rosenrotes Rüsselchen und zwei gleichfarbige, breite, scharf bekrallte Händchen und dann ein schwarzbepelztes Köpfchen hervorwühlt. Ein Maulwurf ist es; eilfertig wuselt er unter dem Raine her. Ein zweiter folgt ihm, ein dritter, und dann gibt es ein grimmiges Gebeiße und ein giftiges Gezwitscher zwischen den beiden letzten Schwarzröcken, denn es sind Männchen, und das erste, das sich jetzt hurtig unter den Bocksbeerranken eingräbt, ist ein Weibchen. Hinter ihm her huscht das Männchen, das bei dem Kampfe obsiegte. Das andere aber putzt sich das arg zerbissene Schwänzchen und watschelt trübselig seinem Loche zu, in dem es langsam versinkt.

Ich bin so faul, mich wieder umzudrehen, und so bleibe ich mit den Augen in der Nähe kleben. Da ist ebensoviel zu sehen wie in der Ferne. Prachtvolle Erdbienen mit tiefpurpurnen Brustschildern und goldgelb behaarten Leibern sonnen sich auf den kahlen Lehmschollen, ein schwarzes Herrgottskäferchen mit roten Tupfen erklimmt einen Halm und fliegt von dessen Spitze in die Welt hinein, und ein langer, dicker, dunkelblauer Ölkäfer gräbt langsam und bedächtig ein Loch, um darin seine unzählbaren Eier abzulegen. Eine Unmenge winziger Lärvchen wird daraus hervorschlüpfen, die Blumen erklimmen und warten und warten, bis eine Biene ankommt, die sie zu ihrem Neste trägt. Wer von ihnen dieses Glück nicht hat, muß elend umkommen. Und auch die, die in ein Bienennest gelangt, aber kein Bienenei findet, geht zugrunde. Von den vielen Tausend werden nur ganz wenige zu Käfern. Der Tautropfen, der sich in dem Blattquirle des Wegerichs gehalten hat, lockt eine dicke, schwarze, mit Gold verbrämte Hummel heran. Sie läßt sich nieder, steckt den Rüssel in das Wasser und saugt sich satt. Ein Mistkäfer, der über ihr herumkrabbelt, verliert den Halt und kullert an sie heran. Unwillig brummt sie und reckt die Vorderfüße drohend gegen den Störenfried, der sich mühselig wieder auf die Beine hilft und weiter kriecht. Ein großer, goldgrüner, blitzblanker, schön geriefter Laufkäfer hastet von Scholle zu Scholle, in jede Ritze den Kopf steckend. Jetzt stößt er auf eine Graseulenraupe. Er beißt sie hinter den Kopf und in das Hinterende, läßt sie liegen und rennt weiter, bis er einen Regenwurm antrifft, mit dem er es ebenso macht. Um die Feuerwanzen, die an den üppigen Wurzeltriebe der Linde saugen, kümmert er sich aber gar nicht, ihre grellen Farben werden ihn wohl abschrecken.

Die Sonne prallt nur so gegen den Rain. Ich meine es sehen zu können, wie sich die Blattüten der Brombeere auseinander wickeln, und während ich hier liege, hat die Taubnessel schon Dutzende von ihren Blüten aufgeklappt, die vorhin noch geschlossen waren, und ladet die Bienen, Hummeln und Schwebfliegen ein, sich gütlich zu tun. Auch der gelbe Ackerstern, der eben noch nicht sichtbar war, leuchtet jetzt gelb aus dem alten Laube hervor, sehr zur Freude eines winzigen Bienchens, das sich darin niedergelassen hat. Überall huschen flinke, blanke Käferchen und rennen gelbe und braune Ameisen umher, bis sie die von dem Laufkäfer getötete Raupe entdecken, sich daran machen, sie auszuhöhlen und Fetzchen um Fetzchen nach ihrem Nest unter den jungen Rainfarnblättern zu schleppen. Zwei Schmetterlinge, kleine Füchse, spielen vorüber, und von der anderen Seite ein Morgenrotfalter, der nach den Wiesen hin will, wunderbar anzusehen mit den rosig leuchtenden Spitzen seiner Schwingen. An der Grabenpfütze, die vom letzten Nachtregen hier stehenblieb, läßt sich eine Biene nach der anderen nieder, saugt sich voll, putzt sich den Rüssel ab und summt von dannen.

Plötzlich plumpst ein langer, ganz in blauen Stahl gekleideter Raubkäfer zwischen den Bienen nieder, die drohend ihre Stacheln herausstrecken, sich aber beruhigen, wie der Käfer ihnen aus dem Wege geht. Hastig huscht er dahin, den Hinterleib im Bogen aufwärts gekrümmt, die gefährlichen Zangen weit geöffnet. Jetzt hat er die große graue Fliege entdeckt, die infolge ihrer verkrüppelten Flügel unbehilflich auf derselben Stelle umherhopst. Blitzschnell dreht er sich um, starrt einen Augenblick nach ihr hin, macht einen Sprung und greift sie. Sie zirpt jämmerlich, aber er zerrt sie unter den Vorhang, mit dem der Gundermann ein Mauseloch halb verdeckt hat.

Unglaublich viel ist hier zu sehen. Wenn ich auch nicht, wie gestern den Hamster, und wie vorgestern das Wieselchen zu Gesichte bekomme, ja noch nicht einmal den Raubwürger, wie ein anderes Mal, es ist schon so schön, nur das junge Kraut zu betrachten, das aus dem gelben Boden drängt, die Blattrosen des Löwenzahns, keine der anderen gleich, die Unmenge von Knöterichkeimlingen im Graben, die protzige Fetthenne, den grüngelben Blattstern der Wolfsmilch, die silbernen Fingerkrautblüten, kaum halb erschlossen, und vor allem die üppige Weizensaat, leuchtend in der Sonne.

Eine weite grüne Fläche, hinter der sich drei purpurrot blühende Pappeln in den blauen Himmel recken, warme Sonne und Lerchengesang; ist das nicht allein genug für mich, um ihn lieb zu haben, den Platz am Feldrain.

Der Waldrand

Die Sonne bescheint freundlich den Waldrand. Gestern schien sie heller als heute, dennoch ist die Haubenlerche viel fleißiger. Unaufhörlich läßt sie ihren Lockruf ertönen, und nun fliegt sie sogar auf einen Erdhaufen und singt ihr kleines Lied.

Die Luft ist weich und schmeckt nach warmem Regen. Ein weißer Hauch liegt über dem Felde und nimmt der Sonne Schein und Farbe. Aus den umgestürzten Schollen steigt ein starker Geruch, und alle Zweige und Stämme sehen aus, als dufteten sie nach dem neuen Leben, das in ihnen empordrängt.

Die üppigen Rasen der Vogelmiere auf dem Brachacker hatten jüngst, als der Wind scharf von Morgen kam und der Boden beinhart gefroren war, nicht weniger weiße Blütenstreifen als heute, und das Kreuzkraut ebenso viele goldene Knöpfchen, auch blühten die Maßliebchen gleichfalls am Raine. Damals wirkte das widersinnig, heute oder nicht.

Auf dem Brombeerbusche am Grabenrande sitzt der Goldammerhahn und versucht sein Lied zusammenzubringen; gestern, als die Sonne hell vom hohen Himmel schien, dachte er nicht daran. Auch die Kohlmeise besinnt sich auf ihre Frühlingsweise; da sie aber damit nicht fertig wird, so lockt sie wenigstens dreimal so zärtlich als am gestrigen Tage. Süß und seltsam hört sich das an.

Der Haselbusch am Graben ist gänzlich aufgeblüht; zwischen den goldenen Troddeln glühen purpurne Sternchen. Die Eller ist ihm sogar schon voraus; der Weg ist mit braunen Kätzchen besät. Die silbernen Knospen an den Weiden recken und strecken sich und die der Espen quellen und schwellen. Aus dem Vorjahrslaube drängt sich das junge Gras, überholt von den fetten Blättern des Aaronstabes, die Scharfwurz verhüllt den kahlen Boden und lustig wuchert das zierliche Grün des Ruprechtskrautes.

Die Sonne kommt noch einmal am dunstigen Himmel hervor. Überall spielen die Wintermücken, daß es lustig blitzt, und hier und da surrt eine Fliege vorüber. In der alten Samenbuche sitzt eine Krähe und quarrt und schnarrt auf ganz absonderliche Art; das ist ihr Liebeslied. Aus den Fichten kommt ein wunderliches Ouietschen und Schnalzen; der Häher gibt seinen zärtlichen Gefühlen Ausdruck. Da hinten auf der grasgrünen Saat maulschellen sich zwei Hasen und die Häsin. Der Frühling kommt.

Ist es auch wahr? Ist es nicht nur ein bloßes Gerücht, eine falsche Verheißung? Zwar wippt da schon ein Bergbachstelzenpaar an dem Graben entlang, hier wühlt ein Maulwurf das knisternde Fallaub auf, sieben Starmätze pfeifen auf dem Hornzacken der Eiche, im Graben plätschert zwitschernd und quitschernd ein Spitzmauspaar umher, fauchend und schnalzend jagt ein Eichkater die Liebste von Ast zu Ast, und ein Goldhähnchen singt schon so gut, wie es das besser nie können wird.

Aber da hinter dem fernen Walde im kalten Moore liegt der Nordostwind und schläft. Vielleicht wacht er über Nacht wieder auf und zu Ende ist es mit Lied und Liebe. Statt der Wintermücken spielen die Schneeflocken, Star und Bachstelze flüchten von dannen, die braunen Bergfinken, die der weiche Wind nach Norden lockte, werden verschwinden, und Amsel, Meise und Goldhähnchen vergessen ihre halbgelernten Lieder wieder. Die Blümchen auf der Brache und die Kätzchen an den Bäumen werden wirken wie unangebrachte Witze.

Die Sonne ist fortgegangen; dichter und unsichtiger wird die Luft. Um so mehr aber leuchten die halb aufgesprungenen Knospen an den grauen Zweigen des Dornbusches und an den schwarzen Ästen der Traubenkirschen hinter dem Grabenbord und im Unterholze des Geißblatts kecke junge Blätter. Ein sachtes Rieseln kommt herunter, unhörbar und leicht. Fröhlich schmettert der Zaunkönig sein Liedchen, lustig trillert die Meise, und selbst der schüchterne Baumläufer erhebt sein dünnes Stimmchen lauter als zuvor.

Der Regen nimmt zu, die Dämmerung geht leise am Waldrande entlang. Da trommelt ein Specht auf einmal los, daß es weithin dröhnt; das ist das Zeichen für alles, was Schnäbel hat. Mit einem Schlage bricht ein vieltöniges Zwitschern und Flöten los, so wirr, so kraus, daß keine einzelne Stimme sich daraus hervorhebt. Ein Viertelstündchen hält es an; dann bleibt davon nur das Gestümper der Amsel übrig und des Rotkehlchens erst halb gelerntes Lied. Auch das verlischt im leisen Regengeriesel, und der ihrem Schlafwalde zuziehenden Krähen rauhes Geplärre gibt dem weichen Tage einen harten Abschluß.

Dunkel wird es im Walde. Keine neue Knospe im Gezweig, nicht ein frisches Blatt am Boden ist mehr zu sehen. Leblos stehen die Stämme da und recken kahle Wipfel in die Luft. Doch immer noch will das Leben, das dieser Tag erweckte, sich nicht zur Ruhe begeben. Vom Felde her schrillt des Rebhahnes herrischer Ruf und von der Mergelgrube kommt das breite Geschnatter eines arg verliebten Erpels. Wie winzige Gespenster taumeln bleiche Wintermotten auf der Weibchensuche um die Buchen, zwei Fledermäuse zickzacken am Graben auf und ab, und im Gebüsch schnauft ein Igel aufgeregt hinter der Auserwählten her.

Die Nacht kommt näher; tiefer wird der Himmel. Kein einziger Stern steht an ihm. Die letzte Krähe hastet, verlassen schreiend, über die Wipfel hin. Dichter fällt der Regen; lauter tröpfelt er in das tote Laub. Dumpf unkt in den Fichten die Ohreule; hohl heult in den Kiefern der Kauz los. Zu Ende ist der milde Tag, an dem der Vorfrühling am Waldrande spuken ging.

105

Das Genist

Vorgestern sah der Bach fein und klar aus und rann bescheiden zwischen feinen Ufern dahin. In der Nacht gingen gewaltige Regengüsse in den Bergen nieder und gestern früh war der Bach trüb und lehmig; er polterte ungestüm dahin, stieg über sein Ufer und überschwemmte ein gutes Stück der Wiesen. Nun fällt er bereits. Nicht mehr so wild wie gestern strudelt er dahin, führt nicht so viel Spreu mit sich, und tritt auch schon langsam wieder von den Wiesen zurück, einen bräunlichen Streifen da hinterlassend, bis wohin gestern die Vorflut gereicht hatte.

Das ist das Genist, ein Sammelsurium von Grummetresten, dürren Stengeln, trockenen Zweigen, Grasrispen, Fruchtkapseln, Rindenstücken, Wurzeln, Samenkörnern, Blättern, Beeren, Käferflügeln, Schneckenhäusern, Puppenhüllen, Kerbtierleichen, Steinchen, Federn, Haaren, Moosflöckchen, Muschelschalen, Knochen und hunderterlei anderen Dingen, teils aus den Haushalten der Natur herstammend, teils aus Trümmern von Gegenständen bestehend, die der Mensch anfertigte.

Ganze Mengen von Grasblättern und Wurzeln sind in den Weidenbüschen hängen geblieben, um deren Zweige die Flut sie fest herumgewickelt hat. Nun hängen sie da wie die Reste verwitterter, zerschlissener Wimpel und flattern im Winde. Dunkelköpfige graue Vögelchen, Sumpfmeisen und Weidenmeisen, schlüpfen daran herum und pflücken heraus, was sich in dem Gewirr an Körnern und Kleingetier gerettet hat.

An der Vorflutmarke aber, wo der Bach feineres Genist als ununterbrochenen Streifen abgesetzt hat, sind die Krähen dabei, herauszusuchen, was ihnen gut zu fressen dünkt, die schwarzen Rabenkrähen und die zur Hälfte aschgrauen Nebelkrähen aus Ostland, ferner eine Anzahl der blanken Saatkrähen sowie einige Dohlen. Auch etliche Stare, die infolge der milden Witterung vorläufig hiergeblieben sind, stöbern dort umher, desgleichen zwei Bergbachstelzen und einige nordische Pieper, die eigentlich weiter zum Süden reisen wollten, aber wegen der Stürme der letzten Tage diese Absicht aufgeschoben haben.

Sie finden alle überreiche Nahrung, denn es krimmelt und wimmelt nur so aus dem halbnassen Geniste hervor, zumal da jetzt die Mittagssonne so hell scheint und das Gespreu abtrocknet und anwärmt. Überall schlüpfen schwarze Laufkäfer aller möglichen Gattungen und der verschiedensten Größe hervor und streben dem trockenen Lande zu, dazwischen sind grünliche und hier und da ein gleißend kupferroter, der hier sonst nicht vorkommt und den das Wasser aus den Bergen mitgerissen hat, winzige, die wie blanker Stahl aussehen, bräunliche mit gelben Flecken, rote mit schwarzer Kreuzzeichnung, und ein gelblicher, grüngezierter, rund wie ein Marienkäferchen, dem man es nicht ansieht, da er zu den Laufkäfern gehört.

Dann sind Halbflügler da, größere, glänzend schwarze, kupfrige, grünliche und blaue, kleinere, die gelbrot und blau gemustert sind, andere mit roten Halsschildern, und unzählige ganz winzige, die an schönen Abenden gern über den Landstraßen schwirren und den Radfahrern verhaßt sind, weil sie ihnen in die Augen fliegen und sie durch ihren beißenden Mundsaft zum Tränen bringen. Ferner gibt es noch größere und kleine Mistkäfer, stattliche und unglaublich winzige Rüßler, Blattkäfer, Erdflöhe, die kaum sichtbaren Haarflügler, seltsame Ameisenkäfer, Stutzkäfer, blank wie Erz, Borkenkäfer, Schnellkäfer und wer weiß noch welche Käferarten, solche, die hier in der Ebene leben, andere aus dem Hügellande da hinten und wieder andere oben aus dem Gebirge.

Die drei Sammler, die dort eifrig an der Arbeit sind, das Genist durchzusieben und ganze Mengen von Kleinkäfern in ihre Gläser zu füllen, werden zu Hause beim Aussuchen manches sehr seltene Stücke finden, ebenso wie der andere Sammler, der die Rückstände nach Schneckenhäusern durchsiebt, denn die liegen zu Tausenden hier. Da sind einzelne Weinbergschnecken, rote, gelbe, braune, gesprenkelte und gestreifte große Schnirkelschnecken mit weißen oder braunen Mundsäumen, kleinere, bräunliche mit seltsam gefalteten Öffnungen, spitze Schließmundschnecken, viele Arten von Moospuppen, darunter ganz seltene Arten, halb und ganz durchsichtige Hyalinen, Vitrinen und Dauderbardien, winzige Schneckchen mit Haaren, Rillen und Stacheln, die häufigen Bernsteinschnecken und allerlei große und kleine Posthörner und, andere Wasserschnecken, mit Kiemen atmende kleine Deckelschnecken, darunter eine nadeldünne, braunrote, glänzende, die auf dem Lande lebt und sehr selten ist, ferner ein weißes, bleiches, zartes und kleines Schneckchen, das kaum anders als auf diese Weise gefunden wird, weil es eine unterirdische Lebensweise führt, noch kleinere Deckelschnecken aus den Quelltümpeln des Gebirges und das noch viel kleinere schneeweiße Ohrschneckchen, das wie ein Grassamenkorn aussieht. Auch kleine Müschelchen finden sich vor und ab und zu Nacktschnecken, besonders eine kleine Verwandte der Ackerschnecke, die wie ein junger Blutegel anzusehen ist.

In solchen Unmengen setzt das Hochwasser mehrere Male im Jahre die Schneckenhäuser und Muschelschalen hier ab, daß der Boden rechts und links von dem Bache viel kalkhaltiger und fruchtbarer ist als weiterhin. Auch hat er eine ganz andere Pflanzenwelt, denn das Wasser führt aus dem Gebirge eine Masse von Samen solcher Gewächse mit, die hier in der Ebene nicht vorkommen. In den dürren Stengeln, die das Wasser mitführt, in den Grasbüscheln, Rindenfetzen und Holzstücken findet sich noch manches lebensfähige Ei, manches Fliegentönnchen, manche Larve oder Puppe, die im Frühling auskommen, und so siedelt sich an der Grenze der Flutmarke den Bach entlang allerlei kleines Leben an, das von Rechts wegen der Eden nicht angehört.

Die meisten Menschen gehen gleichgültig an dem Streifen von Spreu vorüber, den das Wasser hier angespült und zurückgelassen hat, ohne zu ahnen, welche Bedeutung er hat. Wenn sie sich aber einmal bückten, eine Handvoll von dem Geniste aufnähmen, es auseinanderzupften und alles das betrachteten, woraus es bestehe, so würden sie staunen über die Fülle von Leben, das darin verborgen ist.

Die Frühlingsblumen

Mit verdrießlichem Gesichte stand der Tag auf. Nun hat er die mürrische Laune überwunden und zeigt eine zufriedene Miene. Die gelben Löwenzahnblüten am Raine danken es ihm und öffnen sich, bunte Schmetterlinge tanzen ausgelassen über die Landstraße, überall flattern Lerchen aus den lachenden Saaten auf und erfüllen die frische Luft mit fröhlichen Stimmen

Die Sonne soll uns den Weg weisen. Voll und heiß scheint sie gegen den Vorwald, dessen Rand dichtes Gebüsch verschleimt, lustig grünender Weißdorn, fröhlich blühende Schlehen, strahlende Weidenbüsche und von den grauen Ranken der Waldrebe umsponnener Bergholunder, über und über mit grünlichen Blütentrauben bedeckt.

Hier hüpft und schlüpft es in einem fort und singt und klingt auf mannigfache Art. Aber wie sich auch Ammer und Laubvogel, Rotkehlchen und Braunelle, Meise und Fink anstrengen, den Knirps von Zaunkönig, überstimmt sie doch alle mit seinem keck hinausgeschmetterten Liedchen.

Das braune Fallaub am Boden ist fast verschwunden unter jungem Grase und frischen Blüten, weißen und gelben, blauen und roten, bunt durcheinander gemischt, eine immer schöner als die andere. Aber ob auch die Windröschen so zierlich, die Waldveilchen so herzig und der Lerchensporn so üppig ist, die Himmelschlüssel überragen sie alle an Vornehmheit und Würde.

Einen leichten Pfirsichduft entlockt ihnen die Sonne. Er mengt sich mit dem Geruche der Erde und dem Hauche, der aus den aufbrechenden Knospen quillt, bis er unter dem Atem des Moschusblümchens verschwindet oder von dem des Waldmeisters, dessen schwache und doch so kecke Quirle überall das alte Laub durchbrechen.

Es raschelt im Gebüsch, eine Waldmaus springt dahin. Es ruschelt im Grase, eine Eidechse schlüpft von dannen. Im Moose schimmert eine Blindschleiche, die sich da sonnt, und in dem kleinen Wasserbecken leuchtet es feuerrot und himmelblau auf: Es sind Bergmolche, die dort emportauchen, um Luft zu schnappen, und wieder hinabsinken und auf dem Grunde ihre seltsamen, lächerlichen Minnespiele zu treiben.

Ein Pfauenauge schwebt vorüber. Ein anderes tanzt darauf zu. Munter wirbelt das Paar dahin. Ihm folgen zwei Zitronenvögel, ein grünlich weißes Weibchen, stürmisch von dem goldenen Männchen getrieben. Zwei Krähen stechen sich, wie Esel quarrend, in der Luft. Zärtlich heult der Täuber, steigt stolz über die Kronen und klatscht laut die Schwingen gegeneinander, um der Liebsten zu gefallen. Zu dem selben Zwecke trommelt der Specht so unverdrossen, und aus keinem anderen Grunde fühlt sich der Grünfink bewogen, den Flug der Fledermaus nachzuäffen.

Dort hinten ist eine neue Farbe im Walde. Eine Buche ist es, die an den untersten Zweigen ihre Knospen geöffnet. Lauter goldgrüne Schmetterlinge scheinen den silbernen Stamm zu umflattern. Das sieht so wunderschön aus, daß wir uns hier lagern müssen, um uns in Ruhe daran zu freuen, und an den Windröschen darunter, den weißen, verschämten, den gelben, kecken, an dem protzenhaften, gespreizten Aaronstab und dem wunderfeinen, zierlichen Sauerklee, der den moosigen Stumpf mit leuchtenden Blättchen und schimmernden Blütchen verhüllt.

Die Drosseln schlagen, die Finken schmettern, ein Täuber ruft, ein Bussard schreit aus der Höhe herab, und doch ist es, als wäre es still, friedlich still hier im Walde. Verstohlen flattert eine Krähe von Ast zu Ast und bricht heimlich Nestreiser. Ein Eichkätzchen hüpft über den blumigen Erdboden und scharrt nach Käfern. Zwei helle Tauben schweben heran, blicken lange umher und lassen sich endlich im Grunde nieder, wo das goldene Milzkraut den Spring rund umher einfaßt und weiterhin die Lungenblumen versuchen, ihre rosenroten und himmelblauen Blüten dagegen zur Geltung zu bringen.

Die Sonne verfleckt sich, die Blumen verblassen, das Grün verdunkelt sich. Ein kühler Luftzug kommt über den Berg und bewegt die Wipfel. Die Vögel verstummen zumeist. Ein Fink schlägt noch; auch er hört auf, und einzig und allein die Spechtmeise läßt unaufhörlich ihr eintöniges, ermüdendes Geflöte hören. Wir steigen bergab und wieder bergauf und abermals hinab, bis dahin, wo ein Wiesental sich öffnet, und da finden wir die Sonne wieder und Vogellieder und Blumen, soviel Blumen unter den hohen Eichen, daß jedes Fleckchen erfüllt von ihnen ist. Und damit der Weg nicht zu sehr von dieser Pracht absteche, haben ihn die Ahornbäume mit goldenen Blütenbüscheln bestreut.

Wir müssen wieder rasten, so schön ist es an diesem Ort. Das Moos ist weich und die Sonne warm, ein Bächlein ist da, das uns allerlei erzählt, und so kommen und schwinden die Stunden, wie die goldenen Falter, die zwischen den silbernen Stämmen auftauchen und untergehen. Menschenstimmen, ein wenig zu laut für diesen Tag, treiben uns weiter, durch düsteres Tannicht, durchzittert von dem Liebesgezwitscher unsichtbarer Goldhähnchen, durch helles Buchenholz, erfüllt vom Geschmetter der Finken, über eine breite, von Wildfährten gemusterte Trift, durch enge Stangenörter, wo die Sauen im festen Boden gebrochen haben, an Buchenjugenden vorbei, deren Vorjahrslaub in der Sonne wie Feuer lodert.

Ohne Plan und Ziel schweifen wir dahin, bis der Tag zur Neige gehen will und der weite, grüne Teppich von Bärenlauch, der den Hang bedeckt, sein lustiges Funkeln einstellt und herb und streng aussieht und die weißen Windröschen ängstliche Gesichter bekommen. Die Dämmerung erwacht und tritt aus den Dickungen in das hohe Holz, eindringlicher klingt das Lied des Rotkehlchens, bald wird die Eule rufen. Aber noch einmal beschert uns dieser Frühlingstag ein kostbares Geschenk. Hier im jungen Stangenort, rechts und links von dem schmalen Steige, hat er so viel rote und weiße Blumen ausgeschüttet, daß unsere Augen ganz groß werden. Von allem, was uns dieser Tag bot, ist dieses das Herrlichste.

Schiene die Sonne, flögen die Falter, schimmerten die Stämmchen, nicht so wunderbar anzusehen wäre dann dieser Zaubergarten wie nun, wo die Jungbuchen stumpf und hart aus der märchenhaften Blütenfülle heraus-

109

streben und das Summen der Hummeln ein fernes Glockengeläute vortäuscht.

Wir stehen und starren und staunen und wissen: immer, nach Jahren noch, werden wir dieses Tages Ende, dieser Stunde hier und ihrer Gabe dankbar gedenken.

Der Porst

An der Quelle, die am Fuße der hohen Geest aus dem anmoorigen Boden springt, steht ein brauner, blattloser Strauch, über und über mit goldig schimmernden Blütenkätzchen bedeckt.

Ein Porstbusch ist es. Schon im Spätsommer, als er noch im vollen Laube stand, hatte er seine Blüten halb fertig, im Herbst und Winter vollendete er sie, und dann stand er da und wartete auf seinen Frühling. Lange hat er warten müssen. Die Kolkraben kreisten laut rufend über der Wohld, die Birkhähne bliesen und trommelten auf den Wiesen, Hasel und Erle blühten auf und blühten ab; doch erst als der Kranich im Moor in die Trompete stieß und die Birke sich rührte, durfte der braune Busch seinen tausend Knospen den Willen lassen, und nun steht er da, umgeben von goldenem Schein und atmet einen strengen und starken Duft aus, der sich mit dem Hauche des jungen Birkenlaubes und dem Kiengeruche der sprossenden Kiefern vermischt.

Alle die anderen Porstbüsche, die zwischen den Rinnsalen, die aus der Geest quellen, stehen, hier einzeln und hoch, von Birken, Weiden, Eichen und Erlen bedrängt und von gewaltigen Wacholdern und hohen Stechpalmen, dort niedriger und in Scharen vereinigt, durchwuchert von silbern anblühendem Wollgrase und lustig sprießendem Riede, haben ebenfalls ihre Kätzchen erschlossen. Wenn sie aber auch noch so sehr prahlen und prunken, zur Alleinherrschaft kommen sie hier doch nicht. Denn das Bergmilzkraut ist noch da, das mit bellblühendem Rasen die Wässerchen umfließt, stolze Dotterblumen protzen aus saftigem Laub hervor, die Weidenbüsche leuchten von oben bis unten vor Blütenpracht, und das junge Laub der Birken, vermengt mit zierlichen Troddelchen, schimmert und flimmert im Morgensonnenlichte.

Einst, als der Wolf hier noch das Hirschkalb hetzte, bei Tage der Adler das große Wort hatte und bei Nacht der Uhu, herrschte der Porst unumschränkt von der Geest bis an die Aller. Aber die Bauern brannten ihn nieder, rodeten ihn aus, schlugen Pfähle ein, zogen Drähte, trieben das Vieh in die Gatter, kalkten das Land, und nun sind Wiesen und Weiden da, wo ehemals nichts war, als Porst und Porst und immer wieder nur Porst und hier und da eine Eiche, ein Wacholder, ein Stechpalmenbusch. Nur an den Seiten der Wiesen und an einigen Gräben hat er sich noch halten können und zieht braune, goldig leuchtende Streifen durch die grünen, vom Schaumkraut bläulichweiß überhauchten Flächen. Hinter den Wiesen aber, in der großen Sinke, die von zwei flinken Bächen und einem faulen

110

Flüßchen überreich mit Wasser versorgt wird, hat das Porst noch die Obergewalt. Es fehlt dort anfangs nicht an Bäumen und Sträuchern, knorrigen Eichen, schlanken Birken, stolzen Fichten und krausen Kiefern, aber jetzt, wo der Porst in Blüte steht, kommen sie nicht zur Geltung, denn die ganze weite, breite, nur hier und da von einer Krüppelkiefer, einem Erlenhorste, einem Weidenbusche unterbrochene Fläche ist ausgefüllt von ihm, ist ein einziges goldenes, glühendes, loderndes Gefilde, erfüllt von tausendfältigem Leben.

Dumpf murren in den Tümpeln die Moorfrösche, hell locken im Riede die Heerschnepfen, wehleidig klagend taumeln die Kiebitze dahin, und mit jauchzendem Schrei kreist der Bussard unter den Wolken. Auf dem grauen Wacholdergerippe sitzt der Raubwürger, schrill rufend, helle Weihen werfen sich mit gellendem Keckern aus der Luft, der Brachvogel steigt empor und läßt seine wehmütigen Triller weithin schallen, Kuckuck und Wiedehopf läuten, die Turteltauben schnurren, und viele kleine und feine Stimmen erklingen, ab und zu übertönt von den herrischen Fanfaren des Kranichs oder von dem dröhnenden Basse des Rehbockes, der von einem Menschen Wind bekommen hat und nun durch den Porst flüchtet, daß der Blütenstand hinter ihm herwirbelt und die graue Glockenheide, die braune Sandheide, das grüne Ried und das silberne Wollgras mit dichtem gelben Puder verhüllt.

Heute herrscht der Porst hier noch und morgen und übermorgen. Um das düstere Erlengebüsch frohlockt er und jauchzt aus dem modrigen Birkenwalde heraus. Aber die Sonne, die ihm nach langem Warten die Schönheit brachte, wird sie ihm bald nehmen, der Wind streift ihm den goldenen Staub aus den Kätzchen, der Regen gibt ihm den Rest. Mit verdorrten, fahlen Blüten wird er dann dastehen; niemand wird nach ihm hinsehen, wenn er sich mit jungem Laube schmückt, und je voller er sich beblättert, um so unsichtbarer wird er und verschwindet zwischen der Heide und dem Riede und den Weiden und dem übrigen Bruchgebüsch als ein Strauch, den keiner sieht und kennt. Im Herbste wird er dann noch einmal goldgelb und feuerrot leuchten und lodern und im Winter sich purpurrot aus dem Schnee erheben, um auf den Frühling zu warten; doch niemand freut sich an ihm.

Hinter den Erlen quillt eine Rauchsäule empor, und noch eine und immer mehr. Die Bauern brennen den Porst; er steht ihnen im Wege. Hier liegen die blühenden Büsche zu Tausenden am Boden, da starren sie tot und schwarz aus dem jungen Grase. Über das Jahr wird der feurige Busch nicht mehr so unumschränkt hier herrschen; Wiesen und Weiden werden ihn durchziehen. Und noch ein Jahr und abermals eins wird kommen, und aus ist es mit ihm. Nicht mehr wird der Birkhahn hier balzen, der Kranich trompeten, die Heerschnepfe meckern.

Verschwunden wird bis auf einige dürftige Reste der Porst sein mit seiner Pracht und all dem bunten, reichen Leben, das sich in ihm barg.

Der Baumgarten

Die Kohlmeise war es, die den Baumgarten aus dem Winterschlafe brachte. Sie sang so lange in dem Haselbusche, bis dessen Troddelchen sich reckten und streckten und goldenen Staub ausschütteten.

Da fühlte sich die Amsel bewogen, die Aprikosen wachzusingen. Es dauerte eine ganze Weile, ehe ihr das gelang; aber dann entfalteten alle auf einmal ihre rosenroten Blüten und die Leute, die die Straße entlang kamen, blieben stehen, lachten mit den Augen und sagten: „Ah!"

Das machte den Buchfinken eifersüchtig und er begann zu schlagen, daß erst die Knospen an den Kirschbäumen und dann die der Birnbäume aufsprangen und die Zweige aussahen, als seien sie frisch beschneit, und als der Grünfink zu schwirren begann und der Girlitz trillerte, ermunterten sich auch die Pflaumenbäume und die Leute blieben wieder stehen und sagten: „O wie schön!"

Aber die Apfelbäume rührten sich immer noch nicht, soviel Mühe sich Meise, Amsel und Fink auch mit ihnen gaben, und Grünfink und Girlitz, Hänfling und Stieglitz. Es mußte erst das Gartenrotschwänzchen aus dem Süden kommen; das weckte die Frühäpfel auf, und die späten Sorten schüttelten auch dann noch nicht den Schlaf ab, sondern warteten, bis der Wendehals da war. Dann aber bedeckten sie sich mit rosenroten Knospen, zwischen denen die schlohweißen Blüten leuchteten und abermals blieben die Leute stehen und sagten: „Ach wie entzückend!"

Mittlerweile, war auch das Gras üppig gewachsen und zwischen ihm öffneten sich hundert und aber hundert von goldenen Kettenblumen, so daß die roten und weißen Taubnesseln gar nicht mehr so zur Geltung kommen konnten, wie bisher. Sobald die Sonne am Morgen warm schien, öffneten sich ihre Abbilder, eins nach dem anderen, wandten sich ihr zu und strahlten und glühten gleich ihr, und nun war der Baumgarten eigentlich erst gänzlich aufgewacht und lebte in lauter Blüten und Liedern. Um die Stachelbeerbüsche und Johannisbeerstauden summten die Bienen, über den goldbesternten Rasen flogen Füchse und Pfauenaugen, und in den herrlich geschmückten Zweigen sang und klang es von früh bis spät.

Kohlmeise, Amsel und Buchfink, die bislang das größte Wort haben, verschwinden mit ihren Liedern beinah vor denen der übrigen Vögel, so singt und klingt es in den Wipfeln. Da ist zuerst der Star. In dem Nistkasten, der in dem höchsten Birnbaume hängt, baut er und wenn er nicht Neststoff einträgt oder auf Nahrung ausfliegt, dann sitzt er vor seinem Hause, sträubt die Kehlfedern, klappt mit den Fittichen und quiekt und schnalzt und quinquiliert und dreht sich und wendet sich, daß sein Gefieder nur so blitzt und so blinkert.

Dann ist der Grünfink da, der in dem Rotdorne brütet und den ganzen Tag lockt und schwirrt, bis es ihm auf einmal einfällt, daß er noch etwas Besseres kann, um seine Frau zu belustigen, und dann fliegt er, hin und her taumelnd, genau so wie eine Fledermaus. Das kann außer ihm nur noch sein kleiner Vetter, der Girlitz, von dem zwei Pärchen in dem Baum-

112

garten nisten. Es sieht zu putzig aus, wenn der sein seltsames Geflatter beginnt, bis er wieder auf einem Wipfel einfällt, lustig mit dem Schwänzchen wippt und fröhlich trillert und das Gezwitscher der Stieglitze und das Geschwätz der Bluthänflinge übertönt, obgleich er viel kleiner ist als diese. Dafür sind ihm diese aber an schönen Farben voraus.

Sie können aber nicht mit dem Gartenrotschwanz wetteifern, dessen silberklarer Gesang ab und zu laut aus dem Stimmengewirr heraustönt. Silberweiß ist seine Stirn, kohleschwarz seine Kehle und schön rot seine Brust. Der allerschönste Vogel in dem ganzen Baumgarten ist es, obgleich der schwarzweiße Trauerfliegenschnäpper sich auch wohl sehen lassen kann, und auch hören, denn sein Liedchen, wenn auch nur kurz, ist hell und klar und fröhlich, und das Vögelchen ist so flink und so lebhaft, daß es sehr von den übrigen Bewohnern des Baumgartens absticht.

Das tut der Kleinspecht nicht, obgleich er mit seiner schwarzweißroten Färbung auffallend genug aussieht. Aber er ist ein stilles, bescheidenes Kerlchen, das meist schweigend an den Stämmen und Ästen entlangrutscht und die Blutläuse vertilgt und nur ab und zu lockt. Nur wenn er seinem Frauchen den Hof macht, wird er lebhaft. Dann kichert er schrill und fliegt mit sonderbarem Geflatter um sie herum, daß er wie ein großer bunter ausländischer Schmetterling anzusehen ist. In dem toten Ast des alten Winterapfelbaumes hat er sich seine Nesthöhle gezimmert und bringt dort Jahr für Jahr seine vier bis fünf Jungen aus. Wenn die beflogen sind, sieht es reizend aus, wenn die Eltern sie lehren, wie man sich durch das Leben schlägt. Das ist dann ein wunderliches Gerutsche und Gekrabbel in den Kronen und ein Hin- und Hergeflatter und Gequieke und Gepiepse den ganzen Tag lang, bis am Abend alle miteinander wieder ins Astloch schlüpfen.

Ein überaus schnurriger Gesell ist der Vetter des Zwergspechtes, der Wendehals. Er sieht mit seinem bräunlichen, äußerst fein gestrichelten Gefieder und dem breiten, schöngebänderten Schwanze gar nicht aus, als ob er zu den Spechten gehörte, ruft aber ähnlich wie der Rotspecht, der in dem benachbarten Eichwalde wohnt und ab und zu hier Gastrollen gibt. Aber wenn der Wendehals an einem Stamme entlangklettert, oder an einem morschen Aste nach Larven hämmert, dann sieht man es ihm sofort an, wohin er zu rechnen ist. Ganz albern stellt er sich an, wirbt er um sein Weibchen. Dann spreizt er die Schwingen, fächert den Schwanz, richtet die Scheitelfedern auf, macht den Hals lang und dreht und wendet ihn so aberwitzigster Art, daß man meinen sollte, er habe gar keine Knochen darin.

Vielerlei Vögel sind es noch, die in dem Baumgarten leben oder ihn Tag für Tag besuchen. Da sind die Gartengrasmücke, der Mönch, die Dorngrasmücke und das Müllerchen, alle vier fleißige Sänger, die in den Weißdornhecken und in den Stachelbeerbüschen brüten. Dann ist der Gartenspötter noch da, der in dem Fliederbusche sein kunstvolles Nest hat, das vier rosenrote Eier enthält, ein ganz emsiger Sänger, und ein sehr beweglicher Vogel, der den ganzen Tag in den Zweigen umherklettert und laut dabei singt. Sein Verwandter, der Weidenlaubvogel, ließ sich im ersten Frühling fleißig mit seinem seltsamen Liedchen vernehmen. Auch später singt er noch genug, doch übertönen ihn die vielen anderen Sänger ebenso wie die Kohlmeise, die Gartenmeise und die Blaumeise, die mit ihm die Vorfrühlingssänger waren, wie denn auch das feine Liedchen des Baumläufers, der wie ein Mäuschen an den Stämmen emporrutscht, jetzt ganz verschwindet in der Fülle von Lauten.

Einer aber, der sogar mitten im Winter hier sang, ist nicht unterzukriegen, obwohl er der kleinste aller Sänger ist. Das ist der Zaunkönig. Wenn der loslegt, sei es, daß er sein Liedchen schmettere oder daß er vor einer stromernden Katze warnt, dann ist er mehr als deutlich zu vernehmen. Viel mehr fällt er auf, als die Braunelle, die in der Hecke brütet, und das Rotkehlchen, das in einer der vier Fichten, die in den Ecken des Gartens stehen, sein Nest hat, und am liebsten in der Frühe oder vor dem Abend sein silbernes Liedchen erschallen läßt, das sich mit dem lauten und anspruchsvollen Gesange der Nachtigall, der von dem Parke herüberschallt, zwar nicht an Stärke, wohl aber an Innigkeit wohl messen kann. Von dort tönt abends uns oft die ganze Nacht hindurch auch das weiche, süße Lied des Gartenrohrsängers, der dem Baumgarten oft einen Besuch abstattet, hervor und mischt sich mit dem klagenden Rufe der Käuzchen, die manchmal am hellen Tage dort angeschwebt kommen und sich einen Sperling holen, an denen es natürlich auch nicht fehlt, sowohl an Hausspatzen, wie an den niedlichen Feldsperlingen.

Der schlimmste Räuber nächst den Katzen aber ist der Sperber. Jeden Tag kommt er an dem Zaune entlang geschwankt, schwingt sich über die Hecke und geht, ehe sich die Vögel in dem dichten Gezweige bergen können, mit einem Spatzen, einer Amsel, einem Finken oder einem anderen Vögelchen ab. Zu den Vögeln, die der Besitzer des Gartens nicht gern sieht, gehören die Dohlen, die auf dem Turme der alten Kirche horsten, denn sie holen sich von den Pflaumenbäumen die Tragreiser zum Bau ihrer Nester, plündern später auch die Kirschen, wobei ihnen Pirol und Kornbeißer helfen, während wintertags der Dompfaff die Blütenknospen der Bäume verbeißt.

Auch dann ist es im Baumgarten nicht still. Meisentrupps, von einem Buntspechte geführt, fallen ein und säubern die Äste von Frostspannereiern, Krähen kommen und stellen den Mäusen nach, und ist sonst nichts los, so sorgen die Sperlinge dafür, daß dort etwas Leben ist. Am allerlustigsten aber geht es im Baumgarten jetzt zu, wo alle Zweige voller Blüten sind und im Rasen die goldenen Butterblumen blühen.

Die Kirchhofsmauer

Die Dorfkirche ist schon sehr alt. Man sieht das an den gewaltigen Strebepfeilern, an den Schießscharten, die freilich schon lange vermauert, aber noch zu erkennen sind, an den Hals- und Armeisen des Prangers neben der Haupttüre, an der steinernen Sonnenuhr und an den grünlichen Grabsteinen, die sie umgeben.

Auch die Mauer, die den Kirchhof einschließt, ist sehr alt. Sie bildete mit der Kirche zusammen einst die Feste des Dorfes, in die sich die Bauern zu Kriegszeiten, wenn die Not am höchsten war, zurückziehen konnten. Sie ist hoch und breit und aus großen Bruchsteinen gebaut. Jetzt ist sie ein wenig verwittert und von Rosen und Pfeifenstrauch, Spillbaum und Judendorn überwuchert und hier und da von Efeu berankt, und allerlei zierliche Farne und anderes Gekräut wuchert zwischen den grauen, mit gelben Flechtenkringeln und dunkelgrünen Moospolsterchen bewachsenen Steinen hervor.

Im ersten Frühling, wenn der Huflattich am Grunde der Mauer seine goldenen Sönnchen entfaltet, blüht in ihren Ritzen das zierliche Hungerblümchen und die Fingerkrautpolster bedecken sich mit weißen und gelben Blüten. Später bilden rote und weiße Taubnesseln dichte bunte Sträuße, der Löwenzahn prahlt stolz, der Ehrenpreis blickt freundlich, bis Schöllkraut und Labkraut ihn und die andern im Verein mit blutrot besterntem Storchschnabel überprotzen und an manchen Stellen das Gestein fast ganz verhüllen, während an anderen die Fetthenne, ganz mit goldenen Blütchen bedeckt, dichte, tiefe herunterhängende Rasen bildet, und weiterhin der Gundermann seine blaublühenden Ranken bis an den Grund der Mauer herabhängen läßt.

Vielerlei Getier lebt an der Mauer, bunte Schnirkelschnecken und die graue spitze Schließmundschnecke, Sprungspinnen und Mörtelbienen, auch verschiedene Käfer und sonstige Lebewesen. Gern sonnen sich hier die Füchse und das Pfauenauge, und nicht selten verschläft ein rotes Ordensband dort den Tag. In einer von Efeu überwucherten Spalte neben der Treppe hat der Zaunkönig gebaut, in dem struppigen Judendorn hat die Braunelle ihr Nest und unter den verbogenen Wurzeln der alten Linde die Bergbachstelze. Auch das Rotkehlchen, das im Pfarrgarten wohnt, schlüpft oft an der Mauer hin und her, und der Rotschwanz, der unter dem Kirchdache seine Brut hat, flattert oft vor ihr umher und fängt Fliegen.

Dann haben dort noch Kröten ihren Unterschlupf. Rechts von der Linde, wo die Mauer schon sehr zerfallen ist und Gras und Quendel dicht wuchern, wohnt eine dicke Erdkröte, und da, wo unter dem Holunderbusch die kleinen blauen Glockenblumen in dichter Fülle herabhängen, eine ebenso dicke Wechselkröte. Den Tag über halten sich beide meist versteckt. Nur wenn nach längerer Dürre ein sanfter Regen herunterkommt, verlassen sie auch einmal bei hellem Lichte ihre Löcher und steigen auf den Friedhof hinauf, um zwischen den eingesunkenen Gräbern auf die

115

Jagd nach Nacktschnecken und Regenwürmern zu gehen, die dann reichlich aus dem Grase und dem Erdboden hervorkommen.

Langsam und bedächtig schiebt sich die Erdkröte dann über die moosigen Wege dahin, ab und zu ungeschickt hüpfend, wenn ein Mensch mit seinen Tritten den Boden erschüttert. Dann drückt sie sich zwischen einige Steinbrocken, oder hinter einen Grasbüschel, und setzt sich erst wieder in Bewegung, wenn es ringsumher ganz still geworden ist. Dann und wann, wenn sich vor ihr etwas rührt, macht sie halt und schnellt die Klappzunge nach der Ackerschnecke, die an einem Blatte emporkriecht, oder reißt mit derbem Rucke den Regenwurm ganz aus der Erde und schlingt ihn, mit den Händen nachstopfend, hinab. So treibt sie es, bis sie übersatt ist und genügend Nachttau mit der Haut aufgenommen hat, um sich dann, wenn die Frühdämmerung herannaht, wieder in ihr Mauerloch zurückzuziehen. Die hübsch, grün und weiß gefleckte Wechselkröte ist viel gewandter als sie. Sie hüpft so flink wie ein Frosch, klettert sicher an den steinernen Umfassungen der Gräber empor und läuft, wenn sie sich in Gefahr glaubt, hurtig in einen Schlupfwinkel Wenn ihre goldgrünen Augen irgendwo eine Bewegung im Grase erspähen, so ist sie schnell da und schnappt die Beute fort. Mit ganz großen Tauwürmern wird sie leicht fertig, und wenn ihr ein winziger Grasfrosch in den Weg kommt, so macht sie mit dem auch wenig Umstände. Nur um die mächtigen, blauen, goldgrün und kupferrot schimmernden Maiwurmkäfer mit den unförmlichen Leibern, die sie bei ihren Tagesfahrten oft antrifft, kümmert sie sich nicht, denn die sind ihr ekelhaft.

Im März, wenn die Sonne das Wasser des Dorfteiches erwärmt, tritt die Erdkröte alljährlich die große Reise nach den Flachsrösteteichen unter dem Dorfe an, wo sie sich mit ihresgleichen trifft. Aus dem Murren der Grasfrösche klingt dann ihr trockener, hölzerner, wenig lauter Paarungsruf heraus, und bald darauf glitzern zwischen den Wasserpflanzen ihre langen, schwarzgeperlten Laichschnüre, aus denen sich schnell winzige schwarze Kaulquappen entwickeln, auf die die drei Arten von Molchen, die dort ebenfalls ihre Laichplätze haben, eifrig Jagd machen. Erst lange nachher, wenn die Laubfrösche dort meckern und die Wasserfrösche plärren, kommt auch die Wechselkröte angerückt und ihr helles Trillern hebt sich dann scharf von dem Quarren der Frösche und dem Schnarren der Kreuzkröten ab. Ist aber die Laichzeit vorüber, so tritt sie wieder die lange Reise nach der Kirchhofsmauer an und sucht wie die alte Erdkröte ihr Loch bei der Linde, ihre Steinspalte unter dem Glockenblumenbusch auf, das sie Nacht für Nacht verläßt, um zwischen den Grabhügeln zu jagen.

Es sind die beiden besten und sichersten Schlupfwinkel in dem alten Gemäuer, und schon so lange wie der alte Pfarrer hier lebt, kennt er die beiden Kröten. Wahrscheinlich sind es nicht immer dieselben, denn im Herbst schnobert der Iltis hier oft umher und sammelt Frösche und Kröten für die karge Zeit. Aber immer wieder sind die beiden Löcher von alten, dikken Kröten, hier von einer Erdkröte, da von einer Wechselkröte, besetzt, und das wird wohl so lange dauern, wie die Kirchhofsmauer besteht.

116

Die Moorwiese

Dort, wo die Heide zum Moore geworden ist, liegt ein großes Stück Wiesenland. In schwerer Arbeit hat der Bauer die Heide abgeplaggt, Rieselgräben gezogen, eine Quelle des Söbenbores hineingeleitet, dem Boden Kalk zugeführt und so die Wiese geschaffen, die ihm seinen Schweiß und seine Mühe reichlich lohnt.

Dieses grüne Stück Land zwischen Moor und Heide ist eine eigene Welt für sich. Süße Gräser gedeihen auf ihr und fetter Klee, zierliches Schaumkraut, kecker Hahnenfuß, gebrechliche Kuckucksnelken und schwanker Sauerampfer, auch das vornehme Knabenkraut und das stolze Wohlverleih, und an ihren Rändern die anmutige Spierstaude sowie die leuchtende Wasserlilie.

Die reichlichere Nahrung brachte ein stärkeres Tierleben hervor, als nebenan in Heide und Moor. In dem dichten Grase wimmelt es von allerlei Raupen, Käfern, Heuschrecken und anderem Gewürm, und überall kriechen die Bernsteinschnecken umher, flattern Motten, schwirren Graseulen, taumeln Buttervögel, und die großen und kleinen Schillebolde, die, sobald die Sonne scheint, hier unaufhörlich hin und her flirren, machen reiche Beute.

Ein gutes Leben haben auch die Moor- und Grasfrösche dort, desgleichen die Spitzmäuse; ihnen nach schleicht die Kreuzotter, die sich an heißen Tagen hier gern im kühlen Grase birgt, und der Dorndreher, der in der Hecke sein Nest hat, findet auf der Wiese Futter genug für seine immer hungrige Brut. Gern wurmt da auch die Heerschnepfe, und mit Vorliebe stelzt der Brachvogel dort umher und liest unter bedächtigem Kopfnicken allerlei kleines Getier auf, wobei ihm ein Kiebitzpaar Gesellschaft leistet, und an tauschweren Abenden läßt der Wachtelkönig aus dem langen Grase sein Geschnarre erschallen.

Immer ist hier etwas los. Eben rüttelte der Raubwürger über der Wiese, nach einer Zwergmaus spähend; darauf ließen sich zwei Krähen nieder und suchten Heuschrecken; dann kam der Sperber vorbeigeschwenkt, zog aber mit leeren Griffen ab, weil sich die Dorngrasmücke noch rechtzeitig in das Gestrüpp fallen ließ, und hinterher kommt ein Kornweihenmännchen angeschaukelt und suchte die Wiese Fuß um Fuß ab, bis sie niederstößt und mit irgendeiner Beute abzieht. Jetzt läßt sich ein Feldhuhnpaar dort nieder; der Hahn treibt die Henne eifrig und schwirrt mit ihr in das Moor hinein. Und dann flimmert und funkelt es herrlich; ein Fasanenhahn ist aus dem Gebüsche hervorgetreten und läßt sein Gefieder in der Sonne leuchten.

Ihm gegenüber, am Ende der Wiese, hoppelt ein Hase aus der Heide und mümmelt eifrig das Gras ab. Kaum ist er verschwunden, so schiebt sich ein Rehbock halb aus den Birken, sichert ein Weilchen und tritt ganz heraus, unter fortwährendem Verhoffen das Gras abäsend. Jetzt wirft er auf und äugt scharf dahin, von wo der Storch angeschritten kommt. Es paßt ihm nicht, daß ihn der Langhals stört, und halb aus Scherz, halb im Ernst

117

zieht er, die Läufe im spanischen Tritt setzend, ihm entgegen und macht drohende Forkelbewegungen mit dem Haupte, bis er seinen Zweck erreicht hat, der Storch sich aufnimmt und abstreicht, während der Bock sich langsam an der Hecke herunteräst und dann wieder, dem Moore zuzieht.

Eine Weile ist es leer auf der Wiese, nur, daß die Dorngrasmücke ab und zu über ihr herumzwitschert und Ammern und Finken angeflogen kommen, um sich an den Staugräben zu tränken. Die Schillebolde schwirren hin und her, ein Zitronenfalter taumelt vorbei, Weißlinge tanzen auf und ab, eintönig schwirrt die Laubheuschrecke. Dann läßt sich ein fast ganz weißer Wespenbussard mitten in der Wiese nieder, schreitet bedächtig im Grase umher und füllt sich den Kropf, um dann dem Forste zuzuschweben, wo er seinen Horst hat. Plötzlich ist eine weiße Bachstelze da, lockt, springt nach Fliegen und flieht eilig, weil das Raubwiesel angehüpft kommt, hastig durch das Gras schlüpft und mit einer halbwüchsigen Wühlratte zwischen den Zähnen dem Gebüsche zueilt.

So geht es den ganzen Tag, und naht der Abend heran, verschwinden die Wasserjungfern, hört das Faltergeflatter auf, erstirbt das Bienengesumme und das Hummelgebrumm, dann wird ein anderes Leben laut. Der Heuschreckensänger läßt sein eintöniges Geschwirre ertönen, das Rotkehlchen singt sein Abendlied. Fledermäuse zickzacken hin und her und die Nachtschwalbe jagt mit ihnen um die Wette. Wird es noch dunkler, so stellt sich auch die Mooreule ein und geht auf Mäusefang, Enten fallen ein und gründeln in den Rieselgräben, um mit lautem Angstgequarre von dannen zu poltern, wenn der Fuchs sie zu beschleichen versucht, heftig angeschmält von dem Altreh, das mit seinen beiden Kitzen auf die Äsung getreten ist.

Ganz duster ist es nun geworden. Im hohen Grase, schnauft und schmatzt der Igel, der Iltis geht auf die Froschjagd und flüchtet, wie der Dachs heranschleicht und nach Untermast sticht, bis auch ihn ein dumpfes Dröhnen vergrämt. Ein Rottier ist es, das mit seinen Kälbern herangezogen kommt, und sich bis zum Morgen in der Wiese äst, deren Gras reifer und süßer ist als im Forste und auf dem Moore. Ehe aber der Nebel aus dem Grase weicht, ist das Rotwild schon wieder verschwunden und außer zwei Hasen ist dort nur noch der Rehbock zu sehen, der aber auch bald abzieht.

Noch ein Weilchen jagt die Mooreule an den Staugräben entlang, die Heerschnepfe lockt, der Heuschreckensänger schwirrt: dann verliert sich der Nebel und die Tiere des Tages treiben wieder ihr lustiges Leben auf der Wiese zwischen Heide und Moor.

Die Schlucht

Unter der Steilwand des Berges erhebt sich ein Dutzend Klippen in dem Buchenaufschlag, und darunter liegt ein großer Erlensumpf, in dem sich das Regenwasser, das von den Felsen hierin geleitet wird, fängt, um in einer Reihe von dünnen Wasserfäden wieder zum Vorscheine zu kommen, die sich allmählich zusammenfinden und ein Bächlein bilden.

Im Laufe der Zeit hat es sich ein tiefes Bett in den Berg gegraben, den Erdboden bis auf den felsigen Grund fortgewaschen, und so rinnt es nun in einer engen Schlucht mit steilen Wänden zu Tale, meist flach und dünn, dann und wann aber breite flache Tümpel oder tiefe Löcher bildend, je nachdem die Rinne sich verbreitert oder Felszacken sie einengen.

Da aus der Schlucht immer eine feuchte Luft heraussteigt, sind ihre Ränder dicht mit Farnen bestanden, hohem Straußfarn und Wurmfarn, deren verwelkte Wedel jetzt wie braune Fächer herabhängen, starrem Rippenfarn, dessen Laub auch im Winter grün bleibt, und Tüpfelfarn, der ganze Rasen zwischen den Wurzeln der alten Eichen bildet, die die Schlucht begleiten. Aus den Spalten ihrer feuchten Wände kommen dichte Büschel winziger Felsenfarne hervor, die helles und dunkles, gefiedertes und gelapptes Laub tragen, und mit Efeuranken, Lebermoosgeflechten und Laubmoospolstern die Felswände fast ganz bedecken.

Im Sommer kommt die Sonne wegen der dichtschattenden Eichen und Buchen nur an ganz wenigen Stellen bis an die Schlucht heran; jetzt aber, da die Wipfel kahl sind, kann sie sie nur da nicht erreichen, wo die Fichten sich ganz eng um sie zusammendrängen. Hier, wo die Steilwände auseinandergehen und der Wasserfaden ein breites Becken mit flachen Ufern gebildet hat, fällt das Mittagslicht der Wintersonne voll auf das Wässerchen. Die Schneeflocken an seinen Rändern leuchten nur so und die Eiszapfen an den freien Wurzeln blitzen und funkeln um die Wette mit den Blättern des Efeus und des Haselwurzes.

So warm scheint die Sonne, daß die Schneeflöhe auf den Schneeflecken lustig hin und her hüpfen und der Gletschergast, das seltsame, flügellose, dunkelerzgrüne Wespchen, munter zwischen den Fruchtschirmen des Brunnenmoses auf und ab springt. Eine kleine Gehäuseschnecke ist unter der Wirkung der Sonnenwärme aus der Froststarre erwacht; sie kriecht langsam vorwärts und weidet den Algenüberzug des Gesteins ab. Da kommt unter einem faulen Farnwedel ein winziges, fast nacktes Schneckchen, das auf dem Hinterleibe einen lächerlich kleinen flachen Deckel trägt, hervorgekrochen. Es streckt seine Taster in die Luft bewegt sie hin und her und schleicht dann stracks auf das andere Schneckchen zu, das, sobald es sich berührt fühlt, sich schleunig in sein Häuschen zurückzieht. Doch das nützt ihm wenig, denn die Daudebardie legt sich darüber, raspelt mit ihrer scharfgezähnten Zunge das Häuschen durch und frißt das Schneckchen bei lebendigem Leibe auf.

In den Sonnenstrahlen, die durch die Wipfel der Fichten fallen, blitzt und funkelt es unaufhörlich auf und ab. Ein Schwarm von Wintermücken ist es, die hier ihren Hochzeitstanz aufführen. Den Sommer über haben sie als Larven in dem faulen Laube am Grunde der Schlucht gelebt, haben sich im Spätherbste zu Mücken entwickelt und schwärmen nun fröhlich umher. Sie locken den Zaunkönig an, der eben noch in dem dichten Waldrebengeflechte, das die lichthungrigen Dornbüsche weiter unten an der Schlucht umspinnt, fürchterlich lärmte, weil es ihm nicht paßte, daß die Waldmaus da umhersprang und ihm die Spinnen und Käfer fortfing, die

119

er als sein ausschließliches Eigentum betrachtet. Nun schlüpft er in der Schlucht von Wurzel zu Wurzel und hascht alle Augenblicke eine der Mücken. In den Dornbüschen turnt ein Sumpfmeisenpärchen umher und pickt die Spannereier von der Rinde fort, und sobald es verschwunden ist, erscheinen mit vergnügtem Gepiepe zwei Blaumeisen und halten Nachsuche.

Dann ertönt ein leises Ticken, ein Rotkehlchen aus dem Norden, das den Winter hierzulande warm genug findet und nicht weiter gewandert ist, kommt angeschnurrt, macht einen Bückling, fängt eine Mücke, trinkt aus dem Tümpel, sucht nach Gewürm und Schneckchen im Moose und schnurrt von dannen. Einige Buch- und Bergfinken fallen ein, tränken sich und stieben wieder ab. Eine Amsel fliegt herbei, wirft mit dem Schnabel geräuschvoll das Vorjahrslaub durcheinander, erbeutet Regenwürmer und Schnakenmaden und streicht mit gellendem Gezeter davon, weil der Fuchs aus der Fichtendickung heranschleicht. Er besucht die Schlucht gern, denn allerlei Mäuse wohnen in ihr, und ab und zu erwischt er dort auch eine Forelle, die sich von Tümpel zu Tümpel geworfen hat, um in dem sauerstoffreichen Wasser abzulaichen. Damit tut sie den vielen Salamanderlarven, die auf dem Grunde der Kölke leben, einen Gefallen, denn die frisch ausgeschlüpften Forellen sind ihnen ein bequemes Futter. Sie selber aber fallen zum Teil dem Eisvogel zur Beute, der ab und zu einen Ausflug in die Schlucht macht, während die Köcherfliegenlarven, die in Menge auf dem Grunde der Pfützen umherkriechen, der Wasseramsel über die schlechte Zeit hinweghelfen müssen, wenn der Bach, in den das Bächlein rinnt, durch Regengüsse oder Schneeschmelze getrübt ist.

Wenn im Vorfrühjahr die Sonne schon mehr Macht hat, blühen die Haselbüsche auf, die an den Flanken der Schlucht wachsen; über die ganze Rinne hin leuchtet es von den goldenen Troddelchen und die bemoosten Felswände werden gelb überpudert. Es dauert dann auch nicht lange, und die vielen Seidelbaststräucher in den Steinspalten bedecken sich mit rosenroten Blüten, die blauen Sterne der Leberblümchen erscheinen im Laube, erst wenige weiße Buschwindröschen, zu denen jeden Tag mehr kommen, und schließlich auch die gelben, die Goldsternchen des Scharfkrautes, rosig aufblühende und dann blau werdende Lungenblumen, die zierlichen Simsen, die unheimliche Schuppenwurz, der bunte Lerchensporn, das winzige Moschusblümchen, und über sie hin schwirrt und flirrt es von Motten und Fliegen, und im Laube rispelt und krispelt es von Käfern aller Art, und lustig flattern die Zitronenfalter zwischen dem Gebüsche umher.

Um diese Zeit kommen auch die Fadenmolche aus ihren Winterlagern hervorgekrochen, fressen heißhungrig, bis sie fett und dick sind, vertauschen ihre mißfarbigen Kleider mit bunten Hochzeitsgewändern und bevölkern die flache, mit faulen Blättern gefüllte Wasserrinne, bis das Laichgeschäft vorüber ist. Ihnen folgen die Salamander, die zu Hunderten hier zusammenkommen und in den tieferen Wasserlöchern ihre Brut absetzen, um sich dann wieder über den ganzen Wald zu verteilen.

Dann aber ist auch die hohe Zeit für die Schlucht vorbei. Die Vorfrühlingsblumen verwelken, das Laub der Buchen und Eichen verschränkt sich und schattet so sehr, daß nur noch die Farne, die braune Vogelnestwurz, der leichenfarbige Fichtenspargel, Pilze und wenige Schattenpflanzen hier gedeihen und von den Tieren Schnecken und solches Gewürm, das mit halbem Lichte zufrieden ist und die feuchte Kühle liebt, und das zum Teil erst dann zu vollem Leben erwacht und sich aus den modrigen Spalten und dem vom Fallaube verhüllten Schotter nach oben zieht, wenn Schnee das Land bedeckt und Eiszapfen aus dem Moose heraushängen.

Die Heide

Im Spätherbst, als das rosenrote Seidenkleid die Heide immer mehr verschoß, wurden die Stadtleute ihr untreu. Wochenlang waren sie bei ihr zu Gast gewesen, waren auf und ab gezogen in ihrem Bereiche, hatten ganze Arme voller rosiger Heidsträuße mitgenommen hatten auf das überschwenglichste von ihr geschwärmt und waren dann fortgeblieben.

Sie wußten nicht, wie schön die Heide spät im Herbst ist, wenn ihr bräunliches Kleid mit silbernen Perlchen bestickt ist, wenn die Moorhalmbüschel wie helle Flammen leuchten, die Brunkelstauden feuerrot glühen und die Hängebirken wie goldene Springbrunnen auf die dunklen Jungföhren herabrieseln.

Die Leute meinen, tot und leer und farblos sei es dann dort. Sie wissen nichts von den knallroten Pilzen, die im seidengrünem Moose prahlen, von den blanken Beeren an den bunten Brombeerbüschen, von dem goldgelben Faulbaumsträuchern und den glühroten Espen vor den düsteren Fichten, von den mit purpurnem Riedgrase besäumten, blau blitzenden Torfgruben und von dem lustigen Leben, das zwitschernd und trillernd, pfeifend und kreischend über all die bunte Pracht hinwegzieht.

Sie ahnen es auch nicht, wie herrlich die Heide selbst dann noch ist, wenn die Birken ihren goldenen Schmuck verlieren und die Eichen ihr bronzenes Laub fallen lassen müssen. Viel farbiger als der Buchenwald ist wintertags die Heide, sei es, daß der Schnee sie verhüllt, von dem dann die ernsten Föhren, die unheimlichen Wacholder und die silberstämmigen dunkelästigen Birken sich feierlich abheben, oder der Rauhreif ihr ein zartes Spitzenkleid schenkt, das die Farben der Bäume und Büsche weicher und feiner macht, und das in der Sonne wunderbar glimmert und schimmert. Sogar dann, wenn der Nordweststurm seine zornigsten Lieder singt und die Sonne blutrot in gespenstigen Wolken hinter den blauen Wäldern untertaucht, hat die Heide Schönheiten, die andere Landschaften nicht darbieten. Aber nicht viele Menschen wissen das.

Und jetzt, da die Zeit herankommt, daß die Heide sich zum Frühlingsfeste rüstet, nun sie ihr fröhlichstes Kleid anlegt, da bleibt sie allein für sich, denn die Menschen in der Stadt haben keine Kunde davon, wie lieblich sie ist, in ihrer Bräutlichkeit. Wie ein stilles, halb verlegenes, halb schalkhaf-

121

tes Lächeln in einem schönen, ernsten Frauengesicht ist das Aufwachen des Frühlings im Heidlande, langsam bereitet es sich vor, fast unmerklich tritt es in Erscheinung durch schüchtern sprießende Gräser, verschämt hervorbrechend Blättchen, zaghaft sich öffnende Blüten, bis nach und nach die Büsche und Bäume sich voll begrünen und jede Wiese ein einziges Blumenbeet ist.

Über der wilden Wohld, die geheimnisvoll und dunkel hinter den Wiesen bollwerkt, kreisen die Kolkraben und rufen laut. Da recken die Erlen am Forellenbach ihre Troddeln und schütten Goldstaub auf die Wellen. In den hohen Föhren jagt der Schwarzspecht mit gellendem Jauchzen sein Weibchen von Stamm zu Stamm. Da werden die Bommelchen am Haselbusch lang und länger, bis sie wie Gold in der Sonne leuchten. Der Tauber ruckst auf dem Hornzacken der alte Eiche. Da öffnen die Kuhblumen am Graben ihre stolzen Blüten. Vor Tag und Tag schlägt der Birkhahn im Bruche die Trommel, der Kranich trompetet, die Heerschnepfe meckert, und nun platzen an den kahlen Porstbüschen die braunen Kätzchen auf, das ganze weite Bruch umzieht sich mit einem goldrot glühenden Geloder, und auf den angrünenden Wiesen entzünden die Weidenbüsche helle Freudenfeuer.

Jetzt rühren sich auch die Birken. Sie schmücken sich mit smaragdgrünen Blättchen und behängen sich mit langen Troddeln, und in wenigen Tagen geht ein betäubender Juchtenduft vor dem lauen Winde her, gemischt mit dem strengen Geruch des blühenden Porstes. Auch die Föhren und Fichten färben sich freudiger, die Erlen brechen auf und schließlich lassen sich sogar die Eichen rühren und umgeben ihre knorrigen Zweige mit goldenen Flittern. Nun beginnt ein Jubeln, Singen und Pfeifen, das von Tag zu Tag stärker wird. In den Wäldern schlagen die Finken, pfeifen die Stare, flöten die Drosseln, Laubvogel und Rotkehlchen singen ihre süßen Weisen, die Meisen läuten, die Pieper schmettern, der Grünspecht kichert, der Buntspecht trommelt, die Weihen werfen sich laut keckernd aus der Luft, die Kiebitze rufen und taumeln toll vor Lebenslust umher und unter den lichten Wolken am hohen Himmel zieht der Bussard jauchzend seine schönen Kreise.

Auch in dem Dörfchen, das unter den hohen Heidbergen fast ganz versteckt zwischen seinen Hofeichen liegt, ist der Frühling eingekehrt. Von jedem Giebel pfeifen die Stare, in allen blühenden Bäumen schmettern die Finken, in den Fliederbüschen schwatzen die Sperlinge, auf der Gasse jagen sich zwitschernd die Bachstelzen, und am Mühlenkolke singt die Nachtigall. Über dem Dorf aber auf der hohen Geest, wo der Wind am schärfsten weht, wird es nun erst Frühling. Einzelne Birken sind ganz kahl, andre wollen sich just begrünen, und nur ganz wenige schaukeln schon ihre Blütenkätzchen. Aber immer mehr Heidlerchen hängen in der Luft und dudeln ihre lieben Lieder hinab, von Tag zu Tag färbt sich das Heidkraut frischer, schmücken sich die mürrischen Wacholderbüsche mit mehr jungen Trieben, verjüngt sich das Torfmoos im Quellsumpf und umzieht sich sein Abfluß mit silbernen Wollgrasschäfchen und goldgelben Milzkrautblüten, und hin und her fliegen die Hänflinge, lustig zwitschernd.

122

Endlich flötet der Pfingstvogel in den hohen Birken bei dem alten Schafstall, in der Wiese stelzt der Storch umher, grüne Käfer fliegen blitzend und schimmernd über den gelben Sandweg, die Morgenrotfalter taumeln über die Wiesen, die vom Schaumkraut weiß überhaucht sind, an den Föhren und Fichten springen gelb und rot die Blütenzapfen auf und sprießen neu Triebe, und ganz und gar hat sich nun der Frühling die Heide erobert von den kahlen Höhen an bis tief in das Moor hinein, wo an den Torfgruben die Rosemarinheide ihre rosenroten Glöckchen entfaltet und auf den Gräbern silbernglänzendes Gras flutet. Das ganze Land ist verjüngt, überall ist frisches, junges Laub und buntes Geblüm, darüber hin zieht ein kräftiger Duft und kein Fleck ist da, wo nicht ein Vogellied erschallt von der Frühe an, wenn die Birkhähne blasen und trommeln, bis zur Abendzeit, wenn die Nachtschwalbe mit gellendem Pfiff dahinschwebt und laut die Fittiche zusammenknallt.

Dann ist die Heide lustiger als zu einer andern Zeit, so voll von Leben, so bunt von Blumen, so reich an Farben, daß auch ihre ernsten Menschen fröhlicher werden müssen. Rauscht doch das Birkenlaub so schelmisch im Wind, summen doch selbst die brummigen Föhren zufriedener als je, flattert es allerorts weiß und bunt von flinken Faltern und ist die von Kienduft durchtränkte Luft erfüllt von Lerchengetriller und Piepergeschmetter, daß der Mensch helläugig werden muß, auch wenn er bei sengender Sonnenglut im Moor in schwerer Mühe den Torf gewinnen muß; denn ohne daß er es weiß, machen die leise zitternden weißen Wollgrasflocken, die silbern blitzenden Birkenstämme und die goldenen Blüten an den Ginsterbüschen sein Herz leicht und heiter.

Von all der Pracht aber wissen die Menschen in der Stadt nichts; sonst würden sie nicht in überfüllten Anlagen und lärmdurchtönten Wirtschaftsgärten Erholung suchen, die dort nicht zu finden ist, sondern ihren Sonntag in der Heide verbringen, in der lachenden, lustigen, liederreichen Heide

Der Fluttümpel

Einen ganzen Tag und eine volle Nacht schlugen die Wogen über den Strand. Ein jedes Mal wenn sie ankamen, luden sie totes und lebendes Getier, Steine und Tang ab, nahmen dafür aber großen Mengen Sand mit, so daß den ganzen Strand entlang eine Reihe von Tümpeln entstand.

Die meisten von ihnen waren so flach, daß sie die Sonne heute in wenigen Stunden austrocknete. Der eine aber hier hinter der Barre von Feuersteinknollen Seegras und Miesmuscheln, die die Wogen aufhäuften hat den Sonnenstrahlen widerstanden, denn er ist anderthalb Fuß tief, zwanzig Schritte lang rund zehn breit.

Ein Meer im kleinem Maßstab ist dieser Flutkolk. An mehreren Stellen liegen Feuersteine, die dicht mit ledrigem Blasentang bewachsen sind, dessen Laub bis an den Spiegel reicht. Auf anderen Steinen, die das Wasser hier hinschleuderte, wuchern zarte Tange von hellgrüner Farbe, auf anderen wieder zierliche Algen, braun, rot und grün gefärbt. Der Boden des Tümpels besteht aus klarem Sande und den Schalen von Muscheln und Schneckengehäusen.

Die See hat so viele Dorsche, Knurrhähne und Butt auf den Strand geworfen, daß die Möwen und Krähen überreichlichen Fraß finden, und so kümmern sie sich nicht um das Getier, das in dem Kolke lebt, und auch die Brandenten, die bei hohem Seegange gern in ihm herumschnattern, gründeln heute, wo das Meer still wie ein Spiegel da liegt, in der Seegraswiese im Seichtwasser, in dem es von Fischbrut, Schnecken und Garnelen wimmelt. So haben die Tierchen in dem Tümpel vorläufig Ruhe.

Hurtig schießen die jungen Dorsche durch das Wasser und jagen auf winzige Krebschen. Sobald aber unser Schatten auf den Wasserspiegel fällt, huschen sie unter die Steine oder verbergen sich zwischen dem Blasentang, und die Garnelen fahren von dannen und graben sich blitzschnell in den Kies ein. Eine durchsichtig Qualle schwimmt langsam an der Oberfläche. Jetzt schließen sie sich über einem halbtoten jungen Dorsch und sinkt mit ihm zu Boden, um ihn aufzusaugen, und dicht neben ihr kriecht ein Seestern und sucht nach lebenden Miesmuscheln.

Zwischen dem zarten hellgrünen Tange bewegt sich etwas, das wie ein abgerissenes Seegrasblatt aussieht Es ist eine Seenadel. Ganz langsam bewegt sich der grasgrüne, stricknadeldünne Fisch, dahin. Weiterhin zwischen dem Blasentang schwimmt ein bräunlicher, größerer, und allmählich entdecken wir ein ganze Dutzend der seltsamen Fische zwischen den roten, braunen und grünen Algenbüschen. Auch einige fadendünn Jungale schlängeln sich am Rande des Tümpels dahin und suchen einen Ausweg, denn das Brackwasser ist ihnen leid und es drängt sie nach dem Flusse. Sogar eine winzige Scholle ist hier gefangen. Sie hat sich bis auf die Augen eingewühlt und ist kaum sichtbar.

Da wir ganz stilliegen, zeigt sich immer mehr Leben. Flohkrebse schießen zwischen den Algen hin und her, die Dorsche necken sich und die Garnelen wagen sich wieder hervor. Hier vor uns tauchen zwei winzige schwarze Punkte auf, und da und dort ebenfalls. Es sind die Augen eines kaum zollangen, schlanken Krebses, der durchsichtig wie Glas ist, so daß wir ihn nur an den Augen und an dem bräunlichen Darminhalt erkennen. In Menge sind diese Tiere hier in dem Tümpel; aber jetzt, wo der Schatten einer vorüberfliegenden Möwe auf das Wasser fiel, sind sie sämtlich verschwunden, und trotz aller Mühe finden wir keine von ihnen wieder, bis auf einmal die schwarzen Augen wieder auftauchen und sie uns verraten.

Doch nicht nur im Wasser ist reiches Leben, auch der Sand birgt es, wie die vielen feinen Löcher andeuten, mit denen er gemustert ist. Kleine, schwarze, glatte halbflügelige Wühlkäfer sind es, die hier wie Maulwürfe graben und den winzigen Fliegenlarven nachstellen, die sich von den faulenden Stoffen nähren, mit denen der Sand durchtränkt ist. Auch ein sonderbarer kleiner, glasheller Krebs, der Meerfloh, lebt unter dem Sande. Wir brauchen nur ein wenig zu scharren, und eine ganze Menge der merk-

124

würdigen Tiere kriecht hervor, hüpft eilig weiter und bohrt sich schnell wieder ein und heben wir hier den faulenden Blasentang auf, so finden wir einen Verwandten von ihm, den bräunlichen Strandfloh, der sich mit ängstlichen Sprüngen vor dem Sonnenlichte zu retten sucht.

Winzige Uferkäfer, in schimmerndes Erz gekleidet, rennen über den Sand, und bald hier, bald da blitzt es auf, um sofort wieder zu erlöschen. Das ist der Meerstrandsandläufer, ein wunderschöner, grauer weißgebänderter Raubkäfer mit blaugrünem, glänzendem Unterleibe, den er jedesmal zeigt, wenn er auffliegt, um Strandfliegen zu fangen, die zu Tausenden hier umherschwirren. Er ist ein reines Sonnentier. Je heißer die Sonne scheint, um so reger ist er. Bei trübem Wetter verliert er, wie die Wasserjungfern, die Flugkraft, verbirgt sich im Gekräut und wartet bessere Tag ab. Ganz sein Gegenteil ist ein Verwandter von ihm, ein platter Laufkäfer von bleichgelber Farbe mit schwarzem Sattel, der sich hier überall unter hohlliegende Steinen findet, wo er den Tag verbringt, um sich erst in der Nacht hervorzuwagen und auf schlafende Strandfliegen zu jagen.

Wenn die Sonne noch einige Tage scheint, so verdunstet das Wasser auch in diesem Tümpel, er trocknet aus, die Dorschbrut und die Garnelen sterben ab und die anderen zarten Krebse, die Schnecken und Flohkrebse verkriechen sich unter dem Tang und warten, bis der Sturm abermals die Wellen bis hierher wirft und wiederum, während er totes und sterbendes Getier am Strande aufhäuft, den Fluttümpel mit neuem Leben erfüllen

Der Windbruch

Mitten in der Wohld liegt eine weite, breite Lichtung. Der Sturm hat sie geschaffen. In einer schwarze Nacht kam er über das Moor gebraust, und als ihm die Wohld im Wege stand, stürzte er sich mitten in sie hinein, schmiß viele Hunderte von Fichten und Föhren durcheinander und verschwand über der Geest.

Viele Wochen lang krachten die Äxte und kreischten die Sägen auf dem Windbruche. Als dann der Frühling kam, wuchs der Holzweg, den die Bauern von dem Hauptgestelle nach der Blöße geschlagen hatten zu. Zwischen den gewaltigen Wurfböden und um die tiefen Kuhlen, in denen sie gestanden hatten, sproß allerlei Kraut und Gestrüpp, das bisher vor der Drucke der dichten Kronen nicht hatte aufkommen können, und so manches Getier, dem es dort einst zu dumm gewesen war, siedelte sich an.

Ein heimlicher Ort ist diese Stelle, eine Welt für sich, fest umschlossen von eng verschränktem Gebüsch und dichtgedrängten Bäumen. Üppig sind die Himbeeren aufgeschossen, und frisch wuchert süßer Hornklee. Darum steht der beste Bock in der Jagd mit Vorliebe auf dieser Stelle, sicher vor dem Jägersmann, denn rundumher liegt so viel Geknick und steht so viel Gestrüpp, daß der sich nicht unangemeldet heranpirschen kann.

Die Morgensonne fällt voll auf die Blöße. Die großen Blumen der Schwertlilien in den Kölken leuchten wie goldene Flammen und die zarten Blüten der Wasserfeder, die die dunklen Spiegel mit grünem Rasen bedeckt, schauen ehrfurchtsvoll zu ihnen auf. Ein großer Schillebold mit himmelblau geziertem Leib schießt in edlem Fluge hin und her. Jedesmal, wenn er eine Wendung macht, knistern seine goldbraune Flügel.

Oben in den Kronen zirpen die Goldhähnchen. Ein Zaunkönig erhebt ein großes Geschimpfe, denn es paßt ihnen nicht, daß die Kreuzotter sich dem Wurfboden nähert, in dessen Wurzelwerk er gebaut hat. Das Rotkehlchen, das nicht weit davon brütet, und die Weidenmeise, die sich in einem faulen Stumpfe ihr Nestloch gezimmert hat, helfen ihm dabei. Dann raschelt es leise in der Dickung, unter dem Spillbaum, vor dem sich die Schlange sich windet, zuckt ein feuerroter Blitz nach ihrem Kopfe, und dann steht der Waldstorch da, die Otter im Schnabel. Sein blankes Gefieder wirft rote und grüne Lichter von sich. Er sieht sich um, schlägt seine Beute gegen die Erde und schleicht wieder zurück.

Heißer scheint die Sonne; Die Wasserwanzen schießen auf den schwarzen Kölken hin und her und die Frösche, die auf dem hellgrünen Vergißmeinnichtrasen sitzen, melden sich dann und wann. Plötzlich verstummen sie. Ein Häher läßt sich an dem Wasserloche nieder, blickt sich scheu um, trinkt und schwebt davon. Dumpf heult der Hohltäuber, hell ruft der Schwarzspecht, und unaufhörlich erklingt das Geschmetter der Finken und das Getriller der Meisen. Ein Pfauenauge spielt mit seinem Weibchen, ein Zitronenfalter tänzelt um die Faulbaumbüsche, die Luft blitzt von dem Geflitze der Schwebfliegen und ist erfüllt von Hummelgesumme.

Auf dem dunklen Wasser wirbeln silbern blitzende Taumelkäfer lustig umher. Jetzt fahren sie auseinander und tauchen hastig unter, denn ein Schatten fiel über sie. Der Waldwasserläufer ist es, dieses seltsame Urwaldschnepflein. Eilfertig trippelt der düstere Vogel, den lichten Bürzel emporschnellend, an dem Tümpel entlang, hier im saftigen Torfmoose herumstochernd, da ein Würmchen aus dem Wasser fischen und dort eine Mücke von einem Halm schnappend, dabei fortwährend nickend und wippend und gewandt über die Wasserfederpolster rennend.

Jetzt steht er mit schrillem Schrei auf und sofort ist sein Weibchen bei ihm, das in dem vorjährigen Drosselneste in der Fichte brütet. Laut rufend schießen die beiden sonderbaren Vögel über die Blöße hin, ab und zu nach dem Raubwiesel hinunterstoßend, das zwischen dem Gestrüpp hinschlüpft. Nun fängt auch der Zaunkönig an zu schimpfen, das Rotkehlchen warnt, die Amsel zetert, die Braunelle entrüstet sich, die Meisen lärmen, und das dauert so lange, bis der kleine Räuber sich drückt und es still auf dem Windbruche wird. Die beiden Waldwasserläufer aber bleiben noch ein ganze Weile wippend und nickend auf zwei Wurfböden stehen und halten Wacht. Schließlich stiehlt sich das Weibchen wieder zu seinem verborgenen Neste und das Männchen trippelt von neuem an dem Pump entlang.

Der Kuckuck läutet. Die Tauben gurren. Von hohen Himmel ruft der Bussard. Leise bricht es in der Dickung. Unter dem Schneeballbusche tritt der

Bock heraus, äugt lange hin und her und äst sich dann an Gras und Klee. Goldfinken locken, ein Buntspecht hämmert. Fern fällt ein Büchsenschuß. Die Hummeln brummen, und die Fliegen summen, das Sonnenlicht spielt auf den blanken Blättern des protzigen Hülsenbusches, und hin und her schießt die große, herrlich gefärbte Wasserjungfer über den Windbruch mitten in der wilden Wohld.

Der Bergteich

Das Bergstädtchen ist heute ein einziger große Blumengarten. Überall recken sich die Rispen des weißen und blauen Flieders zwischen dem hellgrünen Gesprieße der Tannen und dem tiefen Kupferrot der Blutbuchen, über jedem Zaun fluten des Goldregen leuchtende Trauben, die Roßkastanien sind überladen mit rofen Kerzen, die Waldrebe entfaltet ihre blaue Sterne, der Rotdorn bricht fast unter der Fülle seiner Röschen, und die riesigen Knospen der Pfingstrosen sind aufgesprungen und lassen ihre weißen und roten Blumenblätter leuchten.

Der Himmel, der zwei Tage grau und grämlich war, ist vergißmeinnichtblau geworden, die Sonne, die zwei Tage lang hinter Grauwolken steckte, scheint voll und heiß und lockte Bienen und Fliegen. Der frische, reinliche Ostwind hat den faulen, schmutzigen Westwind abgelöst, er schwenkt die blühenden Büsche und läßt die Falter flattern.

Wo tief zwischen grünen Waldkuppen ein kühles Wasser liegt, dahin zieht es alle Menschen an diesem glühenden Tag, über den Bergbach, dessen wilde Wellen rauschend und brausend, blitzend und blendend über das Wehr springen, den Wiesenpfad über den Berg hinan und hinein in den schattigen Wald, wo von hoher Felsböschung der Ginster seiner goldenen Blumen Fülle nicken läßt.

Am Teich sind alle Tische voll von frohem Volk. In der klaren schönen Flut spiegelt sich der Buchen, Eichen, Fichten und Espen verschiedenfarbiges Grün in wunderbarer Mischung; wo der Wind den Wasserspiegel erreicht, kräuselt sich das Wasser blau und silbern. Von den gelben Rudern spritzen leuchtend Perlen und hinter den Kielen zittern silberne Streifen her. Rund um den Teich führt ein abwechslungsreicher Weg durch warmes Licht und kalten Schatten, über bunte Wiesen und durch grünen Wald.

In den sonnigen Buchten fahren die flinken Ellritzen hin und her, in den tiefen Ecken stehen die bunten Forellen. Silberne Wasserjungfern knistern über die schwimmenden Blätter der Wasserhirse, stahlblaue Schwalben huschen über die Flut.

Aus den Schatten der Buchen, wo einer hohen Kuckucksblume große weiße Blüten schimmern, tritt man auf eine sonnige Wiese, in der eine bunte Blume die andere drängt; da surren langhörnige Käfer, da schwirren glasflüglige Falter, da blitzt und funkelt es von allerlei sonnenfrohen Kleingetier. Weiterhin in der sumpfigen Schattenecke plätschert das Wasserhühnchen herum, dicht über die schwarzgrüne Flut streicht ein Strandläuferpärchen, mit dem langen, schmalen, gebogenen Flügeln fast das Wasser streifend, behäbig quarrt der Teichfrosch, lustig meckert der Laubfrosch und langsam rudert ein Molch zwischen dem Kraut umher.

An einem Wieseneinschnitt, den ein kleines Wasser durchrieselt, ist ein dichtes Beet schneeweißer Dolden. Da schlüpft der Zaunkönig unter den grünen Schirmen der Pestwurz umher, und zwischen den überrieselten Steinen fischt die Bergbachstelze nach Gewürm für ihre Kleinen.

Und dann tritt man in das Gedämmer der Fichten, aus deren Wipfeln das dünne Gepiepe unsichtbarer Goldhähnchen ertönt, und wieder hinaus auf die sonnige Talsperre, mit ihrer Doppelaussicht auf die tiefe Klamm und die weite, grüne, von zwei Silberfäden durchzogene Wiese, und den stillen, grünen, grünumkränzten Teich.

Hinter uns geht die Sonne unter, rote Glut über das dunkle Wasser gießend. Die Drossel singt und der Kuckuck ruft, das Rotkehlchen plaudert und die Frösche quaken, Eintagsfliegen tanzen über dem Wasser in dichten Schwärmen, unbekümmert darum, ob ihr kurzes, auf Stunden bemessenes Leben von den scharfen Zähnen der Fledermaus beendet wird, die zwischen ihnen hin und her huscht, oder von den Rachen der großen Forellen, die platschend nach ihnen springen, große, goldene Ringe in das tiefe Rot des Wassers malend.

Dann ruft die Eule, ein kühler Wind kommt über die Berge, der Teich verliert den Rosenglanz und die Wälder um ihn ziehen ihr schwarzes Nachtkleid an. Aber der Mond will nicht, daß dem hellen Tag eine dunkle Nacht folgen soll. Groß und rund steigt er über den Berg und wirft eine lange silberne Straße über das Wasser, eine Straße, auf der nur Wesen gehen können, die ohne Leib sind. Aus den schwarzen Buchten tauchen sie auf, aus den schwarzen Winkeln kommen sie hervor, weiße, wesenlose Gestalten, aus dem Nichts entstehend, in das Nichts zerfließend, bis sie vor dem hellen Mondlicht wieder fliehen in ihre schwarzen Buchten und dunklen Winkel, die Nebelelfen.

Die lauten, frohen Menschen sind alle schon fort. Ganz still ist es geworden am Teiche. Eines kleinen Vogels süßperlendes Nachtlied, der Eule tiefer, runder Ruf, eines Fisches Platschen, der Espen Geflüster, alles ist es, was noch laut ist in der Mondnachtstille.

Wir sind auch ganz still. Was sollen Worte hier, wo die Gedanken kaum hineinzuflüstern wagen in die feierliche Stimmung von Wald und Wasser und Mondenschein

Die Marsch

Langsam und behäbig fließt der Fluß durch die Marsch. Sein dunkles Wasser glitzert silbern im Sonnenlicht und gibt verzerrte Bilder von den goldenen Kuhblumen und den silbernen Weidenbüschen wieder, die sich in ihr spiegeln. Ein frischer Hauch bewegt lustig den duftigen, aus unzähligen lichten Schaumkrautblüten gewebte Schleier, der sich über das grasgrüne Land zieht. Zwischen ihnen tanzen zarte Falter hin, deren Schwingenspitzen feurig wie die Morgensonne leuchten.

Hoch oben am bachblumenblauen Himmel spielen fröhlich die Schwalben und kreisen, dunkel eben und jetzt hell aussehend, zwei große Weihen. Unten am Ufer flirren und schwirren um die schimmernden Ellernbüsche zahllose Frühlingsfliegen. Wenn sie sich dem Wasserspiegel nähern, springen ihnen laut schnalzend blinkende Fische entgegen.

Zwei Krähen, blitzblank im Sonnenschein leuchtend, kommen angeflogen. Mit schneidenden Rufen steht ein Kiebitz auf, holt sie ein, stürzt sich auf sie hinab und umfuchtelt sie in regellosem Fluge. Ein zweiter gesellt sich zu ihm, noch einer, ein vierter und immer mehr: wie eine Schar von Gespenstern gaukelt es um die schwarzen Eierdiebe her.

Selbstzufrieden stümpert der schwarzköpfige Rohrammerhahn sein dürftiges Liedchen von der Spitze eines dürren Reethalms. Aus dem Weidicht kommt das Gezirpe der Rohrsänger, ein Gemisch von Froschgequarre und Riedgeruschel. Ein Pieper flattert unbeholfen empor, hölzern klappernd und fällt wie kraftlos in das Gras. Wehmütig piepst die gelbe Bachstelze und fröhlich zwitschernd steigt das Weißkehlchen auf.

In den Uferbuchten prahlen die Frösche; aus dem verworrenen Getöse klingt hier und da und dort das breite Lachen eines alten Vorsängers heraus. Wo einer der Störche, die würdevoll und gemessen, weithin sichtbar, durch das Gras waten, sich naht, endet das Gequarre in einem entsetzten Gepaddel und Geplantsche bis der schwarzweißrote Schreck weitergestelzt ist, und der Lärm erst schüchtern wieder beginnt, um immer zuversichtlicher und unbekümmerter anzuschwellen.

Das breite, weite, grüne Land ist voll von kleinen Vogelstimmen, und der Himmel darüber tönt von Lerchengetriller und Schwalbengezwitscher. Dennoch steht eine große Ruhe über der grünen, mit silbernen und goldenen Blüten besäten Marsch, eine Ruhe, die der klirrende Ruf der leuchtenden Seeschwalben, der spitze Schrei des dunklen Rohrhuhns eher verstärkt als zerstört, und auch das Jodeln der Wasserläufer und das weithin hörbare Flöten eines Brachvogels geht in ihr schließlich doch unter.

Hinter den Ellernbüschen kommt ein Flug schlanker Vögel angeschwenkt, schlägt Bogen über Bogen, fällt ein, steht auf, läßt sich abermals nieder, nimmt sich wiederum hoch, und verharrt schließlich auf einer höheren Stelle, deren Graswuchs mager und dünn ist. Kampfläufer sind es, schnurrige Gesellen. In anspruchsloses Graubraun sind die Weibchen gekleidet; die Männchen jedoch prunken in schimmernden Rüstungen. Der eine ist dunkelstahlblau an Nackenlatz und Brustschild, der da erzgrün, dieser rostrot, jener weiß und andere sind weiß- und gelbgefleckt, hell und dunkel gemustert; aber keiner gleicht dem anderen völlig.

Stocksteif stehen sie da, die seltsamen Burschen, ungemein viel Würde entwickelnd. Stochert einer einmal nach einem Würmchen im Rasen, so besinnt er sich doch sofort, daß heute Mensurtag ist, und nimmt schnell wieder Haltung an. Auf einmal stehen sich zwei gegenüber, zittern vor Kampflust, sträuben die Kragen, nehmen Paukstellung an, fahren aufein-

129

ander los, rennen sich die Schnäbel gegen Gesicht und Brust, prallen zurück, sausen wieder zusammen und stehen plötzlich mit heruntergelassenen Schilden da, als hätten sie nichts miteinander vorgehabt.

Es ist ja auch nur Bestimmungsmensur, das Gefecht, nicht so schlimm gemeint, wie es aussieht. Der dunkelerzgrüne und der hellkupferrote Hahn treten jetzt an. Sieh, wie sie aufeinander losfahren, zurückweichen, Pause machen, hin und her trippeln, einen neuen Gang beginnen, mitten darin abbrechen, wieder zusammenprallen, in die Höhe hüpfen, stürmisch flattern, den Gegner mit Finten aus der Deckung locken und ihm schnell einen Stich versetzen. Dann auf einmal ist der Kampf zu Ende. Die Fechter stehen gleichgültig da, zupfen sich den Paukwichs zurecht, rennen im Gras umher und suchen im Moose nach Käfern.

Fort stiebt die ganze Gesellschaft, Paukanten sowohl wie Corona. Im Zickzack schwenkt der Flug über die nassen, von goldenen Blumen strahlenden Sinken, burrt quer über den Fluß, saust um die Weiden herum und verschwindet in der Ferne, wo die beiden Reiher an dem Ufer stehen. Der Rohrweih, der dort angeschaukelt kommt, hat sie vertrieben. Wo sein Schatten hinfällt, schweigen die Frösche, verstummt der Wiesenschmätzer, bricht der Rohrfänger sein Gezirpe ab. Aber eine Seeschwalbe, wie ein silberner, rotbespitzter Pfeil herunterschießend, vier Kiebitze und zwei Wasserläufer belästigen das braune Gespenst so lange, bis es sich von dannen macht, und sofort fangen die Frösche wieder zu quarren an, Schmätzer und Rohrfänger legen von frischem los, und die Wasserhühner kommen kopfnickend aus dem Ried hervorgerudert.

Über der Kuhle, die ganz von den starren Blättern der Krebsschere erfüllt ist, schweben stumm die Trauerseeschwalben hin und her, dann und wann hinabschießend und eine Beute, aufnehmend. In dem dichten Wirrwarr vor Rohr und Schilf führt eine Entenmutter ihre wolligen Jungen. Mit schallendem Fluge streichen Stare herbei, fallen im Grase ein, watscheln dort herum und suchen eifrig nach Futter. Über den offenen Blänke flirrt es silbern und spritzt es, als regnete es dort; der Barsch jagt Fischbrut. Dicke Blasen steigen auf und zerplatzen seufzend; der Aal wühlt im Schlamme. Trillernd schwirren zierliche Uferläufe vorüber und drei Erpel, die das Segelboot aufstörte, stehen mit Getöse auf und klatschen weiterhin in das Schilf. Kühler weht es vom Abend her. Die Sonne versinkt. Nebel tauchen auf. Der Heuschreckensänger läßt sein eintöniges Geschwirre erschallen, die Frösche werden lauter. Schon unkt ein Dommelchen in seinem Rohrverstecke, heiser ruft ein Reiher, stolz vor rosenrot glühenden Wolken dahinrudernd, und mehr und mehr erklingt das Gemecker der Himmelsziegen, die pfeilschnell dahinsausen.

Die Ferne versinkt in Nebel, und die Nähe geht im Dunst unter. Hart schnarrt in strengen Pausen der Wachtelkönig, gellend pfeift die Ralle, klagend ruft eine Mooreule. Noch einmal glüht die Sonne auf, ehe sie Abschied nimmt. Das Blaukehlchen vermischt sein Lied mit dem Geruschel des Rohres und dem Geklucke der Wellen, bis das Plärren der Frösche alle anderen Laute verschlingt und der Nebel alle Farben zudeckt.

Der Haselbusch

Wo der Wildbach zwischen den zerborstenen, mit lustigen Farnen geschmückten grauen Klippen aus dem Unterwalde herauspoltert, reckt sich ein alter krummgewachsener Haselbaum über dem krausen Verhaue von Schlehen, Weißdorn, Rosen und Brombeeren. Auf seinem untersten Zweige, der tot und trocken auf das quicklebendige Wasser hinabhängt, sitzt der Eisvogel gern und lauert auf die Ellritzen, die in der flachen Bucht spielen. Schüttelt ein Wind die Äste des Hasels, daß die Käfer und Fliegen, die auf den Blättern sitzen, herabfallen, dann gehen die Forellen, die in dem Kolke hinter der gischtumsprühten Klippe stehen, danach hoch, oder die gelbbäuchige Bergbachstelze, die in der Felsritze unter den Farnwedeln ihr Nest hat, schnappt sie fort, ehe sie in das Wasser fallen, wenn nicht die weißbrüstige Bachamsel, die unter den überhängenden Wand brütet, ihr zuvorkommt.

Den ganzen Tag ist in und um den alten Haselbaum ein lustiges Leben. Bald flattert die Dorngrasmückt aus ihm heraus, zwitschert lustig und schlüpft in den Bergholderbusch neben ihm hinein, bald turnen die Meisen in ihm herum. Dann wartet der Dorndreher dort, bis er einen Käfer eräugt, die Grünfinken oder die Stieglitze lassen sich auf ihm nieder, ein Häher, der aus dem Bache trinken will, sieht sich von da um, und gern treten die Rehe dort hin und her und äsen sich an all den üppigen Kräutern unter ihm.

Abends aber, wenn die Krähen laut quarrend zu Berge fliegen und in dem alten Steinbruche das Käuzchen quiekt, wird ein anderes Leben in dem alten Busche wach. Da, wo der Schlehenbusch sich mit dem Hasel verschlingt und der von der Waldrebe umsponnene Weißdorn sich zwischen beide drängt, rispelt und krispelt es verstohlen. Ein winziger Kobold, mit großen nachtdunklen Äuglein und langem, gespreiztem Schnurrbärtchen, wohlbepelzt und feingeschwänzt, klettert über den mit goldenen Flechten besetzten Ast des Nußbaumes, putzt sich das rosarote Schnäuzchen, zupft an dem rötlichen, in der Dämmerung schwarz aussehenden Fellchen, knabbert ein Käferchen auf, fängt ein Möttchen, speist ein Räupchen, dreht sich um, setzt sich auf die Keulchen, lockt leise und wartet, bis ein zwei, drei, vier noch kleinere Gespensterchen hinter ihm herkrabbeln und sich zu ihm gesellen, vier kleinwinzige Haselmäuschen, seine Jungen. Es leckt sie, säubert sie, hilft ihnen über einen dicken Astknorren, weist ihnen die Knospe, in der das Würmchen steckt, bringt ihnen bei, daß das braune Ding, das da an der Rinde klebt, eine schmackhafte Schmetterlingspuppe ist, nimmt ihnen die Angst vor dem heftig schnurrenden Eulenfalter, den es gehascht hat, und die Furcht vor dem Maikäfer, der mit lautem Getöse daherschnurrt und an einem Blatt hängen bleibt, von dem ihn die alte Haselmaus herabreißt. Knipps knapps, ist der Nacken durchgebissen, ritsch ratsch, sind die Flügel herunter, zwick zwack, die Beine davon, und nun geht das Geknusper und Geknasper los. Das schmeckt lecker, das bekommt gut, da ist besser als im Frühling die Knospen und jungen Triebe und die mageren Würmchen und die alten, muffigen Schlehen und Mehlfäßchen im alten Laube, oder die vorjährige dürre Motte und der halblebendige Käfer oder der ankeimende Grassamen. Nun ist die fette, die schöne Zeit da.

Wenn nur die Angst nicht wäre, die gräßliche Angst. Horch, was war das da unten? Sollte das das Wiesel sein oder der Iltis und am Ende sogar der Fuchs, der Gaudieb? Und was flog dort eben hin? Der Kauz oder nur eine Fledermaus? Wie schön wäre es, könnte man jetzt beim Sternenlichte auf den äußersten Ästen, umherturnen oder am Boden zwischen den blanken Efeublättern nach Käfern jagen. Aber da oben ist man vor der Eule nicht sicher und da unten könnte einen das Wiesel haschen. Es ist schon besser, in dem dichten Gewirr der Äste des Hasel, der Schlehen und des Weißdorns zu bleiben, oder in den Ranken der Waldrebe umherzuklettern oder zwischen den zackigem Wildrosenschößlingen, die das Wiesel scheut und wo man vor der Eule sicher ist. Da wimmelt es ja überall von Nachtfaltern, Käfern und Raupen. Ein dicker Schwärmer kommt angesaust. Wupps, hat ihn die alte Haselmaus am Flunk erwischt. Er schnurrt und burrt so gefährlich, daß die vier kleinen Haselmäuse entsetzt auf einen Haufen zusammenkriechen. Doch die Mutter hat ihm schon einen Flügel nach dem anderen abgeknipst, und wenn er auch noch heftig mit den grünen Augen funkelt und wild den bunten Hinterleib bewegt, es hilft ihm alles nichts, vier paar Rosenmäulchen fallen über ihn her und bald ist nichts von ihm übrig, als die dicken Fühler und die dünnen Beine, die in das Gras fallen. Dann schnurrt ein Bockkäfer daher, dem es ebenso geht, und eine große grüne Heuschrecke, die auf dem Aste heranstelzt, muß ebenfalls daran glauben.

Aber dann gibt es ein Unglück. Die eine von den kleinen Haselmäusen hat eine dicke fette Raupe gewittert und klettert in demselben Augenblicke hinter ihr her, als ein jäher Windstoß den Zweig heftig anrührt. Sie verliert den Halt, schlägt durch das Laubwerk, plumpst vor die Klippe, wird von dem Strudel gefaßt und in das Kolk getrieben. Dreimal dreht sie sich hilflos um sich selber, und noch einmal, dann aber steigt die dreipfündige Forelle hoch und nimmt sie in die Tiefe mit.

Das Käuzchen vom Steinbruche ruft lauter und schwebt an dem Haselbusche vorüber. Der Nebel wird dicker, die Luft kühlt sich ab. Die Haselmäuse haben sich sattgefressen und sind müde von dem Umherklettern. Die Alte geht voran, ihre drei Kinder folgen ihr. Da, wo am Grunde der Klippe der Hasel mit den Schlehen und dem Weißdorn sich ineinander verfilzt und Gras und Kraut und altes Laub die Lücken füllen, wo sie den Winter verschlafen hat, da hat sie auch ihren Sommerschlupf und dort verschwindet sie mit ihren Jungen, um erst wieder wach zu werden, wenn die Abendsonne das Haselbusch nicht mehr bescheint.

Das Bergmoor

Menschengesichter gibt es, hinter deren düsteren Augen und verschlossenen Lippen wir ein böses Geheimnis ahnen; wir gehen ihnen aus dem Wege. Und wieder gibt es Menschengesichter, ernst aber mit Güte in den Augen, mit Lippen, die nicht oft und nicht viel reden, mit Geheimnissen, die aber keinen Hauch von Grausen ausströmen; an solchen Menschen nehmen wir Anteil.

So ist der Brocken. Er hat seine Geheimnisse, aber sie sind nicht schrecklicher Art. Es sind Geheimnisse, wie einsame Menschen von viel Gemüt und gutem Humor, sie in sich hegen, Leute, wie Arnold Böcklin und Wilhelm Busch es waren, die der gemeinen Menge als schrullenhafte Sonderlinge gelten.

Wer kennt ihn von den zweimalhunderttausend Leutchen, die alljährlich zu Fuß oder mit dem Wagen oder auf der Eisenbahn auf seinen Gipfel klettern. Nicht hundert davon sehen mehr von ihm, als die gelben Granitwege zwischen sturmzerfetzten Fichten, als die Aussicht in das bunte Land, als die weißgedeckte Tafel im Unterkunftshause mit ihren Flaschenkübeln. Auf gebahnten Wegen geht es hinauf, man ißt und trinkt, bewundert die Aussicht oder schimpft, ist sie nicht da, schreibt Ansichtskarten, und dann geht man auf sicheren Steigen hinab in dem stolzen Gefühle, den Brocken kennengelernt zu haben. Man hat ihn kennen gelernt, wie einen großen Mann, den man im Gehrock und hohem Hute aufsuchte und mit dem man zehn Minuten sprechen durfte.

Und das ist gerade das Reizvollste an dem seltsamen Berge, daß ihn so viele Menschen besuchen, daß aber nur ganz wenige ihn kennen. Ist Pfingsten helles warmes Wetter, dann kann es sein, daß da oben zweimal tausend Menschen Mittag essen, daß alle Zuwege bunt von bunten Hüten und hellen Kleidern und laut von Gelächter und Gesang sind; wer aber Bescheid weiß, der tritt vom bezeichneten Pfade und ist dann allein, hört und sieht nichts mehr von dem Volk der Ausflügler, braucht keinen Singsang und kein Gejodel mehr auszustehen und sich nicht über Papier, Kartons, Staniol, Eierschalen und Flaschenscherben zu ärgern, mit denen die Wegränder verschandelt sind. Frau Einsamkeit sieht ihn mit großen, guten Augen an, hängt sich an seinen Arm und weist ihm die Geheimnisse des Berges, seine großen und kostbaren Schätze, seine kleinen und feinen Sächelchen, an denen er seine Freude hat.

Seitdem die Bahn bis zu seiner Spitze geht, hat er viele von seinen Schätzen beiseite geschafft, denn zu arg wütete das unholde Volk dagegen. Jetzt grasen die Leute die ganze Kuppe ab, hungrig auf Brockenmyrte, wie sie die zierlich begrünten Ranken der Krähenbeere tauften. Aber sieh dich hier im Moore einmal um! Du geht nur auf Brockenmyrte, ganze Rasen bildet sie und darüber nicken, rosig und weiß wie die Gesichter von Elfenkinderchen, die lieblichen Blüten der Rosmarinheide unter den silberweißen Wimpeln des Wollgrases. Nebenan, wo das Torfmoor verdächtig naß aussieht, rankt die zierliche Moosbeere und läßt auf haarfeinen Stielchen ihre entzückenden Blümchen, winzige Abbilder der Türkenbundlilie erzittern, und daneben steht ein üppiger Strauch der Zwergbirke. Ist es ein Andenken, das der Berg sich aus jener Zeit bewahrte, wo das Landeis bis tief nach Norddeutschland hineinreichte und schlitzäugige, schwarzhaarige Jäger dem Mammut Fallgruben bauten und den Moschusochsen vor den Hunden erlegten? Oder haben reisende Vögel aus dem Nordlande die Samen hierher verschleppt? Unter der Kleintierwelt des Berges ist allerlei zu finden, was sonst nur in den Mooren des hohen Nordens, oder vor den Gletschern der Hochalpen lebt, ein blankes Käferchen, ein grauer Falter, eine Spinne oder eine Milbe.

Jetzt, wo die Sonne gegen die wilde Trümmerhalde scheint, die das Moor umsäumt, lebt das kleine Leben auf. Da surrt und burrt es tausendfältig um die rötlichgrünen Kugelblüten der Heidelbeeren vor Bienen und Wespen, Fliegen und Hummeln, die Blöcke wimmeln von plumpen Rüsselkäfern, schlanken Schnellkäfern. Auf dem tiefen Tümpel, in dem sich die Äste der Zwergweide ihr goldgrünes Laub spiegeln, huschen Wasserwanzen hin, und am Rande ist ein Gewimmel eben ausgeschlüpfter Larven des Grasfrosches, ein willkommene Beute für die Bergmolche, deren himmelblaue Seiten und feuerrote Bäuche jedesmal aufleuchten, wenn die schlanken Tiere Luft schöpfen. Auf den von Flechten und Moosen buntgesprenkelten grauen Granitblöcken sonnt sich die Waldeidechse und zwischen den Heidelbeersträuchern jagen sich liebestolle Spitzmäuse.

Heute wacht der Berg; gestern schlief er, hatte sich die Nebelkappe über den Kopf gezogen und schnarchte, daß die verwitterten Fichten hin und her schwankten. Kein Käfer kroch, keine Biene flog und kein Vogel sang. Aber heute früh, als der Nebel zerriß und die Sonne den Berg so lange streichelte, bis er ein vergnügtes Gesicht machte, da meldeten sich die Fichtenmeisen überall, der Fink schlug, die Braunelle zwitscherte, Graudrossel und Schnarre flöteten, der Laubvogel sang, und da erhob sich auch der Wiesenpieper, stieg ungeschickt in die Luft und klapperte seinen hölzernen Singsang und über die Trümmerhalde stieg der Steinschmätzer und quirlte mit viel Geflatter sein Schalksnarrenlied heraus. Dann, auf einmal, wimmelte die Luft von Mauerseglern. Sie brüten dort unten in den Städten und lassen sich hier nicht sehen, wenn der Berg sein Nebelkleid trägt; sobald aber die Sonne auf seine Glatze scheint, sind sie da, kreischen hungrig und erschrecken die Brockenfahrer, die vom Turme in das leuchtende Land sehen, mit schallendem Schwingenschlage. Sobald aber der Wind kälter pfeift, sind sie verschwunden, wie fortgezaubert.

Denn der Berg hat seine Launen; er lacht gern, aber er hat doch dicht am Wasser gebaut. Außerdem ist er ein Freund von Späßen. Hier ist doch Mai, leuchtender, lachender Mai mit hellgrünen Tannensprossen, jungem Ebereschenlaub, bienenumschwärmtem Heidelbeergekräut, blütenüberdecktem Sauerkleerasen, Falterflug, Käfergeschwirre und Vogelgesang. Dicht daneben ist Winter. Da liegt der Schnee hart und fest zwischen dem wilden Getrümmer, rührt sich noch keine Fichte, haben die Heidelbeeren noch dünne Zweige, fliegt kein Falter, kriecht kein Käfer, und hurtig hüpft der Gletschergast im nassem Moose umher. Daneben aber, wer möchte es glauben, ist Sommer, reichlicher Frühsommer. Die Heidelbeeren sind abgeblüht, der Sauerklee steht in Frucht, die Fichten haben lange Triebe. Noch etwa weiterhin, und der Vorfrühling winkt mit den allerersten Grasspitzchen, winzigen Knöspchen an den Fichtenzweigen und eben sich erschließenden Heidelbeerblüten.

Ach ja, es ist ein sonderbarer Geselle, der Berg. Die Wege und die Bahn hat er sich gefallen lassen müssen und das Gasthaus und die Wetterbeobachtungsstelle; mehr gewährt er aber nicht. Hier starren, von Heidelbeergebüsch, Moos und Farn halb versteckt, gewaltig Mauern, kunstvoll gefugt, und leicht denkt sich der Wanderer eine Raubritterburg in früheren Zeiten hier hin. Aber dem ist nicht so gewesen. Die Räuber, die hier wohnten, hatten vier Beine und hießen Bär, Luchs und Wildkatze, und bis auf die letzte, die unten am Berge noch ihr heimliches Leben führt, sind sie verschwunden, der eine seit zweihundert, der andere seit hundert Jahren, und jenes Gemäuer ist der Rest von Torfarbeiterhäusern und Torfköhlereien. Die Arbeit war zwecklos; der Berg litt es nicht, daß man seine Moore ausbeutete; er wartete, bis die Torfhaufen aufgetürmt waren, und dann weichte er sie so ein, bis sie umfielen. Da gab man es auf.

Auch seine Fichten will er so haben, wie es ihm paßt. Und es paßt ihm nicht, stehen sie in Reihe und Glied; wie die da unten im Forst. Hier und da läßt er sie ja wachsen, aber gar zu keck dürfen sie nicht werden, denn dann ruft er den Wind. Der kommt mit Schnee und Rauhreif, und davon packt er den Bäumen so viel auf, bis sie auf die Knie fallen, und wenn er seinen bösen Tag hat, dann wirft er sie durcheinander, wie Kraut und Rüben, und trampelt mit seinen Nagelschuhen darauf umher, daß sie tausendweise ihr Leben lassen müssen. Und dann kommt das tückische Torfmoos an, reckt sich, streckt sich, quillt und schwillt, überspinnt die toten Stämme, zernagt sie und frißt sie endlich ganz auf, und da, wo einst Fichte bei Fichte stand, in der die Meisen pfiffen, läßt der Wiesenpieper über kahlen Moorflächen sein ödes Gesinge erschallen, der Birkhahn führt im Frühling seinen Minnetanz dort auf und im Frühherbste schreit hier der edle Hirsch.

Wer aber sieht den Birkhahn tanzen und springen und schaut zu, wenn der Platzhirsch dem Nebenbuhler heiser röhrend entgegenzieht? Wer kennt den einsamen Hasen, der zwischen den Trümmern der Granitkuppe wohnt, die unterirdische Gewalten einst sprengten und deren Reste bis nach Wernigerode und Ilsenburg rollten? Nur wer am Pflanzenwuchse erkennen kann, wo er den Fuß hinsetzen darf, ohne im Torfschlamm zu versinken, sieht das Reh das junge Gras äsen und belauscht den Urhahn, der sich im feinen Steingeröll badet, während die Henne im Heidelbeerbuschwerk ihre Brut den Käferfang lehrt. Er hat seine Nücken und Tücken, der Berg. Lose aufeinander geschichtet ist das wilde Trümmer-

135

werk, und hier ist die Torfdecke fest und sicher; daneben reichen drei Bergstöcke nicht aus, den weichen Schlamm abzuloten. Und darum wird der große Troß der Brockenfahrer niemals das geheime Leben des Brockens kennen lernen, sondern sich an den sicheren Wegen genügen lassen und an der Aussicht und der trefflichen Küche dort oben, und nichts wissen von den geheimen Schönheiten seiner verschwiegenen Moore.

Der Bach

Die Klippe ist dem Bache ein Ärgernis; seit ewigen Zeiten versperrt sie ihm den Weg. Wenn seine Wellen, die weiter oben und unten meistenteils gemütlich plaudernd dahinrieseln, bei ihr anlangen, so bekommen sie jedesmal einen Wutanfall.

Dumpfe Verwünschungen murmeln sie und wilde Flüche sprudeln sie heraus, sie schäumen vor Zorn und geifern vor Grimm, und wie Zähneknirschen klingt das Knirren und Knarren des Gerölles, das sie mit sich führen.

Aber oben auf der Klippe inmitten des spritzenden Gischtes sitzt Knickschen und singt sein Lied, singt sein Lied trotz Eis und Schnee, singt ein Stück Frühling in den Winter hinein, ein bißchen Frohsinn durch das Wellengegrolle, ein wenig Liebe über dem Haß zwischen Wasser und Fels.

Keck sitzt es da, die blütenweiße Brust der Sonne zugekehrt, und schwatzt und plaudert halblaut sein schnurriges Liedchen vor sich hin, macht einen Knicks, schnellt das Stummelschwänzchen auf und ab und zwitschert weiter, als wenn keine Eiszacken an den Tagwurzeln der Fichten blitzten und die Jungbuchen kein Schneebälle trügen.

Die Vormittagssonne steht hell am blauen Himmel und bescheint die verschneiten Fichten an der Steilwand, vor der die roten und gelben Kreuzschnäbel, die dort jetzt brüten, mit lauten Lockrufen auf und ab fliegen. Ab und zu rasselt ein Samenzapfen, den sie abbissen, durch das Gezweig und reißt den Schnee herunter, der polternd zu Boden fällt. Die Wasseramsel kümmert sich nicht darum. Aber nun beginnt die kleine Meise, die in den Waldrebenranken umherturnt, heiser zu zetern. Blitzschnell dreht Knicksen sich um sich selbst, schnarrt trocken und schwingt sich nach dem anderen Ufer, denn zwischen den Brombeerstauden schnüffelt nur einen Fuß von ihm entfernt, das Hermelin umher, und dem ist nicht zu trauen.

Fortwährend schnarrend sitzt die Wasseramsel auf einem angetriebenen Aste, der sich in einer Felsspalte verfangen hat, und macht dem weißen Wiesel einen höhnischen Diener nach dem anderen, bis dieses, durch das Zetern der Meisen und das schimpfen des Zaunkönigs verärgert, unter den Wurzeln verschwindet. Da schnurrt Knickschen wieder auf seine Klippe, bleibt dort einen Augenblick sitzen, späht dann unter sich und stürzt sich kopfüber in das tiefe, grüne Stillwasser zwischen den schäumenden Strudeln. Mit drei Flügelschlägen schwimmt es dem Flohkreb-

136

schen nach, das es erblickte, faßt es, taucht mit ihm vor einem halbüberspülten Steine am Ufer auf und schluckt es hinab.

Sofort ist es wieder in dem strudelnden Seichtwasser zwischen den abgerollten Steinen, rennt hurtig dahin, fischt hier eine Mückenlarve, da einen Wasserkäfer, dort ein Müschelchen, watet bis an die Brust in das ruhige Wasser, stochert mit dem Schnabel zwischen den rötlichen Flutwurzeln der Ellern umher wo es allerlei kleines Getier erwischt, Köcherfliegenlarven, Wassermilben, Schnecken, schwimmt, wo das Wasser tiefer wird, darin darin umher, wie eine Ente gründelnd, taucht dann gänzlich unter, rennt auf dem Grunde hin, stöbert dort ein Weilchen umher, scheint trocken und sauber, als sei das Wasser nicht naß, und so fröhlich als sei es auch gar nicht kalt wieder auf. einem Steine und singt los, als wären die Ufer voller Blüten und als sprängen an den Büschen die neuen Blätter aus den Knospen.

Den Eisvogel, der wie ein lebender Edelstein dahinfunkelt und mit scharfem Schrei das verworrene Gerausche des Baches durchschneidet, würdigt der seltsame Vogel kaum eines Blickes, und auch die beiden gelbbrüstigen Bergbachstelzen aus Nordland, denen der Winter hier mild genug erscheint, und die lustig von Stein zu Stein trippeln, regen sie nicht auf aber nun schnurrt sie mit kurzen Flügelschlägen bachabwärts und fährt auf eine Art los, die sich in ihr Gebiet gewagt hat. Bis zu der Mühle treibt sie es hin, und darüber hinweg, und erst da, wo der Bach breit und behäbig zwischen den Pappeln dahinplätschert, läßt sie ab, nimmt auf einem Blocke Platz und glättet ihr Gefieder, das bei der Balgerei ein wenig in Unordnung kam.

Doch der Tag ist kurz, die Kälte zehrt und die Nahrung ist sparsamer als zur sommerlichen Zeit. Sie erhebt wieder ihr Gefieder, durchfliegt, ohne sich zu besinnen, die brausenden Wassermassen, die über der Wehr stürzen, liest von dem nassen, moosigen Gebälke die Schnecken und Larven ab, stürzt sich in die Kolk, rennt auf dessen Grund umher, sitzt plötzlich wieder zwischen den schäumenden Wellen auf einem angespülten Holzblocke, fliegt zu den Pappeln hin, huscht unter den hohlgewaschenen Wurzeln hin und her, bis des Müllers Katze, die dort angeschlichen kommt, sie vertreibt, und so nimmt sie sich wieder auf und kehrt zu ihrem Lieblingsplatze, der Klippe im Bache zurück, unter der der Strudel all das Gewürm zusammen treibt, das die Wellen auf ihrem Laufe mit sich rissen. Da treibt sie ihr munteres Wesen den ganzen Tag über, jetzt über die Uferklippen trippelnd, nun in dem niedrigen Wasser watend, auf dem Grunde des Baches einherrennend oder wie ein Fisch seine Flut durchschwimmend, stumm auf einem Stein sitzend, schieben sich die Wolken vor die Sonne, lustig singend, wird der Himmel wieder heiter. Doch wenn es Abend wird, wenn die Mäuse im Fallaube pfeifen und das Käuzchen in den Weiden ruft, dann fliegt Knickschen nach der Mühle hin, stürzt sich in die tosenden Wassermassen, die über das Wehr hinfallen, und birgt sich dort, sicher vor Wiesel und Iltis, in einem Balkenwinkel.

Dort wird sie, wenn die Finken wieder schlagen und die Drosseln pfeifen, und sie sich gepaart hat, auch ihr weiches, warmes, rundes Nest bauen,

137

ihre schneeweißen Eier legen, sie ausbrüten und ihre Brut aufziehen, damit ihr Geschlecht nicht aussterbe, daß sie wintertags, wenn es stille an dem Bache ist, den Menschen mit ihren lustigen Liedern erfreuen, unbekümmert darum, daß es rohe Tröpfe darunter gibt, die dem lieben Vogel mit Pulver und Blei nachstellen, weil irgendein törichter Bücherschreiber ihr nachgesagt hat, daß sie ein böser Feind der Forellenbrut sei. Zwar ist das nicht an dem, und wenn es so wäre, reichlich machte durch fröhliches Singen und lustiges Benehmen die paar Fischchen Knickschen wieder wett, des Bergbaches reizender Schmuck.

Der Überhälter

Nicht weit von dem Waldrande, eingeschlossen von Dickungen und Stangenörtern, steht ein alter Eichbaum. Mit knorrigen Wurzeln, die wie ein Haufen Schlangen übereinanderkriechen, hält er sich in der Erde fest. Sein hochschäftiger Stamm trägt eine lange, breite, aber gut verheilte Narbe von der Wunde, die ihm der Blitz schlug, der auch einige der Äste in der krausen Krone tötete, die nun als kahle Hornzacken starr gegen den Himmel stehen.

Einst standen viele solcher Eichen hier; dieses ist die letzte. Sie stand schon, als der Adler hier noch horstete, als der Uhu hier noch jagte, als der Wolf noch aus dem Walde brach und die Schafe riß, als die Wildkatze nächtlicherweile das Unterholz verließ, um auf Raub auszugehen. Hunderte und Hunderte von alten Eichen und knorrigen Hagebuchen standen an Stelle der Fichten- und Rotbuchenörter und boten in ihren Höhlungen Kauz und Hohltaube, Blauracke und Wiedehopf Brutgelegenheiten die Menge. Unter den Eichen stockten Schlehen, Weißdorne und Stachelbeerbüsche und bildeten dichtes Gehege für die Schnepfe, die in dem Dung der Kühe und Schweine, die hier zur Weide getrieben wurden, reiche Nahrung fand.

Es kam eine andere, holzhungrige Zeit. Alle die alten Eichen fielen unter Axt und Säge. Als die Hohltaube, die Blauracke und der Wiedehopf wiederkehrten fanden sie keine Bruthöhlen mehr und verzogen anders wohin; der Kauz aber paßte sich der neuen Zeit an und bequemte sich dazu, in einem alten Krähenneste zu brüten. Der Waldschnepfe gefiel es dort auch nicht mehr, denn die Dornbüsche wurden ausgerodet, das Vieh ging nicht mehr auf Weide in den Wald, und so blieb auch sie fort.

So war es eine Zeitlang öde und still da. Dann bedeckten sich die Kahlschläge mit Fichten- und Buchenjugenden, es wurden allmählich Stangenörter daraus, und die wuchsen, bis sie zu Altholz wurden, und ein eigenes Leben webte im Walde. Vielfältig war es zwar, doch nicht so bunt und so reich, wie ehedem. Der Buchfinken und Amseln wurden so viele, wie es einst Dompfaffen und Singdrosseln gab. Statt der Hohltaube rückte die Ringeltaube ein, Krähen ersetzten die Dohlen, die Häher die Racke, der Star den Wiedehopf, den Fasan die Schnepfe.

Auch die letzte alte Eiche, die stehen geblieben war als Wahrbaum für die Landmesser, bekam andere Gäste. Die Zeiten, daß der Adler von ihrem Wipfel aus Umschau hielt und der Uhu in ihrem Geäste den Igel kröpfte, waren schon lange vorbei, desgleichen die Tage, da der Waldstorch sich in ihr einschwang und der Wanderfalke in ihr horstete; sogar der Gabelweih, der einst so gern auf ihren Hornzacken fußte, und der Kolkrabe, der von da aus Wache hielt, blieben mit der Zeit aus, denn die neue Zeit litt nicht mehr, daß sie am Leben blieben.

Immer aber ist sie noch von allen Bäumen im ganzen Forste der, der die meisten Freunde hat, ganz gleich ob sie in vollem Laube steht oder ihre nackten Äste wie wunderliche Runen gegen Himmel reckt. Der Falke aus Nordland, der vorüberreist, rastet auf ihr, die Krähen aus dem Osten fallen auf ihr ein, wenn sie über das Land ziehen, die Stare pfeifen auf ihren Hornzacken, wenn der Frühling kommt, und wiederum, ehe der Herbst hereinbricht. Sie sucht sich der Schwarzspecht, will er sich ein Weibchen ertrommeln, und der Grünspecht, läßt er sein Werbegejauchze erschallen, in ihrem Geäste halten die Häher Schule ab und auf ihrer Spitze sitzt an schönen, windstillen Mittagen der Pfingstvogel und singt so zart und fein, wie eine Grasmücke.

Alles Geflügel, das in dem Forste sein Unterkommen hat, besucht den alten Baum einmal. Lebt auch das Rotkehlchen im unteren Holze, im Vorfrühling schwingt es sich ganz oben in den Überhälter und läßt von da sein silberhelles Lied in die Dämmerung hinunterrieseln. Die Dorngrasmücke, die im Gestrüppe wohnt, und sogar der Zaunkönig, der sonst nur am Boden haust, bekommen auch dann und wann den Einfall, in das krause Geäst zu flattern und von da herab ihre frischen Weisen erklingen zu lassen, und die Amsel sucht sich nicht minder als die Singdrossel den höchsten Ast, singt sie dem einschlafenden Tage das Schlummerlied.

Es vergeht nicht eine Stunde zur Sommerszeit, da der alte Baum nicht neuen Besuch erhält. War es eben der Trauerfliegenschnäpper, der lustig in ihm sang, so ist es jetzt der Gartenrotschwanz. Eben jubelte der Mönch dort, nun trillert das Müllerchen da. Vorhin rutschte der Baumläufer auf dem Stamm entlang; jetzt klettert die Spechtmeise dort umher. Fuhr gestern der Habicht aus dem Laube und schlug die Krähe, so schießt heute der Sperber dort hervor und greift die Amsel. Vor einem Weilchen schmetterte der Schwirrlaubvogel, wo hinterher der Weidenzeisig rief, und ihr folgte der Fitis. Der Hänfling löst den Stieglitz, diesen der Buchfink ab. Dem Goldammer folgt der Feldspatz und dann sitzt der Kuckuck da, ruft laut und fliegt immer noch rufend in den Stangenort, und wo er saß, läßt sich der Täuber nieder und ruckst. Dann klopft der Buntspecht an einem toten Aste herum, die Kohlmeise kommt und pickt nach Käferlarven, die Blaumeise folgt ihr, und ihr die Sumpfmeise, und schließlich fällt ein Kernbeißer ein, rastet einen Augenblick und fliegt weiter. So geht es den ganzen Tag, und auch bei der Nacht bekommt die Eiche bald von dem Waldkauz, bald von der Ohreule Besuch.

Auch an anderem Leben mangelt es ihr nicht. Tagsüber turnen die Eich-

139

katzen gern in ihr hin und her, und alle paar Nächte erklimmt sie der Marder. Unter ihrem Wurzelwerk wohnt die Waldmaus, und deshalb stöbert das Hermelin dort gern herum. Die Waldeidechsen sonnen sich gern auf den Wurzelknorren, und eine dicke Kröte hat dort ihren Unterschlupf, denn an Nahrung gebricht es ihr hier nie. Zwar an den stolzen Heldenbock, dessen Larven den Stamm kreuz und quer durchlöchert haben, und gar an den wehrhaften Schröter, der so gern an dem gegorenen Saft, der aus dem Rindenrisse quillt, leckt, wagt sie sich nicht, auch nicht an die Trauermäntel und Admirale, die um den Stamm flattern, und noch weniger an die Hornissen und Wespen, die dort ebenfalls umherfliegen, aber die blauen und grauen Schmeißfliegen und das viele andere kleine Volk, das hier schwirrt und flirrt und krimmelt und wimmelt, ist ihr verfallen, sobald es in den Bereich ihrer Klappzunge gerät.

Immer und immer lebt es um den alten Baum. In feinen Rindenritzen birgt sich das Ordensband, an seinem Stamme haften die grünen Wickler, klettern die Puppenräuber, huschen die Mordwespen, und wintertags, wenn die Dämmerung früh in den Wald fällt, ist um seinem Stamm ein wildes Geflatter von bleichen Frostspannermännchen, die auf der Weiberjagd sind. Kommt dann der Morgen, so rücken die Meisen heran, geführt von einem Buntspechte, gefolgt von Goldhähnchen und Baumläufern, und sorgen dafür, daß das Geschmeiß sich nicht so sehr vermehre, das es im Mai dem Baume alle jungen Blätter nimmt.

Viele tausend Eichen stehen in dem Forst, keine aber ist so alt und so ehrwürdig wie der Überhälter. Doch sein Kern ist rotfaul, sein Stammholz von Larven durchwühlt. Die große Ameise zernagt ihn und Pilz fressen an seinem Marke. Noch einige Jahre oder Jahrzehnte wird er sich halten, mit knorrigen Wurzeln die Erde packen und starre Hornzacken gen Himmel recken. Aber eines Jahres wird der Blitz ihn fällen oder der Sturm ihn zerbrechen, den alten Überhälter, dessen Astrunen so schön von den Tagen sprachen, da noch der Adler hier hauste und der Uhu des Nachts seinen Weidruf erschallen ließ.

Der Feldteich

Mitten im Felde liegt ein mäßig großer Teich. Eine doppelte Reihe alter, hohler, krummer Kopfweiden faßt ihn auf der einen Seite ein, drei mächtige Schwarzpappeln halten gegenüber Wacht. Ein Drittel des Teiches ist von Schilf, Kalmus, Schwertlilie, Rohr und Pumpkeule erfüllt, die ein undurchdringliches Dickicht bilden. Vor ihnen bedecken Mummeln und Nixenblumen den Wasserspiegel, desgleichen Laichkraut, Schwimmknöterich und Froschbiß. An einer Stelle erheben sich in Menge die harten, zackigen Blätterbündel der Krebsschere, dunkel gegen den lichten Teppich von Wasserlinsen abstechend.

Allerlei Vogelvolk, das dort reichliche Nahrung findet, bewohnt das Röhricht. Jahr für Jahr bringt ein Stockentenpaar seine Jungen hier aus. Auch die Wasserralle brütet hier, dann noch je ein paar Teichhühner und Zwergtaucher. Ein Rohrammerpaar lebt dort ebenfalls, und vier Arten von den kleinen Rohrsängern, darunter der sonderbare Schwirl, der wie ein Heuschrecke schwirrt, und ein Pärchen des Drosselrohrsängers, der mit hartem, scharfem, herrischen Rufe alle anderen Stimmen übertönt, sogar das gellende Gemecker der Laubfrösche und das breite Geplärr der Wasserfrösche.

Wenn es Abend wird und die Unken anfangen zu läuten, dann erschallt aus dem Geröhr ein ganz seltsamer Ton. Er ist nicht leise und ist auch nicht laut, und wenn es eben scheint, er käme aus dem Wasser, so klingt es gleich darauf, als ob er aus der Luft ertöne. Ein ganz tiefer, dunkler, unirdischer Laut ist es, unheimlich zugleich und gemütlich dabei, drohend und zärtlich gleicherweise, ein verhaltenes, gedämpftes, halblautes „Uh", das in streng abgemessenen Pausen hörbar ist.

Von den Pappeln meldet das Käuzchen den Abend an; im Weidicht singt das Blaukehlchen; lauter kiksen die Teichhühner, stärker plärren die Frösche und im Röhricht schnattern und pantschen die Enten. Da ratschelt es im Schilfe, ein sonderbarer Vogel stiehlt sich hervor und schleicht am Rande des Röhrichts schnell und sicher über die Seerosenblätter. Ganz schmal und glatt ist er, und tief gebückt hält er sich. Ab und zu schnellt sich der Hals lang aus den Schultern heraus, und der lange, scharfe, spitze Schnabel schnappt irgendeine Beute aus der Luft oder aus dem Wasser. Der dumpfe Ton in der Mitte des Dickichts kommt näher und wiederholt sich häufiger. Es rispelt und krispelt in den harten Halmen, und plötzlich schwebt ein Vogel, dem gleichend, der jetzt in dem Schilfe verschwindet, herbei, und taucht ebenfalls dort unter, wo der andere sich verkroch. Dann gibt es ein lautes Rauschen und Rascheln, wilder, öfter ertönt das dunkle „Uh, uh, uh" und jetzt zickzacken die beiden Zwergrohrdommeln über den Teich hin, vorne die Henne, dahinter der Hahn. Mit lautlosem eulenhaften Fluge schweben sie dahin, jetzt geradeaus und langsam, nun nach rechts und links sich wendend und hastiger rudernd, und dann verschwinden sie mit Geraschel in den Pumpkeulen, um drüben wieder zum Vorschein zu kommen und bald über dem Teiche, bald über der Wiese ihr geisterhaftes Gaukelspiel fortzusetzen, bis sie dessen müde sind und der Hunger sie antreibt, sich mit allerlei Larven, Pferdeegeln, Schnecken und Kaulquappen die Kröpfe zu füllen, und dann, faul und müde, angeklammert an einem Rohrhalme, zu schlafen.

Da hocken sie zwischen den gelben Blättern und sind in ihrer fahlen Farbe fast unsichtbar. Weckt sie ein verdächtiges Geräusch, so machen sie sich ganz lang und dünn und richten die Schnäbel steif in die Höhe, und erst, wenn bei der Suche auf Jungenten der Hund ihnen ganz nahe kommt, schlüpfen sie von Stengel zu Stengel und verbergen sich im dichtesten Röhricht, und es muß schon sehr schlimm kommen, lassen sie sich zum Auffliegen bewegen. Denn als reiner Nachtvogel scheut der Zwergreiher den Flug bei Tage. So spielt sich sein Leben in aller Heimlichkeit ab, und nicht oft kommt es vor, daß der Jäger ihn zu Gesichte bekommt und, verblüfft über den ihm unbekannten Vogel, ihn erlegt und dann nicht weiß, was er aus dem winzige Reiherchen mit dem Entengefieder machen soll. Steht er gar an dem Teiche auf streichende Enten an und vernimmt den dumpfen Ruf der Zwergdommel, so sieht er sich die Augen nach dem Tiere aus, das sich so sonderbar verkündet, ohne sich blicken zu lassen, rät auf dieses und das und bleibt so klug wie zuvor.

Weil der Teich so weit entlegen ist, so kommt der Jäger selten zu ihm, und die Dommelchen fühlen sich so sicher, daß sie schon am Spätnachmittage fischen gehen, zumal wenn sie Junge haben. Da, wo das Röhricht am allerdichtesten ist, steht das wirre, unordentliche Nest auf einer breiten, hohen Riedgrasblüte gegen den Himmel durch darüber geknickte Stengel gut vor den scharfen Blicken der Rohrweihe verborgen, die fast jeden Tag vorübergaukelt. Merkwürdige Geschöpfe sind die jungen Dommelchen, halb wie Igel, halb wie junge Krokodile aussehend mit den stacheligen Speilen und dem breiten, kurzen Schnabel. Immer haben sie Hunger, fortwährend gieren sie, und die Alten können gar nicht genug Pferdeegel, Kaulquappen, Jungfrösche, Wasserjungfrauen, Schnecken und Gewürm herbeischaffen und ihnen in die Kröpfe hineinwürgen. Das reichliche Futter setzt aber auch gut an. Die Kleinen bekommen jeden Tag dickere Bäuche und längere Schnäbel, die schimmelartigen Daunen fallen aus, die Speile platzen und lassen die Federn hervorbrechen, und bald verlassen die Jungen das Nest und klettern den Eltern entgegen, wenn die mit vollen Kröpfen herangeschlüpft kommen.

Schließlich naht der Abend heran, an dem die junge Brut sich darauf besinnt, daß sie nicht nur Zehen zum Klettern, sondern auch Schwingen zum Fliegen haben, und es beginnt erst ein unbeholfenes Geflatter und Getaumel, bis von Nacht zu Nacht der Flug der Jungen sicherer und länger wird und sie es den Alten gleich tun. Dann aber verlassen sie alle den Teich und ziehen erst zusammen unstet von einem Röhricht zum anderen, um sich schließlich zu teilen und jeder für sich erst langsam, dann eiliger, Nacht für Nacht dem Süden zuzurücken, um dort, entweder in den Schilfbrüchen Südeuropas oder gar in den Sümpfen Afrikas, den Winter zu verbringen.

Im Frühling aber treibt es sie wieder zurück und aus dem Rohrdickichte des Feldteiches ertönt dann auf das neue ihr dumpfer Ruf, den keiner kennt und den niemand zu deuten weiß.

Der Bergwald

Zwei Gesichter hat der Berg. Ernst ist sein Südabhang. Kein Ort unterbricht die grüne Gleichförmigkeit seines steilen Hanges. So unnahbar sieht er aus, daß keine der bunten Ortschaften im Auetal es wagte, sich ihm zu nähern: sein ernstes Gesicht jagte sie nach den Weserbergen hin. Ein ganz anderes Antlitz hat der Berg nach Norden hin; da ist nichts von Unnahbarkeit, von abweisender Schroffheit zu spüren. In langsamen Ab-

142

sätzen steigt er zu Tal und so kletterten die Ansiedlungen hoch an ihm empor, trieben ihre Häuser, Äcker und Felder in seinem Wald und brachten viele Farben in seine grüne Gleichförmigkeit, rote Dächer und weiße Rauchwolken, aus kühn emporstrebenden Schloten hervorquellend, einer regen Industrie fröhliche Banner.

Außer diesen beiden großen Gegensätzen zeigt der Berg aber noch viele anderer Art. Hier, wo die düstere Fichte herrscht, ähnelt er dem Oberharze; nebenan, wo die Buche das große Wort führt, gleicht er den Weserbergen, und weiterhin, da wo Buche und Eiche sich mengen und ein Bach rieselt, erinnert er an die Bergwälder Thüringens. Dann aber wieder tritt die Kiefer auf heidwüchsigen Flächen auf, und wer die Beschaffenheit des Bodens nicht beachtet und die Steine übersieht, der könnte meinen, er sei in einem der hochgelegenen Geestwälder der Lüneburger Heide, vorzüglich im Vorherbste, wenn der Honigbaum blüht.

Aber auch um die jetzige Zeit kann man sich dort in die Heide träumen, weil geradeso wie dort das düstere Gezweig der Kiefern goldene Schossen treibt und über den heidwüchsigen Rodungen die Birke ihr grünes Blättergeflatter bewegt, während rundumher der Baumpieper schmettert, im Dickicht Haubenmeisen zwitschern und kollern, der Laubvogel sein wehmütiges Lied flötet und von der blauen Höhe eine Heidlerche süß singt. Ganz so wie in der fernen Heide blitzen goldgrüne Käfer über die sonnigen Schneisen, tanzen die krausen Schatten der Kiefern auf der weißen Fahrstraße, schweben düstere Falter über das spitze Gras.

Der Eindruck bleibt auch noch im raumen Stangenorte, dessen Boden bunt ist von den hellgrünen Bickbeerensträuchern und dem rostroten Dürrlaube des Adlerfarns. In allen Kronen piepsen unsichtbare Goldhähnchen, überall leuchten die roten Mordwespen, der Wind erfüllt den Wald mit dem behäbigen Gebrumme, wie es nur die Kiefer kann, und die Sonne entlockt ihm den eigenen Duft von Kien und Juchten, den nur der Heidwald ausströmt.

Dann, auf einmal, ist etwas da, was nicht in den Heidwald gehört. Ein großer, rosaroter Falter fegt mit wildem Zickzackfluge über die leuchtende Bickbeergrün, hastet zwischen den rotschimmernden Stämmen hindurch, saust über das schattige Gestell, taumelt an den Birken vorbei und verschwindet dort, wo das lachende Laub einer Buche auftaucht. Denn das ist sein, des Hammerschmieds, Baum; mit den Kiefern und Birken will der seltsame Schmetterling nichts zu tun haben, der auf den Flügeln in blauen Feldern vier weiße Halbkreuze trägt. Die Buche ist sein Baum, und wo sie herrscht, da ist seine Heimat. Ihr strebt er zu.

Jäh bricht der Kiefernwald ab und macht dem Buchenwalde Platz. Hier und da hat sich noch eine Kiefer vorgewagt, einige Birken ringen sich zum Lichte, eine Eiche schafft sich mit rücksichtslosen Ästen Raum, aber weiterhin herrscht der grüne Schatten, den nur die Buche gibt, der keiner Blume, es sei denn, daß sie sich von Moder nährt, das Leben gönnt, der alles grüne Leben am Boden in muffigem Fallaube erstickt. Verschwunden sind die frohen Käfer und die lustigen Schmetterlinge, verhallt sind

143

des Piepers und der Goldhähnchen Lieder; eines einzelnen Finken Schlag klingt verloren in der Stille und ein Häherruf unterbricht auf einen Augenblick das schwere Schweigen.

Hart neben dem Buchenwalde erhebt sich wie ein schwarze Mauer das Fichtenaltholz, kalt und tot wie ein Gefängnis. Lautlos treten die Füße über die weichen, braunen Matten des Bodens. Hier und da ist ein heller Fleck, als fiele aus einem Dachfenster ein karges Licht, und läßt ein Büschlein Schattengrases, einen Bickbeerenhorst, eines Farnes frohes Blattwerk weit hinwirken. Oder es fällt von obenher ein Vogelruf in das kalte Schweigen oder ein langer blauer Sonnenstrahl überschneidet schräg die düsteren Stämme, bemalt sie mit Gold, macht aus dem toten Zweigwerk ein silbernes Netz und aus dem Bock, der langsam dahinzieht, ein fabelhaftes Wesen von lodernder Glut.

Dort aber, wo das Bächlein sich abhastet, und aus dem Bergwalddunkel in das lachende Land zu kommen, springen die Hainbuchen hinzu und stellen sich rechts und links daneben, damit es sich vor den ernsten Fichten nicht allzusehr grusele. Sie spreizen ihre Zweige weit von sich, damit der Mönch und Zaunkönig etwas Sonne haschen können und nicht ganz ihre kecken Lieder verlernen, und auf daß dort auch allerlei gutes Kraut wachsen könne, damit Has und Reh bei Tage Äsung finden.

Hinter dem Bache, wo die Talwand steil empor strebt, ist ein wilder Kampf zwischen allen Bäumen, die es im Berge gibt. Da zanken sich Buche und Kiefer um den besten Platz, und während sie streiten, schleicht sich die Birke zwischen sie, und auch die Lärche findet sich ein, bis dann wieder die Eiche hinzutritt und die anderen beiseite schiebt. Und während sich die großen Herren balgen, hat es das kleine Volk gut, und so sprießt Pfeifengras und Adlerfarn, Bickbeere und Eberesche, Heidecker und Siebenstern, weil die uneinigen Bäume ihnen nicht, wie im geschlossenen Bestande, alles Licht und jedes bißchen Luft wegnehmen.

Darum gefällt es der Amsel dort auch so ausnehmend und der Graudrossel nicht minder, Mönch und Zaunkönig und Fink sagt es dort ganz besonders zu und die drei Vettern, der schwirrende Laubvogel des Buchenwaldes, der Weidenlaubvogel aus dem Birkengebüsch und des Kiefernwaldes Fitis finden sich hier zusammen und veranstalten einen ergötzlichen Gesangswettstreit; aber die Finken übertönen sie, des Rotkehlchens silberhelles Lied kommt auch noch voll zur Geltung, von der Blöße her mischt sich die Braunelle ein, der Pieper macht sich kräftig bemerkbar und das Geplauder des Grauhänflings bringt neues Leben hinzu.

Oben auf der Rodung ist eine andere Welt. Die Sonne liegt auf der weiten, ringsum von dunklen Fichten eingefaßten Blöße, und es ist still und verlassen dort. Aus himmelhoher Luft kommt eines Seglers spitziger Ruf, irgendwo lockt traurig ein Vogel, ein weißer Schmetterling flattert, wie verängstet, über die Ödnis, und der grüne Buchenhorst sieht aus, als hätte sich Bäumchen an Bäumchen gedrückt, aus Furcht vor der Einsamkeit, die von allen Seiten auf sie eindringt. Unheimlich klingt vom fernen Tann des Taubers dumpfer Ruf.

144

Doch hinter der blanken Blöße, wo ein Hohlweg den Boden zerschneidet, an dessen Abhängen Farne winken, Silberweiden schimmern und der Bergholder mit lichten Dolden prahlt, oder dort, wo ein Eichenhain mit lustiggrünenden Ästen sich lichtet, und hier wo die Buchen so weit stehen, daß die Sonne über den Boden Macht hat, oder dort, wo der alte Steinbruch gähnt, und weiterhin, wo fleißige Hände im neuen Bruche schaffen und unfern davon der Wald vor dem Abhange zurückprallt und von grasiger, hell geblümter Halde der Blick hinunter in das Tal und hinüber zu den Bergketten reicht, da ist trotz aller Bergwaldheimlichkeit Leben, und trotz des Lebens Waldheimlichkeit.

Wenn auch Maschinenwerk knarrt und klappert oder froher Wanderer Stimmen von der Wirtschaft herschallen, ein Viertelstündchen weiter ist wieder die Einsamkeit zu finden mit Wipfelrauschen, Bussardruf und Vogellied, wo nur die reihenweise Gliederung des Waldes, die Wegeführung und die Wagenspur von Menschen und Menschenwerk reden und den Wanderer nicht zu jenem bedrückenden Gefühle der Verlassenheit kommen lassen, das ihn beschleicht, schweift er im pfadlosen Moore oder in der ungeteilten Heide. Er weiß, daß der Weg ihn zu Menschen bringt, ihn zum Abhange des Berges führt, dorthin, wo sich Ort an Ort reiht, an den Südhang oder dahin, wo tief im Tal der Aue die Straße von Dorf zu Dorf geht.

Und so wird der Berg jedem gerecht, der ihn aufsucht. Der menschenmüde Waldfahrer kann stundenlang schweifen ohne gestört zu werden, und der frohe Wanderer kann sich des stillen Waldes freuen, während vom Hange her rote Dächer ihn grüßen und vom Tale aus der Pfiff der Dampfpfeife und das Rollen der Räder ihm meldet, daß ein kurzer Weg ihm wieder Gesellschaft bringe.

Der Eisenbahndamm

Als häßlicher gelber Wall zog sich anfangs der neue Bahndamm durch das Wiesenland vor der Stadt. Es dauerte aber gar nicht lange, so begrünte er sich, und als der Frühling kam, sah der längst nicht mehr so kahl und so nackt aus.

Der Boden, aus dem er aufgebaut war, und der teils aus den großen Ausschachtungen neben ihm gewonnen, teils von weither angefahren war, enthielt eine Unmenge von Samenkörnern, auch Wurzelstöcke und Kronen, und die keimten oder trieben aus. Die Vögel, die gern auf den Leitungsdrähten sitzen, bringen in ihrem Kote allerlei unverdaute Sämereien dahin, und aus den mit Getreide, Wolle, Häuten und Kohlen beladenen Güterwagen fiel manches Körnlein heraus, wie denn auch der Wind allerlei leichtes Gesäme antrieb.

Kaum ist der März in das Land gekommen, so überziehen sich die kahlen Stellen mit den zierlichen Blütchen des winzigen Hungerblümchens und des Zwergsteinbrechs, das Marienblümchen erhebt seine weißen, der

Huflattich seine gelben Sterne. Schießt das Gras höher, ist der Huflattich greis geworden, so strahlen überall die goldenen Sonnen des Löwenzahnes, und Taubnesseln mit roten und weißen Blütenquirlen bilden weithin sichtbare bunte Flecken an den Abhängen. Darüber hinaus ragt der Hahnenfuß, an den Abflüssen wuchert das Schaumkraut und neben ihm später auch, hellrote Kuckucksnelke, bräunlicher Ampfer, blauer Beinwell sowie massenhaft die Wucherblume, ganz und gar mit großen weißen Strahlblumen bedeckt.

Ist eine Blumenart abgeblüht, so tritt eine andere an ihre Stelle, um den Bahndamm zu schmücken, bis er im Sommer wie ein künstlich angelegtes Blumenbeet aussieht. Labkräuter verhüllen ganze Flächen mit weißen und gelben Blütenschleiern, die Hauhechel schmückt sich rosenrot, bis zur Manneshöhe reckt sich weißer und gelber Steinklee, die wilde Reseda bildet ganze Bestände, blau schimmert der rauhe Natterwurz und die stolze Nachtkerze, eine echte Eisenbahnpflanze, die aus Amerika kam, wie der unscheinbare, aber in Unzahl auftretende Kuhschwanz, sucht mit ihren großen, hellgelben Blumen die heimische Königskerzen um ihr Ansehen zu bringen.

Dann sind Stellen da, ganz rosenrot von Weidenröschen, blau von Kornblumen und Rittersporn, feuerrot von Feldmohn, weiß von Hundskamille und strahlend gelb von Färberkamille. Rote Flockblumen und weiße Schafgarben bringen wieder andere Töne in die Farbenpracht, die Rasen des blühenden Quendels oder die goldgelb besternten Polster der Fetthenne. Darüber nicken hohe Gräser, erheben stolze Disteln ihre purpurnen Köpfe, reckt protzig der Rainfarn seine flammenden Dolden und der Riesenampfer seine mächtigen braune Rispen über all dem unscheinbaren Gekräut und Graswerk, das den Boden überzieht: Melde und Knöterich Gundermann und Hirtentäschel, Schachtelhalm und Wegerich und allerlei Kleearten, wilden und zahmen, und den Moosrosen, die alle feuchten Stellen überziehen.

Die vielerlei Pflanzen bieten allerlei kleinem Getier Nahrung und Obdach. Es krimmelt und wimmelt am Boden von Käfern, Ameisen, Spinnen, Heuhüpfern und Wanzen; es summt und brummt von Fliegen, die Bienen, Wespen und Hummeln um die bunten Blumen. Und es flittert und flattert von Füchsen, Pfauenaugen, Schwalbenschwänzen, Weißlingen, und dazwischen huschen blitzschnell die glühäugigen, mit prachtvollen Metallflecken geschmückten Eulenfalter umher, oder ein Karpfenrögelchen saust reißenden Fluges dahin. Wenn aber ein Zug über die Geleise donnert, flattern Tausende von kleinen, bleichen Motten aus dem Grase heraus, werden von dem Luftzuge mitgerissen und hin und her gewirbelt und fallen schließlich wieder in das Gekräut zurück, wo Raubkäfer und Laufspinnen über sie herfallen oder einer der Vögel sie aufschnappt, die sich dort aufhalten.

Nicht wenige Vögel sind es, die dort ständig wohnen, denn da der Bahndamm mit einer Hecke und einem Drahtgitter umsäumt ist, so haben sie Ruhe vor den Menschen. Der erste Vogel, der sich ansiedelte, als Schwel-

146

len und Schienen lagen, die Blockstellen gebaut waren und die Arbeiter abzogen, war die Haubenlerche. Erst war es ein Pärchen; jetzt sind es viele, die sich die Strecke geteilt haben. Ehe die Bahn gebaut wurde, kam die Haubenlerche in dem Wiesenlande nur da vor, wo die Landstraße es berührte. Sie will trockenen festen Boden haben, und so kam ihr die Bahnanlage wie gewünscht. Sie lebt fast nur auf dem Damm. Den ganzen Tag rennt sie zwischen den Geleisen umher und sucht nach Körnern und Gewürm. Ihr Nest hat sie in die Lücke unter einer Schwelle zwischen struppige Meldebüsche gebaut, und sie bleibt ruhig auf den Eiern sitzen, wenn ein Zug über ihr hinwegrattert. Selbst im Winter bleibt sie dem Bahndamm treu.

Das tut der Rotschwanz nicht, obgleich er sich ganz an die Bahn gewöhnt hat, dieser Klippenvogel aus dem Süden. Er hat sein Nest in der oberen Blockstelle über dem Ausguck des Wärters, der gut Freund mit ihm ist und an regnerischen Tagen, wenn die Fliegen sich verkriechen, die Bäume in dem Gärtchen schüttelt, um den Rotschwänzen das Leben leichter zu machen. Sofort sind die Vögelchen da, umflattern, ohne sich vor dem Manne zu scheuen, die Zweige und haschen die Kerfe, die herausfliegen. Auf der unteren Blockstelle hat ein weißes Bachstelzenpaar Wohnung gefunden, das sich mit dem Wärter ebenso gut steht und ruhig seine Jungen füttert, wenn er am Fenster steht und sein Gesicht dicht bei dem Neste hat. Ab und zu kommen die Rotschwänze oder die Bachstelzen, die weiter an der Strecke brüten, zu Besuch, und dann gibt es ein heftiges Gekrätsche und wildes Gejage, bis die Eindringlinge abziehen, denn jedes paar duldet keinen seiner Art in seinem Gebiete.

Wenn aber die gelbe Kuhstelze, die unten an dem Damme brütet und meist auf der Wiese lebt, sich auf dem Geleise zeigt, so kümmern sich die Bachstelzen um sie ebensowenig wie um die Goldammer, die ihr Nest unter dem Brombeerbusche hat und sich auch auf das Geleise traut und nach Körnern sucht. Auch die Dorngrasmücke und der Hänfling, die in der Hecke wohnen, bleiben unbehelligt, desgleichen der Grünfink und die Grauammer, die irgendwo in der Nähe ihre Neste haben und sich gern auf den Leitungsdrähten niederlassen. Hier ruhen sich mit Vorliebe auch Spatzen, Schwalben und Stare aus und häufig auch der schmucke Steinschmätzer. Auch der ist erst hier eingezogen, als die Bahn angelegt wurde, denn so sehr sein Vetter, der niedliche Wiesenschmätzer, die Wiese liebt, so zieht er den kahlen Boden vor. Während sein Weibchen in der Steinritze über der Landstraßenüberführung auf den Eiern sitzt, rennt er hurtig und viel knicksend über die Schwellen, und wenn er recht guter Laune ist, steigt er seltsam flatternd in die Luft und schwatzt im Fliegen auf sonderbare Art.

Wenn von all den bunten Blüten am Bahndamm nur noch einzelne Flockblumen und der Rainfarn blühen, wenn die Schwalben sich auf den Leitungsdrähten zur Reise sammeln, dann zieht der Steinschmätzer fort, die Bachstelze folgt ihm und schließlich verschwindet auch der Rotschwanz, und von all den Vögeln, die in der schönen Zeit auf dem Bahndamme lebten, bleibt nur die Haubenlerche zurück, trippelt zwischen den Geleisen umher und ruft ab und zu wehmütig. Aber Tag für Tag kommen Scharen von Ammern, Hänflingen, Grünfinken, Stieglitzen und Spatzen angeschwirrt und lassen sich dort nieder, denn den ganzen Winter über bietet ihnen der Damm und seine Abhänge reiche Nahrung durch die Samen der Unkräuter und die vielen Körner, die aus den Güterwagen herausfallen, und die Abfälle, die die Reisenden aus den Fenstern werfen.

Und wenn eine dicke Schneedecke die Felder und Wiesen verhüllt, so fristet der Bahndamm manchem Vögelchen, das sonst Not leiden würde, das Leben und hilft ihm über die schwere Zeit hinfort.

Das Brandmoor

Hohe alte Birken begleiten die feste Straße, die durch das Dorf führt, ihre dünnen, lang herabhängenden Zweige pendeln im lauen Winde langsam hin und her. Nördlich des Doppeldorfes endet die feste Straße, hören die alten Birken auf. Der Knüppeldamm beginnt; jüngere Birken mit krausen Kronen besäumen ihn. Die Torfschuppen, die Häuser, die Gemüsegärten, die Kleewiesen bleiben zurück, das Moor allein herrscht noch. Weit und breit liegt es da, zur linken Hand von Wald begrenzt, rechter Hand von der hohen Geest umschlossen.

Gewaltige Torfmieten, hier von hellbraunem Neutorf, dort von dunklem Alttorf gebildet, erheben sich rechts und links von dem mit graubraunem Staub bedeckten Damm, den ein schmaler Strich blühenden Heidkrautes einfaßt. Hier und da starren Haufen von ausgegrabenen Wurzelwerk, Reste eines alten Waldes, der vor Jahrhunderten von dem Torfmoore aufgesaugt wurde. In den abgebauten Abstichen wuchern Birken und Rischblüten; zwischen ihnen stockt junger Birkenaufwuchs.

Es ist stiller im Moore geworden. Die Hunderte von fremden Arbeitern, die noch vor kurzem hier schafften, sind in ihre Heimat gezogen. Nur dort und da sieht man noch die weißen Hemdsmaugen und die hellen Fluckerhüte einheimischer Torfarbeiter aufleuchten. Die Bienen läuten, die Moormännchen zirpen, die Hänflinge schwatzen, die Heuschrecken geigen, und zwitschernd schießen die Schwalben in lockeren Verbände über den weiten, breiten, von den blühenden Moorhalmen bräunlich gefärbten Plan.

Immer noch begleitet fertiger Torf, geringelt oder aufgemietet, den Damm. Hinter dem allerletzten Hause, neben dem hohe Sonnenblumen eine fremde Farbe in das Land bringen, hört er dann auf. Noch einige Kleewiesen grünen, eine Roggenstoppel schimmert goldig, reifender Buchweizen schiebt sich bis an den Weg, durchsetzt mit den hohen, rosenroten Blütenrispen des Weidenröschens, und dann ist hier nichts als Moorhalm und Moorhalm und Moorhalm, dichtstehend, als habe Menschenhand ihn gesät.

Braune Lieschgrasfalter tanzen über den Weg Trauermäntel spielen um die Stämme der Birken, Libellen flirren dahin, Sandkäfer blitzen auf.

Stumm flattert ein bräunlicher Vogel von dem alten Wurzelknorren davon, der Steinschmätzer ist es, silbern leuchtet sein Schwanzgrund. Über dem alten Abstiche rüttelt der Turmfalke, auf eine Maus lauernd. In der Ferne schaukelt eine helle Weihe langsam dahin.

Die braunen Moorhalme machen der rosenroten Heide Platz. Stärker wird das Geläute der Bienen. Überall flattern winzige blaue und ab und zu auch ein goldroter Falter. Rundherum geigen die Grillen, zirpen die Moormännchen. Dann und wann flattert ein weißer Schmetterling dahin. Der Schrei einer dahinstreichenden Krähe sticht hart ab von den vielen kleinen, zu einer großen eintönigen Weise verbundenen Stimmen.

Zur Linken, wo der Handweiser steht, führt ein Querdamm. Hinter ihm ist die ganze Fläche von einem einzigen, grelleuchtenden Rosenschein erfüllt. So rot blüht die Heide nicht, und so hoch bollwerkt sie nicht. Weidenröschen sind es, Millionen, die das Moor bedecken und in Zauberfarben hüllen. Es sieht aus, als wäre das Morgenrot auf den Boden gefallen und dort liegengeblieben. Ein einziges himbeerrotes Blumenbeet ist die weite Fläche.

Denn da war im vorigen Jahre der große Brand, der von Pfingsten bis in den Winter hinein währte. Dreihundert Morgen Moor verkohlten bis auf den Sandgrund. Alle Arbeit war vergebens; es währte weiter, brannte noch unter dem ersten Schnee langsam fort. Die Menschen konnten nur dafür sorgen, daß das Feuer den Damm nicht übersprang; dann wäre bei der Trockenheit das gesamte Moor ausgebrannt, und aus wäre es gewesen mit der blühenden Torfindustrie in der ganzen Gegend.

Endlich erstickten Regen, Schnee und Frost den Brand, der ein halbes Jahr gewütet hatte. Auf die schwarze Torfkohle und die gelbe Asche flogen, vom Winde getrieben, die wolligen Samen des Weidenröschens von allen Seiten, klebten dort fest und warteten, bis es Frühling wurde. Dann keimten sie und bedeckten den schwarzen, gelbgefleckten Brandplan mit frischem Grün. Als es dann Sommer war, sprossen daraus lange Rispen, ganz mit rosigen Knospen bedeckt. Die sprangen dann auf und da, wo es im Jahre vorher rot flackerte und weiß qualmte und dann schwarz starrte, blüht und glüht und leuchtet es nun von morgenrotfarbigen Blumen.

Wunderschön sieht das aus, doch der Bauer, der uns begegnet, blickt mit bösen Augen danach hin. Milliarden von weißflockigen Samenkörnchen wird der Herbstwind über das Moor führen und da abladen, wo später Hafer und Buchweizen wachsen solle; das wird ein schlimmes Dreschen werden, wenn sich die Samenwolle in das Getriebe der Maschinen setzt und ihr Staub die Lungen der Menschen erfüllt, daß sie vor Atemnot bei der Arbeit umfallen. Schon hat hier und da eine Staude die roten Blumen in weiße Flocken verwandelt, dort hinten sieht eine ganze Fläche aus, als läge Schnee darauf, und bald wird das ganze weite, breite, rosige Blumengefilde ein weißes Feld sein, und hinterher wird ringsherum das Moor silbern schimmern von den verwehten Samenfederchen.

Noch aber blüht es in rosiger Pracht über der schwarzen, von Algenanflug und Jungmoos seltsam und unheimlich gefärbten Fläche. Gespenstig

149

starrt dort ein hoher, verkohlter Baumtrunk in die Luft, von dem der Raubwürger Umschau hält und mit klirrendem Warnruf weiterstreicht, wie wir ihm uns nähern. Das aber, was da schwarz und steif wie ein verbrannter Stamm das große rosige Blumenbeet überschneidet, ist der Schäfer, der da, auf seinen Stab gelehnt, steht und strickt. Neben ihm liegt ein gelber Hund und die Schnucken weiden die junge Heide ab, die zwischen den verkohlten Stengeln ausgeschlagen ist.

Schlimm hat das Feuer gewütet. Der Damm ist bestreut mit armdicken, verkohlten Knüppeln, den Resten der in langer Arbeit hergestellten Befestigung der Moorstraße. Daneben steht ein verkohlter Stuken bei dem andern. Auf den Sand, auf dem der von dem Torfmoose begrabenen Wald stand, ist der Torf ausgebrannt, so daß die Sümpfe nach jahrhundertelanger Verborgenheit wieder zutage traten. Drei Jahrzehnte wird es dauern, ehe hier wieder abbaufähiger Torf gewachsen ist. Der zarte grüne Anflug, der den schwarzen Grus und die gelbe Asche niederzieht, ist der Anfang dazu. In einigen Jahren werden hier zwischen den Binsen und dem Wollgrase die hellen Torfmoospolster schwellen, nach unten absterben, nach oben weiter wachsen, und langsam zu einem einzigen großen, nassen Kissen zusammenquellen.

Hier in den alten Abstichen wächst das Torf wieder. In dem einen schwimmen, von den goldgelben Lippenblüten des Wasserschlauchs überragt, dichte Torfmoosballen. Der andere daneben ist ganz ausgefüllt von den saftiggrünen Blättern und den breiten weißen Löffelblumen des Schweineohrs. Was vermodert und zu Boden sinkt, wird erst Schlamm und dann Torf, und darauf wächst das Torfmoos, bis es den Rand das Kolkes erreicht hat, über ihn hinausquillt und immer höher wächst, die Binsen und das Risch an seinen Ufern überwuchert und höher und weiter wächst, und sich mit den benachbarten Torfmoospolstern vereinigt. Wo man jetzt trockenen Fußes geht, da wird es dann feucht und wegsam, und je höher das Moor wächst, um so nasser und tiefer wird es werden. Da, wo jetzt das goldrot in der Sonne leuchtende Reh durch die rosenroten Blumen zieht, wird der Brachvogel stelzen und die Heerschnepfe brüten, und wo sich jetzt in dem Brandgrus das Birkwild badet, wird die Ente einfallen, und im Mai wird dort, wo heute eine rote Rispe neben der anderen stehet, das Wollgras das Moor mit dichten weißen Flocken bedecken, daß es wie überschneit aussieht.

Dann, nach Jahrzehnten, wird der Torf wieder reif sein, und die Bauern werden ihn stechen, ringeln, in Mieten häufen und, wenn er dürr genug ist, einfahren, wenn nicht, wie im letzten Sommer, wieder Feuer auskommt und alles hier eine rote Glut unter dem Boden und ein weißer Rauch über ihm ist, denn ein brennend fortgeworfenes Streichholz genügt schon, um das trockene Gras zum Brennen und das Moor zum Glimmern zu bringen. Unter dem Heidkraut glüht der Brand dann in aller Heimlichkeit weiter, frißt und frißt und wächst und wächst, bis er so groß ist, daß an kein Löschen mehr zu denken ist und dem Menschen nichts mehr übrig bleibt als dafür zu sorgen, daß es nicht das meilenbreite Moor verzehrt.

Die Strahlen der Abendsonne fallen auf das große Blumenbeet; herrlicher als zuvor prangt es, und glüht und leuchtet und verschwimmt, als wolle es sich von dem Boden losreißen, gen Himmel steigen und als Abendröte mit den Wolken verschmelzen. Und dabei ist es ein rosenrotes Leichentuch, das die Stätte bedeckt, wo die Birkhenne auf dem Nest verbrannte und das Rehkitz in die unterirdische Glut fiel und verkohlte, und um das herum die Bauern standen mit schwarzen, von Schweiß mit Striemen durchzogenen Gesichtern und rußigen Händen, mit bitterer Mienen in den Rauch starrten, aufseufzten und dann wieder darangingen, dem Brande zu wehren, damit er nicht weiterfräße und über das Jahr, soweit man sehen kann, alles ein einziges, wunderbares, rosenrotes Leichentuch sei.

Der Quellbrink

Oben auf dem Kopfe des Heidberges herrschen Magerkeit und Dürre. Zwei alte, hohe, krummgewachsene Föhren stehen dort, ein halbes Dutzend schiefer Birken und eine Menge spitzer oder krauser, alter und junger Machandeln.

Wo nicht der gelbe, an bunten Geschiebe überreiche Sand zutage tritt, bedeckt der Schafschwingel mit bläulichgrünen Borsten den Boden oder andere büschelige Gräser, brechdürres silbergraues Renntiermoos und sparsam blühendes, von den Schnucken niedriggehaltenes Heidkraut.

Selbst wenn es tagelang geregnet hat und der Wind streicht hinterher nur einige Stunden über den Heidberg, sieht es da so dürr und so trocken aus wie vor dem. Doch die kräftigen Eichen, die beiden mächtigen Buchen und die stattlichen Fichten, die den an der Flanke des Hügels gelegenen alten Schafkoben beschützen, beweisen, daß der Berg nicht so wasserarm ist, wie er den Anschein hat, und einige hundert Schritte davon sieht es schon anders aus.

Da ist die Heide kniehoch und mit Doppheide gemischt, und zwischen den runden Blüten zeigen sich kleinere und größere, nackte, schmierige Flächen schwarzbraunen Moorbodens. Stellenweise macht die Heide dem Wollgrase und dem Moorhalme Platz, ist immer mehr mit Torfmoos durchflochten, wird immer nasser, bis sie schließlich hinter den hohen Wacholdern, krummen Birken und krüppelhaften Föhren zu einem einzigen großen Quellbrinke wird, auf dem es überall quillt und träufelt und rieselt und fließt von dem klarsten Wasser.

Hier steht eine alte, windschiefe Eiche mit wunderlich gebogenem Gezweige. Unter ihren seltsam gestalteten knorrigen, dicht mit den Wedeln des Engelsüß bedeckten Tagwurzeln trieft und tröpfelt es unablässig und bildet einen schmalen Wasserfaden, der sich hier mit einem anderen vereinigt, der zwischen einem hohen ulkig geformten Machandel und einer putzigen, krummen Fichte hervorkommt, und der bei der alten, dicken, wie eine riesige Harfe aussehenden Hängebirke zwei andere aufnimmt und mit ihnen zusammen einen kleinen, tief in das Torfmoos eingeschnittenen, vielfach gekrümmten Wasserlauf bildet, der in einem Quellbecken mit schöngeschwungener Borde endigt.

So klein dieser Tümpel ist, so reizend ist er. An dem einen Ufer faßt ihn hellgrünes, an den anderen goldgelbes, blutrot gemustertes Torfmoos ein. Seine Ränder sind ganz dicht mit den lichtgrünen spitzen Blättern des Beinheils besäumt, das mit grünlichgelben, kupferrot angelaufenen Fruchtrispen geschmückt ist. Die Einschnitte des Beckens, die von den eindringenden Wasserfäden gebildet sind, füllen die purpurnen, silbern glitzernden Blattbüschel des großen Sonnentaues aus. Auf dem weißen Sande, der den Boden des Beckens bildet und, in dem es an einigen Stellen fortwährend quillt und wühlt, schlängeln sich wie große Würmer die schwarzgrünen oder rostroten Ranken des Quellmooses.

In der Mitte des Quellkumpes hat sich auf dem Stumpfe einer alten Eiche eine hohe, runde, aus blutrotem, am Rande goldgrünen und gelben Torfmoos gewachsene Insel gebildet, in deren Mitte ein hoher spitzer Fubusch wächst, dessen harte, dornige Blätter das Sonnenlicht in silbernden Blitzen zurückgeben. Das Torfmooskissen unter ihm ist von der Moosbeere durchflochten, aus deren zierlichem Laube die roten Beeren hervorfunkeln. Hohe, bleiche Simsen mit silbernen Blüten heben sich von dem starren Blattwerk des stolzen Strauches wirksam ab und ein großer Fliegenpilz lodert davor, wie eine glühende Flamme.

Alte Machandeln umgeben im Kreise, die Quelle, als hüten sie ein Geheimnis. Einige davon bestehen aus einem einzigen Stamme, der in einem spitzen Wipfel oder in eine runde Krone ausläuft, andere sind aus vielen, auf gespenstige Weise verreckten Stämmen gebildet, oder auf putzige Art verbogen und in ulkiger Weise gestaltet. Zwischen ihnen wuchert das Torfmoos in fußhohen, nassen Polstern, von der Doppheide überragt, die dort, wo es trockener ist, der Sandheide Platz machen muß, die sich hier zu drei Fuß hohen Sträuchern entwickelt hat, um deren reiche Blütenfülle es von Bienen summt und brummt, zwischen denen hier und da ein zierlicher blauer Falter flattert.

Aus der Quelle quält sich ein schmales Wässerchen unter dem Mooskissen her, bekommt von allen Seiten Zulauf und bildet bald darauf wieder ein Becken, in dessen Sandgrunde es heftig wogt und wirbelt und dessen bleichgelbe und blutrot gesprenkelte Moosufer, von zwei herrlichen großen Königsfarnen beschattet werden, zwischen denen sich ein putzwunderlich gewachsener Schneeballstrauch mit rot angelaufenen Blättern und scharlachfarbigen Beeren hervorwindet, und unter ihm ein Faulbaumbusch, ganz und gar mit schwarzen blanken Früchten behangen. Vor dem Abflusse dieses Beckens wuchert die zierliche Krötenbinse und bildet ein kleines, tief blutrotes Beet auf dem nassen Sande, und mitten zwischen ihr sitzt ein knallgrüner Laubfrosch und meckert lustig, während über dem Tümpel eine große, himmelblaue Wasserjungfer auf und ab schießt und bei jeder Wendung mit den goldbraunen Flügeln laut knistert.

Unter diesem Becken steigt der Boden an, so daß das Wasser seitabwärts sich seinen Weg suchen muß. Nach der einen Seite müht es sich durch ein verworrenes Machandeldickicht hin, um, sobald die Büsche ihm Raum lassen, einen winzigen Teich mit steilen Mooswänden zu bilden, der noch von vier Seiten Zufluß bekommt. Zwischen den beiden oberen Rinnsalen liegt ein mächtiger Findelstein aus weißlichem Granit, hinter dem sich ein vielverästelter Rosenbusch hervorreckt, der so dicht mit dicken scharlachroten Früchten bedeckt ist, daß das Blattwerk dazwischen fast verschwindet, und unter dem Steine sprießen die hellgrünen Wedel eines zierlichen Farns aus dem blutroten fußhohen Moospolster hervor, auf dem ein grellgestreifter Moorfrosch hockt, der ab und zu die rote Zunge nach einer Mücke oder Fliege vorschnellt, blitzschnell sich dabei umdrehend. Da diese Quelle in der vollen Sonne liegt, flirrt und flattert es von vielen goldenen und roten Schillebolden über ihrem Spiegel, der rundherum unter dem Moose von den schirmförmigen runden Blättern des Wassernabels umschlossen wird.

Der andere Wasserlauf, der aus dem oberen Becken hervortritt und sich dann im tiefen Moore verläuft, hat einstmals auch einen offenen Pump gebildet; der aber ganz von Weidengebüsch umschlossen ist, so wuchs einmal das Moos so üppig, daß es ihn bis auf ein tiefes Wasserloch zudeckte, und dann siedelte sich da Schweineohr in ihm an und wucherte so stark, daß es ihn ganz ausfüllte, so daß nichts mehr von ihm zu sehen ist, sondern er gänzlich verschwunden ist unter dem hohen und dichten Gewirre von dicken, fleischigen Stengeln, breiten, saftigen Blättern und großen, weißen Blüten, von denen manche schon zu dicken Fruchtkolben geworden sind, deren feuerrote Giftfarbe seltsam von dem Untergrunde absticht. In diesem feuchten, kühlen Grunde lagert sich das Birkwild gern, wenn es gar zu heiß ist, und äst sich an den Früchten der Moosbeere, die die nassen Polster unter den Weidenbüschen dicht berankt hat.

Rund um das Buschwerk ist der Boden mit fußhohen Moose, Wollgras und Farnkraut bedeckt, und ist selbst im heißesten Sommer immer naß. Dann hebt er sich zu einer dicht mit Machandeln bestockten, heidwüchsigen Sandwelle, aus deren anderer Seite ein halbes Dutzend Wässerchen herausquellen, die ein weites, offenes und tiefes Becken bilden, das von der Höhe her noch drei Zuflüsse bekommt. Die Ufer dieses Pumpes sind stellenweise recht steil und tief eingeschnitten. Auf den moosigen Landzungen recken stolze Farnen ihre Wedeltrichter und in den oberen Buchten wuchern Beinheil und Sonnentau, in den unteren ein hellgrünes Laichkraut, das sich mühsam aus dem angespülten Sande hervorarbeiten muß. Am Kopfe des Becken steht eine junge, krumme, von einem alten Geißblattbusche halb erdrosselte Eiche, die eine Unmenge wachsgelb und hellrot gemusterter Blumenbüschel trägt, zwischen denen die Beeren wie Rubine funkeln. In dem Gewirre des Buschs hat der Hänfling sein Nest, der auf dem Gipfel des hohen, spitzen Machandels, der gegenüber der Eiche auf der anderen Seite der Quelle steht, lustig schwatzt, aber nun dem Raubwürger Platz machen muß, der von da aus auf eine Maus lauert.

Die Abflüsse dieses Beckens rinnen um drei schlanke Birken her, bilden zwischen einem halben Hundert alter Machandeln ein kleines Moor, das

153

von der Sandheide rosenrot gefärbt und von den dürren Blüten der Doppheide rostrot gesprenkelt ist, und treten dann wieder in allerlei von Porstbüschen, Weiden und Brombeeren umwucherten und vom Torfmoose
halb erstickten Tümpeln heraus, deren Wässer sich unter der Erde sammeln und bei einer vom Blitze der halben Krone beraubten kernfaulen
Eiche einen kleinen, drei Fuß tiefen Teich entstehen lassen, bei dem sieben
hohe spitze Machandeln Wache halten, und in dem ein krummer Ebereschenbaum seine roten Früchte spiegelt. Der weiße Grund des Pumpes ist
in fortwährender Bewegung; bald hier, bald da öffnet er sich und ein
silberner Strudel quillte daraus hervor und bewegt die langen, rosenroten
Wasserwurzeln der Ellernstockausschläge, die die Ufer umgeben, hin und
her. Allerlei schöne Blumen blühen hier, blaue Enzianen und Knaulen, gelber Weiderich und Hahnenfuß, weiße Dolden und Spierstauden und hohe
Sumpfdisteln, um deren rote Köpfe die Hummel brummen und weiße
und rostrote Falter flattern, und auf die vielerlei Fliegen, die hier surren,
macht die schlanke Waldeidechse Jagd, die sich auf dem Goldmoospolster
an dem Fuße der Eiche sonnt.

Noch eine ganze Anzahl von quelligen Tümpeln, Wasserlöchern und Kuhlen sind über dem Quellbrink zerstreut, dem eigenartigsten Fleckchen
Land, das es hier weit und breit gibt, und das dem, der es oft besucht jedesmal nur Überraschungen bietet. Denn hier schlüpft die Schlingnatter,
lauert der Eisvogel, zwitschert die Wasserspitzmaus, der Hase scharrt sich
sein Lager unter dem Machandel und der Bock birgt sich im Weidicht;
gern pirscht der Fuchs hier, das Raubwiesel stellt den jungen Wiesenpieper und die Otter den Mäusen nach, Sperber, Habichte, Lerchenfalken
suchen hier nach Raub, auch die Kornweihe und die Eule, und wenn nachts
das Rotwild aus dem Forst tritt und zum Felse zieht, tränkt es sich gern an
den klaren Quellen und in aller Frühe schleicht der Waldstorch dort umher, der heimliche Vogel aus dem wilden Wohld da hinter dem Bruche.

Immer ist es schön hier und reich an allerlei Leben, sowohl im Vorfrühling, wenn der Porst aufbricht und die Moormännchen zirpen, späterhin,
wenn das Wollgras weiße Wimpelchen wehen läßt und die Heidlerche
singt, zur Heuezeit, wenn die Doppheide anfängt blühen und das Beinheil
mit goldenen, rotgezierten Sternchen bedeckt ist, die betäubend nach Honig riechen im Erntemond, wenn die Immen um die blühenden Heidbüsche summen, und noch später, wenn die Birken wie goldene Springbrunnen im Winde wallen und die Krammetsvögel scharenweise auf den Machandelbüschen einfallen.

Sogar wintertags, wenn der Schnee auf der Heide liegt und Raubreif die
Bäume und Sträucher eingesponnen hat, lohnt es sich, den Quellbrink zu
besuchen, dessen viele Wässerchen auch um diese Zeit nicht erstarren,
sondern zwischen Eis und Schnee aus dem Boden quellen und sich sammeln und schließlich zu dem Bächlein werden, daß sich dort unten durch
die Wiesen hinschlängelt.

154

Die Durchfahrt

An drei Stellen wird das Flüßchen, das durch das Wiesenland zwischen dem Dorfe und dem Forst hinflutet, von Fahrwegen geschnitten, auf denen die Bauern das Heu von den Wiesen, das Holz aus dem Walde und den Torf von dem Moore abfahren.

Die beiden ersten Straßen gehen mit Brücken über das Wasser. Die dritte, die am weitesten von dem Dorfe entfernt ist und nicht so viel benutzt wird wie die beiden anderen, hat keine Brücke, sondern nur eine Durchfahrt. Damit die Fußgänger sich nicht nasse Füße zu holen brauchen, ist unterhalb der Strömung zu beiden Seiten das Ufer hoch aufgeschüttet und zwischen vier starken Pfählen eine lange, dicke Eichenbohle befestigt, die an der einen Seite mit einem einfachen Geländer versehen ist. Drei dicke Pfähle, einer immer einen halben Fuß höher als der andere, die dort eingerammt sind, wo der schmale Fußsteig sich aus dem Rasen den Anwurf hinaufwindet, bilden eine kunstlose Treppe. Auf der einen Seite des Steges hat sich Weidengebüsch angesiedelt, auf der anderen erhebt sich eine vom Winde zerzauste Eiche über dem Ellernstockausschlag zu ihren Füßen.

Obgleich sowohl das Brückchen als auch der Bau und die Büsche an und für sich in keiner Weise bedeutend sind, fallen sie in dem weiten, flachen Wiesengelände doch sehr auf und wirken viel größer, als sie in Wirklichkeit sind, zumal der Bach an dieser Stell viermal so breit als in seinem übrigen Laufe ist und in regnerischen Zeiten beiderseits weit in den Weg hineinreicht. Da zudem in und bei dem Buschwerk die Blumen und das Schilf vor der Sense geschützt sind, der Mist der Pferde und Kühe, die hier die Wagen durchziehen, allerlei kleines Getier anlockt, auch die Fischbrut sich an den seichten Stellen sonnt und die Strömung totes und lebendiges Gewürm und auch wohl abgestandene Fische und verendete Mäuse anspült, so geht es bei der Durchfahrt immer lebhaft zu.

Abends, wenn die letzten Wagen durchgefahren sind; steht der Reiher gern vor dem Stege und lauert auf Fische. Späterhin streicht der Waldkauz vorbei und sieht zu, ob er nicht einen Häsling oder einen anderen Fisch greifen kann, der sich zu nahe an die Oberfläche wagt. Allnächtlich fallen die Wildenten dort ein und suchen Gewürm, und der Uferläufer kommt mit lautem Getriller angeschwebt, trippelt an dem Rande des Wassers umher und fischt nach den winzigen Krebstierchen, die in ganzen Wolken in dem Seichtwasser auftauchen, bis ein leises Plantschen ihn davontreibt, das von dem Otter herrührt, der auf der Jagd dort auftaucht und eine Weile auf dem Sande ausruht, ehe er wieder in den Bach gleitet.

Ist es dann Tag geworden, so kommen die Gabelweihen, die hinten im Walde horsten, angeschaukelt, denn sie finden ab und zu einen abgestandenen Fisch hier, und bevor die ersten Wagen erscheinen, fußt der Bussard auf dem Tritte und lauert auf die Wühlmäuse, die am Ufer hin und her huschen. Tag für Tag saust der Sperber um die Büsche herum, um zu versuchen, ob es ihm nicht gelingt, eine Bachstelze, einen Schmätzer oder

155

einen Ammer zu fangen; meistens muß er aber leer abziehen, weil die Schwalben, die über der Furt ganz besonders gern jagen, ihn früh genug melden und mit schrillem Geschrei von dannen treiben.

Genau so machen sie es mit dem Lerchenfalken, der sich ebenfalls ab und zu hier sehen läßt. Rüttelt aber den Turmfalke, der großen, grünen Heuschrecken wegen, die in dem Gesträuche zirpen, dort, so bleibt er unbelästigt von den wachsamen Vögeln, denn sie wissen, er tut ihnen nichts.

Am meisten machen sich die Krähen bei der Durchfahrt zu schaffen. Entweder gehen sie in der Wiese umher und fangen Grashüpfer und Käfer, oder sie waten in das niedrige Wasser hinein und sehen zu, was es dort für ihre Schnäbel gibt, oder sitzen eine neben der anderen auf dem Geländer, glätten ihr Gefieder und geben scharf acht, ob sich nicht etwas Verdächtiges nähert. Kommt ein Bauer an, oder ein Gespann, so fliegen sie stumm ein Endchen weiter und kehren bald zurück. Läßt sich aber der Förster sehen, so erheben sie einen gewaltigen Lärm, streichen zu Waldrande, fußen dort auf den Bäumen und warten, bis der Grünrock verschwunden ist. Läßt sich der Habicht einmal einfallen, bei der Furt zu jagen, so fallen sie mit gellendem Geplärre über ihn her und treiben ihn von dannen. Um den Bussard und die Kornweihe, die hier jeden Tag vorbeigaukelt, kümmern sie sich aber kein bißchen.

Allerlei Vögel tränken sich an dieser bequemen Stelle. Spatzen, Finken, Hänflinge, Grünlinge, Ammer, die wilden Tauben und manchmal auch der Häher. Auf der Eiche nimmt die Elster, die im Dorfe brütet, gern Platz, und zuzeiten auch der Raubwürger, der in dem alten Birnbaume im Felde sein Nest hat, denn er findet dort immer reichliche Beute, weil die dicken Bremsen gern über der Furt in der Luft stehen und auf die Gespanne warten. Haben sie sich dumm und faul gesogen, so setzen sie sich an das Geländer und sind leicht zu erwischen. Obgleich der Würger selbst ein Räuber ist und gern eine Maus oder einen Jungvogel faßt, so kann er es nicht leiden, wenn andere Räuber ihm in die Quere kommen. Er warnt vor dem Habicht und dem Sperber, sobald er sie gewahrt, und stößt auf sie, kommen sie näher, und wenn eine Dorfkatze an die Durchfahrt kommt, um einen Fisch zu erbeuten, so belästigt er sie so lange, bis sie wieder davon schleicht. Ebenso macht er es, wenn das Großwiesel, das in dem hohlen Ufer wohnt, sich blicken läßt, um zu dem Neste des Sumpfrohrsängers oder der Zwergmaus, die in dem Weidenstrauche stehen, zu gelangen.

Ab und zu sucht der Storch auch die Ufer der Furt ab, teils der Ukleis wegen, die an den Ausbuchtungen laichen und dann ganz dumm und unvorsichtig sind oder der großen, grünen Frösche halber, die dort auf Fliegen, Bremsen und besonders auf die blauen, grünen, gelben, braunen und roten Wasserjungfern lauern, die massenhaft um die Schilfhorste flattern oder kreuz und quer über den Wasserspiegel flirren. Sobald sich aber die Ringelnatter blicken läßt, plumpsen die Frösche eilig in das Wasser und verbergen sich im dichtesten Gekräute, doch erwischt die Schlange dann und wann einen von ihnen, macht aber auch auf die Fische Jagd. Hat sie einen erbeutet, so schlängelt sie sich mit hochgehaltenem Kopfe, den

Fisch im Maule durch das Wasser nach dem Ufer, wo sie ihre Raub hinunterwürgt. Unter den mit blauen und weißen Glöckchen geschmückten Beinwellstauden sonnt sie sich dann auf dem warmen Sande. Wenn sich aber ein Wagen oder ein Mensch naht, so schlüpft sie in das lange Gras.

Der schönste von allen Besuchern der Durchfahrt ist der Eisvogel, der fast jeden Tag auf der Bohle oder dem Geländer sitzt und auf Beute wartet. Streicht er den Bach aufwärts seinem Neste zu, das er an der steilen Wand des Mühlenkolkes unter den alten Ellern hat, dann sieht es aus, als flöge ein großer Kolibri dahin, so blitzt und funkelt das Gefieder des kleinen Fischers. Der lustigste Vogel aber, der an der Furt sein Wesen treibt, ist die Bergbachstelze, die ebenfalls bei der Mühle brütet. Sie hat sich erst vor einigen Jahren hier angesiedelt, und wenn sie auch fast so aussieht wie die Kuhstelze, so ist sie doch viel fröhlicher als diese und dient dem Plätzchen ebenso zum Schmucke, wie die weiße Bachstelze, die sich gleichfalls hier jeden Tag einstellt, hurtig auf dem Stege umhertrippelt und nach Fliegen springt.

Im Spätherbste und Winter, wenn die Wiesen unter Wasser stehen und der Wagenverkehr bei der Durchfahrt bis zum Vorfrühling aufhört, schweben oft durchreisende Möwen dort hin und her und suchen nach Futter, und mancherlei nordische Enten und Taucher lassen sich da nieder, weil sie von da aus weiten Blick haben und deshalb vor dem Jäger sicher sind.

Nur wenn starker Frost die Wasserfläche zum Zufrieren bringt, ist es still und öde da, und einzig und allein die Krähen sitzen trübselig auf dem Gelände oder hacken an einem eingefrorenen Fische auf dem Eis herum.

Kommt aber der Frühling in das Land, taut das Eis, schmilzt der Schnee, läuft das Wasser ab, sprießt das Gras und blühen die gelben Kuhblumen an den Flüßchen, dann beginnt bei der Durchfahrt wieder das bunte, lustige Leben

Die Böschung

Quer durch die Heide zieht sich der Kanal, der die Wasser des Moores dem Flusse zuführt. Er ist so tief in das Gelände eingelassen, daß seine Böschungen hoch und steil sind. Deshalb ist es dort meist überwindig und darum herrscht selbst dann, wenn die Luft rauh über das übrige Land geht, noch allerlei Leben, zumal der Rand der Böschung mit Föhren, Birken, Eichen und allerlei Gebüsch bedeckt ist und ihre Flanken an den meisten Stellen ausgedehntes Sandrohrgestrüpp trägt.

Neulich, als es zum ersten Male über Nacht hart gefroren hatte, das Heidkraut von Reif starrte und das meiste von den Faltern, Fliegen, Bienen und Käfern, das tags zuvor noch lustig sein kleines Leben geführt hatte, tot dalag oder sich verborgen hielt, sah es an der Böschung gar nicht danach aus, als ob der Winter sich schon angemeldet habe.

Die Birken waren zwar binnen zwölf Stunden gelb geworden, die Eichenblätter hatten sich auf einmal gebräunt und die Espen hatten kohlschwarzes Laub bekommen. Die Silberrispen des Sandhalmes schimmerten aber noch in alter Pracht, die Moorhalmbüsche leuchteten wie goldenes Glas, an den Brombeeren waren nur wenige faule Blätter zu sehen und hier und da fristetet noch eine Blume das Leben, hier die rubinrote Karthäusernelke, da das goldene Mauseohr, dort die blaue Knaule und daneben die weiße Sumpfschafgarbe.

Als die Sonne dann den Reif abgetaut hatte und den Boden anwärmte, schwirrte und flirrte es da, wie zur sommerlichen Zeit. Mordwespen suchten Raupen und Spinnen, um sie mit ihren Giftstacheln zu lähmen und in ihre Bruthöhlen zu schleppen. Spinnen huschten zwischen den borstigen Grasbüscheln über den feinen, weißen Sand, hier schlich ein Rüsselkäfer, da rannte ein Sandläufer, Schlammfliegen sonnten sich auf den Föhrenwurzeln, Bienen und Hummeln naschten an den letzten Blumen, große dicke Raupen in samtenen, mit Gold verbrämten Pelzen krochen langsam über das silbergraue Renntiermoos, dickköpfige Grillen wagten sich aus ihren Löchern hervor, kleine Heuschrecken zirpten zum letzten Male, viele Sandfüchse flatterten an den nackten Stellen, ein Zitronenfalter taumelte an den Büschen entlang. Köcherhafte und Florfliegen rafften sich zu einem kurzen Fluge auf und sogar Wasserjungfern schwirrten hin und her. Auch auf dem Ameisenhaufen krimmelte und wimmelte es noch, ein Eidechschen lag breit und behaglich in der Sonne, ein junges Kreuzkrötchen kroch hurtig über die Moospolster und jagte auf Mücken, und ein Grasfrosch schnappte nach Schmeißfliegen.

Alle dieses kleine feine Leben nahm aber nach und nach ein Ende, als Nacht für Nacht der Frost über die Heide fuhr und als dann der schwere kalte Regenguß kam, da war es ganz aus damit. Was sich nicht zu bergen wußte, wie die Käfer, Eulenfalter, Florfliegen und Ameisen, das brachte die Kälte um oder tötete der Regen. Gegen Mittag, wenn die Sonne heiß gegen die Böschung scheint, schwirrt wohl noch einmal ein Fliege, kriecht ein Käferchen dahin, und die Wintermücken spielen dann in hellen Haufen über dem Sand und steigen auf und ab; all das andere kleine Getier wird aber erst wieder sichtbar, wenn der Winter aus ist und die Frühlingssonne die Böschung bescheint. Dagegen mangelt es dort nie an anderem Getier. Vor allem sind es die Vögel, die die Büsche mit Leben erfüllen. Ein Meisentrupp nach dem andern, meist von einem Spechte geführt und von Goldhähnchen begleitet, rispelt und krispelt in den Föhren, Birken und Eichen umher, Dompfaffen suchen das Gebüsch nach Beeren und Knospen ab, Krammetsvögel halten dort Rast, und so ist es da fast nie still und leer.

Geht die Sonne zur Rüste, ziehen die Krähen laut quarrend unter dem goldenen Himmel ihrem Schlafwalde zu, fallen die Goldammern in die Eichenbüsche ein und rascheln lange in dem dürren Laube, ehe sie die Augen zumachen, fällt die Amsel zeternd in die Schlehdornen, dann tritt ein heimliches Leben an die Stelle des offenbaren. Aus ihren Bauen schlüpfen die Kaninchen heraus, sichern lange an dem Eingange der Fahrten und rücken zu Felde. Ihnen nach folgt der Hase, der sich den Tag über in dem Sandrohre geborgen hielt. Dann erscheint die Eule und streicht die

158

Böschung auf und ab, der vielen Mäuse wegen, denen die Sandrohrkörner reiche Nahrung bieten. Enten kommen angeklingelt, fallen am Ufer ein und schnuppern es nach Fraß ab. Feldhühner rennen den Fußsteig entlang und huschen bei der Brücke über den Fahrweg. Gern treten die Rehe dort herum, um die Brombeere zu verbeißen. Das Hermelin sucht die Kaninchenbaue ab und würgt, was es greifen kann, desgleichen der Iltis, der unter der Brücke wohnt, und der Fuchs, der in den Heidbergen sein Gebäude hat, schleicht allnächtlich hier umher, weil er jedesmal gute Beute macht und alle paar Tage spürt sich der Otter auf dem Sandwege, und die Reste von Döbel und Hecht zeigen an, daß er nicht umsonst gefischt hat.

Wenn die Sonne dann wieder über den Berg kommt, wenn der Nebel von dem Kanale weicht, die Goldammern ihre Schlummerbüsche verlassen und zu Felde fallen, geht das laute Leben wieder los. Dann lacht der grüne Specht, der einen Stollen in den Ameisenhaufen getrieben hat und sich darin vollfrißt, der Häher kreischt, der Zaunkönig schmettert sein Liedchen, Hänflinge, Grünfinken und Stieglitzen machen halt, wenn sie hier vorbeigestrichen kommen, die Elster nimmt für einen Augenblick Platz, ehe sie nach der Abdeckerei fliegt, der Bussard lauert, ob er nicht das Wiesel betölpeln kann, das unter dem Durchlasse haust, und allerlei Meisenvolk tummelt sich im Buschwerke.

So geht es in der rauhen Zeit tagein, tagaus. Ist aber der Winter zu Ende, werden die silbernen Kätzchen an den Weiden zu goldenen Flämmchen, entfalten die Kohmolken am Ufer ihre großen, gelben Blumen, wandern die Pieper aus Nordland auf der Rückreise am Kanal entlang ihrer Heimat zu, dann wacht auch das kleine und feine Leben wieder auf und es blitzt und flitzt und schwirrt und flirrt und flittert und flattert und summt und brummt von früh bis spät an der Böschung.

Die Kiesgrube

Mitten in der Feldmark, weithin sich bemerkbar machend, ist ein heller Fleck. Das ist die große Kiesgrube, aus der das Städtchen seinen Bausand gewinnt.

Jetzt, zur späten Zeit im Jahre, herrscht nicht die bunte Pracht in ihr, wie an sommerlichen Tagen. Hier und da hat sich noch eine goldgelbe Rainfarnblüte vor dem Nachtfroste gerettet, eine schneeweiße Schafgarbe, eine himmelblaue Glockenblume, eine blutrote Karthäusernelke.

Dennoch aber fehlt es der Grube nicht an Farben. Über der gelben Steilwand, die von den Bruthöhlen der Uferschwalben wie ein Sieb durchlocht ist, prahlen die Schlehen mit hellblauen und die Weißdornbüsche mit feuerroten Beeren, und die junge Birke unter der Wand ist über und über mit goldenen Flittern behängt. Die Brombeeren vor ihr leuchten scharlachfarbig, die hohen Beifußstauden sind blutigrot, stumpfgrün starren die hohen Binsen und wie Rubinen strahlen die Blättchen des Zwergampfers. Auch an anderem Leben mangelt es nicht. Eben rüttelte der Turmfalke

159

über der Stelle, wo eine Waldmaus aus dem bunten Steinhaufen rutscht und über die goldigschimmernden Moospolster hinweghüpfte. Er stieß herunter und strich mit der Maus in den Griffen ab. Dann schnurrte ein Flug von Feldspatzen heran, fiel in den Schlehdornen ein, lärmte ein Weilchen und stob feldeinwärts. Jetzt hüpfen ein paar Grünfinken unter den Klettenstauden umher und suchen nach Grassamen, auf der Spitze der Birke sitzt ein Hänfling und lockt halb lustig, halb wehmütig, und an den weißwolligen Schöpfen der hohen Haferdistel hängen zwei knallbunte Stieglitze, zwitschern fröhlich und picken die Samenkörner heraus.

Plötzlich fliegen sie ab, denn in den hohen, brauntrockenen Brennesseln hinter dem Haufen kopfgroßer Steinknollen raschelte es. Ein plattes Köpfchen mit schwarzen Augen taucht auf, verschwindet, ist wieder da, und nun sitzt oben auf dem Steinhaufen ein Wieselchen, schlüpft durch die fahle Mäusegerste, kommt unter den Kletten zum Vorschein und verschwindet zwischen dem braunen Gestrüpp der Flockblumen, wohin das Geschrille der Spitzmäuse es lockt. Ein Goldammerhahn kommt angeschnurrt, läßt sich auf einem Pfahle nieder, lockt, wippt mit dem Schwanze, sträubt die Holle und borrt weiter. Dann ist auf einmal eine Haubenlerche da, die hurtig auf dem Sande umherrennt, ein Spinnchen fängt, einige Körnchen aufliest und mit weichem Geflöte von dannen fliegt, so daß der Sperber, der hinter der Birke hergeschwenkt kommt, mit leeren Fängen abziehen muß.

Dünne Vogelstimmen kommen näher; vier Pieper aus Nordland lassen sich vor den grauwolligen Mausekleebüscheln nieder, trippeln hin und her, putzen sich ihr Gefieder, lesen Körnchen auf, tränken sich an der Regenpfütze und wandern weiter nach Süden. Über der Steilwand erscheint ein hellgefärbter Bussard, rüttelt eine Weile über der Stelle, wo er zwischen den braunen Johanniskrautstengeln eine Bewegung erspähte, und streicht dann fort, weil er das, was sich da rührte, als die Löffel des Hasen erkannte, der dort im Lager sitzt, und er weiß, daß er nicht stark genug ist, um den zu bezwingen. Über die silbernen Gänsefingerkrautblätter humpelt steifbeinig ein frostlahmer brauner Frosch; er will sich einen Unterschlupf suchen, wo er die harte Zeit verschlafen kann. Dasselbe hat eine winzige Kreuzkröte vor, die den dürren Ochsenzungenstauden zukriecht.

Laut schwatzend braust ein Flug Stadtsperlinge über die Grube hin. Dann läßt sich eine Nebelkrähe in ihr nieder, schreitet würdevoll auf und ab und sucht so lange, bis sie eine Käserinde findet, die die Sandfuhrleute fortwarfen, und mit der sie abfliegt. Ein Dompfaffenpärchen nimmt auf den Schlehen Platz, lockt zärtlich, verbeißt einige Knospen und strebt dem nahen Friedhof zu. Vor der Steilwand flattert ein alter Hausrotschwanz umher, schlüpft in eine der Uferschwalbenhöhlen, kommt wieder heraus, rüttelt von einem anderen Loche, fängt dort eine Schnake weg, rennt an der Sandkante entlang, fliegt nach den Brombeeren, zerpflückt die letzte reife Beere, trippelt über die seidigschimmernden Moospolster, hascht eine Spinne und eine Fliege, und fort ist er.

Die Sonne ist hinter dem Hügelkopfe untergegangen; ihr Abglanz färbt den weißen Sand wärmer und die bunten Kiesel darauf glühen und sprühen. Dann verliert sich das Leuchten am Himmel; die Luft wird grauer. Bleiche Eulenfalter flattern dahin; von der Steilwand ruft das Käuzchen. Quarrend fliegen die Krähen vorüber. Der Hase erhebt sich aus seine Sasse, putzt sich das Fell, hoppelt unter dem Abhang entlang, sichert eine Weile und rückt dann zu Felde. Die Haubenlerchen sind wieder da, locken und schlüpfen zum Schlafe in das Gekräut. Unter den Kletten zwitschern die Spitzmäuse, in den Brombeeren rascheln die Waldmäuse. Es burrt laut und ein Feldhuhnpaar fällt in der Grube ein, rennt über den Fahrweg und verschwindet in dem fahlen Gestrüpp. Jetzt lockt der Hahn und stiebt mit seiner Henne wieder ab; eine stromernde Katze trieb ihn fort.

Immer trüber wird es. Nach einer Stunde ist es Abend. Dann jagt die Schleiereule, die im Kirchturm wohnt, hier auf Mäuse, der Iltis stöbert hier umher und ganz gewiß läßt sich auf seinem Wege nach dem Seeufer, wo er die Enten beschleichen will, auch der Fuchs es einfallen, der Kiesgrube einen kurzen Besuch abzustatten, um zuzusehen, ob er nicht einen Hasen oder ein Feldhuhn erwischen könne, oder sei es auch nur eine Maus, denn daran mangelt es hier nicht, weil das viele Gekräut den Mäusen durch seine Samenkörner reiche Nahrung bietet und die Grube trokken und warm gelegen ist, so daß sich es wintertags dort leben läßt.

So fehlt es selbst dann, wenn der Schnee festliegt, der Kiesgrube nicht an lustigem Leben, denn Tag für Tag stellen sich die Grünfinken, Stieglitze, Goldammern und Feldspatzen in ihr ein und suchen Sämereien. Am schönsten und lustigsten aber ist es zur Sommerzeit, wenn die Uferschwalben vor ihren Bruthöhle auf und ab fliegen, der Steinschmätzer über das Geröll rennt, die Hänflinge schwatzen und die Grasmücke plaudert, und über dem bunten Gewirr von Distel, Färberkamille, Rittersporn, Löwenmaul, Johannisbeerkraut, Minze, Klatschmohn und Fetthenne die Falter flattern und die Bienen summen. Dann ist das Sandloch unter dem Hügelkopfe so voll von Blumen, so laut und lebhaft von allerlei Getier, daß der, wer alles das schildern wollte, ein ganzes Buch darüber schreiben müßte.

Die Dornhecke

Es gab einmal eine Zeit, da sah die Feldmark so bunt und kraus aus, wie eine Federzeichnung von Albrecht Dürer., Jeder Grabenbord hatte sein Dorngestrüpp, jede Böschung ihr Gestrüpp, alle Teiche und Tümpel waren von Weiden und Erlen eingefaßt, und an Wildbirnbäumen, Kopfweiden und Pappeln war kein Mangel.

Dann kam die Verkoppelung, und aus war es mit der ganzen Herrlichkeit. Die Büsche und Bäume fielen überall unter der Axt, selbst da, wo sie niemand im Wege standen und keinen Schatten auf den Acker oder in die Wiese warfen. Kahl und langweilig wurde das Gelände und arm an Vogelsang und Falterflug, und alle die schönen bunten Blumen, die in dem Gebüsche wuchsen, verschwanden.

Eine einzige Hecke ist in der ganzen weiten, breiten Feldmark noch übriggeblieben. An der Wetterseite des Hohlweges zieht sie sich entlang und schützt ihn vor Erdrutsch und Schneeverwehung. Die Schlehe und der Weißdorn bilden mit Kreuzdorn und Heckenrose ein dichtes Gewirre, dessen Grund von Brombeeren, Himbeeren und Stachelbeeren besäumt wird, und dazwischen verschränken sich Nesseln, Disteln, Kletten und andere Stauden zu einem engen Verhau.

Wie ein mürrisches braunblaues Bollwerk steht jetzt die Hecke im überschneiten Felde. Man sieht es ihr nicht an, wie schön sie im Vorfrühling ist, wenn die Schlehen sich mit weißen Blüten bedecken, oder später wenn der Weißdorn seine schimmernden, starkduftenden Dolden entfaltet, oder hinterher, brechen an den Rosenbüschen die reizenden Knospen auf. Aber auch wenn die Büsche selber nicht mehr blühen, bleibt es bis in den Herbst hinein noch bunt von blauen Glocken, roten Lichtnelken, weißem Labkraut und gelber Goldrute, wenn diese verwelken, schmücken sich die Zweige mit scharlachrotem und goldgelbem Laube, und fällt das ab, so funkeln, blitzen und leuchten die schwarzen, blauen und roten Beeren am kahlen Gezweige.

Mit dieser Pracht ist es nun auch fast zu Ende. Die Brombeeren sind abgefallen bis auf einige, die nicht mehr zur Reife kamen und nun verdorrt an den Stielen zwischen den eingeschrumpften Blättern hängen. Die Rosen haben zwar noch viele von den Hagebutten, doch sind sie von dem Nachtfroste verschrumpft und leuchten nicht mehr so herrlich, wie im Spätherbste, und auch die Mehlfäßchen an dem Weißdorn verloren ihr prächtiges Aussehen und fangen an, sich zu bräunen. Einzig und allein die Schlehen haben noch die meisten ihrer blaubereiften Früchte bewahrt, doch werden es von Tag zu Tag weniger, da Sturm und Regen sie nach und nach von den Zweigen reißen und zu Boden werfen. Dennoch ist die Hecke immer noch schön. Sie war es eben, wie sie als braunblaues Bollwerk von dem Schnee abstach, und ist es jetzt erst recht, denn die Sonne ist durchgekommen, und das verworrene Gezweige blitzt und schimmert und leuchtet, als bestände es aus Erz.

Auch fehlt es nicht an allerlei Leben. Zwar die Grasmücken und Braunellen, die sommertags hier umherschlüpfen und fleißig singen, sind verzogen, die Falter starben ab oder sitzen in Todesstarre in ihren Winterverstecken, wie auch der Laubfrosch, der in der schönen Zeit hier so oft lustig meckert, in seiner Erdhöhle die bitteren Tage verschläft, und die Eidechse, die im Sommersonnenschein hin und herhuscht, desgleichen tut; aber alle Augenblicke schwirrt oder burrt es heran, denn alles kleine Vogelvolk, das über die Feldmark dahinfliegt, macht hier gern Rast. Feld- und Haussperlinge fallen in ganzen Flügen ein, Buchfinken und Grünlinge, Stieglitze und Hänflinge, desgleichen die Goldammern und die plumpen Grauammern, die mit trockenem Geklapper fortfliegen, wenn ein Mensch den Weg entlangkommt.

Ab und zu stellt sich auch anderer Besuch ein. Da sind die wunderschönen Dompfaffen, die hier immer haltmachen, wenn sie den Wald mit den Obstgärten des Dorfes vertauschen wollen, oder die Kramtsvögel, die von den höchsten Zweigen der Schlehdornbüsche Umschau halten, ehe sie zu Felde fallen. Dann und wann nimmt hier auch der Raubwürger aus Nordland Platz oder eine der Elstern, die in den hohen Pappeln des Gutes ihr Dornennest haben, oder einige Meisen suchen ein Weilchen in dem Gezweige nach Raupeneiern und wandern dann lustig lockend dem Walde oder dem Dorfe zu, und manchmal stöbert auch ein Eichelhäher da herum und tut sich an den Beeren gütlich, oder eine Krähe lauert am Boden auf eine Maus.

Die wohnen auch um diese Zeit in der Hecke, sowohl die braunen Waldmäuse, wie die schön schwarzgestreiften Brandmäuse und auch die zierlichen Zwergmäuschen, denn sie finden im Laube allerlei Körner und Samen und dazu noch die abgefallenen dürren Beeren sowie manchen Käfer und allerlei anderes kleine Getier, das in dem trockenen Laube den Winter verschläft. Auch Feld- und Rötelmäuse gibt es dort, sowie die dicke Wühlmaus, und deswegen läßt sich das Wiesel und das Hermelin oft da blicken, um auf sie zu jagen.

Die Sonne ist wieder fortgegangen, der Himmel wird grau, ein Wind macht sich auf und es beginnt zu dämmern. Da kommt es mit lauten Locktönen herangeflattert. Die Goldammern sind es. Sie fallen auf den Zweigen ein, sträuben die gelben Schöpfchen, zucken mit den Schwänzen, zanken und zergen sich ein wenig und schlüpfen dann tief in das Gebüsch hinein, wo sie noch ein Weilchen herumrascheln, um dann einzuschlafen. Unter ihnen her schlüpft das Hermelin und wittert nach ihnen empor, traut sich aber wegen den scharfen Dornen nicht hinauf und huscht deshalb nach der Strohdieme, um dort auf die Mausejagd zu gehen. Es beginnt verloren zu schneien. Allmählich fallen die Flocken dichter, bedecken die Saat und den Sturzacker und bleiben in den Zweigen der Hecke und auf der Dürrlaube der Brombeeren hängen, alles verhüllend was darunter schläft und atmet.

Morgen früh aber, wenn die Sonne kommt, beginnt es da wieder zu leben. Die Ammern erwachen, putzen ihr Gefieder und fliegen zu Felde. Die Spatzen kommen und die Finken, die im Walde geschlafen haben, und so vergeht keine Stunde, daß auf der Dornhecke nicht irgendwelches fröhliches Leben ist, während ringsum im Felde alles weiß und tot ist

Der Fichtenwald

Die Morgensonne steigt rund und rot über die verschneiten Kuppen; der Bergwald erwacht.

Lärmend fliegen die Krähen zu Tale, Häher flattern kreischend von Baum zu Baum, Goldfinken flöten im Unterholze, Zeisige zwitschern dahin, überall ertönt das Geklingel der Meise und das Gewisper der Goldhähnchen, zwischendurch auch das schneidende Gezeter der Amsel, die den zu seinem Bau schleichenden Fuchs erspäht hat.

Die Frostnebel weichen von der Bergwand, goldig erglänzen die Schneehänge, rosig färben sich die bereiften Fichten, silbern blitzt unter der Felswand der Wildbach. Da leidet es den Zaunkönig nicht, der im Ufergebüsche umherschlüpft; keck schmettert er sein Liedchen, und auch die Wasseramsel, die mitten im Bache auf einem gischtumrauschten Blocke sitzt, singt fröhlich die Sonne an.

Auf einmal singt es lustig hier aus dem Wipfel, von da und dort, hüben und drüben, nah und fern, laute und leise Locktöne erschallen, helle und tiefe, spitze und runde, und von Fichte zu Fichte fliegen rote und grünlichgelbe Vögel, hängen sich an die Äste, klettern an den Zweigen umher, schlüpfen dahinter, tauchen wieder auf, machen sich an den schimmernden Zapfen zu schaffen, zerklauben die größeren, kneifen die kleineren ab, sind emsig beim Fressen, putzen dazwischen ihr Gefieder, schnäbeln sich ein bißchen, zanken sich ein wenig und haben sich, als wäre es Mai.

Kreuzschnäbel sind es, die seltsamen Vögel, die hier zwischen Eis und Schnee ihre Brut aufziehen. Über hundert Paare haben sich die Wand hier als Brutstätte gewählt. Unstet waren sie in kleineren Truppen seit dem Frühsommer umhergestrichen, hatten bald oben in den Bergen, bald unten im Lande gelebt, bis um die Weihnachtszeit ein Flug die reichtragenden Fichten an dem sonnigen Abhange entdeckte und sich dort ansiedelte. Andere Rotten, die vorüberstrichen, fanden sich dazu, und wenn es auch anfangs ein großes Gezank um die Weibchen und ein bitteres Gezerre um die Neststände gab, mit der Zeit vertrug man sich hierum und darum.

Schneidend pfiff oft der Wind an dem Hang entlang, wild wirbelte der Schnee und hüllte die Fichte ein; die Kreuzschnäbel kümmerte es wenig. So fest und dick blieb er auf den Zweigen nicht liegen, da er die Samenzapfen verdeckte, und sobald die Sonne ein wenig schien, sangen die purpurroten Männchen den grünlichgelben Weibchen lustig ihre Lieder vor, und beide brachen dann fleißig dürre Reiserchen, Heidkrautzweige und Grasblätter für die Außenwand des Nestes, das sie dann mit Moos und Flechten auspolsterten, daß es so dick und so fest und so weich und so warm wurde, wie es nötig ist, daß der Frost nicht bis zu den Eiern gelangen konnte.

Gut versteckt waren die Nester auch in den dichte Zweigen, und fest genug hineingebaut. Mochte der Schnee auch noch so hart treiben, er kam höchstens mit einigen feinen Stäubchen bis zu den brütenden Weibchen hin. Und damit die Eier nicht kalt wurden, fütterte jedes Männchen sein Weibchen, so daß es das Nest nicht zu verlassen brauchte, als höchstens dann, wenn die Mittagssonne ganz warm schien und es sich sein Gefieder zurechtzupfte, es vom Harze reinigte und sich ein bißchen Bewegung machte. Während nun rundumher das Land im Schnee begraben lag und außer dem Gebimmel der Meisen und dem Gezirps der Goldhähnchen oder einem Krähenschrei und eine Häherruf kein Laut zu hören war, entstand in den hundert und mehr verborgenen Nestern neues Leben.

Nun, wo der Winter nachts noch mit voller Macht hier am Berge herrscht, die Sonne aber schon größere Kraft hat und oft genug den Schnee über

Mittag zum Tauen und Tröpfeln bringt, verlassen die jungen Kreuzschnäbel die Nester und wagen sich auf die Zweige hinaus, wo sie eng aneinandergedrängt sitzen, bis einer der alten Vögel herannaht und sie gierend und mit den Flügeln zitternd sich ihm entgegendrängen, um sich den Schlund mit angequollenem Fichtensamen vollstopfen zu lassen. Der Frost macht hungrig, und so haben die alten Vögel von Sonnenaufgang bis zum Abend hin genug zu tun, um die drei oder vier immer freßlustigen Jungen sattzumachen.

Jeder von ihnen hat einen Fichtenzapfen vor und zerspellt mit dem sonderbaren Schnabel die harten, fest anliegenden Schuppen, löst mit der Zunge das winzige Samenkorn heraus und läßt es in den Kropf rutschen. Hier hängt ein altes Weibchen kopfüber an einem Zapfen und bearbeitet ihn, daß es in einem fort leise knistert und immerzu winzige Teile der Schuppen, wie Goldstaub blitzend, auf den Schnee am Boden wirbeln, der davon und von den abgestreiften Nadeln und Flechten schon ganz buntgefärbt ist. Dort kneift ein purpurrotes Männchen einen kleinen Zapfen ab, trägt ihn mit dem Schnabel nach einem bequemen Ast und leert ihn da aus. Überall gieren die hungrigen Jungen, hier und da und dort zittern sie mit den Flügeln, in einem fort rieseln Nadeln herab, stäubt Schnee herunter, rundumher ertönt das seltsame Locken der alten Vögel und ab und zu das lustige Gezwitscher eines Hahnes, der auf einem Wipfeltriebe sitzt, daß sein rotes Gefieder in der Sonne nur so leuchtet.

Noch eine oder zwei Wochen wird das lustig Treiben und das bunte Leben hier oben in den hohe Wipfeln anhalten. Dann aber, wenn die Sonne den Schnee von der Bergwand vertreibt, wenn der Seidelbast sich mit rosenroten Blütchen schmückt und der Nießwurz seine grünlichen Blumen entfaltet, wenn die Meisen sich auf ihre Lieder besinnen und der Fink zu schlagen beginnt, werden die jungen Kreuzschnäbel flügge sein und mit den Alten von dannen ziehen, irgendwohin, wo die Fichten genügend tragen. Heute werden sie da sein, morgen dort, und um die Zeit, wenn alle anderen Vögel sich seßhaft machen und ihr Brut aufziehen, unstet und flüchtig hin und her wandern, wie die Zigeuner.

Irgendwo werden sie zur Winterzeit sich einen Wald suchen, wo sie Nahrung genug finden, entweder hier oben in den Bergen oder unten im Lande, je nachdem hier oder dort der Fichtensamen gerät. Vielleicht werden sie in eine Gegend verschlagen im flachen Lande, wo sie sonst nicht leben, und wenn sie dort um die Weihnachtszeit einen Wald mit unbekannten Farben und fremden Stimmen beleben, wird das Volk sie mit besorgten Mienen betrachten und meinen, sie brächtern Krieg, Seuche und Teuerung.

Die Strohdieme

Mitten im kahlen, verschneiten Felde steht die Dieme groß und breit da, und so protzig, als sei sie stolz auf die weiße Haube, die ihr der letzte Schneefall verehrt hat.

Hundert Schritte von ihr führt der Weg entlang, der von der Vorstadt nach dem Walde führt, und auf dem tagtäglich viele Menschen hin und her gehen. Kaum einer von ihnen sieht nach ihr hin. Was ist denn auch weiter daran zu sehen? Es ist ja nur ein Haufen von gedroschenem Stroh. Das ist wohl wahr. Aber sie ist doch mehr, als nichts und weiter nichts denn ein Haufen toten Strohes. Sie ist eine Herberge und Schlafstätte für vielerlei Getier, das da entweder sein heimliches Leben führt oder ohne Besinnung die harte Zeit verträumt, bis im Frühling, wenn die Dieme abgebaut wird, die Sonne das, was unter ihr schläft, aufweckt.

Schon im Vorherbste, als die Dieme eben gerichtet war, und die ersten rauhen Winde und kalten Güsse über das Land gingen, rettete sich alles, dem es auf dem Felde zu kalt und zu zügig wurde, zu ihr hin, große und kleine Laufkäfer, Fliegen und Wespen, Kurzflügler und Ohrwürmer, Raupen und Eulenfalter, Amseln und Tausendfüße, Spinnen und Milben, Springschwänze und Erdflöhe. Sie alle krochen unter die unterste Strohschicht, krabbelten dort noch eine Weile umher und fielen, als der Frost einsetzte, in Schlaf.

Zu gleicher Zeit kamen die Mäuse angerückt, rötlichgraue, schlanke Waldmäuse. die schönen zimtbraunen, auf dem Rücken mit einem schwarzen Aalstrich geschmückten Brandmäuse, die zierlichen Zwergmäuse, die plumpen, kurzschwänzigen Feldmäuse. Sogar Ackerspitzmäuse stellten sich ein, denn Fraß für ihre spitzen Zähne boten die vielen schlafenden Kerbtiere zur Genüge, auch wurde mehr als eine kranke und schwache Maus ihre Beute.

Vor der Dieme liegt ein mächtiger Haufen Kaff, den die Dreschmaschine unter sich ließ, und der zu einem guten Teil aus Unkrautsamen besteht. Da war anfangs Tag für Tag ein lustiges Leben; Haus- und Feldspatzen, Gold- und Grauammern, Hänflinge und Grünlinge, Buchfinken und Haubenlerchen gaben sich dort ein Stelldichein. Das lockte dann den Sperber, der alle paar Tage angestrichen kam, um die Dieme herum schwenkte und mit einem Vogel in den Griffen dem Walde zuflog. Späterhin löste ihn der Merlin, der Zwergfalke aus Lappland, ab. Wie ein Blitz war er zwischen den Finken und Ammern, und gleich darauf fußte er auf einem Grenzsteine und kröpfte seine Beute, ohne sich um die Menschen zu kümmern, die hundert Schritte bei ihm vorübergingen.

Gestern, als der Nordostwind aus dem Holze herausheulte und Schlackschnee über das Feld schmiß, war es still und öde bei der Dieme. Ab und zu ließ sich ein Krähe auf dem Rande des Daches nieder, spähte hinab, ob sich nicht eine Maus blicken ließ, und flog mißmutig weiter. Heute, wo die Sonne hell am blauen Himmel steht und das leichtverschneite Land bescheint ist allerlei Leben bei der Strohburg. Bald hier, bald da huscht eine

Maus hervor, sonnt sich ein Weilchen und schlüpft wieder in ihr Loch, wenn der Schatten einer Krähe auf den Schnee fällt oder ein Trupp Spatzen herangebraust kommt. Eine dicke Waldmaus, die von der Dieme nach dem Kaffhaufen will, paßt nicht auf, und die graue Krähe, die schon eine Weile gelauert hat, packt zu, faßt sie und streicht mit ihr fort, verfolgt von zwei Rabenkrähen, die ihr hungrig quarrend den Raub abzujagen, suchen.

In der dünnen Schneeschicht am Fuße der Dieme sind allerlei Spuren sichtbar. Über Nacht ist der Fuchs, der in dem eine Meile weit entfernten Forst seinen Bau hat, hier gewesen; deutlich zeigt der Schnee seine Spur. Dann sind die zierlichen Eindrücke des Wieselchens da zu sehen, ferner die Spuren von Katze und Hund. Sie alle sind auf Mäusejagd gewesen. Sogar den Igel hat der Hunger aus seinem Unterschlupf in der Dornenhecke herausgetrieben; seine Spur führt rund um die Dieme hin. Die schöngeperlte Feder, die an einem dürren Unkrautstengel hängengeblieben ist, stammt von der Schleiereule, die nächtlicherweile vom Kirchturm aus der Dieme einen Besuch gemacht hat, wo sie mit dem Kauze zusammentraf, der vom Walde herkam und der die große Flügelfeder verlor, die dort im Schnee liegt. Auch ein paar Rehe haben hier herumgetreten, den Schnee vor dem Kaffhaufen geplätzt und das ausgewachsene Getreide abgeäst.

Die Goldammern, die eben auf dem Kaffhaufen herumsuchten, wo ein Hund oder der Fuchs nach Mäuse gescharrt hat, stieben plötzlich empor und hasten davon, und auch das Haubenlerchenpaar, das vor der Dieme umhertrippelte, flattert von dannen, denn von der Hecke her kommt ein schlankes, schneeweißes Tier mit blanken, schwarzen Augen angehüpft, das Hermelin. Nach fünf bis sechs Sprüngen macht es jedesmal halt, richtet sich auf, äugt umher und rennt dann weiter.

Jetzt ist es bei der Dieme angelangt, findet mit seinen Spürborsten sogleich heraus, wo es bequem einschleichen kann, und fort ist es. Nun wird Todesschrecken unter den vielen Mäusen herrschen, die in der Dieme wohnen. Das wird ein banges Geflitze und Gekrabbel sein und ein ängstliches Gerenne und Gerutsche. Schon ist das weiße Mörderchen wieder da; hochaufgerichtet sitzt es und hält eine noch mit den Hinterfüßen zappelnde Brandmaus zwischen den scharfen Zähnchen. Einen Augenblick sieht es sich um, dann hüpft es mit seiner Beute der Dornhecke am Feldgraben zu, wo es gerade noch rechtzeitig anlangt, um der Krähe zu entgehen, die danach aus der Luft herunter stößt. Vor Schreck hat es aber die Maus fallen lassen, mit der die Krähe nun abfliegt. Kaum hat sie die Maus hinabgewürgt, da streicht sie mit wütendem Geplärre der Dieme zu, auf der sich ein heller Rauhfußbussard niedergelassen hat; es paßt ihr nicht, daß er dort auf Mäuse lauert. Schnell sind noch drei andere Krähen da und schnarren den gutmütigen Fremdling so an, daß er es für besser hält, sich von dannen zu begeben.

Im Frühling, wenn der Bauer Strohmangel hat und die Dieme abbaut, werden die Mäuse nach allen Ecken und Enden auseinanderflüchten. Viele von ihnen werden die Hunde greifen, andere die Knechte totschlagen;

167

die meisten aber werden entkommen. Dann wird die Dieme auch ihr schlimmstes Geheimnis offenbaren. Anderthalbhundert schrecklich abgemagerte Frösche und Kröten werden die Leute dann vorfinden, die der Iltis, der sich an der einen Seite des Strohberges eins seiner Winterlager gewühlt hat, im Herbste zusammenschleppte und hier aufspeicherte für schlechte Zeiten, nachdem er jedes Stück durch einen Biß in das Kreuz gelähmt hatte. Nur wenn tagelanger kalter Regen ihn festhält, frißt er davon, und so quälen sich die unglücklichen Tiere viele Monate zwischen Leben und Tod hin.

Einige hundert Menschen gehen täglich an der Dieme vorbei. Kaum einer von ihnen wirft einen Blick danach hin und keiner weiß, wie vielerlei Leben sich in ihr und um sie abspielt, stilles, friedliches Leben, bittere Not und schreckliches Elend.

Die Ebereschen

Über Nacht hat es schwer geschneit und in der Frühe fror es hart; nun aber scheint die Sonne was sie nur kann. Ihrer freuen sich die Gäste von Davos, die gesunden sowohl, die in ihren Sportkleidern auf und ab wandeln, als auch die, die hier Genesung von dem bösen Leiden suchen und sich in ihren Liegestühlen braten lassen, und nicht minder die Spatzen. Sie sitzen haufenweise in den Ebereschenbäumen und schwatzen und zwitschern, als wollten sie die Musik der Kurkapelle überschreien.

Unten im Lande haben die Ebereschen ihre Früchte schon fallen lassen; hier behalten sie sie noch lange. Das ist auch sehr notwendig. Was wäre die Hauptstraße von Davos, hätte sie die Ebereschenbäume nicht. Wohl sehen die vielen verschiedenartigen Nadelhölze in den Gärten herrlich aus, auch wirken die Espen mit ihrem hellen Gezweige und den dicken blanken Blütenknospen daran prächtig; aber die Ebereschen schlagen doch alles, was da Äste und Zweige hat, mit ihren knallroten Beeren tot.

Wie Flammen glühen die roten Dolden in der Vormittagssonne; sie funkeln und sprühen und blitzen wie geschliffene Korallen, und selbst die Stiele, an denen sie hängen, haben einen metallenen Schimmer. Nirgendswo sehen die Ebereschenrauben so schön aus wie hier, und nirgendswo halten sie sich so lange, ohne einzuschrumpfen, mißfarbig zu werden und abzufallen.

Das muß auch so sein. Was sollten die Spatzen von Davos machen, fielen hier, wie anderswo, die roten Beeren schon im Vorwinter zu Boden? Der Schnee würde sie hinnehmen und erst nach vier Monaten wieder hergeben. Dann wären die Sperlinge ganz auf die Gnade der Schlittenrösser angewiesen und der Speisezettel würde recht mager und langweilig ausfallen.

Anfangs, als die ersten Spatzen, die irgendein Kurgast in Davos aussetzte, in ihren ersten Winter kamen, mögen sie schön dumme Augen gemacht haben, als es nirgendswo ein Feld gab oder einen Getreideschober, wo sie ihre Nahrung finden konnten. Über Nacht war ein Schnee gefallen, hatte alle Kehrichtplätze zugedeckt und desgleichen das, was die Rösser unterwegs verloren hatten. Hungrig und verfroren flogen die Sperlinge hin und her, fanden aber nichts für ihre Schnäbel, denn überall lag Schnee.

Da beschien die Sonne die Ebereschenbeeren, daß sie funkelten und strahlten. Aber Ebereschenbeeren sind kein Spatzenfutter; das ist ein Fraß für Kramtsvögel, Dompfaffen und Bergfinken. Doch wenn der Teufel in der Not Fliegen frißt, warum soll der Spatz, geht es nicht anders, nicht an Ebereschen gehen? Zwar schmecken sie bitter und sauer zugleich und ziehen den Schlund in arger Weise zusammen. Aber ehe die Rösser für die genügende Menge von Futter gesorgt haben, ist man vielleicht schon verhungert. Da hilft eben nichts als in die sauern Beeren hineinzubeißen. Schmeckt es auch nicht, so macht es doch satt.

Bald hatten sich die Spatzen daran gewöhnt, denn alle paar Nächte gab es einen schweren Schneefall dann fand sich bis gegen Mittag nichts anderes und so blieb eben nichts übrig, als sich mit dieser Tatsache solange abzufinden. Da nun die Ebereschenbäume in Davos fast alle hart an der Straße stehen, so wurden die Sperlinge hier mit der Zeit viel vertrauter als anderswo, und mag es noch so laut und so lebhaft unter ihnen hergehen, das schert sie wenig; sie bleiben sitzen und zerklauben die roten Beeren, ohne sich stören zu lassen.

Auch die übrigen Vögel haben sich an den lebhaften Verkehr gewöhnt, nicht nur die stolzen Amseln, denn die sind schon mehr als dreist, nicht nur die schönen Dompfaffen, denn die sind überall zutraulich, auch nicht die hübschen Grünlinge und die lustigen Buchfinken, denn die haben ein harmloses Gemüt, und die bunten Bergfinken aus Nordland kennen den Menschen so wenig, daß sie ihn nicht scheuen, und so bleiben sie und die Grünlinge und die Dompfaffen ruhig bei der Mahlzeit sitzen, wenn ein paar Menschen einen Schritt vor ihnen stehen bleiben, mit den Händen nach ihnen deuten und laut sprechen. Auch daß der dicke Flugvogel nicht fortfliegt, wenn es vor seinem Baume recht munter zugeht, ist weiter nicht merkwürdig, ebensowenig, daß die schwarzkappige Alpenmeise sich so gut wie gar nicht um die Menschen kümmert, und nicht minder, daß die Rabenkrähen, sind sie bei dem Beerenfressen, wenig Scheu zeigen, aber daß sogar der prächtige Grauspecht, der den einsamen Wald liebt, dicht an der Straße seinen Kropf mit den roten Beeren füllt, das bekommt man einzig und allein in Davos zu sehen.

Das ist aber alles noch gar nichts. Wenn es um die Mittagszeit auf der Straße nur so lebt von Menschen, wenn die Schlitten hin und her klingen und die Kurkapelle spielt, dann kommen rauhe, harte Schreie von den Bergen, ganze Flüge von ziemlich großen Vögeln flattern heran, fallen in den Ebereschenbäumen ein, reißen die Früchte ab und fressen sie, und das sin Kramtsvögel, die scheuesten von allen Drosseln, und die benehmen sich in Davos, als gäbe es keine Roßhaarschlingen, Schlaggarne und Schießgewehre auf der Welt. Ganz dicht kann man an sie herantreten, ihre rotgelben, schwarzgetüpfelten Brüste, ihre aschgrauen Nacken und

169

ihre blanken Augen besehen, ohne daß es ihnen einfällt, abzustieben. Und doch lassen sie anderswo den Menschen noch nicht auf hundert Schritte herankommen.

Eine Landschaft, die kein lustiges Vogelleben aufweist, wirkt tot und kalt, mag sie sonst auch noch so prächtig sein. So würde es Davos gehen, hätte es die vielen Ebereschenbäume an der Straße nicht, deren rote Korallen ihren schönsten Schmuck bilden vom Herbste an bis zum Frühling, wo sie zusammenschrumpfen und zu Boden fallen, sobald die Espen ihre seidenen Kätzchen entfalten und an den sonnigen Hängen die Schneeheide ihre Blümchen rosenrot färbt.

Sie haben ihren Zweck erfüllt und sind überflüssig, bis der Winter wieder herannaht.

Heidbilder

Im roten Post

Auf der Lüneburger Heide ging ich auf und ging ich unter. Es will mir nicht aus dem Kopfe, dieses alte Schelmenlied, die ganzen drei Tage, die ich hier im Moor bin.

Es hat eine so sorglose, jenseits von Pflicht und Verantwortung stehende Singweise, und die paßt ganz auf mich.

So weit der Himmel blau und der Post rot ist, gehört mir die Welt; kein Mensch kümmert sich um mich und keinen frage ich nach.

Gestern abend, als die Sonne hinter den Birken am Himmelsrand schlafen ging, und das weite Moor eine einzige kupferrote, veilchenblau abgeschattete Fläche war, summte ich es wenigstens in Gedanken, und jetzt, zwei Uhr früh, flöte ich es laut im einsamen Ochsenstall, in dem ich die kurze Nacht im Schlafsack verbrachte.

Licht spendet mir die Fahrradlampe. Einzelne Mücken kommen durch die Tür nach dem Lichtschein, in den Ecken pfeifen die Mäuse; draußen klagt die Mooreule, in den Pümpen plärren die Poggen.

Ich sehe in die helle Nacht hinaus; alle Sterne funkeln, und der Mond steht blank am Himmel; der Bach kluckst und murmelt, im Schilf schwatzt ein Vogel.

Bei dem Frühstück denke ich an den gestrigen Tag, an die roten sonnendurchglühten Postbüsche, an die fahlgrünen Wiesen, auf denen die goldenen Kohmolken leuchteten, an die weißen Weihen, die über die roten Flächen strichen, an die ganze Schönheit des ersten hellen Tages nach zwei aschgrauen.

Aber auch da war ich froh, als eintönig der warme Regen herabrieselte, als des Kolüts lautes Geflöte nicht aufhören wollte, als das Moor braun war und tief violett. Wenn ich in Regenkittel, Lodenhut und Transtiefeln bin, dann macht Regenwetter mich lustig, so lustig, daß ich flöte: Auf der Lüneburger Heide.

Ich freue mich wie ein Kind auf den sonnigen Morgen; da wird der Post nur so herauslodern aus den weißen Nebelschleiern; ein Fest wird es geben für meine Augen.

Die blühende Heide zu besuchen, das ist Mode geworden seit einiger Zeit; das blühende Postmoor aber kennt niemand, keiner fährt hinaus, seine Augen zu weiden an dem Kupferrot seiner Büsche, am Gold der Weiden, am Silber des Wollgrases, und den Duft einzuatmen, der aus dem Post aufsteigt und von den jungen Birken kommt.

Denn naß ist es da, und zu weit sind die Wege zu der Bahn, die Mücken sind zu schlimm da, und die giftige Natter. liegt zusammengerollt am braunen Damm.

Vielleicht aber ist mir darum das Postmoor so lieb, weil ich da so ganz mein eigener Herr bin, weil mir da keine Seele in die Möte komme; seit vorgestern morgen habe ich keinen Menschen gesehen.

Hier, wo ich jetzt gehe, stand ich vor acht Tagen; vor mir äste sich auf vierzig Gänge der alte Hauptbock. der drüben in dem Fichtenhorst an der

Beeke seinen Stand hat; er war gut bei Leibe und sein Gehörn war blank; ein Fingerdruck, und er lag da; ich konnte ihn in die Fichten hängen bis zum ersten Mai.

Mir kam der Gedanke gar nicht; wo kein Kläger ist, ist kein Richter, heißt es; aber gerade dann reizt auch nichts zur Übertretung; es wäre Feigheit.

Drüben schimpft der alte Graukopf; er hat Wind von mir bekommen; dröhnend klingt sein Baß durch die stille Nacht; ich antworte ihm in hellem Schmalrehdiskant; da verstummt er; wahrscheinlich überlegt er sich den Fall: ein Schmalreh, das Menschenwitterung hat? Merkwürdig!

Auch der Mooreule komme ich sonderbar vor; dreimal strich sie über mich hin, daß ich das Wehen ihre Sammetfittiche spürte; ein Machandelbusch, der weitergeht, das ist ihr noch nicht vorgekommen.

Im Ellernbusch schlägt die Nachtigall; aus den Fichten an der Beeke antwortet ihr eine; das Lied paßt nicht in das Postmoor; was der Kolüt da oben pfeift und trillert, der Sang voll jauchzender Sehnsucht und mißmutigen Jubels, das gehört hierher.

Durch den schwarzen Fichtenhorst geht der Damm, da unkt die Ohreule; wie Sterbegestöhne eines Menschen klingt es. Unheimlich glühen an den Grabenborden rechts und links die Leuchtwürmer; prasselnd stiebt eine Taube ab, die das Plantschen meiner Stiefel im weichen Weg aus dem Schlafe schreckte.

Aus dem Dunkel der Fichten bin ich wieder im hellen Moor; immer weicher wird der Weg, immer breiter, die silbernen Gräben; durch blankes Wasser muß ich eine ganze Weile, die Krempstiefel sinken tief ein; ich stoße die Bekassine heraus und mache den Erpel hoch und ärgerlich keift eine Ricke über den Ruhestörer.

Ein schwarzes Ding erhebt sich halbrechts, da muß ich hin; bis über die Knie plantsche ich in Wasser und Mudde, die Moorhexe will mich an den Hacken festhalten, aber ich lasse mich nicht bange machen und komme zu dem Machandelbusch unter der breite Fuhre auf dem Donnerbrink.

Dort ist es hoch und trocken; darum balzt der Hahn da; darum habe ich mir da einen Schirm gehauen in dem Machandelbusch und einen Sitz aus Heidboden gemacht, da will ich bleiben.

Es war Zeit, daß ich kam; schon lockt die Bekassine da, wo die Pümpe blitzen, immer lauter pfeift der Brachvogel da, wo die Sterne funkeln. Gerade habe ich den Mantel übergezogen und es mir bequem gemacht bei einer Pfeife, da saust es über mich fort und fällt mit dumpfem Schlage vor mich hin.

Ich zucke zusammen und lache dann. Wie oft saß ich schon so, wie oft hörte ich den Hahn einfallen; längst ist mir der Schuß Nebensache geworden bei der Balz und die Beute, aber ich glaube, ich werde jedesmal Herzklopfen bekommen, wenn der Hahn mir zusteht.

Ich höre, wie er sein Gefieder schüttelt; dann würgt er und gluckst, schweigt, würgt wieder, faucht ein paarmal leise, gluckst wieder und beginnt dann erst dünn und zaghaft, dann immer voller und kühner sein seltsames Liebeslied.

Das ist der Weckruf für das Moor; eine Bekassine nach der andern lockt und meckert, der Kiebitz erwacht und ruft, taumelt mit fauchendem Flügelschlag über mich hin. Streichende Erpel quarren, die Poggen grölen lauter, die Rohrsänger schwatzen lebhafter, die Heidlerche steigt singend zu den Sternen.

Und immer und immer wieder saust und plumpst es bei mir; und jedesmal darauf meldet ein Hahn. Vier balzten um mich herum; aber nur der erste ließ mein Herz einen Sprung machen.

Das ganze Moor ist laut geworden, es ist, als zittere die Luft von den kullernden Tönen, als bebe der Boden von dem tollen Minnegesang; alle andern Lieder, alle andern Klänge verschwinden dagegen, gehen darin unter, verschmelzen damit, und nur, wenn eine Henne zärtlich lockt, kommt eine neue Farbe in das große Konzert.

Auf den hellen Schimmer mir gegenüber am Moorrande sehe ich und rauche und sinne; um mich herum ist Leben und Liebe und Lust, und ich sitze da im Versteck, die Mordwaffe auf den Knien, und wenn ich wollte, wäre es aus mit aller Lust um mich herum.

Die Menschen fallen mir ein, die jetzt ruhig schlafen und vom schönen Leben träumen; und zwischen ihnen unsichtbar, hockt ein Gespenst, die Sense in der Klapperfaust; wenn es sich rührt, dann stöhnen die Schläfer im Traume und fahren in die Höhe.

Fanfarenklänge schallen über das Moor, gellend und hallend; der Kranich kündet der Sonne Ankunft. Vor mir, im Osten, färbt Rosenrot den Himmel; das schöne Reiterlied vom Morgenrot geht mir durch den Sinn.

Das freche Strolchlied vergaß ich; das fällt mir nur im Gehen ein; sitze ich still, so denke ich nicht daran; nur die Worte sehe ich, aber die Weise fehlt daran.

Ein Schauer überfließt mich; der Frühwind weht, den schweren Duft der Birken und den herben Geruch des Posts bringt er zu mir, vermischt mit dem faulen Brodem des Ellernsumpfes.

Da ruft jetzt der alte Fasanenhahn; der fremde Klang stört mich hier wie der Schlag der Nachtigall; aber, was die Rohrammer schwatzt und der Kuckuck ruft, was die Krähe quarrt und der Brachvogel pfeift, das Lullen der Lerche, des Kiebitzes Schrei, des Schwarzspechts Lachen, der Bekassine Gemecker, das sind des Moores echte Laute.

Sie alle versinken im lauten Gekuller der Hahnenbalz; nur wenn eine neue Stimme sich meldet, höre ich das als Einzellaut, aber dann verschwimmt es wieder ganz in dem Getrommel und Gefauche der schwarzweißroten Minnesänger.

Hellichter Tag ist es; ich sehe die vier Hähne vor mir mit allen ihren Farben, wie glühende Kohlen funkeln die roten Rosen.

Ebenso rot kommt jetzt die Sonne über die fernen Birken und so weit ich sehe, ist es rot; nur in den Sinken nicht, wo der weiße Nebel liegt, in dem hier und da graue und schwarze Gespenster, die Birken, Fuhren und Machandeln, herumstehen.

Ich sehe gelassen den Hähnen zu; einen habe ich vor acht Tagen hier geschossen, und das ist mir genug; nur sehen will ich heute. Und ich sehe mich satt an dem bunten Gesellen vor mir, an den goldenen Blumen, von dem weißgrünen jungen Risch, an den Silberschäfchen der Murke; und dann kommen meine Augen an den Post, der jetzt unter der Sonne immer glühender, roter, goldner wird.

Zwischen ihm die schwarzen Krüppelfuhren färben sich lustig, smaragdene Blättchen tragen die Birken, goldene Flämmchen zittern auf den Weiden; weiße Weihen schweben, ferner Taubenruf schallt herüber, die Luft ist voll von Singsang und Klingklang.

Höher steigt die Sonne, goldner wird der Post, toller der Hähnen Lied; aber jetzt streicht einer ab und die andern folgen.

Mir ist es lieb, die Glieder werden mir schon ganz steif; ich krieche aus meinem Versteck und gehe den Damm entlang.

Und sowie ich im Gange bin, wird das alte Lied wieder in mir laut, und ich weiß es schon, es wird den ganzen goldnen Tag in mir klingen: Auf der Lüneburger Heide ging ich auf und ging ich unter.

Worte möchte ich zu der Weise dichten, ein Danklied auf die schöne Heide, die immerblühende; wintertags prangend mit Rauhreif, im Juni mit silberner Murke, mit roten Glöckchen im Juli, mit rosenroten Blütchen im Vorherbst und früh im Jahr mit rotem Post.

Die Furt

Die Hitze ist heute überall; die Luft flackert sichtbarlich über den Heidbergen. Ich bin der Pürsche müde. Hier ist Schatten und weiches Moos, aber zuviel Geschmeiß singt und summt um mich her. Bei der Furt wird es kühler sein; ich wollte, ich wäre dort.

Wo bin ich gewesen? In einer weiten, hohen Kirche; und Pfeiler trugen ein grün dämmerndes Gewölbe; Kerzenlicht flimmerte, Weihrauchduft wogte, dumpf klang eine Litanei.

Aus dem Altarschreine lächelte die Madonna. Sie trug ein weißes Kopftuch, ein rotes Leibchen und einen blauen Rock. Ihr Gesicht war jung und lieblich, ihr Augen waren groß und glatt: Sie lächelte und stieg aus dem Schreine heraus und wandelte leichtfüßig durch die Kirche.

Ich sehe den gelben Sandweg entlang, zu dessen Seiten sich die roten Fuhrenstämme erheben und in ein grün dämmerndes Gewölbe verlaufen. Helle Lichter spielen zwischen den Stämmen, schwerer Kienduft wogt, wie Priestergemurmel tönt es in der Runde.

Dort, wo der Weg zwischen den schwarzen Machandeln bei dem Anberge verschwindet, kommt ein Mädchen her; sie trägt den weißen Flutthut, das rote Leibchen und den blauen Rock, wie alle Mädchen hierzulande. Leicht geht sie dahin; ihre nackten Füße wirbeln goldenen Sand auf. Ihr Gesicht ist jung und lieblich und ihre Augen sind groß und gut. Ihre Wangen blühen wie Rosen und ihre Arme sind reizend anzusehen.

Ein Hauch von Frische weht hinter ihr her, wie er an die Furt geht, gesät-

176

tigt von dem grünen Duft des Erlenlaubes und dem bunten Geruche der Wiesenblumen, und reißt mich aus dem Moose und den Sandweg entlang durch das Vorholz über die Heide zu dem Bache hin, in dem der Weg untertaucht und am anderen Ufer in der Wiese wieder heraussteigt.

Wie eine Laube wölben sich die Erlen zusammen und verweben ihr Laub mit dem Himmelsblau; zwischen ihren schimmernden Stämmen ist die lachende Wiese sichtbar. In den Uferbuchten schweben die leuchtenden Blumen der Wasserlilien, die nur einen Tag leben. Vor der weißen Sandbank ist eine Insel von dunkelem Wasserkraut, auf der viele helle Blüten zittern.

Das Wasser ist klar und sein Grund ist rein; langbeinige Wasserwanzen werfen gespenstige Schatten darauf. Die Brombeerblüten beschauen sich lächelnd in der grünen Flut und der Königsfarn bewundert sein stolzes Laub. Der Uferbord trägt einen Schuppenpanzer von Lebermoos, und darunter wallen und winken die rosenroten Wasserwurzeln der Erlen.

Ich lehne faul an dem moosigen Erlenstumpfe, kühle die Füße im Wasser, blicke dem Tabaksdampfe nach, der stetig über den Bach hinzieht und die blitzenden Fliegen verjagt, und sehe den zarten Wasserjungfern zu, die um das lachende Laub des Königsfarns flattern.

Wo bin ich wieder gewesen? Dort, wo die Blumen ewig blühen, wo keine Sense das grüne Gras zerschneidet, wo kein Nordost das Land entfärbt und edelsteinfarbene Vögel aus den Büschen leuchten, wo es keine bitteren Gedanken gibt, die über süßen Wünschen schweben, wie düstere Fliegen über lichten Blumen, in dem Land ohne Tod und Sünde, auf dem Eiland Avalun.

Funkelt dort nicht der Vogel in den Edelsteinfarben. Wenn er das Köpfchen dreht, sprühen bunte Blitze um ihn her. Und ein Falter weht über den Bach, Morgenrotsonne auf den Schwingen, und ein Ruf ertönt wie eine silberne Glocke, und ein Vogellied perlt aus dem Laube, so süß wie die Liebe, süße junge Liebe im Maienlande Avalun, in dem die Menschen lachen und küssen, bis sie wie müde Blumen vergehen.

Hier ist Avalun. Über mir ist ein Baldachin aus grüner und blauer Seide über einem Teppich, flammend von Farben. Ich bin der König von Avalun. Wenn ich lache, wiegen sich die goldenen und silbernen Blumen fröhlich über dem Wasser. Hier ist es goldig und da silbern, dort rot und drüben blau. Es ist ein wunderbares Wasser, das Wasser von Avalun; es heilt die Wunden des Herzens und kühlt die Wünsche der Seele; es ist aus reinem Tau gebildet und ohne Fehl und Falsch.

Ein heller Pfiff ruft mich zurück, ein blauer Pfeil mit smaragdener Spitze fliegt über den Bach. Der Eisvogel, der Gleißvogel ist es, und kein Vogel aus dem Lande, in dem meine Seele war, der Blumeninsel, und die der Sehnsucht perlgraue Wellen schluchzen. Meine Seele ist wieder in meinen Händen. Neben mir liegt die dreiläufige Waffe und das scharfe Glas. Alle Blumen tragen wieder alte Namen und für jegliches Wesen weiß ich das trockene Wort.

Vogel mit der abendrotfarbigen Brust, sing mir dein tautropfenklares Silberlied. Und singe es noch einmal, und singe es abermals, bis ich still wie das Wasser bin und ruhig wie die Lilienblüte; so still soll es in mir sein, daß ich meines Blutes Klingen lauschen kann und den Atemholen des Windes, der in dem Walde schläft. Sing, Vogel, singe dein süßes Abendlied, daß mir die Augen wieder zufallen und meiner Gedanken Umrisse zu weichen Traumgestalten verdämmern, sing mir das silberne Lied vom goldenen Avalun.

Ich grüße dich, Königin von Avalun; so schön bist du, daß deine Schönheit hüllenlos sich zeigen darf. Die Sonne verweilt, um deine schlanken Glieder zu liebkosen, die Welle zögert, weil sie deine Füße küssen muß, und der Wind hält den Atem an, so erschrak er vor deiner Schönheit. Dich grüßt der silberne Liebesstern über dem fernen Walde, dir leuchtet der goldene Wurm im tauigen Moose, dir zur Ehre duften die Blumen so süß. Du bist so schön, daß kein Dichter es sagen kann; deine Schönheit ist wie ein goldenes Gitter, das unreine Blicke blendet, und deine Augen sind Schilde, an denen freche Wünsche abprallen.

Ein gellendes Lachen klirrt durch das sanfte Schweigen. Wer wagt freches Lachen in Avalun? Du, nachtschwarzer Vogel mit der giftroten Flamme auf dem Scheitel, du lachest mich fort aus dem Märchenland? Lache noch einmal, und ich hebe die Hand und krümme den Finger, und im Sande mußt du verbluten. Und auch du hüte dich, kreisender Weih, und fürchte meinen Zorn; allzu höhnisch klingt deine Stimme. Was habe ich euch getan, daß ihr meine Träume erschreckt, so daß sie mit bleichen Gesichtern in schwarze Wälder fliehen.

Eine heiße Flamme schlägt mir in das Gesicht, Dunkelheit umspült meine Augen, und meine Brust wird zu eng für das Herz. Dort unten, vor der grünen und goldigen Wand, steht in dem blausilbernen Wasser sichtbarlich und lebhaft, rot von der Sonne beschienen, ein nacktes Weib, läßt aus den hohlen Händen das Wasser über ihre schmalen Schulter rieseln und streut schimmernde Strahlen über ihren schlanken Leib. Die Welle zögert zu ihren Füßen und der leise Wind, der von der Wiese kommt, hält erschrocken den Atem an. Die silbernen und goldenen Blumen grüßen sie, und das Rotkehlchen singt ein Lied zu ihrem Preise.

Mein Glas liegt neben mir; als ich es sah, sprang mir das Blut nieder in das Gesicht. Das Bild, daß ich sehe, ist schön, wie ein Traum: die schlanke, helle, im Sonnenlicht rosig leuchtende Gestalt in dem blitzenden Wasser vor der grünen Wand; aber ich wollte, ich wäre weit fort von hier. Doch hinter mir verschränken die Erlen ihr Astenwerk.

Die Ellritzen spielen um meine Knöchel; weiße Falter wehen über die bunte Wiese hin, wie stille Gedanken durch laute Stunden. Vom Walde klingt des Taubes Ruf; das tiefe Schluchzen des Sturmes ist darin, das bange Weinen des Windes. Voll tiefer Zärtlichkeit und heißer Sehnsucht ist der Ruf, ein Lied ohne Worte, das alles sagt.

Ein goldenes Lilienblütenblatt treibt den Bach hinab und nimmt meine Augen mit. Verschwunden ist die rosenrote Gestalt unter dem grünen Baldachin, für immer verschwunden.

Aber ich war in Avalun.

Goldene Heide

Die Heide hat vier hohe Zeiten; sie blüht viermal im Jahre. Bevor im Vorherbste der Honigbaum sich rosenrot färbt, hat die Heide schon eine Blüte erlebt.

Wenn am tauklaren Maimorgen die Birkhähne trommeln und blasen, schmückt sie sich mit den silbernen Seidenblumen des Wollgrases; es sieht dann aus, als wäre der Winter noch einmal zurückgekehrt.

Jedes Birkenbäumchen aber straft mit dem leuchtenden Grün seiner jungen Blätter diesen Wahn Lüge, und auch die Heidelerche, die unter den Wolken hängt und schon lustig dudelt, als wäre sie berauscht von dem Balsamduft, der aus den Smaragdwellen zu ihr aufsteigt.

Das ist die Zeit, in der die ganze Heide singt und klingt; Sonntags abend ziehen dann die jungen Mädchen, in breiter Reihe untergehakt, über die Dorfstraße und singen alte, schalkhafte Lieder von dem Jäger und dem Mädchen in dem Wald.

Wenn das Heidkraut blüht im September und die Immen um den Honigbaum summen, wenn die Heidberge in Rosenrot, Pupur und Violett getaucht sind, dann zieht auch der Stadtmensch in die Heide hinaus und schwärmt für ihr Blühen und Glühen.

Ist aber das Heidkraut längst abgeblüht, ist das Silbergrau der trockenen Kelche zu fahlen Graugelb verwittert, dann ist die Heide vergessen, dann ist sie einsam und still; nur wenige Leute wissen, daß dann die Zeit kommt, in der sie ihr allerschönstes Kleid aus dem Laden holt.

Wenn die wandernden Kraniche unter den Wolken herziehen, wenn die Wildgänse rufen, wenn der Nordwind über die Buchweizenstoppeln geht und die Kartoffelfelder leer und zerwühlt sind, dann legt die Heide ihr herrlichstes Gewand an.

Aus schwerem Goldbrokat ist es gearbeitet, grüne Sammetaufschläge zieren es, mit gelbseidenen Borten und purpurnen Kanten ist es besetzt, mit Scharlachfäden durchwirkt und über und über mit glitzernden Diamanten, schimmernden Perlen und leuchtenden Korallen benäht.

Dichte, langwallende Nebelschleier verhüllen morgens ihres Prunkgewandes Pracht; langsam, als schäme sie sich der eigenen Herrlichkeit, legt sie einen Schleier nach dem andern ab, enthüllt erst ihres Braunhaares Korallenschmuck, ihres Halses Diamantengeglitzer, ihrer Schultern Silberspitzentuch, ihres Gürtels Goldgefunkel, ihres Kleides grünbraunen, scharlachdurchzogenen Faltenfall.

Sie ist nicht mehr die junge, lustige Heide mit dem Birkenbalsamduft in dem smaragdgrünen Seidenkleid, nicht mehr die hübsche, junge Frau in der rosenroten Atlasschleppe; eine stattliche Frau in den besten Jahren ist sie geworden.

Das Lerchenliederlachen ihrer Mädchenjahre hat sie verlernt, die Blaufalterseligkeit ihrer jungen Frauenzeit liegt weit von ihr; sie ist stiller und ernster geworden, um Mund und Augen ziehen sich feine Fältchen, sie hat ihre trüben Stunden, in denen sie des ersten Schnees in ihrem braunen Haar gedenkt, den ihr des Jahres Ende bringen wird; aber sie kann immer noch lachen und strahlen und glänzen, blieb immer noch ein schöne Frau.

Ein wenig mehr Fülle hat sie bekommen, etwas bequemer ist sie geworden; sie liebt es nicht mehr, so lange wach zu bleiben bei den Feuerwerkfesten der Abendsonne und den Liederkonzerten der Lerchen; sie bleibt auch schon gern ein bißchen länger im Nebelbett, steht nicht mehr so früh auf, und sie braucht etwas mehr Zeit zum Anziehen und eine Stunde mehr für ihr Flechten. Das ist aber ihr gutes Recht: alternde Leute schützt ein wenig Sorgfalt vor dem Alter, und man soll ihr Tun nicht Eitelkeit nennen.

Auch Launen hat sie bekommen mit der Zeit; Tage hat sie, an denen ihre Stirn kraus und ihre Augen düster bleiben; sie seufzt dann über die verlorene Jugend und stöhnt über die kleinen Gebrechen, die das kommende Alter künden; dann hüllt sie sich in den grauen Mantel und ist unliebenswürdig gegen störende Gäste.

Wer sie aber gut kennt, der kümmert sich nicht um ihre Launen; mag sie auch alle Fenster mit dichten weißen Vorhängen verhüllt haben, schließlich strahlt doch ihres warmen Herzens Sonnigkeit, leuchtet ihrer Güte Lächeln, blaut ihres Frohsinns Himmel, kommt ihrer Seele goldener Reichtum bezaubernd zum Ausdruck, und sie ist dann schöner und herrlicher als je.

Es ist der Mühe wert, sich zu ihrem Herbstfeste einzuladen. Wunderbar hat sie ihr Heim geschmückt, in ein Prachtgewand sich gekleidet, in das schwere Kleid aus Goldbrokat, das sie nur kurze Zeit trägt und das sie bald mit dem silbernen Gewand vertauscht, in das der Rauhreif sie kleidet, ihrem letzten Blütenkleide, ehe das Schneeleilicht sie bedeckt.

Lieblich ist ihr Maienfest, wonnesam ihre Spätsommerfeier, aber prächtig ist das hohe Fest, das sie im Herbste gibt. Erstaunt steht der Gast, der noch nie bei dieser Feier war; wohin er sieht, scheint es von blankem Golde, leuchtet es in gleißender Pracht, funkelt es in reicher Glut. Da ist kein Birkenbäumchen zu dürftig, als daß es nicht einem güldenen Springbrunnen gliche, jeder Moorbeerbusch glüht rosenrot und alle Poststräucher lodern und brennen. Mit Silberperlen ist der Samtteppich bestreut und mit matten Golde sind seine Kanten benäht, und des Prunksaales Decke ist eingeschlagen mit einem lichten, blauweißen Seidengespinst, von dem sich weiße Flocken ablösen und lustig dahinschweben.

Nicht lange währt der Heide hohes Fest, aber lustig ist es bis zum Ende, bis zu dem wilden Kehraus, zu dem der Wind seine tollsten Tänze spielt. Dann rieselt das Gold dahin, flittert und flattert, wirbelt empor und taumelt herab, bis ein hohler Tusch das Ende der Feier kündet.

Wer es einmal mitfeiern durfte, das hohe Fest der Heide, der sehnt sich das ganze Jahr über danach.

Vier hohe Zeiten im Jahre hat die Heide; ihr schönstes Fest aber gibt sie im Herbst.

Heidgang

Der Himmel ist dunkelblau und wolkenlos; alle Sterne blitzen, es leuchtet der blanke Mond. Der leise Wind ist scharf und spitz; er rauscht in den Hofeichen, raunt in den Fuhren an der Brücke, raschelt in den Birken an der Straße.

Durch den schwarzen Wald führt ein schmaler Weg; wie reines Silber leuchtet er im Mondlicht; die dunklen Schatten der Zweige hüpfen auf ihm einen unheimlichen Tanz.

In die dunkle Heide kriecht der weiße Weg, versinkt im nassen Moor und steigt wieder an der dunklen Düne herauf; da liegt ein großer weißer Stein vor einem schwarzen Riesenwacholder. Hier warte ich auf den Tag.

Dunkelheit ist um mich und Schweigen, eine Dunkelheit, verstärkt durch die hellen Lichter am Himmel, ein Schweigen, vermehrt durch der ziehenden Drosseln dünnes Pfeifen.

Ein Stern versinkt im schwarzen Moor; ein Eulenruf verhallt im Raunen der Krüppelfuhren; das fahle Gras im Quellgrunde flüstert ängstlich, der Born singt ein dunkles Lied, ein Lied ohne Worte.

Die Dunkelheit beginnt zu leuchten, und die Stille singt und klingt; vergessene Stimmen reden, begrabene Gesichter tauchen auf, reden mit stummen Lippen und sehen mich mit toten Augen an.

Knaben mit hellem Haar, Greise mit lichten Bärten, Mädchen in silbernen Gewänden und Frauen in Nebelkleidern wallen in langem Zuge an mir vorbei, alle drehen die streng geschnittenen Gesichter nach mir und winken mit weißen Händen langsam und lautlos.

Alle habe ich sie gekannt, alle, alle; sie waren im Moor der Vergessenheit versunken; ich wußte ihre Gesichter nicht mehr und konnte mich auf ihrer Stimmen Klang nicht mehr besinnen alle die hellen Tage meines Lebens.

In dieser Dunkelheit sehe ich sie deutlich, und laut reden sie mir zu in diesem Schweigen, winken und nicken und seufzen und flüstern und sagen, ihre Sehnsucht nach mir sei groß; sie warten auf mich.

Im Ringelreihen wallen sie um mich herum, im Kringelkreis rücken sie näher zu mir, streifen mich mit kühlen Händen, langen nach mir mit feuchten Fingern, küssen mich mit kalten Lippen, flüstern mir tonlose Worte zu.

Wehrlos bin ich auf den Findelstein gebannt; hinter mir sperren des Wacholders Arme mir die Flucht, vor mir wallt die bleiche Schar mit eng verschränkten Händen. Kalt läuft es wir den Rücken herunter.

Ein lauter Ruf hallt durch die Nacht; im Dorfe kräht der erste Hahn. Im Nebel zerfließen die Toten, zum Gesurre des Grases wird ihr Geflüster, zum Rauschen der Zweige ihrer Stimmen Geraune; über das Moor kommt langsam der Tag. Kommt mit Drosselpfiff und Lerchenlied, mit Frühwindpfeifen und Astgeknarre; die Sterne erbleichen vor dem Rosenschein über dem Moor, und der Mond verblaßt von dem goldnen Licht, das hinter dem Walde auftaucht.

Die Dunkelheit flieht, und das Schweigen schwindet; die hohen Birken am Wegrande schütteln den Schlaf aus den Zweigen, die stolzen Wacholderbüsche beugen die steifen Nacken, der Born im Grunde besinnt sich auf ein lustiges Lied.

Die ersten Sonnenstrahlen fallen auf die abgeblüht Heide und versilbern den Reif, zu dem der Frühwind die Nebelperlen erstarren ließ; die Stämme der Birke blitzen und blinken wie Silber, ihre Kronen leuchten und lodern wie Gold, und zwischen allen Wacholderzweigen zittern diamantene Gewebe.

Drommeten und Fanfaren erschallen im Moor; hundert Kraniche grüßen den goldenen Tag; ein Birkhahn schlägt die Trommel dazu, Meisen klimpern das Triangel, Häher und Krähen quarren dazwischen, und hoch in der Luft ruft der Rabe.

Über weißen Sand und grüne Fuhren, gelbes Moor und braune Heide gehen meine Augen hin und her, den langsamen Füßen voraus; an Postbrüchen wandern sie vorüber, die in allen Farben glühen, an grünen Schneisen vorbei, von Silbertau funkelnd, an alten Fuhren, deren rauhe Stämme wie frischgetriebenes Kupfer glühen, und bleiben immer wieder auf jedem Heidhügel hängen, dessen warmes Braun zwischen harten blaugrünen Zweigen auftaucht.

Sie folgen dem fahlen Hasen, der über die Heide hoppelt, den grauen Rehen, die über die Wege ziehen, dem kreisenden Bussard über den Kronen und der roten Brust des Gimpels, die dem Fichtenhorst umleuchtet.

Jeden blanken Stein im Wege finden sie, alle tiefen Fährten im feuchten Sand; des Goldhähnchens feurig Haube entgeht ihnen nicht, nicht des Faulbaums pechschwarze Frucht und des Fliegenpilzes brennendroter Hut. Über alles gehen sie fort und wandern immer weiter, von der Heide zum Holz, vom Holz in die Heide.

Wo der Knüppeldamm blank voller Wasser steht, schlägt ein Zweig klingend an den Büchsenlauf; ich hatte gar nicht mehr an die Büchse gedacht; der helle Klang erinnert mich an sie und die Fährten im schwarzen Boden; hier zogen die Hirsche heute nacht. Gestern wechselten sie am Born vorbei, wo ich vorhin saß, wieder vergebens, wie so oft schon.

Aber kein Ärger kommt in mir hoch; danke ich dem Hirsch doch so manchen goldenen Abend, danke ich ihm doch so manchen silbernen Morgen, Nächte voll Sterne und Tage voller Sonne, heimliche Stunden auf dem rostroten Hau und stille Gänge im graublauen Tannengedämmer, wenn die sinkende Sonne dem einschlafenden Walde goldene Träume gab.

Goldene Träume, an die er denkt beim Erwachen; alles um mich herum loht und lodert und leuchtet im Morgensonnenlicht, die modernden Stämme, die welkenden Farne, die faulen Stümpfe, die toten Äste; alles Leben wird lebendiger im Lichte. Die dunkelen schräg hängenden Fichtenzweige sind erfüllt von dem Gepiep unsichtbarer Goldhähnchen und versteckter Meisen, Specht und Häher schreien und rufen, Drosseln und Amseln locken in allen Winkeln, Eichkatzen schnalzen in den Wipfeln, auf den moosigen Wurzeln singt der Zaunkönig, und über dem Walde jauchzt der Bussard.

Aber schöner noch, als im feuchten, engen Wald, ist es auf dem weiten, breiten Hau; der Herbst, der rote Mörder, ist durch den Adlerfarn gegangen und durch die Eichenjugenden; er segnete ihre Blätter mit seiner Bluthand und benedeite ihr Laub mit seinen Mörderaugen; da verloren sie ihre grüne Kraft und ihr frisches Leben, welkten und verdorrten.

Sie starben einen schönen Tod, einen Tod voller Glanz und Pracht; im lachenden Lenz ihrer Jugend und im prangenden Sommer ihrer Kraft waren sie nicht so herrlich geschmückt, wie in dem Sterbekleide, das der Herbst ihnen gab.

Die Sonnenstrahlen zittern auf dem Farbengewoge, ziehen Wasserdämpfe aus dem feuchten Gebüsch, brechen sich in weich fließenden Nebelschwaden, prallen mit silbernem Gefunkel von dem rindenlosen Stümpfen und mit goldenem Geflimmer von den gehauenen Stämmen zurück.

Ein langgezogener, glasglockenklarer Ruf ertönt, ein ganz unirdischer Laut; ein gellendes Teufelsgelächter klingt hinterher. Ein großer Vogel, schwarz wie die Nacht, von seltsamer Gestalt, stiebt mit hartem Flug heran und bleibt an dem silbergrauen Stamm der toten Fichte hängen.

Der Schwarzspecht ist es, der zauberkundige Vogel, der die Springwurz wachsen weiß, die aller Türen Schlösser sprengt und aller Frauen Herzen dem, der sie bei sich trägt. Man sieht es ihm wohl an, daß er eigene Künste kann; umsonst trägt er auf dem Scheitel nicht die rote Flamme.

Dreimal in streng bemessenen Pausen rutscht er rasselnd um den rauhen Stamm, dreimal klopft er laut dagegen; dann läßt er seinen sehnsuchtsvollen Glockenruf erschallen, stößt sein Höllengelächter aus und stiebt in den düsteren Wald hinein.

Ich stehe immer noch und starre auf die Farben der Farne und des Laubes Lichter, sinnend, ich weiß nicht was, träumend, ich weiß nicht wovon, sehe wohl einen grauen Fleck zwischen roten Brombeerranken und hohen Halmen, denke aber nicht an Wild und Waidwerk.

Bis der graue Fleck verschwindet und wieder auftaucht im braunen Kraut, die Zweige zittern und die Büsche beben läßt, und über den Lauschern, weiß blitzende Enden weist. Da zerfliegt das Sinnen, zerflattert der Traum, ich ziehe die Büchse von der Schulter und den Kolben an den Kopf, das Auge richtet Kimme und Korn, der Büchsenlauf senkt und hebt sich, der Schuß brüllt durch die Morgenstille, der Häher schreit, die Amsel zetert, in die rotgoldene Farbenpracht der sonnigen Rodung kriecht der blaue Pulverdampf.

In langen Streifen zieht er über die dunklen Binsen und die hellen Halme, schleicht über die braune Farne und die roten Eichen, wirbelt um den Silberstamm der toten Tanne, flattert durch das glitzernd Astgewirr der gehauenen Fuhren und läßt die Blöße wieder flirren und flimmern in Glut und Glanz.

Über Äste und Zweige, Wurzeln und Stämme trete ich von einem Moospolster zum andern, leise und langsam nach Mörderart. Ich wecke den Bock nicht mehr; er hat den Schuß nicht vernommen; er liegt, als schliefe er, den Kopf zwischen den Läufen; rechts und links von ihm funkeln rote Korallen im dunkelgrünen Moose.

Einen Augenblick zürne ich mir selbst, einen kurzen Augenblick nur. Kurz war der Knall und schnell war sein Tod; wohl dem, dem solch Ende beschieden wird: aus der Sonne hinaus den Sprung in die Nacht hinein.

Am Heidpump

Anderthalb Büchsenschuß lang ist er, der einsame Pump in der Heide, und einen Schrotschuß breit. Sein Wasser ist breit und tief. Es hat keinen Grund, sagen die Bauern.

Rund um den Pump wächst hohe Heide in breiten, runden Horsten. Dazwischen ist der Boden naß und schwarz. An dem Rande des dunklen Wassers stehen Rischbülte mit harten, scharfen Blättern.

An der Morgenseite springt ein kleiner Sandbrink vor und bildet eine Landzunge. Darauf steht ein uralter, breiter Machangelbusch.

Er ist kaum so hoch wie ein Mann, der alte schwarze Busch, aber er ist das höchste Ding in der kahlen Heide, und wenn abends die untergehende Sonne rechts und links vor ihm den Pump rosenrot färbt, dann sieht er aus wie ein Zauberschloß.

Vielleicht ist er auch eins. In dem Bleisande unter seinen Wurzeln habe ich oft seltsame Spuren gesehen, als wenn da winzige Entchen gewesen wären. Aber so kleine Enten gibt es nicht; nicht einmal die Kricke macht so geringe Spuren.

Kuhlemanns Schäfer meinte, die Zwerge wären das gewesen. Die hätten Entenfüße. Und sie mögen gern unter alten Machangels wohnen in einsamen Heidbrinken, vorzüglich wenn Wasser dabei ist. Darin spiegeln sie sich, sagt er.

Früher hätte er das alles für Unsinn gehalten, wie es sich die Mädchen in den Spinnstuben erzählen, wintertags, wenn der alte Plaggenofen bullert und der Schnee gegen das Fenster schlägt

Aber im vorvorigen Sommer sei er anderen Sinnes geworden über die Sache. Da sei er den Patt entlang gegangen durch die Heide. So um Johanni, bei einer wahnen Hitze, einer Hitze zum Benaudwerden und da habe er den Neegenmörder schreiend vor dem Machangelbusch fortfliegen sehen, und wie er hingesehen habe, wäre helles Feuer unter dem Busche gewesen.

Na, und da habe er seine alte Beiderwandjacke ausgezogen und sei schnell nach dem Busche gelaufen, um das Feuer zu dümpen, damit es nicht weiterfräße. Denn der Wind hätte von Südosten gestanden, und es hätte einen bösen Brand geben können. Als er aber meist bei dem Machangel war, da war das Feuer aus und es war auch kein Rauch da und keine Kohle und Asche auch nicht.

Und nun glaube er, und er lasse sich da nicht von abbringen, was auch Kuhlemann sage und der Lehrer und der Doktor, das wären die Zwerge gewesen, die hätten ihr Gold gesonnt; und deswegen sei er da höllschen schnell von weggegangen, denn die kleinen Leute hätten ihre Nücken und könnten einem leicht etwas anhängen.

Als er mir das erzählte, der alte Schäfer, da macht ich ein ganz weißes Gesicht. In mir aber lachte ich. Aber wenn ich den Patt entlang ging an dem Pump, dann habe ich niemals geflötet, sondern bloß halblaut gesungen. Das muß man tun, sagte der Schäfer, das rechnen sie einem hoch an, die Unterirdischen, wenn man sich bemerkbar macht, damit sie ihre Schätze beizeiten fortbringen können.

Nur flöten darf man nicht, das können sie für den Tod nicht vertragen, seitdem sie von den großen Leuten im Dorfe damit angeführt sind.

Das ist schon hundert Jahre her, aber die Lüttjen haben ein langes Gedächtnis. Ein Jahr ist für sie, was uns ein Tag ist. Darum konnte mir im Dorfe auch kein Mensch mehr sagen, wie das gewesen sei mit den Zwergen, warum sie da weggezogen sind und weshalb sie keine Flöten leiden mögen.

Aber daß die Sache von Kuhlemanns Hof ausgegangen ist, das weiß ich. Der Pump und die Heid darum gehört Kuhlemann. Aber nie wird der Bauer oder wer seinen Namen trägt, bis auf dreihundert Schritt an den Pump gehen. Und seine Knechte wollen auch nicht gern dahin. Darum ist die Heide da auch so lang; denn keiner haut sie.

Weil es da nun so still ist und kaum einmal ein Mensch dahin kommt, haben die wilden Tiere es dort gut. Die Jagd gehört dem Bauern, aber um die Pump jagt er nicht. Er ist nicht abergläubisch, aber der Pump und die Kuhlemanns passen nicht zusammen. Der Großvater des Bauern ist da vom Blitz totgeschlagen und ein Kuhlemannsches Kind ist vor hundert Jahren in dem Pump ertrunken. Das kann alles mit natürlichen Dingen zugegangen sein, aber genau kann man das nicht wissen, und besser ist besser.

Mir hat der Bauer auch gesagt, ich solle dort lieber wegbleiben. Aber ich bin ja kein Kuhlemann und habe mit den kleinen Leuten nichts vorgehabt. Und ich glaube auch nicht an sie.

So bin ich denn auch manches Mal an dem Pump gewesen. Mit dem Weidmesser habe ich das tote Holz innen aus dem Machangelbusch geschnitten, habe mir da Plaggen hingepackt und Törfe zum Sitz, und dann habe ich da gesessen zu allen Zeiten.

Ich war im Frühjahr da, wenn rund herum in der Heide die Birkhähne kullerten, die Himmelsziegen meckerten und die Kiebitze riefen vor Tau und Tag.

Im Sommer habe ich da gesessen, wenn um den Pump die Murke blühte, als wäre alles voll Schnee. Dann sangen die Dullerchen, und der Pieper schlug, daß es eine Art hatte.

Eine ganze Mondnacht habe ich in dem Machangel verbracht. Vor mir blitzte das Wasser, in der Heide krispelten die Nachtschmetterlinge, eine Ente plätscherte mit ihrer Brust am andern Ufer, und fern im Moor klagte die Eule.

Auch wintertags bin ich dagewesen, wenn alles weiß war von der Neuen und darauf deutlicher verzeichnet war, was von der Forst zur Feldmark gekommen war bei Nacht, Hase und Reh und Marder und Fuchs.

Geschossen habe ich aber meinen Tag nichts an dem Heidpump. Es kam immer etwas dazwischen oder ich traute mich nicht. Die Hähne balzten sich, von dem Schirme weg, der Bock bekam Witterung, der Fuchs schnürte unter dem Winde heran und die Enten fielen jedesmal zu weit weg ein.

Der Bauer lachte immer, wenn ich mit leerem Rucksack zurückkam, und meinte, warum ich nicht anderswohin ginge. Aber ich kann nichts dafür. Wenn ich den Pump sehe, muß ich dahin. Vielleicht ist es das Gruseln, das mich da immer hinbringt, und weil es da so menschenleer und verloren ist.

Darum mußte ich auch heute wieder dahin. Ich ging um den ganzen Pump und sah in den Ecken viele Entenfedern schwimmen. Auch der Fuchs spürte sich in dem anmoorigen Boden. Da dachte ich, ich könne wohl zum Schuß kommen.

Der Mond ist so hell und die Gardinen sind so dünn und das Bett ist so schwer, daß ich nicht einschlafen kann. Ich höre das Vieh mit den Ketten klirren, der Schimmel schlägt immer gegen die Wand, und Wasser heult den Mond an.

Wenn ich das so recht bedenke, so kommt mir das ganz natürlich vor, was ich heute an dem Pump erlebte. Aber wenn ich die Augen zumache, dann dünkt es mich doch seltsam.

Ich sitze in dem Machangel und rauche vor mich hin. Es ist recht nebelig und weit kann ich nicht sehen. Ein halbe Stunde sitze ich so und denke an dies und das. Das Gewehr habe ich gespannt neben mir liegen. Vor mir ist das Wasser ganz schwarz.

Ich wundere mich, daß keine Enten kommen. Zeit wäre es; denn es schlägt im Dorf schon halb sechse. Da höre ich es dicht bei mir klingen und sausen, drei, vier schwarze Dinger sind vor mir über dem Pump. Ich reiße das Gewehr an die Backe und drücke einmal, zweimal, aber es blitzt nicht und es kracht nicht, und wie ich zufühle, sind beide Hähne in Ruhe. Das Merkwürdige dabei ist, daß ich ganz genau weiß, daß ich sie gespannt habe, als ich mich ansetzte. Ich weiß es ganz bestimmt. Ich stopfte mir erst die Pfeife, spannte dann, steckte denn die Pfeife an sah im Zündholzlicht, daß die Hähne hoch waren.

Wie ich noch darüber nachdenke, poltern die Enten fort, und drüben, genau in der Schußrichtung, ruft der Hütejunge, ich solle auf den Hof kommen. Der Förster wäre da, er wolle mich gern wegen der morgigen Drückjagd sprechen.

Hätte ich geschossen, so hätte ich den Jungen getroffen. Eine merkwürdige Sache, daß die Hähne nicht gespannt waren. Und ich weiß doch, daß ich sie übergezogen hatte.

Ich muß das Fenster aufmachen; mir ist zu heiß. Von hier aus kann ich bis an den Pump sehen; ich sehe ihn selbst nicht, aber den Wacholder als dunkelen Fleck. Und bei dem Busch ist helles Feuer, grünlich glimmendes unirdisches Feuer, wie ich es noch nie sah.

Ich glaube, ich glaube, der Schäfer hat recht. Die kleinen Leute haben mich vor Unglück bewahrt.

Im weiten weißen Moor

Seit dem ersten Frost gab es nichts Helles mehr im Moore, als die weißen Stämme der Birken und die beiden runden Weidenbüsche, deren Fruchtkätzchen die silberne Samenwolle behalten hatten im Gegensatze zu allen anderen Weidenbüschen.

Der Post hatte seine roten Blätter verloren, die Birken mußten ihr goldenes Laub fortgeben, die sauren Wiesen waren abgefroren, und so lag das Moor stumpf und tot da.

Alle seine lustigen Vögel waren verschwunden, all die hellen Gestalten, die es im Sommer belebten. Keine weiße Weihe strich mehr über den Post, kein Kiebitz gaukelte mehr über den Wiesen, selbst das Birkwild verschwand, und die Krähen zogen fort nach der Geest. Allen war es zu kalt und zu naß im Moore.

Tagelang sang dann der Nordwestwind dort sein grämlichen Lieder; wenn die Sonne mit rotem Gesichte über die Heidberge kam, stürmte er ihr entgegen und langweilte sie so lange mit seine öden Gesinge, bis sie ärgerlich hinter den grauen Wolken verschwand. Dann hatte der Wind wieder Oberhand und goß Wasser über das Moor.

Da kam der Mond der Sonne zur Hilfe; er brachte den Südostwind mit; der jagte die Wolken vom Himmel und trocknete das Wasser im Moore auf und eines Morgens war das ganze Moor silberweiß von Rauhreif, so silbern, so weiß, daß die weißen Birkenstämme und die beiden silbernen Weidenbüsche völlig verschwanden.

Aber schon mittags war der trübsinnige Wind aus Nordwesten wieder da; er mischte mit langen nassen Nebellappen den Silberreif von Baum und Busch, Heide und Halm, schnaufte im Risch, stöhnte in den Ellern wehleidig und weinerlich und verleidete die wenigen Vögel, die in das Moor zurückgekehrt waren, die Heimat wieder. Nur der Hühnerhabicht, der Strauchdieb, fühlte sich in der grauen Luft wohl und mordete den lustigen Häher und den zutraulichen Gimpel.

Und dann wechselte das Moor wieder sein Kleid; um den vollen Mond sammelten sich dicke, gelbe Wolken, die alle Sterne verhüllten, und um Mitternacht fielen weiche, weiße Flöckchen herunter, blieben an den Halmen hängen, an des Postes Kätzchen kleben, hafteten an dem Heidkraut, fielen auf die Fuhren, überwallten die Wacholder, umbanden die Birken, umwanden die Weiden, hüllten das ganze Moor in ein weißes Kleid.

Mit der Sonne kam ich über die Geest; blau lief mein Schatten vor mir her auf dem Fahrweg durch die Heide, auf dem Knüppeldamm durch das Holz. Gestern war alles grau und braun und fahl und düster und trübe und still und tot, heute ist die Welt hell und heiter und laut und lustig: in den verschneiten Fuhren schwatzt der Häher, in den jungen Birken lockt der Gimpel, in den Fichten lärmen die Meisen, und der klare Bach am Wege, der gestern so schläfrig floß, sprudelt munter durch die moosigen Irrblöcke, die die Brücke über ihm bilden.

Das ist ein wunderschöner Platz; zwei hohe alte Fichten, regelmäßig gewachsen und über und über mit roten Zapfen behängt, halten dort Wacht; um ihre Wurzeln kauern sich gespenstige Wacholder, spreizen sich unheimliche Stechpalmen, leuchtend von feuerroten Beeren; und der Spindelbaum neben ihnen ist über und über mit rosenroten Kapselchen behängt aus denen die gelben Samenkörner grell hervor leuchten.

Hier hat die Heide ein Ende, hier hört der Wald auf, und hier ist die Grenze zwischen dem bunten Leben und dem weißen Tod. Meisenflüge schnurren durch die verschneiten Fichten; braune, graue, bläuliche Federbällchen, gelbbäuchig, weißbackig, langgeschwänzt und spitzgehäubt, kobolzen durch die Äste, hängen sich an die Zweige, daß der Schnee pulvert und rieselt; ein Buntspecht klopft an einen Tannenzapfen, eine Eichkatze wirft große Schneebälle herab, eine wilde Taube klappert fort, Goldammern zirpen über den verschneiten Knüppeldamm, Häher lärmen in der Fuhrendickung, ein Zaunkönig krispelt in dem gelben Adlerfarn herum; ein Dutzend Gimpelhähne fallen flötend in den Birken ein, ihre roten Brüste schimmern in den Zweigen wie märchenhafte Blumen, mit scharfem Schrei fährt der Eisvogel den Bach entlang, ein Blitz aus leuchtendem Blau und funkelndem Grün.

Keines von all den bunten, lauten lustigen Wesen geht mit mir in das Moor, das weiß, kalt und tot vor mir liegt, endlos und ohne Grenzen. Ein neues, unentdecktes Land ist es heute; keines Menschen Fußspur hat seine Schneedecke gefurcht; auch Reh und Hase, Otter und Fuchs, Marder und Iltis haben hier kein Zeichen hinterlassen, der erste Schnee ängstigte sie, und verschüchtert blieben sie in ihren Löchern und Lagern. Jetzt, nachdem die Sonne auf dem Moor liegt und es mit schwachen blauen Schatten und gelblichen und rosigen Tönen färbt, regt sich schüchtern ein wenig Leben.

Eine Krähe quarrt über die Einöde, zwei Birkhähne sausen über die Wüste, drei Enten klingeln der Aller zu; hier und da treten die Rehe aus den braunen Postbrüchen, aus den dunklen Ellernrieden, aus den gelben Rohrdickichten, verbeißen die braunen Blütenknospen, scharren den Schnee von den Grabenrändern und suchen ein grünes Blatt, ein frisches Kraut. Riesengroß und dunkel heben sie sich von der Schneefläche ab.

Hier vorne im Moor, unter dem Holze, hat die Sonne noch etwas Kraft; selbst in die Ruhe des ersten Wintertages bringt sie Bewegung. Es tropft von den Ästen, fällt von den Zweigen, stäubt aus den Kronen und rieselt aus den Nadeln. In der kleinen Bachbucht sind die schwarzen Wasserläufer lebendig, die blanken Taumelkäfer blitzen und die Ellritzen schießen jäh zwischen dem schwarzen Kraut hin und her über den hellen Kiesgrund.

Hinter der Ellernriede aber, die den Bach umsäumt hört alles Leben, alle Bewegung auf; je weiter ich in den weißen Schnee hineinwate, je tiefer ich in das Moor komme, desto fremder, unbekannter und rätselhafter wird es mir. Ich kenne jeden Weg und jede Steg hier, jeden Graben und jeden Pfahl, jeden Busch und jeden Baum, aber in seiner Schneevermummung sieht jedes Ding heute anders aus.

Aus den dunklen Schirmfuhren sind weiße Riesenpilze geworden, die mürrischen Wacholdermännchen haben weiße Hemden angezogen, die braunen Gräben füllt ein grauweißer Brei, die einsamen Viehställe sind ganz untergetaucht unter ihrer Schneebekleidung, und das weite braune Postmoor ist versunken in der weißen Decke und verschmilzt an seinen Rändern ganz und gar mit der grauweißen Luft.

Mit lautlosen Schritten geht die Stille durch das Moor; kein Vogellaut ertönt. Der Angstschrei der Bekassine, die ich aufjagte, verweht im Nu, des Neuntöters Warnruf verschwindet in der Lautlosigkeit, des fernen Dampfers dunkles Geheul scheint nur ein Wahn zu sein, und das verstohlene Gemurmel des Ellernbachs ist nach drei Schritten vergessen. Weiße Stille, stumme Weite, unendliche Lautlosigkeit, regungslose Ruhe ist rund um mich her, vor mir, hinter mir, über mir, unter mir und zu meinen Seiten.

Die Sohlen der langen Krempstiefel drücken lautlos den Schnee nieder; streift der Kolben der Büchse einen Busch, so fällt der Schnee lautlos herab, lautlos trabt der Hund hinter mir her, lautlos huscht ein weißes Wiesel in den Weidenhorst, lautlos ziehen die Rehe über die Wiesen, lautlos flattert eine Rohrammer von Busch zu Busch vor mir her.

Jeden Laut hat die weite Stille aufgesaugt, jede Farbe ist darin untergegangen; es gibt nur blendende Farblosigkeit und dunkele Flecken, die sie noch mehr entfärben; die blauen Schatten der Fuhren, die gelblichen und rosigen Lichter in der Ferne sind zu zart, um Farbe in die Farblosigkeit zu bringen, und je weiter ich wandere, um so stärker wird das Gefühl in mir, als wäre ich blind und taub und stumm, als wäre ich selber nur ein Schatten, und ab und zu bleibe ich stehen, sehe zurück und überzeuge mich, daß meine Schritte Spuren hinterlassen.

Und weiter und weiter geht es, an todeinsamen Birkenwäldchen vorbei, in denen nicht eine Meise lockt, vorüber an tiefverschneiten Fichtenhorsten, in denen kein einziges Goldhähnchen piept, auf engen Stegen durch die schneebeschwerten Postdickichte, in denen keine Spur munteren Lebens sich zeigt, über die weißbedeckten Wiesen, deren Eintönigkeit keines Strauches hellblauer Schatten unterbricht, an dem Moorgaben entlang, dessen langsames Wasser nicht das leiseste Geräusch macht, an gelbem Rohr, dessen starre Blätter keinen Flüsterton wagen.

Weit, weit weg hallt ein Schuß; häßlich klingt er mir. Ich bin ja hier im Moore, um zu jagen, und die Tage vorher habe ich mich niemals besonnen und schnell den Finger krumm gemacht.

Heute möchte ich das nicht. Vor mir stehen die Rehe; leicht wäre es mir, mich an sie heranzupirschen, der Wind ist gut, wie Ellern lassen mich unsichtbar sein und der Schnee macht meine Füße lautlos.

Aber ich mag nicht schießen; ich scheue den Donner des Schusses in dieser weißen Stille, des Hundes giftigen Hals bei der Hetze in diesem geheimnisvollen Frieden, und die hellroten Flecken auf der keuschen Reinheit in diesem weiten weißen Moore.

Das blühende Bruch

Der Wind, der über die Heide weht, haucht dreifachen Duft vor sich hin; denn die Birkenbäume tragen funkelnagelneues Laub, es treiben die Kiefern frische Schossen, und rundherum blüht der Post.

Lange hat er darauf gelauert; schon im Frühherbst war er dazu bereit. Doch der Winter kam und ging, die Eller am Bache, der Hasel im Hagen, die Espe am Walde blühten auf und blühten ab; er aber stand da und wartete auf seine Zeit. Zu kalt war das Bruch und zu naß.

Die Moorfrösche murrten, daß die Sonne zu schlapp war, um das Moor zu erwecken, der Birkhahn schlug Lärm und höhnisch kicherten die Heerschnepfen; aber erst, als Kiebitz, Kolkrabe und Kolüt ihnen beistanden und Schwarzspecht, Mooreule und Kranich mithalfen, rief die Sonne den Südwind herbei, und als der drei Tage und drei Nächte geweht hatte, bekam der Post Mut, reckte und streckte seine Knospen, und am vierten Morgen, als die Nebel in die Gründe fielen, stand er da, leuchtend wie rotes Gold, und der Wind nahm seinen starken Atem und mischte ihn mit dem von Birke und Kiefer.

Die Birken prahlten mit nagelneuem Laube, es prunken die Kiefern mit frischen Trieben; der Post aber überprotzt sie alle beide und die übrigen Bäume und Büsche auch. Er nimmt dem Wacholder die Mürrischkeit, raubt der Stechpalme ihr unnahbares Wesen, die Eiche verliert ihre Würde durch ihn und die Weide büßt ihr flammendes Licht ein, stellt er sich neben sie. Den Bach hinauf und an den Gräben hinab, um die Wiesen her und dem Walde entlang laufen die flammenden Büsche und finden sich unten im Bruche zusammen, um hunderttausendweis ein leuchtendes, loderndes Flammenfest zu feiern der Sonne zu Dank und ihr zu Ehre.

Dem Post gehört das weite, breite Bruch heute und morgen und übermorgen und vielleicht noch einen Tag. Denn es kann ein Regen fallen und aus ist es dann mit dem Farbenjubel, dem Duftgejauchze und dem goldenen Atmen. Darum scheint er, daß der Birken junges Grün verblaßt, und leuchtet, daß der Kiefern Kerzen verlöschen, und flammt, daß die Weidenbüsche trübe und trüber brennen. Und der Südwind, sein guter Freund, der es weiß, daß ihrer beider Tage gezählt sind, ist gütig gegen ihn, schüttelt und rüttele ihn, streift aus den zahllosen strahlenden Blüten den goldenen Staub und wirbelt ihn über Wald und Heid zum Zeichen, daß dieses die Tage sind, da der Post Herr im Lande ist, der Sonnensiegesstrauch.

Darum freut sich alles, das die drei Farben der Sonne trägt, dieses festlichen Freudentages. Die Dotterblumen recken sich höher, der Zitronenvogel taumelt wie trunken vor Lust dahin und der Morgenrotfalter trägt die frohe Kunde von Kraut zu Kraut. Hellauf jauchzt der Schwarzspecht, der abendrotköpfige, fröhlich flötet der Dompfaff, der morgenrotbrüstige, und der Goldammerhahn, heil wie das Mittagslicht, ging sein Sonnenliebeslied.

Da kann sich der mürrische Wacholder nicht halten; sonnige Triebe brechen aus seinem düsteren Geäst. Die kühle Stechpalme läßt sich mitreißen und wirft hundert blitzende Lichter um sich. Die Eiche vergißt alle ihre Würde; ihre Zweige glimmen und glitzern wie Gold. Weide und Kiefer und Birke lassen Ärger und Eifersucht und glühen und sprühen und grünen mit, jeder taubeperlte Halm, jegliches nebelfeuchtes Blatt, alle neuerwachten Blüten funkeln, flimmern und flammen hinein in das große Farbenfest, das die Heidlerche vom hohen Himmel segnet, das der Kranich mit Drommetenton aller Welt verkündet und zu dem der Kuckuck die Glocken läutet.

Höher steigt die Sonne, heißer brennt sie, glühender loht der Post. Über ihm unter dem hohen Himmel zieht ein Habichtspaar seine stolzen Kreise und sendet Jubelrufe zu ihm hinab. In den Eichen rucksen die Täuber und fliegen laut klatschend empor, helle Weihen werfen sich mit gellendem Schrei aus der Luft herab, und in und aus dem Busch und aus allen Bäumen singt und klingt es, daß das ganze weite, breite, goldene Bruch von Freudenstimmen bebt.

Die Sonne steigt und steigt, und sinkt. Purpurn färbt sich der Post, wie Gold erglühen die Gräben. Der Nebel steigt aus den Sinken, Wolken ziehen über die Wohld. Rund und rot steht die Sonne über dem Bruch, das noch einmal sich zu einem wilden Geloder aufrafft. Luft und Land füllen sich mit rotem Brande, bis der Tagesstern in Feuerwolken verschwindet, beklagt von dem Kiebitz und dem Kranich. Der Abendstern kommt herauf, von der Nachtigall laut begrüßt.

Eine laue Luft weht von Süden und trägt den starken Atem des Postes vor sich hin, der seinen ersten Blütentag erlebt hat. Einen wird ihm die Sonne noch schenken, und noch einen. Dann wird der Westwind ihm den goldnen Staub nehmen und der Regen ihm seine Pracht rauben; fahl wird er dastehen bis das junge Laub an ihm sprießt und er zwischen den übrigen grünen Büschen verschwindet und kein Mensch mehr nach ihm hinsieht und seine Auge daran labt.

Dann steht der Post da und wartet auf den Frühling. Er wird keinen mehr erleben. Die Hacke wird ihn fällen, die Flamme ihn fressen, das Vieh seine neue Schossen zertreten; Wiese und Weide wird sein, wo er blühte und duftete hier, wie überall.

Alte Leute werden vielleicht noch von ihm erzählen, wie von dem Kranich und dem Rauk und dem Waldstorch, die zur Sage wurden, und dann wird er vergessen sein für immerdar.

Die Mühlbeeke

Unterhalb der hohen Geest kommt sie aus dem Sande gepoltert, die Beeke, und gleich mit sieben Quellen auf einmal, weshalb die Bauern das Wassers den Siebensprung nennen.

Eine kleine Weile rennen die sieben Springe jede für sich zwischen Kraut und Moos herum, bis ihnen der Eichenbusch den Weg versperrt und sie zwingt ihre Wässer zusammenzuschmeißen und gemeinsam weiter zu wandern.

Der eine und der andere versucht es hier oder da, sich abzustehlen und für seinen eigenen Kopf durch die Welt zu kommen, aber wo der Busch aufhört, steht der Müller, jagt sie alle auf einen Haufen zusammen, zwingt sie, das Korn zu mahlen, und sagt ihnen dann, sie möchten machen, daß sie weiter kommen.

Das tun sie dann auch, und zwar Hals über Kopf, denn das Müllergesellenspielen war ihnen durchaus nicht nach der Mütze und deshalb haben sie sich ein ganz tiefes Bett ausgeschachtet, indem sie denken, dann sähe der Müller sie nicht, und darin laufen sie, was sie können, daß es nur so spritzt und sprüht. Aber eine Weile weiter, wo die Mühlwiesen aufhören und der Müller sein Recht verloren hat, verschnaufen sie sich und lassen es langsamer angehen.

Ganz bequem machen sich die sieben Wasser, die nun eins sind, das jetzt, drücken sich nicht mehr aneinander und rennen zwischen Stämmen und Wurzel dahin, sondern gehen breitspurig daher, als wenn sie sagen wollten: „Was gilt die Welt auf dem heutigen Markte? Wir haben Lust, sie zu kaufen!" Ein bißchen eilig haben sie es aber trotzdem, denn die Geschichte mit der Mühle liegt ihnen immer noch im Sinne, und es paßt ihnen durchaus nicht, daß sie sich bei den Weidekämpen bücken und unter dem Bruchwege durch quetschen müssen, und darum machen sie da, wo sie bei dem Übergang unter den drei dicken Steinen wieder zutage kommen, einen ganz gefährlichen Krach und spucken, daß es nur so spritzt.

Wehe dem Stichling und der Ellritze, die ihnen an dieser Stelle in den Weg kommen! Sie werden kopfoberst, kopfunterst gekegelt und kommen erst eine Weile weiter, wo die wütenden Wasser sich einigermaßen beruhigt haben, wieder zur Besinnung, sind aber dann meist so verdutzt, daß der Eisvogel, der dort gern auf dem großen Heckenrosenbusche lauert, sie spielend leicht erwischen kann. Von hier ab hat die Beeke es eine ganze Weile recht gemütlich und wird an einigen Stellen zuzeiten so übermütig, daß sie den ganzen Steindamm überspült. Dafür bekommt sie weiter unten ihre Strafe, denn ob sie will oder nicht, sie muß wieder unter einem Übergange durch, worüber sie natürlich fuchsteufelswild wird und mit den Stichlingen und Ellritzen von neuem Schindluder spielt.

Von da ab kann sie eine geraume Strecke machen, was sie will, höchstens daß sie ab und zu unter eine Brücke durchkriechen muß, denn weil sie inzwischen von rechts und links mehrere andere Quellbäche aufgenommen hat, ist sie schon so mutig geworden, daß sie sich die engen Durchlässe nicht mehr gefallen läßt. Als der Bauer ihr zumutete, sie solle ihren Weg durch ein Zementbetonrohr nehmen, wurde sie dermaßen falsch, daß sie den Erdboden rechts und links davon mitriß und der Bauer schnell das Rohr fortnahm und eine Brücke an dessen Stelle setzte. Aber den Streich, den sie ihm gespielt hatte, vergaß er ihr nicht, und als er seine neuen Wiesen fertig hatte, zwang er sie, ihm die zu berieseln, was sie denn auch, wenn auch erst nach allerlei Zappeln und Zieren, tat. Doch als er dachte, nun könne er ihr alles bieten und sie ihm seine Fischteiche hineinnötigen, spielte sie ihm einen ganz groben Schabernack, denn als das große Gewitterschauer kam, brach sie ihm die Deichwände durch und beredet fünfhundert Dutzend Forellen, auszukneifen, und der Bauer stand da und flötete hinter ihnen her. Zuletzt mußte sie aber doch klein beigeben und ihm den Gefallen tun, und als sie erst dahinterkam, daß er ihr das Wasser wiedergab, das er für seine Forellenzucht brauchte, fand sie, daß es eine ganz hübsche Abwechslung in ihrem Dasein sei, die vier Teiche zu durchrinnen, zumal von hier ab ihr Leben etwas langweilig wird.

Je älter sie nämlich wird, um so mehr geht sie in die Breite, wird behäbiger und bequemer, schlägt nicht mehr bei jedem kleinen Hindernis Lärm und nimmt es auch nicht mehr so krumm, muß sie fortwährend für die Kunstwiesen Wasser hergeben. Sie hat ja auch genug davon, mehr als genug. Aus dem Rauksberg springt ihr die mürrische Brummelbeeke bei und vom Barkenbusch der lustige Kinderborn, mit denen sie sich ausnehmend gut verträgt. Hingegen die braune Slieke, die im Dusterbrok entspringt, kann sie auf den Tod nicht ausstehen, und es dauert eine geraume Weile, ehe sie sich mit ihr verträgt. Die Slieke meint es aber nur gut, wenn sie die helle Flut der Mühlbeeke mit ihrem braunen Moorwasser gelb färbt, denn erstens sieht das dann, vorzüglich bei Sonnenschein, ganz großartig aus, zweitens muß die Mühlbeeke, so widerlich ihr das ist, vor der Brandheide die noch viel dunklere Fulbeck mitnehmen und ist nun schon etwas an das schwarze Volk gewöhnt und grault sich nicht mehr so sehr, wenn sich eine halbe Stunde später die beinah ganze schwarze Schwattbeck zu ihr gesellt, ein ganz stinkfaules Wasser, das so langsam dahinschleicht wie ein Torfwagen und dabei so zähe ist, daß die Mühlbeeke sie mit Gewalt nicht los wird, schließlich ebenso stumpfsinnig dahinschwankt und im Bullenbruche vor lauter Langweiligkeit manchmal kaum von der Stelle kommen kann. Aber das tut sie vielleicht nicht bloß aus Langeweile, sondern am Ende vor Angst, denn eine halbe Stunde weiter unten im Moore lauert die Aue auf sie, und es hilft der Mühlbeeke weder Beten noch Fluchen; mitgefangen, mitgehangen heißt es, und statt der lustigen Stichlinge, munteren Forellen und fröhlichen Ellritzen hat sie jetzt das Vergnügen, sich mit den stumpfsinnigen Karpfen, langweiligen Quabben und dösigen Aalen abgeben zu müssen, ein Verkehr, der ihr keineswegs standesgemäß vorkommt.

Voller Sehnsucht gedenkt sie dann der vornehmen Kreise, in denen sie früher verkehrte, der gemessen auftretenden Ringeltauben, die sich jeden Tag zweimal am Siebensprung tränken, der zierlichen Bachstelzen die

193

oberhalb der Mühle so gern an ihren Ufern umher trippeln, der stolzen Schwäne, die sich in ihr spiegeln, wälzt sie sich durch den Mühlteich, des prunkvoll gekleideten Eisvogels, der sich am liebsten zwischen den beiden Übergängen aufhält, des einsam, aber hochfein angezogenen Reihers, dessen Bekanntschaft sie in den Forellenteichen machte. Von dem Augenblicke aber an, da sie sich mit der Slieke eingelassen hat, ist es aus mit dem feinen Besuch; einer nach dem anderen von den besseren Gäste, zieht sich von ihr zurück, und schließlich bleiben sie alle aus, und es läßt sich bloß noch allerlei gewöhnliches Volk, albern schnatternde Enten, großmäulige Frösche und dieser rücksichtslos Lümmel von Fischotter sehen, der sich lange nicht so gebildet benimmt, wie weiter oben die Wasserspitzmaus, und die Ufer mit den Resten seiner Mahlzeiten und auch sonst noch so zurichtet, wie sie es bis dahin nicht gewöhnt war, und anstatt daß ihr, wie früher, Heidlerche und Baumpieper, Zaunkönig und Frau Nachtigall ihre schönsten und besten Lieder singen, keift hier der Kiebitz, jammert der Kolüt, kreischt die Weih und stöhnt die Mooreule, und die Himmelsziege, dieses Ekeltier, macht sich mit ihrem meckerigen Lachen obendrein noch über sie lustig.

Aber schließlich ist das weiter nicht verwunderlich, denn statt des Goldmilzkrautes, des Sonnentaues und des Beinheils, die um den Siebenspring wachsen, und statt der Hülsen, des Liebholzes und des Küssebusches, die sie oberhalb der Mühle begleiten, und statt der Krauseminze, des Königfarns und der Kuckucksblumen, die ihr weiterhin Gesellschaft leisten, drängt sich von der Zeit an, daß sie sich mit der Slieke einließ, lauter minderwertiges Volk an sie heran, Mäuseholz und Knooprisch, roter Hinnerk und Kunigundenkraut, bis zu allerletzt auch die zurückbleiben und nichts als das reine Lumpengesindel bei ihr bleibt, das zu weiter nichts taugt, als daß es die Kühe fressen, sei es grün, sei es als Heu.

Doch was hilft das alles; wie man es treibt, so geht es, und wer sich in Gefahr begibt, kommt darin um. Aber trotzdem die Mühlbeeke von der Zeit an, daß sie mit der Aue denselben Weg geht, schwarz wie eine Zigeunerin und ebenso wenig wohlriechend ist, so viel Stolz hat sie doch noch behalten, daß sie ihren guten Namen ablegte und sich bloß noch die Beeke nennen läßt und nicht mehr Mühlbeeke.

In der hohen Heide

Sonne auf den Kopf und Wasser unter die Füße muß der Honigbaum haben, wenn er rechtschaffen blühten soll. Im vorvorigen Sommer hatte er zuviel Wasser unter sich und gar keine Sonne über sich und so brachte er es nicht zum Blühen. Im vorigen Sommer ging es ihm umgekehrt, und wieder wurde es nichts mit ihm. Dieses Jahr aber hat er es damit richtig getroffen, und so blüht er, wie lange nicht mehr.

So ist denn alles rosenrot rechts und links von der schnurgeraden, mit hohen Hängebirken eingefaßten Straße, die sich bei dem einsamen Wirtshause zwillt, in dem ich abgestiegen bin. Da geht es heut laut zu, denn es ist Sonntag und von allen drei Seiten kommen Heidfahrer zu Fuß und zu Rad, mit Gespanne und in Kraftwagen angeströmt und erfüllen das Gelände um den Krug mit Gelächter und Gesang. Das ist nicht nach meinem Geschmack, und so stehle ich mich durch die Fuhren nach der hohen Heide hin, wo ich sicher bin, keinem Menschen zu begegnen.

Die Sonne meint es gut; kein Wölkchen ist an dem hohen, hellen Himmel, der sich über dem rosenroten Plan spannt. Kreuz und quer über den Weg flirren die Schillebolde, grüne Sandkäfer schwirren vor mir auf, winzige blaue Falter flattern um die blauen Glocken- und gelben Habichtskrautblüten, und die warme Luft, die von Honigduft und Kiengeruch erfüllt ist, bebt von dem Geläute der Bienen und dem Geschrille und Gezirpe der Heuschrecken und Grillen. Die grünen, braunspitzigen Moorhalme neben dem Fußwege schimmern wie Seide und die roten, gelben, blauen und weißen Feuersteinsplitter im Graben blitzen und funkeln nur so.

Die Fuhren werden sparsamer und hören schließlich ganz auf, die Machandelbüsche werden kürzer und seltener und bleiben zuletzt völlig weg, und platt und kahl erstreckt sich die Schnuckenheide mit ihren knapp handhohen, zertretenen, verbissenen Heidkrautbüschen, deren dürftiges Gezweig auf seltsame Weise gewirbelt ist und flach auf dem Boden anliegt. Trotzdem aber der Schäfer, der dort an dem Anberge hütet, seine dreihundert Schnucken Tag für Tag hier über die Heide treibt, blüht sie dennoch auf das beste und gibt den Immen reiche Beute.

Ich gehe auf den alten Schafkoben zu, der sich dort oben zwischen glatten Birken und knorrigen Eichen erhebt, umstanden von Hunderten von hohen und breiten, schlanken und krummen Machandelbüschen, von denen manche dreifache Manneshöhe und mehr haben, und die vielfach auf ganz alberne oder unheimliche Weise verrenkt und verbogen sind und teilweise wie Untiere, teils wie menschliche Gestalten aussehen. Mehr als einmal habe ich, wenn ich zwischen Tag und Nacht am grauen Vormorgen den schmalen Fußweg zwischen ihnen dahinschritt, schnell nach der Büchse gegriffen einmal, weil ich meinte, ein Hirsch stände vor mir, ein anderes Mal, weil ich einen Wilddieb zu sehen glaubte. Und es waren doch nur Machandelbüsche, die mich zum Narren gehalten hatten.

Die Fährte eines guten Hirsches steht nagelfrisch in dem anmoorigen Boden des Weges. Der muß ich nachgehen. Sie steht gerade auf den alten Schafstall zu, unter dessen moosigem Strohdache ich manche Nacht geschlafen habe, wenn ich zur Brunft hier weilte. Hier um die alte, dicke, von dem Weidenbohrer ganz durchlöcherte Birke, der der letzte Sturm den halben Wipfel ausbrach, ist ein buntes Geflatter und ein lautes Gesumme. Über ein Dutzend Trauermäntel schweben um den blutenden Stamm, auch einige Admirale, oder sitzen an der Rinde und saugen, desgleichen Hornissen, Wespen, Schmeißfliegen und allerlei Käfer. Aber so sehr mich das bunte Treiben auch fesselt, ich blicke doch daran vorbei, denn der mannshohe Wacholderbusch ist ganz kurz und klein geschlagen, und wie ich ihn absuche, finde ich ganze Fetzen noch feuchten Bastes von dem Geweihe des Hirsches, dessen er sich hier heute Nacht entledigte, und so gehe ich seiner Fährt weiter nach, quer über den Anberg, hinter dem die Köpfe krauser Fuhren hervorsehen.

An dreien von ihnen hat der Hirsch wieder geschlagen; schon von weitem leuchten die verwundeten Stämme, und einige andere weisen ältere Male von den vorigen Nächten auf, auch sind wieder einige Machandelbüsche zuschanden gemacht, und die Reste der roten, gelben und weißen Pilze, die über die hellgrünen Polster der Krähenbeere und das dunkle Gezweige der Bärentraube verstreut sind, geben an, daß der Hirsch sich an ihnen geäst hat. An der Quelle, die in dem moorigen Grunde liegt, hat der Hirsch geschöpft; sein Fährte steht zwischen den frischgrünen, mit kupferroten Fruchtrispen gezierten, spitzen Beinheilblättern, die auf den wirren Wollgrasbülten hervorsprießen, geht dann durch das üppige Schlingwerk von weiß blühendem Schweinsohr hindurch, das das Wasserloch ausfüllt, und wendet sich der hohen Heide zu. Mir ist warm geworden, denn die Sonne sticht; über Nacht wird es ein Gewitter geben. Da hinten über der dunkelen Wohld stehen weiße Wetterköpfe vor dem hellen Himmel. Ich kühle die Stirn und die Hände mit dem Quellwasser und lasse mich für ein Viertelstündchen auf einem der drei großen Findelsteine nieder, die hier nebeneinander ruhen und zwischen dem die Reste einer Birkhenne liegen, die der Habicht kröpfte. Auf der großen Sandwehe unter mir rennt der Brachpieper zwischen den blaugrünen Büschen des Schafschwingels umher und ruft ab und zu traurig, und auf einem der fünf spitzen Machandelbüsche, die dort dicht beieinander im Kreise stehen, läßt sich der Raubwürger nieder, wippt bedächtig mit dem langen Schwanze, fliegt weiter, sein buntes Gefieder entfaltend, rüttelt eine Weile, stößt nieder und stiebt mit seiner Beute den Fuhren zu. In der Ferne ertönt ein weiches, wehmütiges Flöten. Sechs Brachvögel kommen angestrichen und fallen auf der graswüchsigem Flanke des Anberges ein, wo sie lange mit hohen Hälsen sichern und dann kopfnickend nach Gewürm suchen.

Vor mir in den Doppheidbüschen bewegt sich etwas; eine Mooreidechse flitzt hervor und rennt über den, in allen Farben glitzernden Kies, wo sie sich ganz platt macht und von der Sonne durchbraten läßt. Über ihr an einem Heidkrautzweig frißt die fingerdicke, leuchtend hellgrüne, herrlich rosenrot getüpfelte Raupe des Nachtpfauenauges. Weiterhin rennt ein grauer, weiß gebänderter Raubkäfer hastig dahin, eine blinde Fliege in den scharf gezähnten Zangen haltend. Eine Schnarrheuschrecke mit himmelblauen Unterflügeln kommt angerasselt und läßt sich auf einem roten Feuerstein nieder, wo sie wie ein dürres Stückchen Holz aussieht. Zur Linken schiebt sich der dicke Kopf einer Grille unter einem Grasbüschel her, fährt aber wieder zurück, so wie ich den Kopf wende. Um alle Heidbüsche flattern Bläulinge und ab und zu tanzt ein bräunlicher Lieschgrasfalter vorüber.

Ich erhebe mich. Die Eidechse schlüpft unter den krausen Machandelbusch, die Heuschrecke schnarrt davon, und die Brachvögel fliegen laut klagend von dannen. Ich gehe wieder der Fährte nach, die auf die hohe

196

Heide zusteht. Immer länger wird das Heidkraut; stellenweise reicht es
mir bis über die Knie und bringt es zu mehr als fingerdicken Stämmen, die
üppig grünen und überreich blühen. Das Gesumme der Bienen, die hier
zu Tausenden schwirren, weil hinter dem Machandelhagen ein großes, an
hundert Körbe fassendes Immenschauer steht, klingt wie das Brausen
einer fernen Orgel und die Luft ist gesättigt mit Honigduft. Es ist alles ein
und dasselbe Heidkraut, das hier wächst, denn die Doppheide blieb im
Grunde zurück, aber unglaublich ist die Verschiedenheit an Wuchs und
Färbung. Hier ein sparriger Busch mit langen, dünnen, weißlich blühenden Zweigen, da einer, kurz beastet und kraus und tief rosenrot, dort ein
schneeweißer, der weit hin leuchtet. Dieser Busch breitet seine vielen
Zweige flach über den Boden aus, jener besteht aus einem Stamme mit
einer runden, dichten Krone. An dem einen Busche ist das Laub freudig
grün, an einem anderen trübe, weiterhin bräunlich und dort gar kupfer-
farbig oder blutrot. Am reizendsten aber sieht die Heide hier dicht vor
meinen Füßen aus. Da hat der Bauer den Boden abgeplaggt und ein junger
zarter Heidbusch steht neben dem andern, hellgrün belaubt, und über
und über hellrosenrot blühend.
In der langen, mehr als kniehohen Heide habe ich die Fährte verloren; ich
muß sie auf den Sandwege und den abgeplaggten Stellen wiedersuchen.
Einen Bogen nach dem anderen schlage ich, finde auch übertägige Fährten im Menge, die frische aber nicht. So wate ich denn auf und ab in dem
rosigen Blütenmeer, atme nichts als Honigduft, höre nichts als Immen-
geläute, sehe den silbernen und goldenen Schillebolden nach, die hin und
her flirren, und den Schnarrheuschrecken, die laut rasselnd vor mir auffliegen und dabei ihre scharlachroten Unterflügel aufleuchten lassen,
nehme einen versteinerten Seeigel mit, trete einen der wenigen Hasen heraus, die hier auf der hohen Heide leben, beobachte lange die glatte Natter,
die sich vor dem krausen Brombeerbusch, der einen roten Findelstein
umspinnt, sonnt, und die Goldregenpfeifer, die in der grasigen Quelle um
das Wasserloch rennen und alles Getier mit klagendem Rufe vor mir warnen und steige höher und höher, bis ich ganz oben auf dem Heidberge bin.
Da sieht es seltsam aus. Große und kleine Machandelbüsche, alle möglichen putzigen oder unheimlichen Gestalten vortäuschend, stocken hier,
und zwischen ihnen erheben sich absonderlich verbogene und gekrümmte Fuhren sowie ganz wahnsinnig gewachsene Fichten. Als sie noch jung
waren, haben die Schnucken sie verbissen. So wuchs die eine wie eine
Leier, die andere wie eine Harfe, diese hat zwei Spitzen, jene drei, die dort
sogar sieben, weswegen sie einem Armleuchter ähnelt. Auch die Birken,
die hier stehen, haben zumeist einen ganz verrückten Wuchs und die
wenige Eichen ebenfalls. Einige stolze Stechpalmen, hier kraus, da spitz,
sind aufgekommen, etliche Faulbaumbüsche sowie Brombeeren, Rosen
und Weißdornen. Weidenröschen, Glockenblumen, Habichtskraut, Kar-
täusernelken und Knopfblumen erheben über den krausen, grauen Flechten und dem glatten goldenen Moose ihre roten, blauen und gelben Blüten, zwischen dem vielfarbigen Geschiebe protzen allerlei grelle Pilze, und

aus dem silbern blitzenden Kronsbeerenrasen funkeln die roten Früchte und schimmern die zierlichen weißen Blüten.

Ich werfe mich unter eine wie ein Schirm gewachsene Fuhre auf das dichte Krähenbeerenpolster und sehe in das rosenrote Land unter mir, in dem die Fischteiche silbern blitzen, und das dort hinten, wo es wieder hoch ansteigt, von dunklem Walde besäumt ist, der eine Kirchturmspitze überschneidet und eine Mühle, deren Flügel sich langsam drehen, denn ein heißer Wind hat sich aufgemacht. Er ruschelt in der langen Heide, raschelt in den hohen Halmen und raunt in den wirren Kronen der gespenstigen Bäume und vermischt sein Gesäusel mit dem Geläute der Immen und dem Geigen der Grillen zu einer wunderlichen Schlummerweise. Mir wird zumute, als läge ich auf einer rosenroten Wolke und würde von ihr in den Himmel getragen, von dem der Lobgesang der Engel und der Schall silberner Glocken herniederklingt. Dann ist auf einmal die Heide himmelblau und der Himmel heiderot, bis das Bild sich wieder umkehrt, der Traum verfliegt und ich wieder die Bienen summen und die Grillen fiedeln höre. Doch aus den kleinen Stimmen höre ich allerlei Worte heraus und der Wind singt ein ganz bestimmtes Lied, dessen Worte ich nur halb verstehe und dessen Weise ich bloß ein einziges Mal gehört habe.

Ich muß wohl eine geraume Weile geschlafen haben, denn nun steht die Sonne als runde, rote Scheibe schon tief über der hohen Geest, und die Fischteiche im Grunde sehen nicht mehr wie Silber, sondern wie Gold aus. Das Summen der Bienen ist leiser geworden, die Grillen geigen lauter. Nur wenige blaue Schmetterlinge fliegen noch, und hier und da taumelt ein rostroter Abendfalter in unstetem Fluge dahin. Ich steige den Berg hinab und suche so lange, bis ich die Fährte wieder habe, die auf das Porstbruch zusteht, über der vor der schwarzen Wohld wie ein Gespenst eine helle Weihe hin und her schaukelt. Bis in die Wohld hinein halte ich die Fährte; dann drehe ich um und steige wieder den Heidberg hinauf.

Kühl weht der Wind. Das Summen der Bienen hat aufgehört. Die Heide strömt keinen Honiggeruch mehr aus. In Nebel schwimmen die Tiefen; am Himmel steigt dunkles Gewölk empor, in dem die Sonne zerlodert. Wandernde Brachvögel rufen kläglich; die Kraniche, die sich im Bruche versammeln, schreien heiser. Die langen Heidbüsche zappeln hastig hin und her; gespenstig zuckeln die Machandeln. Schwer fällt die Dämmerung hernieder, spinnt Himmel und Erde zusammen und verschmilzt die Nähe mit der Ferne. In den rauhen Fuhren zischt ein verhaltenes Seufzen und von der Quelle weht ein banges Schluchzen her.

Der helle Tag hält den Atem an; ächzend und stöhnend schleicht die Nacht über die hohe Heide.

Der dritte Damm

Hell und frei ist es auf den Wiesen der Ise; aber dumpf und dunkel ist es im Espenleu, der sich hinter ihnen wie ein schwarzes Bollwerk erhebt und so aussieht, als gäbe es weder Weg noch Steg in ihm.

Es sind aber mehr als genug da, enge, heimliche, vielfach gewundene Pirschsteige, verwachsene, feuchte Holzwege, graswüchsige Gestelle, und dann die drei Dämme, die quer durch den Forst auf das Moor zuführen und auf denen die Bauern von Wahrenholz sich Bruchheu und Torf holen, breite tiefausgefahrene Fahrwege, nur an wenigen Stellen, wo der Sand ansteht, trocken, zumeist aber feucht oder ganz naß.

Den ersten und den zweiten Damm kenne ich schon länger; den dritten habe ich mir gestern gesucht. Ich wußte, daß er da irgendwo zur rechten Hand weit hinter dem zweiten Damme liegen müsse, und so überschritt in den schmalen, schlüpfrigen Steg, unter dem der Bach lustig sein goldbraunes Gewässer dahin schießen ließ, und ging dem engen Pirschsteige nach, der in einen düsteren Kiefernstangenort führte. Da war es dumpf und modrig. Ein hartes Gras bedeckte den moorigen Boden, Farne schossen aus muffigen Grün, wie Gespenster sahen die untergebauten Fichten aus. Die Nonne, hatte sie umgebracht, und nun standen sie tot und rot da.

Der Boden war bedeckt mit faulendem Fallholze, über das Moos und Schimmel hinwegkroch. Überall schossen Pilze hervor, große und kleine, gelbe und braune, hellrote und dunkelblaue, und giftgrüne und eisengraue. Die Luft war erfüllt von ihrem Dufte; wie in einem Keller roch es. Mir war, als hörte ich die Verwesung durch das Dickicht schleichen und als spürte ich ihren faulen Atem.

Heller wurde es dann vor mir. Goldgrün leuchtete in der fahlen Sonne der Adlerfarn, der den Windbruch ausfüllte. Aber ebenso dumpf und modrig roch es auch dort, nur noch strenger, denn jeder Baumstumpf, jeder Wurfboden war mit großen braunen gelben und leichenfarbigen Schwämmen bedeckt, und überall quollen zwischen den Moorhalmbülten die dicken, mißfarbigen, geborstenen Knollen der Hirschtrüffel aus dem braunen Boden und erfüllten die Luft mit olmigem Dufte.

Alles, was ich gewahrte und vernahm, mutete mich seltsam und sonderbar an. Traurig hingen die Zweige der Fichten herab, jämmerlich verrenkt sah das Astwerk der Kiefern aus, und der von graugrünen Flechten überzogene Stumpf des verrotteten Wurfbodens wirkte wie ein verwitterter Leichenstein auf einem verwahrlosten Grabe. Das Gewisper der Goldhähnchen in den dunkeln, mürrisch raunenden Kronen klang so schüchtern, das Locken der Haubenmeisen im Unterholz war voller Angst, unheimlich heulte in der Ferne der Hohltäuber, Entsetzen kreischte aus des Hähers schneidendem Schrei, geisterhaft schallte des Schwarzspechts Ruf und das dröhnende Schrecken des Bockes, der mit Geprassel durch das Gestrüpp brach, mutete mich wie eine zornige Verwünschung an.

Auf eine schmale, feuchte Bahn trat ich schließlich, suchte mir das nächste Quergestell, in dessen hohem, weichen, saft- und kraftlosem Grase noch der Tau der letzten Nacht hing und kalt auf meine Schuhe schlug, ging es bis zu Ende und stand dann auf dem dritte Damme. Hoch reckten sich zu seinen Seiten alle Fichten und Fuhren über dicht verschränktem Buschwerk, und ein geschlossenes Bollwerk von üppigem Adlerfarn, hier goldgelb, dort bleich gefärbt, zog sich neben den dumpfen Gräben entlang, aus denen die Wasserlilien drohend ihre grünen Schwerter hervorstreckten.

Der Wind legte sich; ganz stille war es. Kein Blatt rührte sich, kein Halm schwankte. Plötzlich schüttelt sich eine Espe, als rüttele eine unsichtbare Hand an ihrem Stamme. Die Strahlen der Sonne fielen schräg durch die Kronen und malten blutrote Flecke auf die Stämme, die wie unheimliche Gesichter aus dem Laub hervorleuchteten. Ein klagender Habichtsruf kam von irgendwoher; ein höhnischer Bussardschrei antwortet ihm. Ein Dürrast fiel in den Graben. Ein Vogel flatterte hastig durch das Gesträuch. Ich ging leise, als fürchtete ich den Schall meiner eigenen Tritte. Wo ein dunkles Wasserloch an dem Wege starrte, fuhr ein gewaltiger schwarzer Vogel empor, machte einige plumpe Sätze und strich ab. Der Waldstorch war es; wie eine Erscheinung aus einer anderen Welt kam es mir vor.

Ein Heuwagen, von schwarzbunten Kühen gezogen, kam angeschwankt. Ein baumlanger, dunkel gekleideter, ernst blickender Bauer geleitete ihn. Stumm nickte er mir zu, und ich dankte ihm in gleicher Weise. Dann war ich wieder allein mit mir zwischen den hohen, düsteren Bäumen, über die heiser quarrend die Krähen hinschwankten, und ging zwischen den hohen Moorhalmen neben dem schwarzen Graben her, den verwelktes Gekräut halb verhüllte, in dem hier und da eine bleiche oder blutrote Blüte wie eine trübe Erinnerung an schönere Tage sichtbar war. Zwischen den grauen Stämmen glotzten die schwarzen Spiegel vermoorter Kolke mich an, Andenken an schwere Stürme, die hier einst mächtige Bäume umkippten und samt gewaltigen Wurzelballen aus dem Erdboden rissen.

Immer seltsamer und wunderlicher wurde mir zumute; mir war zu Sinne, als müßte ich noch etwas Besonderes erleben. Ich gab das dem Wetterumschlag schuld, der in der Luft lag und der mich bedrückte. Fast hätte ich mich erschreckt, als neben mir eine Taube von der Blöße emporpolterte, und froh war ich, als ein Reh auf den Damm trat und vor mir herzog. Aus Gewohnheit pirschte ich vorsichtig hinter ihm her, obgleich ich ohne Wehr und Waffe war und dort nicht jagen durfte. Das Reh sprang ab, denn wieder nahte ein Heuwagen, geleitet von einem langen, ernst dareinschauenden, stumm grüßenden Bauern, dem ich wieder stumm dankte. Zwei Eichkatzen, die sich fauchend und schmalzend um einen Stamm jagten, freuten mich nicht. Das Lächeln war mir eingefroren.

Zu meiner Rechten lag über dem Graben ein moosbedeckter Holzsteg. Gleichgültig sah ich nach ihm hin, denn ich dachte, er führte zu einem Pirschsteige. Da fielen meine Blicke auf einen kleinen Steinhügel, der mit Moos bewachsen war und in einer Ausbuchtung der Dickung stand, und auf dem sich ein grauer Granitblock erhob, der eine schwarze eiserne Tafel mit goldener, stark verblichener Inschrift trug. „Hier fiel" stand da. Zögernd trat ich vor den Hügel und las weiter: „am 14. August 1863 durch Mördershand der brave Hilfs-Forst-Aufseher Ernst Sander aus Schönevörde." Da wußte ich, weswegen mir den ganzen Nachmittag so zumute war, als stände mir etwas Besonderes bevor, und warum mich der dritte Damm immer so gelockt hatte, und weshalb er mir, als ich ihn fand, so unheimlich vorgekommen war, obgleich ich schon auf verlasseneren Wegen in öderen Wälder geschritten war.

Noch einmal las ich die kurze, schlichte Aufschrift; dann ging ich weiter, an der verlassenen Meilerstelle vorbei, bis ich auf dem Knüppeldamm war und vor der großen Brandfläche stand, sah dem Bocke zu, der durch das Birkengebüsch zog, und kehrte um. Blutrot zerschmolz die Sonne in blauschwarzem Gewölk, Nebel krochen aus den dunklen Gräben und überspannen den Damm, die Dämmerung schlich aus der Dickung und verschmolz Nähe und Ferne, eine Eule flog lautlos quer über den Weg, eine Fledermaus zickzackte um die Wipfel, Spitzmäuse schrillten im Gekräut, verstohlen brach es im Unterholz und schreckt dann laut. Endlich war der Wald zu Ende, und durch die Wiesen, die im Nebel schwammen, kam ich dahin, wo Menschen wohnen.

Abends erzählte mir im Kruge ein Bauer die Geschichte von dem Förstersteine. Zu hannöverschen Zeiten stand viel Hochwild im Espenleu, und das Freijagen lohnte sich. Da lebte im Wahrenholz ein Arbeitsmann, der lieber die Büchse zur Hand nahm als Axt oder Spaten. Als dann der Forstaufseher mit zwei Kopfschüssen tot aufgefunden wurde, wurde dieser Mann festgenommen. Er leugnete, aber das Gericht überführte ihn durch viele Zeugen; so wurde er zum Tode verurteilt, doch begnadigt. Achtundzwanzig Jahre schob er in Kalkberge zu Lüneburg den Karren, dann wurde er entlassen. Zur Arbeit war er nicht mehr fähig, und als die anderthalbhundert Taler, die er sich im Zuchthause erspart hatte, alle waren, fiel er der Gemeinde zur Last. Im Armenhause zu Wunstorf ist er gestorben.

Bis zu seinem Ende aber hat er die Tat abgestritten, von der im Espenleu bei Wahrenholz der graue Stein am dritten Damm meldet.

Wetter

Die letzte Zeit hatte es in einem fort in das Grummet geregnet und in die Kartofelernte, und so sah es trübselig in der Gaststube aus. Es kamen wenig Leute, und wer da war, der hustete oder nieste und sprach von weiter nichts als von Kreuz und Leid.

Vorgestern gab es aber bloß drei Regenschauer, und gestern nur zwei, und die waren ganz leicht, und da die Sonne schön warm war und der Wind flott ging, wurde ein gutes Stück Arbeit geschafft, und es ging etwas anders in der Gaststube zu, indem nicht immer und ewig die Begebenheit mit dem Gutsbesitzer aus der Gegend von Halle an der Saale erzählt wurde, der über sein Land ritt und sich dann totschoß.

Gestern war das Wetter noch besser, und so gab es allerlei Leben im Kruge, denn die zwanzig Kartoffelkleierinnen vom Eichsfelde mit ihrem Vor-

201

arbeiter sprachen vor, ließen die Musikmaschine spielen und sangen. Die Tage vorher kehrten sie nicht ein, sondern schlichen naß und schmierig an der Wirtschaft vorbei und machten, daß sie in ihren Schlafschuppen kamen.

Als sie fort waren, hob der Halbmeier Plesse den Kopf, horchte und sagte: „Morgen gibt's Wetter, Korl!" Alle Bauern und Arbeitsleute, die da saßen lauschten nach draußen, lachten und nickten, und die Gesichter wurden gleich ganz anders, denn draußen war eine sonderbare Musik; es hörte sich an, als ob eine riesige Harfe gespielt wurde. Das waren die Leitungsdrähte, die mit gewaltigem Summen und Brummen Wetterumschlag anzeigten.

„Da ist mehr Verlaß auf, als auf die Sterne und die Wolken und das Abendrot und den Wind," rief Wesemann; „Korl, eine Runde!" Und dann meint einer: „Ich verstehe mich so ziemlich auf das Wetter, aber seit Stücke vier, fünf Jahre weiß ich nicht mehr ein und aus. Ist es kalt und sternklar, oder liegt der Nebel auf den Wiesen, dann regnet es bestimmt, und ist es dunkel und warm, dann gibt es Wetter, wenn es nicht regnet. Ich werde da nicht klug draus." Der alte Schnuckenschäfer auf der Bank, der schon seit einer Stunde an seinem Bittern herumtrank, meinte: „So ist es. Morgen aber wird es Wetter, denn mit meinem Reißen ist es nun halb so schlimm. Und das ist mein bester Kalender."

Und so wurde es. Als ich in das Bett ging, heulten die Leitungsdrähte ganz unheimlich, und morgens weckte mich blanker Sonnenschein und hellautes Hahnengekrähe und Hundegekläff. Die Magd sang, und der Wirt flötete wie ein Scherenschleifer. Die Knechte, die nach den Wiesen wollten, fuhren, daß es donnerte, und klappten mächtig mit den Peitschen. Auf meinem Tische stand ein gewaltiger Strauß von Zaunastern und Ringelblumen, und als die Wirtin mir den Kaffee brachte, lachte sie über das ganze Gesicht.

Nach dem Frühstück ging ich durch das Dorf. Ich kannte es kaum wieder. Waren gestern auch soviel Sonnenblumen und Dahlien hinter den Zäunen? Gab es die Tage vorher ebensoviele hübsche Mädchen hier? Das ist doch dieselbe schöne Frau, die mir mit der Harke auf der Schulter entgegenradelt; warum bietet sie mir heute zuerst die Tageszeit, und so freundlich? Als ich ihr gestern begegnete, dankte sie nur so eben. Aber es ist Wetter geworden, das Grummet kann herein, die Kartoffeln kommen heraus, und so hat alles blanke Augen und helles Gesicht, und es ist, als riefe jeder groß und klein, alt und jung, arm und reich: „Wetter, Wetter, Wetter!" Alle Hühner krähen es, alle Hunde bellen es, die Enten schnattern und die Gänse gackern es, und die Pferde vor den Wagen wiehern und das Vieh auf der Weide brüllt es: „Wetter, Wetter, Wetter!"

Die letzte Woche waren die Straßen dreckig und alle Wege aufgeweicht, trübe sah es auf den Feldern aus und traurig auf den Wiesen. Da klopft ein Mann seine Sense; wie freudig hört sich das an; neulich, als es in einem Ende regnete, klang es anders. Dort mähen drei Leute in Hemdsärmeln; das flutscht nur so. Jüngst, als sie im vollen Regen dieselbe Arbeit taten, ging es nicht so flott. Und wie hübsch die Mädchen, die da so lustig beim

202

Wenden sind, in den hellen Fluckerhüten aussehen, ganz anders als die Tage vorher, wo sie immer vor dem Regen Angst hatten und sich keine Mühe gaben, sich blank anzuziehen. Und von da hinten, wo aufgeladen wird, kommt wahrhaftig ein schrilles Lachen, so frisch und froh, wie man es sonst nur beim Einfahren des ersten Schnitts zu hören bekommt.

Durch die Felder gehe ich zurück. Den Frauen, die beim Kartoffelausmachen sind, rufe ich ein keckes Wort zu; sie wollen sich halbtot lachen. Vor drei Tagen hätte ich es nicht gewagt, einen Scherz zu machen. Ich nickte nur und konnte froh sein, wenn sie mir den Gruß ebenso zurückgaben. Bei den letzten Häusern, wo die Brinksitzer wohnen, ist großes Hallo! die Kinder haben schnell einen Drachen zusammengestümpert, den sie im frischen Winde flattern lassen, und der gichtbrüchige Altvater, den ich seit zwei Wochen nicht mehr zu sehen bekam, steht am Zaune und sieht ihnen lächelnd zu. Der Postbote, der sonst streng auf seinem Gange bleibt, winkt mir zu, kommt mir entgegen, gib mir die Post, bedankt sich ganz anders als sonst für die Zigarre und meint: „So muß es bleiben und dann noch schöner werden!"

Nach dem Mittag gehe ich in das Holz. Wie schön es heute da ist: die Krähen quarren, der Bussard jauchzt, und überall pfeifen die Meisen. Neulich war alles tot und still. Der Förster begegnet mir; er hält mich an, fragt dies und das, und er ist sonst kein Mann von vielen Worten und hat nicht gern fremde Menschen in seinem Belauf. Die Holzarbeiter rufen mir trotz der tiefen Wege einen frohen Gruß zu, und selbst die Köhler, die vorige Woche meine Zigarre hinnahmen, als ob sie mir damit eine Gnade antäten, bedankten sich höflich, und der eine, der ganz krumm von Giederreißen ist, erklärt mir redselig, wie ein Meiler angelegt und gar gemacht wird.

Und jetzt ist es Abend. Die Gaststubentür geht in einem fort und alle Augenblicke muß die Musikmaschine spielen. Vor acht Tagen, als die eine Partei das Lied „Wir lustigen Hannoveraner" und die andere „Ich bin ein Preuße" verlangte, roch die Luft nach ungebrannter Asche. Heute wechselt der „Hannöversche Königsgruß" mit „Heil Dir im Siegerkranz" ab, ohne daß einer von den Welfen oder von den Preußen auch nur eine Miene verzieht, wenn die unliebe Weise ertönt, und als der Wirt „Deutschland, Deutschland" spielen läßt, singen alle zusammen mit.

Es ist ja Wetter heute, Wetter! Hat auch der noch seinen halben Hafer auf dem Felde, ist dem auch der Buchweizen verfault und jenem das Grummet, weiß dieser nicht, wie er die Kartoffeln heraus- und der nicht, wie er das Grummet hereinkriegen soll, weiß jeder von ihnen auch, ob Bauer, Knecht oder Arbeitsmann, daß es ein teures Jahr gibt, der eine einzig blanke Tag hat ihnen allen wieder Mut gegeben und ein bißchen Hoffnung. Heute kommt keine Frau und holt ihren Mann heim, und wenn er auch bis elf Uhr sitzen bleibt.

Aber nun, da es neun schlägt, geht einer nach dem anderen. Denn draußen geht es wieder: „Summsummsumm" und „Tungtungtung"; die Leitungsdrähte singen wieder das schöne Lied von gestern, un so heißt es: „Früh zu Bett und früh heraus, denn morgen gibt es wieder Wetter!"

Das taube Tal

Gar nicht weit vor den grünen Wiesen der Aller liegt unweit des Dorfes Winkel zwischen Gifhorn und Brenneckenbrück ein Tal, das ist taub und tot.

Rundumher hält die Heide den Sand fest, und das Moos bändigt ihn; in dem tauben Tale aber liegt er bloß und lose da oder fliegt, wie der Wind es will.

Mehr als einmal hat der Förster Fuhren dort gepflanzt und Birken; es ist nichts davon übriggeblieben. Sie wuchsen ein Weilchen, hungerten und kümmerten, und dann gingen sie aus, wie ein Licht im Luftzuge.

Denn das Tal ist verflucht für immerdar, weil unschuldiges Blut dort floß. Kein Bauer geht um die Ulenflucht gern hier vorbei; gestorbene Gesichter umschweben den Menschen, der da vorübergeht, sehen ihn mit toten Augen an und verfolgen ihn mit schweren Seufzern.

Leute, die sich Wunder wer weiß wie klug dünken und nur das für wirklich halten, das sie mit Händen fassen können, sagen, die weißen Gesichter seien Nebel und die Seufzer bringe die Ohreule hervor, die in den Fuhren unkt; doch nicht um alles Geld in der Welt würden sie die Zeit zwischen dem einen und den andern Tage in dem tauben Tale zubringen.

Ein Knecht von weit her, der an Gott und den Teufel nicht glaubte und ein heimlicher Freischütz war, paßte in einer hellen Nacht dort auf einen weißen Rehbock, der da seinen Umgang hatte. Das Tier stand ganz dicht vor ihm und der Mann schoß es zweimal auf das Blatt, ohne daß es umfiel. Als er aber wieder geladen hatte und anlegte, sahen ihn zwei Menschenaugen, die vor seinen eigenen standen, so böse an, das er keine Kraft mehr in den Armen hatte, sein Gewehr fallen ließ und Hals über Kopf fortlief. Als er am anderen Morgen seine Waffe holen wollte, lag sie da und war mittendurch gebrochen.

Wenn es lange gestürmt und geregnet hat, gibt der Sand im Windschatten der vielen hundert kleinen Hügel, die in dem tauben Tale stehen und wie verwahrloste Grabstätten aussehen, schwarze Scherben von Aschenurnen und zerbröckelte Backsteine frei, auch ist da einmal eine vom Roste zerfressene Speerspitze und ein silberner Armring gefunden worden. Ein Gelehrter, der sich auf solche Dinge verstand, hat deswegen einige der Hügel abgraben lassen, aber lange nichts von Bedeutung gefunden, bis er schließlich auf einen Kranz von Steinen stieß. Voller Eifer grub er drauflos, achtete der Zeit nicht und arbeitete bis in die Nacht hinein. Da hörte er es plötzlich hinter sich jämmerlich husten, und als er sich umsah, stand ein uralter, in Lumpen und Lappen gehüllter Mann hinter ihm und bat ihn um einen Zehrpfennig. Der Forscher warf ihm ein Stück Geld in den Hut, aber der Bettler kam ihm so schmierig vor, daß er ihm die Grabscheitkrücke und nicht die Hand reichte, als er sich mit einem Händedruck bedanken wollte. Das war sein Glück, denn der Bettler war nicht von dieser Welt und seine Finger brannten tief in den Spatenstiel hinein.

Noch vor einigen Jahren hat es sich begeben, das zwei junge Leute, die nachts durch die Heide gingen und vom Wege abkamen, in das taube Tal gerieten, gerade als die Uhr die zwölfte Stunde wies. Es war Mondschein, und so erkannten sie zu ihrem Schrecken, daß sie an dem Ort waren, vor dem sie in Brenneckenbrück gewarnt waren, und der wie ein verlassener Leichenacker anzusehen war. Als sie so dastanden und nicht wußten, wohin sie sich wenden sollten, kam ein Mann angelaufen, der mit den Händen die Raben abwehrte, die nach seinem Kopfe hackten; er lief quer über die Blöße nach dem kleinen See hin, der hinter den Fuhren liegt, und stürzte sich mit einem lauten Schrei in ihn hinein. Zu gleicher Zeit kam ein lautes Hohngelächter aus der Höhe, ein glühendes Rad flog durch die Luft, kreiste über dem Wasser und zersprang zu lauter blauen Flammen, die um die jungen Leute einen Tanz aufführten, und die sich nicht von der Stelle rühren konnten, soviel Mühe sie sich auch gaben. Erst als die schwarze Stunde vorüber war, bekamen sie wieder Gewalt über ihre Glieder und langten mehr tot als lebendig in Gifhorn an.

In dem tauben Tale hat einst ein Bauernhof gestanden. Als im Dreißigjährigen Kriege die Kaiserlichen in der Gegend raubten und brannten, fanden sie zu dem Hofe, der gut versteckt lag, nicht hin, bis er ihnen von einem Knecht verraten wurde, der dort im Dienst war und von der Haustochter abgewiesen war. Die Soldaten brachten alles um, was auf dem Hofe lebte; pochten ihn aus und steckten ihn an. Als der Knecht aber seinen Lohn haben wollte, lachten sie ihn aus und gaben ihm einen alten Strick. Da seine Meintat sich in der Gegend herumgesprochen hatte, wollte ihn kein Mensch wieder in Dienst nehmen, und so ging er unter die Soldaten. Nach vielen Jahren kam er als Krüppel wieder, bettelte eine Zeitlang in Gifhorn herum, bis sich herausstellte, wer er war, und der Büttel ihn aus dem Tore wies. Da ging er nach dem abgebrannten Hofe und ertränkte sich in dem See, der dicht dabei liegt.

Seitdem liegt der Ort wüst. Der Wind hat den losen Sand über die Stätte geweht und ihn so aufgetürmt, daß er wie lauter Grabhügel aussieht. Rundherum wuchert die Heide, grünen die Wiesen, stehen die Fuhren im dichten Moose. Die Stelle aber, auf der der Hof lag, bleibt taub und tot.

Wer des Abends dort vorübergeht und sieht in die Öde hinein, dem friert das Herz, auch wenn er nicht weiß, was sich dort zugetragen hat.

Eine Vorfrühlingsstunde

Der Kolkrabe war es, der zuerst den Frühling ansagte. Eines Tages flog er ganz anders, als sonst, um die hohe Zinne, die sich über die Wand hinausreckte, und anders klang auch sein Ruf.

Viel heißer hatte im Winter die Sonne oft genug gegen die steile Wand gebrannt, als an dem Morgen, der den Raben auf zärtliche Gedanken brachte, denen er mit Flug und Stimme Ausdruck gab, und oft genug war der Föhn an der Zinne entlanggekeucht und hatte mit seinem schwülen

Atem den Schnee zum Antauen gebracht, ohne daß der Rabe sich darum gekümmert hätte.

Nun aber, wo die Sonne nur so brannte und die Luft hell und dennoch weich war, saß der Rabe oben auf der Klippe und sang, sang nach seiner Art. Mit gesträubten Kehlfedern saß er da, schnalzte, schnarrte und quarrte, stieg dann hoch empor, schwebte laut rufend wie ein Adler im Kreise, warf sich hinab, daß es brauste und rauschte, nahm seiner Frau gegenüber Platz, die auf einem Felsblocke saß und an einem Knochen herumhackte, trippelte hin und her, zitterte mit den Flügeln und quietschte, quiekte und quakte ihr allerlei Zärtlichkeiten zu.

Das brachte die Fluhlerche, die auf dem Dache des Heustadels umherschlüpfte und Spinnen fing, zum Nachdenken. Sie setzte sich auf den Giebel, steckte den Schnabel in die Luft, bedachte sich noch ein Weilchen und fing erst leise und dann immer lauter zu singen an. Wenn im Winter die Sonne recht schön schien, hatte sie ab und zu auch einmal ein wenig gezwitschert, nun aber brachte sie richtig ihr Lied heraus, wenn es auch hier und da noch ein bißchen unsicher klang. Ebenso wie sie, tat es die schwarzköpfige Bergmeise, und ein Goldhähnchen tat es ihr nach; es sträubte die feurig leuchtenden Scheitelfedern, machte sich ganz lang und dünn auf der Spitze der Fichte und sang sein kleines Liedchen lustig in den lachenden Vormittag hinein.

Als das den andern Tag ebenso ging und den folgenden nicht minder, faßte die Bergheide Mut. Sie hatte schon seit dem Herbste ihre Blüten fertig. Und wenn die Sonne auch noch so schön schien und der Föhn den Schnee über ihr forthauchte, so hatte sie beiden doch nicht getraut, und am anderen Tage deckte Neuschnee sie wieder zu und sie mußte noch lange schlafen. Nun aber reckte sie sich ein wenig, öffnete ihre grünen Kelche, färbte sie und strahlte am Tage darauf in rosenroter Pracht, und fand sofort Liebhaber, die sie umflogen, blitzende Fliegen und schimmernde Erdbienen. Und sofort waren auch bunte Schmetterlinge da, Füchse und Pfauenaugen, die sich auf den gelben und grauen Flechtenkringeln an den Felsen sonnten und fröhlich über den tauenden Schnee hinflatterten.

Ich sitze auf meiner Wurzelbank, räkle mich in der Sonne und sehe durch die Äste der Fichten, aus denen lange graue Bärte leise schwanken, nach dem hellblauen Himmel, unter dem mit gellendem Jauchzen die Wanderfalken ihre stolzen Kreise ziehen. Es raschelt über mir, gluckst, faucht und schnalzt. Eine schwarze Eichkatze rennt auf einem Ast entlang, von einer silbergrauen verfolgt. Jetzt sitzen sie sich gegenüber, schnicken mit den Schwänzen, geben wunderliche Laute von sich, springen aufeinander los und fahren rasselnd von dannen, daß Rindenschuppen und Flechtenspreu glimmernd und flimmernd herunterwirbeln.

Ich richte mich auf und stütze mich auf den Ellenbogen, so daß ich in die Klamm hineinsehen kann. An ihrem Rande tritt ein Reh herum und äst sich an dem Heidelbeergestrüpp auf den aperen Stellen. Über ihm in der Eberesche, deren Beeren seit gestern mißfarbig und runzelig geworden

206

sind, macht ein Dompfaff seiner Braut auf sehr würdige Weise den Hof; darüber in der Fichte balgen sich zwei Buchfinken mit viel Lärm um das Weibchen. Weiterhin singt eine Kohlmeise auf eine Art, daß mein Herz mitsingen muß, und eine Tannenmeise zwitschert auf ganz wunderliche Weise ihrem Liebchen das alte, nie veraltende Lied von der Liebe zu. Mitten im schäumenden Gischt aber trippelt mit hängenden Flügeln und breit gefächertem Schwanze ein schwarzkehliger, gelbbäuchiger Bergstelzenhahn umher und sucht das Herz seines Weibchens, das am Ufer nach Wintermücken springt, mit seinem Gequirle und Geschrille zu rühren.

Wie anders ist es hier geworden seit dem Tage, da der Kolkrabe den Vorfrühling einsang. Tag für Tag stieg ich an der Wand empor, ohne etwas anderes zu hören, als das rauhe Quarren der Krähen, das wehmütige Flöten der Dompfaffen und das schüchterne Piepen der Goldhähnchen, und ich bekam nichts zu sehen, als den Schnee, die graubärtigen Fichten und hier und da eine mürrische Klippe. Jetzt aber ist überall Leben da, und Farbe, und Bewegung. Schwebefliegen blitzen durch die Luft, Käfer rennen über die Wurzeln, Falter flattern zwischen den Stämmen dahin. Hier blüht ein Busch rosiger Heide mitten im Schnee, da glühen aus einem funkelnden Moospolster goldene Früchtchen, dort schwenkt die Zwergerle goldstäubende Kätzchen. An dem Stamm der alten Zirbe rutscht der Baumläufer empor, hin und wieder vergnügt singend, über ihm sitzt ein kleiner Finkenvogel, wendet sich hin und her und zwitschert in einem fort, lustig trillern und kullern die Haubenmeisen, und gellend jauchzt der Grauspecht, wie ein grüner Pfeil mit feuerroter Spitze dahinfahrend.

Ich gehe der Zinne zu, deren kahle Steilwand sich wuchtig aus dem Schnee reckt. Die Sonne treibt mir den Schweiß aus der Stirn und brennt mir auf die Backen, daß sie feuern, und der Schnee blitzt und funkelt, daß ich kaum darauf hinsehen kann. Wie riesige Fackeln stehen die kahlen Lärchen darin und leuchten, als wären sie aus reinem Golde. Unter dem stärksten von ihnen, der der Sturm die Spitze abbrach, setze ich mich auf einen alten Stumpf und sehe auf den schmalen Wasserfaden zwischen schimmernden Moospolstern, auf denen hurtige Spinnen dahinrennen. Hoch über mir rufen die Jochkrähen und schweben leicht wie Schwalben auf und ab, und unter mir lärmen Flüge von Kreuzschnäbeln und Krammetsvögeln an der Bergflanke entlang.

Ich freue mich über jedes blühende Moospolster, über alle die bunten Flechten an den grauen Felsen, über die vielen rosigen Heideblüten und über die eine, die der Seidelbast dort in der Felsritze der Sonne entgegenstreckt, sehe dem Pfauenauge zu, das auf einem goldgelben Flechtenkringel sitzt und seine wunderbaren Schwingen weit ausbreitet, und der großen Schwebfliege, die vor mir in der Luft hängt und nun da und jetzt dort und nun wieder hier ist, entdecke ein winziges nacktes Schneckchen, das hinten auf dem Leibe ein flaches Schälchen trägt und schnell, wie ein Wurm über das nasse Brunnenmoos kriecht, und dann fährt mir ein Schauer über den Rücken, denn vor mir stöhnt es und knirscht es und rollt es und poltert und stäubt; eine Lawine ist zu Tal gefahren.

207

Doch ich bin gesichert hier; die Wand der Zinne deckt mich gegen die Tücken der Firnfrau, und so bleibe ich und warte auf das Schönste, Allerschönste, das der Berg an kleinem Leben beherbergt. Da klingt auch schon das silberne Stimmchen, da glüht das rosenrote Flämmchen, da huscht mit halb entfalteten Flügeln der Mauerläufer empor, jedes Ritzchen mit dem zierlichen Schnabel nach Spinnen und Käfern absuchend und dazwischen sein Lenzliedchen singend. Jetzt läßt er sich von der Wand fallen und schwebt dahin, wo sein Weibchen umherklettert, und wie zwei große rosenrote Schmetterlinge schweben die beiden Vögel nach der Spalte, die die Wand zerklüftet.

Ich warte, daß meine Lieblinge wiederkehren, doch ich lauere vergeblich. Ich strecke die Hand aus, um mir einen blühenden Zweig Heide zu brechen, ziehe sie aber wieder zurück. Es sind erst so wenige Büsche da, die hier blühen, sie haben so lange auf den Frühling warten müssen, und liegen vielleicht morgen schon wieder unter neuem Schnee begraben.

Ich will warten, bis der ganze Hang rosenrot von den Heidblüten glüht und jeder Busch mich bittet, zu Erinnerung an ihn mir einen Zweig mitzunehmen; jetzt sehen die Sträuchlein aus, als bäten sie mich, ihnen nicht die erste Freude an der Sonne und der warmen Luft zu verderben, der kurzen Freude dieses Tages.

Schon ist sie vorüber. Dicke Schneewolken steigen über die Zinne und stellen sich vor die Sonne. Die hellen Farben sind fort; kalt geht die Luft und die Kolkrabe ruft rauh, wie mitten im Winter. Die bunten Falter sind verschwunden, kein Vogel singt mehr, und die Bergheidblüten sehen aus, als ob sie frören.

Neuschnee wird sie morgen zudecken, und der Nachwinter wird noch eine Weile hier herrschen.

Das Erwachen des Waldes

Weder die Kohlmeise war es, die den Wald weckte, und auch nicht Amsel und Fink; der Kauz tat das. Eines Abends, als die Luft weich und warm war, stieß er dreimal seinen gellenden Ruf aus, heulte dann laut auf und kullerte darauf eine Viertelstunde in einem fort.

Das muß wohl der Haselbusch gehört haben; als am andern Tage die Sonne schön warm schien, reckten sich seine Kätzchen und streckten sich, bis sie als lange gelbe Troddeln an den Zweigen hingen und goldenen Staub auf die letzten Schneeflecke streuten.

Als das die Kohlmeise sah, lachte sie fröhlich und sang das Lied, das sie seit dem Herbst vergessen hatte, und der Kleiber nahm auf dem höchsten Hornzacken des alten Überhälters Platz und verkündete allen Bäumen und Büschen des Waldes, daß der Haselbusch blüht und daß nun die bessere Zeit herannahe.

Da fühlte die Erle, die mürrisch am Bach stand, ein seltsames Kribbeln unter der Borke, und wenige Tage darauf prangte ihre düstere Krone im

Schmuck rötlich brauner Kätzchen. Auch das Geißblatt, das an jedem sommerhellen Wintertage den Versuch gemacht hatte, seine Knospen zu öffnen, entfaltete seine Blätter, so daß hier und da im Gebüsch ein heller grüner Schimmer zu sehen war.

Das freute den Baumläufer so sehr, daß er, der viele Monate lang höchstens ganz leise gepiept hatte, wenn er an den Stämmen emporhuschte und nach Käferchen suchte, plötzlich hell an zu singen fing. Sofort begann ein Ringeltauber zu rufen, der Buntspecht hing sich an einen Ast und trommelte, daß es weithin schallte, die Amsel versuchte, ob sie ihr Lied noch zusammenbekommen könne, die Blaumeise, die Nonnenmeise und die Tannenmeise klimperten und klingelten, ein Rotkehlchen ließ sich erst schüchtern und dann kecker vernehmen und die Stare im Wipfel der hohen Samenbuche pfiffen, was sie nur konnten, und schlugen aufgeregt mit den Flügeln. Sogar die Krähe und der Häher vergaßen für eine Weile, an ihre Magen zu denken, und quietschten, quarrten und quackelten vor Frühlingslust auf ganz wunderliche Weise.

Es blies wohl noch einmal ein barscher Wind, ein kalter Regen fiel, herbe Schneeflocken flogen, und die Gräben bezogen sich aufs neue mit Eis; dann war es wieder so still wie um die Mitte des Winters, so das die blühenden Haseln und Erlen gar nicht in den stummen Wald zu passen schienen und das vorwitzige Laub des Geißblattes wie ein schlechter Witz wirkte. Doch bald wehte es wieder weich vom Süden, die Sonne schien von Tag zu Tag schöner und wärmte den Waldboden so lange an, bis die Simsen sich rührten und nicht nur frische Blätter durch das morsche Vorjahrslaub bohrten, sondern auch ihre braunseidenen Blütenrispchen entfalteten. Der Sauerklee hüllte die faulen Baumstümpfe in helles Grün, hier und da spreizte der Aaronstab seine fetten Blätter auseinander, und das Schafkraut bedeckte den Bachrand mit saftigem Kraut.

Eines Tages, als der Wind aus der blühenden Zitterpappel eine lange silbergraue Troddel in den wilden Stachelbeerbusch warf, wachte der auf und bedeckte sich schleunigst mit grünen Knöspchen. Ein Buchfink, der unter ihm Körner gesucht hatte, merkte, daß nun auch seine Zeit gekommen war. Er flog in einen Traubenkirschbaum, dessen schwarzes Astwerk über Nacht unzählige helle Knospen getrieben hatte, und versuchte zu singen. Erst ging es nicht besonders, doch am zweiten Tage brachte er seine Weise zur Hälfte zusammen, und am dritten Tage kam er zu Ende damit, wenn es sich auch immer noch was stümperhaft anhörte und er fast jedesmal darin steckenblieb. Aber als die Traubenkirche schon so grün war, daß sich das Geißblatt vor ihr verstecken mußte, war der Fink so weit, daß er mit seinem Schlage das Geklingel der Meisen übertönte.

Es war aber auch die höchste Zeit gewesen. Die Rotkehlchen kehrten in solchen Mengen zurück, daß sie die Dämmerung mit ihren süßen Liedern belebten; eines Morgens schlug die erste Märzdrossel von der Spitze einer Fichte, am Abend schallte der ganze Wald von den jauchzenden Flötentönen, so daß sich Braunelle und Zaunkönig, Laubvogel und Meise, Ammer und Star gehörig anstrengen mußten, um einigermaßen zu Wort zu kom-

209

men, und wenn der Finken nicht so viele gewesen wären, hätten sie vor den Drosseln und Amseln zurückstehen müssen. So aber drangen sie mit ihrem Geschmetter, des Tages über wenigstens, doch durch.

Mittlerweile hatte der Wald ein anderes Aussehen bekommen. Zwar standen die Buchen noch so kahl und nackt wie im Winter da, die Fichten machten finstere Mienen, und die Eichen zeigten Gesichter, als trauten sie weder der Sonne noch dem Drosselschlage. Aber das Unterholz zwischen ihren Stämmen begrünte sich immer mehr. Das Geißblatt hatte große Blätter, die Traubenkirsche war von oben bis unten grün, und ihre Blütenknospen schwollen von Tag zu Tag an, der Weißdorn verzierte sein metallenes Gezweig mit hellen Blattröschen, die Eberesche trieb silberne Sprossen, der Stachelbeerbusch prangte in vollem Blattschmuck, und das faule Laub auf dem Waldboden verschwand unter jungem Gras und frischem Grün, über dem sich hier und da eine weiße, gelbe oder blaue Blüte erhob. Während bisher nur abends einzelne bleiche Motten zwischen den Stämmen umhergetaumelt waren, tanzte eines Vormittags der erste Zitronenfalter über die rosenroten Glocken der Windröschen, und auch ein Pfauenaugenpaar wirbelte dahin. Um die goldgelb blühenden Saalweiden am Waldrand summten Bienen, brummten Hummeln, blitzten Fliegen, in schillerndes Erz gepanzerte Laufkäfer rannten hastig über die Wege, es schwirrte und flirrte von schimmernden Motten und blanken Käferchen, und in den Gräben und Teichen paddelten die Grasfrösche umher und mischten ihr Gemurre zwischen die übrigen Stimmen des Waldes.

Ein lauer Regen kam der Sonne zu Hilfe. Da schwoll und quoll das Moos am Boden, färbte der grüne Algenanflug an den Buchen sich freudiger, und die grauen und braunen Flechten an den Eichen wuchsen auf doppelte Größe an, die Schnecken verließen ihre Winterlager und krochen über die Wege, und während bis dahin nur hier und da eine Blume zwischen dem jungen Grün sichtbar war, verschwand es mit einem Mal aus den Tausenden und aber Tausenden von weißen Windröschen und rotem Lerchensporn, zwischen denen die aufgeblasenen Blumen des Aaronstabes hervorsproßen und die Farne ihre goldbraunen Wedel aufwickelten.

Als dann das Milzkraut den ganzen Bachlauf mit goldenem Saum verbrämte, zwischen dem blau und rot die Lungenblumen und schneeweiß der Sauerklee blühten, als das Moschusblümchen seinen schwülen Duft dem Geruch des jungen Laubes beimengte, die Hagebuche alle ihre Knospen sprengte und jeder Tag eine neue Vogelstimme mitbrachte, so daß von früh bis spät des Singens und Klingens kein Ende war, kam ein Wiedehopf und meldete der Rotbuche, es würde nicht lange mehr dauern, daß der Kuckuck rufen würde, und wenn sie dann nackt und kahl dastände, müßte sie sich schämen. Das nahm eine jüngere Buche sich zu Herzen; sie öffnete an ihren unteren Zweigen einige Knospen und ließ ein Dutzend Blättchen heraus, so daß es aussah, als tanzten hellgrüne Schmetterlinge um sie her. Ihrem Beispiel folgten andere, und bald zog sich quer durch den Wald eine Wolke von jungem Laub, das wie Smaragden im Sonnenlicht glühte, höher und höher stieg, schließlich auch die Kronen

210

mit der leichtsinnigen Farbe des Lenzes schmückte und die Luft mit seinem frischen Hauch erfüllte, so daß die Menschen tiefer atmeten und dankbar emporblickten.

Als der Wald nun ganz und gar grün aussah, stellt sich auch der Kuckuck ein und läutete so lange die Frühlingsglocke, bis Trauerfliegenschnäpper und Gartenrotschwanz es vernahmen, eilig herbeizogen und fröhlich in den frisch belaubten Zweigen sangen, und dann kam die Nachtigall angereist und jubelte, bis die Eichen sich endlich rühren ließen und ihre knorrigen Zweige mit winzigen Blättchen und zierlichen Blütchen schmückten.

So kam es, daß der Wald aufgeweckt wurde, und Meise, Fink und Amsel taten so, als sei das ihr Verdienst. Aber der Kauz hatte es vollbracht mit scharfe Pfiff, gellendem Geheul und dumpfem Rollen, und niemand dankte es ihm.

Kreuzschnäbel

Die Morgensonne steigt rund und rot über die verschneiten Kuppen; der Bergwald erwacht. Lärmend fliegen die Krähen zu Tale, Häher flattern kreischend von Baum zu Baum, Goldfinken flöten im Unterholze, Zeisige zwitschern dahin, überall ertönt das Geklingel der Meise und das Gewisper der Goldhähnchen, zwischendurch auch das schneidende Gezeter der Amsel, die den zu seinem Bau schleichenden Fuchs erspäht hat.

Die Frostnebel weichen von der Bergwand, goldig erglänzen die Schneehänge, rosig färben sich die bereiften Fichten, silbern blitzt unter der Felswand der Wildbach. Da leidet es den Zaunkönig nicht, der im Ufergebüsche umherschlüpft; keck schmettert er sein Liedchen, und auch die Wasseramsel, die mitten im Bach auf einem gischtumrauschten Blocke sitzt, singt fröhlich die Sonne an.

Auf einmal singt es lustig hier aus dem Wipfel, und da und dort, hüben und drüben, nah und fern, laut und leise Locktöne erschallen, helle und tiefe, spitze und runde, und von Fichte zu Fichte fliegen rote und grünlichgelbe Vögel, hängen sich an die Äste, klettern an den Zweigen umher, schlüpfen dahinter, tauchen wieder auf, machen sich an den schimmernden Zapfen zu schaffen, zerklauben die größeren, kneifen die kleineren ab, sind emsig beim Fressen, putzen dazwischen ihr Gefieder, schnäbeln sich ein bißchen, zanken sich ein wenig und haben sich, als wäre es Mai.

Kreuzschnäbel sind es, die seltsamen Vögel, die hier zwischen Eis und Schnee ihre Brut aufziehen. Über hundert Paare haben sich die Wand hier als Brutstätte gewählt. Unstet waren sie in kleineren Trupps seit dem Frühsommer umhergestrichen, hatten bald oben in den Bergen, bald unten im Lande gelebt, bis um die Weihnachtszeit ein Flug die reichtragenden Fichten an dem sonnigen Abhange entdeckte und sich dort ansiedelte. Andere Rotten, die vorüberstrichen, fanden sich dazu und wenn es auch anfangs ein großes Gezanke um die Weibchen und ein bitteres

211

Gezerre um die Neststände gab, mit der Zeit vertrug man sich hierum und darum.

Schneidend pfiff oft der Wind an dem Hang entlang, wild wirbelte der Schnee und hüllte die Fichte ein; die Kreuzschnäbel kümmerte es wenig. So fest und dick blieb er auf den Zweigen nicht liegen, daß er die Samenzapfen verdeckte, und sobald die Sonne ein wenig schien, sangen die purpurroten Männchen den grünlichgelben Weibchen lustig ihre Lieder vor, und beide brachen dann fleißig dürre Reiserchen, Heidkrautzweige und Grasblätter für die Außenwand des Nestes, das sie dann mit Moos und Flechten auspolsterten daß es so dick und so fest und so weich und so warm wurde, wie es nötig ist, daß der Frost nicht bis zu den Eiern gelangen konnte.

Gut versteckt waren die Nester auch in den dichten Zweigen, und fest genug hineingebaut. Mochte der Schnee auch noch so hart treiben, er kam höchstens mit einigen feinen Stäubchen bis zu dem brütenden Weibchen hin. Und damit die Eier nicht kalt wurden, fütterte jedes Männchen sein Weibchen, so daß es das Nest nicht zu verlassen brauchte, als höchstens dann, wenn die Mittagssonne ganz warm schien und es sich sein Gefieder zurecht zupfte, es vom Harze reinigte un sich ein bißchen Bewegung machte. Während nun rund umher das Land im Schnee begraben lag und außer dem Gebimmel der Meisen und dem Gezirpse der Goldhähnchen oder einem Krähenschrei und einem Häherruf kein Laut zu hören war, entstand in den hundert und mehr verborgenen Nestern neues Leben.

Nun, wo der Winter nachts noch mit voller Macht hier am Berge herrscht, die Sonne aber schon größere Kraft hat und oft genug den Schnee über Mittag zum Tauen und Tröpfeln bringt, verlassen die jungen Kreuzschnäbel die Nester und wagen sich auf die Zweige hinaus, wo sie eng aneinander gedrängt sitzen, bis einer der alten Vögel herannaht und sie girrend und mit den Flügeln zitternd sich ihm entgegendrängen, um sich den Schlund mit angequollenem Fichtensamen vollstopfen zu lassen. Der Frost macht hungrig, und so haben die alten Vögel von Sonnenaufgang bis zum Abend hier genug zu tun, um die drei oder vier immer freßlustigen Jungen satt zu machen.

Jeder von ihnen hat einen Fichtenzapfen vor und zerspellt mit dem sonderbaren Schnabel die harten, festanliegenden Schuppen, löst mit der Zunge das winzige Samenkorn heraus und läßt es in den Kropf rutschen. Hier hängt ein altes Weibchen kopfüber an einem Zapfen und bearbeitet ihn, daß es in einem fort leise knistert und immerzu winzige Teile der Schuppen, wie Goldstaub blitzend, auf den Schnee am Boden wirbeln, der davon und von den abgestreiften Nadeln und Flechten schon ganz bunt gefärbt ist. Dort kneift ein purpurrotes Männchen einen kleinen Zapfen ab, trägt ihn mit dem Schnabel nach einem bequemen Ast und leert ihn da aus. Überall girren die hungrigen Jungen, hier und da und dort zittern sie mit den Flügeln, in einem fort rieseln Nadeln herab, stäubt Schnee hinunter, rundumher ertönt das seltsame Locken der alten Vögel und ab und zu das lustige Gezwitscher eines Hahnes, der auf einem Wipfeltriebe sitzt, daß sein rotes Gefieder in der Sonne nur so leuchtet.

Noch eine oder zwei Wochen wird das lustige Treiben und das bunte Leben hier oben in den hohen Wipfeln anhalten. Dann aber, wenn die Sonne den Schnee von der Bergwand vertreibt, wenn der Seidelbast sich mit rosenroten Blütchen schmückt und der Nießwurz seine grünlichen Blumen entfaltet, wenn die Meisen sich auf ihre Lieder besinnen und der Fink zu schlagen beginnt, werden die jungen Kreuzschnäbel flügge sein und mit den Alten von dannen ziehen, irgendwohin, wo die Fichten genügend tragen. Heute werden sie da sein, morgen dort, und um die Zeit, wenn alle andern Vögel sich seßhaft machen und ihre Brut aufziehen, unstet und flüchtig hin- und herwandern, wie die Zigeuner.

Irgendwo werden sie zur Winterszeit sich einen Wald suchen, wo sie Nahrung genug finden, entweder hier oben in den Bergen, oder unten im Lande, je nachdem hier oder dort der Fichtensamen gerät. Vielleicht werden sie in eine Gegend verschlagen im flachen Lande, wo sie sonst nicht leben, und wenn sie dort um die Weihnachtszeit einen Wald mit unbekannten Farben und fremden Stimmen beleben, wird das Volk sie mit besorgten Mienen betrachten und meinen, sie brächten Krieg, Seuche und Teuerung.

In der Frühlingsheide

Im Spätherbst, als das rosenrote Seidenkleid die Heide immer mehr verschoß, wurden die Stadtleute ihr untreu. Wochenlang waren sie bei ihr zu Gast gewesen, waren auf und abgezogen in ihrem Bereiche, hatten ganze Arme voll rosiger Heidsträuße mitgenommen, hatten auf das überschwänglichste von ihr geschwärmt und waren dann fortgeblieben.

Sie wußten nicht, wie schön die Heide spät im Herbst ist, wenn ihr bräunliches Kleid mit silbernen Perlen bestickt ist, wenn die Brunkelstauden feuerrot glühen, die Moorhalmbüschel wie helle Flammen leuchten und die Hängebirken wie goldene Springbrunnen auf die dunklen Jungföhren herabrieseln.

Die Leute meinen, tot und leer und farblos sei es dann dort. Sie wissen nichts von den knallroten Pilzen, die im seidengrünen Moose prahlen, von den blanken Beeren an den bunten Brombeerbüschen, von den goldgelben Faulbaumsträuchern und den glühroten Espen vor den düsteren Fichten, von den mit purpurnem Riedgrase besäumten, blaublitzenden Torfgruben und von dem lustigen Leben, das zwitschernd und trillernd, pfeifend und kreischend über all die bunte Pracht hinwegzieht.

Sie ahnen es auch nicht, wie herrlich die Heide selbst dann noch ist, wenn die Birken ihren goldenen Schmuck verlieren und die Eichen ihr bronzenes Laub fahren lassen müssen. Viel farbiger als der Buchenwald ist wintertags die Heide, sei es, daß der Schnee sie verhüllt, von dem man dann die ernsten Föhren, die unheimlichen Wacholder und die silberstämmi-

213

gen, dunkelästigen Birken sich feierlich abheben, oder daß Rauhreif ihr ein zartes Spitzenkleid schenkt, das die Farben der Bäume und Büsche weicher und feiner macht, und das in der Sonne wunderbar glimmert und schimmert. Sogar dann, wenn der Nordweststurm seine zornigsten Lieder singt und die Sonne blutrot in gespenstigen Wolken hinter den blauen Wäldern untertaucht, hat die Heide Schönheiten, die andere Landschaften nicht darbieten. Aber nicht viele Menschen wissen das. Und jetzt, da die Zeit herankommt, daß die Heide sich zum Frühlingsfeste rüstet, nun sie ihr fröhlichstes Kleid anlegt, da bleibt sie allein für sich, denn die Menschen in der Stadt haben keine Kunde davon, wie lieblich sie ist in ihrer Bräutlichkeit. Wie ein stilles, halb verlegenes, halb schalkhaftes Lächeln in einem schönen, ernsten Frauengesicht ist das Aufwachsen des Frühlings im Heidlande, langsam bereitet es sich vor, fast unmerklich tritt es in Erscheinung durch schüchtern sprießende Gräser, verschämt hervorbrechende Blättchen, zaghaft sich öffnende Blüten, bis nach und nach die Büsche und Bäume sich voll begrünen und jede Wiese ein einziges Blumenbeet ist.

Über der wilden Wohld, die geheimnisvoll und dunkel hinter den Wiesen bollwerkt, kreisen die Kolkraben und rufen laut. Da recken die Erlen am Forellenbach ihre Troddeln und schütten Goldstaub auf die Wellen. In den hellen Föhren jagt der Schwarzspecht mit gellendem Jauchzen sein Weibchen von Stamm zu Stamm. Da werden die Bommelchen am Haselbusch lang und länger, bis sie wie Gold in der Sonne leuchten. Der Tauber ruckst auf dem Hornzacken der alten Eiche. Da öffnen die Kuhblumen am Graben ihre stolzen Blüten. Vor Tau und Tag schlägt der Birkhahn im Bruche die Trommel, der Kranich trompetet, die Heerschnepfe meckert, und nun platzen an den kahlen Porstbüschen die braunen Kätzchen auf, das ganze weite Bruch umzieht sich mit einem goldrot glühenden Geloder, und auf den angrünenden Wiesen entzünden die Weidenbüsche helle Freudenfeuer. – Jetzt rühren sich auch die Birken. Sie schmücken sich mit smaragdgrünen Blättchen und behängen sich mit langen Troddeln, und in wenigen Tagen geht ein betäubender Juchtenduft vor dem lauen Wind her, gemischt mit dem strengen Geruch des blühenden Porstes. Auch die Föhren und Fichten färben sich freudiger, die Erlen brechen auf, und schließlich lassen sich sogar die Eichen rühren und umgeben ihre knorrigen Zweige mit goldenen Flittern. Nun beginnt ein Jubeln, Singen und Pfeifen das von Tag zu Tag stärker wird. In den Wäldern schlagen die Finken, pfeifen die Stare, flöten die Drosseln, Laubvogel und Rotkehlchen singen ihre süße Weisen, die Meisen läuten, die Pieper schmettern, der Grünspecht kichert, der Buntspecht trommelt, die Weihen werfen sich laut keckernd aus der Luft, die Kiebitze rufen und taumeln voll vor Lebenslust umher, und unter den lichten Wolken am hohen Himmel zieht der Bussard jauchzend seine schönen Kreise.

Auch in dem Dörfchen, das unter den hohen Heidbergen fast ganz versteckt zwischen seinen Hofeichen liegt, ist der Frühling eingekehrt. Von jedem Giebel pfeifen die Stare, in allen blühenden Bäumen schmettern die

Finken, in den Fliederbüschen schwatzen die Sperlinge, auf der Gasse jagen sich zwitschernd die Bachstelzen, und am Mühlenkolke singt die Nachtigall. Über dem Dorf aber auf der hohen Geest, wo der Wind am schärfsten weht, wird es nun erst Frühling. Einzelne Birken sind ganz kahl, andere wollen sich just begrünen, und nur ganz wenige schaukeln schon ihr Blütenkätzchen. Aber immer mehr Heidelerchen hängen in der Luft und dudeln ihre lieben Lieder hinab, von Tag zu Tag färbt sich das Heidekraut frischer, schmücken sich die mürrischen Wacholderbüsche mit mehr jungen Trieben, verjüngt sich das Torfmoos im Quellsumpf und umzieht sich sein Abfluß mit silberne Wollgrasschäfchen und goldgelben Milzkrautblüten, und hin und her fliegen die Hänflinge, lustig zwitschernd.

Endlich flötet der Pfingstvogel in den hohen Birken bei dem alten Schafstall, in der Wiese stelzt der Storch umher, grüne Käfer fliegen blitzernd und schimmernd über den gelben Sandweg, die Morgenrotfalter taumeln über die Wiesen, die vom Schaumkraut weißüberhaucht sind, an den Föhren und Fichten springen gelb und rot die Blütenzapfen auf und sprießen neue Triebe, und ganz und gar hat sich nun der Frühling die Heide erobert von den kahlen Höhen an bis tief in das Moor hinein, wo an den Torfgruben die Rosmarinheide ihre rosenroten Glöckchen entfaltet und an den Gräben silbern glänzendes Gras flutet. Das ganze Land ist verjüngt, überall ist frisches, junges Laub und buntes Geblüm, darüber hin zieht ein kräftiger Duft, und kein Fleck ist da, wo nicht ein Vogellied erschallt von der Frühe an, wenn die Birkhähne blasen und trommeln, bis zur Abendzeit, wenn die Nachtschwalbe mit gellendem Pfiff dahinschwebt und laut die Fittiche zusammenknallt.

Dann ist die Heide lustiger als zu einer anderen Zeit, so voll von Leben, so bunt von Blumen, so reich an Farben, daß auch hier ernste Menschen fröhlicher werden müssen. Rauscht doch das Birkenlaub so schelmisch im Wind, summen doch selbst die brummigen Föhre zufriedener als je, flattert es allerorts weiß und bunt von flinken Faltern und ist die von Kienduft durchtränkte Luft erfüllt von Lerchengetriller und Piepergeschmetter, daß der Mensch helläugig werden muß; auch wenn er bei sengender Sonnenglut im Moor in schwerer Mühe den Torf gewinnen muß; denn ohne daß er es weiß, machen die leise zitternden weißen Wollgrasflocken, die silbern blitzenden Birkenstämme und die goldenen Blüten an den Ginsterbüschen sein Herz leicht und heiter.

Von all der Pracht aber wissen die Menschen in der Stadt nichts, sonst würden sie nicht in überfüllten Anlagen und lärmdurchtönten Wirtschaftsgärten Erholung suchen, die dort nicht zu finden ist, sondern ihren Sonntag in der Heide verbringen, in der lachenden, lustigen, liederreichen Frühlingsheide.

Aber vielleicht rafft sich einer von ihnen auf und geht hin und sieht, ob es wahr ist, daß der Frühling in der Heide alle Märchen aufgeweckt hat – daß alle alten Wunder lebendig geworden sind. Und wenn er dann fand, daß es wirklich so ist und ihm die Seele jung wurde, das Herz froh, der Geist frisch und die Augen hell – dann geht er wohl zurück in die große Stadt und sagt den Trägen, daß sie es nur einmal wagen möchten, zu Wanderstab und Ranzen zu greifen, und dem Frühling entgegenzulaufen. Der deutsche Frühling ist so nachhaltig verleumdet worden. – Die das taten, kannten ihn nicht – er ist wie das holdeste Wunder, und wenn Wolkenschauer über eine Frühlingsheidelandschaft ziehen, so beeinträchtigt das nicht ihre Schönheit – nur den Weichlingen mag es unangenehm sein – dem Frühling entgegenzugehen, sollten auch nur die Starkmütigen unternehmen.

Im Ahltener Holze

Viel zu früh gehe ich heute den Patt, der von der Misburger Försterei neben der Birkenallee zu Forst führt, viel zu früh. Drei Uhr ist es jetzt und die Schnepfe streicht erst gegen sieben. Aber was soll ich in der Stadt solange mit der Ungeduld im Leibe. Darum fuhr ich so früh.
Hinter der Wietzebrücke ist eine stille Welt, in der will ich untertauchen, ruhig ist es da, und doch so lebendig. Im dunklen Fuhrengeäst singt die Tannenmeise ihr Liebesliedchen, vom höchsten Zweig der Eiche flötet die Zippe, im Himbeergestrüpp jubelt der Zaunkönig und vom Tannenzweig schlägt der Fink.
Den Graben entlang gehe ich langsam und still mit frohen Augen. Frühlingszeichen und Frühlingswunder sind viel geschehen seit vorgestern. Der Grünspecht an den Weiden bei dem Forsthause verkündet lachend den Regen und der Schwarzspecht tat es ihm nach aus der Buchenkrone. Sie lachten dem Regen entgegen, der Regen der Blumen und Blätter bringt.
Blumen und Blätter hat er gebracht, der Regen von gestern. Im Algenschlamm des Grabens steckt das Vergißmeinnicht seine hellgrünen Rosetten heraus, die Simse hat braune Blütenköpfchen geschoben, am Weidenbusch die Silberschäfchen sind golden geworden und überall im braunen Nadelgewirr am Boden kommt grünes Gras aus fahlen Bülten.
Hier aber, wo der Sand aufhört, wo das dunkle Knooprisch den Lehm anzeigt, wo Buchen und Eiche die Fuhren ablösen, da ist das größte Wunder geschehen. Da hat das Milzkraut den Rand des Bachs mit hellem Gold überzogen, da nicken der Schlüsselblumen zartgelbe Kronen, verschämte Windröschen heben die Köpfe und überall leuchten aus nassem, braunem Laub die blauen Leberblümchen heraus.
Dem großen Lichtschlag gegenüber am Grabenrand lasse ich mich nieder auf dem Jagenstein, da ist immer viel zu sehen. Die Hälfte einer kleinen Zigarette dauert es kaum, da klatscht und klappt es über den Buchenkronen. Der Tauber macht seiner Frau den Hof. Er schwebt wie ein Falke, steigt auf und ab, und dann klatscht er die bunten Flügel zusammen, daß es weit hinknallt. Das gefällt der Täuberin und verliebt folgt sie ihm in das Dunkel der Fichten.

216

Zwei fuchsrote Dinger fegen über den Boden, ein Eichkatzenpaar. Über Laub und Braken geht die Jagd in Spiralen um einen Buchenstamm, zehn Fuß hoch und jetzt, wo er die spröde Kleine fassen will, da lacht sie im Halse und springt herab. Er ihr nach und die Jagd geht weiter. Dicht vor mir sind beide jetzt. Seltsam zucken die buschigen Ruten, die schwarzen Augen blitzen, die Pinselöhrchen wippen. Einen Augenblick verschnaufen sie, dann geht die Balgerei weiter, dahin wo die Fichten dämmern.

Der Bach treibt das Mundstück meiner Zigarette weiter und ich will weg. Da gellt ein Lachen durch die Stille, ein großer schwarzer Vogel saust daher, ein zweiter folgt ihm, und auf dessen Kopf leuchtet eine feuerrote Krone. Mit gellendem Lachen treibt der Schwarzspecht seine Liebste von einem altsilbernen Stamm zum anderen, und dann fahren beide dahin, wo das Taubenpaar blieb und die beiden Eichkatzen. In die dunkeln Fichten. Im Dunkeln ist gut munkeln.

Ich habe mich erhoben und gehe das Quergestell hinab, der Ahltener Grenze zu, langsam, ganz langsam, denn die blauen und gelben Blumen zur Seite, das Drossellied und der Finkensang, die Rehe auf der Kultur und das Bussardpaar über mir halten meine Augen fest und die Wasserspitzmäuse, die im Graben sich jagen. Es ist ein verliebtes Wetter heut, so lau, so warm, so mild.

Den Grenzgraben habe ich übersprungen und gewohnheitsmäßig die drei Patronen in die Läufe geschoben. Aber mordlustig ist mir gar nicht zumute. Ich stehe auf der altbekannten Lichtung im gelben Risch und roten Farnlaube und nicke den beiden Weidenbüschen zu, die über und über voll Gold sind.

Eine Stunde habe ich fast noch Zeit. Über die Blöße gehe ich und tauche im Wald unter. Große Pümpe bilden schwarze Flecken im braunen Boden und alles trieft von Feuchtigkeit. Darum wimmelt es auch hier von fremdem Drosselvolk, das Schnecken und Würmer sucht. Wie eine Wolke stiebt es empor und flüchtet sich in die Kronen, Schildamseln und Weinvögel, Schacker und Schnarrdrosseln; das Lärmen der Nordvögel übertönt Finkengesang und Meisenruf.

Unter einer alten efeuberankten Eiche wächst um einen alten Stucken ein dichter Hülsenbusch. Das ist ein feiner Lauerposten. Da schmöke ich meine Piepe. Links von mir ist das Gestell mit den Gräben, darin murren die Grasfrösche zwischen den jungen Schossen der gelben Lilien. Rechts unter den Dornen ist alles voll von Blumen, blauen Leberblümchen, weiße Märzglöckchen, rosig angehauchten Windröschen, gelben Himmelsschlüsseln und goldenem Milzkraut. Das sehe ich mir stillvergnügt an und lasse mir dazu von der Waldkapelle etwas vorsingen.

Bis die Sonne nicht mehr über den Kronen steht, bis sie durch die Äste scheint. Da schwingen sich die wandernden Drosseln in den Fichten bei mir zum Schlafen ein und hundert Goldammern folgen ihnen. Bevor sie einschlafen, haben sie sich noch viel zu erzählen.

Jetzt aber wird es Zeit. Ich gehe auf dem nassen Fußweg zurück. Ein heiserer Schrei vom Abendhimmel wendet meine Augen nach oben; ein Reiher klaftert turmhoch dahin. Ein Hase hoppelt über die Schneise, Spitzmäuse schrillen im Fallaub, große Motten fliegen.

Da ist meine Lichtung. Wie oft habe ich hier schon gestanden, an feuchtwarmen Abenden, wo mir der Schweiß unter dem Hut weg lief, an kalten, wo mir die Zähne klapperten. Jeden Baum kenne ich hier, jeden Busch. Dort, in der Birke, blieb die Schnepfe hängen, die ich einmal hier herabholte. Da, neben der Eiche schoß ich eine vorbei, dort rechts verpaßte ich eine.

Es dämmerte stärker. Rechts über dem Eichenort ist im blaugrauen Himmel ein Silberpunkt. das ist die Venus, der Schnepfenstern.

Aber sie muß erst golden sein, ehe ich aufpassen will, eher streicht die Schnepfe nicht.

Vom Bruche ertönen Trompeten, Hörner und Fanfaren. Reisende Kraniche haben dort Rast gemacht auf ihrer Nordlandfahrt. Und hinter mir im Königlichen erhebt sich ein Knappen, Heulen und Höllenlachen, das mir das Herz vor Freude hopst. Das ist der Kauz und es ist sein Liebeslied. Das und Katergequarre bei nachtschlafender Zeit im Garten höre ich liebend gern.

Die Birkenbüsche vor mir sind zu einer großen schwarzvioletten Mauer zusammengeschmolzen. Die Fuhren zur Linken sehen aus wie schwarze Wetterwolken. Die Ulenflucht tilgt mit breiten Pinsel alle Details aus der Szenerie und läßt nur den großen tiefen Totaleindruck übrig.

Der Schnepfenstern ist größer geworden und hat sein Silberlicht in Gold umgetauscht. Jetzt könnte sie kommen. Schon ist sie da. Das Gewehr fliegt an die Backe, der Drückefinger sucht den Abzug und wird wie der gerade: das ist ja die Eule, die dahin schwebt. Aber Zeit wär's. Die Amseln gehen schimpfend zu Bett, die letzte Drossel hat aufgehört. Aufmerksam gehen meine Augen hin und her.

Gleich sieben. Bald ist der Strich aus. Wieder vergeblich! Da, ich fahre zusammen! Irgendwo ein schrilles Pfeifen, scharf, dünn, durchdringend. Da puitzt eine. Aber wo? Links, rechts, vor mir, hinter mir. Mein Kopf fliegt hin und her. Da ist sie, vor mir rechts. Das Gewehr fliegt hoch und fällt wieder zurück. viel zu weit. Über den Eichenort strich sie, fiel sechs Fuß und strich über die Jungbirken weiter.

Ein helles Meckern kommt vom Bruch, ein scharfer Lockton dann. Die Bekassine. Es ist Zeit, daß ich gehe. Wenn die meine sich meldet, hat die Große ausgestrichen. Bommm! Ein Schuß, weit, im Gaim oder bei Wassel, Müllingen. Ich will doch noch bleiben, eine Zigarette lang. Und noch ein Schuß näher, in der Wietze. Ein Schwirren ist hinter mir, über mir, vor mir, aber das rührt mich nicht. Ein Entenpaar.

Es ist schon sehr dunkel. Ich sehe keine Einzelheiten mehr auf zehn Schritt, alles sind große graugelbe, schwarze, braune Massen. Nur mein Goldweidenbusch allein ist darin wie eine helle Flamme. Kommen wird mir ja nichts mehr, aber es ist so schön heute, und ob ich um neun oder zehn in der Stadt bin, dat is meck tickeveel! Mit den Augen liebkose ich die tiefen, weichen Töne vor mir.

Da wird mir mit eins heiß und kalt. Es war ein Ton in der Luft, ein unheimlicher, und ich weiß nicht, ist er fern oder nah. Es konnte hier sein, vor mir oder da, hundert Gänge hinter mir im Fiskalischen das dumpfe, gespenstige, bauchrednerische Moark, moark, moark.

Mein Kopf geht nach allen vier Winden, hier nichts, da nichts, und da nichts und da erst recht nichts. Aber jetzt ist es über mir, ich sehe das schwarze Ding mit den langsam rudernden Flügeln und davor, wie einen dicken Strich, den Stecher, und dahin kompaßt die Mündung meines Drillings.

Ein Feuerstrahl, lang und rotgold, und eine ungesprochene Verwünschung, beim Abdrücken schwenkte sie und der Schuß ging daneben. Aber das schwarze Ding zieht die Laufmündung nach rechts und gibt mir eine halbe Wendung, und im zweiten gelbroten Strahl sehe ich nicht zwei Flügel mehr, nein vier, ein schwarzes Kreuz, das sich in der Luft dreht und jäh zur Erde fällt, daß das dürre Farnland rasselt.

Ich stehe ganz still. Da, dreißig Schritt vor mir knistert es. Ich gehe hin und nehme sie auf. Sie ist schlaff und tot. Ich bin jetzt gar nicht mehr so froh, daß ich sie habe, und mir ist, als wenn die Kraniche, die von meinen Schüssen aus dem Schlaf gejagt im Bruch schreien und lärmen, wilde Klage erheben über den, der des seltsamen Vogels Liebesflug mit Kraut und Lot abschnitt. Und ich stecke mir auch nicht nach alter Sitte einen kleinen Bruch mit goldenen Weidenschäfchen an den Hut.

Schnell gehe ich durch den dunklen Wald, fast bange und habe mich doch schon als Kind nicht im Dunkel gebangt. Erst, als bei der Wietzebrücke mich schnelle goldene Lichter und laute Stimmen einholen, als Hundenasen an mir herumschnuppern, die beiden Jäger von ihren Rädern springen und mir Glück wünschen, da fühle ich mich wieder etwas.

Wie mir aber bei der Heimfahrt auf dem Vorderperron der Abend in der Erinnerung zurückkommt, da ist mir doch wieder so, als hätte mir der brutale Schlußreim die Phantasie des Tages zerstört.

Wachtelschlag

Mitten im Felde steht ein alter Weißdornbusch, der sein blühendes Gezweig weit von sich streckt und schweren Duft um sich streut. Von der alten hohen Feldeiche, unter deren Schutze der Busch aufwuchs, ließ der Blitz nichts übrig als den breiten Stumpf. Der ist mein Sitz.

Es ist erst halber Tag. Im Gemeindeforste heult der Kauz, in den Rotteteichen quarren die Frösche und läuten die Unken, im Roggen spinnt noch der Grillenfänger, am Steinanger schwatzt der Steinschmätzer, aber aus allen Feldern quillt Lerchengesang hervor, und der Forst da unten säumt sich rosenrot.

Es hellt sich auf in der Runde. Das graue Fell grünt auf, die weiße Wiese wird bunt, der fahle Weg nimmt ein weiches Rot an. Die schwarzen Schatten in der Quellsinke werden erst grau, dann braun und schließlich rot;

langsam äst sich das Schmalreh dem Holze zu und der Bock zieht hinterdrein. Es ist der geringe Sechser, und dem Hauptbock galt mein Frühgang. Der aber steht schon längst in der Dickung und schimpft über die Steinbrucharbeiter, deren Schuhnägel allzuhart auf dem Steinwege knirschen.
Ein heller Ruf, kurz und scharf, erklingt vor mir. Ein leises Rauschen und Knistern geht durch den Roggen. Und wieder klingt der helle Ruf, klingt im spöttischen Frageton: *„Dic cur hic"* Ich muß lächeln. Er hat recht, der kleine Spötter. Warum bin ich hier in Tau und Nebel? Des Bockes wegen? Ich, ja! Aber der ist doch nur der äußere Anlaß, warum ich um die zweite Stunde das bunte Bett zurücktrat und aus der knarrenden Lade sprang.
Einige Roggenähren schwanken. Da steht er vor mir, der schneidige, kleine Kerl, hochaufgerichtet, bolzengerade und stocksteif. In kurzen, hastigen Bewegungen wendet sich das gestreifte Köpfchen, die blanken Augen spähen rundumher, laut klingt der herrische Ruf, der stolze Rufer wird zum geduckten Knirps, noch einmal klingt es: „Bück den Rück!" Drei Roggenähren schwanken und fort ist der Wicht.
Ich dämmere vor mich hin und stecke die Pfeife an. Jetzt scheint der Wachtelhahn unten im Felde. Soll ich ihn ein bißchen foppen? Die Natur gab mir gelehrige Lippen und eine willige Zunge. „Alle solche Allotria, darin bist du groß, mein Lieber," sagte der alte Professor, „aber die unregelmäßigen griechischen Verba, damit hapert es bedenklich."
Ja, mit tithemi locke ich keinen Hund hinter dem Ofen hervor, keinen Bock aus der Dickung und keine Fuchs aus dem Geklüft. Aber mit der geblähten Lippe und der geballten Hand bringe ich den Bock auf die Decke und den Fuchs in den Rucksack, und mit dem Dreiklangspfiff den Wachtelhahn aus der Erbsenbreite heraus. *Exempla docent.*
Einmal flötete ich es knapp und kurz heraus „Pfuitt-pfüt-pfuitt." Er antwortete schon. Noch einmal, weil es so schön ging. Er antwortete näher Und noch einmal. Da ruft er dicht vor mir. Und nun kommt mein dickster Trumpf. Erst ein tiefer hohler Gaumenlaut: „Chraou" und dann ein zärtliches Gurren :„Chrüchrürr!" Das macht mir keiner nach. Von der Maulwurfsgrille lernte ich es, und man braucht Kehlkopf, Backen, Lippen, Zähne und Zunge zu gleicher Zeit dazu.
Das ist dem kleinen Kerl zu dumm. Sollte etwa seine liebe Frau aus der Reihe tanzen wollen? Da soll doch gleich ein dreifaches Donnerwetter hineinschlagen. Der freche Kerl muß gebeutelt werden und sie bekommt auch ihren Wischer, denn für die Wachtelfrau geziemt sich strenge Ehetreue. Die Herren Hähne haben allerdings eine etwas dehnbare Moral.
Warte, denke ich, dafür sollst du deine Strafe haben. Eifersucht ist eine Leidenschaft, die mit Eifer sucht, was Leiden schafft. also noch einmal: „Chrüchrürr" und jetzt, recht wie ein frecher Wachtellebemann, der für dreieckige Verhältnisse schwärmt, möglichst schneidig: „Pfuitt-pfütt-pfuitt", und abermals so und zum dritten Male.
Nun schwanken die Ähren nicht mehr leise, sie zucken bald hier, bald da zappeln sie, jetzt steht der Hahn mitten im blühenden Ehrenpreise am Grabenbord, fort ist er, schlägt in der Wasserfurche, taucht bei den

Glockenblumen auf, rennt an dem Graben entlang, und nun wahrhaftig, streicht er schnurrend dicht über den nassen Klee und schlägt in den Kartoffeln weiter voller Wut und Grimm, sein ganzes erbeigenes Gebiet nach dem Störer seines Ehefriedens absuchend.

Ich stecke meine Pfeife wieder an und lache vor mich hin. Wie oft habe ich mir diesen Ulk schon gemacht. Vom vierzehnten Jahre an, als ich noch mit dem zur Stockflinte zurechtgewürgten eisernen Gasrohre irgend einen Vogel wegwilderte, einen Rohrsänger, einen Pieper, einen Uferläufer, den ich nach Farbe und Stimme nicht ansprechen konnte. Und da der Schießprügel nur auf zwanzig Schritte tötete, so lernte ich das Anlocken und kann es heute noch, und brauche nicht Quäke noch Blatte, weder Habichtsruf noch Hühnerreize. Mund und Hand reichen für alles aus.

So kam ich hinter die Geheimnisse aller, auch der verborgensten Tiere, zumal ich ausharren und stilliegen kann; und so lernte ich auch die Wachtel näher kennen. Ich sah die Henne zum Nest heranschleichen, sah, wie sie ihr buntes Gelege ordnete, sah sie mit zwölf gelblichen Wollklümpchen zwischen den roten Rispen des Zwergampfers auf der Brache herumschlüpfen und den Kleinen weisen, was bekömmlich sei und was nicht, und ihnen am Beispiel zeigen, wie bekömmlich ein Sandbad unter dem Ackerkamillenbusche sei, denn davor halten die unangenehmen Federläuse nicht stand.

Einmal im Mai, als ich am Spätnachmittage im Kalenbergischen in einem Feldbusche saß, hörte ich zwei Hähne schlagen. Immer schneller und öfter schlugen sie, immer näher kamen sie von rechts und links heran. Und dann schnurrte es aus den Weizen heraus und in die Erbsen vor mir, ein giftiges Schrillen erklang, zwei graugelbe Dinger huschten hin und her, sprangen gegeneinander an, eines schnurrte fort, das andere schlug stolz und freudig und rannte dem Weizen zu, in der die Henne, der der Zweikampf gegolten hatte, zärtlich girrte.

In der Stunde lockte ich den eifersüchtigen Hahn ein dutzendmal vor mich hin. Schließlich wurde er so wild, daß er hochaufgerichtet von dem Grenzsteine um sich äugte und fortwährend schlug. Es war ein alter Kohlhahn mit schwarzer Kehle und Backen; er platzte fast vor Wut, überschrie sich, gab einen Laut zu und rief ganz dumpf und böse: „Kutt-kut-kutt-kutt". Drei Tage später rief der Junghahn dort. Von dem alten fand ich die Reste. Der Sperber hatte ihn geschlagen.

Der junge Hahn hatte aber auch keine rechten Familienfreuden. Noch lagen erst drei Eier im Neste, da ersoff das Gelege im Gewitterregen. Das Notgelege im Klee wurde ausgemäht, und als das Weibchen auf dem zweiten Gelege saß, griff es die Katze. Der Hahn kam im nächsten Mai nicht wieder. Ob ihn auf der Herbstreise die Provencalen oder die Griechen oder die Araber mit dem Tiraß oder dem Strecknetz fingen, ob ihm die Flügel lahm wurden und im Mittelmeer ein Raubfisch verschluckte, ob ihn im Kabylenlande ein Falke schlug oder eine Manguste beschlich, wer kann es sagen! Fünf Jahre ist es seitdem her, und noch schlägt keine Wachtel wieder bei jenem Dorfe im Kalenbergischen.

So ist es fast überall geworden. Sparsam wurden die Wachteln in Deutschland. Der Jäger ist nicht schuld an ihrem Rückgange. Die Zeiten, da man die Wachteln bei uns in Garten fing, sind lange vorbei, und lediglich auf die Wachteljagd ging wohl nur hier und da einmal ein Mann. Der Massenfang im Süden ist der Hauptgrund für ihre Abnahme, denn einmal bekommt jeder Topf einen Sprung, und der Hundert- und Tausendfang um das Mittelmeer zieht nicht in einen hohlen Baum. Aber auch die gewaltige Entwicklung des Leitungsnetzes und die Leuchtfeuer an den Küsten reißen große Lücken in die Reihen der schlechten Flieger, und schließlich sagt ihr auch der Rübenbau nicht zu, denn sie will das Getreidefeld, vorzüglich den Weizen, gerade wie der Hamster.

Sie ist ein Steppenvogel wie das Feldhuhn, die Steppengebiete der alten Welt sind ihre Heimat, und von da drang sie überall hin, wo ihr der Ackerbau die Steppe schuf. Jetzt, wo er ihr sie auf weite Flächen wieder nimmt durch den Rübenbau, weicht sie wieder zurück, und wenn es auch noch bei uns manche Gegend gibt, in der die Wachtel nicht selten ist, wo man ihren frohen Schlag aus den Feldern klingen hört, durchschnittlich ist sie recht sparsam geworden, und fast so selten wie des Wiedehopfes dumpfen Ruf hört man ihr helles Locken.

Ist einmal ein recht heißer, dürrer Sommer gewesen und hatte sie gute Hin- und Herfahrt, dann tritt sie auch wieder häufiger auf, ganz wie der Wachtelkönig, dessen Gelege auch sehr viel ausgemäht werden und der in Mengen den Mittelmeerstürmen zum Opfer fällt. Auch darauf kommt sehr viel an, ob es viel oder wenig Mäuse und Hamster gibt, denn sind diese gut gediehen, so hält sich das Raubzeug mehr daran und läßt das Federwild in Frieden.

In solchen Jahren lohnt es wohl die Mühe, mit einem kurz suchenden Hunde der Wachtel einen Tag zu widmen, aber es gehört Geduld dazu und ausdauerndes Gangwerk. Denn in stärkeren Völkern, wie das Huhn, lebt die Wachtel selten. Lose ist der Zusammenhang zwischen den Stücken. Man trifft wohl eine Wachtel an, Wachteln suchen aber ist meist eine Jagd auf blauen Dunst. Die gefehlte Wachtel ist meist verloren. Sie drückt sich, läuft und macht den Hund verwirrt. So kümmert sich der deutsche Jäger nicht viel um sie.

Erbeutet er einmal eine, so freut er sich über das seltene Wild, aber da es nur eine gute Handvoll ist so sucht er nicht nach mehr, denn er weiß, die zweite findet er vielleicht, ob aber die dritte, die zu einer Mahlzeit gehört, das ist noch sehr die Frage. Und auch der Vogelsteller geht bei uns nicht mehr auf den Wachtelfang. Man liebt die Wachtel als Käfigvogel nicht mehr; im Felde klingt ihr forscher Ruf allerliebst, ihn im Zimmer auszuhalten, das lehnen die Nerven des Menschen von heute und sein ästhetisches Gefühl ab, denn allzu hart klingt im engen Zimmer der metallische Ruf, der in die weite, freie Ebene gehört.

Der Bohldamm

Wo die Hauptstraße des Dorfes, nachdem sie die Bruchwiesen hinter sich gelassen hat, im Holz verschwindet, wird sie zum Bohldamme. So wird der Weg immer noch genannt, obgleich er nur noch an den ganz tiefen Stellen, die in nassen Zeiten wegsacken, mit Bohlen festgemacht ist, denn seit dem das Bruch und das Moor durch den Kanal entwässert sind, und die Beeke an mehreren Stellen abgefangen und in die Fischteiche geleitet werden, hat auch der Weg Grund bekommen.

Ich gehe ihn jeden Tag, denn er schneidet das Holz mitten durch und auch den großen Windbruch, auf den vor drei Jahren ein Mittwinternachtsturm einige Tausend Fichten und Fuhren auf die Köpfe stellte, so daß die Bauern den Rest bis auf einige Eichen- und Buchenüberhälter abtrieben. Auf diesem großen Kahlschlag steht der beste Bock in der ganzen Gegend, den ich nun schon seit zwei Wochen weidwerke.

Erst mochte ich den Bohldamm nicht leiden; ich liebe die heimlichen Steige und die halb verwachsenen Holzwege und der Damm war mir zu breit und zu licht und in der Hauptsache auch zu gerade. Aber da ich ihn jeden Tag gehen mußte, so gewöhnte ich mich an ihn, wie an alles Unvermeidliche, und jetzt gehe ich ihn gern, denn ich habe allmählich seine Schönheiten entdeckt, die ich anfangs übersah, weil sie zu offen da liegen. Und gehe ich ihn, so sehe ich nicht nur nach den Fährten in dem dunkelbraunen Boden und spähe die Blößen ab, die zu beiden Seiten liegen, und die graswüchsigen Gestelle, die auf den Damm auslaufen sondern nehme alles mit, was er zu bieten hat. Es ist jeden Tag dasselbe und immer etwas anderes.

Wie immer, so empfängt mich auch heute der Zaunkönig mit heftigem Gezeter, sobald ich bei dem kleinen Kahlschlage bin. Auf dem Geländer der Holzbrücke, die über die Beeke führt, sitzt, wie jeden Nachmittag, der Goldammerhahn und singt: „Wie wie hab ich dich lieb, lieb." Unter der Brücke steht natürlich wieder der zweipfündige Hecht und schießt davon, sobald mein Schritt herannaht, und derselbe dicke grüne Frosch stürzt sich an derselben Stelle in den Kolk. Mitten in der Wiese steht selbstverständlich die alte Standricke und ihre beiden Kitzchen hopsen um sie herum, und auf dem Pfahl an dem Hauptstaugraben blockt der Bussard und lauert auf Wühlmäuse, während rechts und links von dem Holze die beidem Krähenpaare ihren Jungen die Käferjagd beibringen. Ganz hinten an der Beeke steht, wie gewöhnlich, dann noch der Reiher, und ein Ende dahinter stelzt der einsame Storch herum, der dieses Jahr unbeweibt geblieben ist und sich ganz an den Wald gewöhnt hat, vielleicht, um nicht Tag für Tag das Eheglück des glücklicheren Nebenbuhlers mit ansehen zu müssen.

Der Nordwestwind treibt Herden von bleigrauen und weißen Wolken über den Wald, dessen dunkelgrüne Kronen bald leise summen und brummen. Bis hier unten hin kann der Wind aber nicht kommen; da ist es still und warm, so daß die Schillebolde um die Pumpkeulen und Schwert-

223

lilien des Grabens flirren und die weißen und braunen Falter um die roten Köpfe der hohen Disteln flattern dürfen, zwischen denen sich weiße Dolden ausbreiten, auf deren jede eine kleine Gesellschaft von Schwertfliegen und Bockkäfern am Schlürfen und Schmausen begriffen ist. Ab und zu drängt sich ein Faulbaum über den Graben, über und über besetzt mit blitzblanken, schwarzen, roten und grünen Beeren, manchmal ganz berankt von Gaisblatt, das bald mit wachsgelben, bald rot und weiß gemusterten Blumen prahlt. Hier und da zwängen mächtige Horste von brusthohem Adlerfarn den schmalen festgetretenen Fußweg ein, auf dem sich die Blindschleichen so gern sonnen.

Ich gehe ganz langsam und sehe gewohnheitsmäßig, den Kopf nach links und rechts, wo sich die dicken, roten, mit Nonnenschmetterlingen stark besetzten Stämme der Führen aus den Bickbeeren, Farren und Moorhalmen erheben, zwischen denen sich an den offeneren Stellen ganze Gruppen von braunen Knollenpilzen erheben, oder ein grellroter Hutschwamm, während überall an den Grabenborten die reifen Kronsbeeren wie Rubine funkeln. Einmal bleibe ich stehen und sehe der glatten Natter nach, die, von meinem Schatten getroffen, sich eilig in das Gestrüpp flüchtet, dann, um auf die Habichte zu horchen, die unaufhörlich zur Linken rufen, und zum dritten Male, um die Schmalricke vorbei zu lassen, die hundert Gänge vor mir über den Damm zieht und in dem Holzwege verschwindet. Ich warte eine Weile, ob nicht ein Bock hinter ihr her bummelt; aber es kommt keiner, und ich schlendere weiter, bis ein heftiges Gerausche und Gerassel in der Eiche mich wieder zum Stehen bringt; zwei Eichkatzen sind es, die sich jagen. Sie schnalzen und fauchen mich an und hüpfen dann weiter.

Wo die Hellbeeke die Moorbeeke trifft, mache ich halt, denn zu schön ist es hier. Aus grüner Dämmerung kommt der quicke, klare Bach und vermischt sich mitten im Wege mit dem goldbraunen Wasser des Moorbaches, eine breite Furt bildend, deren kiesiger Grund von den Rädern der Torfwagen tief genarbt ist. Mächtige Königsfarne mit herrlichen Wedeln spiegeln sich in den klaren Fluten der beiden Bäche, und ihre Ufer sind dicht bestanden mit einem zartgefiederten Schachtelhalm, der den Boden zwischen den Ellern und Birken mit einem hellgrünen, duftigen Schleier überzieht, aus dem hier und da der Weiderich seine goldenen Blütenbüschel hervorstreckt. Ich lehne mich an das Geländer des ersten Steges und sehe den Ellritzen zu, die zwischen lang hinflutenden schwarzen Gekräute hin- und wiederhuschen, sehe den goldbraunen und dunkelblauen Wasserjungfern zu, die um das Schilf bei dem zweiten Stege flirren, höre auf den unheimlichen Ruf des Schwarzspechtes, der aus dem tiefen Holze herüberklingt, spreche die Spur, die im feuchten Sande steht, als die des Otters an, der über Nacht wohl bei den Fischteichen geraubt hat, und vergesse ganz, weshalb ich hier bin, bis ein scharfes Aufquietschen mich weckt.

Ein Torfgespann kommt heran geschwankt. Zwei schwarzbunte Kühe ziehen den hochbepackten Wagen; ein langer Bauer geht daneben. Er grüßt mich nur mit den Augen, behält aber die engen Lippen aufeinander. Bei der Furt machen die Kühe halt, tränken sich und setzen sich dann wieder in Bewegung, daß das Wasser aufspritzt und alle Elleritzen unter die Wurzel der Ellern fahren. Ouietschend und knarrend verschwindet das Gespann hinter der Wegebiegung, und ich geh weiter, bis ich vor dem Lichtschlage bin, auf dem mein Bock ab und zu auch steht. Heute ist es da leer, nur eine Ringeltaube poltert in die Höhe und schwingt sich weiter, eine Braunelle schlüpft schrill piepsend in das Buschwerk, und dann ist dort nichts zu sehen, als eine große; goldflüssige, blaugezierte Wasserjungfer, die unablässig auf und ab jagt, manchmal ganz dicht an meinem Gesichte her, als wenn ich weiter nichts wäre als ein Busch. Aber der Wespenbussard, der nun angeschwebt kommt und mich just eräugt, wie er sich auf der Blöße niederlassen will, erschrickt heftig und stiebt ungestüm ab.

Hinter dem Lichtschlage ist am Rande des Grabens ein großer runder Klecks von Bachvergißmeinnicht und mitten darin sitzt, in der Sonne wie eine märchenhafte Blume aussehend, ein goldroter Dukatenfalter. Er sitzt ganz still und saugt, und ich sehe ihm so lang zu, bis ein klagender Schrei meine Blicke aufwärts ruft. Hoch über den Kronen kreisen dort vier Habichte, das Brutpaar aus dem Malleu mit seinen beiden Jungen. Wieder klagt der Schwarzspecht und trillert dann laut, baldigen Regen verkündend, und wie zur Bestätigung meckert an dem Bachkolke ganz unvermittelt ein Laubfrosch los, der erste, den ich hier vernehme. Ein Ringeltäuber ruft, noch einer und ein dritter und vierter, und ein Hohltäuber heult dumpf. Die Sonne sticht, die Mücken werden lästig. Eine dunkle Wand schiebt sich am Himmel empor, es grummelt hinter dem Moore, und einzelne Regentropfen fallen. Ein Häher flattert über den Weg und kreischt bei meinem Anblicke gellend auf, und in demselben Augenblicke fährt hinter dem Bollwerk von Adlerfarn links am Damme das Haupt eines Bockes auf, der erst zu mir hin, und dann nach der anderen Seite hin sichert. Ich nehme ihn in das Glas und sehe, daß es der gute Sechserbock ist, den ich schon viermal schußgerecht hatte, der aber leben bleiben soll. Er zieht quer über den Damm in die hohen Fuhren hinein.

Nun bin ich vor dem großen Windbruche, nehme die Büchse von der Schulter und spähe umher, ob ich den alten Bock nicht sehe. Aber zur Rechten des Dammes ist kein roter Fleck und zur Linken steht nur die alte Geltricke da, die ich fast jedesmal um diese Zeit antreffe, und die sich ganz vertraut an den dunkelroten Pilzen äst. Ich schleiche mich an der Blöße vorbei und komme zu einer anderen, kleineren, die ganz mit verblühten, hohen Kreuzkraute bestanden ist, das mit seiner fahlgrauen Farbe fast gespenstig wirkt, um so mehr als ein Busch grellrot blühender Weidenröschen hinter den gelbbraunen Stengeln deren Leblosigkeit noch mehr hervorhebt. Dann geht es durch hohe Moorhalme die den Fußpfad beengen, und deren Blütenrispen dicht mit schmalen, schwarzflügeligen, gelbbäuchigen Fliegen besetzt sind, dahin, wo im vorigen Jahre Feuer auskam und zwanzig Morgen Fuhrendickung vernichtete. Die ganze Fläche ist ein einziges rosenrotes Blumenbeet, so dicht stehen die Weidenröschen hier.

Ein Endchen weiter liegt ein vermoorter Windbruch hart am Wege, ganz erfüllt von Schwertlilien, die im Mai über und über mit den großen goldenen Blumen bedeckt waren. Ich stehe und sehe der großen Wasserjungfer zu, die über den starren Blättern auf und abfliegt, da leuchtet etwas Feuerrotes zwischen ihnen auf, und etwas Blankes blitzt. Der Schwarzstorch ist es, der hier auf Frösche und Mäuse pirscht. Alle Augenblicke schnellt sein Hals hoch und er spät umher, ob ihm keine Gefahr drohe. Die tief herabhängenden Zweige der Espe verbergen mich; so kann ich den heimlichen Urwaldvogel lange beobachten und mich an seinem erzfarbigen Gefieder erfreuen, das in den schrägen Sonnenstrahlen bald kupferrot, bald stahlgrün funkelt. Ein geraume Weile sehe ich ihm zu, bis er plötzlich einen langen Hals macht, sich dann duckt und zwischen den Faulbaumbüschen abstiehlt. Schwere Tritte knirschen auf dem Kiese des Fußpfades sechs Waldarbeiter, die vor dem Moore die Besamungen freimähten, kommen hintereinander angeschritten. Hinter ihren Köpfen blitzen die Sensen. Jeder nickt mir stumm zu und ich gebe jedem den Gruß ebenso zurück.

Mooriger wird der Weg. Alle tieferen Stellen sind mit Ästen belegt. Der Bestand rechts und links besteht fast nur aus Birken und Ellern; große, breite Kissen von Silbermoor bedecken den Boden; dazwischen nicken schön gebogene Riedgräser und stolze Farren. Die untergebauten Fichten sehen dürftig und krank aus; die meisten sind dicht mit grauen Flechten bedeckt; viele hat der Sturm mitten im Bestande umgeworfen, so lose stehen sie hier. Hinter dem Graben aber wird der Boden sandig, hebt sich ein wenig, die Birken bleiben zurück, und stolz erheben starke Fuhren und Tannen ihre krausen Häupter und spitzen Wipfel, und wo der Boden noch mehr aufsteigt, treten immer mehr Eichen und auch Buchen an ihre Stelle. Ich kehre um, denn im Westen ist der Himmel ganz dunkelblau, hinter dem Moore donnert es heftiger, und es regnet wieder. Die Dämmerung umspinnt die Bäume. Die Nonnen fliegen immer mehr; Hundert und aber Hunderte taumeln zwischen den roten Stämmen umher, und die Wegegräben sind bedeckt mit ihnen. Vor dem großen Windbruche mache ich noch einmal halt; kein Reh steht darauf. Wieder war mein Weidwerken vergeblich. Und es war es doch nicht. Ich sah so viel Schönes an Pflanzen und Getier, an Licht und Schatten, daß der Pürschgang sich dennoch lohnte.

Der Regen läßt nach. Der Westhimmel hellt sich auf. Auf blauem Grunde steht die goldrote Sonne; sie erinnert mich an den goldenen Falter auf den blauen Bachblumen, das Schönste, was mir heute der Gang den Bohldamm entlang bot.

Ein kleiner Schmetterling zwischen den ganz gemeinen Blumen, weiter nichts; und doch so schön, daß ich den Anblick nie vergessen werde.

226

Novembersonnenschein

Der Wald wirft seine Blätter ab; viele Bäume sind schon ganz kahl, andere haben noch etwas Laub, einige sind noch vollbelaubt, aber das sind wenige. Vor zwei Wochen, da war es anders. Da hatte der Wald sein rotes Staatskleid an, das bunteste von allen dreien.

Denn drei hat er; eins aus hellgrüner Foulardseide; das trägt er im Mai. Dann das aus rotem Atlas, das er Ende Oktober trägt, und das weiße, mit Silber gestickte, das er nur an sehr schönen Wintertagen anzieht. Das andere sind alles mehr Alltagskleider, so auch das, was er jetzt an hat. Aber wenn er Besuch bekommt, vornehmen Besuch, dann macht er sich trotzdem fein, so gut es geht.

Heute zum Beispiel, denn da kam die Sonne zu Besuch, ein seltener Gast im November. Da hatte der Wald sich dann schnell hingesetzt und das fahle Alltagskleid etwas aufgeputzt, einen goldgelben Einsatz eingenäht, eine hellgrüne Rüsche eingeheftet, einen goldroten Volant angesetzt, hatte die knallroten Korallen angelegt und eine funkelnde Brosche vorgestreckt. Fein sah das aus.

Als ich gestern über die Felder ging, war er nicht so fein. Graubraun, fahlgelb, trübrot, so war sein Kleid, mit stumpfen, dunkelgrünen Samtaufschlägen. Heute aber ist die ganze Jungbuchenkante ein langer leuchtender goldroter Strich, als wenn Elbenfeuer brennten. Und im Walde die Buchenjugenden, die sind bunt wie ein Pantherfell, noch viel bunter. Denn ein Pantherfell ist rot und schwarz gefleckt, hier aber ist hellrot und goldbraun, orange und gelb, grün und tief rot durcheinander gewirbelt. Von Rechts wegen müßte das unruhig aussehen, gesucht und augenverwierend. Aber es wirkt gerade umgekehrt. Es beruhigt und erfrischt wie sprudelndes Wasser, dieses Sprudeln der Farben.

Der Querweg ist sauber gefegt, den gehe ich nicht. Ich gehe den laubbedeckten Weg geradeaus. Das ganze Jahr mag ich leise treten im Walde und gehe um die trocknen Blätter herum, aber im November suche ich sie, und wo sie am dicksten liegen, gehe ich am liebsten.

Es redet dann so viel, das Rauschelaub. Wenn die Luft grau und der Himmel tief ist, redet es von Herbst und Sterben, von Vergehen und Verwesen und predigt das alte Entsagungslied.

Heute aber nicht. Von Ruhe vor neuem Schaffen, von Winterrast vor jungem Frühling, von stiller Gegenwart und froher Zukunft redet heute das Rauschelaub.

Hier unter den alten Samenbuchen muß ich stehen bleiben. So schön war es hier noch nie wie heute, wo die Sonne hier zu Besuch ist an diesem Novembertag. Ein unendlicher Teppich aus kupferrotem geschorenen Plüsch bedeckt den Boden, die altsilbernen Stämme der Buchen, der Fichten tiefviolette Schäfte teilen ihn ein, daß die Augen ihn in Absätzen genießen sollen.

An vielen Zweigen ist noch Laub, und leise bewegt der Wind diese Zweige, damit ich sie zuerst sehen soll und mich freuen an ihrem goldenen Rot und roten Gold. Langsam schaukeln sie hin und her, und hin und wieder fällt ein goldenes Blatt von ihm zu Boden.

Absichtlich hat der Wind meine Augen abgelenkt, denn jetzt, wo sie dem einen fallenden Blatt folgten und von ihm weiter wandern, da sahen sie erst das Allerschönste. Eine Buche ist es, eine schlanke, mit vielen wagerechten Zweigen. Die hat noch alles Laub. Und darauf fällt die Sonne mit besonderer Liebe.

Gestern habe ich ihn gar nicht gesehen, diesen goldenen Buchenbaum; ich bin an ihm vorbeigegangen. Gestern schien die Sonne auch nicht. Es gibt Menschen, die sieht man auch erst, wenn sie lächeln, da leuchtet ihr goldenes Herz. Dort unten steht ein junger Ahorn, der leuchtet wie gelbes Glas. Prächtig sieht er aus und lustig, aber denken kann ich mir nichts bei ihm, und wenn er auch noch so prahlerisch seine goldgelben, spreizigen Blätter im Winde dreht. Höchstens daß es auch solche Menschen gibt.

Durch das rote, rauschende Laub geh ich weiter. Ein blaugrüner Brombeerbusch wirft eine rauhe Schlinge um meinen Fuß. Als wenn er mir etwas sagen wollte. Er will auch etwas sagen, er, der nie blüht und nie Frucht trägt, und Sommer und Winter grünt in demselben harten Grün. Draußen, am Moorwege, oder am sonnigen Rain, wachsen seine Brüder. Purpurrote Ranken haben sie, prangen im Sommer mit weißen Blüten und im Herbst mit süßen Früchten, und färben im Winter ihr Laub rot und gelb. Er bleibt aber das ganze Jahr, wie er ist. Denn hier unter dem Schatten der Buchen kriegt er keine Sonne, hat nicht Luft und Licht. Das bißchen müde Herbstsonne, das bißchen fahles Winterlicht kann ihn nicht zu Blüte und Frucht bringen.

Menschen gibt es auch, die so sind. Ihr Leben leben sie im schattigen Einerlei, sie blühen nicht in ihrem Mai und wenn sie blühen, es trägt keine Frucht. Auch der Brombeerstrauch zu meinen Füßen hat wohl einmal eine Blüte gehabt, aber nie trug er eine Frucht.

Hinter den Fichten an der Waldstraße stehen hohe Kiefern. Schwer, entsagungsvoll, hängen ihre Zweige. Wenn sie jung sind, sind sie Himmelsstürmer, langen nach oben mit kecken Zweigen, wachsen und wachsen schneller als jeder Baum im Wald, als könnten sie es gar nicht abwarten. Und wenn sie groß sind, sind sie müde und lassen die Zweige sinken.

Alles Schnellwüchsige wird früh müde. unter den Fichten der Adlerfarn, kraftlos und altersschwach hängt er in den Zweigen des Faulbaums. Und wie wuchs er im Mai, und wie eilig hatte er es im Juni, und wie gierig spreizte er im Juli seine Wedel nach rechts und links. Alles Mache, nichts dahinter.

Wenn ich mir dagegen die winzige Eiche unter ihm ansehe! Drei Jahre ist sie alt. Dreimal wuchs ihr der freche Farn über den Kopf, aber jedesmal wurde er auch wieder kleiner, ganz klein, noch kleiner als die kleine Eiche. Ein heller Klang, wie von einer silbernen Glocke geht durch den Wald. Der Schwarzspecht ist es. Er lacht den Menschen aus, der in Novembersonne geht und doch nachdenklich ist. Er hat recht, der Rotkopf. Nachdenken ist gut genug für graue Tage. An hellen Tagen soll man leben und lachen.

228

Rauschelaub, rausch mir das Werdelied von goldener Frühlingszeit, wo junges Gras aus dir hervor kommt und weiße Blumen zwischen dir nikken, wo alle Vögel singen im sonnigen Frühlingswald.

Gerade hier, wo ich bin, wo das dunkle Schaftheu seine starren Halme reckt und blanker Efeu schimmert, hier am Grabenrand, da wird es dann wunderbar sein. Braune Simsenknäulchen werden da zittern, weiß wird alles sein von Windröschen, und dazwischen wird die goldne Waldnessel blühn.

Einen großen runden Fleck malt die Sonne vor mich hin auf rotes Laub und dunklem Efeu. Und mitten darin blüht es weiß und goldgelb, ein weißes Sternchen, drei goldene Mäulchen, zwei Frühlingsblüten im späten Herbst.

Das ist ein Wunder, ein wirkliches Wunder. Alle Windröschen haben im Frühjahr geblüht, alle Goldnesseln leuchteten im Mai, diese beiden aber blühn jetzt in dem großen runden Fleck, den die Sonne auf den Grabenrand wirft, die Spätherbstsonne.

Denn Sonne bleibt Sonne und behält ihre Kraft. Ringsherum fallen die Blätter, rund umher welkt das Laub, hier allein blüht ein Stück Frühling in der Sonne im Wald

Der Märchenwald

Ich weiß einen Wald, den niemand kennt. Gar nicht weit von dem breiten Bruchwege ist er gelegen; viele Menschen kommen an ihm vorbei; doch keiner betritt ihn. Dorn und Dickicht hegen ihn ein, Moder und Morast befriedigen ihn an drei Seiten und an der vierten ein tiefes Wasser. Auch steht der Busch in bösem Ruf; man sagt, es gehe darin um. Eine weiße Gestalt läßt sich nachts dort sehen, ringt die Hände und seufzt und stöhnt, und glühende Augen starren den Wanderer an, der um diese Zeit dort vorüber kommt. Kein Mädchen und kein Frau geht abends an dem Busch vorbei, und selbst am Tage blicken sie scheu zur Seite, führt sie ihr Weg dort entlang.

Ich liebe das kleine Holz, denn seltsam und eigen ist es darin und kühl und schattig, selbst an den heißesten Tagen, wenn ringsum über den Heidbergen und auf den Wiesen die Luft sichtbarlich bebt. Schöne Blumen und stolze Sträucher stehen dort, und manch seltenes Kraut. Auch ist nirgendswo das Getier so vertraut wie hier. Deshalb nannte ich das Gehölz bei mir den Märchenwald. Im Dorfe heißt es das Mühlenholz.

Auch heute bin ich in meinem Walde eingekehrt, als ich vom Hähneverhören aus dem Moore kam, und hab mich im Moose lang gemacht. Auf der Heide ging ein kühler Wind; aber hier ist es warm und still. Das Sonnenlicht fällt durch die Wipfel der Fichten, zerspringt auf dem dunklen Efeulaube, das die grauen Eichenstämme umsponnen hält und prallt in tausend silbernen Blitzen von den zackigen Stechpalmenblättern zurück, ehe es den Boden erreicht und die freundlichen Osterblumen streichelt, die wie Sterne im alten Moose stehen. Die Quelle zu meinen Füßen gluckst; der Täuber über meinem Haupte ruckst; im schneeweiß blühenden Schlehenbusch singt das Rotkehlchen ganz leise sein verträumtes Lied.

Der Wind bewegt die Zweige der Fichten gemächlich hin und her; wunderliche Schatten laufen über das tote Laub und das junge Gras. Ab und zu stiehlt er sich bis in das Unterholz hinein, und dann wehen die fahlen Wedel des Königsfarn unwillig hin und her. Auch kommt einmal eine Wolke vorüber und verdrängt das Sonnenlicht; dann ist es kalt und trübe ringsumher. Der Efeu verliert seinen Schimmer, die Stechpalme ihren Glanz, und die Osterblumen stehen da als frören sie. Wenn die Wolke aber vorübergezogen ist, blitzen und funkeln die dunklen Blätter und die Blumen lächeln von neuem.

Rund um mich her tönt ein verworrenes Rieseln und Rauschen, klingt ein Sprudeln und Sprudeln. Die vielen, vielen Quellen sind es, die zwischen den knorrigen Wurzeln aus dem Boden springen, und deren klare Wellen sich hier vereinen und dort trennen, wenn ein Baum sie dazu zwingt, sich wieder zusammenfinden und abermals auseinanderlaufen, in engen Schluchten dahinpoltern oder in breiten Becken sich dehnen, in denen der weiße Sand quirlt und wirbelt.

Niemals kommt er zur Ruhe, nicht bei Tage und auch nicht bei Nacht; weder wenn ringsumher alle Tümpel trocken liegen, darf er rasten, noch zur Winterszeit, wenn der Frost auch die schnellsten Gräben bändigt. Immer laufen die Quellen im Holze und treiben mit ihm ihr Spiel. Darum ist es ein gefährliches Gehen hier; bis an die Hüften saugt der Schlemmsand den Menschen ein und hält ihn solange fest, bis er matt und müde und halb tot vor Angst sich heraus arbeitet und gelobt, nie wieder einen Schritt in den tückischen Wald zu tun. Es blühen schöne Blumen in ihm und süße Beeren wachsen hier; aber kein Mädchen gelüstet es, die einen zu brechen, und kein Kind pflückt die anderen, der Quellhexe wegen, die unter den Wurzeln lauert, wie es die Großmutter winterabends bei der offenen Flamme erzählt hat.

Den Tieren des Waldes tut die Tückefrau aber nichts und deshalb sind sie hier viel zutraulicher als anderswo. Eine ganze Zeitlang trat der alte, heimliche Bock bei mir herum, labte sich an den jungen Himbeerschossen und an dem frischen Grase, äugte mich groß an, als die Luft mich ihm verriet, stampfte mit den Vorderläufen und zog dann dem Mühlenkolke zu. Nach einer Weile kam ein Hase an, hoppelte, die Nase am Boden, unruhig hin und her, bis er an meine Stiefel geriet, die er verdutzt beschnüffelte, ohne sich zu erschrecken und suchte darauf weiter hinter der Häsin her, auf deren Spur er war. Eine Singdrossel ließ sich auf dem Steine nieder, der keine drei Fuß weit vor mir in dem blühenden Sauerklee liegt, zerschmetterte die Schnecke, die sie im Schnabel hielt, fraß sie auf, blieb ein Weilchen sitzen, und sah über mich hinweg, als sei ich ein Baumstumpf.

Es ist wirklich ein Märchenwald, dieses Holz; tausend Wunder sind um mich. Auf den Zweigen der Eberesche brennen silberne Lichter, an der

230

Birke funkeln grüne Flämmchen, die Porstbüsche sind rote Fackeln. Sind das wirklich drei gelbe Zitronenfalter, die dort über dem reich blühenden Dotterblumenstocke umher tollen, oder Sonnenelfen, die Schmetterlingsgestalt annahmen? Der Machangel da, der mit so bösem Gesicht hinter der alten Eiche hervorschaut, ist ein Gespenst, das den späten Wanderer mit rauhen Fingern über den Nacken streicht. Aus der unheimlich gekrümmten Wurzel, unter der die Quelle hervorhüpft, wird, wenn die alte Kirchenuhr im Dorfe die Mitternacht ansagt, eine feurige Schlange, die sich über einem vergrabenen Schatze ringelt und kringelt.

Doch auch der hellichte Tag hat hier seine Geheimnisse, Wunder und Zaubereien. Wäre es sonst zu glauben, daß das Blaukehlchen, dieses bescheidene Vögelchen, das seine kornblumenfarbige Brust niemals den Menschen zeigen mag, stolz damit prahlt, dieweil es zwischen den leuchtenden Blüten des Milzkrautes nach Würmern stöbert? Nun hüpft es sogar auf einen alten Stumpf, der ganz von glänzendem Moose berankt ist, macht einen Diener nach dem anderen und trägt mir sein schnurriges Liedchen vor. In der Zwille der Eiche, hinter der der Machangelbusch hervorblickt, baut ein Schwanzmeisenpaar ohne Scheu sein Nestchen; unter dem Wurzelgeflecht desselben Baumes fliegt der Zaunkönig hin und her, mit Moosfäserchen in dem Schnabel, und unter dem Wipfel der Fichte meißelt sich ein bunter Specht eine Höhle für sein Weibchen. Sie alle tun, als sei ich gar nicht da; obgleich ich mich hin und wieder rege. Sogar die vorsichtigen Tauben, die sonst lange Zeit warten, ehe sie zur Tränke fallen, besinnen sich ein bißchen; eine nach der anderen flattert aus den Kronen herunter, läßt sich auf dem angeschwemmten Sande nieder und trinkt sich satt, ohne sich erst viel umzusehen.

Die Quellen rauschen und die Bäche schwatzen, die Finken schlagen und das Rotkehlchen singt; Schatten und Lichter laufen über Blumen und Gras, und überall im Moose rührt sich das junge Leben. Ein heller Schmetterling, der die Spitzen seiner Schwingen in das Morgenrot tauchte, spielt um die zarten Schaumkrautblüten, die sich in dem klaren Wasserbecken besehen; die jungen Triebe des Königsfarrns, wie Bischofsstäbe gerollt, wickeln sich langsam auseinander; eine Blindschleiche, stolz auf ihr neues, veilchenblau gesprenkeltes Kleid, dehnt sich in der Sonne immer noch hämmert der Specht, Hummeln läuten, und von den weißen Wolken am blauen Himmel kommt der Lenzruf des Habichts herab.

Die Augenlider werden mir schwer und warm. Viel goldene Schmetterlinge schweben dahin, die Quellen reden mit Zungen und die Bäche plaudern so deutlich, daß ich jedes Wort verstehe. Ich kann hören, was der Täuber sagen will, ich fühle, was die Zweige der Fichten meinen, und weiß, was die Osterblumen wollen, wenn sie mir zunicken.

Und die Augen werden mir immer müder. Mein Märchenwald will mir sein schönstes Märchen schenken, den Traum von dem, was nicht werden wird.

Der Knick

Die Sonne fängt sich vor dem Knick, meinem lieben Knick. Denn er ist mir lieb, weil er mir im Frühling die ersten Blumen gibt, sommertags mir Schatten spendet, im Herbste mich mit Brombeeren labt und heute die Sonne festhält, damit sie mich wärme.

Ich kauere auf dem knorrigen Eichenknubben, der aus der steilen Böschung herauskriecht, und sehe den Saatkrähen zu und den Dohlen, die mit heiserem Gequarre und schrillem Gekicher über mich hinwegziehen, und dem Zaunkönig, der vor mir in dem über und über mit hellblauen Pfläumchen bedeckten Schleebusche umherschlüpft, bis er weiter schnurrt und in dem Nesselgestrüppe verschwindet.

Ich lasse mir die Wintersonne in das Gesicht scheinen und denke an alle die Stunden, die ich hier erlebte, an den alten Fuchsräckel mit dem silbernen Balge, den ich mitten im Schneegestöber vor einem Jahr hier schoß, an den Reiher, den ich an dem Tränketeiche dort vor dem Heck erbeutete, an den Bock, dem ich hinter dem Knick auf dem Redder die Kugel antrug.

Lustige Lockrufe ertönen. Wie ein Flug von großen bunten Schmetterlingen aus Ländern, wo Palmen wachsen, flattert es heran und fällt auf die dürren Disteln ein. Stieglitze aus Nordasien sind es, viel prächtiger gefärbt als die hiesigen. Fröhlich drehen und wenden sie sich, daß die knallroten Köpfe und die goldgelben Flügelspiegel nur so flunkern und flimmern zupfen die Wolle aus den Distelköpfen und ziehen die Körner hervor, zanken ein bißchen und stieben mit fröhlichen Gezwitscher von dannen.

Aus dem fahlen Gestrüpp, das im Spätsommer bunt von blauen Glocken, gelben Königskerzen und rosenrotem Kinigundenkraute war, schlüpft eine Brandmaus hervor. Reizend sieht sie aus in dem zimmetroten Pelze, den auf dem Rücken ein scharfer Aalstrich ziert, und hell leuchtet der schneeweiße Bauch. Sie hüpft hin und her, nimmt hier ein Körnchen auf und zerraspelt es, fängt eine Wintermücke, die ihr entgegenschwebt und springt mit einer Weißdornfrucht zwischen den Zähnen in ihr Versteck zurück.

Wehmütige Lockrufe kommen näher. Eine Schar Dompfaffen ausschüttend, stärker als unsere, lassen sich auf dem Wildapfelbaume nieder. Herrlich stechen die abendrotfarbigen Brüste der Hähne von dem blaugrauen Rückengefieder und dem stahlschwarzen Schwingen ab, zwischen denen jedesmal, wenn ein Schwänzchen emporwippt, der weiße Bürzel aufblitzt. Unaufhörlich flötend flattern die schmucken Vögel von Zweig zu Zweig, zerknabbern hier eine Knospe, zerklauben dort eine Beere, und verlieren sich am Ende des Knicks in dem Bornbusche.

Als ich im Vorherbste hier auf den Bock ansaß, haben mich die Dompfaffen so gut unterhalten, daß ich den Bock verpaßte. Damals blühten die Disteln purpurrot und wie reines Gold leuchteten der Rainfarren, die Pfauenaugen und Admirale flogen und die Schillebolde flirrten hin und her. Ein Dompfaffenpaar mit seiner flüggen Spätbrut taucht vor mir auf. Die Vögel waren so vertraut und benahmen sich so niedlich beim Fressen

232

und Füttern, daß ich den Bock ganz vergaß und erst wieder an ihn dachte, als er dicht neben mir laut schreckend absprang. Ich bekam ihn aber drei Tage später und zwar auf ganz seltsame Weise.

Es war ein stürmischer Morgen, als ich über das Heck stieg und den Klee-schlag abspähte. Da hörte ich im Nachbarkampe ein sonderbares Schnauben. Ich stieg vorsichtig auf eine kahle Stelle des Knicks und sah acht Stück Jungvieh, die in geschlossener Reih gegen eine Zeitung anrückten, die der Wind hin- und herwirbelte. Warf es sie nach den Rindern hin, so prallten sie mit hochgehobenen Schweifen entsetzt zurück; lag das Blatt aber still oder rührte es sich zu wenig, so zogen sie mit gesenkten Stirnen darauf zu als sei es ein Raubtier.

Dieser Kampf zwischen dem einen Stück Papier und den acht jungen Rindern sah so putzig aus, daß ich wiederum den Bock vergaß, bis er auf einmal mitten auf dem Redder stand, feuerrot in der Sonne leuchtend. Schnell strich ich an einem Eschenschafte an und gab ihm die Kugel. Als ich ihn dann aufgebrochen hatte und im Windschatten an dem Knick lag, wo die Bienen und Hummeln um die roten süß duftenden Kleeköpfe summten und brummten, den Kuhtauben zusah, die sich an dem Tümpel tränkten, und der Ringelnatter, die sich im Sande sonnte, hörte ich etwas schrillen und flattern, und ein Hermelin mit einer flüggen Amsel im Fange schlüpfte dicht an mir vorbei, von den alten Vögeln mit wütendem Gezeter verfolgt.

Vielleicht ist es dasselbe Stück, das dort angehüpft kommt. Damals war es braun; heute ist es schneeweiß bis auf das Rutenende, das schwarze Näschen und die kohlschwarzen blanken Seher. Ich zirpe den Mausepfiff. Sofort hält es im Laufen inne, macht ein Männchen, äugt scharf nach mir hin, verschwindet in einer Furche und taucht dicht vor mir wieder auf, verjagt sich aber, weil die Luft ihm meine Witterung zubringt und hastet in das Gestrüpp. Dreimal mäusele ich es wieder heraus, ebenso oft verschwindet und kommt dann nicht wieder.

Seltsame Laute erschallen. Eine Schar Krammetsvögel bleibt in der Eiche hängen, tratscht und tratscht und hastet mit Lärm weiter. Dann pfeift, zwitschert trillert, flötet und kichert es, und geführt von einem Buntspechte erfüllt eine Meisenschule das Buschwerk mit buntem Leben. Kohlmeisen sind es mit goldgelben Brüsten, zierliche Blaumeisen, lustige Sumpfmeisen, behende Tannenmeisen und wunderlich anzusehende Schwanzmeischen, dazu noch ein halbes Dutzend winziger Goldhähnchen und einige schüchtern piepsende Baumläufer, die wie Mäuse an den Eichenknorren entlang rutschen. Mit Getriller und Geflöte, Gewisper und Gezirpe huscht das Völkchen den Knick entlang.

Dort hinten, wo das Rauschen der See herkommt, steigt es dick und dunkel herauf, die Sonne verliert ihre Kraft und verschwindet. Es fängt langsam und verloren an zu schneien. Bei solchem Wetter verläßt der Fuchs schon früh seinen Bau und schnürt die Redder entlang. Ich will zusehen, ob ich ihm nicht irgendwo begegne, denn zu viele Hühner hat er in den letzten Tagen den Kossäten weggeholt. Ich will mich just erheben, da bricht es links im Nesselgestrüppe, und hervor schiebt sich ein seltsamer Klumpen. Erst kann ich daraus nicht klug werden, dann sehe ich, daß es eine Fasanenhenne ist, die der Fuchs im Fange hat. Da der Wind gut ist und der Brombeerbusch mich deckt, lasse ich Reineke so nahe heran, daß ich seine gelben Seher erkenne und nehme ihn dann unter Feuer. Wie vom Blitze erschlagen bleibt er liegen.

Nichts weiter hatte ich vor, als ich mich hier hinsetzte, als mich im Windschatten zu sonnen. Und nun hat er mir doch allerlei Schönes gewiesen und mir viele gute Beute beschert, mein lieber Knick.

Trockene Heide

Es dämmerte über der braunen Heide. Schärfer hoben sich die dunklen Fuhrenmauern vom heller werdenden Himmel ab, die Sterne verblaßten, das Geplärre der Frösche ließ nach, und das seltsame Getrommel der Bekassine ertönte an Stelle des Fröschechors, der leise Morgenwind trug Hahnenschrei von dem fernen kleinen Heidedorfe zu mir herüber. Langsam sank der Mond zu meiner Linken hinter den Wald.

Anderthalb Stunden, von zweieinhalb Uhr bis jetzt – vier Uhr – hatte ich regungslos, gelehnt auf dem Jagdstuhl, die Krempe des grünen Hutes tief in der Stirn, den Kragen der grünen Joppe hochgezogen, die Hände in den Ärmeln versteckt, verborgen hinter den graugrünen, in die Erde gesteckten jungen Fuhren gestanden, regungslos, jedes Räuspern unterdrückend, jede Bewegung vermeidend, wartend auf den Einflug des Birkhahnes am Platze. Heute muß der Hahn mein werden; gestern hat ihn mir der Fuchs vergrämt.

Es wird heller und heller. Der Wind weht Hundegebell zu mir herauf, lebhafter, häufiger meckerte die Himmelsziege auf der sauren Wiese, eine Mücke umsummt mich und setzt sich auf meine Wange. Ohne mich zu rühren, blase ich sie mit schiefem Munde fort. Eine Eule umflattert mich lautlos und verschwindet wie ein Schatten. In den hohen Fuhren beginnt die Misteldrossel zu flöten, klingenden Fluges ziehen Wildenten vorüber. Halbrechts von mir, hinter jenen hellbraun blühenden Postbüschen und hellgrün knospenden Jungbirken schreckt ein Reh, das mich gewittert hat. Noch immer kein Fauchen, kein Kullern des Hahnes hörbar. Ungeduld rüttelt an meiner Bewegungslosigkeit. Jeden Fuhrenzweig vor mir kenne ich auswendig, jede braune Knospe, jede welke Nadel habe ich ausstudiert, jede Harzgalle betrachtet, jeden kristallklaren Harztropfen der geknickten und gebogenen Zweiglein bemerkt. Das Aunge sucht neue Zerstreung.

Spitzmausgezwitscher, scharf und dünn, ruft meine Augen zum Boden. Zwei sammetbraune, putzige, langrüsselige Mäuschen jagen sich zwischen meinen Füßen, beschnüffeln das betrante Leder und beriechen sich im Moose. Meine Augen bleiben am Boden, in grünem Moose und aschgrauer Renntierflechte hängen. An meinen Gamaschen ist ein Heide-

234

krautästchen geblieben Vorsichtig strecke ich die Hand aus, bücke mich leise, nehme das Büschel ab und stecke es in das dritte Knopfloch der Joppe. Heide, ob rosig blühend, ob rötlichsilbern verwelkt, immer bist du in meinem Herzen lieb. Kein Buchenwald, kein Eichenforst lockt mich so sehr wie die Heide. Schlanke, hellbraune, grünschuppige Stengel, zierliche Blütchen, seidig glänzend, zarte Griffel lugen aus ihnen hervor, poetisch das Pflänzchen, gepflückt in der Hand, poetisch zu Milliarden Quadratmeilen bedeckend. Jugendbilder umrahmt der Zweig an meiner Brust, lustige, lachende Bilder. Westpreußens braune Heiden tauchen vor mir auf, jene Heiden, denen die Glöckchenheide fehlt, wo am sandigen Graben die weiße Zahnlilie blüht und im Herbst das gelbe Katzenpfötchen. Falterjagden auf der Heide zur Knabenzeit, dann, später, Schlendergänge über knisternden Heideboden, das Gewehr im Arm... sonnige Tage... Nur einmal hat mir die Heide, die trockne Heide, tiefes Herzeleid gebracht. Meine selige Mutter erzählte uns von ihren westfälischen Heiden, von der schönen Erika, die dort wächst – ich kannte sie nicht – und sagte: „Meine liebste Blume ist das Heidekraut."

Den ganzen Tag ging mir das Wort im Kopfe herum. Der andere Tag war ein Sonntag. Zitternd vor Kälte kam ich aus der Kirche, stürzte eilig die heiße Milch hinunter und rannte dann los durch die verschneiten Straßen dem Moore am Seeufer zu. Tiefverschneit war das Moor, zerfallene Torfhaufen, Birkenbüsche und Wacholder, alles war weiß verhüllt, bittere Kälte beengte den Atem, hungrig und müde saßen die Nebelkrähen am Wege. Mit kalten Händen wühlte ich im kalten, harten Schnee. Fußtief mußte ich scharren, dann riß ich aus dem gefrorenen Moorboden Busch um Busch braunen Heidekrautes. Unter meinem Überrock barg ich mit frostroten Händen den Schatz und lief dann nach Hause. Am Ofen taute ich den harten Schnee von den Zweigen, schnitt sie sauber zurecht, band sie mit grünem Sammetbande und brachte den Busch in die Küche. Meine Mutter war mit dem Sonntagsbraten beschäftigt. „Hier, Mama, ist ein Heidbukett," sagte ich vor Freude strahlend. Die überbeschäftigte Mutter meinte nachlässig: „Die ist ja abgeblüht, solche wollte ich nicht." – Ich warf den Strauß in die Herdflamme und ging stumm hinaus, trotzig die Tränen bekämpfend, aber mir war sehr traurig zumute.

Das war das einzige Mal, daß meine Mutter mir weh tat. Ich glaube, es war der größte Schmerz meines Lebens.

Auch heute noch, nach zwanzig Jahren, steigt es mir heiß in die Augen, wenn ich daran denke. Aber die müssen jetzt klar sein; schnell, unvorsichtig fahre ich mit der Hand über die Wimpern.

Ein warnendes „dock dock dock" klingt aus den Postbüschen; polternd fliegt der Birkhahn auf den Platz vor meinen Schirm, doch das Warnen der Hennen schreckt ihn wieder hoch. Ich reiße das Gewehr an die Backe und lasse es wieder sinken; der Hahn ist aus Schußweite. Für heute morgen ist es aus mit der Balz; der dürre Heidezweig ist schuld daran.

235

Mein grünes Buch
Jagdschilderungen

Hinter der Findermeute

„Sau tot" und „Jagd vorbei" bliesen die Hörner, „die Pleßschen kurz und hart, die hannöverschen lang und weich. Ich stand unter der Kuppe des Hallermundkopfs auf dem Wege und sah hinab in das Tal, ließ mir den Sturm um die Ohren pfeifen und mir gelbe Blätter um die langen Stiefel wehen und freute mich an dem Geläut der Meute, an dem Hu Su! der Rüdemänner, wie ich mich vorhin gefreut hatte an den Knall der Büchsen, am Brechen und Blasen der Sauen. Ich sah das Fangeisen blitzen in des Kaisers Hand, sah das Hauptschwein nach den Hunden schlagen und sah es zusammenbrechen.

Da tauchte unter mir in den rotlaubigen Winterbuchen und den hohen gelben Schmielen ein grüner Rock auf, ein grüner Hut, dazwischen ein derbes, rotbäckiges, bartumrahmtes Gesicht, schweißglänzend; ein Lächeln zog in das Gesicht, eine vom Schweiß der Sauen gerötete schwere Hand fuhr grüßend an den grünen Hut und streckte sich dann meiner Rechten entgegen.

Es war der Rüdemann. Wie er so dastand, das Rüdemannshorn und die kurze Wehr an der Seite, die lange Rüdemannspeitsche in der Linken, rotbespritzt bis an die Oberschenkel, rote Schweißstreifen und Schweißspritzer am grünen Rock, da dachte ich mir: Ob es nicht viel lehrreicher für dich ist, morgen bei der Meute zu bleiben, mitzustürmen durch Dorn und Dickung, als hinter den Ständen zu bleiben? Im Jagen ist's doch schöner als hinterm Jagen.

Am andern Morgen, als die Meute zu Holz zog, zog ich mit in dem sonderbaren wilden Zug. Voran die beiden Rüdemänner, dahinter die Hundeführer in ihren verschossenen Joppen, in ihren verwetterten Hüten und ihren geflickten Hosen. Jeder führte an der Koppel zwei Hunde; einige der Männer trugen die Saufedern, deren scharfes Blatt Lederkappe verhüllten.

Mit lautem Hals zog die buntscheckige Meute bergan. Wütend rissen die jagdlustigen Rüden an den Koppeln und zerrten die Führer berganwärts, dem Gersieck zu. Der Sturm in den hohen Buchen pfiff ein lustiges Jagdlied; der Hals der Meute dazwischen, die Zurufe der Führer, das klang nach alten Zeiten.

Am Sammelplatze waren die Hunde nicht zu bändigen. Sie rissen an den Koppeln, gaben unaufhörlich Laut, und einstimmig fielen sie ein, als der Fürstengruß erklang; so arg machten sie es, daß die Rüdemänner ihnen ein Pfui Laut! nach dem anderen zuriefen und ihnen die Peitschenschnüre über den Rücken zogen. Da wurden sie etwas stiller.

Aber dann, als der Kaiser, und der Kronprinz und die übrige Jagdgesellschaft nach ihren Ständen gingen, da war es wieder aus mit der Ruhe der Meute. Als die Jagd angeblasen wurde, als die ersten Schüsse fielen, da nahm das Jifjaff kein Ende und immer wieder mußte die Peitsche pfeifen. In einer Berglehne, gelb von Schmielen, mit Tannen und Buchen bestanden, ging es hinein, im Sturmschritt, daß die grünen Zweige uns in die Augen schnellten und das Winterlaub der Buchenjugenden uns um die Ohren rauschte. Die Rüden in wilden Sätzen voran, die Führer an straffgezogenen Koppeln hinterher, daß die Braken brachen und die Äste knackten, Fallholz zerknasterte und Geknäk prasselte.

239

Allen voran die Rüdemänner. Jetzt teilen sie sich in die Meute. Pfui Laut! ruft der eine immer wieder und läßt die Peitsche kreisen; die Hunde sind zu laut, sie übertönen mit ihrem Halsgeben die Hornsignale.

Da vor uns bricht es in der Dickung. Hunde los! ruft der Rüdemann, und Hu Su, mit gellendem, langgezogenem Kehlton, Hu Su, wahr too, min Hund, wahr too!

Das lassen sich die scharfen Hunde nicht zweimal sagen. Wie ein Donnerwetter fegen sie dahin über Stock und Stein, durch Braken und Dornen, daß das Fallaub fliegt unter ihren Läufen. Drüben an der Lehne flüchten die Sauen, schwarze Klumpen in dem roten Fallaub. Ein kurzer Knall, ein blaues Wölkchen, und im Knall zeichnet eine, rollt zu Tal, daß ganze Laublawinen mitgehen. Aber diese, die zeichnet und stürmt weiter. Doch bei jeder Flucht wird sie kürzer, und jetzt schiebt sie sich hinter der Fahrstraße ein, Hu Su, wahr too, min Hund, wahr too! erklingt es. Der Keiler wird wieder hoch, schlägt zwei Hunde ab, flüchtet weiter, Schaum am Gebräch, hinter sich die Hunde. Der Rüdemann befiehlt: Mehr Hunde los! Noch zwei fahren auf den grimmen Bassen los, und noch einer und noch einer. Sie umkreisen mit giftigen Hals den Keiler. Der schiebt sich an einem Stuken ein und weist den Hunden das leuchtende Gewaff, sein wütendes Ruff, Ruff schnaubend.

Immer wieder gehen die Hunde zum Angriff über mit wütendem Hals, immer wieder fährt der Kopf des Keilers von rechts nach links, jedesmal überpoltert sich dann ein Hund, heult vor Gift und fährt wieder zu. Jetzt benutzt der eine rote Hund den Augenblick, da der Keiler nach seinem Koppelgenossen schlägt, er hängt am Gehör des Keilers, jetzt auch der andere, nun alle vier, und da springt auch schon der Rüdemann zu, faßt des Keilers Hinterlauf mit der Linken, zieht mit der Rechten das Weidmesser und stößt es mit sicherer Hand hinter das Blatt der Sau, die wie vom Blitz getroffen zusammenbricht. Mit wütendem Gezerre kühlen die Hunde ihre Wut an dem verendeten Bassen; tot, tot, ruft ihnen der Rüdemann zu, da lassen sie ab, werden aufgekoppelt, und weiter geht die Hatz.

Dort unten ist der übrige Teil der Meute an der Arbeit. Hechelnd und Hals gebend durchstöbern die Hunde die Dickung, die roten Zungen leuchten noch roter als die roten Mehlfäßchen und Hagebutten über ihnen, die Augen glänzen noch mehr als die blauglänzenden Schlehen um sie. Durch des Schwarzdorns stachelbewehrte Mauern fahren sie, hier ein schwarzer struppiger Kobold, da ein schwarzweißer Terrier, dessen Preußenfarbe den roten Streifen bekam vom Schweiß der Sau. Nun hat er die Reichsfarben. Jetzt fährt der scharfe kleine Kerl mit Todesverachtung in das Gestrüpp, fährt zurück, und heult vor Wut, faßt wieder zu, wird wieder abgeschlagen; jetzt bekommt er Hilfe, Hu Su, wahr too, min Hund! ertönt es, die Rüden decken den Keiler, der Rüdemann springt zu, schlägt das rechte Bein über den Keiler und gibt ihm den Fang. Daß die Hose dabei einen langen Ratsch kriegt, das schadet nichts. Ein Signal ertönt. Langsam treiben! befiehlt es. Da können wir etwas verschnaufen. Das war eine wilde Jagd durch Stangenorte und Dickungen. Der Rüdemann setzt das Rüdehorn an den Mund. Seltsam klingt das uralte Signal: Meute zurück! von allen Seiten rücken die Hundeführer an

240

und koppeln die Hunde auf und weiter gehts. Da stürzt ein Förster heran: Ein starker Keiler hat sich hier oben eingeschoben! Schnell dahin, Hunde los. Das war leichte Arbeit, der Keiler war sehr krank. Weiter geht die Suche.

Ein neues Signal. Aufmunterung im Treiben! Wieder geht's los im Sturmschritt, daß die dürren Stengel der Weidenröschen knacken, daß die silberne Samenwolle nur so stäubt. Unter uns die Schüsse, hinter uns das Hu Su und Horüdho, vor uns das Geläute der gelösten Hunde, über uns das Pfeifen des Sturmes. Immer weiter, durch schnellende Weisdornzweige, die uns Runen in die Backen ritzen und Schrammen in die Hände, durch den Bergbach, daß Wasser und Schlamm spritzen, in den hohen Ort hinein, Rüdemänner, Jäger, Hundeführer, Meute. Da schlägt einer über den Stuken, hier springt einer in den Pump bis an die Knie; weiter, weiter, alle wollen da sein, wo zwei Rüden ein hauendes Schwein stellen. Gellend erklingen die Kehltöne des Hu Su und Horüdho, halb vom Sturm verschlungen, daß man nur das hohle uuu und das schrille rüüdho hört aus dem Gebrause der Äste, dem Stampfen der langen Stiefel, dem Brechen des Fallholzes, dem Hals der Hunde. Hier, rechts, da ist er. Die kleinen Lichter glühen, die weißen Haderer blinken, drohend klingt das Blasen, giftig das Wetzen, jeder Schlag wirft einen Hund ins Laub. Aber alle richten sich wieder auf und fallen den Keiler von neuem an. Jetzt decken sie ihn, und da ist auch schon der Rüdemann, die Wehr blitzt in seiner Faust, fährt zwischen die Hunde und kommt rot in die Scheide zurück. Jagd aus, Hahn in Ruh! schmettert vom Kaiserstand das Horn. Rechts und links wiederholt sich der Waldhornruf, und der Widerhall wirft ihn doppelt zurück aus dem Tale.

Meute zurück! und Sammeln der Jäger! blasen die Hörner. Die Jagdgesellschaft besteigt die Jagdwagen. Wir warten, bis die Rüdemänner kommen. Sie blasen die Meute zurück, es fehlen noch einige Rüden. Endlich kommen die Rüdemänner, mit erhitzten Gesichtern, zerrissenen Händen, roten Schweiß am grünen Rock. Und nun geht's bergauf, bergab, so schnell die Pferde können, zum Hallerbruch, vorbei am Kaiserzelte, dessen bunte Standarte im Winde weht.

Eine Pause zum Verschnaufen gibt es kaum. Hastig wird ein Stück Wurst hinabgedrückt, ein Schluck hinuntergespült, einige Züge aus der Zigarre machen den Schluß, und schon meldet das Horn, daß die Arbeit für die Meute wieder beginnt. Vorläufig geht's noch langsam, die Hundenasen in den Kniekehlen, durch das Hoh. Aber schon zeigen sich Sauen, eine ganze Rotte stürmt dahin. Hunde loskoppeln, ruft es laut, Hu Su und Horüdho, und da jagt schon die Meute an den Sauen. Standort da links. Schnell dahin. Drei Hunde ziehen die Sau nieder. Schon sitzt ihr die Wehr hinter dem Blatt und hundert Gänge davon decken die Hunde wieder eine Sau, und wieder gibt es Arbeit für die Wehr. Der Sturm prügelt den Wald. Fallholz regnet, Fallaub tanzt in Kringeln. Das paßt zu dem Knall der Büchsen, zu dem wilden Anjuchen, zu den tollen Sätzen der Rüdemänner. Da unten soll neue Arbeit sein. Aber wo ist die Meute? Die Rüdemänner setzen die Hörner an die bärtigen Lippen und rüden die Hunde an, laut klingt ihr daher, daher! und jetzt stürmen die Hundeführer mit ihren Koppeln heran. Denn hier hat sich wieder eine Sau eingeschoben in den Dornbusch. Im Umsehen ist sie gedeckt und abgefangen.

241

Wieder blasen die Hörner die Jagd ab. Zum Kaiserstand geht's. Da hat sich eine Sau in den Bach eingeschoben und schlägt die Hunde ab, daß es nur so dampft und spritzt. Das steile, schlüpfrige Bachufer steigt der Kaiser hinab. Die Feder ist hier schlecht anzuwenden, so macht der Kaiser die Wehr blank und gibt dem Keiler den Fang. Die Jagdgesellschaft besteigt die Wagen, wir aber ziehn mit der Meute durch den dämmernden Wald, durch diesen Wald, der so oft widergehallt hat vom Rüden der Hörner, vom Hals der Meute, vom Knall der Büchsen und in dem es still und stumm sein wird davon, bis das Jahr sich zweimal gewendet hat.

Und sollte ich dann wieder im Saupark sein, so werde ich beide Tage mit der Meute gehen, meine Augen erfreuend an dem wilden Bild und meine Ohren an den wilden Tönen, die an längstverwehte Zeiten erinnern, an Tage, als nur mit Meute und Feder gejagt wurde auf das ritterliche Schwarzwild.

Auf der Murke

Ein goldener Märztag. Die Sonne sticht; Hummeln brummen in den Espenblüten, Fliegen surren um die Weidenschäfchen, der Hasel schwenkt gelbe Troddeln, weiße Märzglöckchen und blaue Leberblümchen leuchten aus dem Fallaube. Und alle Vögel singen, singen dem goldenen Tag ein Loblied. Das ist ein Tirilieren und Flöten, Pfeifen und zwitschern, ein Jubel aus Hunderten von Kehlen, daß das Ohr erst langsam die einzelnen Stimmen herauskennt.

Burrend schwirrt in der Schonung an der Kante ein Feldhuhnpaar auf, durch unsrer Tritte Rauschen im Gekose gestört, Lampe hoppelt eilig durch das Unterholz, vierzig Schritte weiter steht ein Reh auf und taucht im Gestrüpp unter, bei seinem Flüchten den weißen Spiegel blitzen lassend, mit hartem Flügelschlage klappert der Ringeltauber aus der knorrigen Eiche, und weiße kalkige Kleckse auf braunen Eichblättern am Boden sind die Visitenkarten von ihr, der unser Kommen gilt, von der Waldschnepfe.

Unter der hohen Espe, die auf grünsilbernem Stamme daumendicke Kätzchenknospen trägt, nehme ich meinen Stand. Links und rechts zieht sich der schwarze Kohlenweg hin, gegenüber ist die grüne Schneise, eingefaßt von dichtblühenden Haselsträuchern. Hinter mir erheben schlanke, silberne Birken die dünnhaarigen Häupter, zaghaft im lauen Lüftchen sich wiegend. Es jauchzt, piupt, pfeift und trillert überall. Das Flöten der Drossel, das Gekuller der Schwanzmeise, der Goldammer Lockton, der Kohlmeise Geklingel mischt sich mit dem Silberglöckchenliede des Rotkehlchens, dem scharfen Geschnarre des Zaunkönigs, dem Gelächter des Buntspechts. Alle übertönt ein seltsamer Kehlton: Quorr und Quurr klingt es von oben herab, eine Riesenkette von Riesenvögeln, wie eine ungeheure Eins geordnet, zieht hoch über den Forst, an hundertfünfzig Kraniche. Langsam entschwindet die Kolonne den Augen des Jägers. Dann naht ein Nachtrab, drei müde, und marode, und dann ein dritter Zug, über zweihundert, eine Riesen-Eins auf den blauen Abendhimmel schreiend und mit rauhen Kehltönen das hundertstimmige Waldkonzert übertönend. In der Ferne verklingen die heiseren Laute, und neu setzt das Waldkonzert ein, wieder übertönt zu werden von den Rufen eines vierten Kranichzuges, über hundert Stücke zählend, bis auch dieser vorüber und das Jubeln und Pfeifen wieder zur Geltung kommt.

Blaß taucht der Mond aus zarten Wolken zur Linken auf, rot glüht es zur Rechten hinter dem Kronberge. Mit breiten Schwingen streicht der Bussard heim, graue Motten taumeln aus dem Gesträuch, zarte Mücken tanzen zwischen gelben Haselkätzchen. Die Sonne verschwand hinter dem Hügel, Dämmerung verwischt die Umrisse des Unterholzes, Krähenflügel ziehen krächzend über die Kronen, Waldmäuse huschen über das braune Laub. Rätschch, ätsch! Der Eichelhäher warnt. Ein Spitzbube verät den anderen. Meister Reineke schnürt da hinten über die Schneise, die Luntenspitze blitzt weiß.

Ein viertel vor Sieben! Jetzt müssen sie kommen. Domma! Der erste Schuß, dumpf und weit. Gelber wird der Mond, schwarzer der Wald, kürzer werden die Schneisen und Wege für die Augen. Summsend quert ein dicker Mistkäfer den Weg, ein heller Stern blitzt am Himmel, unsichtbare Kranichzüge ziehen über den Forst mit lautem Rufe. Kommen sie nicht, die Schnepfen? Wollen sie erst gebeten sein? Es ist sieben Uhr, Zeit, daß sie da sind. Ich setze die Locke an die Lippen: Psiwitt, psiwitt schrillt es fein und durchdringend. Aber kein Marken und Pfeifen antwortet, nur einzelne Drosseln konzertieren, und die Amsel zetert im Unterholz. Mit gellendem, hohlem Uhu huhuhuhu in langen Pausen reviert der Waldkauz den Forst, wie ein Schatten über die Schneise schwebend, weit noch ein Schuß, Turmglockenklänge, ferner Gesang und Hundegebell vom Dorfe her, noch ein Schuß, aber keine Schnepfe. Ein Viertel nach Sieben. Bald ist es zu spät. Etwas hilft der Mond, dessen Scheibe ein riesenhafter, die halbe Himmelshälfte umspannender bleicher Ring umgibt, mir noch, aber schwärzer wird Weg und Holz. Plötzlich fährt das Gewehr an die Backe; ein schwarzer Schatten saust stumm hinter der hohen Eiche vorbei, der Flug und der lange Stecher künden, daß sie es ist, aber es ist viel zu weit, und sie zog stumm, wurde zu spät bemerkt. Noch ein Weilchen, dann strebe ich durch den stillen Wald der Chaussee zu.

Am folgenden Nachmittage geht es wieder hinaus. Graue Schleier hüllen den Himmel ein, der Regen trommelt auf dem Wege. Ab und zu bricht die Sonne durch die Wolken, aber neue Schauer verjagen sie, bis plötzlich die Sonne Oberhand bekommt und die Wolken zu Paaren treibt. Mürrisch kauern sie sich am Horizonte zusammen und lauern auf die Nacht; dann ist die Sonne fort, dann kann es wieder losgehen mit dem nassen Spiel.

Der Weg auf der Grabenkante, gestern ein Vergnügen, ist heute athletischer Sport. Kilogramme schweren Kleibodens kleben an den Sohlen, jeder Schritt muß ausprobiert werden, alle Augenblicken glitsche ich aus, bis ich die Geduld verliere, über den Graben springe und auf dem Fahrweg gehe, der heute einer frischen Falge ähnelt. Die dicke Grauammer, die auf dem schwarzen Schlehdorn ihren Stammplatz hat und gestern mit viel Gefühl und wenig Talent ihre blecherne Stimme erschallen ließ, hat heute gar keine Lust zum Singen – sie nennt es singen, die Lerche sagt, es sei Radau – und hockt stumpfsinnig auf ihrem Platze. Das Krähenpaar, das gestern um diese Zeit die

243

Falge absuchte, hat heute auch keine Lust, seine elegante schwarze Chaussüre im nassen Kleiboden zu ruinieren, und sitzt oben auf der gelben Dieme. Das bißchen Wolle, das gestern die Häsin lassen mußte, als ihr Anbeter ihr etwas zu ungestüm den Hof machte, und das gestern so zart und flockig am Grashalme hing, sieht heute aus, als wäre es mit bester ungarischer Bartwichse gesalbt, die Fußwege im Holze sind Wasserstraßen geworden, und unter den Tritten spritzt das Wasser hoch empor. Die weiße Visitenkarte der Schnepfe ist vom Regen weggewischt, jedes Weidenschäfchen weint eine dicke Träne, weil es glaubt, nun werde es wieder Winter, und die gelben Haselkätzchen sehen grau und naß aus, wie Pelzboas, die aus Versehen mit in den Waschtubben gesteckt sind, und von den Hunderten von Motten, die gestern hier herumstoben, ist nur ein Exemplar zu sehen, das jedenfalls im Besitze wasserdichter Flügel ist. Die meisten Vögel sind nicht bei Stimme, sie sind das rauhe Wetter nicht gewöhnt, ihre Bronchien sind in Afrika verweichlicht, und nun hat die ganze Gesellschchaft den Schnupfen. Reineke läßt sich nicht sehen, sein Freund Lampe auch nicht, sie wissen, daß Nässe dem Balge schadet. Ein Wind kommt, der die Tropfen von den Zweigen schüttelt und die Äste trocknet. Am Hügel steht eine Wolke, so massiv, als hätte sie ein ungeschickter Maler hingepinselt, und der Mond steckt ihr gegenüber sein rundes Gesicht durch eine weiße Wolke. Nach und nach beginnt hier und da eine Drossel zu probieren, ob sie auch durch den Schnupfen ihr Organ nicht verloren hat, aber die furchtbar weise Schwarzdrossel schlägt darüber solchen Lärm, daß die Sängerin schleunigst zu Bett geht, um zu schwitzen. Nur ein Goldammerhahn treibt sich auf dem Schlackenwege herum, wie es scheint, aus reiner Eitelkeit, denn sein gelber Schlips sticht von den schwarzen Schlacken riesig effektvoll ab.

Ich habe meinen alten Stand eingenommen. Wieder stehe ich an dem Kohlenwege und lasse die Augen umhergehen. Im Graben raschelt es. Ein Waldmäuschen kommt unter den Wurzeln eines dicken Eichenstuken hervor; da fällt von einem gelb blühenden Weidenschäfchen ihm ein dicker Wassertropfen auf die Nase, und ganz konsterniert über solche Gemeinheit verschwindet es in seiner Wohnung und schimpft, einmal übellaunig geworden, mit seiner Frau, weil sie schon wieder alte schimmelige Eicheln und ranzige Bucheckern auf den Tisch gebracht hat. Frau Maus bleibt ihrem Herrn Mäuserich die Antwort nicht schuldig, zumal sie Migräne hat, weil die Wohnung zu feucht ist. Schließlich kommt es sogar zur Balgerei; es sind eben gewöhnliche Leute. Ich höre das Gequieke und verstehe es, lange in die Joppentasche, breche ein Stück Butterbrot ab und werfe es unter die Baumwurzel. Da wird es ruhig da unten, und bald knabbern Mann und Frau einträchtig daran herum. Hoch in der Luft ziehen unsichtbare Kraniche. Ich höre, wie der Kranich an der Spitze mit seiner heiseren Stimme, die er sich durch das Barfußlaufen im Moor geholt hat, den Letzten zuruft: „Du, nun führe du, ich bin müde von der Schrittmacherei, und wir machen sonst einen schlechten Rekord!" – „Ich kann auch nicht," ruft der Letzte, „für einen so großen Distanzflug war ich doch noch nicht trainiert genug." – „Na, dann will ich führen," ruft ein Dritter. Weißer Nebel kriecht über die Wege und Schneisen und legt sich fest auf den Boden. Die Eule jammert, daß sie nun die paar abgehärteten Mäuse, die sich bei der Nässe hinauswagen, auch nicht sehen könne. Seit gestern abend habe sie noch keinen warmen Mäuseschwanz im Halse gehabt. Wenn sie wenigstens schlafen könnte, aber sie hätte den ganzen Tag geschlafen. Ich stecke die Pfeife an. Das mißfällt einem alten Rehbock, dem der Rauch in seinen verschnupften Windfang zieht, und er skandaliert ganz mordsmäßig in der Dickung. Wieder wird es lebendig oben unter den Wolken. Wildgänse ziehen nordwärts. „Du," ruft die erste zu einer anderen, „da unten steht ein Kerl mit einem Schießprügel!" Die versteht den Wink. Klacks! fällt etwas neben mich. Kommt noch keine? Na, denke ich, dann will ich meinem Nachbar, der da hinten auf der Schneise an der Eiche steht eine Freude machen. Ich nehme das Hornpfeifchen, das ich am Joppenknopfe hängen habe, an den Mund: Psiwitt, psiwitt. Sofort hebt der Nachbar, das Gewehr. Ich lache in mich hinein, aber nicht lange. Da unten gibt es einen Feuerstrahl, dann einen Knall, dann Dampf und dann schallt es durch die Stille: „Such' verloren, such' verloren. So, schön, mein Hund, such', verloren, mein Hund!" Da kommt auch schon etwas die Schneise entlang, langschnäbelig, und murkend, aber ehe ich anbacke, macht es einen Bogen und verschwindet in einer Schluppe. Immer gelber wird der Mond zur Linken, immer schwärzer die Wolkenwand zur Rechten, immer finsterer Busch und Weg. Da! Moark, moark, klingt es rechts. Zwei Schatten folgen sich hinter den schlanken Birken, deutlich sehe ich die Umrisse, aber nur einen Augenblick. Weit weg dröhnt ein Schuß. Heute abend ist viel los. Wiwi, wi! Gerade auf mich zu kommt es, ein schwarzes Ding. Es ist schlecht schießen von vorn, aber was hilft's! Domms! vorbei. Alle Wetter! Während ich mich ausschimpfe, zieht murkend wieder eine über mich weg. Domm! Ja Fleitjepiepen! Ich hätte lieber aufpassen sollen, statt zu suchen. Konnte ich nicht warten, bis der andere mit dem Hund kam? Natürlich war sie schon zu weit, als ich anbackte. Loch in die Luft! Aber nun aufgepaßt, daß das nicht wieder vorkommt. Domms, geht unten in der Schneise ein Schuß. Tire haute! schallt es zu mir herauf. Der da unten hat vorbeigeknallt. Da kommt sie an mit reißendem Flug, ich hebe das Gewehr, sie eräugt mich, macht einen Haken und verschmilzt mit den dunklen Buschwerk. Aber da in der Lücke ist sie wieder. Domms! Da poltert es zwischen den jungen Eichen. Nun schnell, sie ist geflügelt. Ein paar Sprünge, ein paar Fehlgriffe, dann faßt die Hand was Weiches, Warmes, Zappelndes, die Erste.

In der Krähenhütte

Sonnenschein, blauer Himmel und stille Luft, das richtige Wetter für den Hüttker! Ein Tag, an dem das Federraubzeug zieht, auf Raub streichend und Horstplätze suchend. Heute muß es uns glücken; gestern aber, bei windigem Wetter und bewölktem Himmel, da war es eine langweilige Sitzerei in dem Erdloche auf der Kuppe des braunen heidwüchsigen Hügels, der vor dem Dorfe sich erhebt. Und doch wieder nicht langweilig, wenn auch nur vier von dem schwarzen Gesindel fielen und kein edler

245

Räuber sich blicken ließ. Wer die Schrift zu deuten weiß in dem großen Buche der Natur, der langweilt sich nicht bei erfolgloser Balz, bei zwecklosem Ansitz, bei ergebnislosem Enteneinfall, bei ohne Knall verstrichenem Schnepfenstrich.

Zu Dreien ziehen wir zu dem Bauernhause, in dem Hans, der Uhu, auf der Bodenkammer haust. Die Reste von Krähen und Hähern bedecken den Fußboden, Gewölle liegen in den Ecken, und schön weiß getüncht hat unser Hans die Dielen. Fauchend und schnabelklappernd plustert er sich zu einem dicken Klumpen auf; ein geschickter Griff, und die Hand umspannt die furchtbar bewehrten Fänge. Bald sitzt er in dem Kasten, der mit Trageriemen versehen ist: und dann geht es zum Dorfe hinaus, in dessen Bäumen die Stare und Finken singen.

Bald stehen wir auf dem Kamme des Hügels. Noch ein Rundblick auf Moor und Heide, auf des Steinhuder Meeres blitzenden, blauen Spiegel, ein Hinhorchen nach der Gegend, von wo Hahnenbalzen erklingt, nach dem Himmel, von dem Heidelerche und Feldlerche herabsingen, und dann wird Hans aus dem Kasten geholt mit schnellem Griff, und schnell schlingt sich die weiche Lederfessel der Leitung um seinen rechten Fang, ein Zuruf Auf! und der kluge Vogel hakt auf der mannshohen derben Jule auf, die fest in die Erde gerammt ist, schüttelt sich, äugt mit bernsteinfarbigen Glotzaugen um sich und macht es sich bequem. Eilig wird nun ein Porzellanring unten an die Krücke gebunden, durch den die Führung läuft, das aufgerollte Ende des letzteren in die Schießscharte geworfen, und dann geht es hinab in das geräumige, überdachte Erdloch.

In der Hütte ist es recht behaglich. Über uns die dichte Heidblaggendecke, neben uns die weißen, glattgestochenen Sandwände, aus denen gelbe und blaue Feuersteinsplitter und weiße Kiesel hervorlugen, und vor uns die Schießscharten, mit Machangel verblendet. Bequem können wir von der Rasenbank den Uhu beobachten. Bald legt er die Federohren an, bald sträubt er sie; dann putzt er sein Gefieder, spreizt die mächtigen Schwingen, schüttelt sich und äugt umher. Jetzt reckt er den Dickkopf nach Westen und äugt scharf dorthin: er markiert. Da kommt es auch schon heran, das schwarze und graue Gesindel. Wütendes Krächzen ertönt, Schatten fallen auf den weißen Sand, ärgerlich knappt der Uhu und wackelt auf der Krücke hin und her. Arr, arr, errr, örrr, ertönt es heiser, und dicht an dem Nachtvogel vorbei stoßen die schwarzen Gesellen, einer, zwei, drei, wohl über zwanzig. Zwei Schüsse, noch zwei, einen Augenblick Schreckenspause, dann geht das Angstgekrächze los; Krah, krah. Vier Krähen liegen im Heidekraut, einige blocken auf dem kahlen, arg zerschossenen Fallbaum. Sie äugen verdutzt nach ihren verendeten Raubgenossen und denken, der Uhu auf der Stellung sei der Mörder gewesen. Noch ein Doppelschuß, das halbe Dutzend ist voll, und nun streicht die ganze Bande ab! Aber wo ist Hans? Auf der Krücke hakt er nicht mehr. Sehen wir nach. Da steht er am Boden und frühstückt; er hat sich eine Krähe gelangt und kröpft sie. Ein Ruck an der Führung, und, die Krähe in einem Fang, hakt er wieder auf.

246

Fünf glänzend schwarze Räuber liegen zu unseren Füßen auf dem weißen Sande. Die scharfen Schnäbel mögen manchen Junghasen, manches Feldhuhn zerpflückt haben. Nun aber haben sie ihren Lohn. Doch deswegen sind wir nicht hierher gezogen; nach edleren Räubern gelüstet uns. Geduldig raucht jeder seine Pfeife. Jagdgeschichten werden erzählt. Doch aufgepaßt! Der Uhu markiert wieder scharf. Aarr, aarr, Nebelkrähen. Das sind die tollsten auf der Krähenhütte. Unaufhörlich lassen sie ihre schwarzen Schwingen sausen, hell leuchtet in der Sonne der graue Rumpf. Bumm bumm, zwei liegen da, bumm, die dritte, und jetzt die vierte, bumm, vom Fallbaum herab. Aber nun heißt es Geduld haben, sobald werden jetzt wohl keine Krähen mehr kommen.

Auch Hans scheint das zu glauben. Er legt die Federohren an, schließt die Augen und duselt. Doch ein Ruck an der Führung macht ihn wieder munter; schlafen kann er zu Hause genug! Um das Gleichgewicht nicht zu verlieren, spreizt er die Flügel, markiert ein wenig, wenn ängstlich pfeifend die Pieper über ihn fortstreichen, schärfer, wenn von fern ein Krähenschrei ertönt, und duselt wieder ein. Die Krähen wagen sich heute nicht mehr an den unheimlichen Ort. Noch eine Stunde wird verplaudert, aber nichts kommt mehr zu Schuße. Zwar belästigt ein Turmfalk, heftig hin und her stoßend, den Uhu ganz gewaltig, aber das nützliche Räuberchen hat von uns nichts zu befürchten. Auch ein Sperberweibchen streicht vorüber, nimmt aber von Hans gar keine Notiz. Wir warten noch eine halbe Stunde, doch vergeblich rucken wir den Uhu an, für heute morgen ist es aus.

Am Spätnachmittage geht es dann mit Hans hinaus ins Moor. Das Wetter hat sich gehalten; es ist recht warm. Unten im Moore haben wir Birkwild, Bekassinen, Enten und Kiebitze; hier raubt täglich gegen Abend der Hühnerhabicht, dicht über der Erde hinstreichend, um Büsche und Torfhaufen schwenkend und wie der Blitz die ahnungslose Ente, die furchtsame Birkhenne, den lustigen Kiebitz schlagend. Hier treiben sich auch Weihen herum, ja mitunter streicht sogar der Fischadler am Schwarzwasser, um laichende Hechte zu schlagen; auch der Schreiadler kommt hier ab und zu vor, und sogar der gewaltige Seeadler hat sich hier blicken lassen.

Weit und breit dehnt sich das düstere Moor aus, durchzogen von nassen Torfdämmen, durchlöchert von Torfstichen, zerschnitten von Gräben, in denen schleimiger Froschlaich in Klumpen liegt und Wasserspitzmäuse tauchend jagen. Aus den fahlen Bülten schauen die gelben Kätzchen des Wollgrases hervor, die sich später in weißseidene Fähnchen verwandeln, hier und da sprießt junges Gras; sonst liegt das Moor noch tot und öde da. Aber über uns dudeln die Heidelerchen, überall schmettert der Pieper, singt der Ammer, und vom Forste klingt das Gelächter des Schwarzspechtes und des Markwarts Nachäfferei.

Bei einer großen Torfkuhle, in der gern Enten liegen, steht die Hütte, aus Fuhrenstangen gezimmert, mit Wacholder verblendet, versehen mit einer schmalen Bank. Ringsumher ist der Boden besäet mit Patronenhülsen; manch Krummschnabel ist hier im Dampf auf den braunen Torf gefallen.

Daran scheint auch Hans sich zu erinnern. Aufmerksam äugt er in die Runde.

Die Sonne ist im Sinken. Einzeln schallt schon das Meckern und Locken der Bekassinen, von den Wiesen her das Balzen zweier Hähne. Mit der Habichtslocke wird gereizt; ein katzenähnlicher Laut ertönt. Jäh fährt der Uhu empor, den vermeintlichm Feind erwartend. Aber es kommt keiner. Nur ein Häher flattert vorbei, rätscht laut und verschwindet. Er kann leben, wir warten ja auf den Habicht. Die Sonne sinkt tiefer. Schon melden sich die Bekassinen häufiger, auch ein Kiebitzruf klingt von den Wiesen her. Wir reizen wieder; wieder nichts. Plötzlich duckt sich der Uhu tief, trippelt hin und her, spreizt die Flügel, breitet den Stoß aus, knappt heftig und stößt sein dumpfes Uhu aus. Und ehe wir uns versehen, steht keckernd ein breitklafternder Räuber über dem Uhu, kaum zwei Fuß über ihm. Der Uhu springt ihm entgegen, faucht und knappt. Der Habicht schwenkt ein wenig zur Seite, stößt noch einmal und rüttelt wieder über dem Uhu. An Schießen darf nicht gedacht werden, sonst liegt die Eule auch im Dampfe. Der Habicht mit den knallgelben Augen und der quergestreiften Brust, dem langen Stoß und den kurzen breiten Schwingen, und unter ihm die braun, gelb und schwarz geflammte, kugelrund aufgeblasene, rotäugige Großeule, famos! Noch einmal keckert der Habicht erbost, dann macht er eine Schwenkung und will sich empfehlen. Doch kaum ist er fünf Schritt seitwärts, da dröhnt der Schuß, und er schlägt im Heidekraut noch ein paarmal mit den Flügeln. Hoch auf reckt sich der Uhu und äugt nach dem Verendeten.

Aber nun wollen wir doch noch ein wenig warten; vielleicht bekommen wir das Männchen auch noch. Und bekommen wir auch nichts, so entschädigt uns das Konzert von Kiebitz und Bekassine. Überall meckert und lockt es, überall rufen die Kiebitze, immer noch balzen die beiden Hähne. Die Sonne ist untergegangen. Enten ziehen mit klingendem Flügelschlage über uns hin, und mit lautem, melodischem Geflöte und Getriller lockt der große Brachvogel sein Weibchen. Heute gibt es nichts mehr: es wird bald dunkel. Da duckt sich der Uhu, als erwarte er einen zweiten Feind. Wir lachen über seine Angst. Aber unser Lachen weicht großer Aufregung, wie Hans sich zur Kugel aufbläht, knappt und faucht. Das Männchen! Da steht es über dem Uhu, ein Stoß und es will fort, doch zu spät, der Hagel holt es beim Abstreichen ein. Geflügelt liegt nun auch dieser Habicht in der langen Heide, grimmig reckt er uns, auf dem Rücken liegend, die gelben, mit acht Dolchen bewehrten Fänge entgegen. Schnell aber fliegt der Wettermantel über ihn, ein Schlag mit einem Wacholderstrunk, und auch dieser Räuber ist für den Ausstopfer reif.

Ein Ringeltäuber

Einen Tag nur hatte der Südwestwind das Wort. Dann fiel ihm der Nordwind in die Rede. Er kam über das große Moor, schimpfend, polternd, zankend. Da drückte sich die Bekassine in das Torfmoos, da vergaß der Kiebitz Koboldflug und Schalksruf; die Dullerche verlernte ihr Lied, und der Birkhahn verlor alle Lust zu Spiel und Tanz.

Auch zu mir kam der Grobsack. Er donnerte mit seiner harten Faust an die grünen Blendladen des Jagdhauses, er schrie grobe Worte gegen die Fensterscheiben, er pfiff auf dem Schornsteinrohr einen wilden Gassenhauer und trat mit den Schmierstiefeln gegen die Tür.

Gestern und vorgestern hatte ich ihm getrotzt. Ich habe im kalten Moor im Schirm gesessen, die Windgürtel fester gezogen und ihn ausgelacht. Aber schließlich hat er mich doch mürbe gekriegt. Heute bin ich im Bett geblieben, bis die Sonne über die Fuhren kam und dann habe ich meine Sachen gepackt und bin nach dem Dorf gefahren.

Eigentlich wolhte ich gleich wieder nach Hause. Aber die Sonne scheint so schön, auf jeder Miste krähen die Hähne, auf allen Eichen pfeifen die Stare, die Schwalben fliegen zwitschernd um die Giebel; da will ich doch lieber zum Bruche.

Alles wäre schön, wenn der Nordwind nicht wäre. Die Sonne liegt auf der grünen Saat, die Birke schwenken goldene Kätzchen und helle Blättchen, blau und schwarz bollwerken die fernen Wälder. Aber keine Lerche singt, kein Hummel fliegt hier draußen im scharfen Wind.

Im Bruch aber bin ich im Überwind. Oben in den Kronen der Fichten und Fuhren pfeift und rauscht es flötet's und raschelt's, aber darunter ist es still und warm. Da summsen und brummsen die Hummeln um die goldenen Weidenblüten, silbernes Fliegenvolk schwirrt über den Gestellen, Fitis und Meise läuten und klingeln in der Dickung.

Auf der großen Rodung vor den hohen Fichten ist es am stillsten und wärmsten. Alles Leben ist dahin gezogen, wo ihm der kalte Wind nicht beikommen kann. Da wärmt sich das Pfauenauge am silbergrauen Fuhrenstumpf, da sonnt sich die Ringelnatter auf weichem Moospolster.

Ich liege im fahlen Grase, den Rücken gegen die unterste Sprosse der Kanzel gelehnt, und sehe der rotleibigen Sandwespe zu, die eine durch den Giftstachel gelähmte Spinne zu ihrer Höhle schleppt, beobachte den grünen Raubkäfer, der hastig über die grauen Flechten rennt, und necke mit einem langen Halme eine Eidechse, die wütend danach schnappt, bis ihr die Sache zu albern wird und sie sich grollend in ihre Brombeerburg zurückzieht.

Dann ist der Baumpieper meine Unterhaltung. Mit schmetternden Kanarienschlägen steigt er über die grünenden Birken auf und senkt sich mit ersterbendem Sange auf einen dürren Ast nieder. Und dann fällt ein Schatten vor mich, und wie ich nach oben sehe, klatscht und knallt es in der Luft. Im Schwebeflug tanzt dort der Ringeltäuber.

Ich drusele ein bißchen. Der Wind in den hohe Fichten singt mir ein Schlaflied. Durch die tiefen, runden, gleichmäßig anschwellenden und hinsterbende Töne klingt ein Lied, dem Sturmliede ähnlich an Klang und Farbe, und doch anders. Der Täuber ruft im tiefen Tann. Laut und herrisch klingt sein Ruf, und doch sehnsüchtig und verlangend. Ein zweiter antwortet ihm von halblinks her aus den hohen Fuhren, ein dritter knurrt gerade hinter mir dumpf und hohl.

Ob ich's noch kann, was mich der alte Grünrock eins lehrte? Durch Dick und Dünn, mit Katzensohlen und Habichtsaugen den rucksenden Ringeltäuber anpirschen. Ich will einmal sehen, ob es noch geht; eine gute Schule ist es für die Maipirsch.

Vorsichtig schiebe ich mich durch die Tannenäste. Aber ich muß wieder zurück. Ein dichter Verhau von totem Fallbaum und dürrem Adlerfarn sperrt mir die Bahn. Und hier liegen hohe Haufen von dürren Ästen, und da halten die Weiden ihre Zweige vor.

Ich umschlage den Hochsitz und suche mir einen Zugang. Brombeerranken zerreißen mir die Hände, Farnstengel binden meine Füße, dürre Fichtenzweige kratzen mich über die Backen, faule Pfützen zwingen mich zu Umwegen. Doch schließlich bin ich im älteren Bestand angekommen.

Ich stehe still und horche. Aber nur den Sturm höre ich pfeifen und heulen, nur die Kronen rauschen und raunen, nur die Äste klappen und krachen. Und ich sehe nichts wie oben die grünen Zweige, durch die ein ganz kleines Stückchen Blauhimmel schimmert, eingerahmt von goldrot leuchtenden Tannenzapfen.

Der Sturm heult und heult und heult über mir, und sein lautes Lied verschlingt alle anderen Lieder. Meine angespannten Nerven hören bald hier, bald da den Ruf des Täubers heraus, und immer wieder ist es nur der Wind.

Doch da, nicht weit von mir, das war der Täuber. Wenn auch alles andere der Wind verschlingt, den Schlußruf bringt er nicht um. Ich warte, bis das dumpfe Lied noch einmal ertönt, erfasse die Richtung und arbeite mich durch das Maschenwerk der Äste halb kriechend, die alten Zapfen und dürren Äste ängstlich mit den Sohlen vermeidend. Aber wie der Schlußruf ertönt, mache ich Halt, denn ganz nahe muß ich schon bei dem Täuber sein.

Eine Weile warte ich wieder. Lange dauert es, ehe er wieder ruft, zu lange. Endlich beginnt er wieder und ich arbeite mich weiter. Und so noch einmal, und ein anderes Mal, und noch zehnmal. Denn er hat mich schön zum Narren gehabt, der bunte Bauchredner. Ich dachte, er wäre dicht bei mir, und jetzt stehe ich an der Blöße, und drüben, wo die hohen Fichten und Fuhren ihre Kronen im Wind schütteln, da ruckst er. Auf die kleine geschützte Blöße prallt die Sonne. Der fahle Adlerfarn leuchtet wie Gold, die Fichten an ihrem Rande glitzern und schimmern, die Brombeerranken glänzen wie Silber. Ein gelber Zitronenfalter taumelt, selig vor Sonnenfreude, von Ast zu Ast.

Einen Augenblick will ich verschnaufen hier hinter der Jungfichte. Wie komme ich am besten nach dem alten Bestande da drüben? Über die Blöße kann ich nicht. In dem trockenen Farn mache ich zu viel Lärm. Auch habe ich da kein bißchen Deckung. Ich muß mich also wieder in der Dickung weiterwürgen.

Klingende Fittiche sausen über mich hin. Ein Täuber fußt zwanzig Gänge vor mir auf der Fichte. Vorsichtig äugt er umher, daß der rosenrote Schnabel in der Sonne leuchtet. Ich sehe die hellgelben Augen, die weiße, goldgrün und kupfrig gesäumte Halsbinde, die graurote Brust, die roten Füße. Er schüttelt sein Gefieder, plustert sich auf, zupft hier und da an seinem blaugrauen Kleide herum, spreizt die Flügel und fächert den buntgebänderten Stoß und sitzt dann still, an der Sonne sich labend.

Dann ruft er. Erst ein tiefes, kurzes Heulen, dann der volle Ruf, zuletzt ein dumpfes Schnurren kommt aus der geblähten Brust. Wild äugt er um sich, wie ich sein Knurren nachmache, und flattert näher, bis an die nächste Fichte vor mir. Dann klingt es noch einmal über mir. Die Taube ist da. Da bläht er sich noch dicker auf, schnurrt noch tiefer und zärtlicher, bis sie nicht anders kann, ganz nah zu ihm heranrückt und sich schnäbeln läßt. Dann stieben sie plötzlich weiter.

Ich tauche wieder in der Dickung unter und krebse mich im Bogen bis zu der Ecke des Altholzes, wo mein Täuber noch immer ruft. Aber wieder muß ich eine Umweg machen, denn um den mächtigen Wurfboden einer gewaltigen Fichte ist ein tiefer Sumpf. Und links ist die Dickung undurchdringlich. So muß ich noch einmal rund um die kleine Lichtung herum.

Endlich bin ich an der hohen, breitkronigen Fuhre. Aber mein Täuber verschweigt jetzt. Ich stecke mir die Pfeife an und warte. Ein Häher schlüpft vor mir von Zweig zu Zweig, lauter dummes, kindisches Zeug vor sich hinschwatzend und kokett die Haube sträubend. In dem sparrigen Pulverholzbusch lockt ein Dompfaffenhahn; seltsam leuchtet seine schöne rote Brust. Dann schallt ein langgezogener, ganz unirdisch klingende Laut durch die Stille, und rasselnd hakt der Schanzspecht an einem Fichtenstamm, klopft einige Male, und schnurrt mit schrillem Teufelsgelächter ab, und nur der Wind in den Kronen ist noch laut in dem kirchenstillen Wald.

Kirchenstimmung faßt mich. Wie Strebepfeiler stehen die rotgrauen Stämme da. Gebrochen, wie durch bleigefaßte, kleine Scheiben, fällt das Licht durch das dichte Nadelwerk, schwere Wellen von Kienduft ziehen wie Weihrauch vorüber, das Gesumme der Hummeln klingt wie Gebetgemurmel und das Brausen des Windes wie Orgelton.

Des Täubers dumpfer Ruf aber reißt mich aus de Stimmung heraus. Zehn lange Sätze bringen mich ihm näher, und der nächste Vers noch zehn. Und jetz sehe ich ihn auch. Auf dem höchsten Fichtenwimpel, der über und über voller glänzend brauner Zapfen hängt, fußt er und wiegt sich im Winde hin und her. Ich muß wieder einen Umweg machen, denn der Weg geradeaus ist zu licht. Durch knospende Bickbeersträuche und aufbrechende Himbeerschossen, über dichte Haufen von Tannenzapfen, über weiche Schichten modernder Nadeln und spröde Bollwerke dürrer Braken schleiche ich im Bogen nach der hohen Fichte hin.

Lange muß ich warten, bis er wieder ruft. Vielleicht daß er mich eräugt hat. Ich sehe in das verworrene Gedämmer der rotbraunen, toten Fichtenzweige um mich herum, in denen unzählige Spinnweben, vom Wind bewegt, wie silberne und goldene Fäden blitzen. Die Stirn tropft mir, der Nacken dampft, Ungeduld kribbelt unter dem Hut.

Endlich, nach langer Pause, ruft er wieder. Und bei jedem Ruf bin ich ihm zehn Gänge näher, bis ich, immer leiser schleichend, unter ihm bin. Aber nun kann ich ihn nicht sehen. Ich verrenke mir fast den Hals, aber die Spitze der Fichte deckt die Krone der Fuhre, unter der ich stehe. Endlich, nach vorsichtigem, lautlosem Heranschleichen um die Fichte, habe ich den Wipfel frei. Aber den Täuber sehe ich nicht. Eine Schritt mache ich nach links, einen zurück, aber er bleibt unsichtbar.

Der Sturm endlich zeigt ihn mir. Er biegt einen Zweig zurück, und ich sehe ihn hoch oben, den lauten Rufer. Schon will ich das Gewehr an den Kopf ziehen, da flattert er auf die Fuhre und ruft dort weiter, wieder unsichtbar für mich. So muß ich denn wieder einen neuen Ausblick gewinnen.

Lange, lange dauert es, ehe ich die zwanzig Schritt hinter mir habe. Erst ist der große dürre Ast im Wege, dann der sumpfige Graben, dann das Fallholz am Boden, dann die vielen Zapfen, dann die sparrigen Fichtenzweige, bis ich unter der Fuhre bin. Und als ich dort stehe, naß von Schweiß, da höre ich ihn wohl rufen, aber zu Gesicht bekomme ich ihn nicht, und schließlich verschweigt er, und ich stehe da und warte und warte, steif wie ein Stock und stumm wie ein Stein. Ein anderer Täuber schwingt sich auf einen freien Ast und ruckst und knurrt. Leicht hole ich den herab, aber daran liegt mir nichts. Was mir in den Schoß fällt, kann mich nicht freuen. So bin ich froh, wie diese Täuber abstiebt und ich meinen wieder höre.

Zehn Schritt muß ich wieder zurück, bis ich endlich, endlich sehe, wo er sitzt. Aber drei dicke, goldene Fuhrenäste decken ihn. Nur Kopf und Stoß ist frei. So warte ich, bis er sich überstellt und, die breite Brust zeigend, ruft. Da hebe ich das Gewehr, aber ehe ich es noch an der Backe habe, bricht er jäh den Ruf ab und klappert fort, über die Blöße nach den dichten Fichten. Da ruft er weiter. Rechts ruft ein Täuber, links knurrt einer. Vor mir heult ein dritter, ein vierter weiterhin. Aber ich will den einen haben, nur den einen und weiter keinen. So geht es wieder heraus aus dem Altholz über die Lichtung in die dicken Fichten in langsamer, viertelstündiger Arbeit, bis ich endlich wieder bei ihm bin.

Aber noch manche lange Minute muß ich warten, noch manchen Schritt voran, noch manchen zurück machen, viele Zweige vorsichtig vermeiden, vielem Fallholz aus dem Wege gehen, ehe ich unter der Fichte bin. Und dann vernehme ich ihn wieder immer nur und kann ihn nicht vor die Augen bekommen.

Zuletzt glückt auch das. Aber schwer ist es, durch das starre Astgewirr Laufmündung und Ziel zusammenzubringen, aber es geht am Ende doch. Und dann knallt es, wie ein Stein schlägt er vor mich hin, und eine weiße Federwolke schneit durch den blauen Pulverdampf auf mich nieder.

Hinten im Tann ruft noch ein Täuber, in den Fuhren drüben zwei. Aber es reizt mich keiner mehr. Auf der Blöße liege ich, den toten Vogel neben mir. Auf zwanzig Schritt vor mir läßt ein Taubenpaar sich auf der Fichte nieder. Ich sehe ihnen zu, ohne die Hand nach dem Kolben zu zucken. Dieser eine sollte es sein, dieser eine allein.

252

Heidfrühling

Es sang ein Vogel über der Heide: didudl, didudl, dudl, dudl, aber sie rührte sich nicht. Jeden Abend und jeden Morgen sang die Dullerche auf die braune Heide hinab, aber sie hörte es nicht. Lange schon war der Frühling mit weißen und blauen, gelben und rote Blumen im Süden der Stadt Hannover eingezogen hatte den Waldboden im Kalk- und Lehmlande bunt gestickt, goldene Schäfchen an die Weiden gehängt und viele Vögel mitgebracht, die bei Tagesanbruchem und Sonnenfinke trillerten und schmetterten, pfiffen und flöteten, aber noch immer lag die Heide im Norde von Hannover still und stumm da, zeigte keine Blüte kein grünes Spitzchen, so sehr die Sonne auch lockte.

Vergebens klagte die Dullerche; düdliü, düdliü, vergebens pfiff der schmucklose Pieper sein ängstliches piet piet, die Heide schlief und schlief. Da flogen beide ins Moor. In der langen Heide saß da ein stolzer Vogel blau schimmerte sein Hals, feuerrot leuchtete es über jedem Auge, schwarz waren die Schwingen und der leierförmige Stoß. Diesen riefen Pieper und Lerche zur Hilfe, die Heide zu wecken, und er versprach es ihnen.

Am andern Morgen, als die Sonne noch da hinten hinter den schwarzen Fuhrenwäldern schlief, in denen die Ohreule klagend heulte, strich der stolze Vogel über Moor und Heide mit schnellem Fittichschlage, daß es sauste und sang. Dsst dsst dsst dsst dsst klang es durch den schwarzen Frühmorgen, daß die kleine Lerche in der kurzen Heide jäh aus dem Schlafe fuhr. Sie reckte die Holle und lauschte, aber sie vernahm nichts als das Rispeln des Frühwindes in den Krüppelfuhren als das Rieseln des Sandes unter den Tritten der Rehe, die über die Düne stiegen, als das Gejammer der Ohreule da hinten im Forste.

Der stolze Vogel war weitergeflogen, über Heide und Moor, Moor und Heide, bis auf die blanke Heide an der Feldmark. Buff, sagte es, als er dort einfiel. Zuerst saß er ganz still, doch nach einer langen Pause machte er den Hals lang, legte den Kopf nach hinten hinüber, klappte mit den Schwingen und öffnete den krummen Schnabel. Tschju-huit, so klang es zischend, fauchend in die schwarze Stille hinaus, einmal, zweimal, dreimal: dann verschwieg der nächtliche Rufer wieder und lauschte. Aber keine Antwort klang zu ihm heran. Stumm saß er wieder eine Weile da, und dann begann er wieder zu blasen; tschju-huit, tschju-huit, kutschhuit, tschchju-huhuhuhu; aber wieder antwortete ihm nur schwarzes Schweigen. Im Osten wurde es ein ganz wenig licht über den schwarzen Fuhren. Die Helligkeit zog langsam höher, vermischte sich mit der Nacht zu grauer Dämmerung, in der die Wacholder herumstanden wie unheimliche Gespenster. Da bekam der einsame Vogel Mut. Er sträubte die blauschillernden Halsfedern, reckte seine Hals über die kurze Heide, breitete die schwarz-weißen Schwingen aus, fächerte das krumme Spiel und sang sein zweites Lied: u-u-u, u-u-u, u-u-uuu uuu, uuu und noch einmal, und noch einmal, fügte als Refrain sein tschju-huit dazu, lauter wurde der

253

Gesang, lebhafter sein Trippeln, jede Feder zitterte vor Erregung immer bunter ging das Blasen und Rodeln durcheinander, und wie die Sonne mit rot wehendem, goldgekantetem Seidentuche winkend ihr Kommen anzeigte, da machte der Sänger einen hohen Sprung und zischte vor taumelnder Lust.

Alle Heidlerchen hatte er geweckt, die in der Heide schliefen, und lustig dudelten sie aus grauen Wolken ihre Lieder, fröhlich pfiff der Pieper im Moore, über die nassen Wiesen taumelte der Kiebitz mit dumpfem Schwingenton und gellendem Juchzer, und fröhlich meckerten im Risch die Bekassinen. Und dann erscholl ein Flöten und Pfeifen, so wohllautendem, so rund, so voll; hoch oben aus der Luft kam es her, wo die großen Brachvögel ihre herrlichen Kreise zogen, und in den Fuhren läuteten die Meisen, flöteten Singdrossel und Schacker, daß endlich, endlich die Heide erwachte.

Aus den fahlen Wollgrasblüten schob sie silbergraue, gelbgepuderte Kätzchen, aus dem braunen Moorrasen zarte Grasspitzchen, an den Wiesengräben kamen gelbe Kuhblumen zum Vorschein, an den Weidenbüschchen verwandelte sich der Schäfchen kaltes Silber in warmes Gold, hier und da zeigte sich an den Birken ein winziges, gelbgrünes Blättchen, und die Blütenknospen der duftenden Postbüsche färbten sich braunrot. Und jeden Morgen vor Sonnenaufgang sprang der schwarz-weiß-rote Vogel auf der blanken Heide umher und blies und jodelte, und von weit und breit aus Moor und Heide antwortete es ihm ebenso, und wenn die Sonne wie ein Feuerball über den Fuhrenwald kletterte, dann kam ein Singen und Klingen aus der Heide, daß man es weit, weit hörte..

Es klang bis zu uns in die Stadt hinein, in die Stadt, in deren Vorgärten die Krokusblüten schon todmüde umgefallen waren und die Hyazinthen ihre steife Pracht entfalteten, in die Stadt, von deren Lauben die Amseln flöteten und in deren Bäumen die Stare pfiffen; und wenn zwei Jäger sich trafen, dann lachten sie sich fröhlich an und sagten: „Sie balzen schon! Gut natürlich noch nicht, noch nicht fest und platzbeständig, aber doch schon genug, hinauszufahren, wenn die Nächte auch noch so eisig und die Moore auch noch so naß sind.“

Eigentlich sollte man warten, bis es warm ist, bis man im Schirm nicht mehr zusammenfriert, eigentlich... Aber wer kann da warten! Und so geht es denn hinaus, trotzdem man weiß, daß man viel zu früh kommt. Zwei prächtige Füchse vor dem Wagen, Mundvorrat und Munition, Mäntel und Gewehre im Wagenkasten, dem schneidenden Nordostwind entgegen. Heiß ist die Sonne, kalt ist der Wind, aber grün ist die Saat, die Krähen necken sich im Fluge, in allen Pappeln pfeifen die Stare, in allen Chausseebäumen singt Ammer und Fink. Mit mißvergnügtem Gesichte empfängt uns der Heidjer: „Sei holt seck den Dod! Dat is noch veel to kolt up de Nacht. Sei ward ungesund bi datt Sitten in'n Schirm; dat is so'n ohlen Barkhahn nich wert. Sei möt noch toiben, bet dat gaueres Wetter west.“ – „Ach was, Unsinn, Schorse, nun sind wir einmal hier. Steck dir 'mal eine Zigarre ins Gesicht, und denn los, ins Moor! Süh,'da ist ja ok oll Vadder! Na, Vadder Gödecke, wo geiht Jück dat noch?

254

Immer gau?" — Der Alte ist blind, aber immer frohen Mutes, immer noch der alte Cambridgedragoner, ein biderber Mann von einfachen Sitten und voll gesunder Bauernweisheit. Ich höre ihm lieber zu als allen Professoren der Welt, diesem rassigen, reinblütigen Langobarden mit dem guten Charakterkopfe. Heute hat er eine Überraschung für mich. Er holt aus dem Schranke einen Wachtmeister, ein altes Schnapsglas mit fingerdicken Wänden und einer Luftperle im Fuß „Se, datt sollt Sei hebben, dat is noch von min Großvadder, de hat da all ute drunken!" Das ist sein Dank für die Bücher, die ich ihm im Herbste mitbrachte, und aus denen seine Jungens, Karl und Schorse, an den langen Winterabenden vorlasen. Einen guten Tropfen habe ich in der großen Aluminium-Militärflasche mitgebracht; der soll in dem Glase probiert werden. „Prost, Vadder, wer achtzig is, kann ok hunnert olt wer'n".

Nun ist's aber Zeit, Balzplätze zusuchen. Quatschnaß ist es im Moore, selbst auf der Höhe. Bis an die Knie geht es hinein in den braunen Schlick. Aber doch wunderschön! Die Sonne brennt, der Wind ist weg, die Dullerchen singen, junges Gras sprießt in den Gräben. Und hier, bei den Torfstichen hat ein Hahn gebalzt, überall liegt seine Losung. Am Ende ist er der Tanzmeister vom vorigen Jahre, auf den ich fünf Nächte ansaß. Was hat er mich gefoppt! Saß ich hier unten am Schirm, dann balzte er auf der blanken Heide am Roggenstück; machte ich mir dort den Schirm, dann balzte er am Torfstich. Es war zum Verrücktwerden. Den letzten Tag werde ich nicht vergessen. Es wehte ein ganz niederträchtiger Nordost, der mir durch Mantel, Joppe, Jagdweste und Wollhemd pustete. Die Beine starben mir unter den Knien ab, das Herz fror mir im Leibe. Solange es dunkel war, balzte mir der Hahn vor der Nase herum, aber als es heller wurde, ritt er ab und balzte außer Schußweite. Als ich aus dem Schirm kroch, konnte ich kaum gehen, so steif war ich. Zum Glück trug ich nur einen fürchterlichen Schnupfen mit fort, doch nach acht Tagen war ich wieder draußen. Aber der Hahn war platzflüchtig geworden. Dieses Jahr muß er aber mein werden.

Dort, wo die runde Krüppelfuhre steht, dort will ich meinen Schirm bauen. Schorse gräbt ein bequemes Loch, füttert es mit Zweigspitzen aus, mit der kurzen Wehr haue ich Fuhrenbüsche ab, pflanze sie in den Boden — so, nun muß es morgen doch glücken. Schnell noch oben am Roggen einen Schirm gemacht, einen andern an der kalten Wiese, und nun ist's wohl Abendbrotzeit.

Der Abend bringt klaren Mond. Um drei Uhr, als wir aufstehen, ist es taghell, aber bitterkalt. Es hat tüchtig gereift. Heide und Moor sind silberweiß, die Wegpfützen knistern unter den Sohlen, und das gefrorene Moor trägt. Feenhaft sieht es im Moore aus.

Die Birken und Fuhren blinken im Mondlicht, als wären sie aus Silber gemacht. Kein Lüftchen rührt sich. Im Schirme mache ich es wir gemütlich, ziehe den Lodenmantel an und packe den Rucksack aus. Essen ist das beste Mittel gegen Kälte. Das dunkle Landbrot schmeckt prächtig, der Kaffee in der filzumhüllte Flasche ist noch warm, die kalte Schweinerippe so recht nach meinem Geschmack — dabei kann man es wohl aushalten.

255

Und nun das Pfeifchen, der beste Zeitvertreiber. Mit jedem blauen Kringel verfliegt eine langweilige Minute. Aber nein, doch nicht langweilig. Meckern nicht die Bekassinen, dudeln die Heidlerchen nicht? Und da ist ja auch schon der Kiebitz, der Possenreißer des Moors. Wutt, wutt, wutt-wuttwutt, klingt sein Flügelschlag über mich hin, und jetzt gellt er sein ouiwit, ouiwit durch die Stille. Und da ist ja auch der Hahn. Dsst, dsst, dsst, dsst, dsst saust er an mir vorbei — buff, da ist er eingefallen. Aber wo? Der Mond hat sich hinter Wolken verkrochen. Wahrhaftig, er ist es, mein Tanzmeister vom vorigen Frühjahr. Kaum ist er eingefallen, da geht das Getanze schon los Tsckschschcht, ein langgezogenes Zischen, wie von einer Rakete, heftiges Flügelschlagen beim Hochspringen, ein paar Kollerlaute, dann wieder das Gezische und Getanze. Er ist es, aber weit unten scheint er zu sein.

Es wird schon heller. Ich sehe mir fast die Augen aus. Ist er das da unten, oder ist's ein Binsenbusch. Ja, ein Binsenbusch, das zeigt mir deutlich das Glas. Überall sind Hähne laut. Hinter mir in der Saat, unten in der Wiese, weiter im Moore. Wie herrlich ist dieses Konzert! Wie oft habe ich es schon gehört, nie langweilt es mich. Mein Hahn hat lange verschwiegen. Jetzt tanzt und singt er wieder. Es war doch kein Binsenbusch, es ist mein Hahn. Er dreht sich, trippelt hin und her, schon kann ich das Spiel fast erkennen, jetzt springt er mannshoch in die Höhe, domm! brüllt ein Schuß hohl durch das Moor, mein Weidgesell ist es, der auf dem Küsterdamm seinen Schirm hat.

Nun ist es schon halb fünf Uhr. Beinahe werde ich ungeduldig. Mein Hahn ist fort. Wahrscheinlich macht er den Hennen den Hof, die da links von mir in den Postbüschen gackern. Aber was ist das da? Da ist ja der starke Bock, auf den wir soviel gepirscht habe! Auf dreißig Schritte zieht er breit an mir vorbei. Und er hat sogar schon etwas gefegt. Im Mai, wenn die Schonzeit alle ist, dann ist der Racker natürlich sowie so heimlich, daß man sich die Beine nach ihm ablaufen kann. Vertraut zieht er ins Moor. Ihm nach hoppelt ein Hase, dann noch einer. Ich drehe mich im Schirm, ob ich nicht im Rücken meinen Hahn habe. Was ist das Rote da? Wohl ein trockener Wacholderbusch. Aber wupps, ist es weg in die lange Heide, die weiße Blume höhnisch schwenkend. Reineke war es. Schade daß ich über dem Winde saß, dem Rotrock hätte ich zu gern eins aufgefunkt! Gestern fand ich erst eine gerissene Ente und den Rest eines Hasen.

Nun ist es aber Zeit, daß mein Hahn wieder kommt! Noch ein Geduldspfeifchen, oder soll ich ein bißchen heranpirschen, ob ich einen streichenden Hahn erwische? Bis sechs Uhr will ich lieber sitzen bleiben, denn in den Postbüschen locken die Hennen, und wo die sind, da ist der Hahn nicht weit. Dsst dsst dsst — buff. Da ist er auch schon. Na, das ist wirklich reizend! Der eine Fuhrenzweig ist umgefallen, als ich mich umdrehte, ich habe vorn keine Deckung, und nun steht mir der Hahn zehn Schritt vor der Nase. Und dabei habe ich mein Gewehr dort unten am Boden liegen. Ich könnte mich ohrfeigen! Zehn Schritt — du bist mir nah und doch so fern. Er balzte mir gerne ins Gesicht. Ich sehe ihn so deutlich, als säße er

256

ausgestopft auf meinem Schreibtische. Und was für ein kapitaler alter Bengel! Kein braunes Federchen im Rücken, alles blau und schwarz, und Rosen hat er über den Augen, die leuchten wie Kohlen! Und ein Spiel, ein Spiel, nein, solch ein Spiel habe ich noch nie gesehen! Wie wär's, wenn ich jetzt, wo er mir das Spiel zukehrt, schnell das Gewehr griff und drückte? Leise, langsam lasse ich den Arm herniedergleiten, mein Herz klopft hörbar dabei. Natürlich, da bricht er im Balzen ab und äugt mich an. Ich rühre keinen Muskel, zucke mit keiner Wimper, obgleich mir der Kopf vor Aufregung juckt und die Hände mir zittern. Ach, und jetzt möchte ich tief aufseufzen, wenn ich dürfte, denn er balzt weiter. Jetzt macht er seinen berühmten Sprung, fünf Fuß hoch, noch einen, und noch einen, und nun ist er, links von mir, an der Seite wo ich Deckung habe. Jetzt muß ich ihn kriegen. Ich lasse mich ganz leise auf die Knie nieder, nehme das Gewehr hoch, spanne lautlos und spähe nach dem Hahne. Da dreht er sich vier Schritt vor dem Schirme. Aber lieber will ich ihn gar nicht haben, als ihn zu Mus schießen. Er tanzt und rodelt, daß es eine Lust, bei jedem Sprung sich entfernend. Nun kann ich ihn nicht sehen, die Heidbüsche verdecken ihn. Aber jetzt ist er wieder da. Die Minne lockt ihn nach den Postbüschen. Hochaufgerichtet, kampfes- und minnelüstern, Flügel und Spiel halb ausgebreitet, rippelt er über die kurze Heide. Und jetzt habe ich angebackt, ein Druck und er läge im Dampfe. Aber da kommt es mir plötzlich so feige vor, ihn von hinten totzuschießen, ihm sein herrliches Spiel zu zerraufen mit den groben Schroten. An der rechten Backe das Gewehr, im Munde die Pfeife sollte es mir so wohl gelingen, ihn regelrecht zu reizen. Zwischen den Zähnen lasse ich die Pfeifenspitze in die linke Mundecke wandern, feuchte die Lippen mit der Zunge an und blase: kuttschuit. Sofort hält der Hahn inne, macht einen langen Hals und wendet mir die linke Seite zu. Da donnert der Schuß, ich stehe im Dampfe, sehe den Hahn nicht, aber Flügelschlagen verrät mir, daß er liegt. Gackernd streichen die Hennen aus den Postbüschen ab, wie ich heraustrete. Da liegt er regungslos in seiner ganzen Pracht, das stolze Spiel weit ausgebreitet, ein Spiel, wie ich es noch nie sah, mein Hahn, mein Tanzmeister, dem ich sechs Nächte geopfert habe. Und jetzt tut es mir leid, daß er daliegt, denn nun kann ich ihn ja nicht mehr erlegen ...

Am Fuchsbau

Der Frühling ist auf der Höhe. Die Wiesen strahlen im Schmucke goldiger Blumenpracht, die Obstgärten prangen in schlimmerndem Weiß, sattgelbe lange Streifen zieht der blühende Raps durch die hellgrünen Fluren, fußhoch steht die junge Saat, Mauersegler, und Pirol, Kuckuck und Spottvogel, die spätesten aller Zugvögel, sind wieder da. Die Vormittagssonne sengt nur so auf die Heide nieder. Im braunen Heidekraut blüht hellgelb der Stachelginster, grünseitige Eidechsen rascheln in das Gestrüpp, silberflügelige Libellen schwirren über den Wegen, hellblaue Schmetterlinge tanzen über den Ginsterblüten, und goldgrüne Sandläufer fliegen schimmernd vor uns auf. In den hohen Fuhren ruft der Kuckuck, ab und zu piepst eine Meise in der Dickung, auf der Rodung rennt der Steinschmätzer eifrig umher, unzählige Fliegen und Käfer surren durch die Kusseln, und uns läuft der Schweiß unter den Lodenhüten hervor, und Nacken und Hände bräunen sich fast zusehends. Über dem Moore, auf dem weiße Wollgrasblüten wimpeln, zittert die kochende Luft, und am Horizonte quellen die dicken Rauchwolken der brennenden Moore empor, düstere Flecke am wolkenlosen, grellblauen Himmel bildend.

Aus dem graugrünen, mit hellkupferroten Schossen übersäten Fuhrenbestand leuchtet uns nach halbstündigem Wege blendendweißer Sand entgegen; wir sind am Bau. Schnell verteilen sich die Jäger an den vielen Röhren, Axt und Messer schaffen Fuhrenzweige herbei und bald sind an zwanzig Röhren verlegt. Die Teckel jaulen und kläffen unterdessen vor Mordgier: die starke Witterung des Baues regt die Krummbeine gewaltig auf; sie zerren an den Leinen und winseln vor Eifer. Ein Rehlauf, die Überreste von mehreren Hasen, die Federn von Birkhennen und einem Birkhahn, Enten- Haushuhn- und Taubenfedern liegen herum. Bequeme Pässe haben die Füchse sich zu ihren Röhren geschnürt und hübsche, sandige Spielplätze angelegt.

Die Vorarbeiten sind fertig; harzbeschmierte Hände wischen den blanken Schweiß von den Stirnen, und dann wird Waldmann losgekoppelt und vor die einzige offen gebliebene Röhre gesetzt. Zitternd vor Begier schlieft er ein, kommt aber nach einigen Sekunden wieder zutage: die Röhre ist zu eng. Aber für Jenny, die schlanke Hündin, paßt sie, und gierig schlieft das zierliche Tierchen ein. Für Waldmann wird eine weiter Röhre geöffnet, und auch er verschwindet nun in der Erde. Eine Zeitlang hört man keinen Laut, als das Fiepen der beiden gekoppelten Teckel, das Knistern des dürren Heidekrautes unter den schweren Stiefeln, fernen Kukucksruf, das Girren der Ringeltaube, den Schmetterschlag des Baumpiepers und das Surren der unzähligen Fliegen. Plötzlich klingt dazwischen ein eigentümlicher Laut, so schwach, als käme er aus weiter, weiter Ferne. Huk, huk, huk, huk, dann ein zweiter Laut, stärker, mehr ein Baß, aber auch gedämpft: Houk, houk, houk: die Hunde geben Hals, Jenny und Waldman treiben die Füchse und suchen sie zu fassen. Aber das ist nicht so einfach: der Bau ist weitverzweigt, die feinen Nasen sind das einzige, was die Hunde in den engen düsteren Röhren leitet. Schnell werfen sich die grünen Joppen auf die Erde, kein Wort wird gesprochen, die Ohren sind in das Heidkraut gedrückt. Ein Augenblick atemloser Spannung. Hier ist Jenny; sie liegt fest vor! schreit ein Jäger, aufspringend und auf einen Fleck zwischen zwei jungen Fuhren deutend. Hier schlagen Sie durch! Der Bauer setzt die Schaufel ein; es knackt das durchstochene Heidkraut, es knirscht der Sand unter dem Spaten, Heidplagen und Sandschollen fliegen beiseite, ein Loch entsteht, und plötzlich stößt die Schaufel auf die Röhre. Scharfe Fuchswitterung strömt heraus, heller ist das Halsgeben der Hunde vernehmbar, eifrige Hände räumen dort gelben Sand aus der Röhre; aber da

258

erscheinen die Hunde schon wieder, bedeckt mit erdigem, gelbem Sande, schütteln sich, atmen keuchend die frische Luft und schliefen dann wieder ein. Doch nach wenigen Minuten schliefen sie wieder aus und zeigen durch ihr Benehmen an, daß sie in diesem Teile des weitverzweigten Baues keine Hoffnung auf Erfolg haben. Die Röhren werden verlegt, aus anderen die Fuhrenzweige gerissen und alle vier Teckel eingelassen. Wieder längeres Warten, wieder das dumpfe Lautwerden der Hunde unter der Erde. Hier ist es! Nein hier! Ich höre es ganz genau, sie liegen vor. Hier muß der Kessel sein! Man zweifelt, man schlägt wieder durch, aber ohne Erfolg: die Hunde kommen auch aus diesem Einschlage wieder hervor.

Die Altsche wird die Jungen verklüftet haben, meint ein alter Jäger. Und dann wird noch an drei andere Stellen durchgeschlagen, immer mit demselben Mißerfolge. Der Schweiß läuft uns in Strömen über das Gesicht, Mißmut greift um sich, einer nach dem andern holt sich eine Flasche aus dem Korbe und stärkt sich mit tiefen Zügen. Wieder werden die Hunde eingelassen. Mit einem Male schreit ein Jäger, wie elektrisiert mit Händen und Füßen zappelnd und in die Röhre deutend: Hier war eben der Fuchs, von hier nach dort. Schnell den Hund her! Waldmann wird in den Einschlag gelassen, und nun geht das Anhetzen los. Hu faß, huh faß, faß, so ist's recht, Waldmann, kss, kss, faß den Fuchs, krieg ihn, den Halunken, kss, kss, kss! Lauter Lärm füllt die stille Heide, die Gesichter röten sich vor Aufregung, Halsgeben der im Bau befindlichen Hund klingt dumpf herauf. Jetzt erscheint Waldmanns Rute in der Röhre des Einschlages, dann auch die Hinterläufe. Er hat'n, er hat'n, schreit sein auf den Knie liegender Herr. Faß, Waldmännchen, kss, kss, kss, faß ihn! Und dann langt die braune Jägerhand hinunter scharrt die gelbe Erde fort, erweitert den Eingang und packt die eifrig wedelnde Rute des Teckels, zieht ihn dann heraus und gleichzeitig auch den gewürgten Fuchs. Waldmann läßt nicht los: fest hat er sich verbissen und schüttelt knurrend den Fuchs. Die übrigen Tackel schliefen aus den Röhren und stürzen sich alle auf den Fuchs, hängen sich fest daran, winselnd vor Wut und lassen nicht ab, einige selbst dann nicht, als man den Fuchs in die Höhe hebt. Man läßt sie sich noch ein Weile an dem Fuchse abmühen, um sie scharf zu machen und dann reißt man ihnen den ganz Zerzausten fort und hängt ihn in eine Fuhre.

Die Teckel springen fortwährend danach, bis man sie wieder vor die Röhren bringt. Wieder geht das Anhetzen los, wieder wird gegraben, aus den neueröffneten Röhren blickt dann wohl ein mordgieriger Teckelkopf hervor, dampft vor Erhitzung, schluckt frische Luft und verschwindet. Das unterirdische Geläut hört nicht auf und hält sich auf einer Stelle. Dort muß der Kessel sein. Wieder knirscht der Spaten, dumpf poltern die Schollen, und wieder öffnet sich ein Röhre. Alle vier Hunde erscheinen über der Erde, aus verschiedenen Röhren kommend, und wollen alle vier auf einmal in die neueröffnete Röhre: vier Köpfe stecken in dem engen Eingange, vier Ruten wedeln unaufhörlich, acht krumme Vorderläufe scharren in dem gelben Sande.

Die Teckel hindern sich gegenseitig. Man nimmt drei der mutigen Teufelchen auf und hält sie zurück, bis der erste eingeschlieft ist; dann folgt einer nach dem andern. Unaufhörlich ruft man das anhetzende Hu faß-faß in die Röhre hinein. Zwei Teckelruten zeigen sich, man hört ein giftiges, keckerndes Äk-ääk: Wieder einer! Der eine Teckel hat den Fuchs unter dem Halse, der andere hat ihn am Genick erfaßt, und bald ist das Keckern und das darauffolgende Quäken verstummt, und die Teckel lassen ihre Wut an ihm aus, bis man ihnen den Grimmigen entreißt und ihn dann ebenfalls in den Bau hängt. Nach kurzer Zeit verschwinden die braven Hunde wieder in der Erde. Es dauert nicht lange, so fördern sie einen dritten zutage, bedeutend geringer als die beiden ersten; gleich darauf einen ebenso geringen, nach einer Viertelstunde noch einen, später eine sechsten, stärkeren, und zuletzt wieder einen geringeren Sieben junge Füchse hängen an der Kiefer: vier geringe und drei stärkere. Zwei Füchsinnen haben hier zusammen einen Bau bezogen.

Die Hunde wollen nicht mehr einschliefen. – Waldmann legt sich unter die Kiefer und blinzelt nach den oben hängenden Füchsen, Peter hat sich einen heruntergelangt und knutscht ihn ab, Jenny ist längst wieder die liebe, gute bescheidene kleine Jenny und liegt auf dem Schoße ihre Herrn, und der vierte Teckel, auch ein Peter, ruht sich nach der schweren Arbeit im Sand aus. Ein Massengrab nimmt die sieben Füchse auf und dann geht es durch den heißen Sand in sengende Sonnenglut zum Dorfe, um den knurrenden Magen und die ausgedörrte Kehle zu befriedigen und sich neu zu kräftigen für die Abendbalz des Birkhahns oder den Ansitz auf den Bock.

Im grünen Maienwald

Die Welt ist voll von Blumen und Sonne und Vogelgesang. Den Gehlenbach entlang gehe ich mit frohen Augen. Um mich herum, an des Plapperwassers Bord, blüht es gelb und weiß und blau und rot, weiße Schmetterlinge tanzen über die Schaumkrautdolden, schwarze Schwalben schießen über den buntgestickten grünen Wiesenplan.

Vor mir bollwerken des Sauparks Waldkuppen mi hellgrünen Buchen und goldenen Eichen, von dicken weißen Gewitterwolken überlagert, die schwer und klumpig hineinragen in den hellblauen Himmel, und mürrisch starrt die Barenburg, der graue Stein, aus dem lichten grünen Hange heraus.

Er bleibt sich immer gleich, der alte Stein. Wenn wintertags der Fuchs bei Blachfrost unter ihm vor Hunger bellt, wenn im November der Nordwest rot Blätter über seine graue Maske wirbelt, wenn im August durch das umgewandte Buchenblatt die Hundstagssonne prallt, ihm ist alles gleich, dem alten Stein. Er hat ja schon so viel durchgemacht, ihn läßt alles kalt. Mich aber nicht. Ich freue mich über das jung Rohr, das leise im Winde schwankt, über die großen Goldkäfer auf der Krauseminze, über die roten Kerzen des Knabenkrautes, die im hellen Grase prunken, über das Bergbachstelzenpärchen, das auf dem Stauwerk umherwippt, und pfeife mein Leiblied vor mich hin und lache den grämlichen Stein aus.

260

Alles lacht ja um ihn herum. Lachen höre ich aus der Kiebitze Ruf, aus der Lerche Lied, zu lachen scheint mir die Häsin, die vor ihrem verliebten Buhlen Haken schlägt und der blaue Günsel und die goldene Schlüsselblume, die weiße Spierstaude und der himmelblaue Ehrenpreis, sie lachen mich alle freundlich an. Sogar die alte Schäferin lächelt auf meinen frohen Gruß unter dem breiten Hute her.

Aber im Walde, da kommt mir einer entgegen, der lacht und lacht und lacht. Schön ist er, göttlich schön. Um sein frohes Gesicht kraust sich goldnes Haar, auf seinen jungen schlanken Leib wirft die Sonne goldne Lichter und das Buchenlaub grüne Schatten, und in beiden Händen reicht er mir dicke Sträuße von himmelblauem Waldvergißmeinnicht und weißbesterntem Waldmeister, goldner Waldnessel und silberner Sternblume, heilsamem Lungenkraut und duftendem Gundermann, er, der Herr im Wald, der Frühling.

Vor mir geht er in den Wald hinein, und ich geh ihm nach. Wo seine nackten Füße hintreten, glüht da Goldmoos auf, rollen die Farne ihre Wedel auseinander, wachsen die zartblumigen Knabenkräuter aus dem langen jungen Gras, faltet die Waldrebe ihr Blättchen auseinander, bläht der Aronstab seine seltsame Blüte dicker auf.

Jubelndes Volk begleitet des jungen schönen König Zug und singt ihm Huldigungslieder. Schwarzdrossel und Goldamsel spielen die Flöte, Mönch und Fink, Rotschwanz und Fliegenschnäpper schmettern und zwitschern, sogar der dickköpfige Kernknacker und der alberne Markwart huldigen ihm auf ihre Art. Mit Sang und Klang verschwindet der bunte Zug hinten im tiefen Wald. Ich sehe ihm lächelnd nach.

Ein Schmalreh und ein Bock äugen dem Trosse nach. Sie erinnern mich daran, was ich im grünen Maienwalde heute will. Den Bock weidwerken, den braven, heimlichen, der droben unter der Holzmühle seinen Stand hat.

Doch nicht dann, wenn er vertraut ist, wie dieser hier. Auf fünfzig Gänge äugt er mich an, als wären wir im Paradies, pflückt mit dem samtschwarzen Geäse das junge Laub vom wilden Stachelbeerbusch, rupft ein Hälmchen vom Wegerand, und zieht langsam, immer wieder als dunkler Fleck auftauchend im hellgrünen Unterholz, dem Frühling nach. Auf lautlosen Sohlen pürsche ich weiter durch die saftiggrüne, sonnengolddurchdrängte Frühlingsherrlichkeit. Das Vormittagsgewitter hat Diamanten an alle Blätter gehängt, Perlen in jede Blume geträufelt, das Moos schwillt, und das Gras glitzert. Des Ahorns goldne Blütenbüschel leuchten auf dem grünmoosigen Weg, und im nassen Fallaub am Boden spielen violette Lichter.

Betäubender Zwiebelgeruch schlägt mir entgegen. Rundherum ist alles weiß, wie Schnee liegt es über dem Grün. Die Stadtleute hassen ihn, den starkduftenden Bärenlauch, ich aber habe ihn gern. Wo er wächst ist Waldesstille, wo er duftet, herrscht Üppigkeit, wo er blüht, strotzt der Wald in Lebenskraft. Schöner blühen hier alle Blumen, straffer stehen die Buchen, voller klingt der Vögel Chor.

Über den grünen, weißbeschneiten Teppich gehe ich mit leisen Schritten. Ich scheue mich fast, in die blühenden Wunderherrlichkeiten hineinzutreten. Wie der vornehme Trauerfalter dort möchte ich schweben über die Blumen oder wie das Reh zwischen ihnen wandeln, das dort unter der blühenden Traubenkirsche langsam durch den Wald zieht, ein roter Fleck im satten Grün. Ein dunkler Fleck taucht weiter oben auf, ein anderer dahinter. Und links ein roter Schein und weiter noch einer. Vertraut, wie die Schafe, äsen sie sich im Perlgrase weiter, bis die blühende Heckenkirsche sie verbirgt. Jetzt aber wird es für mich Zeit, zur Holzmühle zu kommen. Schon leuchtet das grüne Feld zwischen den grauen Stämmen durch, schon blendet die weiße Straße herüber. Einen Blick zur Marienburg, einen zur Drakenburg, dann den Gehlenbach entlang, wo die Dorngrasmücke im Gestrüpp plappert, in den schwülen Wald hinein, wo der Kuckuck ruft, am Rauschenwasser entlang, bis dahin, wo am Forellenteich ein stilles Plätzchen ist. Dort ein kühler Trunk, ein Viertelstündchen Rast, und dann wieder hinein in den grünen Wald, bis dahin, wo die Dickung düstert, in der der Brave steht. Am Grabenbord vor einer alten Buche kauere ich mich hin, die Büchse auf den Knien. Hinter mir in den Fichten piepsen die Goldhähnchen, und spulen die Tannenmeisen, noch schmettert der Fink, aber schon ruft der Täuber sein Abendlied, das Rotkehlchen singt seine silberne Weise, und die braunen Abendfalter, huschen über das Fallaub. Langsam stiehlt sich die Dämmerung in den Wald. Steif und starr wie ein Klotz hocke ich an dem Stamm. Ein goldgefleckter Salamander kriecht an meinen Schuhen vorüber, dicht vor meinem Gesicht fängt eine große Fledermaus eine Motte fort, der Zaunkönig schmettert auf dem Rucksack vor mir sein Liedchen, der Bussard hakt zwanzig Schritte vor mir auf dem Buchenaste auf.

Eine leichte Brise säuselt im Buchenlaub. Ein roter Fleck taucht am Rande der Dickung auf. Meine Unbeweglichkeit bekommt einen kleinen Ruck. Langsam wende ich den Kopf. Ein leises Zittern überschleicht mich, denn das Schmalreh zieht gerade auf mich zu, und an der Dickung taucht noch ein dunkles Ding auf, der Bock.

Hinten im Stangenort lacht und winselt die Eule. Spitzmäuse huschen neben mir über das nasse Laub. Meine Füße sind eiskalt, aber die Angst macht meine Stirne heiß und naß. Da ein leiser Seufzer der Erleichterung. Das hübsche Ding wendet sich und zieht links an mir vorbei. Oben der Bock aber steht wie angemauert.

Kürzer wird die Ferne, näher ruft die Eule, ausgesungen hat die Drossel ihr Lied. Da tritt der Bock hervor. Langsam, vorsichtig, nach jedem Blättchen das er äst, aufwerfend, immer noch viel zu weit für die Kugel. Und immer grauer wird es zwischen Holz und Himmel. Da endlich traut er sich heraus, und endlich auch habe ich ihn auf Schußnähe. Ich lege an und gehe in den roten Fleck hinein mit dem Büchsenlauf, aber wie ich auch suche und suche, vergebens ist all Müh', ich bekomme Korn und Kimme nicht zusammen. Und immer flüchtiger trollt er der Grenze zu.

Ich will es wagen. Ich richte mich auf und mach einen Schritt. Und einen noch und noch einen, den roten Schatten vor mir nachpürschend. Dann ein

Satz über den Graben, und ein ängstliches Hervorsehen hinter dem Stamm. Und dann ein Aufatmen und wieder ein Sprung über morsches Gezweig, und wieder ein Aufpassen und ein Aufatmen. Und so Schritt für Schritt näher heran bis vor das Feld.

Am Felde sichert der Schlaue. Eine alte Buche verdeckt ihn bis auf das Gehörn. Ich habe die Büchse am Kopfe und warte. Hier ist mehr Licht, und hell schimmert das Korn im Visier.

Ich dampfe. Die zweihundert Gänge haben mir den Schweiß durch die Haut gejagt; alle Schlagadern hüpfen, und das Herz trommelt mir laut unter der Joppe. Und immer noch sehe ich nichts von dem Bock, wie das Gehörn. Noch ein Weilchen, und das Büchsenlicht ist fort.

Da bewegen sich die schwarzen, dreizackigen Stangen. Das Geäse schiebt sich vor, der Hals, und jetzt das Blatt. Nur ein ganz kleines bißchen lasse ich den Büchsenlauf sinken, dann rühre ich am Abzug. Im roten Strahl sehe ich den Bock hinter der Buche vornüberschlagen, dann legt der weiße Dampf sich vor ihn, und der Widerhall des Schusses überbrüllt, was ich hören möchte.

Doch jetzt, da, ein Rascheln im Laub, und noch einmal, und alles ist still. Die Amsel nur zetert über den Mord im Maiwald, und die Rotkehlchen locken ängstlich.

Lang liegt er da zwischen blauem Günsel und silbernen Erdbeeren, der Starke, der keinen dulden wollte neben sich hier am Hange. Alle anderen Böcke hat er fortgebracht. Abgekämpft sind beide Vorderenden. Nun ist wieder Platz für die andern, die er vertrieb, hier im grünen Maienwald.

Wo die Oker rauscht

Es war eine Liebe auf den ersten Blick. Auf Anhieb verschoß ich mich in sie, in die lustige Tochter eines ernsten Vaters, in die sprudelnde, springende, lustige, launenhafte Oker, des finsteren Blocksbergs fideles Kind. Ich sah sie aus dem Brockenmoore heraussickern, wo das Wollgras seine Silberfahnen schwenkt, ein wildes kleines Ding. Dann trafen wir uns bei Okerbrück, wo man dem frechen Backfisch eine ungeheuere steinerne Schnürbrust anlegte, damit er hübsch artig und fleißig sei und in den Gruben von Sankt Andreasberg den Bergleuten helfe. Aber ganz bändigen ließ sich die Kleine nicht, der Wildfang sprang bald wieder ohne Schuhe und Strümpfe und Korsett über moosige Steine und algenbedeckte Blöcke talab, daß die ernsten Fichten ganz verwundert die Köpfe schüttelten.

So lustig sie ist, kann sie auch mächtig ernst sein. Wenn sie so ihren Zug kriegt, dann schlägt sie alles kurz und klein. Gerade dem Bahnhof Scharzfeld gegenüber lag ein festes Mühlenwehr aus Stämmen, Flechtwerk und Steinen mühsam in monatelanger Arbeit von vielen schwieligen Fäusten aufgebaut. Jahrelang hat die Oker sich das Hemmnis gefallen lassen. Auf einmal aber wurde es ihr zu dumm, und im letzten Frühling wischte sie es weg, und der Müller kann sich nun wieder monatelang abquälen, bis er wieder ein neues Wehr fertig hat.

Von diesem Wehr flußabwärts bis eine Wegstunde hinter Scharzfeld konnte

263

ich angeln, aber ich begnügte mich mit der Ecke vom Wehr bis zur Brücke, soweit der Bergabhang vom Kirchholz bedeckt ist, von diesem Holz, in das ich mich auch gleich Knall und Fall verliebte, trotz seines geringen Rehstandes, in das ich mich verschoß über Hals und Kopf wegen seiner heimlichen Klippenecken und Felswinkel, wegen seiner seltsamen, zwischen Blöcken und Quadern sich herauswindende Fichten und Buchen und wegen seines Überreichtums an schönen und seltenen Blumen. Im Schatten glänzt die Haselwurz, da steht steif und stolz die goldbraune Vogelnestwurz und krumm und gebückt der leichenfarbige Fichtenspargel, weiße Orchideen leuchten im finsteren Stangenort, um dessen Stämme die Waldrebe ihre zähen Taue zieht. Hinter der Brücke, da sind die Ufer kahl, da lockt es mich nicht hin. Zwischen Wehr und Brücke bleibe ich.

Es ist schwül und drückend heute morgen, und die Sonne sticht. Da wird sie beißen, die Forelle. Oben am Wehr beginne ich, da, wo zwischen den glucksenden, rauschenden, strudelnden, sprudelnden Wassern eine klare, grüne Stelle ist. Im Schatten der Eller, deren Blätter in der Julisonne metallisch glänzen, mache ich die Angel fertig. Einen Augenblick sehe ich den Bachstelzen zu, die auf dem Ufergeröll Fliegen jagen, dann lasse ich die künstliche Fliege auf die glatte, tief grüne Stelle fallen, und hole sie mit zitternder Handbewegung zu mir heran. Wie ein lebendes Insekt tanzt sie über das Wasser. Schön ist sie dicht an den überspülten Ufersteinen, da schießt ein blankes Ding heran, hascht nach ihr und verschwindet als silberner Blitz wieder in dem Kolk. Wieder fällt die Fliege auf den grünen Spiegel, und noch einmal, und dann platscht es, und ich rucke an. Aber die Äsche zeigt mir höhnisch die Schwanzflosse. Sie hat nur ein paar Härchen von der Fliege gezupft.

Im Schatten der Eller löse ich die Fliege vom Vorfach und nehme eine andere. Ein Stück weiter unten lasse ich sie dann über das flache, rasche, laute Wasser tanzen, da, wo die flinken Forellen stehen, den Kopf gegen den Strom gerichtet. Nachher will ich es wieder mit den Äschen versuchen. In weitem Bogen fliegt die Schnur durch die Luft, und kaum, daß die Fliege das Wasser berührt, so klatscht es auch schon, und ein heller Blitz funkelt durch die schnellen Wellen. Ein leiser Ruck des Handgelenks hebt eine Forelle aus dem Wasser, und in hohem Bogen fällt sie auf den Schotter des Ufers zwischen die goldgelb blühende Wolfsmilch. Vorsichtig löse ich den Haken aus dem Gaumen des zappelnden Fisches und setze ihn in den Eimer, in dem er wütend hin und her schießt. Das Kreuzholz hindert ihn aber am Herausspringen.

Es wird immer drückender. Die Sonne fällt aus tiefen Wolken blendend auf die glitzernde Flut, und zwischen dem silbergrauen Schotter summt es von Fliegen und Bienen. Drüben vom anderen Ufer weht Fichtenduft herüber, schwer und schwül. Ein heller, schwermütiger Ruf ertönt. Als blendender, hellblauer Blitz streicht der Eisvogel über das Flüßchen und fällt als funkelnder Edelstein am Mühlengraben ein. Ich werfe die lästige Jacke ab und gehe weiter das Ufer entlang bis dahin, wo drüben die losgewaschene Weide das Flußbett verengt und zerrissene Felsblöcke eine

264

Stromschnelle bilden. Stumm streicht vom hohlen Ufer die Wasseramsel ab und macht mir von der Kuppe eines gischtumspritzten Blockes einen spöttischen Knicks nach dem anderen, kokett ihre weiße Weste zeigend. Wenn das nur etwas Gutes bedeutet!

Zwischen der umgefallenen Weide und der Klippe ist ein tiefer Kolk mit klarem, grünem Spiegel. In dem steht sicher eine starke Forelle. Aber es ist schwer, die Fliege dahin zu bringen. Hüben und drüben hindern die Ellernbüsche den Arm am Schwung. Zweimal versuche ich es, aber jedesmal verheddert sich die Schnur im Gezweig. So steige ich denn bis an die Knie in das Wasser. Mörderisch zankt drüben der Zaunkönig. Er meint, ich will seiner flüggen Brut an den Kragen, die wie die Mäuschen durch die Riesenblätter des Pestwurzes schlüpfen. Ich werfe von weitem die Fliege auf den Kolk. Ein Sprung, ein Silberblitz, ein Platschen und Plumpsen, die Schnur läuft rasselnd aus der Rolle, dann ein Ruck, und ihre Spannung hört auf. Ich rolle auf, und fliegenlos pendelt das Vorfach um meinen Kopf. Pech! Da hat sich die Schnur an eine Wurzel oder hinter einer Klippenzacke geklemmt, und die Forelle hat die Fliege mitgenommen. Also darum dienerte die Wasseramsel so höhnisch.

Ich schlinge eine neue Fliege an das Vorfach und versuche aufs neue meine Kunst. Aber vergebens lasse ich die Rute schwippen und die Schnur fliegen, der alte, starke Räuber hat genug vom ersten Male. Und höre ich auch das Geröll rasseln hinter mir. Der eine der drei Engländer aus Leipzig, die seit gestern im Hotel Schuster wohnen, kommt mit seiner Angel an. Es ist ein alter Forellenfischer. Seit acht Jahren kommt er alle Augenblicke nach dem schönen Scharzfeld und macht reiche Beute. Die beiden anderen sind oben, wo die Äschen stehen. Unaufhörlich blitzen die Angelruten in der Luft.

Ich erzähle mein Unglück mit der starken Forelle. Er sieht meine Fliege an, schüttelt den Kopf und zeigt mir seine Fliege. Dann läßt er sie leicht auf den Kolk fallen. Ich sehe ihm zu; von dem kann ich lernen. Wie weit er wirft, wie lose die Fliege auf das Wasser fällt, wie er sie mit zitternder Handbewegung quer über den Strom tanzen läßt, es ist eine Freude, zuzusehen. So hocke ich denn am Ufer, rauche, beobachte ihn und höre, was Fink und Mönch, Ammer und Zippe singen, und lausche dem Quirlen und Sprudeln, Klucksen und Gurgeln des Wassers. Eine halbe Stunde lang sehe ich zu. Vier Forellen und eine Äsche sind schon in den Eimer gekommen, aber die große ist noch nicht dabei. Und immer noch fällt die Fliege vor und hinter dem Kolk und nur ab und zu auf seinen grünen Spiegel.

Hinter dem Kirchholz grummelt ein Gewitter. Ein Windstoß rauscht in den Fichten. Die Hohltauben, die sich am Ufer tränkten, flüchten zum Holze. Einzelne Tropfen fallen. Des langen Engländers Gesicht rührt sich nicht. Er zieht die Kappe fester, stopft sich sein Pfeifchen und wirft von neuem die Fliege auf das Wasser, hierhin, dahin, wo es brandet und braust, und dann wieder einmal dahin, wo das Wasser stille steht, grün und klar. Und in demselben Augenblick ein lauter Plumps, ich sehe eben noch einen silbernen Streif, aber einen handbreiten, sehe das abgemesse-

265

ne Anrucken in des Engländers Arm, bewundere die Sicherheit, mit der er die abrollende Schnur durch geschickte Gegenbewegung in Spannung hält, ich höre die Rolle rasseln, sehe die Angelrute hin und her pendeln und sehe zum erstenmal heute in dem schmalen, braunen Gesicht etwas wie Aufregung, das tief versteckt lag hinter den ausdruckslosen Mienen. Aber immer bleibt der Grundzug des Gesichtes ruhig, und der Rauch des Pfeifchens flattert in gleichmäßigen Wolken flußaufwärts mit dem Winde. Langsam rollt er jetzt auf, aber rasend schnell läuft die Schnur wieder ab. Und wieder rollt er auf, und noch einmal läuft sie ab, und so nochmals und abermals. Dann aber ist die Forelle matt, und vorsichtig rückwärts gehend, watet er dem Lande zu. Wir haben keinen Kätscher mitgenommen, das ist dumm. So greift er denn die Angelrute entlang bis zur Spitze und zieht mit der Rechten Schnur und Vorfach heran. Und dann, in demselben Augenblicke, wo der Kopf der Forelle schon fast die Luft berührt, ein Schwung, und sie schnellt sich, vom Haken frei, in dem blühende Wundklee herum.

Da lacht er aber doch über das ganze Gesicht. Eine zweipfündige, dieselbe, die gestern seinem Freunde das ganze Vorfach fortnahm. Und dann sagt er lachend: „Ich habe schrecklich viel Angst gehabt."

Und dann faßt er die wütend zappelnde Forelle mit schnellem Griff über den drei Finger breiten Nacken hinter die Kiemen, sieht frohen Auges an den dunkelrot getupften Seiten entlang und tut sie in den Eimer, in dem sie einen Höllenspektakel vollführt. Nun kommen auch die beiden anderen Engländer an. Sie habe sieben Äschen gefangen, aber sie gäben sie gern hin für die eine Forelle. Das sieht man ihren Augen an. Weiter unten im Flusse ist eine Stelle, da ist mein Lieblingsplatz. An der rechten Seite ist das Ufer hoch und mit Ellernbüschen bestockt, links greift der Fels in das Bett ein, zerrissen und zerbarsten, und engt den Strom so ein, daß er eine niedliche kleine Stromschnelle bildet. Rundherum sind Altwässer, in denen sich die junge Brut der Äschen und Forellen tummelt und bei unserem Herannahen unter den braungelben Algendecken versteckt, und zwischen den Felsen sind flache Mulden, in denen die dickköpfigen Groppen faul auf den kaum mit Wasser bedeckten Steinen liegen. Der Eisvogel, der hier gern fischt, stiebt mit ärgerlichem Ruf ab, wie wir kommen, und die Groppen verschwinden von unseren Tritten, mit den Schwänzen das Wasser trübend, in den Steinritzen. Unter den Felsen sind große, stille Tiefen. Vier Forellen holte ich gestern da heraus, aber die fünfte, die beste, nicht. Der eine Augenblick, in dem ich, auf schlüpfrigem Fels stehend, vergaß, die Schnur straff zu halten, genügte ihr, sich frei zu machen, und sie biß nicht wieder. Aber der alte Forellenangler wird sie schon kriegen, und ich, der junge, lerne dabei.

Der Engländer sieht sich die Sache an. Links der Wildrosenbusch, rechts die Ellern und Weiden, oberhalb der tiefe Strudel, das ist dumm. Da muß alles im Handgelenk liegen. Dicht über das Wasser fliegt die Fliege, jetzt tanzt sie wie eine Eintagsfliege, die ihre Eier ablegen will, über den Strudel, jetzt zittert sie auf dem Kolk, jetzt schlüpft sie über die nassen, algenbesponnenen Steine. Noch einmal! Nichts. Noch einmal! Dasselbe. Und noch einmal! Auch nichts. Und wieder einmal! Wieder nichts. Und

266

dann klatsch, plumps, das Geratter der Rolle, das Zittern der Angel, und die Forelle ist zu Land gebracht. Aber nichts Besonderes. Also wieder weiter. Nichts. Und wieder weiter. Klatsch, plumps. Das war eine Äsche. Die hatte nur angefaßt und hielt das Anrucken nicht aus. Also noch einmal, noch einmal und noch einmal.

Hoppla, das ist etwas Besseres. Rrr geht die Rolle, hierhin, dahin geht die Rute, mit Luchsaugen paßt der Engländer auf, daß die Schnur straff bleibt, immer die rechte Hand an der Kurbel, Schnur nehmend, Schnur gebend, dem Fisch scheinbar den Willen lassend, bis er ganz matt ist und sich so weit ziehen läßt, daß ein Schwung ihn auf das Geschotter des Ufers wirft.

Am Fuhrenkamp

An der schnurgeraden Landstraße liegt er, mein Fuhrenkamp, ein schwarzes undurchdringliches Viereck. An der Ostseite flitzen die Radler dahin, rasseln die Jagdwagen vorbei, fahren die Bauern mit ihren Gespannen zu Felde, kommen die hochgepackten Torfwagen vom Moore. Im Straßengraben spielen die Kinder mit Kettenblumen, da ruhen sich die Frauen aus, die Braken im Holze lasen, Handwerksburschen verzehren ihr karges Vesper dort, oder ein müder Radfahrer streckt die Glieder im staubigen Grase aus. Morgens und abends treibt dort der Schäfer vorbei; dann mülmt es gelb und dick noch lange fort.

Die Südseite säumt ein Koppelweg, die Nordseite ein tiefer Graben und dann eine braune Heidfläche, die Westseite schließt wieder ein Graben ab und daran liegen die Felder. Von dem Grabenbord aus sieht man über dem Korn die roten Dächer des Dorfes, in grünen Bäumen halb versteckt, zur Rechten gelbe Dünen, oben von schwarzen Fuhrendickungen gekrönt und dahinter blauen die Höhen der Bückeberge.

Ich konnte es anfangs nicht leiden, dieses viereckig Stück Dickung, so gerade wie mit der Meßleine gezogen, so gekünstelt, so angelegt, so unnatürlich, so dicht an der Straße gelegen. Wenn ich jage, will ich Wildnis haben, will ich keinen Menschen, keinen Wagen hören, nichts hören und sehen will ich dann von Kultur. Urmensch will ich sein in der Urnatur. Und hier störten mich die roten Dächer des Dorfes, das Leben auf dem Felde, der Lärm auf der Straße. So ging ich immer daran vorüber.

Eines Junimorgens aber, als ich Hals über Kopf querfeldein lief, um den Zug der Kleinbahn noch zu erreichen, mußte ich an dem Fuhrenkamp vorbei. Etwas Rotes vor ihm stach mir in die Augen; ein Bock, ein knallroter Bock, und ein knallrotes Schmalreh bummelten vom Felde auf ihn zu. Handhoch leuchteten des Bockes weiße Enden über den Lauschern. Im vollen Laufen hielt ich an, sank langsam zu Bode und kroch hinter der Straßenböschung platt auf den Leibe vorwärts, um den Graben zu erreichen, der ein Anpürschen auf Büchsenschußweite erlaubte. Auf der Grabensohle schob ich mich weiter, Hut und Rucksack warf ich ab und kroch

267

wie ein Raubtier vorwärts. Hinter einer lüttjen Fuhre am Grabenbord hob ich den Kopf und schob die Büchse vor. Da waren Bock und Schmalreh schon in den lückigen Teil des Vierecks eingewechselt und zogen äsend in das Innere. Einmal nur hob der Bock den Kopf, mit dem Glas faßte ich das Gehörn, das hohe, langendige, das ich noch nie gesehen hatte, dann verschwand er in dem Wirrnisse dunkler Büsche.

Vergessen war die Kleinbahn, vergessen Hunger und Durst. Ich umschlug das Viereck, saß eine Stunde an der Straße, aber der Bock kam nicht. Und dann kroch ich auf die Blöße der Dickung, klappte den Jagdstuhl auf und saß und saß mit bellendem Magen und ausgedörrtem Hals von acht bis zwölf in der brennenden Sonnenglut.

Aber der Bock kam nicht. Nur eine große Hasenhochzeit sah ich. Vier Rammler und eine Häsin kamen angepoltert, immer um mich herum. Sowie einer der Schönen zu sehr den Hof machte, gab es eine Zweikampf. Um die grünen Triebe der Fuhren zitterten die Libellen, im Graben jagten die goldgrünen Raubkäfer, im Heidekraut zwitscherten die Spitzmäuse, die Goldammer sang ihr Mittagslied, und die Grauartschen schwatzten auf dem Raine, aber der Bock plätzte und schlug in der sicheren Dickung, und höhnisch lachte die Elster mich aus, als ich überhungert und überdurstet aufstand, um durch die Mittagsglut zum Dorfe zu schleichen in mein Bett, das ich in der zweiten Nachtstunde verlassen hatte.

Um sechs Uhr aber saß ich schon wieder am Fuhrenkamp. Unter meiner Kammer in der Wirtsstube waren zu viel laute Stimmen, war zu viel Gläsergeklapper. Ich saß mir die Knochen steif und den Rücken krumm, aber der Bock kam nicht. Ich ging zum Fuhrenkamp vor Tau und Tag, ich saß dort an bei sengender Siedeglut und bei rieselndem Regen, ich umpürschte ihn in der Uhlenflucht und beim ersten Lerchensang, aber der Bock war nicht sichtbar. Bei hellichtem Mittag stand er im Klee, sagten die Bauern aber nur nicht, wenn ich kam. Und wenn es ganz dunkel war, dann sah ich ein starkes Stück zu Feld ziehen. Das war wohl der Bock.

Auf die Blattezeit setzte ich meine letzte Hoffnung auf die Zeit, wo dem Bock die Liebe den Kopf verwirrt. Heiß war die Augustsonne, als ich wieder einmal auf der Blöße des Fuhrenkampes saß. Schmelzend und lockend, sehnsüchtig und verlangend klangen die Fieplaute aus meinen geblähten Lippen hervor. Doch stumm blieb es in der unentwirrbaren Dickung. Nur die Libellen knisterten durch die kochende Luft, und die blinden Fliegen umsummten mich und zerstachen mir Nacken und Hände. Einmal hörte ich es brechen in der Dickung, aber der Schlauberger kam nicht heraus.

Da faßte ich in die Tasche und holte die Angstblatte heraus. Gellend, hilfesuchend, gepeinigt kam es aus der Faust heraus. Das war dem alten Burschen zu viel. Das Werben eines Schmalrehs ließ ihn kalt, den Starken, der alle Nebenbuhler in Schach hielt mit seinen nadelscharfen Enden, aber das ging denn doch nicht, daß ihm ein anderer in das Gehege kam. Wie ein Donnerwetter polterte er heran, aber nur so weit, daß ihn noch die Dickung deckte. Da blieb er stehen, zehn Minuten lang, zog hin und her, und dann wurde es ganz still.

268

Noch einmal ließ ich den Angstlaut des vom Bock getriebenen Schmalrehes gellend in die Stille der Unterstunde erschallen. Vergeblich, nichts rührte sich. Als ich schon aufstehen wollte, um anderswo mein Heil zu versuchen, da poltert es hinter mir, unter dem Winde, und mit dröhnendem Bööö sprang der geriebene alte Herr ab, der mich im Bogen umzogen hatte, um sich Wind zu holen.

Von da ab blieb er wieder unsichtbar. All mein Pürschen, all mein Ansitzen, es war für die Katz. Der Herbst kam ins Land, und immer noch nicht hing das hohe Gehörn an der Wand bei mir. Der Winter kam. Da sah ich ihn wieder mit kahlem Kopf.

Der Winter ging, und der Mai kam. Ob er wohl noch lebt? Zwei saftige Kleestücke liegen an der Westseite. Ob er wohl dahin wechselt? Von der Düne aus nehme ich die Blöße, die Saat, den Klee, den in Graben ins Glas. Nichts, nur Hasen; hier Hasen, da Hasen, hoppelnd, Kegel machend, äsend und beim Minnespiel. Langsam fällt die Dämmerung auf das Feld. Hinter mir ist die Sonne verschwunden hinter den blauen Bückebergen; ihr Abglanz färbt das Steinhuder Meer golden und gibt dem düsteren Moor einen warmen Schein. Auf den Klee treten Rehe, eine rote Ricke, eine schwarze Ricke mit einem schwarzen Schmalreh, ganz unten ein einzelnes rotes Stück auf der zweiten Kleeflagge. Das kann er sein. Aber ehe ich dahin komme, ist es schwarze Nacht.

In grauer Dämmerung bin ich wieder dort am andern Morgen. An der Straße warte ich, bis der Tag die Nacht verjagt, aus der Tasche mein Brot essend. Die Luft ist voll von Lerchenliedern, die Eule klagt über den Feldern, eine Nachtschwalbe spinnt ihr seltsames Lied und tanzt lautlos um mich herum. Leise, langsam schleiche ich an der Südseite entlang, dem zweiten Kleestück zu. Noch ist die Luft grau. Aber immer heller wird sie mit jeder Viertelstunde. Wie ich den Jagdstuhl öffne, machen im Klee drei Hase Kegel und äsen dann weiter. Enten streichen klingend zum Meere, ein heiserer Reiherschrei klingt zu mir herunter, ein Rebhahn lockt vor mir auf der Brache.

Ich sitze wie gemauert hinter der Eckfuhre auf meinem Stuhl. Eine rote Ricke zieht zehn Schritt vor mir aus der Dickung. Vertraut äst sie sich bis sechs Schritt an mich heran, tritt in den Graben und dann auf den Weg. Jetzt hat sie mich eräugt. Die Lauscher spielen hin und her, der Windfang schnuppert in der Luft, nickend tritt sie näher, stampft unruhig mit den Vorderläufen, und tritt hin und her. Ich rühre kein Auge im Kopfe, sehe ihr still in die dunklen Lichter; da beruhigt sie sich und zieht durch den Roggen nach dem Klee, ab und zu verhoffend und nach mir hinäugend. Oder äugt sie gar nicht nach mir? Äugt sie nach den Fuhren? Kommt da der Liebste, der sie vorauswechseln ließ und erst abwartet, bis die Luft rein ist? Fast scheint es so. Ich sitz und sitze, aber nur Krumme rücken aus den Fuhren, einer nach dem andern, alte Rammler, die alle Augenblicke sichern, Häsinnen, die faul hoppelnd äsen, und Junghäschen, karnickelgroß, putzige Dinger.

Jetzt wird mir das aber bald langweilig! Doch halt was ist das da? Fünfzig Schritt über mir tritt ein rotes Stück Rehwild aus den Fuhren. Ein Schmal-

269

reh, es zieht nach dem oberen Klee. Und dahinter kommt der Bock. Langsam, o so langsam, so behutsam geht das Glas vor meinen Augen. Enttäuscht lasse ich es auf die Joppe sinken. Das ist mein Bock nicht; ein lumpiger Spießbock ist es.

Aber da ganz oben, wo die Gräben zusammenstoßen, dort, wo die vier Hasen Kegel machen, da tritt wieder etwas heraus. Aber nur bis an den Graben, nicht weiter. Ein Bock ist es, das sagt mir das bloße Auge und kein geringer. Nun schnell nach der Landstraße zurück und um die andere Ecke herum. Tappend, nach jedem Braken im Graben sehend, jedes streifende Ästchen vermeidend, krieche ich den Graben entlang. So! Von hier aus wird es gehen. Ich steche die Büchse und komme hoch. Aber wo ist der Bock? Der steht schon mitten im Felde. Ich warte und warte, aber er äst ruhig weiter. Und dann, nach einer halben Stunde, zieht er nach den Dünen hin. Soll man da nicht fluchen? Betrübt ziehe ich ab.

Die nächsten Tage habe ich keine Zeit. Aber bei aller Arbeit denke ich nur an meinen Bock. Ich träume nachts davon. Und heute habe ich endlich den Abend frei. Ich weiß nicht, mir ist heute so, als wenn ich mit vollem Rucksack nach Hause kommen sollte. Nach den kalten acht Tagen ein warmer Regen, ein schwüler Abend, das ist das richtige. Sogar die Mücken, die mich umschwirren, freuen mich. An den kalten Tagen waren sie nicht da. Die Rehe treten heute früh aus. Da kommt schon die schwarze Ricke mit dem schwarzen Schmalreh. Wie toll das aussieht, die beiden kohlschwarzen Dinger in dem grünen Klee! Und wie rot die Hasen schon sind.

Die Mücken sind aber wirklich lästig. Ich muß rauchen, sonst ist an Stillsitzen nicht zu denken. Aber zum Kuckuck, wo sind denn meine Sticken? Das ist ja ein schöne Bescherung, die muß ich im Kruge gelassen haben! Zeit habe ich ja noch die Masse. Ich will doch sehen, ob mir nicht auf der Landstraße wer in die Möte kommt, der mir welche abläßt. Da kommt ja ein Sandwagen. Der Fuhrmann lacht; eine gute Zigarre gegen zehn schlechte Schwefelsticken, das ist ein Geschäft. Langsam knarrt der Wagen weiter.

So, nun können die Mücken kommen, soviel sie wollen. Jetzt bin ich ihnen über. Aber was soll ich jetzt schon vor dem Klee. Ich sitze mir bloß die Knochen steif. Hier im Graben in der Sonne ist es viel schöner. So denke ich und sehe den Hasen zu, die jenseits der Landstraße in dem Roggen spielen, und dem Bussard, der hoch im Blau kreist. Hasen gibt es dieses Jahr die Menge. Da unten sind schon wieder zwei und da wieder einer. Nein, was ist das? Das ist kein Krummer, das ist wahrhaftig mein Bock, der da angezogen kommt, quer durch das Feld nach dem Fuhrenkamp. Und ich liege breit und blank im Graben und kann mich nicht rühren. Da soll doch dieser und jener!

Na, nun heißt's aber, die Ohren steif gehalten. Zweihundert Gänge vor mir wechselt er über die Landstraße in die Fuhren. Wie geht der Wind? frag ich die Zigarre. Er ist heute unbeständig. Südwest sagt der Rauch der Ziegelei. Nun aber los, den Graben entlang. Wahrscheinlich hat es keinen

270

Zweck, denn der Bock hat sich im blanken Feld dick geäst und wird jetzt faul im Bett liegen.

Selbstverständlich! Auf dem Klee steht er nicht. Aber da kommt er, er hat's furchtbar eilig, mitten ins Feld zu kommen, wo keine Kugel ihn erreicht. Wie das leibhaftige böse Gewissen, so unruhig zieht er vorwärts, eben schimmert der rote Rücken hinter dem Roggen hervor. Jetzt tritt er frei auf den Klee, hastig ein paar Blättchen rupfend, alle naselang den Kopf hebend, keinen Augenblick still stehend. Noch zwanzig Gänge, dann verschwindet er hinter dem anderen Roggenstück.

Schnell steche ich das Büchsenschloß und ziehe den Kolben an. Nur einen Augenblick stillstehen, bitte! Fällt ihm gar nicht ein. Na, vielleicht hilft das. Ich gehe mit der Büchse mit, und nun ein kurzer Pfiff Ruck, da steht er und äugt nach mir hin. Aber schon knallt es, ich höre den Kugelschlag, sehe durch das Feuer, wie er eine hohe Flucht macht, und da liegt er im Klee, wild mit den Läufen schnellend.

Ich bleibe ruhig stehen und lade wieder, denn man kann nicht wissen. Aber dann, als das Schnellen nach läßt, gehe ich heran. Wie aus einer Seltersflasche so sprudelt der hellrote Lungenschweiß laut in den grünen Klee. Noch einmal hebt er den Kopf, aber es ist zu spät; meine Linke umfaßt das stark geperlte, schwarze, spitze Gehörn, die Rechte sucht das Weidmesser in der Hosennaht und gibt ihm ein schnelles Ende.

Hinter mir, in der Krüppelfuhre, hängt er. Mein Augen umfassen das Gehörn, die dicken Rosen, die dunklen Stangen, die voriges Jahr viel stärker waren. An der Rechten ist die Spitze abgekämpft. Sollte hier noch ein starker Bock wechseln? Möglich ist es schon, denn weit und breit steht kein Klee. So muß ich morgen abend wieder an meinen Fuhrenkamp.

Ein Pirschtag am Kahnstein

König ist, wer frei ist. Und frei bin ich seit Wochen, wie Zaunkönig im Busch. Kein Menschen fragt nach mir, keinem frage ich nach, Wald und Wild allein ist's, dem mein Sinnen gehört. Im Walde bin ich beim ersten Drosselschlag, beim letzten Rotkehlchenliede noch im Berge, Eulenruf und Unkenton geleiten mich heim. Das Lied, das Zaunköniglein mich lehrte, das lustige Lied, ich singe es jeden Tag:

> Sau lüttj eck bün,
> Sau lüttj eck bün
> Sau bün eck doch,
> Sau bün eck doch,
> Schnideriderrit,
> De Küning!

Im Nebelbette lag noch der Junitag, als ich das Dorf verließ. Ein Nachtgewitter war niedergegangen, weich war der Weg und naß das Gras. Im

Korn sang der Rohrsänger, Laubfrösche und Unken plärrten und läuteten in den Flachs-Röstekuhlen am Kirchhofe, Frühwind ruschelte in der Feldpappel und wehte des runden Weißdornbusches Bittermandelduft mir zu. Und vom Schälwald her rief der Waldkauz dem Weibchen zu:

> Ahou hu hu hu.
> Wo bülst du, min Fru?
> Ahu hu huit ,
> Kumm mit, kumm mit!

> De Sunne wad wach,
> Dann wast du blind,
> Kumm schnell, min Kind,
> Din Dod is de Dag!

Zärtlich gurrte und maute auf dem schlafenden Rittergute der schwarze Kater. Im Arbeiterhause ist ein weißbuntes Kätzchen, an die hat er sein Herz verloren. Er zieht unter dem Fenster her und lockt sie:

> Kumm' heriut, kumm' heriut,
> In Busch un in Kriut:
> Ut'n Hius, ut'n Hius,
> Eck heff 'ne prick Mius!
> Eck heg' se för di,
> För di ganz allein,
> Min leiwste Kathrrrein!

In der Eichenallee am Schälwalde surren und burren die Maikäfer, und ein unaufhörliches Rispeln und Wispeln herrscht im Walde. Dort ziehen die Schnecken durch das alte Laub, dort jagen Raubkäfer den Regenwurm, dort huscht die Spitzmaus, hüpft der Frosch, watscheln Kröte und Salamander, raschelt der Igel. Das gibt mit dem verstohlenen Flüstern der Buchenblätter, mit dem Tröpfeln des Taues eine große, seltsame Nachtsinfonie, aus der manchmal wilde Disharmonien hervorklingen: das plötzliche Geklapper eines dürren Astes in der Frühbrise, der gellende Pfiff eines Zweiges, den der Wind gegen die Rinde reibt. Und seltsame Gestalten beleben den Wald, schwarze Männer mit langen Armen, die nach mir langen, Untiere am Boden kauernd, zum Raubsprunge sich duckend, mit grünlichen Augen mich anstarrend. Und vom Ellernsood, dem hellen, wallt es heran, bleich und blaß winkt mit weißen Fingern, weht mit lichten Schleiern, der Waldfrauen tote, stumme Schar. Mit Zittern und Beben ängsten die Leute, die nicht an Nix und Neck glauben, nachts durch den Wald; der Waldschrat wirft ihnen Steine in den Weg, die Wichtelmännchen fangen ihre Füße mit Wurzelschlingen und Rankenschleifen, die Waldfrauen schlagen sie mit nassen Zweigen über die Stirn, der Helljäger erschreckt sie mit hellem Pfiff und gellem Peitschenschlag. Und die klugen Leute mit den kalten Herzen stürzen und straucheln durch den schwarzen Wald, alles Böse, was sie taten, würgt ihre Kehle, hämmert ihr Herz, bis sie Licht sehen, Licht aus Menschenfenstern. Doch wer sein Kinderherz sich bewahrte, der geht lächelnd durch Dunkel und Nacht: er nickt dem Waldschrat zu, er winkt dem Neck, er flüstert den Wichteln Glück auf! zu, wirft den Waldfrauen eine Kußhand und wünscht dem Helljäger, der mit Troß und Meute über die Wipfel reitet, frohes Gejaid und Weidmannsheil. Froh und fromm geht er durch Dunkel und Nacht. Der erste Drosselschlag. Wer ihn noch nicht gehört hat, um die Zeit, wenn die Sonne erwacht und der Tag die Nacht in die Dickungen jagt, der sage nicht, daß er die Natur kennt. Und wer ihn einmal vernommen hat, den lauten, lustigen, frohen Schlag, der will ihn immer wieder hören. Das klingt so hell, das klingt so froh, daß es einen lüstet, mit einzustimmen. Und wenn sie dann alle einfallen, Fink und Zaunkönig, Meise und Blau- specht, Hänfling und Bülow, Grasmücke und Ammer, und der Täuber gurrt und der Specht trommelt, der Häher zetert und die Krähe quarrt und die Sonne über den Berg lacht und aus allen Tautropfen Diamanten macht, dann hüpft dem Weidmann das Herz im Leibe und es singt und klingt darin:

> Halli, hallo,
> Gar lustig ist die Jägerei!

Aber die Frühpirsch verträgt nicht Sang und Klang. Katzentritte, Marder- schritte, Habichtsaugen, Falkenblick, so muß der Weidmann sein im nas- sen Gras, im kühlen Tau. Die Augen am Boden, daß kein Ast knackt, kein Dürrlaub raschele, kein Stengel bricht, kein Stein rollt, die Augen am Berg, wo die Rehe hinwechseln, die Augen zum Tal, von wo die Rehe her- wechseln, der ganze Mann in jedem Augenblick Spannung, Aufmerksam- keit, Geräuschlosigkeit, Ruhe. Alles nehmen seine Augen wahr: das abgeäste breite Gras am Wegrande, die Fährten im modrigen Laube, die Schrammen am Stamme des Holderbusches, die der Bock im Übermute schlug, die Stellen, die sein Vorderlauf plätzte. Hier wechselt sicher ein Bock. Aber wann? Pirsch', vor Tau und Tag, pirsch' in Mittagsglut, pirsch' zur Sonnensinke, einmal triffst du ihn schon an! Eine Strafe für die meisten Menschen würde eine Frühpirsch hier unter dem Hange her sein, eine Wonne ist es für mich. Das kniehohe Gras, die Himbeere und der Buchenaufschlag, der mir bis über die Lende reicht, alles ist naß, wie aus dem Wasser gezogen, alles biegt sich tief unter der Wucht des Taues über den schmalen, mit der kurzen Wehr mühsam gehauene Steig. Gamaschen und Hosen färben sich schwarz, bald klatscht das Zeug vor den Knien durch; scha- det nichts! Und der Weg ist vom Gewitterregen aufgeweicht, grundlos. Jeder Schritt muß überlegt werden auf dem schlüpfrigen, zähen Kleiboden; nicht auf die Sohlen, auf den Absatz allein ist hier Verlaß. Un dann sind tückische Steine da, die vermieden werde müssen, und dicke Weinbergschnecken, die unter der Sohle laut genug krachen, um den Bock zu vergrämen. Und hier und da hängen

273

im Bogen Buchenzweige herab, die den Nacken mit Güssen versehen. Bald geht es durch eine Dickung, bald durch ein Gestrüpp von Nesseln und Tollkirsche, jetzt einen Schotterabhang hinab, dann hinauf durch ein Gewirre von Bingelkraut, das übersät ist mit glitzernden Perlen; jeder Tritt Mühe, jeder Schritt Anstrengung. Bald dampft das Wollhemd, trieft die Stirn vom rieselnde Schweiß, und jeder Stoß des Morgenwindes jagt einen Schauer über den Rücken bei den vielen Pausen, die ein Pirschgang mit sich bringt. Ein Schmalreh, schlank und fuchsrot, steht äsend auf dem Graswege, der vom Hange her zum Tal läuft. Da muß gewartet werden, ob der Bock sich nicht zeigt. Ich kenne ihn, den kapitalen Burschen. Ich habe ihn den Geheimrat vom Vergißmeinnichtbrink getauft. Ein einziges Mal sah ich ihn, zehn Schritt vor mir steckte er den Kopf mit dem schwarzbraunen, stark geperlten, krummen Gehörn aus der Buchendickung, aber ehe ich angebackt hatte, war er wieder weg. Und dann sah ich ihn abends wieder, aber außer Schußweite. Das Gehörn muß an deine Wand, sagte ich mir. Ja, Fleitjepiepen! Sechs Abende, sechs Morgen habe ich hinter dem Wurzelballen der Fallbuche da gesessen, aber wer nicht kam, das war mein Bock. Geschwitzt und gefroren habe ich, bin um ein Uhr nachts aus dem Bette gesprungen nach zweistündigem Schlaf, aber wenn ich hierhin kam, dann polterte er schon vor mir her und lachte mich aus. Und eine Stimme hat der alte Bengel, der ganze Hang dröhnt, wenn er loslegt. Wo bleibt er? Das Schmalreh äugt doch immer bergab. Da kann er doch nicht weit sein. Jetzt stehe ich schon mindestens eine geschlagene Viertelstunde und friere in meinem nassen Zeuge. Längst ist das Schmalreh in der Dickung, der Liebste kommt aber nicht, nur eine Ricke. Doch da oben, mitten in dem Vergißmeinnichtbrink unter dem grauen Felsen, steht ein starkes graues Stück. Langsam wandert das Glas an die Augen. Alle Wetter! Es ist der Bock! Jetzt wirft er auf. Ach, dieses Gehörn! Na, denn ein ander Mal!

Naß wie eine Katze, außen vom Tau, darunter vom Schweiß, beende ich den Pirschgang. Acht Uhr ist es. Die Sonne brennt schon tüchtig; das ist mir lieb. Hier am Schotterhange will ich frühstücken, unter den grauen Felsen, die von wunderbaren Moosen umsponnten, von zierlichen Farnen umgrünt sind, gerade dort, wo kein bißchen Schatten ist, gerade in der dicksten Sonne. Aber erst die Stiefel aus und dann die klatschnassen Strümpfe und, ich habe ja den Mantel hier, die Buren auch, denn das nasse Zeug an den Beinen ist nichts Schönes. Bis auf Mantel, Joppe und Hemd baumelt die ganze Herrlichkeit auf den Wurzeln der Fallbuche. Wind und Sonne lüften und trocknen sie. Und nun wird abgekocht. Im Rucksack steckt eine Büchse Jagdkonserven mit Kochapparat. In zehn Minuten ist das Mahl fertig. Dahinter ein Stück Schinken, zwei Hände groß. Landbrot, drei Äpfel, welk, aber doch noch schön, und zum Schluß ein gefährlicher Hieb aus der mächtigen Flasche. So, das war Frühstück und Mittag zugleich, und nun das Pfeifchen. Ich bin seelenvergnügt, trotzdem daß ich nicht zum Schuß kam. Ist es hier nicht wunderbar schön? Ich liege mitten in Vergißmeinnichts, die wie der Schatten des blauen Himmels den Hang überziehen. Dazwischen leuchten die roten Blüten des Ruprechtskrauts, nicken zarte Gräser, sprießen zierliche Farne, und unter mir ist ein Himbeerdickicht, in dem es summt und brummt von Fliegen, Hummeln und Bienen. Und links, in dem Bu-

274

chenanflug, surren und burren die Maikäfer, langhörnige schwarze Bockkäfer fliegen über mich fort und scharlachrote Feuerkäfer, Fitis und Meise, Mönch und Grasmücke, Zaunkönig und Ammer, Pieper und Fink, Drossel und Goldfink trillern und schlagen, pfeifen und piepen, schmettern und flöten, locken und warnen über mir im hohen Holz, unter mir in den Büschen, neben mir im Gestrüpp, die Eidechsen rascheln über sonnenbeschienene, graue Steine, der Eichelhäher rätscht, die Tauben gurren, hoch im Blauen kreist der Bussard mit gellendem Katzenschrei, von Marienhagen und Hemmendorf knallen lustig wie Böllerschüsse an festlichen Tagen die Sprengschchemüsse in den Steinbrüchen und über mir im Königlichen die Schüsse der Forstarbeiter, die dort Buchenklötze sprengen. Unter mir, im grünen Wald, dem ich auf die Locken sehe, klingen die Axtschläge des alten Forstaufsehers, hinter dem Wald ziehen sich bunte Matten hin, und noch weiter recken Osterwald und Külf, Ith und die Siebenberge, die Berge von Nordstemmen und der Hildesheimer Wald ihre grünen Köpfe. Aber allmählich fallen mir die Augen zu. Der Sandmann kommt. Adjüs, Welt!

In der Mittagsstunde hat der Bock seinen dummen Gang. Diese Waldweisheit des alten Forstaufsehers fiel mir ein, als ich nach dreistündigem Schlafe erwachte. Schnell angezogen und los, bergab, den Schotterhang hinab. Das ist Knechtsarbeit. Jeder Tritt faßt loses Geröll, fortwährend steinelt es. Jeder Grashalm, jede kleine Buche, jede Himbeerstaude ist als Halt willkommen. Überflüssig erscheint mir bei der Hitze Hut und Rucksack, Mantel, Joppe und Gamaschen, in Hemd und Hosen geht es weiter, nur die Feldflasche wird mitgenommen, erst geleert in den durstigen Hals, und dann mit Quellwasser gefüllt. Halt, da ist schon etwas! Es rappelt und ramentert dort ja ganz gewaltig. Da plätzt und fegt ein Bock. Aber von oben kann ich nichts sehen, von unten auch nichts. Doch da schimmert es rot; weg ist es wieder. Und es ist unmöglich, da hineinzukriechen. Langsam zieht sich der Spektakel bergauf. Dort oben bummelt eine rote Ricke herum, ohne sich um mich zu kümmern. Wie die Sonne brennt; wundervoll! Ich krämple die Hemdsärmel auf und öffne das Wollhemd auf der Brust. Von der Sonne kann ich nicht genug bekommen. Und dort oben schwebt der Wanderfalk, noch höher der Bussard. Hier Eleganz, da Plumpheit. Und in herrlichen Schwingungen umstreicht der Turmfalk die Klippen, und hier unten äst ein Schmalreh; ist das nicht Freude genug für ein weidmännisch Herz? Und hier die braunen Tollkirschenblüten, die blaue Märchenblume der Akelei, die Blätter, glitzernd im Sonnenbrand, der bunte Specht, der goldgelbe Pirol, das Herz lacht mir im Leibe. Und jetzt erst hier im Stangenholz diese Waldheimlichkeit, diese blauen Lichtreflexe auf den feuchten braunen Buchenblättern am Boden, die schwanken, weißblütigen Simsen, der gold-gelb und schwarze Salamander, wie ein König der Wichtelwelt, auf wunderbar gewebtem Moosteppich thronend, der seinen steinernen Königsstuhl verhüllt. Überall große, weiße, gelbmäulige Orchideen mit fetten, grünen Blättern, überall die Urwaldblume, die geheimnisvolle Schattenorchidee, die Vogelnestwurz, die du nur erblickst, wenn die Sonne sie erleuchtet. Dann strahlt die unheimliche Blume, als wäre sie aus goldfarbigem Glase von Zauberhand gemacht. Und überall Rehfährten, starke und geringe. Hier wechselt der Bock von der hölzernen Kammer, der mir

275

heute Morgen fortkam. Er steht an heißer Ecke. Dort ist feindliches Gebiet, Privatjagd, oben königliche Forst. Drei Büchsen lauern auf ihn seit zwei Jahren, aber dafür hat er auch mehr Verstand als alle Böcke, die am Kahnstein stehen. Und diese Trümmerwildnis, dieses Waldmärchenparadies, dieser Zaubergarten, das ist die hölzerne Kammer. Felsen, versteckt hinter Moosgobelins, Trümmer, Höhlen, Klüfte, überwuchert von Buchen und Ahorn, Tannen und Eschen, Berghölde und Hasel, am Boden fußhoher Fallaubteppich, tote Stämme, faule Stümpfe, ein Ort, wo abends die Waldfrau weint und die Buschwichter tanzen, Glühwurmfackeln in den Spinnenfingern. Und am Tag jammert der Ringeltauber am Eschenast: Rucke di kuh, Rucke di kuh, Blut ist im Schuh.

Jagdtag ist heute, nicht Traumtag, Lauschtag, Sinnetag. Aus des Trümmerversteckes Märchenheimlichkeit breche ich hervor in die steinerne Renne und klettere hangauf. Es kocht der Berg in Mittagsglut. Meine Hände sind dornzerkratzt, nesselverbrannt, sonnengebräunt, Stirn, Brust und Nacken glühen. Der Wind kühlt sie, der über den Berg pfeift und die stolzen Buchen Höflichkeit lehrt. Alles, was Sonne liebt, lebt diesen Tag. Das surrt und burrt und fliegt und kriecht, krispelt und rispelt, krimmelt und wimmelt, singt und springt, das ist ein Tag, wie ich ihn mag. Fährten überall, und da ein Reh, ein schlechte Gabler, und dort, im Königlichen, hart an der Grenze, ein guter Bock. Er hat Wind gekriegt, weg ist er.

Beim alten Forstaufseher vertrödle ich den Nachmittag. Er rodet Stuken, und ich sehe zu. Davon werde ich so müde, daß ich bis sieben unter dem Tannenmantel am Waldsaum schlafen muß. Ich träume lauter Duffsinn, von Böcken, mit Gehörnen, zehnendig und geperlt, wie Stacheldraht, und die so laut schmälten, als ich sie vorbeischoß, daß es dröhnte von Salzhemmendorf bis Elze. Als ich aufwachte, hörte ich das Schmälen noch. Der Donner dröhnte, knatterte und ratterte, Blitze zuckten gelb und rot, Platzregen durchrasselte den Hochwald, Sturm peitschte die Wipfel. Ich lag trocken. Eine Pfeife lang währte das Wetter, und noch eine. Langeweile hatte ich nicht. Amseln suchten Schutz in den Fichten, dann eine Ricke, die erschrocken absprang, als ihr der Wind den Rauch in den Windfang blies, Salamander, Kröten und Frösche führten ein komisches Ballett vor mir auf, und schließlich kam Kleinzaunkönig. Er hatte sich ein neues Lied ausgedacht, ein Gelegenheitsgedicht, das sang er mir vor:

> Dat mieselt, dat fieselt
> Dat klöppelt, dat dröppelt,
> Dat is schün,
> Dat is schün,
> Dat is schün,
> Da kümmt de Spinn riut,
> Spinn riut,
> Spinn riut,
> Schnickerdicke Spinn riut,
> Schnickerdicke Spinn mag eck girn.

Und wie der Regen aufhörte, stieg ich bergauf. Der Bock vom Vergißmeinnichtbrink mit dem krummen Gehörn hatte es mir angetan, auf den
wollte ich mich ansetzen. Kaum aber hatte ich es mir hinter der Fallbuche
mollig gemacht, da kam es wieder über den Berg, schwarz und schwer,
donnernd und blitzend, prasselnd und rasselnd, mit Mulden gießend, und
der Sturm legte los, bog die Buchen, daß sie schrien und jammerten, und
schleunigst kroch ich in die Dickung. Kaum war ich dort, da krachte es
und leuchtete es, und es heulte und goß, und dann ging ein Todesschrei
durch den Wald, und ein Todeston: Rack krackerak und die herrliche
Buche, an der ich so oft saß, war verschwunden, abgepflückt vom Sturm.
Stundenlang saß ich in der Dickung auf meinem Stuhl; Hut und Mantel
rieselten, durch den Beschlag der Pfeife preschten die Tropfen und zisch-
ten im brennenden Tabak. Gegen neun Uhr endlich zog ein Wetter nach
dem andern ab. Noch ein Viertelstündchen weilte ich, aber zu schwarz
zogen Wolken herauf, Büchsenlicht gab es hier zwischen Dickung und
Altholz nicht mehr. Also hinab in die große Kleebreite unter dem Forst.
Gerade will ich aufstehen, da huscht etwas Weißliches den Hang hinunter,
ein heller, starker Fuchs. Du kommst mir gerade recht, Junge! Krcht, kcht,
kcht, weiter sagt er nichts mehr, noch einmal zuckt die Lunte. Er ist drüben in den ewigen Jagdgründen.
Vivat, es lebe der Jagdneid! Die Nachbarn sind schon wieder am
Schrecken. Die schießen sich noch bankrott. Sowie sie wissen, daß ich im
Revier bin, legen sie für Ehrensalven zusammen und ballern den ganzen
Abend. Und dabei treten, das wissen die Herrschaften nicht, von ihrer
Seite Rehe fast nie nach uns aus, wohl aber von uns nach ihnen. Um so
besser! Da liegt das mächtige Kleestück vor mir. Und Besuch ist auch
schon da. Unten am Wege zwei Ricken, an der feindlichen Grenze ein
Schmalreh, hier oben bei mir noch eins. Aber kein Bock. Da geht die
Kanonade wieder los. Die müssen die Patronen wohl aus der Armenkasse
bekommen! Das reine Infanterieschnellfeuer! Das halbe Dorf ist aufgebo-
ten. Zu viel Ehre! Es fehlten nur noch weißgekleidete Jungfrauen. Aber
die sind rarer wie Patronen. Boms! Noch ein Schuß. Und hopla, mit dem
Schuß bricht aus dem feindlichen Busch ein rotes Stück, überfällt den
Grenzweg, jetzt steht es im Klee. Ein Bock, ein guter sogar. Danke sehr,
meine Herren, danke sehr. Das ist keiner von unsern. Langsam äst er sich
weiter, ab und zu verhoffend den Grind hebend. Und jetzt äugt er scharf
nach dem roten Schmalreh. Stürmisch kommt er angefegt, der Heißblüti-
ge; Zähneknirschen und Schnauben, das ist die Liebeserklärung des
Bockes. Aber die Kleine hat Angst, der ungestüme Freier erschreckt sie. In
wilden Flüchten flüchtet sie, hinterher der Bock. Wie ängstlich klingt ihr
Piüh, piüh, piüh. Fort ist sie, sechzig Schritte links von mir, im Walde.
Aber hinterher poltert atemlos, schnaubend, prustend der Bock. Langsam, Wilder, nur einen Augenblick! Es ist schlecht Korn finden in der
Dämmerung! Aber halt auch ich kann ja blatten. Schnell die Oberlippe
aufgeblasen: Piüh. Er verhofft und äugt nach mir hin: ist das die Liebste?
Nein der Tod! Eine hohe Flucht, dann zieht er langsam zurück in den

277

Klee, macht den Rücken krumm und bricht im tauigen Klee zusammen, keinen Lauf mehr rührend. An der Nachbargrenze schimmert es hell: ein neugieriges Gesicht. An beiden Vorderläufen hebe ich den Bock hoch, recht hoch, schleife ihn dann auf den Weg, und rufe dann, den Filz nach der Nachbargrenze schwenkend: Danke schön! Vivat, es lebe der Jagdneid!

Der Schwarze vom Jammertal

Jammertal nennen die Bauern die Dünengegend rechts und links von der Landstraße. Weil nichts darauf wächst, auf dem Treibsand, darum heißt es so, und weil von da der böse Flugsand kommt, den drei Winde über die benachbarten Felder pusten, daß der Roggen zurückleibt, daß der Buchweizen kümmert, daß die Lupinen schlecht stehen und die Seradella erstickt. Jahr für Jahr ziehen die Bauern tiefe Gräben, die den Treibsand schlucken sollen, wenn er über die Dünenkuppe tanzt im Wirbelwind, und bauen Zäune aus Fuhrentelgen, die mit rotbraunem Nadelwerk den Sand fangen, wenn der Pladderegen ihn feldeinwärts wäscht, und Jahr für Jahr frißt er sich wieder über die Feldmarksgrenze und schleicht über den Koppelweg.

Ein Jammertal für die Bauern, ein Tal der Lust für mich, diese Sandecke mit ihren Fuhrendickungen, ihren Heidflächen, ihren Grasabhängen und Gräben, ihren Kulturen und Krüppelfuhren, ihrem Fernblick auf das grüne Feld und das blaue Steinhuder Meer, auf die Rosenheide und die Schwarzwälder. Soviel Schweißtropfen habe ich da vergossen, daß aus dem Sand längst anderes wachsen müßte, wie Dürrgras und Heidekraut, Fuhren und Machangeln, umd soviel Tritte liegen, daß der Boden fest sein müßte. Und was ich da an Hoffnungen und Enttäuschungen, an Ärger und Freude, an Lust und Ingrimm erlebte, wenn ich das schriebe, tagebuchmäßig, es gäbe ein Buch für Weidmänner.

Aber auch nur für die. Nicht für Küchenjäger und Sportschützen. Denn nur von einem Bock würde diese Dreijahreschronik erzählen, nicht von großen Strecken und vielen Schüssen, von einem Bock, einem kohlschwarzen alten Herrn, der mich narrte und foppte und äffte drei geschlagene Jahre lang, der mich viele andere brave Böcke kostete, die gute Freunde mir kaltstellten, und die ich mir nicht holte, weil ich diesen haben wollte, um dessen Willen ich mir Mühe gab, als wäre es ein Hirsch von wer weiß wievielten Kopfe gewesen.

Den ersten Tag, wo ich ihn sah, als wenn es heute wäre, so genau weiß ich alles noch. Ich stand hinter der Krüppelfuhre in der langen Heide und sah in die grüne Roggenblaade. Ich wußte, daß hier ein Hauptbock wechselte; die Plätze an den Machangeln und ihr zerfegten Zweige sagten mir das und die einsame Fährte, heraus nach der Uhlenflucht, herein vor der Krähen Morgenruf. Aber nie und nie und nie faßte ich ihn. Bis dieses Maidonnerwetter grollend und brummend am Meere herumzog und losdonnerte, funkte und prasselte, daß die dicksten Dickungen ebenso quatschnaß wurden wie die blanke Heide; da wurde es ihm zu ungemütlich in der Dickung, und als der Wind an die Telgen klopfte und ihm die Tropfen auf die maulwurfsschwarze Decke warf, da zog er den heidwüchsigen Altweg herunter und äste den gelbblühend Stachelginster. Und als er die zwei grauen Ricken und die schwarze und den Spießbock eräugte, die schon in der Saat ästen, ohne daß es knallte und dampfte, da schob er sich ruckweise voran, an der dunklen Dickung.

Und da sah ich ihn, mein erster schwarzer Bock. Wie der leibhaftige Gottseibeiuns, so stach er gegen sein graues Schmalreh ab, und hell glänzten über den schwarzen Lauschern die weißen Enden. Sein Mädchen döste geradeswegs auf die Saat zu, aber er, er wollte den Windfang gegen den Wind haben und zog nach links, nach der Grenze. Das ging nun auf keinen Fall, denn vor einer halben Stunde hatte ich in dem Anstandsloch dort jemand verschwinden sehen, und dem zog der Bock gerade in den Hals. Geht's oder geht's nicht? Hundertsechzig Gänge, und schwarz gegen schwarz, schwarze Böcke vor schwarzen Fuhren in schwarzer Heide! Aber drüben der Nachbar mit der Schrotkanone, nein, das geht auf keinen Fall! Eingestochen, angebackt, Vollkorn, Finger krumm, und dann nach dem Knall ein Heidenlärm in der Dickung: „Böh, vorbieeschoten, böh vorbieeschoten, böö, böö, bö, bö, bö!" Und die im Felde, die stoben ab und rissen die Geäse ebenso auf, vierstimmig, Hohngelächter der Hölle. Na, ich weiß, was ich getan habe, und ärgere mich weiter nicht. Habe ich ihn auch nicht, der da oben in seinem Loche hat ihn erst recht nicht. Und die nächsten Tage, da hole ich ihn mir! Ja, Fleitjepiepen! Ich saß und saß und pirschte und pirschte, im Nebelmorgen und Dämmerabend, bei Siedehitze und Schafkählte, mein Bock blieb unsichtbar bis eines Julimorgens, da stand er blank und frei mitten auf der Kleeflage mit einem Sprung von zwölf, schwarz und rot, und äste, als gebe es weder Pulver noch Blei. Und ich saß auf dem Rade und fiel vor Erstaunen bald aus dem Sattel. Weiter gefahren, Rad in die Dickung, auf dem Bauch am Roggen entlang, Kopf hoch, ja, da stand der Schwarze schon zweihundert Meter im Feindlichen. Dann grüßte er mit dem rechten Hinterlauf am Gehör und zog sich, auf meine Herztatterich Rücksicht nehmend, in den Roggen zurück. Die nächste Zeit war er natürlich nie da. Bis eines Angustmorgens ich ihn zu Holze ziehen sah, aber auf feindlicher Heide. Eingestochen hatte ich schon; warte, Burche, noch dreißig Gänge weiter, dann bist du auf dem neutralen Weg, dann knallt es und dann... ja dann, liege ich im Graben und male mir die Fortsetzung aus, da zieht so'n dämliches Schmalreh über den Heidbrink, äst sich die Heide lang am Wege und lotst meinen Bock dreihundert Gänge weiter. Da stand er nun auf dem neutralen Weg, kohlschwarz im gelben Sand, und zog dann in mein Stangenholz, wo tausend Braken und tausendfaches Geknäk alles Weidwerken verboten.

Ich war so falsch, so schrecklich falsch, daß ich mich nicht einmal über die rote Ricke freute, die mit ihren zwei lackstiefelschwarzen Ritzen, Pfändern der Liebe meines Schwarzen, auf zehn Schritte an mir vorüberzog, und mürrisch stieg ich den Altweg hinauf. Ein alberner Spießbock zog vor mir her und wunderte sich, daß der grüne Pfahl immer hinter ihm blieb. Schließlich auf der Blöße, kam ihm die Sache zu dumm vor und mit einem Angstgesicht, wie ein Kind im Dunkeln, sprang er ab. Und als ich ihm ärgerlich lächelnd nach sehe, da denke ich mir, gießt einer einen Pott Wasser ins Gesicht, denn zehn Schritte vor mir hebt sich hinter der Krüppelfuhre ein schwarzer Kopf mit weißendigem Gehörn und äugt mich an, als wollte er sagen: „Wat seggste nu?" Und er äugte, bis ich die Hand hoch hatte, und er äugte, bis daß ich den Drilling an der Schulter umdrehte, und äugte, bis daß ich den Riemen von der Schulter zog, und bis daß ich die Rechte hochbrachte und den Kolbenhals faßte, und bis daß ich nur noch anzubacken brauchte, und dann eine Flucht, und dahin ging die Kugel, und wieder bolkte er in der Dickung: „Bö, vorbieeschooten, bö, vorbieeschooten, böh, vorbieschooten, böö, böö, bö, bö!".

Ich bleibe sonst sehr ruhig, wenn ich vorbeisenge, und überlege, woran es lag. Aber diesmal, da trat ich einen Fuhrenstuken, den der Schwarzspecht ziseliert hatte, in dreißigtausend Trümmer und schmiß meine Pfeife in die Heide, daß ich eine Viertelstunde lang nachsuchen mußte, und bot dem dickbäuchigen Mädchen, das mir auf der Chaussee in die Möte kam, nicht die Tageszeit, und wurde grob gegen die liebe Wirtin im Kruge, als sie freundlich fragte: „Na, hebbet Sei von morrn nix anedroopen?" Und ich schwor, ich wollte diesen verdammten Bock nie wieder weidwerken, und hielt das Gelübde bis zum nächsten Tag. Und dann lief ich manchen Donnerstag nach dem Jammertal und sah meinen Schwarzen nie.

Herbst wurde es, da saß ich auf der Blöße vor der Dickung. Auf sechzig Gänge äste vor mir der dumme Spießbock, auf dreißig ein Gabler. Ich überlegte noch, wer wegen seiner Geringheit am ersten abzuschießen sei, da zog auf achtzig Gänge der Schwarze über den Sandweg. So schwarz, wie im Sommer, war er nicht, grauschwarz, aber feist und glatt, und langsam hob ich den Drilling. Und wie der Drückefinger sich vom Hornbügel losmacht, da höre ich Wagengeroll auf der Landstraße und Stimmen, und gerade hinter dem Bock, genau in Schußlinie, hält das Gespann und zwei Mädchen springen ab und kriechen in die Dickung. Der Bock äugt, das stört ihn nicht, das kennt er. Aber ich kann nicht schießen, ich schieße mindestens einen Bauern tot. Und da sehe ich, wie mein Pfeifenrauch langsam von links nach rechts geht, der Bock wirft auf, äugt nach mir, fort ist er.

Herbst und Winter gingen, und der Frühling kam. Ein Morgen, um mich des Baumpiepers Gang aus den Wolken der Dullerche Lieder, vom Moor das Kullern der Hähne. Da stand ich oben auf der Düne und sah ins Feld. Da hinten stand in grüner Saat ein schwarzes Stück, das alle nasenlang den Kopf hoch hatte. Das muß er sein! Zwanzig Minuten Umweg, des schlechten Windes wegen, im Trab durch den Flugsand, dann in die Dickung. Von der Sandblöße mit dem Glase ins Feld: er ist es! Weiter, Ast für Ast vorsichtig fortgebogen, Gamaschen, Rucksack, Hut und Stiefel fort, noch zwei Büsche, dann hab ich ihn breit! Da höre ich ein Klappen und höre es bölken! Haarbock, Haarbock! ich trete vor, mein Bock ist im Moor, und ein Kiepenkerl trottet den Weg entlang.

280

Noch heute ist es mir unbegreiflich, daß ich dem Esel nicht die Kiepe vom Rückenstrang schoß, daß Eier und Butter in der Nachdbarschaft herumflogen. Ich schnauzte ihn bloß an, daß er grün im Gesicht wurde und fortan einen anderen Wechsel annahm. Aber es kam noch viel besser. Nach vier Wochen stand ich vor Tau und Tag im Moor. Als der Nebel in die Heide kroch, sah ich den Bock mit seinem roten Schmalreh. Den Wechsel nach dem Felde hatte er nicht mehr, ihn lockte der grüne Klee in den Moorwiesen. Im Moorgraben pirschte ich, krumm wie ein Flitzebogen, und wie ich mich hoch mache hinter der Krüppelfuhre, da geht es giff, gaff, und in hohen Fluchten gehen Bock und Schmalreh ab. Da aber gibts keine Gnade. Ich warf alles ab, was hinderte, schnitt dem Fix den Weg ab und schoß ihn an den Kopf, den räudigen.

Nach Monaten, als die Kronsbeeren im Moore reif waren, da endlich hatte ich den Schwarzen wieder im Moore fest. Wo er den Sommer über war, wußte er besser wie ich. Den ersten Abend vergrämten ihn mir die Mädchen, die Kronsbeeren gesucht hatten, am Morgen ein Bauer, der Torf holte, am Abend wieder die Kronsbeerenmädchen. Nach zwei Tagen war ich wieder da. Dreimal zog der Bock in die Seradella, dreimal trat er zurück, wenn die Mädchen singend und lachend an meinem Busch am Moordamm vorbei kamen. Und als er zum vierten Male herauswechselte, da gab's kein Büchsenlicht mehr.

Das Schönste aber kam am anderen Abend. Der Wind war geblieben, ich konnte wieder nicht an der Dickung stehen. So lag ich im Moor unter meinem Strauch, bis mir alle Knochen einzeln weh taten. Mit einem Male stand der Bock in der Seradella und äst langsam auf mich zu. Und gerade, wie ich denke: Noch achtzig Gänge weiter, da summen helle Stimmen hinter mir den Damm herab, zwei niedliche Mädel, Körbe am Arm, schwatzen sich Mut im einsamen Moor; dicht bei mir stellen sie die Körbe hin, und das übrige verschweigt des Sängers Höflichkeit. Der Schwarze sprang bei diesem Duett natürlich zurück, und ich, halb ärgerlich, halb lachend, richte mich auf hinter meine Fuhre und fragte: Na, dat war woll de höchste Tid? Und da juchten die beiden und liefen, und ich lachte. Aber ärgerlich war ich doch.

Noch einmal sah ich den Schwarzen in dem Jahre bei der Holzjagd. Da schoß ihn einer auf zehn Gänge vorbei, mein Nachbar. Ich gab ihm einen Hochachtungsschluck, er aber fluchte.

Und wieder ging Herbst und Winter hin und der Mai Neunzehnhundert kam. Am letzten April da stand der Schwarze im Jammertal am hellen Nachmittag in der Roggenblaade. Achtzig Schritte vor ihm pflügte der Bauer. Ich nahm den Bock genau ins Glas. Noch war seine Decke nicht ganz schwarz, doch blank war das Gehörn. Aber wo hatte er die Enden gelassen? Zwei helle Spitzen sah ich über den dunklen Lauschern, aber die anderen vier Enden waren weg. Der Bock äste und äste, und als der Bauer abschwirrte, da zog er über die Landstraße nach dem Fuhrenviereck.

Am anderen Morgen suchte ich ihn da, aber er war nicht da, nur ein elendiglicher Spießer. Ich saß und pirschte, aber der Schwarze war unsichtbar.

281

Und wie ich mittags auf dem Heimwege in der halshohen Dickung, da springt er ab vor mir von seinem Machangelbusch, den er blank und bloß gefegt hat. Und ich habe den Drilling auf dem Buckel!

Ich fuhr den zweiten Mai hinaus, ich fuhr den dritten Mai hinaus, aber da half kein Singen und kein Beten, der Schwarze kam nicht. Den vierten blieb ich zu Hause. Aber am fünften da war mir so, als wenn.

Ich stand vor der Saat. Graue Ricke, schwarze Ricke, schwarze Ricke, schwarzes Schmalreh, grauer Spießer, graues Schmalreh. Hinter mir bricht es, langsam, leise. Das ist er. Da kommen Bauern vom Kuhkauf, und gröhlen mit angeschmorten Stimmen. Hinter mir poltert es ab. Bande!

Doch noch ist Büchsenlicht! Schnell über die Chaussee nach dem Fuhrenviereck. Da, vor dem Klee drücke ich mich in den Graben. Ein Krummer, zwei Krumme, fünf, sechs, sieben, acht, zehn. Noch einer. Und dann ein Quartalshäschen. Eine Eule. Ein Feldhuhnpaar. Enten, vom Steinhuder Meer zur Leine streichend, dreißig, zehn, fünfzig, wieder welche, immerzu. Ein Reiher. Vor mir singt ein Ammerhahn. Ein Kleinwiesel macht ihn hoch. Spitzmaushochzeit im Heidkraut vor mir. Noch ein Krummer. Wieder die Eule. Die Nachtschwalbe als Solosänger. Hops, ein alter Kasten über den Graben in den Klee. Jetzt hinter mir ein ruppiges, graues Schmalreh. Es hat mich spitz. Äugt, tritt hin und her, verrenkt sich den Hals, springt ab. Pech! Gleich ist es aus mit dem Büchsenlicht! Soll ich gehn? Aber was soll ich in der Kneipe? Der Abend ist so schön.

Ich stecke wir hinter dem Hut , an dem Zigarrenstummel die Pfeife an. Die Ricke wirft auf, drei Hasen machen Kegel. Äsen Sie nur ruhig weiter, bitte! Wieder ein Schmalreh, schwarz wie ein Tintenklecks, über den Gruben in den Klee. Dann der Spießer. Nee Gabler! Elende Gabeln! Sollst'n totschießen? Aus dem wird ja doch nix, halleluja! Unsinn, ist ja das reinste Knochenpräparat. Ende Juni, wenn er es auf den Rippen hat. Aber was fällt dem Döllmer denn ein? Er kann doch keinen Wind gekriegt haben? Unmöglich, der Pfeifendampf zieht rechts nach der Heide. Aber was hat er denn? Äst so unruhig, als müßte er Strafe für jeden Happen bezahlen, tritt hin und her, zieht eilig weiter, merkwürdig! Ach so, ein Stärkerer kommt! Hinter mir bricht's. Pfeife fort, gestochen. Ein schwarzer Klumpen überflieht da unten den Graben, und nun geht die wilde Jagd los, der Schwarze hinter dem Grauen, durch Klee und Saat, haste nicht gesehen. Langsam, bitte! Kimme drauf, Korn weg, Korn drauf, Kimme weg, jetzt drücken, nee, ist ja der Graue, doch jetzt, hat ihm schon, im Feuer alle Läufe hoch!

Umgestellt und Hahn hoch und dann auf den Klee. Da liegt er und schnellt wie ungesund. Ich nehme den Drilling links, fasse nach dem Weidmesser, ziehe es aus der Hosennaht, und wie ich auf vierzig Schritt dran bin, da wird er vorn hoch, jetzt hinten, und jetzt, Donnerwetter! Ich am Graben lang mit Dreimetersprüngen mitgegangen, Würgelauf, losgedrückt, und im Graben schnellt er zum letztenmal.

Wie Haß kommt es aus den Lichtern, als ich die langen Spieße fasse. Dann fährt ihm das Messer in das Genick, und er macht sich lang. Lange

Stangen ohne Enden, nicht berühmt geperlt, nicht stark, trotz der guten Rosen, und doch freut er mich mehr, mehr wie zehn andere, angebundene, vom Jagdaufseher bestätigte, ohne eigene Mühe erlegte. Und darum soll er auch ein schön gemaltes Brett haben mit dem Spruch: Drei Jahr gepirscht ist lang genug, sauer verdient ist dieser Bruch, mein Schwarzer vom Jammertal.

Unter den hohen Fuhren

Ein Traumplatz ist es, ein Sinneort, den ich mir suchte in dieser Jagd. Hohe Fuhren schatten dort über langer Heide, dickstämmige, tiefbezweigte. Bauernwald ist es, wildgewachsener, ungemaßregelter, und darum ist er so schön. Nicht schnurgerade, wie im Forst, nicht in Reihe und Glied stehen sie da, die rotleibigen dusterlockigen Bäume, frei durften sie wachsen, wie der Wind sie anwehte. Keines Forstarbeiters Hacke hatte ihnen freie Bahn geschaffen, keine sorgliche Hand machte ihnen das Leben leicht; sie mußten kämpfen mit Gras und Heide, viele wurden totgedrückt, aber die übrig blieben, das sind auch Kerle geworden, mannsdick, mit Ästen, wildgebogen, mit krausen, breiten Kronen strotzend von Zapfen, Fuhren, wie weit und breit keine sind. Rundherum ist Feld, Heide, Bruch und Wiese, keinen Schutz und keinen Schirm hatten sie, als sie klein waren, darum sind sie so stark geworden.

Da hinten, hinter der braunen Heide, da drüben, hinter dem Bruchwege, da stehen andere, in Reih und Glied gepflanzt, alle schnurgerade, die eine wie die andere. Tannenmäntel schützen sie vor dem Sturm, die weichlichen, verzärtelten. Findet der Sturm ein Loch, dann mäht er sie hundertweis, schmeißt sie durcheinander, duckt ihre Kronen in den Sand, daß ihre Wurzeln in der Luft zappeln, knickt und bricht sie wie Halme.

Meinen hohen Fuhren aber kann er nichts tun, und wenn er noch so wütend in ihr Geäst haut, sie noch so sehr an den Locken zieht; sie pfeifen ihm was und freuen sich, daß sie die reifen Zapfen und alten Braken und den Schinn von den Zweigen los werden. Die da drüben wimmern und stöhnen schon bei jedem Winde.

Diese alten Fuhren haben es mir angetan. Schon beim ersten Blick hatten sie mich bezaubert. Und wenn ich einen Tag nicht bei ihnen war, wenn am Allerufer die Enten mich lockten oder der Bock im Moor, an anderen Tage mußte ich hin. Sie waren mir Freunde geworden, die Gewaltigen, die wie Könige dastehen, ein Hofstaat krummer Machangeln und gebückter Hülsen zu ihren Füßen, feststehend auf dem Teppich aus Heid und Gras gewebt. Über ihren Köpfen schwebt der Turmfalk, in ihren Kronen gurrt der Tauber, an ihre Stämmen klopft der Schwarzspecht, an ihren Wurzeln plätzt der Bock, wenn er, satt vom süßen Bruchgrase, Pilze sucht im Moos als Nachkost. Fink und Ammer singen in ihren Zweigen, Heister und Markwart treiben sich hier herum, und Thors heiliges Tier, der rote Eichkater, springt von Ast zu Ast.

Abends, wenn singend und prahlend die Hütejungen vom Bruche kommen mit dem Vieh, dann schweben Kauz und Ohreule über die Blößen, rufend und heulend, dann tanzt die Nachtschwalbe zwischen den Kronen und spult ihr sonderbares Lied, im Heidkraut sticht der Dachs nach Larven, und im Gezweig sucht der Marder der Wildtauben Nester. Wenn längst aus den Dickungen die Rehe zur Wiese zogen unter den hohen Fuhren her, dann kommt auch, im Bogen gegen den Wind ziehend, der Bock hier durch, und noch später, wenn die Kronen wie eine schwarze Mauer gegen den tiefblauen Abendhimmel bollwerken, dann streichen von der Aller die Reiher heran, mit heiseren Stimmen, vollen Kröpfen, breitgeflügelt, weitklafternd, und fallen prasselnd ein auf die Äste, einer, zwei, drei, ein ganzes Dutzend, schwatzen vor dem Schlaf noch ein Weilchen bis es knallt, bis einer krachend durch die Zweige stolpert und die andern fortrudern in die blaue Nacht.

In den hohen Fuhren ist es stumm und still. Sie schlafen noch, meine starken Bäume. Ein Nebelregen rieselt herab, feuchtet ihre Zweige und klatscht in dicken Tropfen von den Zweigspitzen zu Boden. Wie Gespenster stehen die Machangeln da, um die schwarzen Stämme gelehnt. Lautlos schwebt der Kauz über die Bahn, und wenn er um einen Wipfel streicht, dann klatscht er die Flügel laut unter dem Leib zusammen, und Fink und Meise aus dem Schlaf zu jagen, sie zu schlagen mit den nadelscharfen Fängen und sie zu erdolchen, denn Atzung braucht er für seine drei Jungen, die hinter ihm herstreichen, mit dünnen Stimmen bettelnd. Auf den dürren Ästen über mir spinnt die Nachtschwalbe ihren Singsang lang und breit. Dann bricht sie ab, wirft sich in die Luft, jauchzt gellend und tanzt wie ein Schatten durch die Stämme.

Jetzt rühren sich die schwarzen Wipfel im Frühwinde. Über der braunen Heide wird es hell. Die Sonne kommt. Gelblich färbt es sich dort unten, und das Grau verdünnt sich. Mit lautem Geheul nimmt der Kauz Abschied von der Nacht, einmal noch jauchzt die Nachtschwalbe und spinnt und spult ihr Lied, dann verschwinden die Nachtvögel, und hellere Stimmen erklingen. Rote Schatten ziehen durch das Gras, Rehe sind es. Sie haben alle drei die Köpfe am Boden, nur selten sichert eins. Es ist die Ricke mit den beiden großen Kitzen. Der Bock würde öfter den Kopf hoch haben. Jetzt aber werfen sie alle drei auf und äugen nach der Dickung. Da ist noch ein roter Fleck, eilig schiebt er sich vorwärts, hastig am Rande des Buchweizenstücks äsend, fortwährend aufwerfend. Da ist er. Noch ist es zu grau, daß ich das Gehörn sehen könnte, zu weit ist es auch, aber am Benehmen kenne ich ihn, den Schlauen, der mich schon acht Tage zum Narren hält.

Das fahle Gelb über der braunen Heide hat sich in rote Gluten umgefärbt, und grünblau wird der graue Horizont. Lauter wird es in den Fuhren. Quarrend rudern Krähen dahin, klatschend stiebt der Tauber auf seinem Ast, äugt vorsichtig nach allen Seiten und ruckst dann seine Weise. Über den Kronen lehrt das Turmfalkenpaar seinen Jungen Flugkünste. Das schwebt und schießt, rüttelt und kreist in herrlichen Wendungen, taucht hinab auf die Blöße und fährt wieder hoch mit lustigem Schrei. Auch der Markwart ist da, der Lärmmacher, und seine Base, die schwatzhafte Heister. Wenn die Gesell-

284

schaft mich spitz kriegt, dann geht das Gezeter los. Schon dreimal vergrämten sie mir den Bock. Endlich sind sie fort, die Lästigen. Endlich, denn länger konnte ich das Brennen der Mückenstiche nicht mehr haben.

Goldene Lichter wirft die Sonne durch die Kronen. Alles glitzert und flimmert in ihrem Licht. Überall rucksen die Täuber, locken Fink und Meise; längst sind die Rehe in der Dickung, und die Hasen folgen ihnen. Mit lautem Gerassel hackt der Schwarzspecht an der toten Fuhre an, rutscht den Stamm in die Höhe und meißelt in die Birke, daß die Fetzen fliegen. Wunderbar leuchtet in der Sonne des schwarzen Gesellen roter Scheitel. Mit gellendem Lachen streicht er ab. Aus der Höhe ertönt es wie ein Katzenschrei; der Bussard kreist da hoch über den Kronen. Die Feldhühner, die auf die Blöße ihr Gesperre führen, hat er eräugt. Langsam schraubt er sich nieder, aber die Alten haben ihn eräugt, und fort huschen sie mit ihren Kleinen in die Lohhecke. Nun hakt er auf der dicksten Fuhre und wartet, daß sie wiederkommen.

Ich schieße ihn nicht gern, den schönen Flieger, der so stolze Bogen am Himmel zieht, aber ich darf ihm die Hühner nicht lassen. Schon will ich den Drilling an die Backe ziehen, da fällt ein breiter Schatten auf das Heidekraut, und schwer poltert etwas in der Krone der Fuhre. Dann ruft es heiser dreimal in Pausen. Ein Reiher ist es. Silbern leuchtet der weiße Hals in das Morgensonne, aschblau der Rücken. Nach allen Windecken dreht er den schmalen Kopf, äugt überall hin. Dann reckt er die mächtigen Schwingen, zieht sie wieder an und macht den Hals krumm. Noch einmal erhebt er sich und schleudert sein ätzendes Geschmeiß in die Heide.

Ich stehe da, wie Butter an der Sonne. Wenn ich an der andern Seite der Fuhre stände, dann hätte ich ihn schon, aber so, wo er rechts von mir ist, halb gedeckt durch die Zweige? Ein wenig decken mich ja die tiefen Fuhrenäste, baldachinartig herabhängend, aber zu scharfe Augen hat der Langhals, zu weit scheint es mir für den Schrotschuß und ehe ich mich umgedreht habe und ihn genau aufs Korn nehme, ist er schon hinter den Kronen. Vielleicht geht es doch. langsam, o so langsam drehe ich mich nach rechts und habe die Büchse. Aber noch bin ich nicht auf halbem Wege, habe noch nicht angebackt, da fährt wie eine weiße Schlange der lange Hals hoch, die gewaltigen Schwingen spreizen sich, die Ständer wollen vom Aste abstoßen, und da ohne Überlegung, instinktiv handelnd, reiße ich den Kolben an, gehe mit der Laufmündung in die breite, blaugraue Fläche zwischen den dunklen Ästen, reiße den Lauf einen Fuß nach links und drücke. Im Feuer sehe ich ihn rundum gehen in der Luft, dann hüllt weißer Pulverdampf alles vor mir ein, aber durch den Qualm fällt er mit breiten Schwingen schwer aufschlagen in die feuchte Heide.

Einmal noch öffnet sich der gelbliche, scharf gezähnte Schnabel, aber in den gelben Räuberaugen blitzt weder Angst noch Haß mehr, und schlaff hängen Flügel und Ständer, wie ich ihn hochhebe an der Schnabelspitze. Ein einziges Hagelkorn durchschlug ihm den Hals; wie Rubinen perlt es über die schwarzweiße Kehle. An den Strick des Rucksacks binde ich ihn an und hole mein Rad aus der Lohhecke. Die Bauern, die zum Heuholen über die Landstraße fahren, machen erstaunte Gesichter über den seltsa-

285

men Radler, von dessen Rücken Flügel wehen, und sehen mir lachend nach. Und ich fahr lachend an ihnen vorüber.

Es wird stiller unter den hohen Fuhren. Noch ruckst hier und da ein Ringeltauber, noch zetert die Amsel in der Lohhecke, einmal schwatzt die Heister noch, aber schon meldet sich im Stangenholze der Kauz. Goldig erglühen die breiten Stämme in dem letzten Lichte, leiser wird der warme Wind, der mit der Sonne kommt und geht, Fledermaus und Nachtschwalbe huschen schon um die Kronen, und im Eichengestrüpp pfeifen die Mäuse. Die Uhlenflucht ist da, meine liebste Stunde. Sie ist mir lieb, wie alles schnell vergängliche, wie die ersten Frühlingsblumen im knospenden Buchwald, wie des Waldes lodernde Farbe im Herbst, wie der glitzernde Rauhreif an Busch und Baum, wie der Heide späte Blüte Abend für Abend möchte ich es erleben, könnte ich es erleben, das Einschlafen des Tages, das Aufwachen der Nacht.

Auch in der Frühe bin ich gern, wenn die Nacht in die Dickungen kriecht und der Tag über die Wälder steigt, ich sehe gern der Morgensonne in das lachende Gesicht. Und doch, lieber ist mir die Abenddämmerung mit ihrem Rauschen und Bemen, Wispern und Flüstern, mit ihrem Mottenflug und Mückenfang, mit ihren schwarzen Raunen und dunklen Büschen, mit all ihrem geheimnisvollen Zauber. Das singt um mich mit tausend kleinen Stimmchen, das fiedelt auf tausend winzigen Geigen, das trippelt mit unsichtbaren Füßchen im Moos, lebt sein leises Leben im Heidekraut, bis ein gellender, jammernder Eulenschrei die kleinen Laute auf ein Weilchen übertönt. Dann liebe ich es, die Zigarre im Mundwinkel, still und stumm am Stamm zu lehnen, den Stimmen des Abends lauschend und meine Auge wandern lassend von Schatten zu Schatten.

Heut kann ich ganz frei träumen auf meinem Wurzelstuken, heut stört mich das Jagdfieber nicht im Träumen. Denn gestern abend, als die Sonne über die Heide wegging, da klang hell mein Büchsenlauf, da warf meine Kugel den Bock in den blühenden Buchweizen. Die roten Flecke, die an mir vor einem Viertelstündchen vorbeizogen, sie konnten mein Blut nicht erregen; ich wußte ja, daß es nur die Ricke war mit ihren Kitzen. Ich will heute träumen, will dem leisen Weben in der Dämmerung lauschen, will mich freuen an den schweren Umrissen meiner lieben alten Fuhren, lauschen, was Kauz und Nachtschwalbe mir singen, und dem Runenflug der Fledermaus zusehen, ihrem Zicksackgeflatter um die Äste. Und heut ist der Tag dazu, zu träumen und zu sinnen auf meinem Traumplatz, auf meiner Sinnestelle. Lau ist die Luft und still, kein Zweig rührt sich. Fern, von der Legde klingt das Rufen der Kiebitze, ängstlich, wie das Wimmern armer Seelen.

Wie das Wimmern armer Seelen! Das Bild will mich nicht loslassen. Arme Seelen haben wir alle. Ob die Gesichter noch so blühend, die Augen noch so hell, die Mienen noch so heiter sind, arm bleibt die Seele doch in ihrer Sehnsucht, arm und allein. Sind die Arme noch so weiß, die deinen Hals umschlingen, die Lippen, die deine suchen, noch so weich und noch so treu die Augen, die deinen entgegenleuchten, schlägt noch so warm für dich ein Herz, arm und allein bleibst du doch, du arme Seele. Deine letzten Gedanken, deine tiefsten Wünsche, deine heimlichste Sehnsucht, keiner versteht sie ja, und auch du wirst des andern innerstes Leben nicht fühlen. Und darum schreit und ruft ihr in euren einsamen Stunden und klagt wehmütig und sehnsuchtsvoll, wie die Kiebitze rufen nachts auf dem Felde ...

Ein rauher Schrei, wild und böse, reißt mich empor. Ich wollte nicht jagen, wollte nur träumen, einmal eine Stunde weich sein, aber wenn es dahinsegelt wie Geister, breit und mächtig, mich anschreit wild und böse, dann fliegt die weiche Stimmung fort, und anders wird mein Gesicht. Wie ein Raubtier, so hebe ich mich leise von meinem Wurzelstuken, fest umfaßt die Faust den Kolbenschaft, der Kopf fliegt ins Genick, die Augen bohren sich in die Dämmerung, und scharf horche ich auf das Poltern goßer Flügel. Da, einer hinten, kreisend, jetzt in der Krone. Angeschlichen, aber fort poltert er, zu früh! Und hier, ein heiserer Schrei, schnell zurück, da muß er eingefallen sein, nein da, oder da. Zum Kuckuck, auch den vertrat ich mir. Ich horch in die Stille und spähe in das Dunkel, immer wieder höre ich das Rufen, das Schlagen der Schwingen, immer wieder schleiche ich an, vergeblich! Hitze kribbelt mir im Gesicht, in den Ohren summt es, vor den Augen flirrt es. Da, ein Schatten, über mir, noch einer, beide kreisend, hoch den Lauf, Feuer und Knall und Rauch und stiebende Federn, weiter will er, noch einmal Feuer und Knall und Rauch, den Verschluß auf, die Patronen heraus, neue hinein, in wilden Sätzen dahin, wo der Kranke mit letzter Kraft rudert, den Drilling am Kopf. Niedriger kommt er, immer niedriger, jetzt ist er unten.

Schwer atmend stehe ich da mit klopfendem Herzen und zitternden Händen. Zu meinen Füßen schlägt der verendete Reiher mit den Flügeln. Und hoch über den Kronen kreisen die andern, schreiend, rufend, sich immer höher schraubend und verschwindend in der blauen Nacht. Mit hungrigen Augen sehe ich ihnen nach, mein Ungeschick verwünschend, daß ich nicht noch einen herablangte von den vielen. Und da höre ich die Kiebitze wieder rufen, wimmernd und verängstigt, wie arme Seelen. Alles ist so schwarz um mich, so schwer und stumpf stehen die alten Fuhren da, Todesstille ist weit und breit. Ich nehme den stolzen Vogel auf, der so schlaff im Grase liegt, und scheu, wie ein Verbrecher schleiche ich fort von den hohen Fuhren, die ernst und drohend da stehen, weil ich ihren Frieden störte, ihre heiligen Sommernachtsfrieden. Hinter mir her, mich auf die Landstraße begleitend, fliegt schwarz die Eule, wie ein schwarzer Gedanke.

Im Rauhhorn

Zwei Jahre war ich nicht an der Oertze gewesen. Immer wollte ich hin, und immer kam ich nicht hin und kam nicht hin, bis mich auf einmal eine Sehnsucht packte, die nicht fortzuarbeiten, nicht niederzudenken war, eine Sehnsucht nach der Oertze mit ihren weißen Brücken und ihren grünen Wiesen, nach den undurchdringlichen Postmooren, den feuchte Ellernrieden, den braunbeheideten Dünen, nach den grünen Ufern der Wittbeck und nach der Urwaldwildnis des Rauhhorns.

Wo ich war mit Rad oder Büchse, immer sah ich die weiße Oertzebrücke,

287

immer winkten die grausen Fuhren, immer sah ich die Sandwege leuchten und die blühenden Wiesen lachen, sah die Pferdeköpfe ragen über Strohdächern und die Dünen schimmern in der Sonne. Und saß ich am Schreibtisch, dann sah ich es winken mit grünen Zweigen und nicken mit schwarzen Kronen, sah die Klengelei am Sandwege und die Mädchen auf den Wiesen in den weißen Fludderhüten, in den roten Leibchen und den blauen Röcken, und des Rauhhorns Urwaldwildnis dehnte sich vor meinen Augen aus.

Da sah ich ein, es ging nicht mehr. Ich packte den Rucksack und saß am andern Morgen in der Bahn, ließ sie in Celle weiterfahren. Und kletterte vor dem Wirtshaus zur Sonne auf den Omnibusbock, den Platz, den ich mir ausgemacht hatte. Wie lachten meine Augen in die Heide hinein, streichelten die Birken, Fuhren und Machangeln, strichen kosend über die braunen Weiten und die dunklen Gründe, grüßten frohlockend die düsteren Schafställe und die hellen Fischteiche von Wittbeck, und allen Leuten, den hübschen Mädchen und den humpeligen Frauen, allen nickte ich fröhlich zu, und am liebsten hätte ich den Fuhrmann in den Arm genommen, als die schwarzen Fuhren und die weiße Brücke und das gelbe Haus mit dem Strohdach vor mir in Sicht kamen.

Dann aber kam die Enttäuschung. Beim Mittagessen steckte sich der Himmel schwarz an, und es träufelte und es regnete und es goß. Da half kein Ärger, und ich kroch ins Bett und verschlief Regen und Ärger. Für das Rauhhorn wurde es zu spät, und so bummelte ich nach der Horst, nach dem Fleck, wo in einer weite Wiese, bunt von hellem Knabenkraut und goldnem Wohlverleih, ein Hochsitz steht in Birken und Ellern. Über mir kreiste der Bussard mit heiserem Katzenschrei unter mir suchte der Storch Frösche, und vom Holz zu der Wittbeck süßen Wiesen zogen aus den Postverstecken die Rehe, eine Ricke mit tief eingefallenen Flanken, ein Spießböckchen, flott und schneidig, und ein Schmalrehchen, niedlich und hübsch. Und lange nachher, als die Fuhren lange Schlagschatten in die Wiese warfen, da trat weit hinten ein Bock aus. Zu gewagt war mir bei der Weite der Schuß, ich stieg herab und pirschte ihn an, aber der Schlaue kriegte Wind und sprang schimpfend ab.

Spät, als das Rotwild von Hassel wie schwarze Schatten durch Korn und Buchweizen zog, ging ich heim. Eulenruf und Nachtschwalbensang geleitete mich. Und früh, als beide noch riefen und sangen, stand ich wieder draußen in schwarzgrauer Dämmerung. Schlechte Tage hatte ich gewählt. Es hatte gegossen die ganze Nacht, schwarz war der Himmel, und um vier Uhr war noch kein Büchsenlicht. So tot war alles, so still. Ab und zu klagte ein Kiebitz, eine Taube prasselte fort, wenn ich nahte, eine Amsel warnte, das war alles was lebte. Fuß vor Fuß, Schritt vor Schritt pirschte ich durch das hohe, nasse Gras der Oertzewiesen um die Büsche herum, aber nirgends ein roter Fleck in den weißbenebelten Wiesen.

Die Sandwege sagten mir Bescheid. Auf ihnen las ich in deutlicher Schrift, daß sie alle schon längst nach Hause gezogen woren, die Rehe, weil es ihnen den doch ein bißchen gar zu naß war in den Wiesen, und, daß sie nun wohl, zwischen Post und Holz, an Blättchen zupften und an Hälmchen ästen. So

288

zog ich den Fährten nach ins Rauhhorn, an Stangenhölzern vorbei, deren Boden heller Bickbeerenteppich begrünte, an undurchdringlichen Dickungen, die nur Fuchs und Meise kennen, an Postbrüchen, von der Sonne durchhellt, die jetzt langsam die Wolken durchbrannte.

Das Rauhhorn! Wie eine schwarze Mauer lag es da, umrahmt von einem grünen Postgürtel, hinter dem die Tannen standen, undurchdringlich. Hier kann das Gruseln lernen, wer Waldeinsamkeit nicht liebt, und das Jauchzen, das stille Jauchzen mit den Augen, wer sie liebt. Hier ist das Schweigen im Walde heimisch, das Schweigen, das aus tausend kleinen Stimmen gewebt ist, das flüstert und tuschelt und raunt und kichert, murrt und knirscht, das den einen so ängstigt und den andern so beruhigt.

Dieser Knüppeldamm, wie oft ging ich ihn vor Jahren. Jeder Brunkelstrauch, jeder Postbusch, jede Weide, jede Birke, jede einköpfige Distel, jede gelbe Lilie, jeder hellgrüne Trichterfarn ist so, wie damals. Und alle sind da, die vor Jahren mich immer grüßten, der Markwart, der Lärmmacher, der rucksende Tauber, der lachende Königsspecht mit der roten Krone, der fröhliche Fink und die lustigen Meisen, das fauchende Eichkätzchen und der mordende Habicht. Noch immer hängt das Bittersüß seine giftblauen Blumen über den klaren dunklen Graben, noch immer reckt das Knooprisch den kieselgepanzerten Halm, noch immer blüht der Himbeere bescheidene Blume, und immer noch prangt stolz und kühl des gefleckten Knabenkrautes Märschrispe zwischen der Farne Wunderblättern. Alle Gräben klingen und läuten vom Tropfenfall, und wenn ein grünröckiger Frosch, verscheucht von meinem Tritt in den Graben springt, das ist dann wie ein voller, tiefer Akkord in des Tropfenfalles träumerischem Lied.

Hier wo die Sonne noch hinkommt auf den breiten Knüppeldamm, da ist noch Helle und Licht. Da leuchtet noch der Wasserfelder zartes Geblüm aus dem dunkle Wasser, da lacht noch des Vergißmeinnichts Blauauge.

Aber vom Weg ab in die Tannen hinein, da ist Schatten und Moder. Nur selten tritt eines Menschen Fuß in den Wust von Nadeln und Wurzeln, Pilzen und Moos. Hier sticht der Dachs, hier hinterläßt der Hirsch eine tiefe Fährte, hier birgt sich die Giftotter, und hier schleicht mit spähendem Blick der Wilddieb. Und hier bin ich gern.

Sparsam fällt das Sonnenlicht zur Erde, hellgrün auf den Farn, goldrot auf die roten Nadeln. Zwischen den tiefhängenden Fichtenästen dampft in den Lücken das Regenwasser, von der Sonne erwärmt, wie Zauberrauch empor. Faule Baumstümpfe, moosbepolstert, farnumwuchert, pilzgekrönt, starren düster aus rotem, faulem Grund; Fichtenskelette, vom Winde gebrochen, recken verwesende Wurzeln empor, lichthungriger Fallbaum ringt nach Sonne, dünn und sparrig, rotgedrückte Machangeln, von Flechten bedeckt, stehen da, wie graue Gespenster. Die Fruchtbarkeit geht durch den Wald im grünen Kleid; ihr Schatten, die graubraune Verwesung, schleicht ihr nach.

Ich sitze auf faulem Stumpf und rauche die Mücken fort, die hier in dem Moder schlummern, Tag und Nacht nicht schlafen. Die hellen Flecke, die grünen und die roten, verschwinden. Alles wird schwarz und dunkel, braun und kalt um mich her und still und ruhig. Und dann rummelt und grummelt es und zuckt und blendet und pladdert und klatscht und wird wieder heller. Alle Gräben singen wieder, und auf allen Blößen dampft es, der Fink schmettert sein Sonnenlied, der Wildtäuber ruckst fern in den Eichen, und der Specht lacht drüben im Windbruch.

Über faule Tannenäpfel, über modrige, pilzbewachsene Äste, über moosige Wurzeln und grünen Sauerklee schleiche ich von Baum zu Baum, von Graben zu Graben. Am grünen Grubenweg, wo Wildklee wuchert, mache ich halt. Dort bummelt gern ein Reh. Da wo der Adlerfarn bollwerkt mit mannshohen Wedeln, da schimmert es rot. Da äst hohlflankig und dünnhalsig eine Ricke. Wie schwarze Löcher sitzt es in den Flecken und lang hängt das Gesäuge herab. Hinter ihr rührt sich der Farn, und ein Köpfchen erscheint und noch eins, immer die Zitzen der Alten suchend, die heißhungrig und gierig den üppigen Klee rupft, daß es laut knurpst. Wie der Kuckuck ruft, wirft sie auf und pflückt dann weiter an den Himbeeren, aber wie der Häher, der mich eräugte, warnt, da windet sie hin und her und zieht dann eiligst in das Walddunkel; hinter ihr her flüchten die Kitze.

Schon will ich den Rücken losmachen von dem Stamm der Fichte, an der ich lehne, da kommt von rechts, auf dem Wechsel der Rehe, ein roter Streif. Noch verhüllen ihn Braken und Farne, aber jetzt auf der kleinen Blöße, ist er frei, ein Fuchs, der die Nase am Boden, bedächtig weiterschnürt. Bis auf zwanzig Schritte lasse ich ihn heran und hebe dann den Drilling. Jäh fährt er zurück, die Seher äugen mich feindselig erschrocken an. Er hat sich so sicher gefühlt in diesen Waldschlummern, hat nicht an den großen Räuber des stärkeren Mörder gedacht und äugt ihn nun und will wenden. Aber ehe er dazu kommt, drücke ich, der Rotrock poltert um und um und rührt keinen Lauf mehr. Giftig blinken die blendenden Fänge in einem Sonnenstrahl, der auf ihnen spielt, und die Seher sind auf mich gerichtet in Wut und Haß und Anklage. Mir ist, als hätte ich Unrecht getan, und es leidet mich nicht mehr in der Biesternis, wo wie Unholde die Stuken stehen, wie Skelette der Fallfichten Wurzeln ragen und die toten Machangel wie graue Gespenster starren. Ich muß dahin, wo die Sonne ist.

Nach den großen Windbruch schleiche ich mit leisen Sohlen. Dort haben Wind und Sonne die Himbeere getrocknet, dort kann ich auf Glück rechnen. Vor dem Wurzelschirm einer Fallfichte kaure ich mich auf den waagerechten Stamm. Blühende Himbeeren und Weidenröschenbüsche geben mir Deckung nach vorn. Mit dem Weidmesser teile ich Brot und Schinken und esse langsam nach Bauernart, Würfel um Würfel schneidend.

Wild ist's auch hier, aber nicht so heimlich. Der Windriese hat hier mit der Keule zwischen die Tannen geschlagen. Nach rechts und links sind sie gepurzelt. Hier eine lang und gerade, dort eine in Mannshöhe gebrochen, da ein halbes Dutzend übereinander, da ganze Reihen, ganze Knäuel, Äste, Stämme, Kronen, Wurzelballen. Alles wild durcheinander. Andere liegen halb herausgerissen, todkrank an ihre Schwester gelehnt, von ihren Armen gehalten; in ihrer Rinde bohrt der Borkenkäfer, in ihrem Splint nagt die Larve, Pilze saugen an ihrem kranken Leben. Aber fünf Fuß hinter ihnen stehen andere, stolz und kühn, fest im Boden mit langen Wurzeln, keck in der Luft, mit gesunden grünen Kronen, voll von Goldzapfen, bis zum nächsten Sturm. Dann mäht er auch sie, knickt und bricht sie wie Halme, die Starken und Stolzen, kleinen Käfern und weichen Larven zum Fraß und schmierigen Pilzen zum Bruterd. Wo das grüne Leben wandelt im Walde, da schleicht auch der braune Tod.

Der Schwarzspecht lacht mich Träumer aus. Ihm ist hier der Tisch gedeckt. Im Bogenflug schwirrt er heran, der kohlenschwarze, flammenköpfige, hakt rasselnd die Krallen in die Rinde, schlägt mit dem Meißelschnabel die Borke in handgroßen Fetzen fort und schnurrt mit Höllenlachen weiter. Ihm folgt der Markwart, dieser putzige Geck und Lärmbruder. Überall pickt und klopft und stochert er herum, und alles macht er nach. Jetzt sitzt er auf dem abgebrochenen Stamm, flötet wie eine Amsel, miaut wie ein Bussard, quirlt allerhand Schnack durcheinander und streicht dann ab, vor Angst schreiend. Meine Augen spähen hin und her und suchen alles ab, jeden Baum, jeden Strauch. Dort hinten ist etwas Rotes, das vorher nicht da war. Aber es wird wohl der halbversteckte Stamm einer Fallfichte sein zwischen den Birken. Doch eben rührt es sich. Für ein Reh ist es zu hoch. Jetzt rücken die Birken heftig, und langhalsig mit langen Lauschern steht es da, ein Alttier. Die Lauscher spielen hin und her, der Windfang schnuppert unaufhörlich, doch er fängt keine verdächtige Witterung, und der lange Kopf sinkt herab, und der rote Streif schiebt sich weiter, dem Ende des Windbruches zu. Noch ein roter Streif folgt ihm und noch einer, alle Augenblicke fährt ein Kopf hoch und prüft den Wind, und laut brechend ziehen sie der Mutter nach. In das feierliche Mittagsgesumme der Bienen und der Schwebfliegen Singen mischt sich ein gellender Laut eines Habichtweibchens Locken. Heiser antworten die Jungen, hier und da zerstreut im Holze. Ein Schatten fällt auf das grüne Bickbeerenkraut vor mir. Ohne Überlegung reißt die Hand den Kolben hoch und richtet die Laufmündung dahin, wo breitflüglig der Raubvogel schwebt. Im Knall überschlägt sich der Habicht, läßt Federn, verliert seinen Raub, der plumpsend vor mich fällt, sinkt, gewinnt mit mühsamen Flügelschlägen wieder Luft, rudert gewaltsam, um höher zu steigen, und breitklafternd sich drehend kommt er herab und schlägt in die Himbeeren. Auf dem Rücken liegt er da die gelben, dolchbewehrten Fänge zucken über der querstreifigen Brnst, rot trieft es aus dem krummen Schnabel, und Wut, Haß und Anklage blicken die gelbe Mörderaugen. Aber nicht solange, daß ich nach einen Stock fasse, ihn zu töten, da zittern Schwinge und Stoß, die Fänge lassen das Greifen, und schlaff liegt er da, ebenso still wie die Jungtaube, die seine Fänge fallen ließen. Ein Weilchen warte ich, dann schleiche ich dahin, wo seine Jungen gierten. Ich ahme den Lockruf der Alten nach und, heiser, nach Atzung schreiend, komme ich näher. Es knallt, und schwer plumpst es auf die Braken am Boden. Und wieder warte ich ein Weilchen und schleiche ich dahin, wo das zweite Junge schrie. Dort locke ich, aber alles bleibt hell. Alle Kronen suche ich ab, bis ein dunkler Klumpen auf einem Fichtenast ins Auge fällt. Dahin richte ich den Lauf, und prasselnd kommt er herunter. Aber dann, als ich sie alle drei da liegen hatte, faßt es mich wieder wie Reue und mir ist als hätte ich Unrecht

291

getan. Tat ich es, um die Fasanen zu schützen, die meine Jagdfreunde aussetzten, um die Birkhenne vor den Fängen des Räubers zu sichern und Taube und Rebhuhn, Junghase und Kitz? oder aus reiner Mordlust? Sie, sie morden um zu leben, aber wir...? Ohne Nutzen sind sie mir. Den Hasen und das Huhn, sie zu erlegen, mir liegt nichts daran, gelangweilt hat mich stets die Jagd darauf, aber der Bock und alles Raubzeug, das ist die Jagd. Und im Urwald muß es sein, im Wildwald, im Moor und in der öden Heide, daß ich denke, ich sei ein Wilder.

Wo die Bäume schnurgerade stehen, in geraden Reihen ragen über blankgefegten Boden, wo viereckige Kulturen, rechteckige Rabatten abgezirkelt im Holze liegen, wo die Wege eben und die Gestelle so gerade sind, da mag leichter ein Bock zu kriegen sein auf geharkten Pirschstegen. Hier aber, wo Braken den Boden decken, wo in den Blößen das Kraut mannshoch wächst auf dem jungfräulichen Boden, da kannst du pirschen und warten von früh bis spät auf den alten Bock und kriegst nur seine Fährte zu sehen und hörst nur seinen Baß. Darum wurde so manchem die Jagd im Rauhhorn leid. Und auch mir dünkte sie mühsam und unlohnend, wenn ich bei schwarzer Nacht den weiten Weg zum Dorfe machen mußte, müde und der Beute ledig, drei Tage lang. Aber war ich anderen Tages dann wieder draußen in aller Frühe dort, wo noch der Hirsch seinen Stand hat und wo Schwarzstorch und Schreiadler horsten, dann wurden meine Augen doch wieder groß und mein Herz wurde weit.

Und als nachmittags der Omnibus über die Brücke rasselte, da mußte ich den Kopf wenden nach dem Sandweg, der an der Klengelei vorbeiführt unter den Birken her und der dann durch des Mastbruches Postdickicht mich an die Wittbeck bringt und in die Urwaldruhe des Rauhhornes.

Ein roter Bock

Aus grünen Träumen bin ich aufgewacht. Lang war der Tag und heiß. Seit halb vier Uhr in der Frühe bin ich über die Koppelwege geschlichen, an den goldenen Korngarben vorbei, neben den halbreifen Weizenbreiten her, vorüber an rötlichem Hafer und schwarzen Viehbohnen, tauchte dann in dem einen Feldhölzchen unter, schlich wieder über knisternde Goldstoppeln, verschwand in einem zweiten Holze, ging langsam zum dritten, von dem vierten, und so, mit kurzer Frühstückspause und einer halben Stunde Mittagsrast im Krug, bis ein Uhr.

Da kam aber der graue Mann, streute mir Schlaf in die Augen und hielt meine Hacken fest, daß die Füße schwer den Boden traten, hing lange Grashalme und zähe Ranken um meine Knöchel, machte mir die Ohren taub und den Rücken krumm. Ein Viertelstündchen wollte ich im Schatten nicken, gelehnt an der alten Eiche grauen Stamm; zwei volle Stunden habe ich geschlafen fest und still.

Mit großen Augen sehe ich über die Blöße vor mir, als könnte ich den Traum wiederfinden, den ich hatte. Ich sehe des hohen Wasserdost rosenrote

Büschel, über die zwei Pfauenaugen tanzen, die übermannshohen Dolden, deren weiße Schirme ein Stelldichein sind für allerlei buntes, blitzendes, summendes, surrendes Getier, die blauen Glocken, in denen die Hummeln brummen, und die ungeheuren, acht Fuß hohen, schlanken rotköpfigen Disteln, über denen Admiral und Silberstrich, Zitronenfalter und Weißling hin und her schweben.

Ich sinne meinem Traume weiter nach und sehe nach den Riesendisteln. Ein Flug lustiger Stieglitze fällt auf ihnen ein, auf den roten, nickenden Distelköpfen nicken die roten Vogelköpfe hin und her, dann stiebt die bunte Gesellschaft froh zwitschernd wieder ab.

Eine leichte Brise kommt über die Blöße, so leicht, daß der hohe, schön geschwungene Waldhafer sich kaum rührt, aber die beiden Zitterpappeln fahren zusammen und schütteln sich, als hätte eine rauhe Faust sie gepackt. Durch die Krone meiner Eiche geht ein leises Brummen, als lache sie heimlich über die beiden Angstmeier.

Die Pfeife im Munde liege ich da und träume. Blaue Rauchwolken zerflattern zwischen blitzenden Schwebfliegen. Weiße Schmetterlinge kommen wie lichte Träume angeschwebt, jagen sich, flattern zu Boden, steigen in die grünen Kronen und verschwinden über dem hohen Silbergras.

Das ist doch das schönste an der Jagd, dieses wunschlose Stilliegen. Der Bock, wenn ich ganz ehrlich sein will, ist nur ein Vorwand für das heimliche Gehen, für das lautlose Pirschen, durch das mir alle Waldgeheimnisse kund werden.

Das sage ich jetzt. Aber gestern, als ich ihn heran gelockt hatte mit dem gespaltenen Grashalm, auf dem ich des Schmalrehs kokettes Locken nachahmte, da zitterten mir doch die Knie ein wenig, als ich ihn heran rauschen hörte durch die Haselbüsche, und unter dem Hut kribbelte mir die Haut. Und als er dann Wind bekam und wie ein roter Feuerstreifen hinter meinem Rücken vorüberschoß, da habe ich doch die Stirne gekraust und die Lippen zusammengebissen.

Dort oben, wo die Lichtung aufhört, habe ich dann am Kreuzgestell eine Stunde gelauert, bis er endlich auf das Gras trat. Und als ich das Büchsenschloß stach und den Kolben an die Backe zog, da flammte mir doch die helle Wut heiß in das Gesicht, als hinter dem Bock auf dem Feldweg zwei Mädchen auftauchten und ich den Lauf eiligst in die Höhe reißen mußte, und gar nicht freundlich dankte ich, als die beiden Hübschen mir die Tageszeit boten. Und heute morgen, als ich barfuß über das Quergestell schlich und der Bock im mannshohen Grase vor mir absprang, daß ich nichts weiter sah als einen roten Strich und darüber zwei weiße Blitze, da kam mir das Morgenrot auf einmal langweilig und des Taubers Ruf albern vor.

Aber was hilft das alles. Pech ist Pech. Ich hab, doch allerlei Schönes gesehen, was andere Leue nicht sehen. Vor mir im Fallaub knistert es. Ein in Grün, Gold und Bronze gepanzerter großer Käfer kämpft da mit einem Ungeheuer von Regenwurm. Dreimal reißt der Wurm sich los, dreimal faßt ihn der blanke Ritter ihn und schleppt ihn schließlich in seine Burg, den moosigen Eschenstuken. Ich muß lachen; Ritter Georg und der Drache fällt mir ein.

Ich erhebe mich. Ein Kaninchen, das dicht vor mir in der Sonne gelegen hat, raschelt davon. Schrecklich lärmt der Häher, der im Grase Käfer suchte, und ein Eichkätzchen klettert an der Esche hoch und ruft mir aus sicherer Höhe einen Schwall gemeiner Schimpfworte nach. Die Amselmütter und Zippenmamas warnen mit Zetergeschrei ihre flügge Brut, die Kohlmeise gibt mir keifend zu verstehen, daß ich in der Nähe ihrer Kinder höchst überflüssig bin, und sogar die Grasmücke meint spitz, ich möchte machen, daß ich weiterkäme.

Das tue ich auch. Den Grasweg gehe ich entlang, an dessen Seiten die hellroten Blumen des Storchschnabels leuchten und die dunkelpurpurroten Köpfe des Wiesenkopfs nicken, behängt mit stahlblauen, blutrot gezeichneten Schmetterlingen. In allen Büschen krabbelt junges Vogelvolk, in allen Zweigen flattert es davon. Überall schimmern der Hasel weißlichgrüne Nüsse, dazwischen hängen des Geißblatts wachsgelbe Blumen, funkeln der Heckenkirche rote Perlen, lachen des Schneeballs rotbäckige Trauben. Reich gedeckt ist dieses Jahr der Tisch für alle Pickeschnäbel und Knabberzähne.

Oben am Fahrweg mache ich halt, sehe tief hinein in den Nachbarwald. Bei dem Grenzstein im Graben lasse ich mich nieder, von da aus haben meine Augen dreifache Aussicht. Nach links, wo der Weg in grüne Schatten ausläuft, nach rechts, wo er in glimmende Sonnenstrahlen vor der goldenen Stoppel zerfließt und geradeaus, wo ein üppiger Strauß von hohem weißblühendem Labkraut, bleicher Kohldistel, goldenem Johanniswurz und kupferrotem Sauerampfer ihn beendet.

Ein kohlschwarzer, goldschnäbliger Amselhahn rennt durch die Wegerichblätter, stochert hastig überall herum, stolpert weiter, zieht mit einem Aufwand von überflüssigen Bewegungen einen Wurm aus dem Moor und verschlingt ihn mit ebensoviel unnützen Kopfverrenkungen. Dann stößt er ein gellendes Warngeschrei aus und stiebt in die Haselbüsche.

Rechts in den Büschen höre ich es brechen. Ein kleiner Ruck zuckt durch die rechte Hand, die Linke schiebt sich unter den Büchsenlauf, vorsichtiger ziehen die Lippen der Pfeife, und kleiner werden meine Augen. Ein Kopf, rotgelb und kohlschwarz, von hell und dunkel abschattierten Lauschern überragt, steht zwischen den blauen Glockenblumen, biegt sich herunter, reißt ein Hälmchen ab und kaut es langsam kürzer.

Dann schiebt sich der Hals heraus, der rechte Lauf, der linke, und das rote Blatt, der Leib, die Hinterläufe und nun steht es in seiner ganzen Schönheit, das Schmalreh, mitten auf der Bahn vor dem großen weißgrüngoldroten Blumenstrauß, als wenn es wüßte, daß der es so gut kleidete. Sorgfältig macht es Toilette, zupft hier und da an seinem roten Kleid herum, schüttelt die blinden Fliegen ab, kratzt sich die Stelle am Halse, wo es die Mücken stachen, und äst dann von oben herunter einen Haselschoß nach dem andern ab. Einmal sieht es sich noch um, dann zieht es über die Bahn nach der großen Grasblöße.

Ich bleibe sitzen und qualme weiter. Die Turteltauben schnurren, nun wird es fünf Uhr sein. Eine Goldammer singt schwermütig, ein junger Fasanenhahn ruft laut und herrisch und stolziert dann über den Weg, funkelnd im schrägen Sonnenlicht. Der alte Hase, der hier jeden Abend und jeden Morgen anzutreffen ist, erscheint auf der Bildfläche, und der Ringeltauber klatscht mit den Flügeln, fällt über mir in der Eiche ein und ruft. Nun ist es schon sechs Uhr. Anderthalb Stunden habe ich hier gesessen auf dem Grenzstein.

Grenzsteine halten fest; es ist Pech daran. Die Grenze, das ist doch das Schönste bei jeder Jagd. Da hat das Pirschen zweifachen Reiz, da bietet der Ansitz doppelte Freude, da ist der Bock noch einmal so viel wert. Es ist lächerlich, aber es ist so, und es wird so bleiben, solange es grüne Jäger und rote Böcke gibt, heute und morgen und allezeit.

Aber länger will ich hier nicht bleiben. Doch gerade wie ich mich aufrichte, warnt links von mir das Rotkehlchen laut und anhaltend. Und über der Grenze, linker Hand von mir, rauscht es im Laub, bricht es in den Zweigen, höre ich den Bock schlagen und platzen. Da sinke ich Zoll und Zoll in mir selbst zusammen und kaure mich wieder am Grenzstein hin, die Faust am Kolbenhals auf das rechte Knie gestützt, die linke vorn am Lauf. Lauter warnt das Rotkehlchen, lauter knackt und rauscht es in der Dickung. Mit einem Ruck hört der Lärm auf, und mitten im Wege steht ein gelber Fleck, zu drei Vierteln verdeckt von den tief herabhängenden Haselzweigen. Wohl zehn Minuten rührt sich der Fleck nicht, dann kommt Bewegung hinein, die Äste rauschen auf und ab, Mulm und Moos fliegt, wie unsinnig schlägt und fegt der Bock.

Soll ich, oder soll ich nicht? Ein Bock ist es, das ist klar. Aber ob es der ist, den ich will, das ist die Frage. Könnte ich nur einen Augenblick den Kopf sehen. Aber ob ich mich ganz hinknie, ob ich mich flach hinlege, immer decken den Kopf die Haselzweige. Und dann klingt von der Grasdickung das Fiepen des Schmalrehes, einmal, zweimal und zum dritten Male, und fort ist der gelbe Fleck. Dann höre ich Stimmen und Sensengedengel, und höre es dort unten rauschen, sehe es dort leuchten und blitzen. Ärgerlich auf mich und die ganze Welt ziehe ich ab, die Grenze entlang, am Klee vorbei, wo drei Hasen sich gütlich tun, den Koppelweg entlang, über den die Kaninchen huschen, am Hafer vorüber, in dem die großen Heuschrecken schrillen, bis ich den Mäher und seine Frau fortgehen sehe.

Halb schlägt es im Dorfe, halb acht. Dreiviertel Stunden habe ich noch Zeit. Vorsichtig pirsche ich am Felde entlang, bis ich an der Graswildnis bin. Da steht eine Leiter, und auf die krieche ich hinauf, katzenleise, bei jeder Sprosse die Augen über das dichte Gewirr von mannshohem Gras, Glockenblumen, Haselschossen, Kletten, Dolden und Espenloden und das lichte Stangenholz dahinter wandern lassend. Oben auf der Leiter lehne ich mich an den Stamm, hänge die Büchse an einen Astzackten und hole aus der Tasche den Geschreiblatter heraus.

Zweimal klingt das Geplärre durch den Wald. Der Hase auf dem Grasweg macht einen Kegel und äst dann weiter. Ich höre die Turteltäuber schnurren, die Ringeltäuber rufen, eine Ammer singt noch. Rotkehlchen ticken, Amseln schimpfen, Mäuse ruscheln im Laub, eine große Fledermaus fährt hin und her, aber kein roter Fleck taucht irgendwo auf.

295

Da in den Stangen, ein leises Knicken. Da steht ein gelber Fleck. Ein Bock. Aber nicht mein Bock. Der gelbe Gabelbock. Aber ich muß heute abend fort, und so hebe ich den Büchsenriemen von dem Astzacken, spanne lautlos, steche das Schloß und will gerade anbacken, da macht der Bock eine Flucht zurück, und schon verdecken die Zweige ihn. Und schon will ich mir ärgerlich die Pfeife anstecken, da rauscht es hinter mir im Weizen, ich sehe einen roten Strich, darüber blitzt es lang und weiß, aber ehe ich die mühsame Wendung nach rechts gemacht habe, ist das rote Ding fort. Jetzt aber schnell! Leise herunter von der Leiter, auf den Grasweg, Rucksack und Hut herunter, Pfeife fort und nun, schnell, aber leise, bis an die Ecke der Dickung. Dort einen Augenblick gewartet, dann fünf Schritt weiter im Schatten der tiefen Zweige, wieder gewartet, wieder weiter, und da höre ich es auch schon rauschen und brechen.
Ich bin klatschnaß vor Schweiß; das Herz sitzt mir im Hals, der Atem pfeift, daß ich denke, man kann es zehn Gänge weit hören, und der Büchsenlauf tanzt mir vor den Augen auf und ab. Aber nur so lange, bis ein großer toter Fleck auf die Bahn tritt; da werde ich ruhig, habe mit einem Blick das hohe, langendige Gehörn weg und rühre am Abzug.
Roh zerstört der Feuerstrahl die sanften Farben der Dämmerung, grob verdirbt der Knall die Waldabendstille, dick kriecht der weiße Dampf über Weg und Wald. Und ich bin wieder ganz ruhig, denn durch das Feuer sah ich den Bock zusammenbrechen.
Und wie der Rauch verflattert, liegt er vor mir auf dem grünen Wege in seiner ganzen roten Pracht und färbt mit seinem hellen Lungenschweiß die breiten Blätter des Wegerichs. Und wie ich bei ihm knie und das Gehörn sehe, die langen Enden, die breiten Rosen, die derben Perlen, da lache ich doch und denke nicht mehr daran, daß der Bock nur ein Vorwand für mich sei, still zu pirschen und heimlich zu lauern im Holze.

Ein goldener Heidherbstag

Der Honigbaum hat abgeblüht, zu Silberkügelchen sind des Heidekrautes rosenfarbige Seidenkelche zusammengeschrumpft. Die Heidelerchenlieder sind verstummt, verschwunden sind die Radler und Fußwanderer, die wochenlang die Heide überschwemmten, das blühende Heidekraut abrupften und als Ersatz Zeitungspapier, Eierschalen und Flaschenscherben hinterließen.
Drei Kreuze hinter ihnen her! Es war eine greulich Zeit. Wo sonst der einsame alte Rammler lag, da trampelten johlende Scharen, wo der heimliche Bock wechselte, strömte es von Stadtjappern; das Birkwild wanderte vor dem Gesang aus, und das Rotwild veränderte Stand und Wechsel wegen der Menschenrudel, die vom Morgenrot bis zur Sonnensinke durch Moor und Geest zogen. Wo sonst Hirsche melden, da balzte der Jüngling im Sonntagsgewand und die Jungfrau im hellen Hut; wo der Schreiadler rief, jodelte der Touristenvereinler; wo das Birkwild sich äste, hielten vielköpfige Familien Picknicks ab.

Nur in den weitab gelegenen Brüchen, wo Wege und Stege fehlen und Meilen zwischen den Einzelhöfen liegen, war es zum Aushalten. Höchstens den Schnuckenschäfer sah ich da, die Imker und die Bauern, die zum Grummetschnitt fuhren, lauter stille Leute, die ungefragt nicht reden. Selbst die hübschen, braunarmigen Mädchen, die der blaue Rock, das rote Leibchen und der weiße Flutthut so nett kleidet, dankten leise, wenn ich ihnen die Tageszeit bot.

Dort in der Stille habe ich die Heideblüte erlebt. Habe die Kreuzotter bei der Mauspirsch beobachtet, den Schreiadler bei der Froschjagd, den Schwarzstorch beim Fischfang. Ich sah die Tüten über die Rasenfläche rennen und die Weihen über die Pupurhügel schweben, hörte den Kolkraben rufen über dem Fichtenwald und den Schwarzspecht lachen auf dem Föhrenhau.

Schön ist die blühende Heide; wer sie aber nur kennt in der Frühherbstblüte, der kennt sie nicht. Vier hohe Zeiten hat die Heide, viermal im Jahre blüht sie. Wenn der Birkhahn balzt, zieht sie ihr Frühlingskleid aus jungem Birkengrün mit silbernem Wollgrasbesatz an. naht der Herbst heran, dann trägt sie ihr rosaseidenes Schleppgewand. Im Winter kleidet sie sich in ein weißes Ballkleid, das ihr der Rauhreif webt. Ihr herrlichstes Kleid aber schenkt ihr der Spätherbst.

Ein ist das Kleid, in dem ich sie am liebsten mag. So lange sie es trägt, bleibe ich ihr treu; dann erst ziehe ich in den Buchenwald am Bergeshang, in die Steißlippen verschneiter Kuppen. Nie habe ich solchen Heidhunger wie dann, nicht einmal zur Frühlingszeit, wenn die Moore beben vom Hahnengebalz.

Grau war der Himmel und grämlich die Welt, als ich gestern zu ihr kam. Die Birken waren fahlgelb und die Eichen schmutzigbraun, trübrot die Brombeerstauden am Straßenrand und mißfarbig die Espen an den Viehtränken. Nirgendwo war Leben, nirgends eine frohe Farbe. Wehmütig lockten die Schopflerchen, und mißmutig riefen die Raben. – Alles war leer und tot. Kein Gimpel flötete im Busch, kein Häher rief im Holz; die Elstern in den Pappeln lachten mich aus, und der Bussard verhöhnte mich aus sicherer Höhe. Mein Teckel sah mich dumm an: was ist das für ein Leben, wenn es nichts zu morden gibt? Ein unglückliches Großwiesel mußte seine Neugier schließlich büßen. So hatte der kleine Mann wenigstens seinen Spaß.

Der Morgen kam als Nebelmann. Kaum zehn Schritte weit reichten meine Augen. So ließen wir uns beim Frühstück Zeit, bei Buchweizenmilchgrütze, derbem Brot und rosigem Schinken, mein Hund und ich. Dann ging es in den grauen Morgen hinaus. Oben auf dem Heidhügel, in dem breiten Wacholder unter der Schirmföhre machte ich halt, dampfte meine Pfeife und wartete bis der Nebel wich. Lange dauerte das, so lange, daß der Kleine schließlich den braunen Kopf unter den Wetterrock zog und in meinem Schoße weiterschnarchte.

Der Nebel will nicht wanken noch weichen; wie eine Mauer steht er über dem Moor. Unsichtbare Pieper pfeifen, unsichtbare Krähen quarren, unsichtbare Gänse kreischen über mich fort. Nebelperlen hängen auf meinem Mantel, Nebeltropfen nässen meine Becken, schwer tropft es von der

Schirmföhre über mir. Und ich sitz und sitze und qualme gegen den stinkenden Nebel an.

Da fährt ein kühler Hauch über das Heideland. Die Föhre erwacht und schüttelt dichten Tropfenfall, die Nebelwand zerreißt, ihre Trümmer schieben sich durcheineiander, lassen dunkle Büsche erkennen und gelbe Bäume. Und mit einem Satze springt die Sonne in das Moor, schwingt ihre goldene Peitsche, hetzt den Nebelwolf aus der Nähe, jagt ihn in die Weite, und ihn aus dem Lande heraus. Da wird alles ringumher zu Licht und Glanz. Über den silbernen Birkenstämmen leuchten goldene Laubkronen. Die Brombeeranken am Hügelgrund tragen Rubinblätter, die Spinnweben sind mit Diamanten besetzt, die Espenbüsche lassen ihr leuchtendes Laub flirren, und die Eichen um den einsamen Hof leuchten in roter Pracht.

Ich sitze und sehe, und würde noch lange sitzen und hineinsehen in die goldene Pracht des Heidherbstmorgens. Da kommt ein braunes Köpfchen aus dem Wetterrock, blinzelt in die Sonne, schüttelt klappernd die Behänge, reißt gähnend den korallenroten, weiß bewehrten Fang auf, und dann springt der kleine Kerl von meinem Schoß, tatzelt nach meinen Händen und schnüffelt wedelnd am Drilling herum. Der Wetterrock fliegt in den Wacholderbusch, die Handschuhe hinter her. Im Kiefernstangenort tauchen wir unter, wo zwischen bleichgrünem Adlerfarn rote Schwämme prahlen und rote Beeren im Moose leuchten. Ein weißer Bussard stiebt jäh vor uns ab. Die Ohreule in der Fichte schüttelt ängstlich den dicken Kopf und streicht mit leisem Seufzen fort.

Wo die Brombeerblöße im Bachwinkel liegt, da bleiben wir stehen. Rehfährten narben den anmoorigen Boden des Pirschsteiges und den Sand der trockenen Grabensohle; alle Himbeertriebe sind tief abgeäst, und die blauroten Pilze liegen verstümmelt umher. Aber vergebens gehen meine Augen von den roten Brombeerbüschen zu den goldenen Eichenloden, von den dunkelgrünen Binsenbülten zu den flachsblonden Grasbüschen, die Blöße ist leer.

Da warnt der Turmfalke mit Angstgezeter, und ein grauer Kopf taucht hinter den Brombeeren auf, zwei hinter den Eichenloden, und ein schwarzer dort hinten vor dem goldenen Espenbusch. Das ist die alte schwarze Geltricke mit dem lahmen Vorderlauf, die heimlicher ist wie der heimlichste Bock. Sie kann den Postenschuß nicht vergessen, den sie in der Nachbarjagd vor drei Jahren erhielt. Regungslos steht die Alte da; ab und zu spielen die Lauscher. Endlich verschwindet der schwarze Fleck im gelben Laub. Ich trete in den Graben hinein und schleiche auf dem weichen Sande lautlos hin. Wo der Spindelbaum seiner Beeren rosige Pracht vor dem dunklen Stechpalmenbusch zeigt, kaure ich mich auf den pilzumsponnenen Eichenstumpf. Goldammern fallen zankend in die Brombeeren ein; ein Zwergspecht schnurrt heran und hämmert die Bockkäferlarven aus den Zweigknoten der Espe, ein Gimpelpaar wippt von Ast zu Ast und flötet ein zärtliches Duett, Schwanzmeisen kobolzen durch das Birkenlaub.

Die graue Ricke mit den Kitzen zieht der Dickung zu. Ein Flug Birkwild streicht brausend über mich fort. Gern langte ich einen der Hähne herab, aber dafür ist jetzt keine Zeit. Ich hocke auf meinem klebrigen Sitz, höre dem Hahn zu, der tief im Moore balzt, sehe den Krähen zu, die sich über den Eichen stechen, lausche dem Gewisper der Goldhähnchen und lache über das Gehaste der Spitzmäuse.

Endlich, nach einer vollen Viertelstunde, schwanken dort hinten die Eichenloden. Schwarze Lauscher drehen sich hin und her, ein langer, schwarzer Hals taucht auf, ein breiter, schwarzer Rumpf schiebt sich durch die roten Brombeerbüsche, mit seltsamen Bewegungen sich hochschnellend und niederduckend. Weit, sehr weit ist es bis dahin, zweihundert Gänge wohl. Leise setze ich das Fernrohr auf und streiche an dem Spindelbaum an. Aber der schwarze Fleck ist kleiner geworden, kaum kann ich den braunen Spiegel erkennen. So warte ich bis der Fleck sich vergrößert, bis die goldenen Büsche den Rumpf freigeben, lasse das Blatt und lasse die Finger krumm werden. Und dann ein schneller Sprung auf den Grabenbord, fast reißt mich der Hund dabei hin, und ich sehe noch eben einen schwarzen Klumpen durch die roten Ranken brechen nach der großen braunen Farnblöße hin.

„Ruhig, Kerlchen, erst wollen wir uns eine Pfeife stopfen und bis auf das letzte Krümmelchen leer rauchen! Sei nur still, Kleiner, du bekommst noch Arbeit genug! Kannst unterdes der Niederjagd obliegen und Reitmäuse fangen!". Aber das paßt ihm nicht: Angeleint nach Mäusen graben, die Nase voller Rehwitterung, das ist ihm zu dumm. Falsch äugt er mich von der Seite an.

Die Sonne lodert und leuchtet auf den gelben Birkenwipfeln und in den goldenen Eichenloden; sie gibt der abgefrorenen Wiese Maiengrün und den bleichen Weidenblättern Frühlingsfrische. Wie ein Vogel aus Märchenland schwebt der weiße Bussard dahin, und jubelnd und singend fällt ein Starenflug in den Eichen bei der Hirtenhütte ein.

Nun ist es Zeit: ich stehe auf. Da kommt wieder Leben in den kleinen Stumpfbold neben mir. Er fällt in den Riemen und drängt voran. Kaum kann ich ihm folgen durch das Rankengewirr und das Lodengestrüpp und vom Anschuß, wo schwarzes Schnitthaar aus den roten Blättern hängt und rote Tropfen an den gelben Halmen kleben, reißt er mich stürmisch fort durch den braunen Farn und die blutroten Moorbeerbüsche. Ein Hase poltert Hals über Kopf vor uns fort. Einen Augenblick nur will der Hund ihm nach, besinnt sich aber und fällt wieder die Schweißfährte an, die nach der sechsjährigen Besamung führt. Da ist Graben an Graben, alle überwuchert von Heidekraut. Das ist ein Fehltreten und Fallen, Stolpern und Stürzen, ein Vergnügen eigener Art.

Doch da hat er sie. In dem schmalen Graben ist sie zusammengebrochen, kaum ragt der schwarze Kopf mit den grünüberzogenen Lichtern heraus, unheimlich und gefährlich, wie ein Teufelsgesicht. Wütend fährt der Kleine darauf los, faßt an, prallt zurück und kündet mit heiserem Halse seine Heldentat. Denn daß er die Alte zur Strecke gebracht hat, das steht für ihn fest.

Gellender Jagdruf stört mich beim Aufbrechen. Der Jagdaufseher steht vor mir: „Is man gut, daß die Alsche dot is; hat uns manches Mal Pirsch und

299

Anstand verdorben mit ihrem Schrecken. Aber Sie müsse wachen; eben sind die anderen Herren gekommen; im Brandmoor liegt das ganze Birkwild, und nachher sollen die Brüche auf Füchse und Hasen gestokelt werden."

Er hängt die Ricke in die Fichten hinein. Der Teckel will durchaus nicht erlauben, daß er das tut. „Komm, Kerlchen, haben wir heute früh unsere stille Weidmannsfreude gehabt, so wollen wir jetzt in fröhlicher Jägerlust beenden diesen goldenen Heidherbsttag."

Junghahnenbalz

Vor Tau und Tag durch Heide und Moor, vor Lerchenlocken und Pieperruf hinaus in grau schwarze Dämmerung beim letzten Eulenschrei, bei Nachtwinds herbstlich-frostigem Sausen. Kein Bauer, kein Knecht, keine Magd wacht im Heidedorfe, kein Hund laut, nur eine Katze sichtbar, schattenhaft über die Dorfstraße huschend, und die Schleiereule, lautlos in der Giebelluke verschwindend. Warm war es heute nacht, zu warm fast für Jagdweste und dicke Lodenjoppe, Manchesterhosen und Entenstiefel. und es wollte gar nicht Tag werden. Die Nacht klebte an Heide und Moor, Geest und Feldmark, Forst und Busch – bis langsam der Herbsttag Ruck um Ruck das schwarze Tuch vom Gelände riß, den düsteren Teppich vor mir an zum Himmelsrande aufrollend.

Erst wurde der grasbewachsene Koppelweg vor mir sichtbar, dann dahinter drei schwarze Klumpen als Fuhrenkusseln erkennbar, Hederich, Lupinen, frische Falgen, grüne Saaten, Dünen, Fuhrenbüsche, düstere Wacholderhagen, lichte Sandwege, ein braunes Meer, das Moor, Heidhügel, dunkelblaue Waldwände, überragt von dem Skelett des Militärturmes.

Über mir die erste, lockende Heidlerche, dann in der Dickung der Amsel keifende Stimme, des Rotkehlchen schelmischer Frühgruß, des Holzschreiers diktuerische Vielgeschrei um nichts, der Goldammer bescheidener Laut, zittriges, dünnes Goldhähnchengepiepe, des Buchfinks selbstbewußter, herrischer Ruf, der Krähe rauher Ton.

Der Nachtwind verstummte, er wich dem Tag. Regungslos stand Baum und Busch, und auch das weißblonde, flachsige Gras stand unbeugsam straff. Feierlichere Bewegungslosigkeit in der Natur, verstärkt durch schwarze, fliegende Flecke in der Luft und graue Schatten auf den Feldern, Krähe und Drossel fliegt hungrig zu Feld, Hasen rücken satt zu Holz.

Zur Rechten zerreißt die Wolke, goldig bricht es hindurch, goldglühend die Wolke säumend. Grünlich färbt sich darüber der Himmel, bis ein feuriger Ball die Wolken zerschmilzt, daß sie lodernd aufbrennen. Aus der Glut fließt Kälte. Ein eisiger Wind durchschauert die Bäume, rüttelt die Büsche, streicht mit kalter Hand über das flachsblonde Gras. Ein Frösteln kriecht mir über Rückenstrang und Schenkel. Ein Viertelstündchen, dann stirbt der pfeifende Frühwind und warm und wonnig liebkost die Sonne mein Gesicht, steckt helle Lichter im dunklen Fuhrenwald an und fälscht des weißblonden Grases müde Flachsfarbe zu stolzem Goldblond.

Matt ist aber die Morgensonne im Herbst, sie wärmt nur scheinbar meine steifen Glieder, die an des hohen Wacholders federnde Zweige gedrückt, zwei Stunden verharren in lauernder Regungslosigkeit.

Ja, wenn er gekommen wäre, schußgerecht gekommen, der kohlschwarze Bock, dem meine Träume galten im unruhigen Schlaf, mein Denken im Wachen – dann jagte wohl heißer das Blut durch die Schlagadern, kribbelte Hitze auf Gesicht und Brust – aber drei schwarze Schatten sah ich in dicker Dämmerung zu Holze ziehen, scheinbar gleich an Stärke, mit verwaschenen Umrissen. Das Korn der Büchse irrte von einem zum andern, spähend nach weißen Hecken zwischen drei Paaren hochgereckter Lauscher, das scharfe Glas sprang den vor Anstrengung tränenden Augen bei, und das Glas fiel hernieder an der rauhen Joppe, der Lauf sank hinab, jedes Stück konnte der Bock sein oder die Ricke, und erleichtert atmete ich auf, als schwarzstarrende Dickung die drei verschlang. Wer kann dem Finger am Drücker trauen!

Maserkopf, alter Tröster, lasse in Blauwolken den Ärger zerflattern! Und liegt der schwarze Bock auch nicht zu meinen Füßen, mißt meine Hand auch nicht seines Gehörnes Höhe, laben meine Augen sich auch nicht an der Perlung, nicht reut mich der kurze Schlaf, der weite Weg, taunasser Stand und schneidende Frühkälte. Keine Stunde schätze ich verloren, die mir in Heide und Moor entschwand.

Im Sinnen schreckt süß ein lieber Laut mich hoch. Vom Moore klingt das Rodeln eines jungen Birkhahnes, den sein kurzes, krummes Spiel eitel machte, dem die Morgensonne allerlei frühreife knabenhafte Liebesgedanken in den Kopf setzte. Du! – du, du! du, du! Wer kann da widerstehen? Eine halbe Stunde Marsch durch nasses Moor, Springen von Bülte zu Bülte, Kriechen durch strengduftende Postbüsche, ockerroter Doppheide, über Torfmoos, naß wie ein Schwamm, durch Risch, triefend wie frischgewaschene Wäsche, den treuen Drilling am Kolben nachgeschleift, steht mir bevor, und die Aussicht, daß der Schwarzweiße mich dann doch noch zu früh eräugt und fittichsausend abstreicht, aber sein lockendes Du! du, du! ruft zu mahnend.

Rätsch, ätsch! warnt der Markwart, wie ich den Stand verlasse. Erleichtert streckt sich der Wacholderbusch, befreit von meines Rückens niederdrückender Last und ein Dreiläufer, der sich vor mir im falben Grase niedergetan hatte, poltert erschrocken, Haken schlagend über die Falge, hinein in den Hederich.

An allen Koppelrändern Rehfährten, hier schwaches Zeug, dort alter Ricken breitspurige Eindrücke, und im feuchten Sande des Kapitalen frische Fährte. Daneben, kreuz und quer, der Krummen Spuren, und hier, in der Furche, des schlauen Rotrockes Indianerspur.

Ein prächtiger Tag! Goldsonne in halber Himmelshöhe, ein Tag für den Hüttker! Heute zieht das Federraubzeug. Da unten am Moore schwebt ein weißer Wisch über die braune Fläche, ein Weihe, und über mir kreist der Mäusehabicht. Krähen, schwarze und graue, rudern langsam dahin.

Nun ist es aus mit der bequemen Wanderung. Der linke Fuß steht noch auf Sand, der rechte auf schwankender Bülte. Mit dem Glase zerzupfe ich den Moorfleck, aus dem das Kollern des Hahnes zu mir heranlautet. Vergebens, kein schwarzweißer, sich drehender, tanzender Fleck in der braungrünen, rostrot überlaufenen Fläche. Aber dort, wo Krüppelbirken aus den Postbüschen sich drängen, dort muß es sein.

Einen tiefen Diener gemacht, so tief, daß die grüne Postbüsche mich decken, jede verwachsene Fuhrenkussel, jede junge Birke als Deckung benutzt, von Busch zu Busch mich herandrückend, dabei achtgegeben, daß die Füße nicht an den Wollgrasbülten vorbeitreten Schwertertanz ist Kinderspiel dagegen. Hier sinkt der Fuß ein im nassen, gelbgrünen Torfmoos, daß gurgelnd braune Büsche bis an das Knie spritzt, dort weicht die schmale, hohe Bülte dem Drucke der Sohle, und laut quatschend umbrodelt brauner Schlamm die Stiefel. Pak, sagte es laut, wenn der Fuß herausgezogen wird.

Jetzt wird es besser. Hier sind Gräben gezogen, jenseits zeigt langes, gelbes, knotenloses Pfeifengras trocknen Boden an. Aber erst über den Graben sein! Springen geht nicht, sonst empfiehlt sich der Sänger. Also am Graben entlang gekrochen, über die roten herben Beeren der Moosbeere, über blutrotes und weißgrünes Torfmoos, nassen, kaffeebraunen Schlamm vermulmte Torfstücke und die reizenden Rosetten des Sonnentaues. Endlich bin ich am Steg, drei Birkenstämmen, mit Heidplaggen gedeckt. Auf dem Bauch geht es hinüber und ebenso weiter, denn wenig Deckung ist hier auf dem hohen, trockenen Moore, und Warner sind überall. Alle Augenblicke steht mit jämmerlichem Piet, piet ein Pieper auf, oder die Heidlerche ruft ihr Tüdliü, tüdliü! durch die Stille. Und des Hahnes Gekoller klingt näher und näher. Hochwillkommen sind die grauen Skelette toter Wacholderbüsche, ein alter, rotbrauner, halbzerfallener Schirm von der Balz dieses Frühjahrs, Binsenbülten, Moorbeerbüsche und verrottete Torfhaufen.

Noch ein nasser, tiefliegender Moorgrund ist zu überkriechen, auf welchem das Wasser Ellbogen und Schenkel feuchtet, und dann geht es hinein in kniehohe Heide, die über Kopf und Rücken zusammenschlägt, in langsamem Gekrieche, in langen Pausen. Hinter der hohen Heide liegt ein abgeplaggtes Stück, das wird des Hahnes Balzplatz sein. Der frühverliebte Junghahn ist gut im Gange, fast unaufhörlich klingt sein Dudleru, dudleru, dudleruuuu zu mir her. Aber je näher, je schlimmer! Hier, bei dieser sperrigen Birke ist ein Ausguck möglich. Da dreht er sich auf dem graubraunem, kahlen Stück, den Kopf tief, das kurze Spiel breit, die Flügel im Halbkreise geöffnet, fleißig kollernd. Sein Rodeln klingt schon recht brav, fast wie bei einem alten, aber wenn er den Hals lang macht, hoch springt, mit den Flügeln schlagend, und dabei bläst, dann hört man den Junghahn heraus. Kcht, kcht, das ist alles; zum vollen, lautpfeifenden Tschjiu-huit bringt er es noch nicht, wird er es hoffentlich auch nicht bringen.

Denn jetzt bin ich nahe genug. Deutlich nehme ich den bräunlichen Anflug auf dem Rücken wahr und die schwarzgekrümmten Sicheln im kurzen Stoß. Wie er sich dreht und wendet, spreizt und tut, als wären braune Holdchen in der hohen Heide, die Minnelohn ihm spenden sollen für Minnegesang! Wenn ich nur erst gespannt hätte! Jetzt geht es nicht, der Hahn dreht mir den Kopf zu. Aber nun wendet er sich, eigentlich ist es doch zu schade, so denkt das Herz, aber da lieg Korn, Kimme und Hahn schon zusammen, der Schuh zerpeitscht das Mitleid, endet des Hahnes Balzgesang sein jungenhaftes, unreifes Liebesliedchen. Und das Mitleid? Es ist hier nicht am Platz. Ist ein Tod mitten im ersten, frühen, weltstürmenden Lebenserwachen nicht neidenswert.

Im Fuhrenstangenort

Etwas Lanweiligeres, als einen Fuhrenstangenort gibt es wohl kaum. Lauter Fuhren von zwanzig bis vierzig Jahren, aber alle aus demselben Jahre zusammen, nie durcheinander, und dazu noch in Reihe gepflanzt. Und doch pürsche ich sie jeden Morgen ab.

Und jeden Morgen, wenn ich denselben Weg mache, je nach dem Winde von der Nachbarsgrenze anfangend oder vom Königlichen, dann fällt mir der lange Herr Oberlehrer ein, der uns Hebräisch gab. Das ging Tag für Tag: Katal, Katela, Katalta, Katalti, Tag für Tag, wochenlang, immer dasselbe, wie die Fuhrenstangen.

Aber ein Pirschgang und eine hebräische Stunde hat doch große Verschiedenheiten. Es sind immer dieselbe Fuhrenstangen, aber es ist doch immer etwas anderes. Einmal regnet's, einmal nicht. Einmal ist es kalt, einmal ist es warm. Einmal ist nichts zu spüren, ein anderes Mal wieder nichts, das dritte Mal erst recht nichts. Und überschlägt man dann einen Morgen und läßt die Knochen im Bett, dann haben die Sauen da gebrochen, und außer Wild spürt sich der brave Zehnender mit seinem Beihirsch.

Und darum nahm ich mich beim Nackenfell, als die Weckuhr um Zwei losramenterte, fuhr in das grüne Zeug und in die gummisohligen Schuhe, hing Büchse, Rucksack und Glas um, kluckte den Topf Milch hinunter und ging, ein Stück Trockenbrot kauend, durch den Hausbusch des Hofes, in dem die Hauseule erbärmlich rief, durch die Kartoffeln, in denen die Spitzmäuse schrillten, durch den hohen Fuhrenort, in der die Waldohreule jämmerlich seufzte, bis ich an die Landstraße kam. Da steckte ich mir ein Zwischenaktszigarrchen in die edlen Züge, tat sechs Züge, um zu sehen, wie der Wind sei, und nochmals sechs, da ich ihn schlecht fand und hoffte, daß er sich besinnen würde, warf die Zigarre in den nebelnassen Graben, und nun stehe ich hier und weiß nicht, soll ich wieder in die Klappe oder soll ich nicht.

Wenn ich das mit dem Winde gewußt hätte, dann hätte ich mich zweimal umgedreht und weitergeschlafen. Aber jetzt umkehren und mich wieder umhosen dazu bin ich doch zu faul. So geht es denn durch die klatschnasse Fuhrenbesamung, den Pirschweg an der Grenze entlang, und wo die Spürbahn beginnt, da setze ich mich in das viereckige Loch, in dem ich schon so oft saß, und dösend höre ich zu, wie der Nebel von den Zweigen schlägt, tock, tock, tock.

Dann fährt der Frühwind durch die Zweige und läßt den Nebel schneller

303

schlagen, und aus dem grauen Nichts vor mir heben sich lange, rosig schimmernde Heidbüschel und silberne Birkenstämme ab, und dann sitzt da ein Bär, der nach mir schlagen will mit den Pranken, und ein Wilddieb steht da, der auf mich anschlägt, und ein Hirsch tritt aus dem Nebel, und ich sitze krumm und klein in meinem Loche und warte, bis es noch heller wird und der Bär und der Wilddieb und der starke Hirsch das geworden sind, was sie sind, Machangelbüsche. Und dann esse ich ein Stück Speck und ein Stück Brot, trinke einen kleinen Bittern, stecke mir die lange Holländer hinter dem vorgehaltenen Hute an, knöpfe den Windrapp fester und mache mich hoch.

Ich sehe nach rechts die breite tief aufgepflügte Spürbahn hinunter, und dann nach links und sehe recht gerade soviel wie links. Es ist noch sehr dämmerig, so bleibe ich noch etwas stehen. Ein Vogel zipt über mich fort, die Morgenbrise ruschelt in den Telgen, der Tropfenfall klingt um mich herum, das gelbe Pfeifengras flüstert zu meinen Füßen.

Zur Linken höre ich einen kurzen, leisen Laut: Knick. Kein Stadtmensch würde ihn beachten. Mir aber macht er das Herz lebendig und das Blut schnell. Da zieht Wild. Noch einmal: Knick, und noch einmal. Ich weiß Bescheid. Von der Spürbahn trete ich durch die Bucht auf den Pirschsteig und gehe schnell, aber leise, so leise, nordwärts, so leise, daß kein Fallbraken knickt und kein Fuhrenbock knistert. Bis an die Schneise, die heidwüchsige, von gelben Schmielen berahmte. Dort mache ich mich ganz klein in dem Loche, lege die gespannte Büchse auf die Knie und nehme das Glas in die Hand. Und dann warte ich.

Meine Augen streifen rechts und links die Fuhrenwände, die blühende Heide, die gelben Halme, bis sie da hinten im Nebel haltenmachen und umkehren, bis sie wieder an die Nebelwand kommen und wieder umkehren. Zippen streichen über die Bahn, Schacker lärmen über mich hinweg, die ulkigen kleinen Haubenmeisen kullern in den Zweigen, Goldhähnchen lassen ihre unreifen, dünnen Stimmchen hören, ein Fink lockt. Dann, in Pausen, bricht es zu meiner Linken, ich lasse das Glas auf die Brust fallen und fasse die Büchse. Das Brechen wiederholt sich, ich drehe das linke Auge, daß ich es mir bald verrenke, und renke es schleunigst wieder ein, denn wegen der alten Rick will ich mir doch kein Leid antun. Sie äugt mich groß an, macht mir einige altmodische Verbeugungen, tritt halb neugierig, halb ängstlich hin und her und zieht dann eilig in das Holz zur Rechten. Und ich stehe auf und pirsche weiter an der Kante des Stangenorts.

Der Pirschsteig schneidet die Pflanzfuhren in rechte Winkel. Man kann von ihm immer zwischen den Reihen durchsehen. Ich mache meinen Weg wie ein Automat. Ein Schritt, ein Blick nach links. Nichts, nichts, nichts, nichts. Aber da! Ach, das ist ja die Stelle, wo gestern die alte Bache mit ihren vier Frischlingen gebrochen hat, das sieht so rot aus, als säße da ein Reh im Bett. Und zehn Reihen weiter, das Schwarze da, das ist kein hauendes Schwein, spitz von hinten, das ist ein oller Heidbusch. Und hier kommt der Bärlappteppich, und da steht die verlorne blaue Glockenblume, die da so steht, als wollte sie fragen: „Wissen Sie nicht, wie man hier rauskommt aus dieser Biesternis?" Und hier ist es heller, da reifen die Kronsbeeren. Hurr burr, da poltert Birkwild ab. Und da, da, da haben wieder Sauen gebrochen.

Halt, nicht weiter! Das sieht doch roter aus wie der gebrochene Boden. Das Glas vor die Augen: Reh! Bock oder Ricke? Ja, das kann ich nicht sehen, es hängen da gerade so viele graue Braken drüber. Mal fragen! Ich nehme die Büchse von der Schulter und schnalze, leise den Warnruf des Rotkehlchens nachahmend, dreimal tk, tk, tk. Aus dem roten Fleck kommt ein roter Hals hoch und ein schwarzes Geäse und zwei weißliche Lauscher. Aber zwischen ihnen ist nichts. Ricke. Ich warte, bis Kopf und Hals wieder weg sind, und pirsche weiter.

Rätsch, ätsch. Schwein! Du wirst mir noch den ganzen Pirschgang verderben. Ich muß warten, bis er sich beruhigt hat, der Markwart, sonst macht er die ganze Gegend rebellisch. Na endlich! Also weiter aus dem Bleisand des Pirschweges, immer wieder einen Blick auf hellgelbgrünes Moos, kupferrote Stangen und silbergraue Telgen. Hier und da ein gelblicher Grasbusch, ein Fleck dunkler, weißblütiger, rotfrüchtiger Kronsbeeren, ein roter Fleck, wo die Sauen brachen oder der Bock plätzte, gelbe, rote, braune, hellviolette Schwämme, die rote Brust des Dompfaffen, eine bunte Meise, eine schwarze Amsel, eine graue Drossel, ein olivenbraunes Rotkehlchen als Abwechslung in dem Goldgrünsilbergraukupferrot.

Tauben donnern ab, und ein roter Fleck in der Reih vor mir wird anders. Ein Schmalreh, das Pfifferlinge äst. Es äugt, sieht ein, daß ich nur ein Machangelbusch sein kann, und zieht äsend weiter. Ich auch. Aber da hemmt plötzlich etwas meinen Schritt. Im Bleisand eine starke Fährte. Der Starke. Ach, dummes Zeug, war ja gestern schon da, vergaß bloß, sie auszutreten. Stimmt ja, da liegt ja die Kuhtaubenstoßfeder dabei, die mir auffiel. Ich trete die Fährte aus und schiebe lautlos einen grauflechtigen Braken vom Steig, den der Wind hierhin warf.

Heute nacht haben aber die Sauen hier mächtig gewirtschaftet. Die haben ja alles um und um gebrochen. Und hier ist die ganze Rotte über den Strich. Zwei grobe Sauen, nein drei, und ein halbes Dutzend Überläufer. Ja, es ist toll. So meint auch das Altreh, das da mit der Kitz steht. Und hier, etwas weiter, spürt sich Rotwild. Aber nur Kahlwild. Das kann mir wenig helfen, freut mich aber doch. Wo Mutter wild ist, ist auch nächstens der Hirsch. In diesen Tagen tritt er zum Wilde.

Nun werde ich aber aufmerksamer. Jetzt wird nicht bloß die Reihen lang geguckt, jetzt gehen die Augen erst immer zur Erde und dann nach links in die Stangen. Sieh da, sieh da! Das ist ja der Beihirsch. Und ohne den Zehnender. Die Freundschaft ist also aus. Natürlich, da ist eine Schürze dazwischen gekommen.

Jetzt bin ich an der Ecke. Da blüht noch ein gelbes Habichtskraut, und zwei gelbe Heideckerblütchen leuchteten da. Hier stand ich heute vor acht Tagen abends blank und bloß, und zweihundertfünfzig Gänge unter mir stand der Zehnender auf der Bahn und äste sich an den Stachelpilzen. Und dann äugte er mich groß an, äste weiter und zog in die Stangen. Und als ich ihm den Wechsel verlegen wollte, verschwand im Holz das Büchsenlicht, und ich zog ab, ohne den langersehnten, schweißbedeckten Bruch am Hut.

Die ganze Grenzbahn ist voll von Wildfährten, alle stechen herein, keine heraus, die ganze Bahn entlang. Also steckt das Wild noch drin. ich trete wieder von der Bahn in den Quersteig und pirsche zurück, immer bei jedem Tritt die Augen zur Erde und dann nach rechts. Aber nichts, gar nichts ist zu sehen. Und dann geht es den Querweg, und dann zur Landstraße, und da gehen mir die Augen auf. Das ganze Wild ist das Königliche gewechselt.

Ich setze mich an den alten Immenzaun in der Heide, in die Sonne und frühstücke. Schacker lärmen in den Ebereschen an der Straße, Häher warnen, der Schwarzspecht lacht an der Wetterfichte, Hornissen brummsen um die blutende Birke, und aus der kahlen Heide kommt das Geläute der Schnuckenherde. Der Immerschauer da unten in der Sinke leuchtet in der Sonne wie Gold, da hinten die Fuhrenbesamung ist hellgrün, wie junge Saat, die Bienen summen in der Heide, blaue Falter tanzen über den Sand. Ein schöner Morgen, aber er könnte noch schöner sein.

So, jetzt bin ich satt und kann noch eine Nachpirsch machen. Es ist sechs Uhr. Man kann nicht wissen manchmal bleibt das Wild lange in der Dickung. So bummele ich denn, etwas unaufmerksamer, zurück, freue mich an den hellen Sonnenkringeln auf dem grünen Moos, an den feuerroten Pilzen, die überall Sandschollen hochheben, an der Nachtschwalbe, die vor mir forthuscht, an den taubeperlten Spinnennetzen zwischen den Fuhrenzweigen, pflücke mir eine Hand voll halbreifer Kronsbeeren und pirsche weiter, die erste Zigarre mit Genuß rauchend.

Es gibt allerlei zu sehen. Kuhtauben hier, Grünspecht da, dort die Fuchsspur, hier Birkwild, das sich an Kronsbeeren äst, Hirschlosung, dann auf einmal in der Sonne ein wahrer Regen von Hirschläusen, daß ich fortwährend nach Backe und Nacken fassen muß, um die widerlichen Krabbeltiere zu entfernen, goldnes Moos, silberne Kronsbeerenblätter, ein Silbergeblitze von Schwebfliegen, ein Surren und Summen, überall das Geläute und Gezirpe von Meisen und Goldhähnchen, Taubenruf und Häherschrei, und da wo die Reihe eng wird, ein großer feuerroter Fleck.

Ich trete nach rechts, ich trete nach links. Aber ich sehe immer nur den großen viereckigen roten Fleck zwischen den graugrünen Fuhren. Kein Hals, kein Kopf, kein Lauf, kein Schild ist zu sehen. Endlich nach zwanzig Minuten, mir beberten schon die Knie vor Warten, schiebt es sich vorwärts. Ein altes Tier. Langsam tritt es vor, sichert, die langen Lauscher spielen um das hellgraue Gesicht, dann zieht es nach links.

Jetzt will ich aber nach Hause, der Sandmann kommt. Ich nehme den kürzesten Steig. Gewohnheitsmäßig geht bei jedem Schritt der Kopf von rechts nach links. Eine Ricke sitzt im Bett und hat kein Arg von mir. Gleich habe ich die Stangen hinter mir. Ich sehe schon den hohen Ort licht durchschimmern. In der vorvorletzten Reihe sehe ich noch einmal nach rechts. Da ist nichts. Und nach links. Auch nichts. Doch. Ein Reh. Holla, der Bock. Gestochen, Rot gefaßt, Finger krumm, Kugelschlag, Hinterläufe in der Luft, dann ein wildes Brechen, dann ein Schlagen, dann Stille. Ich gehe sechs Reihen zurück. Da liegt er und rührt keinen Lauf mehr. Der Schuß könnte mich freuen, Mitte Blatt. Aber ein Bock im Herbst in einem Rotwildrevier, das ist kein Lohn für einen Pirschgang.

306

In der Jagdbude

Seit drei Tagen hausen wir vier Mann nun schon in der kleinen Jagdbude, die weit, weit vom Dorfe, an der Grenze von Moor und Heide, und träumerischen Hängebirken steht.

Wir sehen aus wie die Räuber, und wenn uns ein Zauberer so, wie wir sind, auf die Straße in Hannover setzte, mit unsern Halbwochenbärten, unsern Händen, rauh vom Holzspalten, Tellerwaschen, Wildbretzerwirken, Feueranmachen, unsern schwarzen Fingerdöppen, dann würden die Schutzleute ihre Aufmerksamkeit von den Waden der Radfahrerinnen ab- und uns zuwenden.

Aber mollig fühlen wir uns, und unanständig gesund. Ich hatte Migräne, als wir uns am Bahnhof trafen, der zweite einen sehr dauerhaften Schnupfen, der dritte Nerven, der vierte Husten. Alle diese Kulturerrungenschaften sind nun zum Kuckuck; glänzend Augen, rote Backen, klare Kehlen, und unempfindlich Nerven sind dafür eingetauscht.

In der Stadt habe ich alle nasenlang einen Schnupfen, Migräne wie eine Lehrerin, und Nerven wie ein Modedame. Hier merke ich nichts davon, obgleich ich nachts mit feuchten Füßen im Graben saß, stundenlang bei schneidendem Nordost mäuschenstill am Moorrande stand, halbe Tage im Wasser herumpatschte und in der zugigen Bude auf dem Strohsack schlief, nur mit dem Mantel bedeckt.

Ich glaube, ich habe meinen Beruf verfehlt. Zigeuner, Indianer, Trapper oder so etwas ähnliches, das wäre das richtige gewesen. Schade, daß ich meinen Stammbaum nur zweihundert Jahre zurückverfolgen kann! Ich bin überzeugt, ich stamme von irgendeinem altniedersächsischen Jäger oder Fischer ab. Ich find mich ja schließlich auch in Frack und langem Rock zurecht, aber wohl fühle ich mich nur, wenn ich den achtjährigen Lodenhut aufhabe, wenn die Schmierstiefel an den Füßen sitzen und der Rumpf in der stilvolle Joppe steckt, die nur gewinnen kann, wenn ich mich damit auf den nassen Moorboden lege. Ist das nicht herrlich? Soweit ich sehen kann, Heide, Moor, Sumpf, Forst, Anflug, aber kein Haus, kein Hof, kein Zaun, kein Gatter, kaum ein halbwegs erkennbarer Weg. Frei sind wir hier, wie der Birkhahn, der sausend über das Moor streicht, wie die Ohreule im Tann, wie der Sperber in der Luft, wie das Wiesel im Dorn. Hier kann ich auch singen; im Zimmer bringe ich es nicht fertig. Aber hier kann ich es singen, daß es nur so knallt, die Beine in dem grünen Polster der Krähenbeere, den Rücken an der alten Wanderblock gelehnt, das wunderschöne, trotzige Wildschützlied, das ich in Bayern von Wilderern hörte:

> Da gehn nun die Schützen
> und schießen nach den Scheib'n
> So damischer Weis,
> Wie's die Stadtleute treib'n;
> Aber i, i woaß die Weg so scheen,
> Wo die scheenen Gamserl stehn,
> Ob'n am Berg ...

Heute abend war es niederträchtig kalt. Den Nordost fror draußen; er wollte zu uns in die Bude, und weil wir ihn nicht hereinließen, schnüffelte er die ganze Nacht an den Ritzen herum, pustete Schneestaub in mein Gesicht, und blies in das eiserne Ofenrohr, daß die Funken in das Stroh flogen. Wir mußten aufstehen und das Feuer ausgießen, sonst wären wir und die Hunde am Ende gebraten worden. Und das wäre doch ein Jammer gewesen! Das roch eklig, als das Wasser in das Feuer kam, und dampfte nicht schlecht. Zum Glück sind die Ventilationsapparate der Bude prachtvoll, so daß Qualm und Stank bald abzogen.

So war nun wieder alles wunderschön, wenn ich nur nicht mit dem dicken Jans auf einer Pritsche hätte liegen müssen. Erstens schlafe ich überhaupt schon schlecht, wenn ich nicht allein liege, und nun erst mit Jans! Alle zehn Minuten warf er seine zweihundert Pfund herum, daß die Fuhrenbretter der Bettstelle knackten und knasterten, und wenn er still lag, sprach er im Schlaf: „Schneider schwarz, kein Bein kriegt'r auf de Erde; Korl, de Lampe blakt", dann einige tiefe Seufzer, ein dumpfes Murren, ein hohles Gepuste, und der Monolog ging weiter: „Nicht schonen, meine Herren, Sie schonen zu viel. Hahaha!" Kleine Schnarchpause: „Wat seggst'e Korl? Swieg stille, Döskopp, du hest vorbieschoten."

Die beiden andern Jäger auf der zweiten Pritsche schnarchten auch, und die beiden Hunde, die im Stroh unter der Pritsche lagen, betrieben im Augenblick geräuschvolle Insektenjagd. Feldmann, der schwere, braune Vorstehhund, hat eine Art, im Schlaf zu seufzen, daß es ganz geisterhaft klingt, und Tell, der weißbunte Pointer, dem läßt sein Sekttemperament auch im Schlaf keine Ruhe: er jagt im Traum, gibt Hals und winselt.

Sind die Jäger und die Hunde ruhig, dann fühlen sich die braunen Waldmäuse, die unter den rohen Dielen wohnen, als Herren und veranstalten im Reisig der Ofenecke einen gemütlichen Abend mit Gequieke und Gepfeife, bis Männe, der Dackel, wach wird und sie zu Bett bringt. In ihrer Angst fahren sie dann hin und her und plumpsen von der Wand auf die Pritschen, aber das stört uns nur, wenn sie uns über das Gesicht laufen. Schließlich aber schlafe auch ich ein; der Wind singt und pfeift zu schöne Schlummerlieder.

> Auf und an!
> Auf und an!
> Spannt den Hahn,
> Lustig ist der Jägersmann...

Dieses Lied, begleitet von dem Geratter der Weckuhr, die auf die umgedrehte blecherne Waschschüssel gestellt ist, weckt mich auf. Ich reibe mir die Augen, gähne wie ein Leu und kämme mir mit den zehn Fingern das Stroh aus dem Haar. Hannes, der heute *du jour* hat, steckt die Hängelampe an, Korl springt wie wahnsinnig von der Pritsche und beruhigt die Weckuhr, die auf der Waschschüssel herumrattert, nur Jans bleibt liegen und fragt: „Schon Z. . . . heit?' Schlaftrunken blinzeln die Hunde unter den Pritschen hervor.

308

Der Hängelampe milder Schein bestrahlt jetzt das luxuriöse Gemach. Die Tapete ist blauweiß, mit Jagdszenen versehen, leider hier und da nicht anwesend. Dafür sind dann Kunstbeilagen aus Jagdzeitungen angenagelt. Der Tisch ist streng nach dem Stil Zweitausend vor Christi gearbeitet; vier Fuhrenstämmchen sechs rohe Fuhrenbretter. Zur Steinzeit konnte man ihn nicht stilvoller herstellen. Die Pritschen sind von derselben edlen Einfachheit. Der Kochofen hat eine wunderbare fuchsrote Patina angesetzt, das reine Museumstück. Die Schränke sind Kisten, die Wände tragen reichen dekorativen Schmuck: Flinten, Putzstöcke, Wischstricke, die Krücke für den Uhu, Hundekoppeln, Rucksäcke, Jagdflaschen, Pfeifen, Tabaksbeutel, alte Mäntel, prächtig verwitterte Hüte.

Draußen pfeift immer noch eine scharfe Luft. Um so besser, dann bleiben die Handtücher länger rein. Unsere Waschtoilette befindet sich nämlich vor der Tür, und das Waschen macht man draußen ab. Das macht frisch, wenn der Wind über den nassen Nacken fährt, aber man ist doch froh, wenn man es hinter sich hat.

Der Ofen bullert bereits, und auf seiner Platte brodelt das Wasser im Kessel. Schnell noch die Betten gemacht, das heißt, die Wolldecken über die Strohsäcke gelegt, und zwei prächtige Sofas sind fertig. Eine mächtige braune Kaffeekanne duftet bald vor uns, hartes Landbrot, Butter und Eier umrahmen sie. Aus Emailletassen wird getrunken, das Weidmesser dient als Besteck. Knüppelharte Mettwurst, Eier, gewaltige Butterbrote verschwinden im Umsehen.

Am glühenden Ofen wärmen sich die Hunde, bis das Waschwasser die Glut tötet. Dann geht es hinaus in die kalte Nacht, zwei nach rechts, zwei nach links. Schweigsam stapft man über gefrorenes Moos und verschneite Heide, wortlos trennt man sich. Ich suche meinen alten Ansitz, das Loch im Graben zwischen den beiden Fichtenkusseln. Aber im Dunkeln im Frostnebel, morgens kurz vor sechs Uhr, ist ein schweres Finden. So vorsichtig ich auch die Füße setze, alle Augenblicke knacken trockene Braken unter den Sohlen, endlich habe ich die Grube. So! Den Rucksack als Kissen, die Decke um die Beine, den Hund als Fußwärmer, nun bin ich geborgen, hier kann mir der Wind, der von Feld zu Holz weht, nicht viel anhaben. Der Drilling liegt gespannt auf den Knien, die Pfeife hängt bequem im linken Mundwinkel, die Hände stecken in den molligen Mufftaschen der dicken Joppe. Sicher wie ein König in seinem Palast, fühle ich mich hier, mutterseelenallein. Die Fuhren hinter mir rauschen und raunen, Frostnebel wallen um gespenstige Machangelbüsche in dickem Brodem, nur der Jäger kennt diese Weihestunde.

Langsam hellt es sich auf; deutlicher werden die Wacholder, die Nebel verfliegen. Da taucht ein Schatten im Nebel auf, riesengroß; der Hund hebt leise den Kopf. Eine Ricke ist es, die zu Holze zieht; sie hält gerade die Richtung nach mir hin, aber plötzlich macht sie kehrt und verschwindet im Nebel. Ich habe doch ganz ruhig gesessenl Was hat die Alte? Aha, mein Pfeifendampf zieht zu Feld, der Wind hat sich gedreht. Das ist eine dumme Geschichte; meinen Stand kann ich nicht mehr wechseln, dafür

309

ist es zu spät, die Goldhähnchen piepen schon in den Fuhren, im Dorf kräht ein Hahn.

Wieder kommt etwas auf mich zu gewechselt, riesenhaft vergrößert durch den Nebel, verhofft und geht in eiligen Fluchten ab. Wenige Minuten darauf klingt von drüben ein Büchsenschuß, gefolgt von dem Gezeter des Holzschreiers. Mein Nachbar hat Glück gehabt. Aber zu Schuß will ich auch kommen; der erste Krumme, der hier einwechselt, muß daran glauben, sonst haben wir nichts zu Mittag. Da kommt schon einer an; er macht Männchen, sichert und hoppelt weiter. Aber dieses schwache Kerlchen lohnt sich nicht.

Immer heller wird es, immer nebelfreier. Die letzte Hasen rücken zu Holz. Der da kommt mir gerade zupaß; im Dampfe macht er sein Kompliment. Nun will ich aber sehen, was vorhin zurückging. Richtig, ich dachte es mir doch, auf der Legde ist deutlich der Abdruck der Schalen zu sehen: ein Alttier.

Durch die Morgenstille tönt Jagdhornklang. Wunderbarer Laut! Was kündet es? Hirsch tot? Nein. Fuchs tot! klingt es herüber. Aufgestanden! Freudig springt der Hund auf, den Schnee vom Felle schüttelnd. Die breitschulterige Gestalt da drüben hält den Rotrock an der Lunte in die Luft. Auch gut, der Bursche hat manche Birkhenne gerupft, manchen Hasen gerissen. Und der Hirsch? Außer Schußweite ins Moor. Na, denn ein andermal!

Durch kniehohes, weißbereiftes Risch geht es der Bude zu. Unterwegs wandert noch ein Kaninchen in den Rucksack, das zwischen rasselnden, rotlaubigen Krüppeleichen hoch wurde; das gibt mit dem Hasenpfeffer genug für vier hungrige Magen.

Wenn wir in Hannover im Café sitzen, mit reine Kragen, hübschen Stiefeln, Plättfalten in den Hosen, nettbeschlipst, dann, glaube ich, sieht uns kein Mensch an, wie wir arbeiten können. Ich meine, mit den Fäusten, nicht mit Kopf und Feder. Der eine kehrt die Bude aus, der andere bricht Reisig kurz, der wäscht auf, jener hackt Hasen und Kaninchen klein und setzt sie mit Wasser, Speck und Zwiebeln auf. Dann werden die Pfeifen angesteckt, die Weidmesser fahren aus den Scheiden in der Hosennaht, und das große Kartoffelschälen beginnt. Ein reizendes Bild, diese vier rauhbackigen, langstiefeligen, hemdsärmeligen Küchenfeen.

Ab und zu nimmt einer die Pfeife aus dem Mund und schnuppert in der Luft: ha, wie das vom Ofen herduftet! Solch Hasenpfeffer gibt es weder bei Kasten, noch bei Michaelis. Ein ganzer Hase, ein ganzes Karnickel, alle Wetter! Unser *du jour* nimmt ab und zu einen Löffel voll von der braunen Brühe und läßt uns kosten: Ah! Wenn es nur erst fertig wäre! Vier Jägernasen, drei Hundenasen saugen den Götterduft ein. Eine Prise Thymian dazu, unter dem Schnee gepflückt, das gibt der Speise noch mehr Duft.

Endlich! Auf den rohen Brettern des Tisches dampft der heiße Kochtopf, das Holz versengend, daß Kien- und Speiseruch sich mengt. Vier blaugeblümte Steingutteller, vier Gabeln mit Horngriff herbei, die dampfenden Kartoffeln mit dem Kessel auf den Tisch, aus dem Keller die kurzen Bierflaschen herauf, und dann ein Schmecken, Kosten, Prüfen, halblaute Rufe: „Famos! Großartig!" und ein andächtiges Essen, ein behäbiges Speisen, wie es die guten Sachen verdienen. Dazwischen die Flasche an den Mund, gluck, gluck! Gläser haben wir nicht und aus Blechtassen schmeckt Bier nicht. Einer nach dem andern lüftet die Schnalle, lockert die Weste, der dicke Jans glänzt vor Wonne, mit der Unterlage kann man es heute abend im eisigen Nordost an der Lisiere wohl aushalten.

Wenn abends die Hängelampe brennt, der Ofen glüht und bullert, der Grog in den Tassen dampft, wenn zartflügelige Florfliegen, die in der Bude überwintern, zu Dutzenden um die Lampe tanzen, wie ist es dann gemütlich bei uns. In der Birke vor der Tür ruschelt der Wind, der Kauz heult im Walde, das Wasser brodelt im Kessel, blauer Dampf zieht in Streifen nach den Türritzen, unvergeßliche Stunden!

Die schönen Tage sind vorbei. Aber bald singt die Heidlerche wieder, jubelt der Pieper. Dann tönt das Moor vom Balzliede des Hahnes, dann streicht die Schnepfe, zieht der Habicht und die Weihe. Herrliche Balz, schöne Murke, wie sehne ich mich nach euch, und nach der Krähenhütte Lust. Und wenn die Birken grün prangen und die Postbüsche duften, wenn es dem Bock gilt zur Maienzeit, dann vergeht keine Woche, wo ich nicht weilen will unter dem Plaggendache der Jagdbude.

> Ja, ich sag's und bleib dabei:
> Lustig ist die Jägerei!
> Darum frei Jägerei
> Stets gepriesen sei!

Auf den Fuchs

Nordostwind, hurra! Mein Leib- und Lieblingswind, der pfeift mir den Kopf frei und die Augen blank, macht mir die Backen rot und die Muskel stramm. Wer nicht in ihm aufgewachsen ist, dem klemmt er die Brust, den kneift er in die Stirne, dem versengt er die Ohren und dem ritzt er die Lippen auf. Aber wer ihn kannte von Kindesbeinen an, dem ist er der Lebenswind.

Der liebe, scharfe Wind, nicht nur frisch hat er mich gemacht, auch den Schnee hat er gebracht, die erste Neue des Jahres, und war für eine! Trocken, blendendweiß, pulverig, herrlich für die Augen, gut für die Wintersaat, unschädlich für das Wild. Nun regnet es Treibjagdeinladungen Tag für Tag! und alle sage ich ab, eine nach der anderen. Allein will ich sein die paar freien Tage, ganz allein in der Trümmerwildnis des Kahnsteins, wo die Buchen ragen wie Säulen, wo aus dunklen Dickungen graue Felsen bollwerken, wie die Burgruinen toter Geschlechter. Dort haust mancher Rotrock im Felsenbau, sicher vor Hund und Grabschute. Davon will ich mir einen langen.

Wie langsam der Schnellzug fährt! Ich hauche mir ein Loch in die Scheiben und starre hinaus in die weiße Weite, meine Augen daran labend. Und dann ein halbe Stunde Aufenthalt auf der kleinen Station, ein Tasse Kaffee, eine Zigarre, dann noch eine kurze Fahrt Bummelzug, und dann mit langen Schritten durch den Flecken auf die Landstraße. Mit frohen Augen grüße ich die schwarzen Kuppen und weißen Hänge des Külf und lache den ernsten Kahnstein an, der da schwarz sich vor mir aufbaut.

Wagengerassel hinter mir. Platz? Der Knecht lacht „Masse!" Er freut sich auf das Trinkgeld. Als er mir beim Dorfe Gewehrfutteral, Mantel und Rucksack reicht, steckt er dankend die halbe Mark ein. „Na, veel Glück ook, Härr, bringet Sei ordntlich wat mie!" Ich nicke dankend; jetzt weiß ich, daß ich einen Rote kriege. Mir geht's immer gut, wenn mir Einfalt und Unverstand Glück wünschen.

Beim Gute spreche ich beim Forstaufseher vor. „Ist der Vatter inne?" Die Alte lacht, sie hat mich lang nicht gesehen. „Nä, hei is in Holze." So stapfe ich über den Gutshof, den Koppelweg entlang, über dessen tiefe Wagentranen ein vierspänniger Mistwagen fährt. „Holt jue Päre dat Scheiten af?" frage ich den stämmigen Knecht. „Wisse!" Na, dann will ich ein paar Krähen mitnehmen für die Roten. Hinter dem Wagen gehend, haue ich mit dem rechten Lauf in das Galgenzeug, eine bleibt. Mit Angstgekrächz geht der Flug hoch; noch eine bringt der Würgelauf herab.

Bergan geht das Feld. Ich lese in dem weißen Blatt, daß der Nordost auf die Roggenblaade legte: Fuchs, Hase, Fuchs, Hase, Hase, Marder, Großwiesel, Mäuse, Krähen, Rehe, Hund, Katze, überall. Und unter den hohen Buchen weist der weiße Leithund wieder Fährten und Spuren auf Schritt und Tritt. Überall lustiges Vogelleben: warnend flattert der Markwart ab, an dem plaudernden Bach hüpfen Norwegens Bergfinken, an der Quelle stochern die weither gewanderten Nußhäher, in den Schlehen am Schälwald lockt der Dompfaff.

Axtschläge und Sägegekreisch. Da wird der Alte sein. Hoho! Da richtet er sich auf; er kennt mich nicht. Die Biedermannsmütze, der verschossene Mantel machen das. Dann aber lacht er, als ich dicht bei ihm hin, und stützt sich auf die Säge. Ich drücke die schwarzrissige Schwielenhand, eine Zigarre von meinen besten dampft, dann ein paar Fragen, und dann steig ich bergan in den Hochwald, der Buschzone zu.

Alles weiß rund umher. Darin die silbergrauen Buchensäulen, in den Einschnitten Bäche, an der Eisenfassung klimpernd, eines Zaunkönigs Sang, eines Eichkaters Gefauche vom sichern Ast, ein Häherruf. Da ein Schweißtropfen im Schnee, feuerrot! Sollte jetzt schon ein Reh laufkrank sein? Nein, er liegt bei der Fuchsspur; Reineke hat eine Maus erwischt.

Zwischen Hochwald und Dickung, in den Trümmerlöchern, die vom Sturm gepflückte Riesenbuche in den Hang rissen und vom Blitz gesprengte Felsblöcke, zwischen den silbergrauen Federkronen des hohen Baldgreises, den zitternden Rispen des Bergrohrs und den toten Stengeln der Tollkirsche äsen Rehe an den Himbeeren. Ich bin unter Wind und pirsche von Buche zu Buche auf dreißig Gänge mich an. Eine Ricke mit zwei

Kitzen. Alle drei gut im Wildbret und ordentlich feist. Das macht die reiche Buchmast, die hält vor. Füttern tut noch nicht not.

Sorglos gehe ich zurück, ein Dorflied pfeifend. Sie äugen mir vertraut nach. Nur der Bussard, der auf der wipfeldürren Buche hakte, traut mir nicht und streicht talab. Keine Angst, Mäusefresser, ich tu dir nichts.

Vor mir liegt der Hang. Unter Buchenjugenden im vollen roten Laubschmuck, der den Schnee festhält. Oben düsteres Stangenholz, schneehelle Blößen, graue weißmützige Felsen, drei sturmzerfetzte Buchenüberhälter, des Wanderfalken Lugaus, und ganz oben, weit vom Rauhfrost, der Hochwald des Kammes, vom Abendgold durchleuchtet.

Durch das rasselnde Rotlaub der Buchen, an der Fallbuche Krone vorbei, steige ich langsam bergan, auf verschneiten Wegen, deren Weiß noch kein Fuß unterbrach, bis dahin, wo im Stangenort der Hilsweg hangan führt, dieser Weg, ein Hauptwechsel für die Rehe, ein Hauptpaß für Has und Fuchs, Dachs und Marder. Ein Felsblock ist mein Sitz, den Füßen gibt der Wetterrock Wärme, dem Leib der lange, dicke Friesmantel, den Ohren die Mütze.

Bald langsam, bald schnell flattert der Pfeifenrauch. Die Hände in den pelzgefütterten Mufftaschen, den Rücken an der jungen Zwillingsbuche, den gespannten Drilling auf den Knien, so sitze ich da. Tiefblaue Schatten werfen die Stangen auf den Schnee, ihre Zweige schlagen zusammen im Winde, erst leise, zart, dann roh und hart, wenn der Nordost auffrischt. Dann knistert der Rauhreif und fällt mit weichem Aufschlag in den Schnee.

Rechts, wo das dunkelgrüne Schaftheu wuchert, bricht es. Eine Ricke. Auf zehn Schritt zieht sie an mich heran. Der Felsblock kommt ihr nicht genau vor. Sie äugt kopfnickend, die feiste, gelbe Tante, die Lauscher spielen, der Windfang schnuppert hörbar, dann zieht sie vorbei, hier ein Gräschen pflückend, dort ein Blättchen rupfend. Ein Krummer folgt ihr. Auf mein Mäuseln macht er ein Männchen. Dann hoppelt er weiter.

Meine Augen gehen hangauf, hangab. Durch das Stangenholz, von der dunklen Stelle von mir, wo der Fuchs gemaust hat, wo Fährten und Spuren dunkle Flecken im Schnee bilden, bis dahin, wo Felsklippen schwarz aus der weißen Bergwand drohen. Das ewige Hinstarren auf den Gegensatz von schwarzen Stangen und weißem Schnee überreizt die Augen; ich sehe auf einmal lauter weiße Bäume und schwarzen Schnee, darüber will ich gerade lachen, doch ich besinne mich noch.

Oben am Hange rührt sich etwas. Ein schwarzer Fleck schiebt sich hin. Kein kurzer, runder Fleck, ein langer, schmaler. Der Fuchs! Zirp, zirp, ganz leise durch den beeisten Schnurrbart. Der schwarze Fleck steht regungslos. Dann schiebt er sich nach links. Das Büchsenlicht ist weg, das wäre sonst ein guter Schuß. So muß ich denn warten. Aber Reineke traut dem Frieden nicht. Er schnürt weiter nach links, den Hang hinab, und jetzt ein Verhoffen und dann hangauf, daß die Standarte wippt. Der Krüselwind hat ihm Bescheid gesagt.

Pech, und nun kommt auch noch das zweite; die Füße werden kalt, mich schuddert. Eine neue Pfeife und dann hangab. Glutrot grinst der Mond durch den Schälwald. Langsam blaßt er ab und leuchtet über das weite weiße Feld. Da und dort ein schwarzer Fleck, Hasen, Rehe. Und da noch einer, beim Hagebuttstrauch. Das ist der Fuchs. Er will zu Feld. Ich ziehe den Handschuh aus, setze die hohle Faust an den Mundwinkel: „O weh, o weh!" so schallt jammervoll Lampes Todesklage. Aber zu laut pfeift der Wind, der Rotrock vernimmt das Lied nicht und schnürt am Bach entlang dem Dorfe zu. Meine Füße sind eisig, die Stirn bekommt Schmerzen; noch eine halbe Stunde gebe ich zu, dann geht's zum Gut.

Zwei Teller dicke Suppe, ein deftig Ende Speck, eine Zigarre beim Klöhnen mit den alten Leuten, und dann wieder hinaus. Hu, wie pfeift es draußen. Sechzehn Grad zeigt das Thermometer. Aber hinter dem Backhaus habe ich Überwind, und zwei Mäntel, Schlauchkappe und Häckselsack halten die Kälte vorerst ab.

Heute abend sollte ich in Hannover Tee trinken. Bei einer reizenden Frau, die so wunderbar schöne warme Augen und so allerliebste Backengrübchen hat und eine so hübschen Mund, der so entzückend plaudern kann. Warm und behaglich hätte ich da gesessen und gut gegessen, und nachher, bei einer Zigarre, vom bequemen Sessel aus die Mondscheinsonate angehört, die sie für mich spielte, und ein Volkslied, das sie mir sang, so wie ich es liebe, vom halbdunklen Nebenzimmer hörend auf Ton und Weise.

Ich habe abgesagt, es ging wirklich nicht. Ich muß hinaus in die eisige Januarnacht, wo der Nordoststurm mir die Mondscheinsonate spielt und der Mühlbach ein dunkles Lied mir sang, wo der Mond mir lacht vom sternhellen Himmel und der Schnee unzählige Diamanten funkeln läßt. Das klingt an beeisten Steinen, das braust in den hohen Eichen, das knister im Dorn und klappert in den Pfannen des Backhauses; ruschelnd fegt der Sturm den Staubschnee und läutet im Flintenlauf.

Meine Augen lachen so froh, als sähen sie in liebe, schöne Frauenaugen; lachenden Auges sehe ich auf die weiße Fläche, auf die schwarzen, weiß bemützten Kohlstauden, auf die schwarzen Büsche und auf des schwarzen Kahnsteins ruhige Mauern. Zehn schlägt es, elf und noch kommt nicht die Ungeduld zu mir. Ich sehe den Hasen zu, die am Kohl äsen, und warte auf den Fuchs, der Nacht für Nacht das Luder besucht, dreißig Schritt vor mir und höre dem Wind zu und dem Wasser.

Vom Gute schlägt es Mitternacht; noch immer kam der Fuchs nicht, gleich ist es ein Uhr. Da gebe ich es auf und lege mich in das breite Bett mit den rotkarierten Kissen und träume von weißem, mondbeschienenem Schnee und schwarzen Füchsen.

Um sechs Uhr klopft es; ich höre die Kaffeemühle rattern und den Ofen bullern im Nebenstübchen. Der Kaffee, das derbe Brot, die gute Butter, die harte Wurst, das gibt Wärme für den harten kalten Morgen. „Achtteihn Grad hebbet wie um fife hat, eet Sei man düftig," meint die Mutter. Das tue ich denn auch eine halbe Stunde lang. Dann brauche ich keinen Kognak mit.

Dunnerschlag, der Nordost ist nicht ohne, der nimmt einem fast den Atem weg! Pfeif' du nur, das paßt mir gerade, da bleibt Reineke länger unterwegs. Aber auch ihm scheint es zu windig zu sein. Nirgendswo ein schwarzer Fleck im Feld, kein Fuchs, kein Reh, nicht mal ein elendiglicher

314

Krummer. Sie haben sich möglichst schnell satt geäst an Kohl und Saat und sind längst zu Holze.

Eine halbe Stunde stehe ich am Hauptpaß, dann wird's mir zu dumm. Gar kein Einlauf heute, nur ein Eichkätzchen sucht neben mir Buch. So pirsche ich dann, so lautlos der harte Weg es erlaubt, zurück, am Holze entlang, in dem die Bergfinken quäken und die Ammern zippen, um unter Wind zu kommen, bis an die Grenze. Dann bergauf.

Du mein lieber Bergwald, wie schön bist du heut! Schöner fast noch, als wenn deine Kronen maigrün sind und überall die Goldhüllen herabhängen von den offenen Knospen, schöner fast, als wenn du alle Farben hast, goldgelb und brandrot, im Herbst. So feierlich bist du im Schneekleide, so still trotz des lauten Liedes deiner Kronen, die der Sturm aneinanderstößt mit grober Faust.

Und der Hang mit den rotlaubigen Jungbuchen, die weißkappigen Felsen, die hellen Blößen, der düstere Fichtenhorst, ebenso schön heute, als wie im Frühsommer, wenn alles grünt, wenn das Bergvergißmeinnicht den Brink himmelblau färbt und der Hahnenfuß die Blößen goldgelb. Das Winterkleid, es läßt dich eben so schön.

Fuß vor Fuß den Pirschsteig unterm Hange, zwischen Dickung und Hochwald, schiebe ich mich vorwärts. Alle dreißig Schritte Stand, die Augen bergan über die Blößen, talab den weißen Boden unter dem Altholz absuchend. Rehfährten überall, hier der Weidenbusch, den haben sie abgesproßt, dort nach Gras geplätzt. Da, der dunkle Fleck, ein Kitz, zehn Schritt vor mir; es äugt und zieht vertraut bergan.

Weiter den Steig entlang; von oben äugen drei Rehe und springen nicht ab. Ein Krummer fährt dicht bei mir aus dem Lager; seinen Weg zeigt der fallende Schnee der Buchenjugend an. Warnend stiebt ein Flug Häher ab, warnend ruft der Buntspecht.

Wenn es nicht so herrlich wäre hier am Hang, dann könnte ich ärgerlich sein. Fuchsspur auf Fuchsspur, überall Stellen, wo die Roten mausten, und keinen kriege ich zu Gesicht. Und ich muß doch einen haben. Hier ist eine ganz frische Spur, da wieder eine, immer unter Wind, neben der Hasenspur, und da wieder eine, die bergab führt, und – was ist denn das da unten im Holze? Da war doch eben was? Da wo der Wurzelstrunk der Fallbuche liegt. Jetzt kommt es hervor; wahrhaftig, der Fuchs. Das war wohl ein hungrige Nacht, Roter, daß du jetzt noch maust? Wie gemütlich er da herumschnürt, als gebe es weder Kraut noch Lot. Na warte, ich will dir einen Neunmillimetergruß zu Neujahr schicken, daß du den Knall nicht vernimmst und den Dampf nicht äugst. Aber er nimmt immer Deckung; jetzt ist nur die Lunte zu sehen, jetzt nur der Kopf, jetzt steckt der ganze Kerl hinter der alten Samenbuche. Aber jetzt wird's gehen, es ist ein bißchen sehr weit, aber da sehe ich den Fuchs der Dickung zuschnüren. Schnell mäuseln: Zirp, zirp. So schön, mein Füchschen, so recht, Roterchen! Hast du Kleinmäuschen pfeifen gehört?

Jetzt hinter den Himbeeren, jetzt frei, Knall, im Feuer eine Flucht, eine wildschwenkende Lunte, eine verstörte Flucht nach links, dann was gibste was kannste nach rechts fünfzig Schritt. Schrot; Knall, im Feuer ein Rad und, ja,

315

da poltert er durch die rasselnden Jungbuchen. Vorlaufen, laden, spannen, neben mir klappern die roten Blätter, stäubt der lose Schnee herab, ein ordentlich Ende vorgehalten und krumm gemacht, und dann auf die Knie und unten durch die Buchen gespäht.

Da liegt er, feuerrot im Nacken, offen den schweißenden Fang, mit zuckender Lunte. Zur Vorsicht einen Stockhieb der alten Füchsin auf die Nase, und dann damit in den breiten Schneefleck. Das sieht schön aus neben dem grauen Fels, dem grünen Moos und dem roten Buchenlaub, ebenso schön wie ein roter Bock im grünem Gras und blauen Vergißmeinnicht.

Hinter der Krüppelweide

Wenn das Steinhuder Meer zu ist, dann liegen die Enten auf der Leine. Den ganzen halben Winter warteten wir darauf, daß das Meer überfrieren sollte, aber erstens fror es nicht, sondern regnete, regnete wochenlang, und wenn es einmal fror, dann geschah das bloß, um uns zu zeigen, wie schön es wäre, wenn der Frost und der Schnee bliebe, und am Tage darauf regnete es wieder nach der Schwierigkeit.

Endlich aber kam Schnee und Frost, endlich fror das Meer zu, und endlich kam eine Einladung zur Entenjagd. Mein Herz machte einen Hops, wie ein Fohlen auf der Weide, als ich im Kasten die Karte fand, und schleunigst ging ich ans Telephon und sagt zu. Und am anderen Morgen, die Freude, als alles draußen noch hart und fest war, und die Freude erst, als die Sonne hoch kam und aus blauem Himmel auf die Stadt schien, als lachte der Mai unter ihr.

Und wir vier im Schlitten, wir lachten auch. Endlich einmal, seit Monaten, wieder hinaus, seit Monaten, verlebt in der dumpfen, muffigen Stadt. Ordentlich eingerostet war ich bei dem ewigen Stubensitzen.

Aber ein solch blanker Tag, der macht alles wieder gut, ein Tag, an dem die Natur in ihrem weiße Kleide aussieht, als wolle sie zum Tanz gehn. Alles ist vergnügt heute; die Ammerflüge zippen lustig, der Finkenhahn, dieser Strohwitwer, lockt fröhlich im Obstgarten, die Krähen stechen sich in der Luft, und die Spatzen spektakeln im Holderbusch vor dem Kruge, als gäbe es überall die fettsten Maikäfer und die leckersten grünen Räupchen.

Im Kruge ein derbes Frühstück, das Mittag und Vesper ersetzen muß, und dann hinaus an das Ufer der Leine, die hinter den hohen Knaapbüschen sich durch die weite weiße Landschaft zieht. Alles glitzert und flimmert vor uns, die Sonne brennt uns heiß in den Nacken, und der harte Schnee knurpst unter den schweren Sohlen. Überall Kaninchenspuren, den Schnee mit einem unregelmäßigen Muster überziehend, ab und zu eines Krummen Spur, und hier die des roten Räubers. Nacht für Nacht macht er hier seinen Pirschgang am Ufer entlang.

Einer unserer kleinen Treiber verläßt uns. Dann biegt ein Schütze nach links ab. Nach zehn Minute noch einer, nach fünfhundert Schritten wieder einer und jetzt muß ich zur Leine, dorthin, wo die zehn alten Krüppelweiden stehen. Eine feste Bahn ist dahin getreten, es ist ein guter Stand. Das zeigen die leeren Patronen, die als hellbraune, grüne und rote Flecke auf dem festgetretenen Schnee rund um die dickste Weide liegen.

Ein Hauptstand. Gerade vor mir der Fluß, einen knappen Schrotschuß entfernt, unsichtbar hinter dem Weidengebüsch. Gegenüber am hohen Ufer rotlaubige Jungbuchen, Schwarzdorn und Gestrüpp, dahinter hohe Pappeln. Nach links das Holz, schwarz und schwer, davor ein Graben, eingefaßt mit runden Weidenbüschen. Und überall Vogelleben. Elstern und Krähen in den Pappeln, ein Schacker im Rosenbusch, die Amsel im Gestrüpp, Stieglitze auf den Kletten, Ammern in den Schlehen, und vor mir im Knaap ein ganzer Trupp Schwanzmeisen, trillend, kullernd, kopfüber, kopfunter an den glitzernden Weidenruten hängend.

Ich stehe still unter der alten, geborstenen, verstümmelten Weide und drehe den Kopf nach rechts und links. Dort, vor dem Dorf, ist ein schwarzes Wölkchen, das hin- und herschwebt. Es sind Enten. Das Wölkchen teilt sich, die Teile steigen und fallen, teilen sich wieder, kreisen und drehen sich, ein Teil verschwindet, ein anderer hebt sich und kommt näher, immer näher. Aber viel zu hoch sind sie. Jetzt klingeln sie über mich weg, wohl über sechzig, in der Sonne glänzen sie wie Gold. Turmhoch kreisen sie, streichen weiter, kreisen wieder und senken sich dort ganz unten. Und kaum sind sie verschwunden, da knallt es, einmal, zweimal, dreimal, viermal, und lauter schwarze Punkte steigen hinter den Ellern auf und verschwinden.

Rechts von mir, wo die beiden letzten Schützen stehen, da knallt es wieder. Und auch dort steigen schwarze Flecke auf, hastig fortrudernd. Es klingelt in einem fort über mich hin, ein Paar, dann sieben, zehn, eine einzelne, an zwanzig, wieder ein Paar, aber alle viel zu hoch. Sie haben in den letzten Tagen zu oft Feuer gekriegt. Aber jetzt klingelt es dicht über mir. Aber wo? Hier versperren die Kronen der Weiden das Schußfeld, da der Stamm einer anderen, also schnell herum, den Erpel gefaßt, mit und, ja, das war doch noch zu hoch, die Schrote schlugen nicht mehr durch.

In den Uferweiden zetert die Amsel, im Rosendorn warnt die Wacholderdrossel, ein Krummer fährt auf dem Schwarzdorn und sucht das Feld, mit Geplärr stiebt die Elster ab, dann höre ich es brechen, ich sehe den Treiber durch die Büsche gehen. Und gerade jetzt wo über mir ein Dutzend Enten kreist, um vor mir einzufallen! Nun haben sie den Jungen eräugt und streichen nach links mit klingelndem Flug, kreisen noch mal eine Zeit und senken sich wieder bei den Ellern. Und wieder knallt es da, zweimal und noch einmal.

Wohin ich sehe, Enten. Hier hoch in der Luft kreisend und kreisend, dort eilig streichend, da einfallend. Aber eine Stunde vergeht, und kein Schuß fällt. Ich stehe und warte und sehe den Schwanzmeisen zu, die vor mir im Schwarzdorn hängen, und der Elster, die auf dem Sommerdeich herumstolziert, und dem Krammetsvogel, der wieder unter einem Rosenbusch im Schnee herumstöbert, und den Saatkrähen, die drüben mit den Dohlen in den Pappeln ein Monstrekonzert geben, und dem Bussard, der das Ufer abreviert. Da kommt es plötzlich von irgendwoher angeklingelt, klingelt

317

hier, klingelt da, die Weiden versperren mir die Aussicht, aber jetzt ist es ganz tief, das heisere Brätbrät ertönt, die erste fällt ein, vier andere kreisen vor mir und eine davon fasse ich, und wie es knallt, schlägt sie in einer Federwolke in die Dornen, und die andere streichen mit Angstlaut ab. Ich faßte wohl noch eine, aber sie fiele in das Wasser.

Vom anderen Ufer nähert sich ein schwarzes Ding, langsam heranschwebend. Das ist der Bussard. Enten mag er gern. Bis auf zehn Schritt schwebt er auf mich zu und biegt dicht an mir vorbei. Aber so wie ich den Kopf wende, rudert er hastig und steigt um dreißig Fuß. Ich hätte ihm nicht nachsehen sollen, den da klingelt es hinter mir. Ich backe an, aber sie sind schon zu weit, und zu hoch war es auch. Aber jetzt bumms, sind sie fort hinter den Uferbüschen. Ich hör es platschen, wie sie einfallen.

Ich überlege. Ja, da kann ich sie angehen. Der Wind steht vom Fluß, und Deckung ist da. Einen Bogen über die Wiese gemacht, und dann hinter den Weiden an das Ufer. Ja, an das Ufer! Als wenn das leicht wäre. Das ist ja ein wahres Weidendschungel, hohl ist das Ufer auch, und unser Jagdgeber wäre hier beinahe verkluckt, als er da durchbrach. Aber da kommt ja der Treiber. Ich winke, und er kommt. Ein richtiger Niedersachse, dieser Bengel. Unter der Deistermütze roggenblondes Haar, das Gesicht wie Milch und Blut und die Augen wie Vergißmeinnicht. Er begreift schnell. Ich drücke mich vor eine Weide, und er geht die Enten an. Nach fünf Minuten höre ich das Rauschen des Wassers, den Angstruf, das Klappern der Flügel, aber keine Ente kommt mir. Sie strichen links ab. Gemein! Aber jetzt ruft die helle Stimme: „Wahr too, wahr too!" Über die Weide kommt ein langer Hals, eine braune Brust, silbern glänzende Flügel, und ohne Besinnen fahre ich mit, reiße vor und dricke. Ein bunter Klumpen zappelt im Schnee. Schnell hin, das kann ich nicht sehen, schnell den geflügelten Erpel, der mit Entsetzensruf nach dem Ufer strebt, an die Weide geschlagen mit dem tief goldgrünen Kopf, und als Lohn für diese Mildherzigkeit stehe ich da und muß vier Enten, die jetzt erst aufstanden, unbeschossen abstreichen lassen.

Wieder stehe ich unter meiner alten Kopfweide. Sie wirft schon einen langen, gespenstigen Schatten in den Schnee, denn der Tag rückt vor, und die Sonne steht schon tief. Der schwarze Wald vor mir ist tief violett geworden, die Weidenbüsche vor ihm sehen aus wie lauter goldrote Flammen. Von drüben rudern Krähenflüge nach fernen Wäldern, es wird Abend. Schnell sinkt die Sonne, immer tiefer wird das Violett des Waldes, immer roter werden die fernen Büsche, immer dunkler die Schatten der Weiden. Und jetzt geht die Sonne in dem kleinen Dorf zu Bett. Ein lodernder Brand rötet den Himmel, lange Rosenstreifen ziehen neben hellgrünen Wischen von der Erde zur Höhe, die Weidenbüsche sind braun geworden, der Wald ist ein schwarze Mauer, rundherum fällt Dämmerung auf die Landschaft.

Und jetzt geht es wieder los, das Geklingel in der Luft, überall zu gleicher Zeit, über mir, bald turmhoch, bald tiefer, vor mir, hinter mir, und das Schnattern und Plumpsen nimmt kein Ende. Hier ein Schuß, da ein Schuß, ein Doppelschuß, dort ein langer, roter Strahl, ein weißes Wölkchen vor schwarzen Weiden, dann der Knall, dort ein Entenpaar, außer

318

Schußweite, hier eins, auch zu weit, dann der Kauz, lautlos an mir vorbeischwebend, und endlich wieder eine Ente in Schußnähe. Dem Schuß folgt ein Klatschen. Ich hab mich getäuscht, sie war schon hinter dem Uferbord. Schade, die treibt bei dem Müller im Dorfe an.

Nun ist es ganz Abend. Alles ist schwarz und grau. Ich stapfe dem Sommerdeich zu, nach den beiden Weiden hin. Aber das sind keine Weiden, das sind die bei den Schützen. Sie lachen. Vier der eine, sechs der andere. Was wollen da meine beiden sagen! Und die anderen haben auch alle zwei, nur einer keine. Er hat Pech gehabt. Alle drei, die er schoß, klatschten ins Wasser. Da wird sich der Müller freuen, oder der Fuchs, wenn er eine angetriebene findet.

Aber selbst dieser eine sagt, daß es ein herrlicher Tag war. Und trinkt im Krug ein Glas Glühwein und noch eins. Und ich auch. Der Glühwein, und dann die heiße Luft in der engen Stube, und der Zigarrenqualm, das macht müde. Ich glaube, ich verschlief dreiviertel der Fahrt. Ich stand unter der Krüppelweide und hörte die Enten klingelnd vorbeistreichen, alle die vielen hundert Enten, die vom Steinhuder Meer gekommen waren. Aber keine konnte ich sehen. Erst dicht vor der Stadt erwachte ich. Da wußte ich, daß das Geklingel von den Schlittenschellen gekommen war. Aber im Bett noch, beim Einschlafen, hörte ich es in einem fort, das ewige Wittwittwitt klinglingling.

In weißen Wäldern

Ein Festkleid trägt heute das Dorf und das Land, ein Festkleid geziemt sich darum auch für mich. Weiß bin ich vom Kopfe bis zu den Füßen, weiß wie ein Jüngferchen, das zum Tanzfest will, weiß wie der neue Schnee auf Dach und Hof. Der lange Fuhrman vor der Türe, der seine Gäule anstrengt, macht den Mund weit auf, wie er mich sieht; das dicke Mädchen, das drüben das Waschwasser fortgießt, lacht über ihr ganzes rotes Gesicht; das krumme Mütterchen, das den Schnee von dem Fensterstein streicht, hält ein in ihrem Tun; der fünfjährige Knirps, der einen Schneemann baut, erstarrt vor Verwunderung; da geht ein lebendiger Schneemann hin, ein Schneemann mit einem Gewehr.

Nun bin ich aus dem Dorfe heraus, wo die Spatzen vor Freude lärmten und die Hähne vor Lust krähten, weil alles so weiß und so blank ist und so klar und so rein, und weil die Sonne so hell ist und so frühlingswarm. Die Krähen stechen sich vor Freude über den weißen Feldern, und im verschneiten Schlehbusch zanken sich mutwillig die Goldammern, daß es stiebt und stäubt.

Ach, ich möchte, ich wünschte, ich wollte; ja, was möchte ich, was wünsche ich, was will ich? Lachen, tanzen, springen möchte ich, und mag es doch nicht in dieser hellen, weißen, klaren Stille. Die Augen dürfen lachen, das Blut soll springen, das Herz soll tanzen vor Freude über diesen schönen blanken Tag, über diesen weißen, reinen Morgen, über den weichen, warmen Schnee. Der Mund aber soll schweigen in dieser geheimnisvollen unbekannten Welt. Gestern kannte ich mich aus auf Schritt und Tritt; heute bin ich hier fremd. Der Bach an der Straße ist verschwunden und murmelt aus seinem Versteck heraus gedämpft und dumpf. Das gelbe Felswerk der Böschung ist verhüllt, und von dem Wildrosenstrauch über ihm sind nur die roten Hagebutten zu sehen; sie brennen wie Kohlen aus dem Schneehange heraus. Und vor ihnen, blitzend und funkelnd in märchenhaften Farben, hockt der Eisvogel auf einer Brombeerranke; mit schrillem Schrei stiebt er ab. Es ist mir, als hätte ich von ihm nur geträumt. So seltsam neu ist mir alles, so fremd und unvertraut. Die Fichten an der Brücke sah ich noch nie, niemals zuvor gewahrte ich das flachsblonde Gras darunter. Der Stein am Wegebug, alt und grau ein Kreuz weisend und eine Axt daneben, kündet mir heute erst von Bluttat und Blutbann, und der weiße Bussard, der von ihm fortstrich, den sah ich die drei grauen Tag kein einziges Mal, und auch nicht das weiße Wiesel, das in den verschneiten Steinhaufen schlüpft.

Was war gestern die Krähe im Felde? Ein verschwindendes Fleckchen; heute ist sie groß und schwarz und blank. Der Rasenfleck unter der Quellschlucht verschwomm gestern mit den Schlehbüschen; heute leuchtet er wie ein riesiger Smaragd. Der Rand des Buchenwaldes ist blankes Kupfer, die Stämme dahinter sind eitel Silber, und die Fichtenwipfel strahlen in der Sonne wie reines Gold. An den Spitzen der Zweige funkeln Diamanten, Rubinen trägt der Schneeballstrauch, Amethyste schimmern am Schlehenbusche.

Im Walde ist es still und feierlich. Jeder Stamm wirft einen scharfen Schatten; der weiße Waldboden ist mit einem blauen Gitter überspannt. Die Buchenjugenden verschwinden unter der weißen Decke des Fichtenmantels Zweige hängen schwer herab. Kein Spur narbt des Hohlweges weiße Decke, keine Fährte mustert seine farblose Schlichtheit. Drohend starren graue Felsnasen herab, stummer noch und feierlicher als sonst. In dieser großen Stille, in dieser strengen Farblosigkeit ist jede Farbe, jeder Laut viel stärker, viel voller als je. Des Goldfinken Locken ist wie ein Ruf, seine rote Brust wie ein Morgenrot; das Eichhörnchen am Boden wirkt groß, wie ein fabelhaftes Geschöpf und nun, da es rasselnd und schnalzend den Stamm hinauffährt, erfüllt es den ganzen Wald mit Leben und einer verirrten Meise Pfeifen klingt wie ein Peitschenschlag.

Ganz leise, sehr behutsam, als ginge ich auf Dürrlaub und Geknäck, setze ich jeden Tritt und bin doch im weichen, schalldämpfenden Schnee. Und weit aufatmend, als ich am Waldrande bin und in das tiefe Bachtal hineinsehe, wo allerlei Farben sind, merke ich, daß ich den ganzen Weg im Walde Luft sparte, um leise zu sein, weil alles um mich so still war.

Hier draußen aber trete ich fester auf und atme ich tiefer. Wagenspuren zerschneiden den Schnee, Rotlaub leuchtet darunter hervor und Grünmoos; ein Peitschenschlag gellt, ein Hund bellt laut, derbe Stimmen erschallen, Räder knarren und poltern über Steingeröll. Auf zehn Schritte rasselt und knattert das Holzfuhrwerk an mir vorbei, keiner der Männer gewahrt mich; nur der Spitz, der halbe Witterung von mir nahm, knurrt und sträubt das Rückenhaar und schnuppert unruhig in der Luft. Unter dem Hange geht das Gespann bergan und verschwindet hinter der breiten Feldeiche, aus der ihm der Häher ein Schimpfwort nachruft. Unter ihm in der verschneiten Besamung schnellen, blaue Klumpen empor, machen halt, tauchen auf, verschwinden und ziehen im Stangenorte weiter. Einer bleibt zurück, hält nicht Schritt, bricht zusammen, wird wieder hoch und stolpert weiter, den anderen nach.

Einen Augenblick denke ich nach, mit dem Glase vor dem Auge, den unsicher dahinhumpelnden, grauen Fleck festhaltend, dann haste ich bergab, eile bergauf, suche den Pirschsteig, dringe in den Stangenort ein, erklimme die Höhe und mache dort halt, tiefatmend Herz und Lunge beruhigend und auf die Rehe passend. Ein Meisentrupp schnurrt lockend und pfeifend an mir vorüber, Schneebällchen herabwerfend, ein Rotspecht hackt laut an einem Aste. Halb links warnt der Häher. Sie kommen. Voran ein Kitz, schmal und schmächtig, hinter ihm noch eins. Vertraut ziehen sie vor mir her. Dann taucht das starke Gebäude der Ricke auf. Oft verhofft sie, windet und läßt die Lauscher spielen, eh sie eilig den Kitzen nachzieht. Noch ein grauer Block wird sichtbar, der Bock; der windet und sichert bei jedem Tritt. Lautlos verschwindet auch er im Tannengedämmer des Abhanges.

Ich warte, die gestochene Waffe über dem Arm, lausche dem Gezirpe der Goldhähnchen und den Locktönen vorüberstreichender Kreuzschnäbel, lasse die Augen hin und herspringen und horche mit Mund und Ohren. Da ein Ton in der Stille, ein Brechen halblinks. Mein Herz wird unruhig; ich lächle. Es galt ja keinem braven Bock, nur einer armen, hinter der Grenze scheußlich geschundenen Ricke. Aber das Herz beruhigt sich nicht. „Rede du von Ricke,“ sagt es, „darauf kommt es nicht an. Dir liegt sehr viel an diesem Stück, und darum rege ich, das Herz, mich auf. Bei manchem guten Bock war ich mäuschenstill und habe bei einem Tauber wild getanzt.“

Ich lausche angestrengter, Buchenlaub klirrt, Schnee klopft herab, dürre Stengel knistern. Ein Keuchen erklingt, ein hohler Laut. Da ist sie. Die Lichter angstvoll weit auf, die Lauscher in ewiger Unruhe, der Windfang geht hin und her. Weit fährt aus ihm der weiße Atem. Mir wird ganz seltsam zu Sinne. Ich möchte um alles in der Welt nicht, daß sie mich gewahr wird, ziehe ich den Kolben an den Kopf. Wie sie näher humpelt, stelle ich auf Schrot um; sie soll den Knall nicht vernehmen, die Kugel nicht spüren; sie hat genug ausgestanden drei Tage lang.

Wie lange das dauert, ehe sie auf Schrotschußnähe bei mir ist, mühsam vorwärts stolpernd und den kranken Vorderlauf schlenkernd. Der Häher begleitet sie, er hat es gemerkt, daß mit ihr nicht alles in Ordnung ist und eine Krähe, die in der Samenbuche einstand, ruft mit rauher Stimme ihre Genossinnen herbei, ihnen meldend, daß hier etwas zu holen sei. Von drei Seiten kommt das schwarze Gelichter angekrächzt und fällt prasselnd in den Kronen ein. Jetzt steht die Ricke vor mir und dreht mir den Nacken zu. Es knallt; entsetzt poltern die Krähen in dem Gezweig und werfen den Schneebehang herab. Es knallt noch einmal, und eine kommt herunter. Ich trage die Ricke den Abhang hinab bis zum Wege, breche sie auf und hänge sie an die Hütebuche. Dann schlendere ich den Fahrweg entlang dem nächsten Wäldchen

321

zu, aus dessen blaubraunen und schwarzgrünen Kronen ein blauer Rauch in die Höhe steigt. Um das rote Feuer sitzen braune Gestalten und eine grüne dabei. Ich pirsche mich an sie heran und rufe auf fünf Schritte meinen Gruß. Sie fahren zusammen; einer läßt Wurst und Messer fallen. Dann lachen sie und machen mir am Feuer Platz. Eine halbe Stunde vergeht mit Essen und Reden, dann steige ich wieder allein von Hang zu Hang, von Wald zu Wald. Auf zwanzig Schritt komme ich im Stangenort mit gutem Wind an einem Sprung Rehe vorbei. Sie vernehmen mich, verhoffen, wittern, treten hin und her und ziehen langsam weiter, ohne abzuspringen. Ein Trupp Frauen, hochaufgeschürzte, breitschulterige Gestalten, große Bündel Busch auf den Rücken, gehen hart an mir vorüber, laut redend. Keine sieht mich.

Unsichtbar durch das weiße Zeug, unhörbar durch den weichen Schnee, pirsche ich die Hänge hinauf, die Schluchten hinab, alte Erinnerungen aufweckend. Dort, wo der weißmützige Felsklotz aus dem Busch ragt, reizte ich mit dem Vogelangstruf den alten Fuchs in den Tod; drüben im Stangenholz unter dem Bau rottete ich im Frühjahr vor zwei Jahren in vier Tagen ein ganzes Geheck aus, bis auf einen, an dem die Kugel vorbeipfiff. Jenseits des Fichtenkopfes im hohen Holze saß ich einen heimlichen Bock tot; von mittag bis abends war ich auf dem Felsblock vor der Buchenjugend, in der er stand. Tags darauf reizte ich, die Hasenklage mit der hohlen Faust nachahmend, unten vom Bachgrunde die Füchsin so dicht vor meinen Stand, daß ich eben noch zu Schuß kam. Alles das war leicht, aber die größte Freude hatte ich doch an dem alten Bock mit dem Wechsel über eine halbe Meile, den ich nicht bekam.

Hier am hohen Hange habe ich einen weiten Blick. Der Stumpf einer Buche bietet einen bequemen Sitz. Die Pfeife qualmend, lasse ich die Augen auf und ab gehen, in das hohe Holz halbrechts, über den kahlen Hang geradeaus, in die verschneite Besamung unter mir, in das weite Tal dort unten. Aus allen Hölzer treten die Rehe aus, im Schnee nach Äsung plätzend. Am Bach lauert unbeweglich, nur ab und zu den Kopf wendend, der weiße Bussard. Ein Häherflug rudert ungeschickt dahin, eine Taube streicht nach dem Altholze, ein Hase läuft die blanke Berglehne entlang, ein Zeisigschwarm fällt zwitschernd in den Erlen im Grunde ein. Drüben am Hange der Hase macht einen Kegel und hoppelt weiter. Rechts von ihm, unter den Schlehen taucht ein roter Fleck auf, ein langer, roter Fleck, der Fuchs. Er verschwindet in der Schlucht. Ich steige ihm entgegen. Aber im Tale zeigt mir der Pfeifenrauch, daß ich falschen Wind habe. So muß ich die Schlucht umschlagen und den Bogen an dem Hang entlang machen. Das kostet Schweiß und hilft nichts, denn als ich von oben die Schlucht übersehe, ist der Fuchs schon unten aus ihr heraus und schnürt dahin, wo ich eben saß. Auf dreißig Schritte wäre er mir gekommen.

Die Sonne will fort. Die Stämme werfen schon längere Schatten. Mäuse pfeifen im Unterholz, Krähen rudern nach ihren Schlafplätzen; Ammern fallen im Buschwerk ein. Im blanken Felde, an den quelligen Schluchten, ist jetzt wohl ein Fuchs anzutreffen, kommt wohl einer auf die Hasenklage unter den Hochsitz. Aber mich zieht es in das hohe Holz, wo eben der Kauz seinen hoh-

322

len Ruf erschallen ließ. Ganz lautlos, ganz langsam gehe ich den Pirschweg entlang, der vor der Dickungen und engen Örtern vorbeiführt, lasse den Hasen vorüber und die Rehe, höre dem Kauz zu und freue mich über den harten Gegensatz der Stämme und des Schnees. In der Dickung über mir ist etwas sehr laut; es bricht da stark, ich höre es scharren, die gefrorenen Blätter klingen, der Schneebehäng poltert herab. Dann ist es still, und vor einer gewaltigen, hochschäftigen Buche bewegt sich ein großer grauer Klumpen, scharrend und schnaufend. Der Dachs ist es. Ich mäusele einmal ganz leise. Er verhofft, windet, und eilig watschelt er auf mich zu. Er soll leben bleiben. Ich biete ihm deutlich die Tageszeit. Entsetzt schnauft er los und hastet in die Dickung zurück. Den Schreck vergißt er drei Tage lang nicht.

Etwas weiter hin im Holze, auf den Kamm des Berges, steht eine Kanzel, nicht weit von einer engen Dickung mit einem alten Fuchsbau. Da will ich den Tag beenden. Es ist warm und still; zu allen Jahreszeiten habe ich dort schon gesessen, den Fuchs beim Mausen beobachtet, der Dächsin zugesehen, die ihre Jungen den Würmerfang beibrachte, und dem Gabelweihenpaar, wenn es die flügge Brut atzte. Schwarz und wuchtig sehe ich das schwere Bauwerk vor mir aufragen. Leise steige ich hinauf, wische den Schnee fort, stecke mir die Pfeife an und warte. Eine Viertelstunde vergeht. Einmal pfiff eine Maus, sonst war alles still. Dann jammerte der Kauz, und wieder war es still. Dann hoppelte ein Hase vorüber, und wieder ist alles schwarz und weiß und stumm und regungslos. Die Pfeife geht zu Ende, die Füße werden mir kalt. Ich denke schon daran, wie weit der Weg ist, den ich habe, und wie steil. Da zetert halblinks vor der Dickung die Amsel gellend los, und warm läuft es mir über den Leib. Lauter, immer lauter warnt der Vogel und bricht mit gellendem Schrei ab. Und jetzt höre ich auch einen leisen Ton. Es kann ein Reh sein, auch ein Hase. Aber es schien mir, als ob es der Fuchs war. Da ist es wieder, einmal, zweimal, dreimal, und dann ist es wieder still. Jetzt raschelt es, ganz leise raschelt es, raschelt lauter, und wieder ist es still. Dann, auf einmal, ist da zwischen den Stämmen ein schwarzes Ding, das vorhin nicht dort war. Schon ist es verschwunden. Ich glaube, ich habe mich geirrt. Aber nein, es raschelt dort jetzt deutlicher. Und jetzt ist das schwarze Ding vor mir. Und es ist auch der Fuchs. So lang ist der Hase nicht. Er näßt an einer Wurzel, nein, dreht sich viele Male um sich selbst und löst sich.

Das wäre ein hübscher Kugelschuß, aber das Licht ist schon zu unsicher. So will ich denn mäuseln. Für den Schrotlauf ist es zu weit. Ein einziges Mal zirpe ich ganz fein und dünn. Der Fuchs verhofft. Dann tut er, als mache er sich nichts aus Mäusen, bummelt weiter, schnüffelt an einem Stamm, hält an einem Stumpf das Bein hoch, verschwindet hinter der alten Buche und gerade jetzt, wie ich überlege, ob es doch nicht für das Schrot langt, macht er kurz kehrt und schnürt auf mich zu, ganz langsam, als habe er doch Mißtrauen, ob der Mäusepfiff nicht in verdächtiger Höhe über dem Boden ertönte.

Es ist schon merklich dunkler geworden, und wenn er sich nicht bald beeilt, dann bin ich der Dumme. Und jetzt ist er ganz fort. Ich quäle meine Augen, aber er bleibt fort, ist vor oder hinter einem der Stämme. Aber

nein, gerade vor mir sitzt er auf den Keulen und dreht den Kopf hin und
her. Ganz leise ziehe ich den Kolben an den Kopf, aber doch nicht so leise,
daß er das Geräusch nicht vernahm. Schon steht er wieder auf den Läufen
und windet mißtrauisch. Aber da knallt es auch, und im rotgelben Schein
sehe ich ihn über und über rollen.
Ich warte, bis der Pulverdampf sich verzogen hat und steige hinab. Der
Fuchs ist fort. Er ist nicht fort. Zehn Schritte vom Anschuß liegt er und
rührt keinen Lauf. Zweijährig mag er sein, einen mittelguten Balg gibt er
ab. Aber drei Taler bringt er doch in die Tasche des Jagdaufsehers, und das
ist schon immer etwas. Der alte Bursche an der Schlucht, dessen Balg so
schön grau bereift war, wie mein Glas mir zeigte, wäre mir lieber gewesen,
aber den hole ich mir vielleicht morgen zwischen den weißen Wäldern.

Auf der Kur

Eine Hauptneue. Seit Wochen lauerte ich darauf. Aber keine Spur von
Schnee in der Luft, immer Rauhfrost, Nebel, Prallsonne. Aber dann
mit eine Male, morgens früh, alles wieder aufs neue weiß, dick weiß,
Dächer und Straßen und Bäume und Zäune. Der Tag muß draußen ver-
lebt werden, in weißer Heide, im verschneiten Moor, das Gewehr in der
Faust, dem weißen Leithund nach, dem Fährten und Spuren weisenden.
Endlich Fahrzeit, endlich die Haltestelle, endlich das Dorf im Rücken.
Nun ist mir wohl: alles ringsum weiß, die Felder und die Fuhren, die
Dünen und die Dickungen, die Heide und das Holz. Nirgendswo grüne
Roggenblaade, braune Heide, nur hier ein gelber Strich am Abhang der
Düne, ein schwarzer Fleck im weißen Wald. Alle Gräben sind zugeweht,
alle Pümpe dicht überschneit. So will ich's haben wintertags.
Weis' mir die Spuren und Fährten, weißer Leithund! Überall, von Holz zu
Feld, von Feld zu Moor, der Krummen Zwillenspur. Hier ist Mieze gebum-
melt, da führt eine Hundespur hin, und hier den Grabenbord entlang, das
Vierzeichen des Steinmarders. Vom Steinhaufen am Koppelwege zum
Dornbusch geht des Großwiesels Hüpfspur. Um den Busch, kreuz und
quer Mausespuren, daneben ein Loch, frisch heute früh gekratzt; Erdkru-
men und Grashalme liegen auf dem Schnee. Das war Reineke; er hat
gemaust, und mit Glück, wie der rote Schweißfleck im Schnee mir sagt.
Hier piepte ein Feldmäuschen im Fange des Roten. Und von hier schnürte er dem Dorf zu.
Da, am Dornbusch, wo die Torfsoden liegen, fuhr etwas hin und her. Weg
ist es wieder. Das Großwiesel im weißen Winterrock. Leise, ein einziges
Mal lasse ich unter dem vereisten Schurrbart den Mausepfiff ertönen.
Sofort ist es wieder da. Frech macht es sein Männchen, mit den schwarzen
Sehern mich anstarrend. Wie der Blitz ist es weg, als ich in die Tasche
fasse, um eine Patrone mit Nummer sieben zu holen. Aber der Mausepfiff
zaubert ihn wieder heraus, den kleinen bösen Räuber. Im Knall liegt er auf
dem Schnee, regungslos; nur der schwarze Schwanzbüschel zuckt noch.

324

Auf meinem Schreibtisch sollst du mich an diesen weißen Tag erinnern, weißes Kerlchen.

Den Rehfährten nach stapfe ich über Feld und Falge, Legde und Heide. Hier auf der Roggenblaade habe sie im Schnee geplätzt, um an die Wintersaat zu kommen. Fährte steht hier bei Fährte, als wären die Schafe hier gegangen. Unter der Düne, unter dem Wind, rauche ich meine Pfeife, auf einem Findling sitzend. Feuersteinsplitter und Urnenscherben scharren mein Stiefel bloß. Neben mir her geht der Rehwechsel.

Über die Düne streichen die Krähen, eine, zwei, drei. Ein heiserer Ruf der ersten, die mich wahrnahm, als ich den Kopf drehte, hastig schwenken sie ab und steigen fünfzig Fuß höher. Wie ich ihnen noch nachsehe, da knurpst der Schnee zu meiner Linken. Vertraut zieht die schwarze Ricke heran mit ihren schwarzen Kitzen, die fast schon die Größe der Mutter haben. Nur haben sie noch so dicke dumme Kindsköpfe.

Die Alte sichert am Feldrande, gegen den halben Wind den Windfang schnuppernd hebend. Dann zieht sie zu Felde. Riesenhaft sehen die drei Schwarzen auf der weiten weißen Fläche aus. Und ebenso riesig fast der Hase, der aus dem Fuhrenviereck hoppelt. Ein zweiter folgt ihm. Eifrig scharren und mümmeln die Hasen, eifrig plätzen die Rehe den Schnee von der Saat. Einen Augenblick rüttelt der Bussard über ihnen, dann klaftert er weiter. Er weiß, er kriegt sie doch nicht.

Meine Pfeife ist aus. Leise pfeifend stehe ich auf und gehe immer lauter pfeifend den Weg entlang. Die Rehe hoben die Köpfe hoch, die Hasen machen Kegel. Von der Straße aus sehe ich zurück. Sie sind längst schon wieder am Äsen.

Durch den weißgepuderten Stangenort führt's mich. Das ist wie im Märchenwald. Alles kalt und hart, nur da und dort ein heller Sonnenfleck auf einer dunklen Stange, auf einem düsteren Zweig, ein warmes Licht auf dem kalten Schnee, den die kalten blauen Schlagschatten mit scharfen Streifen überziehen. Mitten auf dem Pirschweg rote Flecken und gelbe Federn. Hier schlug und kröpfte die Waldohreule den dummen Grünfink. Und noch ein feuerroter Fleck blitzt auf, da vor mir im Altholz; des Schwarzspechts Feuerkrone ist es. Rasselnd fährt er um den Stamm, nach mir hinschielend, dann streicht er ab und hakt an einer anderen Fuhre am Wurzelende an, ruckweise emporrutschend, hier und da klopfend. Warnend stiebt der Marder in die dichtverschneite Dickung.

Der Marderspur nach schlendere ich den schmale Steig entlang in die Dickung hinein. Die Zweige bücken sich unter dem Schnee, den rosig das Abendrot färbt. Ein Rotkehlchen, das die weite Reise scheute, schnurrt warnend vor mir her, Meisen schwatzen in den Zweigen, überall zirpen die Goldhähnchen, und eine Amsel schimpft in der Dickung. Es will Abend werden.

Hier, vor dem Moore will ich bleiben. Ich scharre mir vor der Dickung den Schnee weg, klappe den Jagdstuhl auf, ziehe die wollne Ärmelweste unter, wickle den Mantel um die Beine, lege den Tabaksbeutel auf die Schneewehe und sehe langsam dampfend in das Moor.

325

Es sieht heute so ganz anders aus, mein stilles, braunes Moor, ganz anders als vor vier Wochen. Kaum, daß eine Fuhre, ein Torfhaufen, ein Baumstumpf sein weiße Unendlichkeit unterbricht. Und kein Laut unterbricht die schweigende Ruhe des weißen Moores. Stumm schwebt heute selbst die Eule darüber hin, die sonst so hohl hier ruft.

Die roten Sonnenfarben sind hinter schwarzen Wäldern verschwunden. Die rosigen Töne blassen ab, kaltgraublau stimmt sich der Himmel um, schwarz werden die blauen Schatten im Schnee. Mond habe ich nicht, aber alle Sterne sind da, und der Schnee leuchtet so, daß meine dämmerungsscharfen Augen weiten Blick haben.

In der großen Stille fängt es an zu singen und zu summen, in der weißen Weite beginnt es zu flammen und zu sprühen. Ich höre dem Flüstern der Totenstille zu und sehe in das Farbengeflirre der hellen Schneedämmerung. Träumend, dämmernd, mit Augen, vor denen alles verschwimmt, starre ich hinaus in die weiße Weite.

Schwarze Schatten, da ganz weit unten, wecken mich. Ein Sprung Rehe zieht aus dem Moor, den Dünen zu, hinter denen die Felder liegen. Scharf heben sie sich von dem Schnee ab. Links von mir rückt ein Hase aus der Dickung und äst an der Heide. Der soll leben bleiben, es ist eine Häsin. Aber der da rechts, der oft lange an der Dickung sichert, schnell einige Halme äst, wieder den Kegel macht, und dann eilig zum Moor läuft, das ist ein Rammler. Ich fahre mit und vor und sehe ihn im Feuer auf dem Kopfe stehen. Ich hol ihn mir schnell; das ist gut für kalte Füße. Höh, wie die andern rechts und links von mir wieder in die Dickung flitzen!

Der Entenstrich beginnt. Himmelhoch ist er heute, die Luft ist still und klar. In einem fort klingelt und schnattert es über mich hin, immer von links nach rechts, vom Steinhuder Meer zur Leine. Eine Viertelstunde lang geht es so, viele Hundert streichen über mich fort, dann singt und summt die Stille wieder.

Vor mir im Moore aber bellt ein Fuchs. „Waff, waff, waff." Er hat Wind von mir gekriegt. Schade! Den hätte ich gern. Weiterhin, nach der Landstraße zu, antwortet ihm einer: „wäff, wäff, wäff." Ach so, ein Liebespaar, denn der Diskant gehört einer Sie. Und wieder singt und summt die lautlose Stille in meine Ohren hinein.

Es raschelt. Ein Krummer, dicht neben mir. Ich könnte ihn fassen. Eine Häsin. Dahinter noch eine. Dick und faul sitzen sie da und mümmeln. Jedesmal, wenn meine Lippen mit leisem Schnalzlaut den Tabaksdampf herauslassen, spielohren sie. Schließlich gewöhnen sie sich daran. Ab und zu kratzen sie hastig den Schnee weg und mümmeln dann weiter, langsam auf der Saat weiterrutschend.

Jetzt machen beide einen Kegel, die eine sogar ein Männchen, und äugen zur Dickung. Vor der macht ein dritter sein Männchen, kerzengerade, die Löffel hoch. Dann fährt er blitzschnell auf das Feldstück. Im Knall überpoltert er sich. Die Häsinnen flüchten. Dicht vor mir machen sie Kegel und überlegen sich den sonderbaren Fall. Die eine äst dann zehn Schritt vor mir, die andere sitzt wie ein schwarzer Heidbült im Schnee und denkt

326

tief nach. Sie kriegt die Sache aber nicht klar und rückt mit einem Mal in die Dickung. Die andere macht es ihr sofort nach. Wo ich hinsehe, flitzen schwarze Schatten über den Schnee. Wenn ich mit der Zunge schnalze, stehen ebensoviel schwarze Pfähle da. Und dann werden aus den Pfählen wieder Heidebülten. Und als ich aufstehe, mit meinen beiden Krummen, da zickzackt es rechts und links hin und her auf dem breiten weißen Wege.

Ich habe einen guten Gedanken bekommen. Fünfzig Schritt vor mir im Moor liegt ein hoher Torfhaufen. Auf den will ich mich setzen. Vielleicht, daß mir dann ein Fuchs kommt, von da kriegt er keine Witterung von mir. Denn das Hasenkuren habe ich satt, und mehr wie zweie schleppe ich nun grundsätzlich nicht. Lieber einen Bock von fünfzig Pfund, an dem trage ich leichter, wie an einem Krummen.

So baue ich mir denn auf Torfsoden eine Treppe, mache mir einen Sitz zurecht und lasse den ersten Hasen unten am Torfhaufen über dem Wind liegen. Den zweiten brauche ich als Wärmstein für meine Füße. Aus drei Fuhrentelgen mache ich mir Rückendeckung. So, nun den Mantel um die Beine, den gespannten Drilling auf die Knie, eine Pfeife angesteckt und dann geht das Konzert auf der hohlen Faust los: „Auwei, auwei, auweihmir, auweih, ohweh, weh, ää," Lampes Todesklage.

Sieben Hasen vor der Dickung machen erst Kegel und flitzen dann hin und her, die Eule rüttelt über mir, sie kennt das Lied vom warmen Hasenbraten. Ich sitze ganz muckemausestill und ziehe ganz kleine Dampfwölkchen aus der Pfeife. Nur meine Augen wandern hin und her über das weiße Moor.

Eine Viertelstunde lang gehen sie von rechts nach links, und dann fängt alles an zu leben. Hier ein schwarzer Fleck, der sich über den weißen Schnee bewegt, das ist der Fuchs. Duffsinn, nur eine Sinnestäuschung. Aber das da? Auch nicht, ein Heidbült. Nein, das ist ein Hase. Das da hinten ist aber sicher Reineke. Ich sehe deutlich die Lunte an dem Körper. Zehn Minuten starre ich darauf hin, bis vor meinen Augen alle Regenbogenfarben tanzen. Das wird mir zu dumm. Fünf Minuten lang mache ich sie zu. Dann sehe ich wieder nach dem schwarzen Fleck. Ach, es sind ja Torfsoden!

Ein Sprung Rehe zieht wieder zu Feld. Ich höre den Schnee knirschen unter ihren Schalen. Hasen huschen hin und her, jagen sich, spielen, als wäre es April. Auf einmal rücken sie alle in die Dickung, als wäre der böse Feind hinter ihnen.

Ich habe keine Erklärung dafür. Da fällt mein Blick auf etwas Schwarzes, das da achtzig Gänge vor mir auf dem Wege ist. Einen Ruck gibt es in mir, und das Herz arbeitet, daß ich meine, man hört es fünfzig Schritt weit. Und je leiser ich atmen will, um so mehr pfeift mein Kehlkopf. Aber das geht vorüber.

Der schwarze Fleck ist kürzer geworden. Der Fuchs setzt sich und überlegt. Er hat zwar die Nase voll Hasenwitterung, aber er traut dem Frieden nicht. Langsam schnürt er ins Moor, um ganz unter Wind zu kommen.

Unterdes ziehe ich ganz langsam den Kolben an den Kopf. Aber der schwarze Streifen vor mir will und will nicht näher kommen.

Doch jetzt nähert er sich. Er kann gegen die warme Hasenwitterung nicht an. Ich habe schon das Bebern im linken Arm. Und immer wieder macht der Rote eine Pause, wenn er ein Stückchen auf mich zu geschnürt ist. Und spitz von vorn habe ich ihn auch.

Jetzt aber, wo er halbspitz ist, wird es gehen. Ich gehe mit dem Lauf in den Fuchs herein, bis ich das dicke weiße Nachtkorn, einen runden, schimmernden Perlmutterkopf zwischen Kopf und Vorderläufen habe, und dann ziehe ich den Abzug des Würgebohrlaufes ab. Das saß. In der Feuergarbe sah ich ein schwarzes Ding, das zweimal sich überschlug. Jetzt sehe ich nichts vor Dampf. Aber in einigen Augenblicken ist alles wieder frei. Ich starre nach dem Anschuß, aber nichts ist zu sehen. Ich mache den Mund auf, um schärfer zu hören, aber keinen Laut höre ich. Leise öffne ich das Gewehr, schiebe eine neue Patrone ein, schließe und spanne lautlos und horche wieder. Aber nichts rührt sich.

Da steige ich dann bergab und gehe, den Drilling am Kopf, näher, immer näher. Da liegt er und rührt keinen Lauf mehr, und um ihn herum ist der Schnee rot betaut. Zur Vorsicht noch eins mit dem Jagdstuhl auf die Nase, und dann an die Schnur des Rucksacks damit.

Frohen Blicks steige ich über die Düne. Die beide Hasen wären mir lästig gewesen im Rucksack, aber mit dem Fuchs dabei tragen sie sich noch einmal so leicht.

Ein blanker Tag

Die Bäche sind weiß, und das Holz ist weiß, weiß ist das Feld, und weiß ist das Dorf, und alle Büsche und Bäume im Felde sind weiß. Gestern nachmittag hat der Schneesturm gearbeitet, hatte die alte vertaute, mit Fährten und Spuren benarbte Schneedecke frisch überstrichen, eine fußhohe glatte Schneeschicht darüber gedeckt, eine Hauptneue geschaffen, daß mir das Herz im Leibe lacht.

Ein blanker Tag, wie ich ihn mag, ein Tag mit einem Charakterkopf, ein Tag, der mir die krause Stirn hell macht und lachend den zusammengekniffenen Mund, hell die Augen und übermütig die Seele, ein Tag, an dem alles gelingt, was man anpackt.

Ich stehe an der Dössel auf der Deele und sehe über den Hof in die Heide. Alles sieht so lustig aus heute. Jedes Ding auf dem Hofe hat ein weißes Mützchen auf, piel steigt der weiße Rauch in die hellblaue Luft und alles glitzert und glimmert in der Sonne.

Ich habe es mir leicht gemacht. Die Hosen stecken in den dicken Schnuckenhaarstrümpfen, die Weste bleibt zu Hause, die wollne Ärmeljacke genügt, die Joppe steckt hinter dem Rucksack, nun noch die Schuhreifen an, und dann will ich dich suchen, gelbkehliger Schleicher im Seidenrock.

Kiek, Lieschen, morr'n! Komm mal her, Mäken, und spring mal über den Drillingslauf. Was ist das! Du sagst, du willst nicht! Na warte, Deern!

Wi'st'e nu' oder wist'e nich? Teuf, ich wer' dir Appel beibringen! Na siehste, warum nicht gleich?

Und nun will ich das Dorf umschlagen und abspüren. Immer die Zäune entlang geht es, hinter den Gärten her. Kreuz und quer laufen Hasenspuren, ganz dicht am Dorfe ist der Fuchs entlang geschnürt. Aber kein Marder spürt sich. Die hat der Schnee faul gemacht; sie warten erst Tauwetter ab. Nur ein Ilk spürt sich hier an der Miste.

Hinter der Mühle das Holz, das lockt mich am meisten. Die Bachufer reizen den Marder immer, einen Frosch, den der Bach mit fortriß, einen Vogel, der in den Dornbüschen sein Schlafplätzchen hat, den Igel, der im Fallaub den Winter verschläft, Mäuse, die sich Schlehen und Buch suchen, findet er da.

Die schmale Wasserrinne ist fast verschwunden. Das verschneite Risch begräbt sie und der Schneebehang der Dornbüsche. Warnend stiebt der Markwart ab, lärmend fliegt ein Flug Macker dem Holze zu, die dort Schnecken suchten. Schwarz funkeln im Schnee die Schlehen, feuerrot leuchten die Hagebutten, dunkler die Mehlfäßchen, und der Waldrebe Seidenbüsche schimmern grau aus dem Schnee.

Ein scharfer Schrei kommt von dem Felde her. Ein blitzendes, funkelndes, schimmerndes Ding kommt über den Schnee und bleibt an der dicken blauroten Brommelbeerranke hängen, die in schönem Bogen das Bächlein überbrückt. Der Eisvogel ist es. Wie ein Edelstein in allen Farben leuchtend, sieht er aus, der kleine, ernste Fischer. Regungslos starrt er in das glucksende, kluckernde, klingende Wasser, lange, lange. Dann blitzt das Gefieder wieder auf, ein scharfer Schrei, und schimmernd und leuchtend streicht er nach dem Unterlauf des Baches.

Ein lustiger Laut, ein vergnügter, klingt dicht bei mir. Auf dem silberwolligen Kopf der mannshohen, schlanken Distel sitzt der Distelfink, der Stieglitz, lustig seinen Namen rufend, das Köpfchen kokett drehend, und sich eitel hin und her wendend, daß der scharfe helle Schnabel blitzt, daß das Goldrot dahinter leuchtet, daß die gelben Flügelbinden nur so strahlen. Stieglitt, Stieglitt, bin ich nicht hübsch! so dreht und wendet er sich hin und her.

Den Bach entlang steige ich bergan in den Wald, die Augen im Schnee. Rehfährten, die Spuren von Has und Fuchs, Mausespuren überall. Aber keine Marderspur, den ganzen Bach entlang. Und auch hier, an der Quelle, zwischen den weißbemützten, moospolstrigen Steinen und den vergilbten Farnen, nichts. Ärgerlich könnte ich sein, aber der Tag ist so blank und der Himmel so blau und die Sonne so hell, und alles blitzt und glitzt und schimmert und flimmert im Walde. Und es ist so ruhig dabei und so feierlich, als wäre jeder Tag so blank und das Leben immer festlich und friedlich und als gäbe es niemals Hunger und Sorge und Not und Tod und Mord.

Ein leiser Lockton flötet aus dem Stangenholze. Auf die Schlehenbüsche der Blöße fällt ein roter Fleck, rot mit blaugrau und blauschwarz. Und noch einer, aber dem fehlt das leuchtende Rot. Ein Goldfinkpaar. Unaufhörlich klingt der leise, runde, weiche Lockton, die Schwänzchen schnellen auf und ab, die weißen Bürzel schimmern, die rote Brust leuchtet. Und dann fällt ein blauer Schatten auf den Schnee, und ein brauner Klumpen saust heran, und ehe ich weiß, was geschehen ist, fliegt ängstlich lockend das Männchen über mich fort, und der braune Klumpen ist fort und das Goldfinkweibchen. Und oben am Hause, auf der verwetterte Buche hakt der Wanderfalke auf und kröpft seine Beute. Unter dem Hange gehe ich hin. Die Schneereifen geben mir Halt auf dem zwei Fuß hohen Schnee. Der Buchenjugenden Behang pudert mich weiß ein. Ein Locken, ein leises, ängstliches Locken kommt näher. Ein roter Fleck leuchtet heran. Der Goldfinkhahn sucht sein Weibchen. Hin und her, auf und ab streicht er zwischen Busch und Holz und lockt und lockt und ruft und ruft, und lockt und ruft vergebens.

Es schneidet mir ins Herz, das ängstliche, verzweifelte, leise Rufen. Am besten wär's, ich schösse ihn tot. Aber wenn der Schnee weggeht und der Frühling kommt, dann findet er wohl ein Holdchen wieder und denkt nicht mehr an die, die ihm im Winter der Falke fortnahm.

Dort auf dem Schnee ist ein Fleck, der nicht dahin gehört. Ich biege auf ihn zu. Da kreuze ich die Spur des Marders. Und der Fleck, das sind Häherfedern, schwarze, rötlichbraune, lasurblaue mit schwarzen Querstreifen und rote Tropfen im weißen Schnee. Hier hat der Leisetreter den lauten Prahlhans gerissen. Und auf der Spur des Mörders gehe ich weiter. Erst durch das hohe Holz, dann zum gehauenen Buschholz. Hier sind wieder rote Tröpfchen im Schnee; eine Maus fiel dem Marder zum Opfer. Und dann zum Bach hinunter. Hier, am Schlehenbusch, ist die Fährte verwischt, und ein Loch ist im Schnee, und der Behang des Busches ist zerrissen. Hier hat der Schleicher einen schlafenden Vogel im Sprung zu reißen versucht, aber die Dornwehr des Busches schützte den Schläfer. Ein Fehlsprung wurde es.

Hier unten hätte ich beginnen sollen. Hier auf dem Stamm, der über den Bachpump führt, liegt die Losung des Nachtwandlers. Und von da geht es ins Feld an die Dieme und dann an die Rübenmieten und dann an den Feldbusch, und da ist die Spur zu Ende.

Ich umschlage den Busch. Da ist sie wieder. Der Marder ist weitergeholzt. Immer in der aus je vier breiten Tupfen gebildeten Linie geht es weiter, an den Teich, in dessen gelbem Rohr die Ammern zirpen, nach der Buchengruppe, aus der der Bussard abstreicht, wieder zurück in das Holz.

Da ist sie fort. Der Marder ist wieder weitergeholzt. Einen Bogen schlage ich um das Ende der Spur, einen kleinen, dann einen größeren, erweitere jeden neuen Kreis, den ich gehe. Und alle Kronen durchspähe ich nach Krähenhorsten und Eichkatzenkobeln. Ab und zu auf dem Schnee ein Flöckchen graue Flechte, ein dürres Ästchen, die hat der Marder beim Fortholzen abgetreten.

Am Fahrwege, der als weißes, breites Band den weißbehangenen Fichtenmantel durchschneidet, komme ich wieder auf die Spur. Sie steht wieder nach dem Feld, dahin, wo die Ebereschenbäume stehen. Dürre Blätter am Boden, einzelne rote Beeren und Doldenstiele zeigen an, daß der Marder sich hier die letzte Vogelbeeren als Zukost pflückte. Weiter will ich, brenne erst mir die Pfeife an, da höre ich es zirpen und sehe in den Baum. Da sitzen sie, eins, zwei, drei, zehn Gäste aus dem Norden, rötlichbraun, schwarzkehlig, Häubchen auf den Köpfen, rote Siegellacktröpfchen auf den gelben Binden an Flügel und Schwanz, Seidenschwänze, so friedlich, so vertraut, als gäbe es weder Kraut noch Lot.

Ein Weilchen sehe ich ihnen zu, wie sie, dick aufgeplustert, da sitzen, sich putzen, ab und zu zirpen oder die schwarzgelben Flügel spreizen, dann trete ich weiter in die Spur. Quarrend stieben die Krähen von dem Luderplatz. Die Spur führt über das Luder und führt zum Dorf. Aber hart vor der Mühle biegt sie ab zum Holz. Und da ist sie fort, verschwunden.

Zweimal durchschneide ich das Holz und umschlage es. Nichts findet sich. Ein Eichkatznest steht hoch in der Fichte. Aber kein gelber Tropfen im Schnee zeigt den Schläfer an. Ich scharre mit dem Schneereifen an dem Stamm; es rührt sich nichts, es zeigt sich nichts. Aber das ist noch kein Beweis, daß das Haus leer ist. Ich schicke eine Kugel hinein. Scharf klingt der Knall in die Wintertagsstille. Aber nur dürres Geäst und Moos krümelt herab. Nun kommt böse Suche. Es geht von Stamm zu Stamm, von Baum zu Baum. Nirgends ein heller Tropfen, ein Flechtenflöckchen, ein Dürrästchen, ein Spor im Schnee, alles glatt und blank und eben und schier. Und er steckt doch im Holz, der Heimtücker, und kriegen tu ich ihn doch, oder ich will die Kunst nicht verstehen.

Eine Viertelstunde geht hin und noch eine. Das macht müde, das Aufundab mit den Augen, vom weißen Schnee zu den schwarzen Kronen, vom Himmel zur Erde. Noch ein alter Krähenhorst kriegt die Kugel, noch ein Eichkatzennest, aber immer noch will sich nichts finden. Das ist ja dumm. Und die Sonne meint es gut. Sie läßt den Schnee flimmern, daß die Augen müde werden, und preßt unter der leichten Wollmütze den Schweiß auf der Stirn hervor. Joppe und Rucksack habe ich längst fortgehängt und habe nur die leichte, nahtlose, gestrickte Ärmelweste um die Brust. Und die ist mir noch zu warm.

Aber weiter, das hilft nichts. Immer wieder für die Augen weißer Schnee, blaue lange Schatten darauf, rote Stämme, dunkelgrüne Kronen und blauer Himmel. Und umgekehrt: blau, grün, rot, blau und weiß. Ab und zu ein silbergrauer Buchenstamm, ein schwarzweißroter Specht, ein rötlichgrauer Markwart, ein blaugraue Taube, polternd abstiebend, bunte Meisen, an grünen Zweigspitzen hängend.

Mechanisch wandern die Augen auf und ab. Nichts, nichts, immer nichts und wieder nichts, als Hasenspuren, Mausespuren, das Gehäuse von Krähen. Man wird unachtsam, ich muß den Geist ab und zu anrucken, sonst schläft er ein.

Aber auf einmal wird er munter. Hier, unter der dunkelköpfigen Fichte, ist ein Dreieck, ein gelbes, hineingetropftes, im Schnee. Wie da der ganze Mensch frisch wird, wie er sich reckt, wie Leben in die Beine kommt und in die Augen. Dreimal, viermal, fünfmal umkreise ich den Stamm, bohre die Augen in die Krone, aber sie finden nichts. Da wird zurückgestapft zum Rucksack und das Glas geholt, Ast für Ast wird abgesucht. Und jetzt

331

habe ich ihn. Dicht an den Ersatzmitteltrieb gedrückt, eingeklemmt zwischen zwei anderen hochragende Äste, in dem verwitterten, kaum erkennbaren Eichkatzennest, da liegt er. Von ihm selbst sehe ich nichts, aber die buschige Rute hängt herab.

Ich klopfe an den Stamme, er rührt sich nicht. Ich scharre daran, er rührt sich nicht. Ich lehne den Drilling an den Stamm, hole die Gummischleuder heraus und pfeffere einen Schrothagel in das Versteck. Nichts rührt sich. Aber die Rute, wo ist die, die eben noch herabhing. Fühlt sich der Bursche aber sicher.

Dann knallt der Schrotschuß in das Astgewirr. Laub, Gras, Moos, Zweige fliegen, und ein schwarzes Ding fällt, fällt drei Fuß, und jetzt, Deubel, ist es auf der Nachbarfichte und in rasender Eile baumt der Marder fort. Ich mit, so schnell die Schneereifen es erlauben, immer den Lauf dahin, wo Äste schwanken und Schnee rieselt. Und jetzt, wo es den geraden, langen Ast im Sprung faßt, das lange schwarze Ding, da fahre ich mit, und im Knall kommt er in einem Regen von Schnee und grünen Brüchen herab. Zuckend liegt er im Schnee. Die weißen Fänge blinken, die dottergelbe Kehle leuchtet, die seidenhaarige Rute windet sich. Noch zuckt eine Pranke, ein Zittern geht durch die Rute, ein Ruck durch das ganze Tier, dann fällt es schlaff in sich zusammen.

Aber jetzt der Hunger, der Hunger. Um zehn ging ich weg, und jetzt ist's drei. Marsch marsch zur Wirtschaft, den Marder in der Hand. Am Herde steht Lieschen. Hu, schreit sie, als ich ihr die Marderrute um den Hals fahren lasse. Und quiekend flüchtet sie aus einer Ecke in die andere, wenn ich ihr mit dem Kopfe des Räubers in der Faust zu nahe komme. Großmutter lacht und schüttelt den Kopf: Junge Lüe, junge Lüe, leeg' Volk. Und dann denkt sie an einen jungen Jäger aus der Stadt, der auch oft hierher kam und immer zu Unsinn aufgelegt war. Und immer wieder kam, bis sein Bart weiß und sein Haar silbern war. Und jetzt ist er tot. Jee ja.

Der Nachmittag wird verschlafen, der Abend verklöhnt beim Glase Bier. Und als die hellen Fenster im Dorfe verschwinden, da ziehe ich den dicken Mantel an und gehe zur Mühle. Schneehell ist der Himmel, alle Sterne blinken. Im Holz ruft die Eule, Schneegänse ziehn, ein Hund heult. Ich stelle mich an die Eiche, scharre den Schnee fort und rauche. Die Nacht ist mild, ein ganz kleines Lüftchen ruschelt im Röhricht. Im Dorf da unten löscht ein Licht aus nach dem andern. Einmal klappt noch eine Tür, ein Lachen ertönt, ein Aufkreischen aus Mädchenmund, dann wird es da stille.

Ich stehe und rauche und sehe nach dem weißen Mühlendach. Der Mühlbach rauscht immer dasselbe Lied und klimpert mit Eisschollen. Ein Mausepfiff, ein Eulenruf, dann wieder leere Stille. Ein Hase rückt an, langsam, bedächtig, und verschwindet in der Zaunlücke.

Gedanken umflattern mich, Gedanken, schwarz wie Fledermäuse, und lichte, bunte, wie schöne Falter. Das Rätsel von Leben und Tod, von Werden und Vergehen taucht vor mir auf, schöne Stunden und trübe Tage, Menschen, die ich liebe, und Leute, die ich hasse, und dann ein lichter, rosenroter Zukunftstraum. Und den jagt ein grauer Einfall wieder fort.

Die Zeit vergeht. Die Uhr schlägt zehn. Das Horn des Nachtwächters klingt dumpf und hohl. Die Füße werden langsam kalt, der Kopf wird müde, er will auf die Brust fallen.

Da fährt er hoch. Oben am Dachfirst, auf der Stelle wo die schwarzen Tupfen sind, da war doch ein Schatten? Oder irrte ich mich! War es der Schatten, den der graue Gedanke in mir warf? Es war wohl nichts. Aber ich bin wieder wach. Und die Augen wandern dachauf, dachab.

Halt, da, eben, ich habe mich doch nicht geirrt. Ein schwarzer Streifen hier mitten im Dach, bei der Luke. Fort ist er wieder. Mensch, paß auf! Und ich starre jetzt, den Drilling schußbereit, auf die Luke. Aber das Weiß und Schwarz macht die Augen so müde, ab und zu müssen sie in den Sternhimmel sehen, auf die Milchstraße mit ihrem Gewirr von Welten. Und dann gehen sie wieder auf das Dach zurück. Und fassen einen schwarzen Klumpen, der neben der Luke ist. Und sich jetzt aufrollt, und ruckweise weitergeht. Und da geht der Gewehrlauf langsam hoch, und wie das schwarze Ding fast an der Dachkante ist, da sprüht es und knallt es, und um mich herum ist dicker, weißer stinkender Dampf. Aber im Feuer sah ich das schwarze Ding herabkollern.

Durch die schneehelle Nacht geh ich dem Kruge zu, den toten Hausmarder in der Hand. Es ist Sonnabend und hinter hellen Fenstern ist noch lautes Leben. Heut paßt mir das. Mit blanken Gläsern soll er enden, der blanke Tag.

Silvesternebel

Kahlfrost, den mag ich nicht. Es ist mir dann zu nackt draußen, mich friert dabei. Schnee muß ich haben, soll mir der Winter Freude machen, weicher, weißer, dicker Schnee, der wärmt mir das Herz und macht meine Augen froh. Bei Kahlfrost wintert mir alle Lebenslust aus.

Darum lachte ich damals, als ich nachts aus dem Café kam, in der Nacht vor dem Silvestertag. Kalt pfiff es über die Georgstraße, und weiß stob es über ihre Trottoire, und als die anderen Menschen mit zugekniffenen Lippen eilig heimgingen, da schritt ich langsam über die Straße und atmete tief.

Früh war ich auf am anderen Morgen. Und froh. Ich sang, als ich in die Stiefel fuhr. Das war lange nicht vorgekommen. Und als ich auf die Straße kam, wo der Sturm pfiff und johlte, wie betrunken, und weiße Fahnen schwenkte, da hätte ich gern weiter gesungen.

Die Fahrt in der Eisenbahn war wunderschön. Durch fremde Welten führten sie, durch weißverschleierte Länder. Keine Station war zu erkennen, jede Dorfsilhouette war verwischt, alles begrub der Sturm im Winterschnee.

Die Endstation, ich kannte sie kaum wieder. Brüllend warf der Nordostwind den Schnee über die Geleise, wirbelte ihn in Wolken über den Perron, fegte ihn in milden Strudeln über die Straße. Eine tolle Freude faßte mich und machte mich frosthart und sturmfest.

Schneewolken warf mir der Sturm nach, als ich im Dorf in die Gaststube trat. Da war es mir aber zu heiß, das Blut sprang mir kribbelnd durch die

Adern, und schnell rettete ich mich wieder in das weiße Schneesturmbad. „Kriegst ja doch nichts!" hatten die Freunde gesagt, die da bei Grog und Karten eingeschneit waren. Was wissen die denn? Fuchs und Has, was mir daran liegt heute! Nicht so viel! Großes such ich nach den Kleinheiten der Stadt, Weites nach ihrer Enge, Hartes nach ihrer Weichlichkeit, Frische nach ihrem erschlaffenden Druck.

Alles das fand ich draußen. Schritt um Schritt mußte ich mit dem Sturm ringen, jeden Tritt dem Schnee abzwingen, manchmal wurde mir schwach zumute, aber am Ende wurde ich Herr über Stum und Schnee.

Die Stunden flogen dahin, wie die Flocken im Sturm. Und mit den Stunden Unruhe und Nervengekribbel. Und wie der Sturm sich brach und über der weißen Weite blaßblaugrauer Abendhimmel stand, da war ich umgeschaffen und neu geboren und wußte nichts von den Sorgen und den Ärger und den Kämpfen der letzten Zeit, und still, wie am Himmel der helle Mond, leuchtete in mir ruhige Gleichmütigkeit.

Oben auf der Düne stand ich und sah in die weiße Feldmark, in der riesengroß, durch die Maßstabslosigkeit des Geländes unmeßbar geworden, die Hasen und Rehe sich hin und her bewegten.

Goldener Gleichmut ging in mir auf. Lächelnd sah ich auf das, was unter mir war, Angst und Ärger und Sorgen, einmal fällt doch der Schnee darüber, und der tollste Sturm, er hat sein Ziel und sein Ende.

Morgen fängt ein neues Jahr an. Ohne Angst und ohne Hoffen sehe ich ihm entgegen. Es wird Mai werden. Dann sind hier alle Birken grün und alle Böcke rot, die Grauartschen singen, und der Stechginster blüht. Nachher kriegt die Heide ihre Rosenfarbe, dann blaßt sie ab, und wieder fällt Schnee auf alles, ein Jahr wie das andere.

Auf der anderen Seite der Düne liegt das Moor. Es ist heute so weit und so weiß. Sonst ist es eng und braun. Wie ist es nun in Wirklichkeit? Und wie sind wir? Heute so, morgen so. Wie das Wetter des Schicksals es will. Sonst kenne ich jeden Fußbreit darin, heute weiß ich nicht ein noch aus. Heute haben wir im Leben Ziel und Zweck, morgen ist alles verschneit, und Wege und Stege sind fort.

Das dachte ich so, als ich unter der krummen Schirmfuhre saß, die über dem alten Abstieg steht, und vor mich hindämmerte. Bis der Fuchs mich weckte, der hinten im Stiftsmoor bellte. Da sah ich auf und sah nichts mehr, keine Fuhre, keine Birke, keinen Torfhaufen, weder Torfkuhle noch Moordamm. Der Nebel war gekommen vom Steinhuder Meer und hatte alles ausgelöscht, was ich wußte. Schnee lag über der Vergangenheit und Nebel vor der Zukunft.

Morgen ist Neujahr. Eine Neue liegt auf seinen Wegen, und Nebel verhüllt die Aussicht. Rosige Blumen werden neben schwarzen Torflöchern blühen, goldene Blüten leuchten über verräterischem Schlamm. Das große Moor des letzten Jahres habe ich hinter mir, im neuen kenne ich nicht Weg noch Steg.

Mir wird zu einsam. An meinen eigenen Fußtapfen helfe ich mir heraus aus dem Moor. Andere sind nicht da, wie im Leben auch nicht. Schließlich

334

ist man doch immer allein, trotz aller Freunde. Das ist traurig, aber wenn man es eingesehen hat, auch tröstlich.

Der Nebel ist dick wie eine Wand. Er ist vor mir und hinter mir und rechts und links und über mir und unter mir auch, denn keine Fußspur, keine Wagentrane weist der Schnee auf.

Wie ein Blinder gehe ich weiter. Ab und zu strecke ich die Hand aus, um zu wissen, daß ich noch sehen kann. Manchmal bohre ich die Augen in die weiße Dunkelheit, ob da kein Licht vom Dorfe ist, oder sehe ich nach oben, einen Stern erhoffend, oder bleibe stehen und horche, ob ein Hund kläfft, aber immer lächle ich müde und stampfe weiter, blind, taub und stumm.

Längst müßte ich beim Dorfe sein. Da ist es: die ersten Bäume. Nein, eine Täuschung der Augen! Aber da, endlich, Fußspuren im Schnee. Die führen zu Dorf. Denen folge ich, neuer Hoffnemg voll, aber hungrig und müde.

Wie lange, das weiß ich nicht. So lange, bis ich einen Schreck bekam. Als ich sie verlor. Und als ich sie wiederfand nach angstvollem Hin- und Herlaufen, da war ich so froh. Bis der nächste Schreck kam. Denn vor mir das Schwarze, das ich für das äußerste Haus des Dorfes hielt, die beiden Krüppelfuhren unter der Düne sind es. Ich bin in die Runde gegangen.

Mir wird angst und matt. Wie ein Kind im Dunkeln stehe ich da, als wenn ich weinen müßte. Aber dann lache ich mich selbst aus. Verirren kann ich mich ja nicht. Da die Dünen, links die Straße, rechts das Dorf! Also kehrt und geradeaus!

Geradeaus im Nebel! Geradeaus ohne festen Punkt, ohne Weg und Steg! Geradeaus ohne Stern und Strahl, ohne Halt und Hoffnung. Pfeif' dir ein Lied, Menschenskind, du hast hier deinen Humor nötig! Irrst ins neue Jahr hinein, und weißt nicht, wohin du kommst.

Siehst du, da bist du ja wieder unter der Düne! Zweimal gingst du im Kreise. Lache doch, wenn du kannst! Und mach' kehrt und marschier' wieder geradeaus! Oder hilft dir ein Fluch? Oder ein Kognak, ein kleiner Rausch? Oder ein bißchen Nachdenken, kalt und kühl? Nein, mein Lieber, das hilft dir alles nichts. Glück, das ist das einzig Wahre. Entweder du fällst mit der Nase darauf, oder du läufst daran vorbei, und stehst wieder vor der verdammten Düne, wie jetzt.

Ich habe keine Lust mehr, mich hier herumzubewegen das beste ist, ich ruhe mich hier aus. Ich bin zu müde. Vielleicht, daß der Nebel weggeht. Ich setze mich unter die Fuhre und starre in den Nebel. Bis tausend Fratzen daraus auf mich zukommen. Fratzen, die allerlei dumme Gedanken hochmachen. Läuft man nicht das ganze Leben so im Kreise? Im dicken Nebel? Hinter halbverwehten Hoffnungen her, auf unbestimmte Ziele zu, und hat schließlich doch nichts davon, wie ein weißes Laken?

Die drei Mündungen meiner Waffe grinsen mich an. Wenn ich jetzt an den Abzug rühre, dann bin ich schnell zu Hause. Dann brauche ich nicht erst so weit zu laufen. Soll ich?

Da höre ich etwas. Das erstemal diesen Abend. Hundegebell, da unten! Ich springe auf und gehe darauf zu. Und rufe, so laut ich kann. Der Hund antwortet. Ich laufe, höre das Bellen näher, und jetzt, endlich ein Licht,

335

ein Haus, die Straße! Unter dem ersten Fenster sehe ich nach der Uhr. Gleich Mitternacht. Mir wird ganz eigen. Eben noch, da dachte ich voll Abscheu an die Welt und das Leben und die Menschen, und jetzt freue ich mich darauf.

Ich warte noch einige Minuten. Und so, wie die Uhren in der Gaststube den ersten von den zwölf Schlägen tut, da reiße ich die Tür auf und rufe lachend mein Froh Neujahr!

Sagen und Märchen

Der Schäferkönig

Aus fahler Heide erhebt ein einsamer Heidhügel seinen braunen Kopf. Kurzgeschoren haben Schnuckenmäuler seine braunen Locken, die Nagelschuhe der Bauern haben darüber einen weißen Scheitel gezogen.

Am Grunde des Hügels, rechts und links von dem hellen, schmalen Fußpfade, liegen zwei große, mannshohe, von den grünen Ranken der Krähenbeere am Grunde umsponnene, mit grauen Flechten bedeckte Steinblöcke, einer licht, einer düster.

Zwischen ihnen und der Klippe des Hügels, mitten in dem Fußpfade, steht eine hohe, dicke, zerzauste Hängebirke.

Und den Hügel breitet sich ein ebenes Feld aus, von Heide und kurzem, büscheligem Grase bedeckt, bestockt mit Hunderten und Hunderten struppiger Wacholdersträucher.

Weit und breit ist kein Hügel, wie dieser Hügel, keine Birke, wie diese Birke, kein Wacholderfeld, wie dieses hier, kein Findlingspaar, wie dieses. Wenn ich auf dem Hügel im kurzen Heidkraut lag nach dem Frühanstand mit Hund und Büchse und die steif gefrorenen Glieder sonnte, dann habe ich mich immer gefragt, warum es weit und breit nichts Ähnliches gibt; ich konnte es mir nicht erklären.

Der Lehrer im Dorfe da unten, der Steine und Blumen sammelt, sagte mir, früher hätten hier mehr Birken gestanden, wären hier mehr große Wandersteine gewesen; die Bauern hätten die Birken geschlagen und die Steine für die Wegebauten zerschossen.

Jetzt liege ich wieder auf dem Hügel und träume hinaus; Nordwestwind schleudert scharfe Tropfen über die Moorebene, graue Wolken drängen sich am Himmel und hängen tief hinab, kein blaues Fleckchen schaut aus ihnen hervor.

Unter mir schwenkt die alte Birke mit stummen Wehklagen die langen, dünnen Zweige, langt in herzzerreißend sehnsuchtsvollen Bewegungen damit nach den Wacholderbüschen, die in wildem Sturme zucken und zappeln, als wollten sie sich losreißen aus dem blaugrauen Grase.

Das langt und greift mit dürren Händen so jammervoll hoffnungslos hinab, das ringt und drängt mit grünen Leibern so willig folgsam hinauf.

Wütender wird der Sturm. Die Birkruten fahren hoch in die Luft und fallen auf die Spitze des Baumes nieder, wie die Hände eines Menschen, der sich das Haar ausraufen will.

Und jetzt beugt sich der Baum, als wollte er hinab zu den Wacholdern; die Äste reiben sich, daß es gellend pfeift, so gellend, so grell, wie der Pfiff des Heidschäfers durch zwei Finger.

Dieser gelle, grelle, schneidende Pfiff gibt mir Antwort auf meine stumme Frage.

*

Es war einmal ein reicher Schäfer, dem gehörte weit und breit hier alles Land. Süßes Gras bedeckte statt der dürren Heide und des sauren Rischs das Gelände.

Tausende von Schafen waren sein, nicht magere. ärmliche Schnucken, nein, hohe, feinwollige, stolze Tiere, mit Vließen wie von Seide.

Hier, wo der Hügel sich erhebt, stand sein Haus, aus behauenen Steinen festgefügt, nicht ärmlicher Art aus Ortstein und rohen Stämmen, wie der übrigen Bauern Hütten. Darum hießen sie ihn den Schäferkönig.

Sein Reichtum aber tötete seine Seele und härtete sein Herz.

Wenn die anderen Bauern und Schäfer an den heiligen Tagen den Göttern im Schatten der Eichkämpe auf heiligem Stein Pferdeopfer brachten oder mit lodernden Holzstößen die Erhabenen priesen, dann lachte er und schalt sie Toren und Tröpfe.

Als seine Knechte von den Opferstätten die heiligen Mährenschädel heimtrugen und sie an die Giebel seines Hauses hingen, stieß er mit seinem silberbeschlagenen Hütestock die Opfergedenken herab und schleuderte sie in die Herdflamme.

Wenn Wode[1]) in stürmischen Herbstnächten in den Wolken weidwerkte mit Hussa und Horridoh und Hu und Hatz, dann schloß der Schäferkönig nicht Tor und Luke und legte sich zur Ruhe, sondern frech trat er in das Tor und lauschte dem Gejaid der Himmlischen.

Die klugen Männer, die weisen Frauen warnten ihn, doch er lachte über ihre Warnworte.

Einst stand er an einem heißen Sommertage vor seinem Steinhause; zu seinen Füßen lagen seine Lieblingshunde Donner und Blitz, weiß der eine, schwarz der andere. Da zog es schwarz herauf mit weißen Wetterköpfen in Ost und West, Süd und Nord.

Der Schäferkönig setzte seine silberne Pfeife an den Mund und pfiff in alle vier Winde, daß es gellend nach Ost und West, Süd und Nord hinausklang; da trieben seine Knechte die Herden von allen Richtungen heran, daß es krimmelte und wimmelte wie ein Meer.

Immer schwärzer wurden die Wolken, immer gelber die Flecke darin, immer lauter der Donner; die Knechte fielen ihrem Herrn zu Füßen und flehten ihn an: „Herr, opfere dem Thor, daß er seinen Steinhammer nicht nach uns werfe!"

Der Schäferkönig aber lachte und schalt.

Da knallte es, als wäre die Erde geborsten, da loht es, als wäre das unterirdische Feuer hervorgebrochen, nach allen Richtungen hin stoben die Herden auseinander, stürzten in Gräben, sanken in die Tränken, stolperten über Heck und Steg.

Der Schäferkönig schrie nach seinen Knechten; die aber murrten, ließen die Herden im Stich und rannten zum heiligen Hain, dem zürnenden Gotte zu opfern.

Da winkte der Schäferkönig seinen Lieblingshunden Donner und Blitz, daß sie die Herden in die Ställe trieben; aber winselnd umkrochen sie seine Füße und rührten sich nicht vom Fleck.

Schwarz wie die Nacht ward es ringsumher, um hell wie der Tag dazwischen; Blitz um Blitz fuhr grell von Ost und West, Süd und Nord herab, vier Donnerschläge zugleich ertönten jedesmal dabei.

Wie Spreu im Winde stoben die Herden auseinander.

Der Schäferkönig stieß einen schrecklichen Fluch aus; er drohte mit seinem silberbeschlagenen Hütestock zum Himmel hinauf und rief: „Thor,

340

bist du kein Unhold, so banne mir die Schafe! Aber das vermagst du nicht, du Segenvernichter!"

Das Dunkel verschwand, licht wurde der Himmel, still der Donner; stolz wie ein Sieger schaute der Schäferkönig sich, aber Grauen verzerrte sein harte Gesicht: vor seinen Augen schlugen seine Schafe Wurzel, ihr seidenes Vließ wuchs aus zu struppigem Grün; Tausende von Wacholderbüschen, eine grüne Herde, bedeckten das Land.

Da schwand des harten Mannes Stolz; er brach in die Knie, raufte sein Haar, streckte seine Arme nach seinen Herden aus und schrie und weinte und lachte.

Und dann riß er vom Ledergurt das blanke Schlachtmesser und zückte es verzweifelt gegen seine Kehle.

Aber sein Arm blieb starr, wandelte sich um in eine krummen Ast, seine Finger in dünne Ruten, seine Füße schlug Wurzeln; eine mächtige Birke erhob sich an Stelle des Schäferkönigs.

Donner und Blitz, seine Lieblingshunde, wurden verzaubert in zwei Riesensteine, hell der eine, düster der andere.

Das steinerne Haus polterte zusammen, ein Trümmerhaufen, den Heide überwuchs.

*

Zum Heidhügel ist des Schäferkönigs Heim geworden, zur Birke der stolze Mann, zu Steinblöcken seine Hunde, zu Wacholderbüschen seine Herde.

Wenn der Sturm über die Heide fährt, dann ringt die Birke die Zweige, rauft mit ihren Ruten ihr Haar, langt und greift verzweifelt um sich und pfeift gellenden Steinen, die an ihren Wurzeln liegen.

Und die grüne Herde hört den Pfiff und will ihm folgen und ruckt und zerrt an ihrem Wurzeln.

Der silberne Baum

Die Sonne brannte auf das hohle Moor; duster lag es da, ein unabsehbarer brauner Plan; kein Birke, keine Fuhre stand darin, keine Blume wuchs daraus hervor; wenn es da und dort und hier blau schimmerte, weiß leuchtete, rot hervortauchte und silbern blitzte, dann waren es nur die blauen Beiderwandsröcke und weißen Hemden der Bauern, nur ihre braunen Arme und blanken Schultern; denn es war die Zeit der Torfernte, und alles, was in Ulenhagen noch kräftig war in den Knochen, war im hohlen Moor.

Vom Kiwittruf bis zur Ulenflucht traten Birkrindenschuhe die Schuten in die Torflager, hoben braune Hände die Soden heraus; und wenn auch die Dullerche noch so schön vom Blauhimmel dudelte und der Pieper noch so lustig sein Lied schmetterte, keiner hörte auf sie, keiner stützte sich auf den Schutenstiel und ruhte aus einen Krähenschrei lang; in sengender Sonnenglut gruben sich die Ulenhägener ihren Winterbrand.

Bis einer von ihnen nach dem Pumpe ging, in der versenkt die Birkholzflasche lag mit dem kühlende Moosbeermost; als er getrunken hatte, reckte er sich und wollte wieder zur Schute greifen, da bekam sei Kopf einen Ruck; weit offen wurden seine Augen, die dahin sahen, wo weit hinter dem hohlen Moor, mit eine blaue Mauer, die hohen Fuhren bollwerkten; noch einmal sah er hin, dann nach rechts und nach links, und wieder nach den Fuhren, und dann rief er seinen Nachbar an und zeigte nach der Fuhrenmauer, und der starrte mit offenen Augen ungläubig dahin, und einer sagte es dem andern, und alle Schuten blieben im Torf stecken, alle Männer und Jungens und Frauen und Mädchen liefen auf einen Haufen zusammen; und die Leute aus Ulenhagen, die stillen und wortarmen, sprachen und schrien durcheinander und wiesen nach den hohen Fuhren, hinter denen ein dünner schwarzer Rauchfaden in die blaue Luft zog, ein Rauchfaden, wie ein Stiel an dem oben ein langes schwarze Rauchbanner wehte.

Noch hatte die Sumpfeule sich nicht gemeldet, noch die Schnepfe nicht gemeckert, noch keine Dommel gebrüllt, noch war kein Frosch laut, und doch zogen sie schon alle zum Dorfe, immer stehen bleibend und nach den Fuhren sehend, hinter denen auf schwarzem Rauchstiel das schwarze Rauchbanner wehte, auf derselbe Stelle, wo sonst des silbernen Baumes lange weiße Zauberblüte geflattert hatte.

*

In das bunte Haus auf den schwarzen Bergen hinter den hohen Fuhren war ein Gast gekommen, ungebeten, ungemeldet; die großen Kettenhunde hatten aufgeheult, dumpf und häßlich, als er lautlos über den Hof ging, und winselnd waren sie in ihre Hütten gekrochen; die Hühner hatten aufgeschrien und waren in ihre Häuser gelaufen, und die hundert weißen Tauben flatterten wild hoch und stoben in ihre Luken; und der Fremde kam doch so leise.

Vor der Deelentür, der grünen, weißgezierten, stand der Silberbaum; wie grünes Glas, so klar und so hart, strebte der Schaft empor, dicker als die dickste der hundert Eichen, unter denen des Schwarzberghofes Häuser und Speicher und Ställe standen, und dreimal so hoch als die höchste von ihnen; oben an dem langen Schaft wehte und wogte in lauer Luft, wie aus Greisenhaar gewebt, so silberweiß und so lang, wie drei Gespanne, und so weich und so zart, wie Kinderhaar, des Silberbaumes Wunderblume.

Der Fremde sah den Baum von der Wurzel bis zur Blüte an, und es war, als ob er höhnisch lächelte; dann trat er unter den rot und weiß bemalten Mährenköpfen am Giebel auf die Deele; da fielen die Sensen von der Wand; er trat mitten unter die Knechte und Mägde, bis hinter den Hausvater, der da, drei Köpfe höher wie seine Insten, von der funkenspritzenden Glut der Eichenstucken stand und finster in das Feuer sah. Eine junge Magd, ein Kind fast noch, aber mit sündigen Augen, trat zu dem Mürrischen und bot ihm den bunten Krug mit Honigbier, aber der Fremde schlug sie auf den runden braunen Arm, daß der Krug auf der Deele zerbrach; dann ging er dicht an den Zweihundertjährigen heran und schlug

342

ihn in die Kniekehlen; da knickte der Alte zusammen. Seine Insten sprangen zu und führten ihn zu dem großen Ledersessel mit den Wolfskopfbacken; und mit geängstigten Auge sahen sie auf ihren Herrn, den bis zu dem Tage noch nie Siechtum noch Leid getroffen hatte.

Am andern Abend kam der Gast wieder; es heulten die Kettenhunde, die Hühner schrien und die Tauben flogen fort. Als der Fremde den Silberbaum sah, da lachte er, denn dessen sturer Schaft war leicht gekrümmt. Ein Krachen ging durch alle Balken, als er über die Deele ging mit leisem Fuß, der stille Gast und alles Eisen klirrte im Hause. Im Lehnstuhl saß der Alte, vornherüber gebückt, und sah den jungen Wolfshunden zu, die um seine Füße spielten; wieder trat der stille Mann neben ihn und schlug ihn mit der Faust in den Rücken, daß er auf die Deele stürzte.

Am nächsten Abend kam der stille Mann zum dritten Male über den Hof; lauter noch heulten die Kettenhunde, schriller schrien die Hühner auf, wilder flatterten die Tauben; tiefer, fast bis auf das Strohdach, hing des Silberbaumes weiße Wunderblume. In der Dönze auf weichem Bärenfell lag der Zweihundertjährige; das steinerne Gesicht hatte Falten bekommen, die kalten Augen waren matt, die eisernen Hände zitterten; mit den welken Fingern hatte er nach Norden, nach Ulenhagen, gewiesen, mit stammelnden Worten seinem Vertrauten, dem greisen Schäfer, sein Vermächtnis gesagt: „Alles sei euer, doch die Frucht sei der Ulenhägener Erbtum!" Haßerfüllt glommen die halbtoten Augen dabei auf. Der Schäfer wollte ihm den Krug an die trockenen Lippen setzen, doch der Fremde schlug ihm den aus der Hand; dann holte er noch einmal aus und schlug dem Alten in der vorgebogenen Nacken; da fielen die Augen zu, der Kopf sank schwer, wie ein Stein, in das braune Fell, un krachend zersplitterte auf dem Dachfirst der Stamm des Silberbaumes.

*

Leichenbrandgeruch war es gewesen, die Rauchsäule mit der Rauchfahne, was die Ulenhägener gesehen hatten; unter dem Geheul und Geschrei seiner Insten war des Alten Leib zerflogen in der züngelnden Glut harziger Stämme, und mit ihm dampften zum Himmel seine treuesten Hunde, seine besten Hengste, sein liebsten Falken, die der Steinhammer ihm mitgegeben hatte als Begleiter auf dem schwarzen Damm, der in das dunkle Land führt; drei Tage lang heulten die Weiber, schlugen die Knechte das Vieh, und dann rissen sie an sich, was das Haus barg an Leinen und Fellen, Waffen und Putz, und zogen fort aus der Wildnis; nur der greise Schäfer, der hundetreue, blieb, seines Herrn Vermächtnis zu erfüllen an den Bauern von Ulenhagen.

*

Vor zweihundert Jahren lag dort, wo sich der Schwarzberghofs Dächer unter den Eichen erhoben ein Dorf mit stillen, fleißigen Heidjern, die ihren Hafer und ihre Rüben auf den Abhängen der Hügel bauten, die ihre

343

Schnucken grasen ließen auf den dürren Triften und ihr Vieh auf der Wittbeck fetten Wiesen; in Arbeit und Zucht lebten sie ihr stilles Leben fern von der Welt, die blauäugigen Blondköpfe; die braunen Händler vom Süden mieden das Dorf, denn seine Bauern sahen nicht auf Tand und Schmuck; die roten Backen, der klare Blick waren ihrer Mädchen schönster Schmuck; und wenn sie ein Irrweg hierher verschlug, so zogen die Fremden bald weiter, denn Gold und Silber gab es hier nicht und den Bauern blieb keine Zeit, die Perlmuscheln aus der Wittbeck zu fischen.

Mißtrauisch waren die Augen der Mädchen, als eine von ihnen über der Brust blanken Schmuck trug: sie sagte, die fremden Händler hätten ihr das blanke Ding gegeben, weil sie ihnen den Weg gezeigt hätte durch das hohle Moor; doch keine glaubte es, und bei der Aust tanzte keiner mit ihr außer dem, mit dem sie immer ging; lange hatte sie sich gesträubt, die Lustige dem Stillen in sein Haus aus Eichenbalken und Ortstein zu folgen, aber als die andern Mädchen sie mieden, nahm sie seine Hand. Sie gab ihrem Mann einen Sohn und starb.

Braunhaarig und schwarzäugig war der Junge, ein Sonderling in Haar und Gesicht zwischen den blonden Blauaugen, und sonderlich war auch seine Art, als er anwuchs; er kannte keine Scheu vor dem Alter, kein Mitleid mit dem Vieh, wußte nichts von Treu noch Glauben schon als Junge; schnell war er mit der Zunge und flink mit der Faust, rachsüchtig im Herzen. So stand er bald ganz allein; da er sie alle von sich stieß in seiner Bosheit und Gier, so sprachen die Frauen seiner Mutter Spielgefährtinnen, wieder von dem blanken Ding, das die Tote am Halse getragen hatte, als die braunen Männer das Dorf verlassen hatten, und deuteten auf sein braunes Haar und seine schwarzen Augen, so schwarz und tückisch, wie die Pümpe im hohlen Moor. Da wurde das Gatter zwischen den andern und ihm noch höher. Als dann sein Vater starb und er so allein war im Dorf, wie der Wolf auf der Heide, da suchte er sich ein Mädchen unter den blonden Blauaugen; er arbeitete mehr als die Blonden und tanzte besser als die Blauäugigen, seine Wort klangen schöner als der weißstirnigen Jungkerle Rede aber alle Mädchen gingen vor ihm zurück.

Da kamen wieder einmal braune Männer von Süden, und er zog mit ihnen; aber draußen, vor dem Dorfe, nahm er einen Stein auf und warf ihn in die grüne Saat und drohte nach den Häusern hin.

Nach langen Jahren kam er wieder mit fremdem Volk; die rissen seiner Eltern alte Hütte nieder und bauten ein hohes buntes Haus; in der Nacht nach der Richtefest ging er blank und bloß durch die Feldmark des Dorfes, in der Hand ein blutrotes Tuch; da sprangen alle Grenzsteine hundert Fuß zurück. Er klopfte an alle Ställe mit rotumbänderter, dreifach gegabelter Eibenrute; da trug andern Tages jedes dritte Stück Vieh, jedes dritte Pferd, jedes dritte Schaf sein Brandmal, das doppelte Dreieck. Er warf einen glimmenden Machangelspan in das Gemeindeholz und jeder dritte Baum trug sein Zeichen. Drei Dinge nahm er und warf sie in ein Loch, das er vor der Deelentür seines bunten Hauses grub: den Schmuck seiner Mutter, den Stein, den er beim Fortgehen nach dem Dorfe geworfen, und

344

ein Stück Brot, das er von einem Kinde gebettelt hatte; darauf legte er den Samen des Silberbaumes. Knallend platzte die Frucht, und in die Höhe strebte der Baum, mit dem Schaft, wie grünes Glas, mit der Blume, weiß wie Greisenhaar und weich wie Kinderlocken.

Überall, wohin der weißen Blume Flocken flogen, dorrte Wiese und Feld; Heide, Moor und Sand wuchsen herauf, aber nur anderer Leute Land befiel der Zauberbaumes Fluch. Seine Nachbarn gruben und pflügten von früh bis spät, aber sie hatten keine Ernte; sie säten Korn und ernteten Heide, sie streuten Hafer und heimsten Binsen, sie pflanzten Rüben und sahen Risch wachsen aus ihrem Schweiß. Einer nach den andern ging fort aus dem Dorf und weit, weit von dem Berge, hinten im Moor, quälten sie in Last und Mühe dem Sumpf und dem Sand eine neue Feldmark ein neues Dorf ab, das Dorf Ulenhagen.

Sie rangen mit dem Moorfieber und kämpften mit den Mücken, die im Juni über den Sümpfe standen wie Moorrauchwolken so dicht, und Jahr für Jahr drängten sie den Treibsand weiter zurück und setzten jedes Iahr mehr grüne Flicken auf das braune Kleid des Moores.

Oben auf seinem Berge stand der Ausgestoße und sah das Dorf da unten auf der Kante von Moor und Geest herauswachsen, aber weiter als eine Stunde reichte sein Zauber nicht; wer aber aus dem Dorf über seine Grenze kam, wer irre ging im Moor, der war gebannt beim ersten Schritt über die Grenze; dann kam der Schwarzäugige und band ihn los, und als Leibeigner mußte er ihm folgen, ihm untertan sein mit Leib und Seele.

Oft lagen die Ulenhägener an der Grenze und lauerten ihn ab, um dem Unhold den Pfeil in die Leib zu jagen; aber er hatte sich fest gemacht, und kraftlos fielen die Pfeile an seinem Kittel nieder. Da gruben sie an der Grenze entlang eine doppelte Landwehr, leiteten die Moorwasser in die Gräben, daß keiner der ihren mehr irre gehen konnte das dem Verderben anheimfiel.

Denn auf dem Berge war ein wildes Leben bei Trunk und Knöcheln und frechen Weibern; der Böse säete nicht und erntete reich, der silberne Baum machte ihm eine Stunde in die Runde untertan all Kräfte von Erde, Wasser und Wind und gab ihm stete Gesundheit und dreifaches Menschenalter. So lebte er dunkelhaarig und nachtäugig, zweihundert Jahre in Lust und Leichtsinn, bis der Zauberbaum seine Kraft verlor und der ungebetene Gast kam und ihn dreimal schlug: in die Kniekehlen, in das Kreuz und in das Genick.

*

Mitten in Ulenhagen stand die alte Linde, mit breiten Zweigen weit den runden Platz beschattend; hundert große Steine lagen unter ihr; Sitze für die Bauern, wenn sie der Gemeinde Wohl berieten; an Lederriemen hing ein Brett an dem tiefsten Aste der Linde, und zwei Steinhämmer hingen deneben.

Siebenmal und dreimal rief der helle Ton des Hillebille über das Dorf; da

345

kamen sie aus den Türen, die Hausväter, die Männer mit den ernsten stillen Gesichtern, und jeder nahm den Steinsitz ein, der seinem Hofe erbtümlich war; der Bauermeister saß auf dem Doppelstein an dem Lindenstannme, vor ihm stand der Schäfer vom Berge; zwischen ihnen lag auf der Erde ein Fellsack.

Der Bauermeister blickte in die Runde, und als er sah, daß kein Sitz frei war, sprach er langsam und laut: „Ich habe euch geladen unter die Linde, damit ihr mir saget euren Willen, daß ich ihn erfülle. Der Schäfer des Mannes vom Berge, der Knecht unseres Feindes, bringt uns seines Herrn Vermächtnis; des Zauberbaumes Samen ist es; pflanzen sollen wir ihn in unserer Feldmark, daß uns untertan sind rund herum alle Kräfte in Erde und Wasser und Wind. Der Jüngste von uns soll seinen Spruch tun und der Älteste, und dann bleibet oder gehet, um euren Willen zu zeigen."

Der Bauermeister winkte dem Schäfer; der knüpfte die Riemen des Fellsackes auf und nahen ein Ding heraus, groß wie ein Kindskopf, glatt wie ein Ei, schillernd in allen Farben. Mit Staunen sahen die Bauern das seltsame Samenkorn. Der Jüngste von ihnen aber tat seinen Spruch: „Zwei Jahrhunderte hat uns der Mann im Berge Böses getan, doch hat es den Einsamen gereut; Macht und Kraft und Herrlichkeit gibt der Zaubersamen. Wir wollen das Erbe antreten."

Der Blondschopf endete. Sein Nachbar, silberhaarig und blind, der älteste Bauer im Dorf, erhob sich an seinem Schlehbuschstocke. „Böse ist alles, was von Berge kommt; nichts Gutes kann des schlechten Mannes Erbe sein. Was brauchen wir Kraft und Macht und Herrlichkeit? Wir haben alles, was uns zukommt und was uns ohne Arbeit zufällt, kann kein Segen sein. War auf dem Berge Frieden und Segen? Arbeitslos und liebelos sind des Schlechten Tage zerflossen, und alle Lust und Wonne hat ihm nicht die bösen Falten von der Stirn wischen können. Der Zauberbaum bringt Fluch; wo kein Schaffen ist um das Brot, da ist kein Frieden, und wo treue Liebe nich waltet, da fehlt das Heil."

Der Bauermeister schlug mit dem Hammer an das Eichbrett. Da traten alle Männer von ihren Sitzen fort und drehten der Linde den Rücken zum Zeichen, daß sie die Gabe nicht wollten. Der Schäfer aber rief: „Ich habe hier zu tun, was mein Herr mir gebot; tuet was ihr wollt." Er wandte sich vom Dorfe.

Lange berieten die Männer; dann nahm der Bauermeister das glitzernde Ding und ging dem Moore zu, mit ihm die Männer, und die Frauen und Jungens und Mädchen und Kinder folgten; über die Landwehr ging es bis in das hohle Moor; auf den großen Wanderstein legten sie den Zaubersamen; der Bauermeister schlug mit dem Erbbeil aus Feuerstein darauf, doch das Beil zersprang und der Samen blieb heil; zehn Männer faßten einen großen Stein und warfen ihn auf das bunte Ding, aber der Stein zerbarst und der Samen blieb unversehrt; sie häuften trockenes Holz darum und machten ein großes Feuer, aber als es erlosch da strahlte der Zaubersamen glitzernd wie zuvor; sie warfen ihn in den tiefsten Moorpump, aber er ging nicht zugrunde. Ratlos standen die Männer da. Da drängte sich ein

Kind vor, ein blondes Mädchen; in der Hand hatte es einen Zweig der heiligen Mistel den der letzte Sturm aus dem Wipfel der Eiche geworfen hatte; damit schlug es lachend nach der glitzernden Ding. Da gab es einen Knall, ein Sprühen und Zischen, Sausen und Funkeln, ein Wind braust über das Moor, und wie glitzernde Perlen flog es da hin. Die Stelle aber, wo der Zaubersamen lag, war leer. Mit unruhigen Herzen gingen die Leute zu Dorfe zurück.

*

Als der Kiwitt rief am andern Morgen, gingen die Männer wieder zum Torfstich in das hohle Moor. Schon von weitem sahen sie das braune Moor in weißem Schimmer; wie frisch gefallener Schnee lag es auf dem Moore. Es waren seltsame, zarte Flocken, die auf schwanken dünnen Stielen hingen, silbern wie Greisenhaar, weich wie Kinderlocken, Millionen und Millionen Blütenhalme, winzige Abbilder des Zauberbaumes vom Berge. Erst scheuten die Leute das fremd Kraut, aber weil es so schön war, brachten sie es ihren Kindern mit zum Spielen. Und wenn der Sommerwind über das Moor blies, dann jagten die Samen des Silberkrautes jedes Jahr weiter und schmückten alle Moore damit, damit überall die fleißigen Menschen im braunen Moore eine Augenweide haben, wenn sie in sengender Sonnenglut den Torf stechen.

Teufelswerk

Hinter dem hohen Heidberg, der schwarz und schwer wie ein Hünenhaus gegen den hellen Himmel steht, geht rund und rot die Sonne unter, genau hinter dem dicken Stein zwischen den beiden dünnen Birken. Auf dem Steine sitzt der Teufel und rekelt den Rücken gegen die Sonne; denn er ist von Hause aus viel Wärme gewöhnt und der Maiabend ist frisch. Von der tiefen Heide her sieht es aus, als liefe ein dicker schwarzer Strich mitten über die Sonne. In der langen dünnen Birke rechts von dem dicken Steine sitzt das Ohreulenmännchen und stöhnt in langsamen Pausen tief und schauerlich; in der langen dünnen Birke links von dem dicken Steine sitzt das Ohreulenweibchen und stöhnt in langsamen Pausen hoch und jämmerlich; in der Heide plärren die Frösche, meckert die Himmelsziege, spinnt und pfeift und klatscht die Nachtschwalbe.

Der Teufel hört es gern. Aber was er nicht gern hört, das ist das lustige Lachen, das aus der Heide heraufklingt, und das fröhliche Singen; und auch da Klappern des Wagens und das Klatschen der Peitsche hört er nicht gern, und, so gern er Feuer sieht, da helle Licht, das von da unten herkommt, kann er nicht leiden, und der ganze Hof dort unten ist ihm verhaßt.

Ihn fröstelt; denn die Sonne ist schon so tief hinter den Berg gegangen, daß sein Kopf mit dem großen Schlapphute, auf dem eine lange Feder

347

steif in die Luft steht, über sie hinausragt. Und ärgerlich ist er auch, ärgerlich auf sich selber, auf den Heidhof da unten, auf alles, was Heide ist. Er stützt den Kopf in die langen, dünnen, spitzkralligen Hände und dreht an seinem langen, dünnen, spitzzipfligen roten Bart herum. Dann legt er seinen Zeigefinger an seine lange, dünne, spitze Nase, daß sie ganz schief wird. Von der schmalen, flachen Stirn läuft eine Falte, so scharf, wie mit einem Messer geschnitten, bis an sein kleines, grünes Auge, das unter den roten, ineinanderlaufenden Augenbrauen über der Nasenwurzel sitzt, und das zusammen mit den beiden roten Augen giftig funkelt.

Eine ganze Stunde sitzt er da, denkt angestrengt nach und schnauft dabei, daß unten in der Heide der Nebel sich teilt und die Rehe, die auf der Wiese stehen, sich vor Frost schütteln. Seine drei Augen, das grünspangrüne und die beiden bernsteingelben, sehen unverwandt nach dem Hofe in der Heide, hinter dessen Fenstern längst das Licht ausgegangen ist. Dann schrumpft er zusammen, wird immer kleiner, so klein wie eine Fledermaus. Aber noch immer sitzt er auf dem dicke Steine, bis das Ohreulenmännchen lautlos heranschwebt und seine acht Krallen nach ihm reckt, aber entsetzt zurückstiebt, wie es in den Bereich der Eiseskälte kommt, die von ihm ausströmt.

Höhnisch lacht er, daß es klingt, als kratze ein Nagel auf einer Glasscheibe, und fliegt in die Heide hinunter, nicht schwankenden Fluges nach Art der Fledermäuse sondern geradeaus, wie eine Büchsenkugel und ebenso schnell. Siebenmal umfliegt er den Heidhof; beim siebenten Male setzt sich der Hofhund hin und heult ein einziges Mal laut auf; dann sträubt er das Rückenhaar, winselt und kriecht durch das Hundeloch auf die Diele. Der Teufel fliegt durch das Eulenloch auf den Kornboden und von da über die Diele und von ihr in das Flett und von da in die Dönze. Der Bauer, die Bäuerin und die Kinder schlafen fest und still; fest und still schlafen der Großvater und die Großmutter, fest und still Knecht und Magd in ihren Kammern. Wütend fliegt der Teufel wieder über die Diele über der Kornboden zum Eulenloch hinaus.

Einen Augenblick später steht er in seiner wahren Gestalt vor dem weißglühenden Höllentor. Seinem Leibdiener, dem ersten Napoleon, streckt er die Füße hin, daß er ihm die Stiefel ausziehe, und dann gibt er ihm einen Tritt, daß er gegen die Wand fliegt. Ohne seiner Großmutter die Nachtzeit zu bieten, setzt er sich neben das Feuer und sieht finster vor sich hin.

Mitleidig sieht ihn die alte Frau von der Seite an, sagt aber nichts. Sie weiß, daß ihm ein Unternehmen fehlgeschlagen ist, und daß es dann besser ist, ihn von dem Essen nicht zu behelligen. So läßt sie Katrinchen von Medici, die erste Küchenjungfer, auftragen, und erst, wie er dreimal oben aufstößt, daß auf der Erde eine ganze Stadt umfällt, fragt sie ihn, wie es ihm gegangen sei, während Zar Iwan der Scheußliche ihm kniend die lange Pfeife anzündet.

Im ganzen wäre das Geschäft leidlich gewesen; die Engländer hätten endlich mit dm Bauern in Südafrika Ernst gemacht, in Ostasien fange es auch an, sich zu heben; im allgemeinen wären gute Aussichten auf ein flottes

Geschäft. Nur in der Lüneburger Heide sähe es traurig aus. Kein Fortschritt in den Menschen, kein Zug in den Dingen. Seit zehn Jahren arbeite er gegen den Heidhofbauern, wie es seine Pflicht und Schuldigkeit sei, aber er hätte große Lust, die Sache aufzugeben; es lohne sich nicht. Er könne machen, was er wolle; aber was solle er mit Leuten anfangen, die nicht in das Wirtshaus gingen und jeden Tag vom Hahnenschrei bis zur Ulenflucht arbeiteten.

Die Alte hinkt nach ihrer Hausapotheke, holt ein dickes Buch, in dem sie allerlei Hausmittelchen aufgeschrieben hat, hervor, setzt ihre dreigläserige Brille auf die lange, dünne, spitze Nase und blättert. Die Abschnitte über Spiel, Trunk und Wollust überfliegt sie, und erst, wie sie an die Seite kommt, auf der die Ratschläge für Mammongewinnung stehen, da liest sie langsam.

Endlich wirft sie das Buch auf den Tisch, daß es so dröhnt, daß alle Seismographen Europas aus der Ruhe kommen, rückt das Buch ihrem Enkel hin und weist mit dem Daumen mitten auf die Seite, in deren rotem Gekritzel zwei Worte grün unterstrichen sind, die Worte: Öl und Salz. Verjagt prallt der Teufel zurück, Öl und Salz sind ihm verhaßte Dinge, und wenn er sie berührt, schmerzen sie ihn sehr. Aber als seine Ahne ihm sagt, was sie meine, da lacht er in der Kamin hinein, daß aus dessen Ofenrohr, dem Vesuv, die hellen Flammen schlagen, und geht zufrieden in sein warmes Flammenbett.

Am anderen Morgen ist er in Berlin, fein angezogen, wie ein Mann von Bildung und Besitz. Er gib in einer großen Bank seine Karte ab, und sitzt bald darauf in dem Zimmer des Bankiers, der ihm höflich zuhört. Eine ganze Stunde reden die beiden, dann telephoniert der Bankier nach seinem Anwalt, der kommt, ein Schriftstück wird aufgesetzt und unterzeichnet, der Teufel empfiehlt sich, und der Bankier und der Anwalt sehen sich erst eine ganze Weile an, dann schlagen sie sich auf die Dickbeine, lachen laut los, sagen „So ein dummer Teufel", haken sich unter und gehen vergnügt zum Frühstück.

Ein Jahr später sitzt der Teufel wieder auf dem dicken Stein, der auf dem hohen Heidberg zwischen den beiden dünnen Birken liegt, rekelt sich an der warmen Scheibe der roten Abendsonne und sieht nach der Heidhofe hinunter. Er macht ein sehr zufriedenes Gesicht und zwirbelt seine Schnurbartspitzen in die Länge, daß sie zwei schwarze Striche auf der roten Sonnenscheibe bilden. Behaglich hört er dem tiefen und hohen Gestöhne des Ohreulenpaares zu, aber noch lieber ist ihm das Zischen, Klirren, Klappern und Dröhnen, das aus der tiefen Heide zu ihm heraufschallt, und das von dem hohen schwarzen, glühäugigen Dinge herkommt, das sich hinter dem Hofe erhebt.

Wie die Sonne nur noch mit einem kleinen Abschnitte über den Heidberg sieht und der Teufel sich nicht mehr an sie anlehnen kann, schrumpft er zusammen, wird so klein wie eine Fledermaus, und fliegt schnurgerade nach dem Hofe hinunter, fliegt durch da Eulenloch, über den Kornboden, durch die Diele in das Flett und von da an den Dönzen entlang, hängt sich einen Augenblick an den Kesselhaken, um zuzuhören, wie der Bauer und sein Vater sich streiten, freut sich über das verbitterte Gesicht der Bäuerin und lacht zwitschernd, wie er vernimmt, daß der Knecht in der Kammer sich stöhnend im Bett herumwirft und im Schlafe einen Fluch murmelt.

Dann fliegt er über das Flett, durch die Diele und den Kornboden zum Eulenloche hinaus nach dem großen, schwarzen, hohen, glühäugigen Ding hinter den Hofe, das so laut zischt, klirrt, klappert und dröhnt, lacht wieder zwitschernd, wie ihm aus dem schwarze Ding ein gemeines Lied entgegenschallt, schnuppert wohlgefällig den Fuselgeruch ein, der aus den Schlafschuppen dringt, und taucht einen Funkenblitz später schweinsvergnügt in der Hölle auf.

Ein Jahr später sitzt er abermals auf dem dicke Steine auf dem hohen Heidberge, wärmt sich den Rücken an der Abendsonne und stiert zufrieden in die tiefe Heide hinein, aus der es zischt und dampft und knarrt und klappert und blitzt und leuchtet, glühendrot und bläulichweiß. Wieder schrumpft er zu einer Fledermaus zusammen, fliegt schnurgerade nach dem Heidhofe durch das Eulenloch und über die Diele nach dem Flett.

Da geht der Ahne mürrisch auf und ab, wirft bissige Worte hin, zerknüllt einen braunen Schein in der braunen Faust und wirft den braunen Klumpen zwischen die braunen Torfsoden. Die Bäuerin steht neben dem Herd und läßt die Augen überfließen, die Kinder sitzen in den Ecken, und der Knecht sieht die Magd die schwerfällig ihrer Arbeit nachgeht, schiefen Blickes an. Der Teufel bleibt solange am Kesselhaken hängen, bis der Bauer hereinkommt. Das ist um Mitternacht. Der Bauer geht unsicher, hat die Stirn voller Falten und legt stumm einen großen Bogen Papier, den er aus der Tasche kriegt, in die Hand seines Vaters. Dann sagt er ein Wort und alle werden blaß.

Einen Peitschenschlag später sitzt der Teufel bei seiner Großmutter und erzählt ihr fröhlich, wie es auf der Heidhofe aussähe; daß der Bauer zu unbesonnen den Bohrvertrag unterschrieben hätte, so daß er jetzt nicht wie es im Vorvertrag hieß, für jeden angebrochenen sondern für jeden vollen Morgen entschädigt werde, daß ihm durch den Schachtbau der Bach abgeleitet sei, daß er sich mit den Nachbarn, die höhere Enschädigungen erzielt hätten, überworfen habe, daß die Magd sich mit einem der Leute vom Schacht eingelassen habe und nun in der Schande sitze, daß der Knecht sich an das Trinken gegeben habe; kurz und gut, daß es schrecklich gemütlich sei.

Ein Jahr später sitzt der Teufel wieder auf dem dicken Stein zwischen den dünnen Birken auf dem hohen Heidberge, lehnt sich gegen die Abendsonne und sieht zu dem Heidhofe hinab. Aber er muß erst suchen, bis er ihn findet; denn der Hof verschwindet fast ganz gegen das riesige schwarze Bauwerk und die mächtigen schwarzen Türme, die sich hinter ihm erheben, und die die ganze Heide mit Lärm und Rauch und Stank und glühroten und blauweißen Lichtern erfüllen.

Wieder macht sich der Teufel zu einer Fledermaus und fliegt zu dem Hofe. Durch das Eulenloch kann er nicht, das ist fort, und die Pferdeköpfe am

350

Giebel sind auch verschwunden, und das Strohdach und das Fachwerk sind auch nicht mehr da; ein roter Backsteinbau erhebt sich dort, wo das uralte Haus stand. Auch der Ahne ist nicht zu sehen; der hat sich in das Grab geärgert, und in der Dönze sitzt die Ahne, die von der neuen Zeit kindisch geworden ist, und der Bauer und die Bäuerin sind in der Stadt; denn sie haben beim Bankier zu tun und wollen ihren Sohn besuchen, der bei den Soldaten ist und Unsinn gemacht hat, weil er glaubte, das Geld sei auch da Treffbube.

Einen Faustschlag später sitzt der Teufel wieder in der Hölle, steckt die Beine unter den Tisch und nickt seiner Großmutter vergnügt zu. Es geht alles nach Wunsch; die Magd ist ihm sicher, die hat er in Federhut und Seidenrock auf dem Asphalt Hannovers gesehen; der Knecht sitzt in Celle, weil er den Schachtmeister, der ihm grob kam, halb totgeschlagen hat; der Bauer spekuliert in Ölkuxen und der Hoferbe trinkt Champagner und hält ein Mädchen aus.

Zehn Jahre später sitzt der Teufel wieder auf dem dicken Stein auf dem Heidberge, hört dem hohen und tiefen Gestöhne der Ohreulen zu und rekelt sich gegen die Sonne, die rund und rot wie ein Kissen zwischen den beiden dünnen Birken hängt.

Er ist äußerst zufrieden. Hört er auch die Nachtschwalben nicht mehr spinnen und klatschen und die Frösche nicht mehr plärren da unten in der Heide, so hört er doch andere Laute, die ihm noch lieber sind. Das Dröhnen des Fallmeißels, das Zischen des Dampfes, das Klirren und Rasseln das Maschinen, das Pfeifen der Ventile, das Heulen der Sirenen; und es riecht zu ihm so lieblich nach Steinöl herauf, daß er, wenn er seine drei Augen zumacht, denkt, er wäre bei seiner lieben Frau Großmutter zu Hause.

Aus alter Gewohnheit schrumpft er wieder bis auf Fledermausgröße zusammen und fliegt in die Heide hinein, aber nach dem Heidhofe sucht er nicht mehr; denn der ist verschwunden vor den Bauwerken der Bohrgesellschaft, und ein zweistöckiges Haus steht da und darin wohnt der Betriebsleiter der Bohrgesellschaft; der Bauer ist in Hildesheim, denn als er sein Geld im Kuxenspiel verloren hatte, setzte er sich etwas in den Kopf; sein Sohn ging nach Amerika und die anderen Kinder dienen bei fremden Leuten.

Wenn der Teufel zu Hause in seinem weißglühenden Lehnstuhle sitzt, dann spricht er gern lang und breit davon, wie sauer er es mit dem Heidhofe gehabt habe, und wie verdrießlich er an jenem Maiabende war, als er verzweifelnd auf dem dicken Steine zwischen den dünnen Birken auf dem hohen Heidberge saß; und freundlich nickt er dem Bankier und dem Anwalt zu, mit denen er damals den Vertrag abschloß, der nach ihrer Meinung so wenig günstig für ihn abgefaßt war. Und heiter lächelnd fragt er die beiden: „Meinen sie immer noch, daß ich ein so dummer Teufel bin?" Wenn sie dann verlegene Gesichter machen, sieht er stolz um sich.

Großmutter aber läßt es sich weder mit Worten noch mit Blicken merken, daß sie es eigentlich war, die ihm den guten Gedanken eingab; sie ist eine kluge Frau

351

und weiß die Männer zu nehmen; außerdem will sie ihm die Freude nicht verderben; denn er ist ihr Lieblingsenkel, weil er ihr einziger Enkel ist.

Und so läßt sie ihn die Geschichte erzählen, von der Tage an, wo er zum ersten Male, gegen die Abendsonne gelehnt, auf dem dicken Steine zwischen den dünnen Birken auf dem hohen Heidberge saß.

Die Heidbrennerin

Die Heide röstet in der Mittagshitze; zundertrocken ist sie; kommt eine leichte Brise, dann mülmt der Sand auf dem Weg; wo die Schnucken hintreten, knastert alles; die Schlange, die auf der Eidechsenjagd ist, läßt das brechdürre Renntiermoos knistern.

Seit Wochen ist es schon so; alle Gräben stehen leer, die Torfstiche sind trocken, durch das Moor kann man in Schuhen gehen, der Bach kann nicht mehr weiter, das Torfmoos hat rote und blaue Hungerfarben, auf den Bruchwiesen kümmert das Gras, und die Heide kann nicht recht blühen.

Der alte Hinrich Uhlboom macht ein ernstes Gesicht; er kommt von seinem Immenzaun in der Brandheide. Da sieht es schlimm aus; viele tote Immen liegen von den Stöcken, und er hatte doch immer gefüttert; aber die zu Stock flogen, hatten enge Hosen an; vorige Jahr kamen sie immer in Pumphosen. Das gib schlechte Beute diesmal.

Der Alte seufzt; er bleibt stehen, wischt sich die Stirn mit der braunen, rissigen Hand, und sucht in der Seitentasche der weißlich schimmernden, oft geflickten Beiderwandjacke nach einem Schwefelholze, streicht es an der Lende an, läßt es ausqualmen und versenkt es in den alten zerborstenen Pfeifenkopf, den Eidigs, des Wildschützen Bildnis schmückt; fünfmal zieht er kräftig an, dann raucht er sparsam, kleine blaue Wölkchen fortflattern lassend. Er ist nur ein kleiner Mann und raucht so; die großen Bauern können qualmen daß der Danlpf wie ein Pferdeschwanz dick ist.

Aber die Hitze! er dreht sich um; er will sehen, ob nicht in der Wetterecke hinter dem Torfmoor Wettertürme stehen. Er prallt zurück; hinter ihm in die Machangeln sprang oder flog oder lief etwas hinein, lautlos, wie ein Schatten; es sah aus, wie eine junge Frau; er hat deutlich den blauen Rock und das blonde Haar unter dem geblümten Flutthut gesehen.

Er faßt seinen Schlehbuschstock fest und geht auf die Machangeln zu; aber da ist nichts. Auch im Sande ist keine Spur, und auf Abspüren versteht er sich; früher, als das Wietzebruch noch so voll von Hirschen steckte, wie ein Taternhund voller Flöhe, da hat er manchen Happbock, dem alten Förster Lohmann zum Ärger, gewildert; aber auf der Sandblöße um die Machangeln spürt er nichts, als eine Eidechse.

Er schüttelt den weißen Kopf; er wird alt, sieh Gespenster am hellichten Tage. Dummes Zeug. Aber die Hitze mag deran auch schuld sein; ihm ist ganz schlecht, und erschrocken hat er sich auch; sogar die Pfeife ist ihm ausgegangen; und das Streichholz, wo ist das? Das hatte er ja noch in der Hand, als er sich so verjagen mußte.

Er steckt seine Pfeise von neuem an und geht weiter durch die zunderdürre Heide, über deren mager Blüten die blauen Falter tanzen und die blanken Wasserjungfern flirren, und rechnet nach, was ihn dieser schlechte Sommer wohl kostet. Die Erscheinung hat er beinah schon vergessen.

*

Hinrich Uhlbooms Augen sind aber noch nicht altersschwach. Es war wirklich etwas in die Machangeln gesprungen oder gelaufen oder geflogen, und es war auch eine junge Frau gewesen in einem blauen Rock und einem geblümten Fluthut; ehe er aber an die Machangeln kam, war sie schon über den Brink und der saß sie und hatte etwas zwischen den hohlen Händen und blies es an.

Diese Hände waren groß und kräftig, aber sie hatten so gar nichts Festes, sie sahen aus, als wenn sie aus Luft beständen; die beiden Trauringe darauf schienen zwei helle Flecke zu sein, wie die Sonne sie auf die Fuhrenstämme malt; und das Gesicht war auch so, wenn man genau hinsah, und hatte kein Festigkeit in sich; und obzwar es sehr schön war, kein Junggeselle hätte es gern leiden mögen, und der Mund der Frau, der so rot war, wie die Beeren am Hülsenbusch, den hätte keiner zu küssen gewünscht. Die Frau war so ganz anders als alle anderen.

Sie saß da und blies und blies; sie blies mit dicken Backen, aber keiner hätte etwas gehört; und als sie sich umdrehte und in die Runde sah und dadei an den trockenen Machangel stieß, da knisterte der nicht ein bißchen; und er knisterte doch, als sich die rote Wasserjungfer an ihn hing.

Die Frau blies und blies, daß ihr rotes Leibchen auf und ab ging vor der Brust; und je mehr sie blies um so mehr knisterte es in ihrer Hand, und dann piepte es, und ein rotes Ding, wie ein Küken, sprang ihr in den Schoß, und dem streute sie Bilsensamen und Stechapfelkörner, und es wuchs und wuchs und kriegte schwarze und goldene und gelbe und rote Federn und einen langen Kamm, und wenn es mit der Flügeln schlug, dann stieg blauer Rauch auf, und wo es scharrte, da wurde die Heide schwarz.

Dann reckte es den Hals, das bunte Ding, und krähte; als es zum erstenmal krähte, hörten die Bienen auf zu summen und die blauen Schmetterlinge versteckten sich in der Heide; als es zum zweitenmal krähte, brach die Baumlerche mitten im Singen ab und fiel wie ein Stein zu Boden; als es zum drittenmal krähte, stoben die Kuhtauben von dem halbtrockenen Bache hoch und flogen zum Walde, als zöge ein Wetter herauf, und Wasser, des Schäfers Hund, setzte sich und heulte so schrecklich, als ginge der Tod über das Land.

Da stand die Frau auf und ging rückwärts der Brink hinunter; mit der linken Hand hielt sie ihr Fürtuch zusammen, und mit der Rechten langte sie immer hinein und streute dem bunten Vogel sein Giftfutter vor, und der lief ihr nach und pickte und schluckte und schlug mit den Flügeln und krähte und wuchs bei jeden Tritt.

Wo die Frau ging, da knisterte nicht das graue Moos, da knackte kein Heidestengel, da brach kein Fuhrenbraken, da zeigte der Sand keine Spur; wo aber der rote Vogel lief, da knisterte das graue Moos und das blaue Schafgras, da knackten alle Stengel und sprangen alle Braken, gelbe Flämmchen züngelten hoch und weiße Wölkchen flogen auf.

Rückwärts ging die Frau dem Moore zu. Der Schäfer, der vor dem Moore hütete, lachte laut auf, als er die Frau sah, und rief ihr ein derbes Scherzwort zu. Auf einmal aber war das Lachen aus seinem verwetterten Gesicht fort, er warf das Knüttelzeug aus den Händen und lief, was er nur konnte, nach der Fuhrenbesamung; dort zog er den Rock aus und schlug damit auf die Erde, hierhin, dahin, und dann fluchte er, rannte zurück, trieb seine Schafe ein Ende abseits und raste nach Mahrdorf zu.

Die Frau aber war schon hinten im Moor, und der rote Hahn, der schon so groß war wie ein Storch, lief ihr immer nach; wo er hintrat, gab es eine schwarz Spur, und aus ihr stieg weißer Rauch auf; der schwarze Fleck wurde immer größer, und wenn er an die Heide kam oder an das trockene Ried, schlugen Flammen aus seinem schwarzen Rande und hellblauer Rauch stieg auf. Wenn der Hahn auf eine Krüppelfuhre flog und krähte, fing der Busch an zu knacken, seine Nadeln wurden gelb, seine Zweige wurden krumm, und auf einmal brannte er lichterloh.

Kreuz und quer ging die Frau durch das Moor und lockte den Hahn hinter sich her.

*

In Mahrdorf machten alle Leute runde Augen, als der Schäfer angelaufen kam; denn noch nie hatte ihn ein Mensch laufen sehen. Aber kaum hatte er drei Worte gesagt, da liefen sie alle, die Männer und die Frauen, die Jungen und die Mädchen, und holten Schuten und Barten und spannten an, und dann ging es, was die Pferde laufen und die Räder rollen konnten, dem toten Moore zu.

Die von Mecklenhorst kamen auch und die von Thümanns Hof und die Rodekampschen und die Stadorfer; die Männer fluchten, und die Frauen jammerten; denn weit und breit war alles ein Rauch und ein Qualm.

Erst ließen sie die Hände sinken; denn das Moor war verloren. Der Briefträger, der die Stadorfsche Straße herunter kam, sagte, es brenne auch im Königlichen; im Franzosenholz stehe schon das hohe Holz in Flammen. Da taten sie sich alle zusammen und warfen sich mit Äxten und Schuten an den Busch; denn der Wind drehte sich, und es konnte leicht sein, daß das Feuer nach Süden sprang, und daß dann das ganze Dorf mit aufbrannte.

Um drei Uhr morgens hörten sie auf; keiner konnt mehr. Der Wind hatte sich gedreht, und mit knapper Not hatten die Leute das Dorf gerettet; wenn die Kanoniere aus der Stadt nicht gekommen wären, fünfzig Mann hoch, dann wäre es nicht gegangen. Jetzt lagen sie alle todmüde auf der Erde, schwarz von Qalm und Kohlenstaub, und verschliefen ihre Sorgen.

Eines ganzen Frühjahrs schwere Arbeit war dahin und langer Jahre Mühe; verkohlt war der fertige Torf, verbrannt die Anpflanzungen. Der Oberförster ließ auch den Kopf hängen; eine Geviertmeile Forst, Busch und Heide war verdorben, der Wildstand vernichtet; aber er mußte doch lächeln, so ernst ihm auch zu Sinne war, als ihm die Leute erzählten, der Mahrdorfer Schäfer habe die Heidbrennersche gesehen.

In der weiten Heide aber geht so manches nicht mit rechten Dingen zu; in Thümanns Busch läuft in der Johannisnacht das feurige Rad über die Brücke und macht die Pferde scheu; in der Mordheide geht der Mann ohne Kopf um; am dicken Stein bei Stadorf sitzt die Zwergenfrau und wiegt ihr Kind in der goldenen Wiege; in der kalten Flage spukt der grüne Jäger und pirscht auf den weißen Hirsch mit der goldenen Geweih, und zwischen Rodekamp und Diekhoff sieht man in den zwölf Nächten den sechsbeinigen Rappen, der mit Menschenstimme ruft; in der Brandheide aber wohnt die Heidbrennersche.

Des Wesselbauers Großvater, der hundert Jahre weniger einen Tag alt wurde, hat sie noch bei Lebzeiten gekannt, die schöne Detta, des Vollmeiers Butendorp einziges Kind und Hoferbin, das glatteste Mädchen, so weit der Himmel blau und die Heide braun war. Da war kein Bauernsohn im ganzen Go, der nicht gern Butendorps Detta über die Schwelle getragen hätte; sie aber nahm den stillen Hennke Grönhagen, der nie einen Schnaps trank und keine Karte anrührte; denn damals war das Schnapsen und Kartjen in der Heide noch viel im Gange, und die Bauer kamen manchmal erst Donnerstags aus der Kirche.

Es war eine große Hochzeit. Daß es der schönen Detta in die Brautkrone hagelte, legten die alte Frauen aber böse aus und meinten, die Ehe würde nicht glücklich werden. Sie wurde es aber doch, nur daß keine Kinder kamen, obgleich in der Brautkrone die Roggenähren nicht fehlten. Der Bauer und die Frau schafften vom Lerchenstieg bis zur Ulenflucht, Not und Sorge hatten sie nicht noch Ärger mit dem Gesinde, und ohne viele Worte zu machen, tat der eine was dem andern lieb war.

Drei Jahre ging alles seinen guten Gang, bis der dritte Winter der jungen Ehe kam; da brachten die Knechte den Bauern im Schritt auf den Hof gefahren, blutig, bewußtlos, mit gebrochenem Kreuz; sie hatten eine Eiche gerodet, die war falsch gefallen und hatte dem Bauern den Rückenstrang zerschlagen.

Detta schrie nicht und weinte nicht; aber in den sieben Tagen, die der Bauer sich noch hinquälte, verlor sie alles Blut aus dem Gesicht, und in ihr kornblonde Haar kamen weiße Streifen. Sie schrie und weinte auch nicht, als der Tote vom Hof gefahren wurde, sie war ganz still; aber wenn sie allein war, dann lachte sie bitter und redete vor sich hin; und ging sie durch den Hausbusch, dann trat sie nach den Eichen mit der Fuß und verschwor sich, sie wolle nicht still im Grabe liegen, ehe nicht die Heide weit und breit so blank und glatt sei wie ihre Hand. Die Leute schüttelten mitleidig den Kopf über sie und sagten, sie wäre hintersinnig, aber es war ihr ernst bei ihrer Rede.

Erst kam der Hausbusch an die Reihe; seine hundert und zwölf Eichen bekam der Sägemüller von Stadorf; die großen Fuhren verkaufte sie in die Stadt, die kleinen folgten hinterher als Grubenholz. Als von Butendorpshofe alles Holz abgetrieben war, kam der Grünhagensche Hof an die Reihe, der in Pacht gegeben war; und als sich ein Käufer fand, schlug sie ihn los und kaufte durch Kiepenhinrich den Behrbusch, der ihr nach Norden die Aussicht nahm, und schickte ihn in die Kohlengruben; und dann verkaufte sie ihres Vaters Hof und kaufte für das Geld hier einen Busch und da einen Wald und ließ alles kahl machen. Die Bauern runzelten die Stirne über dies Treiben; sie kamen überein, daß keiner an

Detta mehr Holz verkaufen sollte. Da wurde sie ganz hintersinnig und sprach mit keinem Menschen mehr; Geld hatte sie genug zum Leben, und so saß sie still vor der Tür des Backhauses, das sie sich als Wohnung ausbedungen hatte, aß oft drei Tage nichts und sprach vor sich hin oder ging tagelang über die Heide.

Um die Zeit fing es an, in der Heide viel zu brennen; bald hier, bald da ging Feuer an, im Busch, im Moor, an Stellen, wo kaum ein Mensch hinkam; es war ganz schlimm damit, so schlimm, daß die Gegend bald die Brandheide hieß. Die Bauern wußte sich bald keinen Rat mehr.

In einer Julinacht kam der Wesselbauer durch die Heide; er wollte die Hirsche schießen, die auf seinem Land Nacht für Nacht zu Schaden gingen. Leise ging der Bauer durch die Feldmark; als er hinter dem Machangelhagen her zusehen wollte, ob kein Wild auf dem Felde stehe, hörte er plötzlich die Hirsche schrecken und wegpoltern. Das kam ihm sonderbar vor; denn er war auf Strümpfen gegangen und unter dem Winde gekommen. Er steckte den Zeigefinger in den Mund und prüfte den Wind; der Wind kam ihm entgegen. Gerade wollte er umkehren, da sah er eine Gestalt den Weg entlang kommen; es war Detta Grönhagen.

Das war um zwei Uhr; um drei Uhr kam den Leuten, die zum Mähen wollten, Brandluft entgegen; der Hohmannsche Busch brannte. Wessel, der mit zu Löschen ging, spürte den Busch rundherum ab un fand eine Frauenspur, die vom Dorfe kam; die Rückspur führte wieder zum Dorfe.

Er sprach mit dem Vorsteher, und das Backhaus wurde Nacht für Nacht bewacht; jede Nacht verließ Detta das Haus und kam vor Tau und Tag wieder zurück, und jedesmal danach kam in der Heide Feuer aus. Beim drittenmal schlich Wessel ihr barfüßig nach bis zum Dannholz und traf sie dabei an, wie sie Feuer anlegte; da faßte er sie und nahm sie mit. Sie ging gutwillig und antwortete kein Wort auf seine Fragen; man schloß sie ein und hielt sie unter Aufsicht, weil man den Drosten fragen wollte, was zu tun sei. In der Nacht aber war sie fort, und kein Mensch hat sie wieder gesehen. Nach Jahren fand man im Holze ein Gerippe und Kleiderreste und glaubte, das wäre Dett gewesen.

*

Viele Jahre gingen in das Land, da wallte sie der Besenbinder aus Stadorf im Franzosenholz gesehen haben; sie habe ausgesehen, wie vor zwanzig Jahren als er sie anrief, verschwand sie, und wo sie gestanden hatte, war das Gras nicht fortgetreten. Man lachte über den Alten, denn er trank gern, aber am Abend kam im Franzosenholz Feuer aus.

Auch Speckhahns Junge, der am Schwedenbrink das Vieh hütete, sah sie, und wieder kam danach Feuer aus und so ging es immer, wenn sie sich sehen ließ. Die Klugen lachten über den Jungensschnack, aber es war doch etwas daran; wo in der Heide ein Feuer angemacht wurde, da schlich sie heran; die Forstarbeiter im Königlichen sahen sie, den Köhlern war sie begegnet, alle paar Jahre tauchte sie bei der Brandheide auf, die Heidbrennersche vom Butendorpshof, und immer brannte es hinterher.

356

Bis auf den heutigen Tag ist das so geblieben, und wer durch die Heide zwischen Mahrdorf und Stadorf geht, der kanm noch sehen, wo im letzten Sommer die Heidbrennerin den roten Hahn gelockt hat, bis alles ein Rauch und eine Asche war.

Die Tanzjungfern

In Wulfshorn war Erntebier. Hermen Beer, der Vollmeier, hatte seine Diele dazu hergegeben. Von Nachmittag an saßen der stumme Hein, der lahme Krischan und der blinde Jan dort auf vier Bohlen, die über zwei Futtertröge gelegt waren, mit Flöte, Fiedel und Brummbaß und spielten dem jungen Volk zun Tanz auf.

Es war ein reiches Jahr gewesen, das erste gute Erntejahr nach dem langen Kriege; die Wiesen hatte dreifachen Schnitt[1]) gegeben, das Stroh war lang, die Ähren waren schwer, Maifrost und Junihagel waren ausgeblieben, Sonne und Regen hatten eitn um den andern Tag gewechselt, da konnte schon etwas darauf gehen.

So gellte denn die Flöte, quietschte die Fiedel, brummte der Baß in einem fort; die Röcke flogen, die Nagelschuhe dröhnten, die Mädchen kreischten, die Burschen johlten, und die Gläser wurden schneller leer als voll.

Die Hühner waren längst hinter die Raufen gekrochen, die Eule hatte schon öfter geschrien, und die Fledermäuse fuhren um die Mährenköpfe am Giebel, und noch immer dauerte das Tanzen an. Kaum daß die jungen Leute sich Zeit zu einem Happen Essen gönnten, dann drängten sie sich wieder auf die Diele und tanzten und tanzten mit roten Köpfen und blitzendel Augen.

Am tollsten tanzten Hermen Beers vier Töchter, die schönsten Mädchen weit und breit; aus einem Arm flogen sie in den andern, von einer Brust an die andere, und wenn eine einmal aussetzte, so war es nur, um einen Schluck zu trinken, mit dem Tuche über das Gesicht zu fahren oder um eine aufgegangene Flechte fest zumachen.

Elsebe, Veve, Engel und Dette hießen sie; sie hatten alle das Beersche Gesicht, aber keine war wie die andere; Elsebe war hellblond und klein, Veve schwarz und groß, Engel braun und schmal und Dette rot und breitschulterig.

Die Uhr ging auf Mitternacht; die meisten Tänzer und Tänzerinnen waren schon nach Hause gegangen, Jan, Hein und Krischan konnten kaum mehr spielen, aber immer wieder füllte ihnen eines der Mädchen den braunen Krug voll Honigbier oder steckte ihnen eine Wurst zu, daß sie noch einen spielten.

Alle vier Mädchen waren versprochen[2]) und sollten im Mai Hochzeit halten. Ihre Verlobten mochten nich mehr tanzen; mißmutig, müde und erhitzt standen sie an den Türen und sahen den Mädchen zu, die zu zweien und zweien sich miteinander nach dem Takte der Fiedel und Flöte drehten. Die Dorfuhr schlug zwölf, der Sonntag hatte begonnen. Hermen Beer kam und mahnte zum Schlafengehen; aber die Mädchen wollten noch tanzen, einen noch; tanzen, tanzen, tanzen, immerzu tanzen.

357

Bis morgen früh, flüsterte die blonde Elsebe; der ganzen Sonntag, lachte die schwarze Veve; mein Leben lang und noch einen Tag, seufzte die braune Engel; die ganze Ewigkeit, rief die rote Dette.

Da fuhr der Wind von allen vier Seiten über die Diele, und vier Männer traten in das Haus; blond war der eine und blauäugig, hatte einen Ölhut auf und Schifferstiefel an; er faßte die blonde Elsebe un tanzte mit ihr einen schweren Tanz, den keiner kannte.

Schwarz war der zweite, seine Schuhe waren bunt gebunden, rote Bänder waren an seinem Hut, und ein rotes Tuch gürtete seine Lenden; er nahm die schwarze Veve und schwenkte sie in einem wilden Reigen, der im Lande noch nie gesehen war.

Braun war der dritte mit dem Knebelbart und dem Netz in dem lockigen Haar; er faßte die braune Engel und drehte sie auf eine Weise, deren sich keiner erinnern konnte.

Der vierte hatte rotblondes Haar, eine Pelzkappe darauf, Juchtenstiefel an und ein bluntgesticktes Hemd, das tief über die faltigen Pumphosen fiel; er trat von die rote Dette, klatschte in die Hände, schlug die Hacken aneinander, daß die Sporen klirrten, und wirbelte mit dem Mädchen herum, daß allen, die zusahen, angst und bange wurde.

Hermen Beer und seine vier Schwiegersöhne wollten Einspruch erheben; aber die vier Fremden hatte etwas Böses in ihren schönen Gesichtern, und die Scheidemesser, die sie am Gürtel trugen, waren lang und blank. Die fünf Bauern ballten die Fäuste in der Taschen und sahen mit verkniffenen Gesichtern zu.

Die vier Paare aber tanzten, sie tanzten, daß man nur einen bunten Wirbel sah, aus denn heiße Backen und glühende Augen herausleuchteten. Die Diele dröhnte, der Staub flog, Fiedel, Flöte und Baß schrillten, gellten und brummten wie wahnsinnig, denn die Fremden warfen ein blankes Stück nach dem andern den Krüppeln zu.

Eine geschlagene Stunde dauerte das tolle Tanzen. Da fuhr wieder der Wind von vier Seiten über die Diele, daß die buntbebänderten Tannengewinde zerrissen und die Laternen hoch aufblakten; so mächtig war der Windstoß, daß die fünf Bauern und die Musiker an die Wände geworfen wurden. Als sie sich wieder aufhalfen, war die Diele leer.

Draußen aber pfiff und flötete, sang und klang es, das Laub flog von den Zweigen, das Obst fiel von den Ästen, das Stroh stob von dem Dach, und alle Hunde heulten hohl.

Die Leute liefen aus den Türen und sahen nach der Himmel. Staub wirbelte die Straße entlang und tanzte in Kringeln durch die Grasgärten; in den Lüften schrie und jauchzte es, und vier große Wolken stoben in wilden Wirbeln nach allen vier Windrichtungen.

Kein Mensch hat die vier Mädchen wieder gesehen. Wenn der Nordwind durch die kahlen Äste pfeift, dann sagen die Leute im Dorfe, sie hörten Elsebe juchen und wenn der Südwind in der Aprilnacht durch die knospenden Kronen fährt, meinen sie Veves Stimme zu vernehmen, aus dem Abendwind wollen sie Engel Schluchzen heraushören und Dettes Lachen aus der Wind, der von Morgen weht.

Kommt aber alle zehn Jahre einmal ein große Wirbelwind, der die Bäume im Walde zu Hunderten umwirft und die Dächer abdeckt, dann sagen sie: „Hermen Beers Mädchen halten heute Tanzfest!"

Das Könekenmeer

Wenn man von Lopau, das da hinten in der Heide zwischen Ülzen und Munster liegt, der Hützeler Weg entlang geht, so kommt man nach einer guten halben Stunde an eine Stelle, an der sich die Fahrwege von Munster und Bockum treffen; schlägt man dann den Weg zur linken Hand, der nach Munster führt, ein, so steht man bald vor dem Könekenmeer.

Das ist ein runder, schwarzer Moorpump, der zwischen den Heidbergen in einem weiten umd tiefen Grund unterhalb jenes Forstortes der Raubkammer liegt, der den Namen der Fangbeutel führt, weil dort zu hannöverschen Zeiten stets die stärksten Hirsche standen. Auch heutigen Tages stehen zur Brunft dort immer noch gute Hirsche, denn das Könekenmeer dient ihnem als Suhle für ihr heißes Geblüt, und darum ist der Schlamm um den Pump im Vorherbst auch immer ganz zertreten, und schwarze Schleppen zeigen an, wo ein Hirsch gewechselt ist.

Bevor der Dampfpflug hier das Land um und um wühlte und den Boden für die Fuhren zurechtmachte, die dort jetzt so frisch wachsen, wie ringsumher nicht, war da alles weit und breit kahle Schnuckenheide, höchstens daß hier und da ein Horst krüppliger Eichen stand, die sich mühselig durchgehungert hatten. Zu jener Zeit kamen die Schnuckenschäfer von allen Höfen in der Runde dort zusammen, weil das Könekenmeer das einzige größere Wasser war, in dem sich die Schnucken tränken konnten.

So ganz gern tränkten die Schäfer dort ihre Herden aber nicht, denn es ging von diesem Orte die Sage, daß es dort nicht geheuer sei. Der alte Gehegereuter, der einst in einer hellen Mondnacht im Herbstmond um Mitternacht dort vorbeiritt, und der gewiß kein Mann war, der leicht bange wurde, hatte unter der Brinke zwischen dem Munsterschen Wege und der Meere eine weißverschleierte Gestalt stehen sehen, die ganz vernehmlich seufzte und bitterlich die Hände rang und als er am andern Morgen wieder dort vorbeiritt, stieg er ab und band seinen Rotschimmel an eine Eiche, um zu sehen, ob sich dort nicht vielleicht der Achtzehnenderhirsch vom Behrensloh spüre, und da verjagte er sich ganz gefährlich, denn in dem sandigen Ufer war deutlich die Spur von Mädchenfüßen zu sehen, das lange, spitze Schuhe angehabt hatte, wie man sie zu jener Zeit nicht trug, und an dem toten Machangelbusch, der nicht weit davon stand, hing ein Stück Schleiertuch feinster Art, und das war voller Blut.

Als er das in Wolfsrode erzählte, wurde er aus ausgelacht, denn es war bekannt, daß er die Bauern gern ein bißchen zum Narren hielt. Kurze Zeit darauf kam aber einmal eine Hochzeitsgesellschaft zwischen einem und dem anderen Tage zu Wagen dort vorbei, und da wollten die Pferde mit Gewalt nicht voran, denn vor ihnen auf dem Wege stand eine blaue Flamme die meist ganz so wie ein

Mensch gebildet war, und die erst wich, als eins von den Mädchen von den Kümmelbrot, das es mitgenommen hatte, den Kümmel abstreifte und nach dem toten Feuer hinwarf. Da wurde die Flamme ganz klein und sprang mit eine Satze über das Meer, und eine Stimme, von der keiner wußte, ob sie nun aus der Höhe oder aus der Tiefe kam, und die nicht laut und nicht leise war, schrie: „Fahr' hille, fahr' hille und kiek dich nicht um!" Da fuhr der junge Bauer, der das Sattelpferd ritt, unbesonnen los. Seine Schwester aber, darauf vertrauend, daß sie noch einige Kümmelkörner in der Hand behalten hatte, konnte ihren Fürwitz nicht bergen und mußte sich umsehen. Da sah sie eine weiße Jungfrau die eine goldene Krone aufhatte, in dem Meere verschwinden, und in demselben Augenblicke bekam sie einen Stoß gegen die Brust, daß ihr die Luft wegblieb. Sie lag ein volles Jahr krank und starb in derselben Nacht um dieselbe Stunde, in der sie ein Jahr vorher von der unsichtbaren Faust unter das Herz gestoßen war.

Nun wußte man damals schon, daß dort, wo sich zwischen einem und dem anderen Tag eine Flamme zu zeigen pflegt, ein Schatz begraben liegt, und so versuchten mehrere Leute, die sich klug genug dünkten, ihn zu heben, unter anderen auch der Zigeuner Peterspaul, der mit seinen sieben Frauen damals viel in der Heide auf und ab zog. Er verstand sich auf allerlei geheime Künste, konnte das Vieh besprechen, Häuser blitzfest machen und Diebe bannen, und so dachte er, es würd ihm leicht sein, den Schatz zu bören. Deshalb ging er in einer Nacht los, nachdem er seine Frauen und Kinder auf der Heide in einer Hütte gelassen hatte. Splitterfasernackigt ging er los, nur die Schuhe behielt er an, auf die er mit Kreide je ein Kreuz geschrieben hatte, und er nahm einen geweihten Spaten, ein gesegnetes Licht und einen Erbschlüssel mit einem Kreuzgriff mit. Was sich dort nun begeben hat, weiß man nicht. Aber gerade in der Mitte zwischen der zwölften und der ersten Stunde hörten seine Frauen, die in der Plaggenhütte knieten und die Gebete sprachen, die er ihnen anbefohlen hatte, ein schreckliches Lachen vom Könekenmeere herkommen und sie sahen etwas durch die Luft fliegen, das wie ein feuriger Schillebold aussah, aber so groß wie ein Langbaum war, und eine gräßliche Stimme schrie: „Bet' hin und bet' her, es hilft doch nichts mehr." Als es hellichter Tag war, gingen die sieben Weiber nach dem Könekenmeer, fanden aber bloß die Schuhe, den Spaten, die Kerze und den Erbschlüssel, und mitten auf dem Meere schwamm eine Ente, die war so rot wie Blut. Von Peterspaul wurde aber niemals wieder etwas gehört noch gesehen.

Viele Jahre nachdem sich dies begeben hatte, vertrieben sich die Hirten einmal auf Lopeßettel die Zeit mit Geschichtenerzählen, und der älteste von ihnen erzählte auch, wie es dem Zigeuner Peterspaul am Könekenmeer gegangen sei, und er fügte hinzu, daß der Schatz noch immer dort in der Erde schlafe, denn der Lopauer Förster habe mehr als einmal, wenn er vor dem Fangbeutel die Hirsche verhörte, die blaue Flamme zu Gesicht bekommen. Nun war der jüngste von den Schäfern ein hübscher, langer Mensch, den die anderen immer zum Narren hielten, weil er bei seinen fünfundzwanzig Jahren noch wie ein Kind war, alles glaubte was man ihm erzählte und den Frauensleuten um so mehr aus dem Wege ging, je mehr sie hinter ihm her waren. Das kam aber daher, weil er zu einem Mädchen hielt, das gerade so hübsch, aber gerade so arm wie er war,

360

und genau so einfältig von Herzen. Dem ging die Geschichte von dem Schatz mächtig im Kopfe herum, denn er dachte, daß es ihm vielleicht glücken könne, ihn zu heben, und wenn es hundert Taler wären, die dort vergraben wären, und bekäme er die, so könnte er sein Mädchen freien. Wo er ging und stand, mußte er daran denken, und sogar nachts, wenn er schlief, sah er das Könekenmeer von sich. Wenn es sich nur irgend machen ließ, hütete er nach dem Meere hin, und wenn er dort war, sucht er nach Anzeichen, wo der Schatz liege. Aber da war nichts als Heide und Krüppelfuhren und Sand und Steine. Da wurde er ganz schwermütig und so hintersinnig, daß er nicht aufpaßte, so daß ihm die Wölfe ein Schaf nach dem anderen rissen, bis das dem Bauern zu viel wurde und der ihm aufsagte.

Ganz betrübt schnürte er sein Bündel, nahm Abschied vonn seinem Mlädchen und ging den Hützeler Weg entlang, denn er hatte gehört, daß in Bockum ein Schäfer nötig sei. Als er an dem Kreuzweg war, war ihm so, als müsse er das Meer noch einmal sehen, und so ging er darauf zu. Aber da sah es aus, wie allezeit, bloß daß ein starker Hirsch dort stand, der sich dort getränkt hatte, ihn groß ansah und nach dem Fangbeutel hinzog. Der Schäfer hatte vor Herzeleid und Kummer den ganzen Tag noch nicht ordentlich gegessen, und da es ihn hungerte, setzte er sich unter den Eichenbaum auf den Brink, knotete sein Bündel auf und begannn zu vespern. Als er gegessen hatte war ihm ganz schläfrig zumute, und darum machte er sich lang, um ein Augenblickchen zu schlummern und dann den Weg wieder zwischen die Füße zu nehmen. Wie er nun so schlief, träumte ihm, daß dicht von ihm eine weiße Jungfrau stände, sieben Schritte gerade aus und fünf zur Seite machte, auf den Erdboden wiese und spräche: „Siebene lang, fünfe breit, und des Nachts um dieselbige Zeit", und damit war sie verschwunden. „Das ist ja ein dummerhastiger Traum," dachte er, als er aufwachte, nahm seine Bündel auf und ging fort. Als er aber wieder an der Kreuzwege war und nach Bockum zu ging, war es ihm, als lege ihm jemand die Hand auf die Schulter und flüstere ihm zu: „Siebene hin, fünfe her, heut nacht oder nimmermehr." Er verjagte sich kein bißchen, als er das hörte, denn da er noch nie einem lebenden Wesen ein Leid angetan hatte, so hatte auch er vor nichts auf der Welt Angst. Er wußte aber nicht, was er anfangen sollte, und darum fing er an, an den Haken seines Kittels abzuzählen, und als er daraus entnahm, daß er nach Lopau zurückgehen un sich einen Spaten holen solle, tat er das.

Es war schon meist elf Uhr, als er wieder auf der Brinke über dem Könekenmeere war. Es war ein helle Nacht und alle Sterne schienen; doch je mehr die Zeit voranging, um so dunkler wurde es, und als es hart auf Mitternacht ging, konnte er die Hand von Augen nicht mehr sehen. Mit einlem Male wurde es wieder ganz hell, und da sah er, daß aus dem Könekenmeer ein Fräulein herausstieg, das war wunderschön anzusehen, aber es war nackigt, wie ein Fisch, jedoch hatte es eine silberne Krone auf und silberne Schuh an. Es ging stracks auf ihn zu, stellte sich von ihn hin, lächelte ihn an und hielt ihm ihre roten Lippen so dicht vor seinen Mund, daß es klar war, sie wollte von ihm geküßt sein. Aber er dachte an seine Liebste und schüttelte den Kopf, und das nackte Fräulein wurde zu Nebel und verschwand in der Luft. Nach einer Weile kam wieder ein nacktes Fräulein aus

361

dem Wasser, das aber eine goldene Krone und goldene Schuhe hatte, und auch dieses bot sich ihm an; als er aber abermals abwehrte, verschwand es ebenso wie das erste, und auch ein drittes das eine Krone aus Rubin trug und ebensolche Schuhe anhatte, ließ er nicht an sich herankommen. Dann standen auf einmal drei große schwarze Hunde, die aber jeder nur ein Auge hatten, das so groß wie ein Teller war, vor ihm: die rasselten mit ihren Ketten, fletschten die Zähne und kamen ihm so nahe, daß ihre lange roten Zungen ihm fast in das Gesicht langten. Ihm kam das aber nur spaßig vor, denn er sah, daß jeder bloß drei Beine hatte und daß es gar keine rechten Hunde waren, denn die Zweige von dem trockene Machangelbusche, der vor ihm stand, gingen mitten durch sie durch. Darum lachte er über sie und sofort wurden alle drei zu Nebel.

Als er noch über die weißen Fräulein und die schwarzen Kettenhunde nachdachte, fielen mit einen Male sieben Sterne vom Himmel und bildeten übe dem Meere einen halben Kreis, ähnlich einem Regenbogen, und davon wurde das Wasser so hell und klar, daß er bis auf den Grund sehen konnte. Und da sah er, daß auf dem Grunde eine eisenbeschlagene Haferkiste stand, und vor der führte eine gläserne Treppe durch den Erdboden bis in den Brink, auf dem er saß; und gerade auf der Stelle, wo die Treppe aufhörte, stand plötzlich eine blaue Flamme und ging langsam auf und ab, ohne zu zittern und zu flackern, und das auf derselben Stelle, wo die weiße Jungfrau verschwunden war, von der er geträumt hatte. Dreimal ging sie auf und ab und dann verschwand sie, ohne daß er sah, wo sie geblieben war. Da wußte er, was er zu tun hatte. Er nahm seinen Spaten und schlug da ein, wo die Flamme gestanden hatte, und als er die siebente Plagge zur Halbe warf, sah er einen eisernen Ring im Sande, und als er daran zog, war ein Kellerklappe daran, die ganz leicht aufging, und unter ihr war die gläserne Treppe zu sehen. Ganz getrost stieg er die siebenundsiebzig Stufen hinab und wunderte sich nur, daß er dabei nicht naß wurde, denn er hatte doch gesehen, daß die Treppe bis auf den Grund des Meeres reichte. Aber rings um ihn und über ihm trat das Wasser zurück, wie eine Kuppel aus Glas und unter ihm war der Boden aus Marmelstein und mit allerlei Zierat ausgelegt, und mitten darauf stand die eisenbeschlagene Haferkiste. In gutem Vertrauen ging er darauf los, klappte sie auf und nahm sich von dem Gelde, mit dem sie bis an den Rand gefüllt war, hundert Taler, machte die Kiste zu und stieg die Treppe wieder in die Höhe, schloß die Kellerklappe, schüttet den ausgegrabenen Sand darauf, legte auch die Plag gen wieder an ihre Stelle, trat sie fest und verließ fröhlichen Herzens den Ort, nicht ohne daß er erst der Hut abgenommen und sich dreimal zum Dank verbeugt hatte. Dann ging er nach einem leerstehenden Schafkoben und schlief dort, bis die Vögel ihn aufweckten. Als er sein Bündel aufnahm, kam es ihm schwerer vor, als in der Nacht, und da machte er es auf und sah daß aus den Silberstücken lauter Gold und daß er nun ein reicher Mann geworden war.

Er blieb aber so einfach und schlicht, wie vordem, bloß daß er sich einen schönen Hof kaufte, den er wie ein rechter Bauer bewirtschaftete, wobei ihm sein Frau, ehedem eben jenes arme Mädchen, um dessenwillen er den Schatz gehoben hatte, fleißig half. E sprach auch zu niemand darüber, wie er zu dem

362

Geld gekommen war, bis ihm nachgesagt wurde, er habe es irgendwie gestohlen, und da kam er mit der Wahrheit heraus. Nun lebte in jener Gegend ein Mann, der vor Geiz an zu stinken fing, und der quälte ihn so lange, bis er ihm haarklein alles erzählte. Da ging dann der Geizhals dieselbe Nacht hin und wollte die Truhe im Könekenmeer leer machen. Er nahm sich dazu einen Maltersack mit, und er kam auch eine Weile nach Mitternacht damit angefahren, prahlte gefährlich und als er auf den Sack schlug, klingelte und klappert es, als wenn er bis oben hin voll Gold und Silber war. Als er ihn aber ausstürzte, kamen lauter Kieselsteine heraus, und in demselben Augenblicke flog ein brennender Langbaum, wie ein Schillebold anzusehen durch die Luft und eine grobe Stimme schrie: „Kehr' her, kehr' hin; das ist dein Gewinn." Da wurde der Geizhals vor Schrecken krank, und als er wieder hochkam, war er albern geworden und tat nichts mehr, als daß er am Könekenmeere Steine sammelte und sie auf seinen Hof schleppte und zählte.

Manches Jahr hat er das so getrieben, aber ehe er alle Steine dort aufgesammelt hatte, mußte er sterben und wer jetzt um das Meer herumgeht, das aber längst nicht mehr so weit und so breit ist, wie zu jener Zeit, der kann noch eine Menge solcher bunten Steine dort liegen sehen, die der Geizhals da einst im Schweiße seines Angesichts gesammelt hat. Aber wenn er auch Nacht für Nacht auf der Mitte zweier Tage dort aushält, den Schatz wird er nicht heben, denn die blaue Flamme läßt sich dort schon lange nicht mehr sehen, weil die eisenbeschlagene Haferkiste siebentausendsiebenhundertsiebzig Klafter tief in die Erde gerückt wurde, nachdem der Geizhals sie leer gemacht hatte.

Zu Geld und Gold bringt man es jetzt in dieser Gegend nur noch, wenn man den Acker baut.

Hubb der Hüne

Hubb der Hütle lag und schlief. Fest und tief schlief er, denn wer sollte ihn wohl stören hier an die tausend Fuß oder mehr unter dem Moore. Er schlief und atmete tief und langsam. Jeden Neujahrsmorgen zog er die Luft ein und am Altjahrsabend gab er sie wieder von sich, und alle zehn Jahre schnarchte er laut und kräftig, daß es oben auf der Geest zu hören war. Wenn er aberr hundert Jahre geschlafen hatte, dann drehte er sich auf die andere Seite. Alle tausend Jahre jedoch wachte er auf, wischte sich die Augen aus, gähnte und machte sich murrend und knurrend an die Arbeit. Er rückte das unterirdische Gebirge, das inzwischen hier und da aus der Kehr gekommen war, gerade, sah nach, ob die Quellen noch so liefen, wie er es wünschte, und war das nicht der Fall, so stocherte er mit dem Finger ein neues Loch in die Erde und wischte mit der Hand die Quelle dahinein, denn er hielt sehr auf Ordnung, und es war ihm durchaus nicht nach der Mütze, nahm so eine Quelle ihren Lauf über seine Salzlager, denn die brauchte er für den Haushalt, oder fiel sie in seine Ölkammern, denn das Öl hatte er zum Schmieren seiner Stiefel nötig.

Vorläufig aber tat er das alles nicht, sondern war gerade im allerbesten Anschlafen, und er träumte sehr schön, denn er träumte, daß er noch fast neunmal hundert Jahre schlafen könne, und Schlafen war seine liebste Beschäftigung. Doch auf einmal war ihm so, als müsse er aufwachen, und als so Stücke zwei bis drei oder auch vier Jahre darüber hingegangen waren, vielleicht waren es sogar fünfe, wenn nicht gar sechse, da träumte er, seine Frau wäre beim Großreinemachen und bummste in einem fort mit der Schrubber gegen die Schlafkammertür, was er für den Donner nicht vertragen konnte, und davon wacht er gänzlich auf.

Er gähnte so herzhaft, daß das ganze Moor an zu wabbeln fing, rieb sich den Schlaf aus den Augen sah noch etwas dösig um sich, juckte sich das Haar, huddelte sich in dem rechten Ohr, auf dem er gelegen hatte, und dann sah er nach der Uhr: „Ein Tausen neun Hundert und ölfe" brummte er, und dann sagte er: „Hm" schüttelte den graublonden Kopf, macht ein ganz dämliches Gesicht und rief: „Hibbe, was ist denn das für ein Duffsinn, altes Mädchen, mitten in der Nacht die alte verrückte Reinmacherei!" Aber keine Hibbe meldete sich, und so stand Hubb murrend und knurrend auf, steckte das Licht an und da sah er, daß seine liebe Frau ganz friedlich dalag, den Mund offen hatte und geruhig und leise atmete.

„Du, Alte" sagte der Hüne und rüttelte seine Eheliebste, „wach mal auf!" Es dauerte eine ganze Weile, so Stücke zwei bis drei Jahre, wenn nicht vier bis fünfe oder gar sechse, bis die Frau so weit war, daß sie sich vermuntert hatte, und dann wurde sie zuerst ganz falsch und sagte: „Was soll der Unsinn, alter Döllmer, einen mitten in der Nacht zu wecken? Ich war gerade im schönsten Anschlaf! Un ich träumte just, Ballermannsmutter sei all wieder die Suppe übergekocht und über das halbe Land Italia gelaufen, und sie machte den Mädchen deswegen solche Schande, daß das olle Messina oder wie das Nest da unten heißt, von neuem in den Dutten gepoltert ist. Was hast du denn, Vater, daß du so'n verbiestertes Gesicht machst? Und wie kommst du bloßig auf den dummerhaftigen Gedanken, mich vor der Zeit zu wecken, wo du doch weißt, daß ich es davon in die Nerven kriege!" Sie faßte sich nach dem linken Schlaf und stöhnte: „Ach, du lieber Himmel; da geht es schon wieder los! Noch nicht mal in der Nacht hat man seine Ruhe. Hätt' ich doch bloßig auf meine Mutter gehört und wen anders genommen, als dich ollen Hibbelhans!"

Hubb bekam es nun mit der Angst, denn wenn seine liebe Frau Migräne bekam, so dauerte es mindestens zwei- bis dreihundert Jahre, ehe sie wieder in der Reihe war, und dann konnte er Feuer machen und Suppe kochen und den Estrich fegen, und das tat er verdammt nicht gern. So strich er ihr denn ganz sachte über die Backe und sagte: „Tja, Mutter, es ist man, nämlich, weil daß ich selber zur Unzeit aufgewacht bin, indem mir träumte, du wärest beim Reinemachen und bummstest gegen die Dönzentür. Sei man nicht böse, denn mir ist auch nichts daran gelegen, mitten in der Nacht aus dem Schlaf zu kommen. Aber ich möchte man bloß wissen, was das für ein dummerhaftiges Bummsen ober uns ist, das da in einem Ende im Gange ist. Erst dachte ich, es wäre da im Keller, aber da ist es nicht, und wie es mir scheinen will, so ist es oben auf dem Dache. Hörst du es nicht, Mutter? Es ist als mehr an einer Stelle. So 'was hab' ich meinen Lebtag nicht belebt, und ich bin doch nicht von heute. Komm, Altsche, zieh dir was aufs Leib. Woll'n mal nachsehen, was da los ist!"

Hibbe sagte erst: „Sieh doch selber zu, olle Bammelbüchse!" Aber als sie genauer hinhorchte, schüttelte sie besorgt den Kopf, sprang aus dem Bett, zog sich ihre Röcke und das Leibchen an, schlug das Brusttuch um, fuhr in die Strümpfe und die Pantoffeln und dann horchte sie schärfer hin. „Wahrhaftig, Mann" sagte sie, „da werde ich nicht aus klug, aus diesem Gebummse. Aber daß du meinen konntest, das sei ich mit dem Schrubber, na, ich möchte bloßig wissen, wo du deinen Verstand hast. Aber nun hab' ich nicht eher Ruhe, als bis daß ich weiß, was dahinter stecken tut, denn mit richtigen Dingen geht das sicher nicht zu. Das ist ja gerade, als wie damals, wo wir bei Bullerjahns zu Kindtaufe waren, du weißt doch noch, wo der große Erdpott überkochte, und nachher hieß es, daß Herkulanum und Pompeji davon in die Wicken gegangen sind. Wenn das man nicht was Ekliges bedeutet. Geh du man voran!"

Hubb war das nicht so ganz recht, denn der Mutigste war er just nicht; aber da ihm nichts anderes übrigblieb, und er Bange hatte, seine Frau könne ihm das vorwerfen, so stapfte er die Bodentreppe hinauf, alle Augenblicke stehen bleibend und sich nach Hibbe umsehend, die immer drei Stufen hinter ihm war und bei jedem Schritt mächtig aufstöhnte, denn sie war recht völlig und deshalb etwas kurz von Atem. So kamen beide bis an die Bodentür; da blieben sie stehen und horchten. „Bumms," ging es, und wieder einmal „bumms", und alle Augenblicke „bumnns" und „bumms". Hibbe stieß ihren Mann in die kurzen Rippen: „So mach doch auf, oller Döllmer! Hast wohl Angst?" Das konnte Hubb nicht auf sich sitzen lassen, er klinkte die Tür auf und sah durch die Ritze. Erst wollte er zurück, aber dann besann er sich, machte dieTür weiter auf, steckte den Kopf hinein, horchte, schüttelte den Kopf, leuchtete mit der Ölfunzel vor sich hin, lachte dann und flüsterte seiner Frau über die Schulter und sagte: „Bloß Menschen, Mutter; nicht der Rede wert. Komm zu; wollen uns mal ansehen, was die auf unserm Boden zu tun haben. Aber erst will ich mein Augenglas aufsetzen. Wo hab ich es denn nun all wieder? Ach so!"

Er putzte die großmächtige Hornbrille mit seinem roten Schnupftuche, klemmte sie sich vor die Augen, zog die Stirn in Falten und brummte: „Ist das eine verrückte Bande! Ist das eine ausverschämte Gesellschaft! So ein freches Gesindel! Sieh bloß, Mutter, das ist doch rein das Ende von weg! Ja ich sage bloß; es wird noch so weit kommen, daß das Kroppzeug uns bis in die Dönze kommt! Da soll doch gleich ein heiliges Dreidonnerwetter, sage ich, hineinschlagen! In unserem Hause, sage ich! Auf meinem Boden, sage ich! Ohne Anfrage und Erlaubnis, sage ich! Den Deuwel auch, sage ich, da will ich doch einen Sticken beistecken, sage ich! Denn was zu viel, das ist zu viel, sage ich! Ich lasse mir viel gefallen, wenn es bloß kein Ende nimmt, sage ich! Mutter, was sagst du dazu, sage ich! Ist das nicht ausverschämt, sage ich! Na, denen wollen wir es aber beibringen, sage ich! Man schnell einen Pott Wasser und den Besen her, Mutter, sage ich! Ist mir das Takelzeug schon mitten in meinem Salz, sage ich! Und wahrhaftig, über das Öljefaß ist es mir auch schon gekommen. I, da soll denn doch gleich, sage ich!"

Während die Frau hinging, um Wasser und den Besen zu holen, ging ihr Mann näher heran und sah sich an, was da vorging. Aus dem Dache kamen aus mehr als einer Stelle dünne Röhren, die sich drehten und in dem Salzlager herumbohrten. Hubb nahm sie zwischen die Finger und brach sie ab. An einer anderen Stelle krimmelte und wimmelte es von Menschen, die sich wie Ameisen zwischen den Gipsschichten zu schaffen machten. Hubb blies sie fort. Wieder an einer anderen Stelle bummste es fortwährend und der Mörtel fiel herunter. Hubb drückte mit der flachen Hand dagegen und das Bnmmsen hörte auf. Er ging zu seinem Schmierölbottich und sah, daß auch da einige Röhren, die aus dem Dach kamen, hineingingen, und als er nachmaß, fand er, daß mehr Öl weg war, als er verbraucht hatte. Er bog die Röhren zur Seite. Inzwischen kam seine Frau, goß einen Eimer Wasser über das Gipslager und fegte die Salzvorräte ab, und dann trat sie die kleinen zweibeinigen Käfer, die auf dem Boden herumliefen, tot, wobei sie jedesmal „Brr!" oder „Igitt!" sagte. Schließlich schob Hub den Ölkump ein Ende weiter, holte sich Lehm und Wasser, kleistete die Risse in dem Dache zu und sagte zu seinerFrau: „So, Mutter, nun wollen wir Kaffee trinken und dann zu Bette gehen. Ich denke, vorerst haben wir vor dem Unzettg Ruhe."

Durch die Zeitungen ging aber noch selbigen Tages folgendes Telegramm: „Ein bedeutendes Grubenunglück ereignete sich heute früh in der Lüneburger Heide. Um sechs Uhr dreiundvierzig Minuten hörte man ein unterirdisches Rollen zwischen Öldorf und Kalthagen und in demselben Augenblicke rissen die Ketten der Fallmeißel und brachen die Rohre der Diamantbohrer der Gesellschaft ‚Eulalia' ab, während in dem Schachte der Gesellschaft ‚Herkules' gleichzeitig ein Wassereinbruch erfolgte, dem die gesamte Belegschaft zum Opfer fiel. Nach Urteilen Sachverständiger handelt es sich um einen Zusammenbruch der Anhydritschichten, also um ein lokales Erdbeben tektonischer Art. Der Schaden wird auf elf Millionen Mark geschätzt. Mutmaßlich ist an eine Wiederaufnahme der Arbeiten nicht zu denken. Rettungsarbeiten haben bislang keinen Erfolg gehabt."

Dieweil nun da oben Jammer und Elend war, und die Kuxe von „Eulalia" und „Herkules" wertloser waren als Packpapier, lagen Hubb und Hibbe friedlich nebeneinander und schliefen sanft und selig.

Puck Kraihenfoot

Ganz hinten in der Heide, wo sich Fuchs und Has im Mondschein begegnen, liegt ein ganz barbarscher Heidberg.
Oben auf seinem Kopfe steht eine großmächtige Fuhre, die größte weit

und breit. Man kann sie weit sehen, und die Bauern richten sich nach ihr, wenn sie über die Heide fahren.

In ihrer Krone horstet der Rauk, der große Rabe, in ihrem Stammloch brütet der Schwarzspecht, unter ihren Wurzeln hat die giftige Adder ihr Schlupfloch. Und da wohnt auch Puck Kraihenfoot.

Puck Kraihenfoot ist ein Schwarzelb. Er ist einen Fuß hoch, hat ein grünes und ein rotes Auge, gelbe Mausezähne, einen langen, flechtenfarbenen Bart, eineNase wie eine Hagebutte, Finger wie ein Kateiker, und Füße wie eine Krähe.

Er trägt einen knallroten, etwas verschossenen Mantel mit hoher spitzer Kapuze, der ihm bis auf die Vogelfüßchen reicht. Die Füßchen aber sieht man nicht, denn er schämt sich sehr darüber und trägt im Winter lange Stiefel und im Sommer Schuhe und Gamaschen.

Im Sommer hat er es gut. Da sitzt er auf der mittleren Fuhrenwurzel, die er schon ganz blank gescheuert hat, spielt auf einer Flöte, die er aus einem weißen Hasenknochen gemacht hat, ganz merkwürdige Weisen, oder er schmökt aus einem Krähenschädel, in dem ein Reethalm steckt, getrocknete Porstblätter.

Wenn er Besuch von anderen Elben bekommt, zum Beispiel von Niß Pogg vom Steingrab oder von Peter Wipp aus dem Dübelsmoor, dann läßt er etwas draufgehen. Dann müssen die Grillen fiedeln, die Glühwürmer erleuchten die Wurzelstube, die Heidlerchen tragen Lieder vor, die Poggen bilden den Chor und Puck Kraihenfoot und seine Gäste dudeln sich im sußen Bickbeermost und herben Moorbeersekt ganz gehörig einen an.

Im Winter aber wohnt Puck nicht unter der hohen Fuhre am hellen Berge. Er ist alt und etwas frosterig und dann ist es ihm auch zu langweilig da. Er zieht dann zu einem Bauern. Hat er es da gut, dann kann der Mann sich freuen. Dann bollwerkt im Sommer darauf der Buchweizen nur so, der Roggen trägt doppelt, die Immenstöcke laufen über, keine Kuh verkalbt und kein Schwein kriegt das wilde Feuer.

Sind die Leute aber nicht gut zu ihm, dann geht es ihnen leege. Dann dreht er den Hühnern und Gänsen den Kragen um, ängstigt das Vieh im Stall, bis es sich zuschanden schlägt, bläst die Pferde an, daß sie die Brustseuche kriegen, läßt die Bruten im Immenstock faulen, peitscht nachts den Buchweizen, bis er braun wird, knickt die Bodenleitern ein, streut der Katze glühende Kohlen in das Fell, daß sie vor Angst in das Heu läuft und macht sonstigen Unfug.

*　*　*

Nun ist es Wintertag. Auf der Heide liegt der Schnee. Die Machangelbüsche sehen wie lauter Hemdenmätze aus, und die Fuhren haben weiße Hüte auf. Die hohe Fuhre auf dem hellen Berge sieht aus wie ein großer weißer Schirm. Es ist Mittagszeit, aber es ist schneidend kalt. Der Wind steht von Nordost. Auf der weißen Heide ist ein dunkler Fleck sichtbar. Das ist der Fuchs, der will zum Dorfe, vielleicht daß es ihm glückt, einen alten Knochen oder einen

Heringskopf zu erwischen. Er schnüffelt auf dem Schnee herum, da, wo er die Geläufe einer Krähe sieht. Aber da fährt er zurück, sein Rückenhaar sträubt sich und mit eingeklemmter Rute schnürt er zum Holze zurück.

Es war nämlich Puck Kraihenfoots Spur, in der Reineke herumgeschnüffelt hatte, und die hat eine Witterung, die kein Tier verträgt. Sie ist noch schlimmer als Franzosenöl.

Ja, Puck Kraihenfoot ist heute vom Dorfe gekommen, und fuchsteufelwild war der Kleine. So wild, daß er ganz vergessen hatte, seine Stiefel anzuziehen, die er in die Haferlade gelegt hatte, in der er nachts schlief.

Es war einmal wieder zu schlimm gewesen auf Thormanns Hof. Der Bauer hatte in einem fort gelärmt und geknurrt, und die Guste hatte vor sich hin geweint. Das ging nun schon wochenlang so, und wenn Puck die Guste nicht so gern hätte leiden mögen, dann wäre er schon woanders hingezogen.

Die Guste hatte einen Liebsten, einen jungen, frischen Kerl, und der Alte wollte, sie sollte einen Witwer heiraten, der einen ebenso großen Hof hatte wie Thormann. Und deswegen gab es nun Tag für Tag Ärger im Haus.

Puck Kraihenfoot saß brummig unter der hohen Fuhre, rauchte seinen Post aus dem alten, schön angebräunten Krähenschädel und überlegte, was sich machen ließe. Mit Gewaltmaßregeln, das sah er ein, war hier nichts zu wollen. Der Alte war hart wie ein eichener Klotz. Puck hatte ihm neulich ein Bein gestellt und der Bauer war mit dem Kopfe an den Dössel geschlagen, daß es nur so brummte; aber als er wieder zu sich kam, hatte er nur noch mehr spektakelt.

Der Kleine seufzte. Dann faßte er in die Tasche seiner Kutte, holte eine Flöte heraus, aus dem Reißzahn eines Dachses gemacht, und pfiff zweimal darauf. Dann setzte er sich wieder hin und wartete.

Nach einigen Minuten tauchte links ein hellgrüner Punkt auf und rechts ein gelber. Die kamen näher und es waren Niß Pogg und Peter Wipp. Ernst und gemessen näherten sie sich ihrem Freunde, verbeugten sich, reichten ihm die Hände, sprachen erst vom Wetter, von dem hohen Schnee, von ihrem Wintereinlagern bei den Bauern und fragten schließlich Puck, weshalb er sie gerufen habe.

Da erzählte er ihnen die Geschichte von Guste Thormann und Hinrich Grönebusch und fragte sie, was er machen solle. Ganz ausführlich legte er ihnen alles dar und schloß seine Rede: „Leewe Frünne, hört to, ick roope: wo kreeg ich de beiden Minschen tohope?"

Peter Wipp legte erst das Maulwurfshändchen an die spitze, schnüffelnde Nase und überlegte. Dann senkte er die gelbe Kapuze und sah auf seine Entenfüße. Endlich sprach er: „Min leiwe Fründ Puck Kraihenfoot, hör to, wat ick segg, min Rat is good. Breck ehm den Kragen, smit em up'n Schragen. Is de Ohle weege, kümmt alles in 'ne Reege."

Niß Pogg nickte, daß seine grüne Kapuze hin und her wippte, schlug sich mit den Froschhänden auf die Knie und rief: „Peter Wipp sin Snack is good; is de Ohle erst kalt und dod, is der Ohle weege, kümmt alles in de Reege."

Puck Kraihenfoot aber schüttelte seine rote Kapuze und erwiderte: „De Snei is witt und Bloot is rot, und witt und rot dat lät nich good."

Da saßen sie wieder lange Zeit und überlegten. Und schließlich kam ihnen

368

ein Gedanke. Sie standen auf, zogen ihre Kappen herunter und der Platz unter der Fuhre war leer.

* * *

Auf Thormanns Hof ging der Bauer in der Dönze auf und ab und sah ab und zu grienmig nach seiner Tochter, die mit rot verschwollenen Augen Kartoffeln schälte. Ihm war recht ungemütlich zu Sinne. Brummig ging er an das Bört, langte seine Pfeife herab und ging nach dem Fenster, wo der Tabakskasten stand. Als er danach griff, hörte er leise etwas kichern, und der Tabakskasten fiel vom Fensterbrett und gerade in den Eimer, in den Guste die Kartoffeln tat.
„Dübel"' rief der Bauer, „nu mott ick noch in Kraug; dat is all wedder der ohle Puck wesen." Er setzte die Mütze auf, nahm seinen Stock und ging ab. Als er über den Hof ging, hörte er es über sich lachen. Da saß Puck Kraihenfoot in der Giebelluke, schlenkerte mit den rotbestrümpften Beinen und rief vergnügt: „Hie Pucks eene Been, da Pucks annere Been."
Zu derselben Zeit saß Hinrich Grönebusch zu Hause und stützte den Kopf in die Hand. Seine alte Mutter sah ihn mehrmals von der Seite an, sagte aber nichts. Der Tranküsel schwelte. Da stand Mutter Grönebusch auf und langte nach dem Ölkrug. Als sie ihn eben in der Hand hatte, fühlte sie einen kurzen kalten Schlag auf der Hand und ließ den Ölkrug fallen.
„Wat hebb ick mi verjaget"' rief die Frau, „Hinrich, du schaft man beeten na'n Krauge gahn, dat du upp annre Gedanken kummst. Der Kräuger kann mi dör sine Lüttje ook'n Pott Ölje schicken."
Hinrich zog die Jacke an, setzte die Mütze auf und ging auf den Hof. Er wollte die Lüttjemagd nach dem Kruge schicken. Er selbst hatte keine Lust. Aber als das Mädchen eben fort war, hörte er sie kreischen, und sie kam, weiß wie ein Laken, herein und sagte, sie ginge nicht, Peter Wipp sei ihr als feuriges Rad über den Weg gelaufen und habe gerufen: „Gahste, Mäken, den Hals schaste breeken!"
Da ging Hinrich Grönebusch selber, und in der Giebelluke saß Peter Wipp, bummelte mit seinen grünstrümpfigen Beinen und rief: „Hie Peters eene Been, da Peters annere Been."
Im Kruge ging es hoch her. Thormann war da. Hausteufel, Wirtschaftsengel, konnte man von ihm sagen. Hatte er zu Haus Ärger gehabt, dann gab er einen aus. Bei ihm saß der Schneider und trank schon den achten Kümmel.
„Süh, Thormann, da kümmt bin Swiegersohn" lachte der Schneider. „Swiegersohn? ick fleitje up so'n Swiegersohn. Eh'r nich der grote Fuhre vom hellen Barge up min Hofe steiht, kümmt der nich als Swiegersohn rup."
Grönebusch hatte eine heftige Erwiderung auf der Zunge, aber da hielt ihm etwas Kaltes den Mund zu und eine Stimme, die genau so wie seine eigene klang und von der man nicht wußte, ob sie von dem Boden oder aus dem Keller kam, rief: „Schall dat'n Wort sin?"
„Wisse," rief der Bauer, „wenn Wihnachten de grote Fuhre up min Hofe wassen deiht, schall Grönebusch use Guste hebben" und dabei streckte er die Hand hin. Dem jungen Bauern paßte der Scherz nicht. Aber eine unsichtbare Gewalt

riß seine Hand nach vorne und drückte sie in die harte Hand des Alten. Der Schneider schlug durch und rief: „Da lur up" bekam aber in demselben Augenblick einen so furchtbaren Nasenstüber von unsichtbarer Hand, daß er ganz nüchtern wurde und schleunigst abschob. Hinter ihm her aber rief aus dem Giebelloch eine dünne Stimme: „Snider, Supuus, wut du woll to Hus!"

* * *

Am hellen Berge war die Nacht ein seltsames Leben. Das Rotwild, das aus der Forst auf die Feldmark austreten wollte, verhoffte und sicherte, denn ein seltsames Klingen kam durch die Luft. Und von allen Ecken kamen heran die Pucks aus Moor und Heid, Geest und Bruch, in gelben, weißen, blauen, roten, grauen, grünen, schwarzen Kutten, und ihre Enten- und Krähen- und Gänsefüße traten sonderbare Spuren in den Schnee.
Unter der großen Fuhre aber stand Puck Kraihenfoot und rief: „Ick mot trecken, helpet mi; wenn ju treckt bün ick ok d'bie."
Da faßten sie alle zu, der Schnee knirschte, die Eiszapfen rasselten von den Zweigen zu Boden, und dann hörte man es rauschen und schleifen und eine große Schneewolke zog vom hellen Berge nach Thormanns Hof. Auf dem Hofe aber verkroch sich winselnd mit eingezogener Rute Wasser, der Hund, in seiner Hütte. Denn es war da ein Gewimmel und ein Rennen kleiner Leute, daß es ihm unheimlich war.
Als morgens der alte Futterknecht über den Hof ging, um Wasser aus dem Soot zu pumpen, lief er gegen etwas an. Er sah an dem Baum in die Höhe, rieb sich die Augen, brummte und weckte dann den Bauern. Der stieg trotz seines schweren Kopfes eiliger als sonst in die Hosen, zog die Jacke über und ging auf den Hof. Als er den Baum sah, der da schwarz in der grauen Dämmerung stand, fröstelte ihn und er sah ängstlich nach der Giebelluke. Da saß Puck Kraihenfoot, bummelte mit den langbestiefelten Beinen und rief mit seiner dünnen Junghahnenstimme: „Verwett' is verwett', steiht min Bom da nich nett? Bur, dat is kin Drom, dat is der Guste ehr Wihnachtsboom!"

* * *

Das ist lange her; aber heute noch ist Thormanns Hof in der ganzen Heide der einzige, dessen Hofbusch aus Fuhren besteht. Auf allen anderen stehen Eichen. Und die Hausmarke der Grönebuschs genannt Thorrmanns ist der Krähenfuß im Dreieck. Das Dreieck aber soll die Tarnkappe Kraihenfoots sein.

Brummelchen

Es war einmal ein Hummelchen, das hieß Bummelchen. Es war ein dickes, lustiges, gräßlich verliebtes Pummelchen und wollte schrecklich gern einen Mann haben.

370

Aber so verliebt es war, so wählerisch war es auch. Es fehlte ihm nicht an Freiern; doch an jedem hatte es etwas auszusetzen.

Der Schillebold war so mager; der Laufkäfer priemte; der Schwalbenschwanz war zu flatterhaft; der Hirschkäfer kneipte zu sehr; der Ligusterschwärmer trieb sich abends zu viel herum; der Nashornkäfer hatte einen Hängebauch; der Totengräber einen allrüchigen Beruf; der Maiwurmkäfer schwitzte zu stark; und so ging es weiter.

Mochte kommen, wer da wollte, und wenn er auch die ernsthaftesten Absichten hatte, Hummelchen überlegte und überlegte sich die Sache so lange, bis es dem Freier zu langweilig wurde und er sich eine andere Frau suchte. Der Frühling ging hin und der Sommer kam, und noch immer war Hummelchen ohne Mann. Als sie sich eines Morgens in einem Tautropfen spiegelte, sah sie, daß sie anfing, bedenklich alt zu werden. Ihr seidenweiches Haar wurde spröde und verlor seinen Glanz, die Flügel hatten abgestoßene Ränder, ihre Taille war nicht mehr so schlank wie im Mai, und ihre Hüften gingen immer mehr in die Breite.

Sie erschrak ganz fürchterlich. Eine alte Jungfer wollte sie auf keinen Fall werden, und sie nahm sich vor, den ersten besten Mann zu erhören, der ihr einen Antrag machte. Darum verlobte sie sich schleunigst mit einem schon ziemlich bejahrten Eichenbocke. Es gefiel ihr zwar nicht, daß er so gut wie gar nicht sprach, sondern wo er ging und stand in greisenhafter Weise vor sich hin zirpte, auch waren ihr seine Fühlhörner viel zu lang, und daß er sich schnürte, fand sie albern, aber schließlich war es doch ein Mann, und das war die Hauptsache. So wurde alles für die Hochzeit vorbereitet, die Gäste wurden geladen, Bestellungen gemacht, die Wohnung wurde geschmückt. Aber als die Trauung vor sich gehen sollte, war alles da, bis auf den Bräutigam. Man wartete und wartete, aber er kam nicht, und als man ihn suchen ging, fand man ihn tot vor, oder vielmehr bloß noch seine Hülle, denn den Inhalt hatten sich die Ameisen zu Gemüte geführt.

Hummelchen raufte sich die Fühlhörner und schluchzte bitterlich, doch weniger aus Kummer um den Toten, sondern weil sie sich blamiert vorkam, und auch der Unkosten wegen, denn der Bräutigam war ein armer Teufel gewesen. Hummelchen fand es rücksichtslos, daß er vor der Hochzeit tot gegangen war, denn als junge Witwe, so meinte sie, hätte sie bessere Aussichten gehabt denn als spätes Mädchen. Anstandshalber trug sie acht Tage Trauer und lebte sehr zurückgezogen, was ihr nicht sehr schwer wurde, weil es in einem fort regnete. Sobald aber die Sonne wieder schien, legte sie die Trauer ab, machte sich so fein, wie es ihr Alter und ihre Mittel erlaubten, und sah sich aufs neue unter den Junggesellen und Witwern um.

Es dauerte auch nicht lange, da lernte sie einen Herrn kennen, der ihr im großen und ganzen recht gut gefiel. Er war etwas größer als sie, breitschultrig, von gemessenem, aber liebenswürdigem Benehmen. Freilich haftete ihm so eine Art von Pferdestallgeruch an, doch Hummelchen gewöhnte sich sehr bald daran. So verlobte sie sich mit ihm, machte als strahlende Braut bei allen Freunden und Bekannten Besuche und sah sich im Geiste schon als junge Frau. An der Verwandtschaft ihres Zukünftigen hatte sie freilich allerlei auszusetzen, denn eini-

371

ge der Vettern und Basen dufteten schon nicht mehr nach Stall, sondern nach Dünger, und einige der Herren, die ein recht bäuerliches Benehmen zeigten, wirkten auf Hummelchens empfindliche Geruchsnernen gerade so, als ob sie eben Jauche gefahren hätten. Sie beschloß bei sich, sobald sie erst verheiratet sei, sich diese Gesellschaft vom Leibe zu halten.

Große Bedenken machte ihr allerdings die Küchenfrage. Sie hatte ihren Bräutigam einmal zu Mittag eingeladen, aber er roch kaum an dem Honig und dem Blütenstaub und sagte, er habe sich den Magen verdorben. Sodann war es ihr unbequem, daß ihr Verlobter mit ihrer Kleidung nicht zufrieden war. Er meinte, Pelz trüge eine anständige Frau nicht im Sommer, und die goldenen Volants paßten ihm auch nicht; eine Frau aus seinen Kreisen trüge sich ganz einfach am besten schwarz, sagte er. Auch fand er es auf die Dauer lästig, daß seine Braut in einem fort vor sich hinsummte. Er, sagte er, täte das nur, wenn er flöge, und dasselbe wünsche er auch von ihr. Brummelchen tat ihm den Gefallen und stellte ihr Gesumme ein, wenn sie mit ihm zusammen war, dachte aber dabei: „Laß uns man erst Mann und Frau sein; dann werde ich summen, wann es mir paßt."

Eines Tages sagte ihr Bräutigam, sein Oheim Schrummbumm habe Namenstag und gäbe ein Essen, und dazu müßten sie beide hin. Brummelchen paßte das durchaus nicht, denn von der ganzen Verwandtschaft konnte sie den alten Schrummbumm am allerwenigsten ausstehen; er roch allzu stark ländlich, hatte allerlei schlechte Angewohnheiten und machte in Damengesellschaft Witze, die schon nicht mehr schön waren. Aber da sie ihren Bräutigam nicht erzürnen wollte, so sagte sie zu. Doch wie wurde ihr, als sie sich zum Essen hinsetzte! Es gab geschmorte Fliegenbäuche mit sauren Maden als Beilage, geräucherte Regenwürmer und gräßlich, aber wahr, Mistklöße! Nun merkte Brummelchen, was ihr Bräutigam war, denn er hatte sie bisher über seinen Beruf im Unklaren gelassen. Sie rümpfte ihre Nase, hielt ihr nach Veilchen duftendes Taschentuch vor den Mund, erklärte dann, ihr sei nicht gut und sie müsse sich zurückziehen, und als die ganze Mistkäfergesellschaft darüber tuschelte, und der Oheim, dieser Rüpel, sich ganz laut über sie lustig machte, wurde sie heftig, löste die Verlobung auf und flog nach Hause.

Nach drei Tagen sah sie ein, daß sie eine große Dummheit gemacht habe. Jünger wurde sie nicht, das war ihr klar, und im Alter so ganz allein zu sein, das war nicht ihre Sehnsucht. Außerdem merkte sie, daß sie ihren Bräutigam eigentlich sehr gern gehabt habe, und dann dachte sie, sie würde ihm mit der Zeit schon bessere Gewohnheiten beibringen und ihn an eine anständige Kost gewöhnen. Es ging ihr ja sehr gegen den Strich, daß sie gewissermaßen Abbitte tun sollte; doch sie bezwang ihren Stolz und flog nach dem hohlen Fliegenpilze, in dem ihr Entlobter wohnte. In gutem Vertrauen klopfte sie an, denn sie glaubte, er würde sie mit offenen Armen wieder aufnehmen. Doch sein Diener, ein frecher Halbflügler, erklärte ihr mit spöttischer Miene, sein Herr sei für sie nicht zu sprechen, und schlug ihr die Tür vor der Nase zu, und sein Hund, ein bissiger und schmieriger Aaskäfer, bellte sie so wütend an, daß sie sich vor Angst nicht von der Treppe herunter traute.

Als sie da nun so stand und zitterte, kam Fiedelfritze um die Ecke, ein etwas verbummelter Heuschreck, der auf den Dörfern zum Tanz aufspielte, scheuchte den

372

Hund zurück, bot ihr seinen Arm und geleitete sie die Treppe herunter. Fiedelfritze hatte sich schon früher um ihre Hand beworben; Brummelchen hatte ihm aber einen Korb gegeben, weil ihr Ehrgeiz weiter ging, als die Frau eines fahrenden Musikers zu werden, der weiter nichts besaß als seine Fiedel und einen großen Durst. Er war damals sehr geknickt gewesen und hatte sogar einen Selbstmordversuch gemacht, indem er sich in ein Kreuzspinnennetz stürzte. Da es aber unbewohnt war, so mißlang ihm sein Vorhaben zum Glück, und alle paar Tage brachte er Brummelchen ein Ständchen, denn er liebte sie treu und innig.

Jetzt war sie froh, daß sie ihn hatte; sie drückte seinen Arm zärtlich und machte ihm süße Augen, daß sein Herz Polka tanzte und er ihr schleunigst einen Antrag machte, den sie mit holdem Erröten annahm. Acht Tage später war sie Frau Heuschreck, und da ihr Mann das Herumziehen aufgab, weil sie es ihm zu Hause gemütlich machte, so lebten beide in Glück und Frieden, und wenn sie nicht gestorben sind, leben sie heute noch.

Lüttjemann und Püttjerinchen

Es waren einmal zwei Mooswichte, die lebten in einem alten Steinbruche. Sie hatten ein einziges Kind, das nannten sie Lüttjemann, weil es noch viel kleiner war, als die Kinder der Mooswichte sonst sind, so klein, daß es in einer Wiege aus einer halben Walnußschale Platz hatte.

Die alten Mooswichte liebten ihren einzigen Sohn zärtlich; er bekam das feinste Essen: Blumenhonig und Nußkernbrot und dazu Mondtau und herrliche Spielsachen: goldene Käferflügel, silberne Libellenaugen, blitzende Kristalle und funkelnde Steine.

Als er größer wurde und zu Verstand kam, ließen ihn seine Eltern etwas Tüchtiges lernen: der Maulwurf lehrte ihn das Graben, der Specht das Meißeln, die Maus des Hobeln, der Käfer das Bohren, die Spinne das Weben, die Schnecke das Polieren, die Heuschrecke brachte ihm das Fiedeln und die Mücke das Singen bei.

Als Lüttjemann so goß war, daß ihm der Bart wuchs, sagte sein Vater zu ihm: „Du kannst nun allein in der Welt fertig werden. Suche dir eine Wohnung, richte sie dir hübsch ein, nimm dir eine Frau und sei glücklich mit ihr, wie ich es mit deiner Mutter bin. Und damit dir unterwegs niemand erwas tut, so hast du hier einen Spieß und Bogen und Pfeile." Und er gab ihm einen Schlehdorn, einen Bogen aus einer Fischgräte und Pfeile aus Wildschweinborsten mit giftigen Spitzen aus Bienenstacheln.

Lüttjemanns Mutter weinte sehr, als sie das hörte, und wischte sich mit ihrer Schürze, einem roten Mohnblatt, die Augen. Sie küßte ihren Sohn und sprach zu ihm: „Heirate ein Mädchen, das dünn in der Mitte, blau in den Augen und blond auf dem Kopfe ist. Und hier hast du allerlei auf die Reife mit." Und sie gab ihm eine Tasche aus Spitzmausfell, darin war: eine Bucheckernflasche mit Bickbeerwein, eine Wurst aus Schneckenfleisch, ein Brot aus Hirtentäschel.

Lüttjemann wollte auch erst weinen, daß er nun so allein in die weite Welt hinaus mußte, aber er dachte daran, daß er einen Bart, einen Spieß und Pfeil und

373

Bogen hatte, küßte seinen Vater und seine Mutter und ging tapfer in die Welt hinaus.

Als er eine Weile gewandert war, wurde er hungrig und setzte sich unter ein Klettenblatt, um zu frühstücken. Vorher aber rief er, wie es ihn seine Eltern gelehrt hatten: „Ich habe für zwei Mann genug im Sack, ist keiner da, der mithalten mag?"

Da schnurrte es über Lüttjemann, der Zaunkönig kam angeflogen, machte einen tiefen Knicks und sagte: „Ich esse auch nicht gern allein; ich bin so frei und lade mich ein."

Sie aßen und tranken, und als der Zaunkönig satt war, bedankte er sich schön und sprach: „Will man dir etwas tun, so rufe mich, ich heiße Vogel Wunderlich."

Lüttjemann ging weiter, und als er wieder hungrig wurde, setzte er sich unter einen Fliegenpilz, knöpfte sein Ränzel auf und rief: „Ich habe für zwei Mann genug im Seck; ist keiner da, der mithalten mag?"

Da raschelte es neben ihm, und der Igel kam, bot Lüttjemann die Tageszeit und sprach: „Ich esse auch nicht gern allein; ich bin so frei und lade mich ein."

Sie aßen und tranken, und als der Igel satt war, bedankte er sich schön und sprach: „Will man dir was tun, so rufe mich; ich bin das Tierchen Pickedich."

Lüttjemann ging weiter, und als er wieder hungrig war, setzte er sich unter einen Brombeerbusch und lud sich wieder Gefellschaft ein. Da kam der Hirschkäfer, machte einen Diener und vesperte mit, und als er satt war, bedankte er sich schön und sagte: „Will man dir was tun, so rufe mich her; ich bin der Käfer Kneifesehr."

Lüttjeemnn ging weiter und fand einen goldenen Laufkäfer auf dem Rücken liegen; er half ihm auf die Beine, und da sagte der Käfer: „Du halfest mir aus Not und Pein, dafür will ich dein Hund jetzt sein." Und Lüttjemann freute sich darüber sehr und sprach: „Blitzeblank, so nenn' ich dich, lauf voran und schütze mich!" Da lief Blitzeblank vor ihm her und biß alles in die Beine, was den Weg nicht freigeben wollte.

Gegen Abend kamen sie an einen Steinbruch. Da sahen sie drei Glühwürmer, die leuchteten, und sechs Totengräber in schwarzen, rotbesetzten Röckchen, beerdigten eine Fledermaus. Lüttjemann half ihnen dabei und lud sie nachher zum Abendbrot ein. Als die Totengräber hörten, daß er ein Haus für sich suche, zeigten sie ihm die Wohnung der Fledermaus, die jetzt leerstand.

Lüttjemann ging mit und sah sich die Wohnung an. Es war ein Loch in der Felswand unter einem Glockenblumenbusch. Die Glühwürmer leuchteten und die Totengräber machten rein, und als alle der Kehricht heraus war, den die alte faule Fledermaus hatte liegen lassen, da freute sich Lüttjemann, denn die Decke war ganz aus blanken Kristallen und die Wände aus dem schönsten Kalkstein. Er machte zwei Lager, eins für sich und eins für Blitzeblank, und schlief ruhig ein, denn er war von dem weiten Wege müde. Frisch und munter wachte er am anderen Morgen auf, wusch sich in einem großenTautropfen, kochte auf einem Feuer aus trockenen Tannennadeln ein Lerchenei, das Blitzeblank herangeschleppt hatte, in einem Topf aus einer Schneckenschale, frühstückte und richtete seine Wohnung ein, und weil er viel freundlicher und gefälliger war als die alte brummige Fledermaus, so halfen ihm die kleinen Leute aus der Nachbar-

374

schaft.

Die Spinne webte ihm die Vorhänge, die Eule gab ihm Federn für das Bett, das Eichhorn sorgte für Teller und Töpfchen aus Nüssen und Eicheln, Brennholz brachten die Ameisen, der Specht schaffte Leuchtholz herbei, damit Lüttjemann abends Licht hatte, die Bienen lieferten Honig, der Eisvogel Libellenflügel als Wandschmuck.

Als alles fertig war, sagte Lüttjemann: „Fix und fertig ist das Haus; jetzt geh' ich und such' die Braut mir aus."

Jeden Tag ging er in die Nachbarschaft auf Brautschau, und jeden Abend kam er allein nach Haus, denn er hatte keine Frau gefunden, die zu ihm paßte. Die Unke war zu dick in der Mitte, das Goldhähnchen hatte schwarze Augen, und die Spitzmaus war zu schwarz auf dem Kopf.

So kam der Herbst in das Land und Lüttjennann hatte immer noch keine Frau. Sein Häuschen war sauber und gemütlich, Küche und Keller, Stall und Scheune waren voll, aber Lüttjelnann wurde innmer trauriger, weil er so allein war, und spielte auf seiner Fiedel, die er sich aus einem Mausekopf gemacht hatte, nur noch ganz leise Lieder.

Als der Wind die roten Blätter von den Bäumen riß, kam eine kleine Haselmaus und fragte Lüttjemann, ob sie den Winter über nicht neben dem Herd schlafen dürfe, denn die Holzhauer hätten ihr Häuschen in der Buche entzwei gemacht. Das erlaubte Lüttjemann ihr, und sie ging hinter den Herd, rollte sich zusammen und schlief ein.

So wurde es Winter, und wenn Lüttjemann auch noch so traurig war über sein Alleinsein, einen Weihnachtsbaum wollte er doch haben. Er ging mit einer Säge, einem scharfen Heuschreckenbein, in den Wald, wo die ganz kleinen Tannenbäume stehen, suchte sich den schönsten aus, schnitt ihn ab, setzte ihn in eine Kastanie und putzte ihn aus mit Lichtern aus Scheckentalg, Flittergold von Schmetterlingsflügeln und Watteflöckchen von Altweibersommer, und weil er am Weihnachtsabend nicht allein sein wollte, so backte er tüchtig Kuchen für seine Gäste und machte dazu ein so großes Feuer, daß die Haselmaus warm und munter wurde.

Sie rieb sich die großen schwarzen Augen, strich sich ihren langen Schnurrbart gerade, kämmte und putzte sich und sprach: „Lüttjemann, sei mal still, weil ich dir was sagen will. Mir hat geträumt in letzter Nacht, Christkind hätt, dir was gebracht. Mitten dünn, oben gold, und die Augen blau und hold. Wo der Bach den Bogen macht, es die Pustefrau bewacht."

Lüttjemann riß sein rotes Mützchen ab und schrie: „Hurra, hurra, das stimmt genau; das paßt ganz auf meine Frau."

Aber dann wurde er sehr traurig, denn die Pustefrau am Bach war eine Hexe, der jeder gern aus dem Wege ging, denn, wen sie anpustete, der wurde steif und stumm. Aber er dachte an seinen Spieß und an seinen Bogen und seine Pfeile und ging geradenwegs nach dem Bache.

Da saß die Pustefrau unter einer faulen Eichenwurzel, rieb vor Boshaftigkeit ihre Spinnefinger, zwinkerte mit den grünen Augen und rief: „Lüttjemann, Lüttjemann, wer mich stört, den pust ich an. Püttjerine, deine Braut, schläft schon auf dem Farenkraut."

Lüttjemann hatte große Angst, als er die Pustefrau so reden hörte, aber als er Püttjerinchen sah, die hinter der Hexe auf einem Farnkrautblatt lag und schlief, in der Mitte dünn, auf dem Kopfe blond und in das Augen blau, da ging er tapfer auf die Alte los.

Die Hexe machte sich dick wie eine Kröte und pustete. Als sie das erstemal pustete, lief es Lüttjemann kalt über den Rücken, aber er schoß doch einen Pfeil ab. Die Hexe aber lachte böse, fing den Pfeil auf und blies zum zweitenmale. Da lief es Lüttjemann kochend heiß über den Rücken, aber er schwang seinen Speer und ging auf die Hexe los. Da machte sie sich doppelt so dick wie vorher, und da dachte Lüttjemann an den Zaunkönig und rief: „Kleiner Vogel Wunderlich, rette vor der Hexe mich."

Da schnurrte es in der Luft, der Zaunkönig kam an, flog der Pustefrau in das Gesicht. Aber wenn er dadurch auch Lüttjemann rettete, er selber wurde von der Hexe angeblasen und fiel steif und stumm in den Schnee.

Wieder blies die Hexe sich auf, und da fiel Lüttjeenann der Igel ein und er rief: „Gutes Tierchen Pickedich, rette vor der Hexe mich!"

Da trappelte es im Schnee, der Igel kam an, rollte sich zusammen, kugelte sich auf die Pustefrau und stach sie so, daß sie laut schrie. Uer auch ihn pustete sie an und steif und stumm lag er im Schnee.

Wieder blies die Hexe sich auf und wollte Lüttjemann anpusten, da dachte er an den Hischkäfer und schrie: „Starker Käfer Kneifesehr, ich bin in Not, komm schleunigst her!"

Da krabbelte es in der faulen Eichenwurzel, unter der die Pustefrau saß, Kneifesehr steckte seine Zange hervor, faßte die Hexe um den Hals und würgte sie, daß sie blau im Gesicht wurde und das Pusten vergaß. Und da sprang Lüttjemann hinzu, stieß ihr seinen Speer in das Herz und warf das Scheusal in den Bach.

Da erwachte Püttjerine aus deen Zauberschlaf, richetete sich auf, strich ihr seidenes Röckchen glatt, gab Lüttjemann einen Kuß und sprach: „Püttjerinchen heiße ich, ich bin zart und püttjerig. Mein Vater ist König im Wollgrasland, Flitterfroh ist er genannt, und meine Mutter, die Königin, die nennen sie Frau Susewi."

Da lachte Lüttjemann und fragte sie, ob sie seine Frau sein wollte, und da war Püttjerinchen zufrieden, und alle kleinen Leute im Walde kamen und wünschten ihnen Glück und geleiteten sie mit Musik durch den Schnee nach Lüttjetnanns Haus; auch der Zaunkönig und der Igel, die wieder aufgewacht waren, kamen mit.

Die Haselmaus lachte, als der fröhliche Zug ankam, deckte den Tisch, braute einen Hagebuttenpunsch und steckte die Lichter an dem Weihnachtsbaum an, gerade als unten im Dorfe die Menschen auch die Lichter anzündeten.

Da ging es denn vergügt her, Lüttjemann war froh, daß er eine Frau hatte, und Püttjerinchen freute sich, daß sie einen so guten Mann bekommen hatte. Im Frühling feierten sie Hochzeit, wozu Lüttjeemns und Püttjerinchens Eltern auch kamen, und als sie Kinder bekamen, nannten sie den Jungen Lüttjepütt und das Mädchen Püttjelütt, und wenn sie nicht gestorben sind, dann leben sie auch heute noch.

Der allererste Weihnachtsbaum

Der Weihnachtsmann ging durch den Wald. Er war ärgerlich. Sein weißer Spitz, der sonst immer lustig bellend vor ihm auf lief, merkte das und schlich hinter seinem Herrn mit eingezogetier Rute her.

Er hatte nämlich nicht mehr die rechte Freude an seiner Tätigkeit. Es war alle Jahre dasselbe. Es war kein Schwung in der Sache. Spielzeug und Eßwaren, das war auf die Dauer nichts. Die Kinder freuten sich wohl darüber, aber quieken sollten sie und jubeln und singen, so wollte er es, das taten sie aber nur selten.

Den ganzen Dezembermonat hatte der Weihnachtsmann schon darüber nachgegrübelt, was er wohl Neues erfinden könne, um einmal wieder eine rechte Weihnachtsfreude in die Kinderwelt zu bringen, eine Weihnachtsfreude, an der auch die Großen teilnehmen würden. Kostbarkeiten durften es auch nicht sein, denn er hatte so und soviel auszugeben und mehr nicht.

So stapfte er denn auch durch den verscheiten Wald, bis er auf dem Kreuzwege war, dort wollte er das Christkindchen treffen. Mit dem beriet er sich nämlich immer über die Verteilung der Gaben.

Schon von weitem sah er, daß das Christkindchen da war, denn ein heller Schein war dort. Das Christkindchen hatte ein langes, weißes Pelzkleidchen an und lachte über das ganze Gesicht. Denn um es herum lagen große Bündel Kleeheu und Bohnenstiegen und Espen- und Weidenzweige, und daran taten sich die hungrigen Hirsche und Rehe und Hasen gütlich. Soger für die Sauen gab es etwas, Kastanien, Eicheln und Rüben.

Der Weihnachtsmann nahm seinen Wolkenschieber ab und bot dem Christkindchen die Tageszeit. „Na, Alterchen, wie geht's?" fragte das Christkind, „hast woh'l schlechte Laune?" Damit hakte es den Alten unter und ging mit ihm. Hinter ihnen trabte der kleine Spitz, aber er sah gar nicht mehr betrübt aus und hielt seinen Schwanz kühn in die Luft.

„Ja"' sagte der Weihnachtsmann, „die ganze Sache macht mir so recht keinen Spaß mehr. Liegt es am Alter oder an sonst was, ich weiß nicht, ich hab kein Fiduz mehr dazu. Das mit den Pfefferkuchen und den Äpfeln und Nüssen das ist nichts mehr. Das essen sie auf und dann ist das Fest vorbei. Man müßte etwas Neues erfinden, etwas, das nicht zum Essen und nicht zum Spielen ist, aber wobei Alt und Jung singt und lacht und fröhlich wird."

Das Christkindchen nickte und machte ein nachdenkliches Gesicht; dann sagte es: „Da hast du recht, Alter, mir ist das auch schon aufgefallen. Ich habe daran auch schon gedacht, aber das ist nicht so leicht."

„Das ist es ja gerade" knurrte der Weihnachtsmann, „ich bin zu alt und zu dumm dazu. Ich habe schon richtiges Kopfweh von dem alten Nachdenken, und es fällt mir doch nichts Vernünftiges ein. Wenn es so weiter geht, schläft allmählich die ganze Sache ein, und es wird ein Fest wie alle anderen, von dem die Menschen dann weiter nichts haben als Faulenzen, Essen und Trinken."

Nachdenklich gingen beide durch den weißen Winterwald, das Weihnachtsmann mit brummigem, das Christkindchen mit nachdenklichem Gesichte. Es war so still im Walde, kein Zweig rührte sich, nur, wenn die Eule sich auf einen Ast setzte, fiel ein Stück Schneebehang mit halblautem Ton herab. So kamen die beiden, den Spitz hinter sich, aus dem hohen Holze auf einen alten Kahlschlag, auf dem große und kleineTannen standen. Das sah nun wunderschön aus. Der Mond schien hell und klar, alle Sterne leuchteten, der Schnee sah aus wie Silber und die Tannen standen darin, schwarz und weiß, daß es eine Pracht war. Eine fünf Fuß hohe Tanne, die allein im Vordergrunde stand, sah besonders reizend aus. Sie war regelmäßig gewachsen, hatte auf jedem Zweig einen Schneestreifen, an dem Zweigspitzen kleine Eiszapfen,und glitzerte und flimmerte nur so im Mondenschein.

Das Christkindchen ließ den Arm des Weihnachtsmanns los, stieß den Alten an, zeigte auf die Tanen und sagte: „Ist das nicht wunderhübsch?"

„Ja"' sagte der Alte, „aber was hilft mir das?"

„Gib ein paar Äpfel her," sagte das Christkindchen, „ich habe einen Gedanken."

Der Weihnachtsmann machte ein dummes Gesicht, denn er konnte es sich nicht recht vorstellen, daß das Christkind bei der Kälte Appetit auf die eiskalten Äpfel hatte. Er hatte zwar noch einen guten alten Schnaps in seinem Dachsholster, aber den mochte er dem Christkindchen nicht anbieten.

Er machte sein Tragband ab, stellte seine riesige Kiepe in den Schnee, kramte darin herum und langte ein paar recht schöne Äpfel heraus. Dann faßte er in die Tasche, holte sein Messer heraus, wetzte es an einem Buchenstamm und reichte es dem Christkindchen.

„Sieh, wie schlau du bist"' sagte das Christeindchen. „nun schneid' mal etwas Bindfaden in zweifingerlange Stücke, und mach mir kleine spitze Pflöckchen. Dem Alten kam das alles etwas ulkig vor, aber er sagte nichts, und tat, was das Christkind ihm sagte. Als er die Bindfadenenden und die Pflöckchen fertig hatte, nahm das Christkind einen Apfel, steckte ein Pflöckchen hinein, band den Faden daran und hängte den an einen Ast.

„So," sagte es dann, „nun müssen auch an die anderen welche und dabei kannst du helfen, aber vorsichtig, daß kein Schnee abfällt."

Der Alte half, obgleich er nicht wußte, warum. Aber es machte ihm schließlich Spaß, und als die ganze kleine Tanne voll von rotbäckigen Äpfeln hing, da trat er fünf Schritte zurück, lachte und sagte: „Kiek, wie niedlich das aussieht! Aber was hat das alles für 'n Zweck?"

„Braucht denn alles gleich einen Zweck zu haben?" lachte das Christkind. „Paß auf, das wird noch schöner. Nun gib mal Nüsse her!"

Der Alte krabbelte aus seiner Kiepe Walnüsse heraus und gab sie dem Christkindchen. Das steckte in jedes ein Hölzchen, machte einen Faden daran, rieb immer eine Nuß an der goldenen Oberseite seiner Flügel und dann war die Nuß golden, und die nächste an der silbernen Unterseite seiner Flügel, und dann hatte es eine silberne Nuß, und hängte die zwischen die Äpfel.

„Was sagst, nun, Alterchen?" fragte es dann, „ist das nicht allerliebst?"

„Ja", sagte der, „aber ich weiß immer noch nicht –"

„Kommt schon!" lachte das Christkindchen „Hast du Lichter?"

„Lichter nicht," meinte der Weihnachtsmann, „aber 'n Wachsstock!"

„Das ist fein," sagte das Christkind, nahm den Wachsstock, zerschnitt ihn und

378

drehte erst ein Stück um den Mitteltrieb des Bäumchens und die anderen Stücke um die Zweigenden, bog sie hübsch gerade und sagte dann: „Feuerzeug hast du doch?"

„Gewiß," sagte der Alte, holte Stein, Stahl und Schwammdose heraus, pinkte Feuer aus dem Stein; ließ den Zünder in der Schwammdose zum Gliemmen kommen und steckte daran ein paar Schwefelspäne an. Die gab er dem Christkindchen. Das nahm einen hellbrennenden Schwefelspan und steckte damit erst das oberste Licht an, dann das nächste davon rechts, dann das gegenüberliegende, und rund um das Bäumchen gehend, brachte es so ein Licht nach dem andern zum Brennen.

Da stand nun das Bäumchen im Schnee; aus seinem halbverschneiten dunklen Gezweig sahen die roten Backen der Äpfel, die Gold- und Silbernüsse blitzten und funkelten und die gelben Wachskerzen brannten feierlich. Das Christkindchen lachte über das ganze rosige Gesicht und patschte in die Hände, der alte Weihnachtsmann sah gar nicht mehr so brummig aus, und der kleine weiße Spitz sprang hin und her und bellte.

Als die Lichter ein wenig heruntergebrannt waren, wehte das Christkindchen mit seinen goldsilbernen Flügeln, und da gingen die Lichter aus. Es sagte dem Weihnachtsmann, er solle das Bäumchen vorsichtig absägen. Das tat der, und dann gingen beide den Berg hinab und nahmen das bunte Bäumchen mit.

Als sie in den Ort kamen, schlief schon alles. Beim kleinsten Hause machten die beiden Halt. Des Christkind machte leise die Tür auf und trat ein; der Weihnachtsmann ging hinterher. In der Stube stand ein dreibeiniger Schemel mit einer durchlochten Platte, den stellten sie auf den Tisch und steckten den Baum hinein. Der Weihnachtsmann legte dann noch allerlei schöne Dinge, Spielzeug, Kuchen, Äpfel und Nüsse unter den Baum, und dann verließen beide das Haus ebenso leise, wie sie es betreten hatten.

Als der Mann, dem das Häuschen gehörte, am andern Morgen erwachte und den bunten Baum sah, da staunte er und wußte nicht, was er dazu sagen sollte. Als er aber an dem Türpfosten, den des Christkinds Flügel gestreift hatte, Gold- und Silberflimmer hängen sah, da wußte er Bescheid. Er steckte die Lichter an dem Bäumchen an und weckte Frau und Kinder.

Das war eine Freude in dem kleinen Hause, wie an keinem Weihnachtstage. Keines von den Kindern sah nach dem Spielzeug und nach dem Kuchen und den Äpfeln, sie sahen nur alle nach dem Lichterbaum. Sie faßten sich an die Hände, tanzten um den Baum und sangen alle Weihnachtslieder, die sie wußten, und selbst das Kleinste, was noch auf dem Arme getragen wurde, krähte, was es krähen konnte.

Vor dem Fenster aber standen das Christkindchen und der Weihnachtsmann und sahen lächelnd zu.

Als es hellichter Tag geworden war, da kamen die Freunde und Verwandten des Bergmanns, sahen sich das Bäumchen an, freuten sich darüber und gingen gleich in den Wald, um sich für ihre Kinder auch ein Weihnachtsbäumchen zu holen. Die anderen Leute, die das sahen, machten es nach, jeder holte sich einen Tannenbaum und putzte ihn an, der eine so, der andere so, aber Lichter, Äpfel und Nüsse hängten sie alle daran.

Als es dann Abend wurde, brannte im ganzen Dorfe Haus bei Haus ein Weihnachtsbaum, überall hörte man Weihnachtslieder und das Jubeln und Lachen der Kinder.

Von da aus ist der Weihnachtsmann über ganz Deutschland gewandert und von da über die ganze Erde. Weil aber der erste Weihnachtsbaum am Morgen brannte, so wird in manchen Gegenden den Kindern morgens beschert.

Der Wicht vom Heidegrab

Es war einmal ein kleiner Wichtelmann, der wohnte ganz hinten in der Lüneburger Heide, da wo sich die Hasen und die Füchse gute Nacht sagen. Sein Haus war das große graue Steingrab, das zwischen zwei stacheligen Machangelbüschen am Heidbrink lag, und das kleine gelbhäutige Fischer und Imker vor vielen tausend Jahren für ihre Könige aufgebaut hatten.

Da wohnte der kleine Brummerjahn schon viele viele hundert Jahre ganz muttermauseseelenallein. Wenn es Sommer war, dann schleppte er tief aus der Erde seine Schätze und breitete sie auf den dunkelgrünen Moospolstern aus, die unter den hellgrünen Ranken der Krähenbeere wucherten, umrahmt von lauter grauen, rotköpfigen Flechten.

Es sah putzig aus, wenn der Kleine auf seinen Entenfüßchen umherwatschelte und in seiner grauen Schleppkutte die Flußperlen, Silberstückchen, Goldmünzen, Bronzeringe und Bernsteinkugeln aus dem Steingrabe hervorholte. Und hatte er sie dann auf dem Moosrasen ausgebreitet, und alle das blanke und bunte Zeug flimmerte und glimmerte, glitzerte und blitzerte in der Sonne, dann juchte er vor Vergnügen, hopste hin und her, daß die Schleppe von seinem grauen Röckchen nur so flog, und warf sein rotes Zipfelmützchen hoch in die Luft, hoch über das Heidekraut. So stark war der kleine Mann.

Er lebte sehr, sehr einsam, der kleine Wicht. Da war wohl ein Steinschmätzerpaar, das in dem Steingrabe nistete, aber diese Herrschaften waren ihm zu wibbelig und zu kribbelig und er verkehrte nicht mit ihnen. Auch nicht mit den grünen Eidechsen, die durch das Heidekraut wischten; sie waren ihm nicht ernst genug. Auch die braunen Mäuse waren nicht seine Freunde. Das war Pöbel, der sich fortwährend zankte und laut quiekte.

Aber der Rank, der alte einsame Kolkrabe, der schon seit siebzig Jahren Witwer war, und die uralte Schnake, die verwitwete Kreuzotter, das waren Pucks Freunde. Die redeten nicht immer von Liebe, wie das andere Volk auf der Heide, die waren gesetzt und vernünftig. Denn von Liebe mochte der Wicht nichts hören. Als er jung war vor zweitausend Jahren, da hatte er sich einmal sehr verliebt. In ein kleines Wollgrasnixchen aus dem Bruch. Er hatte ihr fünfzig Jahre lang den Hof gemacht, hatte ihr Blumen und Waldfrüchte, Perlen und Edelsteine gebracht, hatte Lieder zu ihrem Lob gesungen und abends vor ihrem Häuschen Musik gemacht auf

380

einem Heuschreckenbein. Aber als er sie freien wollte, da hatte sie ihn ausgelacht und ihm gesagt, er solle sich unter den Krickenten vom Moor eine Braut suchen, die hätten gerade Patschpatschfüße wie er.

Da war er traurig weggegangen zu der alten Eiche, aus deren Rindenriß schäumender Meth floß. Da verkehrte eine liederliche Gesellschaft von durstigen Brummfliegen, Admiralen, Trauermänteln, Hornissen und Hirschkäfern. Vier Wochen hatte er da herumgesumpft, hatte jeden Morgen einen gräßlichen Kater gehabt und jeden Abend einen Rausch. Und als der Meth nicht mehr floß und die lustigen Zechbrüder alle davonflogen, da wanderte er in die Unterwelt und trank Minne mit den Erdzwergen, den Leuten mit den toten Herzen, und blieb da solange, bis sein Herz abgestorben war.

Das war nun schon schrecklich lange her. Aber der Wicht dachte in jedem Frühling wieder daran, wenn die Birkhähne balzten, wenn die Dullerchen lullten, wenn der Pieper sang und abends aus dem Dorfe da hinter der Heide Lachen und Singen und Juchen zu ihm herüberklang. Dann zog er seine Runzelstirn in viele hundert Falten, schimpfte mit den Steinschmätzern, die sich verliebt um das uralte Grab jagten, brummte mürrisch, wie eine alte Erdhummel und saß brummig, wie ein Maulwurf, unter der jungen Tanne, die vor dem Eingang zu seinem Steinhause wuchs.

Vor einigen Jahren war es gewesen, da hatten da drüben hinter dem Moor in den struppigen Sonnenschichten hundert rote Kreuzschnäbel gebrütet. Die hatten die langen goldbraunen Zapfen aufgeklaubt und dem Samen gefressen und ihre Junpen damit gefüttert. Ein kleines Flügelsamenkorn war ihnen weggeflogen, der Südwind hatte es über das Moor gewirbelt und vor das Hünengrab geweht, da hatte es der Wicht in die Erde gesteckt, mit Tau begossen und gehegt und gepflegt. Darum war es eine so schöne schlanke Tanne geworden. Und auch darum, weil der Schäfer nicht seine Schnucken hinhütete, denn er fürchtete das alte Heidengrab. Alle anderen Tannen in der Heide waren von den Schnucken verbissen und krumm und kruzelich geworden, diese aber wuchs rank und schlank in die Höhe und unter ihr saß der Wicht und dachte an seine Jugend.

Im Winter aber, wenn der Schnee hart und fest auf der Heide lag, dann wanderte der Wicht in das Dorf und lebte bei dem alten brumigen Jagdhüter. Da wohnte er unter dem alten schwarzgeräucherten Steinherde, und wenn es Abend war und der alte Jagdhüter im Lehnstuhl saß und schmökte, dann fiedelte Puck auf einem Heuschreckenbein mit einer Fiedel aus einer Wieselrippe, und die Leute sagten dann, das täten die Heimchen.

Nun hatte der Jagdhüter eine Tochter, die war das schönste Mädchen im Dorf. Ihre Backen waren so weiß und so rot, wie die roten Glöckchen im Moor, und ihr Haar war so weich wie Wollgras und so goldig wie die Abendsonne im Fuhrenwald. Und die hatte einen Liebsten, der war Knecht im Dorfe. Er war der hübscheste und strammste Bengel weit und breit und fleißiger und nüchterner als alle andern, aber er war gerade so arm, wie seine Liebste. Und so gern er seine Liebste geheiratet hätte, es

381

ging nicht, weil sie beide nichts hatten.

Und weil der Vater des Mädchens das wußte, darum litt er es nicht, daß die beiden miteinender gingen. Aber an jedem Sonntagabend im Frühling und Sommer trafen sie sich bei dem Steingrabe und saßen da und küßten sich und jammerten über ihre Armut. Anfangs hatte Puck sich über sie geärgert, denn küssen und kosen sah der Wicht nicht gern. Aber da sie so still und ernst waren, so mochte er sie schließlich gern leiden.

Und dann hatte er auch Grund, beiden gut zu sein. Lieschen, die Tochter des alten Waldhüters, war ein gutes Mädchen. Sie hatte einmal morgens in der Herdasche die Spuren der Entenfüße von ihm entdecket und hatte ihre alte Muhme gefragt, was das wäre. Und die war eine kluge Frau, die von heimlicehn Dingen Bescheid wußte, und sie sagte ihr, das wäre wohl ein kleiner armer Wicht, der nicht Weib noch Kind hätte. Das tat dem guten Mädchen leid und sie stellte von da ab jeden Abend auf einem Puppentellerchen für den Kleinen Speise und in einem Fingerhut Milch oder Honigbier hin. Und wenn gebacken wurde, dann backte sie ihm extra einen kleinen Kuchen, und wenn geschlachtet wurde, dann band sie ihm eine kleine Wurst. Und jeden Morgen war alles aufgegessen.

Johann, der Knecht, hatte bei dem kleinen auch einen Stein im Brett. Denn vor zwei Jahren hatte sein Bauer ihm gesagt, er solle mit Bohrer und Pulver hingehen und das Hünengrab zerschießen, denn er brauche Steine für ein Stallfundament. Johann aber hatte gesagt, das täte er nicht, denn er wollte nicht den Platz zerstören, wo er so oft mit seinem Lieschen gesessen hatte. Da hatte der Bauer geschimpft und ihm gekündigt und der Knecht war beim Amtmann in Dienst gegangen und hatte dem erzählt, warum der Eichenbauer ihm gekündigt hatte. Da hatte der Amtmann an den Drosten geschrieben und der hatte der Gemeinde bei Strafe verboten, das Steingrab zu zerstören. Das hatte Puck gehört, als Lieschen ihrem Vater das erzählte, und er war dem hübschen Knecht sehr dankbar dafür, denn so versteinert war des Wichts altes Herz doch nicht.

Nun war es wieder einmal Weihnachtszeit geworden. Die Bauern waren alle zur Stadt gewesen und hatten eingekauft zum Heiligen Abend. Im ganzen Dorf war alles voll Vorfreude, nur in des Waldhüters Haus sah es nicht festlich aus. Da ging das blonde Lieschen mit dick geweinten Augen herum, und der Alte brummte und knurrte den ganzen Tag. Denn er wollte, daß Lieschen den Krämer heiratete, den alten, dem das hübsche Mädchen gefiel. Aber die wollte ihn nicht, und sie aß und trank nicht und sah ganz blaß und miesepetrig aus. Und abends, als der Alte vor das Holz ging, um für den Bauermeister einen Hasen zu schießen, da kam Johann. Er sah auch blaß und traurig aus, und manchmal kullerte ihm eine Träne über das Gesicht.

Traurig saßen die beiden Liebesleute da, Hand in Hand und weinten und seufzten. Lange sah der Wicht aus seiner Herdecke ihnen zu, aber schließlich taten sie ihm doch zu leid. Und er trat aus seinem Winkel heraus, stellte sich vor sie hin und fragte sie mit seiner dünnen Stimme, was ihnen fehlte.

Da fuhren die beiden zusammen, denn sie sahen ihn nicht. Aber da nahm er seine rote Zipfelmütze ab und sie erkannten ihn. Sie lachten nicht über seine Entenfüßchen, sie lachten nicht über seine Krötenhändchen und seinen Mausebart, und da fragte er sie nochmals nach ihrer Not.

Und sie erzählten ihm von ihrer Liebe und von ihrer Not und sagten ihn, wie schrecklich es wäre, daß beide so blutarm wären, wie die Kirchenmäuse, so arm, daß sie nie daran denken könnten, Mann und Frau zu werden, und sie weinten bitterlich.

Da wurde es dem Kleinen ganz wunderbar ums Herz, und er dachte daran, wie lieb Lieschen immer zu ihm gewesen war und was er Johann zu verdanken hatte, und plötzlich fielen ihm seine Schätze ein, und daß er damit den beiden Liebesleutchen helfen könne. Und da lachte er seit tausend Jahren wieder zum erstenmal, und winkte dem Knecht und sagte ihm, er solle eine Schute und einen Sack nehmen und ihm folgen. Und dann ging er mit ihm über die verschneite Heide bis zu den Hünengrabe. Und dort lief er rund um die Tanne und trat mit seinen Patschfüßchen einen Kreis in den Schnee und sagte, so solle er die Tanne ausgraben. Und das tat Johann, und als er die Tanne mit vieler Mühe herausgerissen hatte, da funkelte und glitzerte es im Mondlicht in dem Loche von Gold und Geld, Perlen und Edelsteinen. Und alles das gab ihm der Wicht und sagte ihm, die Tanne solle er Mitnehmen, schön aufputzen und nach Weihnachten vor dem Hause des Waldhüters eingraben.

Das wurde eine frohe Weihnacht am nächsten Abend. Mitten auf dem Fleet stand die junge Tanne mit ihrem Wurzelboden und darunter lag der Schatz. Und nach Weihnachten ging Johann in die Stadt und verkaufte all das blanke Zeug, und von dem Erlös kaufte er Äcker und Wiese und Holz und baute an Stelle der alten Kate ein großes Haus und das bezog er im Sommer mit Lieschen.

Und da er fleißig und sparsam war, zahlte er dem Wicht das ganze Darlehn in zehn Jahren zurück. Und jeden Winter wohnt der Kleine bei ihnen und bekommt das Beste aus Keller und Küche.

Die Tanne aber ist groß und schlank geworden, und in ihr brütet im Sommer ein Amselpaar.

Und wer die Geschichte nicht glaubt, der gehe nach dem Wichtelhofe. Da kann er die Tanne sehen und Lieschen, die jetzt aber die Wichtelhofbäuerin heißt. Und schon daran, daß die Leute vom Wichtelhof keine Enten halten, um ihren Herdgeist nicht an seine Paschfüße zu erinnern, sieht man, daß es mit dem Wichtelhof ein heimliches Ding ist.